JN412018

철과 피로 쓰인 교훈에 대한 이야기

프로이센의 시작부터 ———————— 지금까지의 독일사

철과 피로 쓰인 교훈에 대한 이야기

프로이센의 시작부터 지금까지의 독일사

초판 1쇄 발행 2026년 3월 2일

지은이 임정빈
펴낸이 장길수
펴낸곳 지식과감성#
출판등록 제2012-000081호

교정 한장희
디자인 정윤솔
편집 정윤솔
검수 이주연, 이현
마케팅 김윤길

주소 서울시 금천구 벚꽃로298 대륭포스트타워6차 1212호
전화 070-4651-3730~4
팩스 070-4325-7006
이메일 ksbookup@naver.com
홈페이지 www.knsbookup.com

ISBN 979-11-392-3091-8(03920)
값 32,000원

철과 피로 쓰인 교훈에 대한 이야기

프로이센의 시작부터 ―――――― 지금까지의 독일사

임정빈 지음

Eine Geschichte über eine mit Eisen und Blut geschriebene Lehre

지식과감성#

대선제후 - 프리드리히 대왕 시기

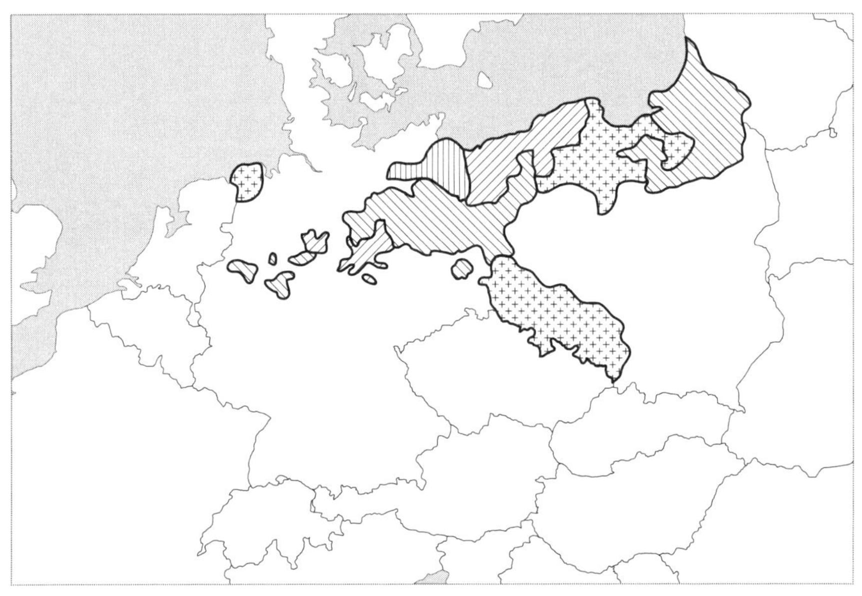

대선제후 즉위 전 영토

대선제후 시기 확장 영토

군인왕 시기 획득 영토(서부 포메른)

프리드리히 대왕 시기 확장 영토

나폴레옹 전쟁 - 통일기까지

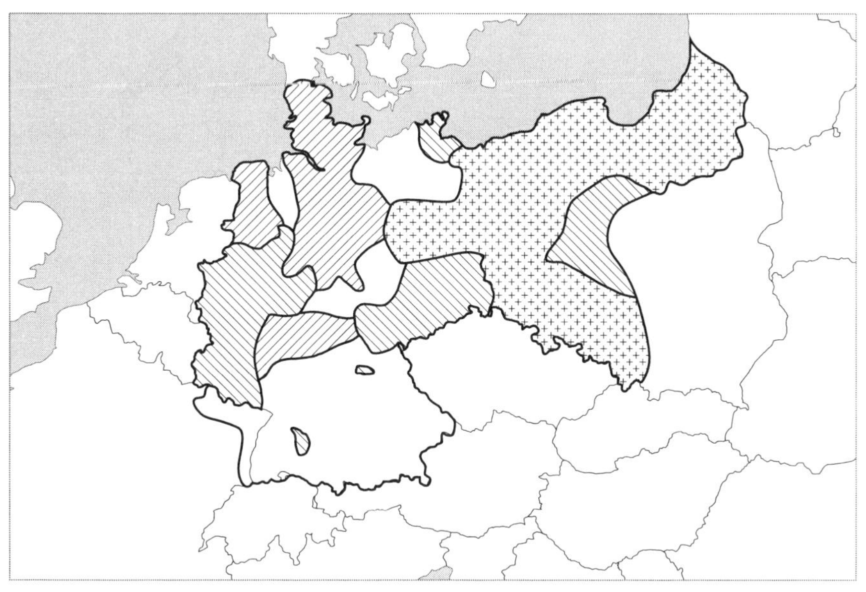

나폴레옹 치하 프로이센 영토

비엔나 체제 이후 확장된 영토

북독일연방 성립 후 프로이센 직할 영토

통일 후 제국 영토

1차 대전 전후 시기

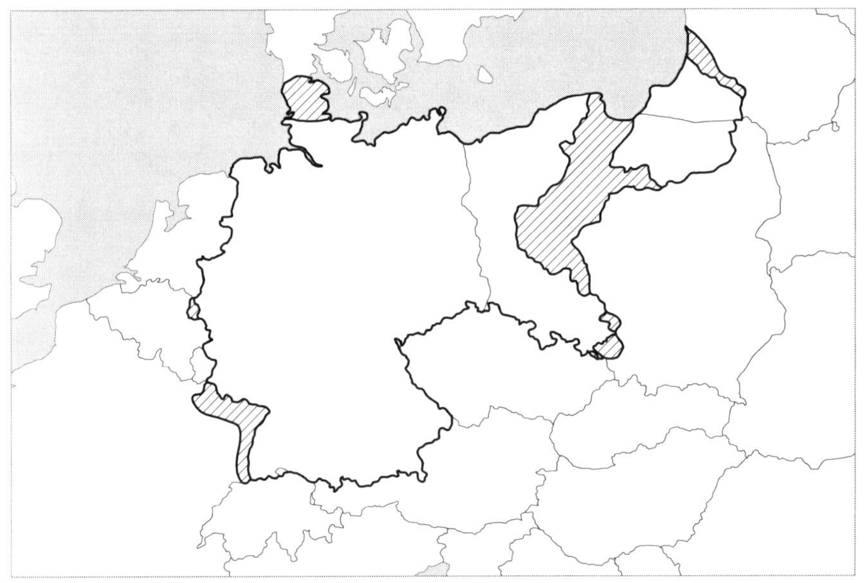

전쟁 발발 전 제국 영토

1차 대전 이후 상실 영토

나치 치하 시기

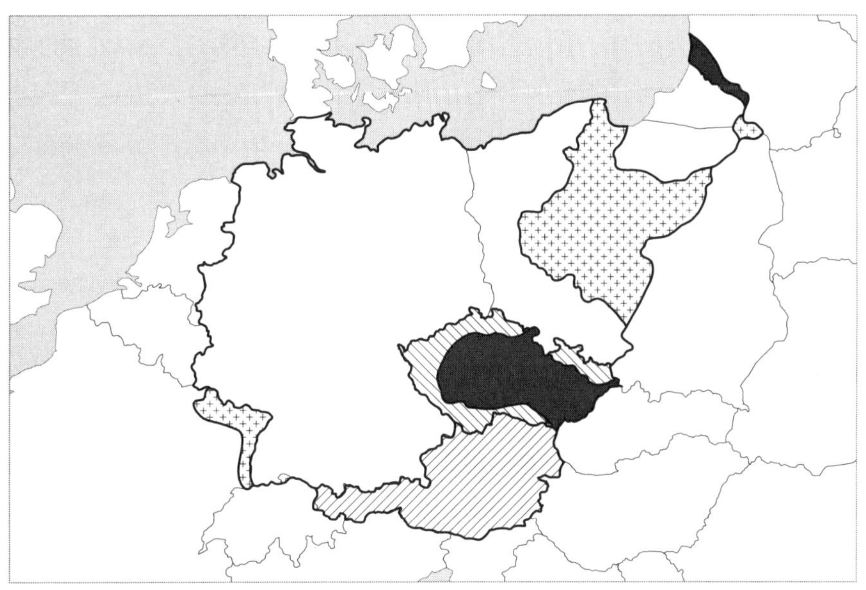

오스트리아 병합 후 독일 영토

뮌헨 협정 후 독일 영토

체코슬로바키아 강제 합병 후, 전쟁 발발 직전 독일 영토

2차 대전기에 확장된 나치 독일 직할 영토

분단과 재통일 시기

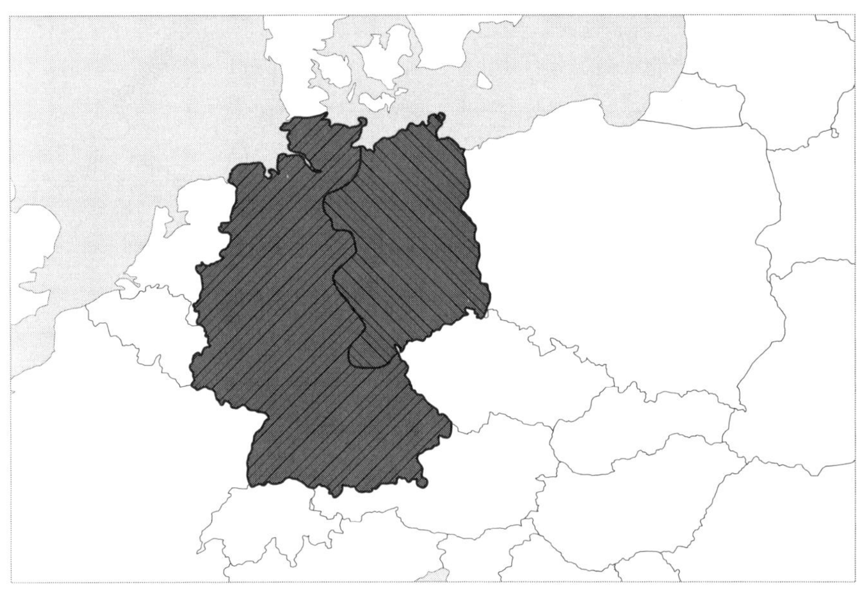

분단 후 동독 영토

분단 후 서독 영토

1990년, 재통일 이후 독일 영토

작가의 말: 강한 독일은 아름다운가?

어릴 적에 저는 세상의 미래가 장밋빛으로 가득할 것이라고 생각했습니다. 그도 그럴 것이 20세기 말엽에서 바라본 21세기의 세상은 아름답기만 했으니까요. 당시를 떠올려보면 다들 좋게만 예측하였습니다. 세상은 진정으로 하나가 되리라고 말했었지요. 하나 2008년 이후로 세상은 이상하게 돌아가기 시작했습니다. 2001년의 쌍둥이 빌딩 테러로 말미암아 그때부터 조짐이 보였지만 2008년의 세계적 경제위기가 모든 것을 망쳐버렸습니다. 물론 사람에 따라서는 좋게 된 것일 수도 있겠지만 제가 보는 지금의 세상은 어릴 적 세상과 너무 다른 세상이 되어버렸습니다. 어릴 적에는 보지 못했던 풍경이, 전혀 예상하지 못했던 모습들이 우리 사회에 즐비하게 되었습니다. 안타깝게도 안 좋은 쪽으로 말이지요.

제가 어릴 때만 하여도 누구나 이 사회의 일원으로서 열심히 일을 한다면 무슨 일을 하든지 사회 구성원으로서 존중을 받았습니다. 200충이니 300충이니 전세 거지니 월세 거지니 이런 단어는 존재하지 않았습니다. 어쩌다 개근 거지라는 말을 듣고 그 말의 뜻을 알았을 때는 과언이 아니라 정말로 전 기절할 뻔했습니다. 제가 어릴 때는 학교를 개근하는 것이 당연했으니 말이죠. 그것이 조롱의 대상이 될 줄은 몰랐습니다. 요새는 부유한 가정이면 학기 중 체험학습을 통해 해외 활동(사실상 해외여행)을 하느라 개근하는 경우가 적다고 하더군요. 그래서 해외 활동을 하지 않은 친구들을 자신보다 낮게 보며 비웃는 경우가 있다고 합니다. 가진 것을 통한 비교 문화가 생긴 것이지요. 더더욱 충격적인 것은 요 근래 '내가 누군가를 좋아한다는 사실이 그 사람에게 상처일 수 있다.'라는 말이 널리 공감을 받으며 퍼지고 있다는 것입니다. 소위 자신의 급과 맞지 않다고 여겨지면 혐오의 시선으로 바라보는 풍경, 그것이 일상이 되어버린 것입니다. 누군갈 사랑하고 사랑받는다는 것은 축복입니다. 이것은 설명할 필요도 없을 정도입니다. 만일 마음에 들지 않는다면 정중히 거절을 하면 되는데 왜 불쾌감을 느낄까요? 그 이유는 부를 통해 사람의 급을 나누어 자신은 더 좋은 조건과 이어져야 한다는 천박한 사고관이 우리 사회를 지배하고 있기 때문입니다. 그야말로 부를 통해 모든 것을 바라보는 시대, 내가 남들보다 우위에 서있다는 것에 도취되어 무례함이 일상이 되고 조롱과 비아냥거림이 넘치는, 아주 슬픈 세상이 되어버린 것입니다.

바야흐로 과도한 능력주의의 시대가 열린 것입니다. 물론 능력주의가 나쁜 것이 아닙니다. 자본주의가 무엇이 나쁩니까? 애덤 스미스의 저작을 보면 그분처럼 선한 의도를 가진 분이 없습니다. 그 시절부터 독과점을 비판하신 분이니까요. 곰곰이 생각해 보면 노력한 만큼 가져가는 것은 너무 당연한 것입니다. 그러나 자신이 가져가는 분량이 남들보다 더 많다고 하여 자신이 남보다 우위에 서있다고 느끼는 것은 천박한 행동일 뿐입니다. 고로 자본주의가 나쁜 것이 아니라 그걸 천박하게 쓰는 사람들의 문제지요.

그러한 천박함이 사회에 증폭되어 능력주의는 이상하게 변질되고야 말았습니다. 한때 능력주의는 혁신을 이끄는 당당한 요소였지만 지금은 사람 간에 분열을 일으키는 요소가 되었습니다. 어서 빨리 능력주의를 정상적으로 회복시켜야 할 때라고 저는 생각합니다. 왜냐하면 이대로 가면 천박해진 능력주의 사상이 공동체 의식과 연대의식, 상호 존중과 신뢰를 완전히 박살 낼 테니까요. 물론 이러면 가끔 그런 도덕적 구호는 허상이 아니냐고 하는 분들이 있습니다. 도덕이란 그저 단어에 불과하다고 말이죠. 그러나 도덕이 무너지면 사회는 자연스레 무너지게 되어 있습니다.

그야 당연하게도 인간은 사회적 동물이기 때문입니다. 아무리 능력이 뛰어나더라도 혼자서 살아갈 수 있는 사람은 없습니다. 혼자서 모든 것을 해결할 수는 없는 노릇입니다. 우리 인류 사회는 주기적으로 여러 위기를 거치는 구조이며 어떠한 위기가 찾아오면 그 위기에 알맞은 사람이 나서서 희생과 헌신을 해주어야 합니다. 당연하게도 우리 인간은 아무리 지적이고 똑똑해도 컴퓨터가 아닌 이상 지구의 모든 데이터를 머리에 담을 수 없기 때문이지요. A라는 위기에는 A에 맞는 사람들이, B라는 위기에는 B에 맞는 사람들이 나서주어야 세상이 돌아갑니다. 그럴 때 호소할 수 있는 것은 도덕이라는 사회계약뿐입니다. 내가 나서야 할 순간이 오면 내가 갈 테니 이번에는 당신이 가라고 말이죠. 도덕을 행해야지만 내가 위험한 순간에 도움을 받을 수 있는 것입니다.

그러나 우리 사회는 너무 쉽게 능력주의의 단점을 받아들였습니다. 목적이 아닌 수단인 돈을 기준으로 잡아 모든 것을 판단하게 되었습니다. 희생과 헌신이라는 아름다운 가치는 퇴색되었습니다. 가령 우리나라에서 전쟁이 난다면 과거처럼 군인들이 싸워줄까요? 전 회의적입니다. 이토록 교육을 잘 받은 세대는 인류 역사상 존재하지 않았는데 자기 눈에 별 볼 일 없다며 무시했으니 싸워줄 리가 없겠지요.

다시 언급하지만 능력주의가 나쁘다는 것은 아닙니다. 다만 도덕주의와 혼합이 되어있을 때야말로 빛이 난다고 저는 생각합니다. 반대로도 말이죠. 둘은 어울리지 않는 것처럼 보이지만 서로 만나고 있어야만 자신의 능력을 제대로 발휘합니다. 프랜시스 후쿠야마가 언급했듯 신뢰가 살아있는 사회의 경제가 더더욱 잘 발전하게 됩니다.

하나 혹자는 말합니다. 그게 말처럼 쉽게 되겠냐고 말이지요. 맞는 말입니다. 그러나 저는 인류 사회의 가능성을 믿습니다. 우리 인류사에는 그런 케이스가 많으니까 말이죠. 가장 대표적인 케이스는 독일사, 프로이센을 중심으로 한 독일 근현대사라고 저는 생각합니다. 한때 그들은 힘에 집착하였습니다. 슬픈 과거를 가진 나라였으니 말이죠. 국력 증강을 위해 그들은 모든 것을 퍼부었고 여러 혁신들을 이루어냈습니다. 대표적으로 프리츠 하버의 질소고정법을 통한 인공 비료 개발이 있지요.

온갖 노력에 그들은 이윽고 강한 나라가 되었습니다. 그러나 힘과 능력에 지나치게 집착한 나머지 자신의 안에 있던 선한 면모들, 자유와 권리에 대한 열망을 던져버리고 군국주의라는 나쁜 길로 걸어버렸습니다. 결국 나라가 잿더미가 되었지요. 그래도 그들은 폐허에서 부활하는 데 성공하였습니다. 오랫동안 먼 길을 빙빙 돌아서 왔지만 이윽고 자유와 평등의 나라로 나아갔습니다. 그들의 국가 3절의 가사처럼 통일과 정의, 자유가 진정으로 찾아오게 된 것입니다. 자신들의 장점을 유지하면서 말이죠. 그렇기에 독일은 패전을 통해 엄청난 영토 상실을 겪었음에도 유럽 연합을 이끄는 지도 국가가 되었습니다.

따라서 저는 프로이센을 중심으로 펼친 독일의 근현대사를 통해 인류에 대한 희망, 우리 사회가 충분히 다시금 좋아질 것이라는 낙관적인 전망을 하고자 합니다. 오늘보다 내일이, 내일보다 모레가 더 좋을 것이라는 희망을 가지며 세상을 살고자 합니다. 여러분도 희망 속에서 부디 살아가기를 빌겠습니다.

2024. 11. 2. 사학도 임정빈 올림

차례

제3장 독일해방전쟁: 자유주의와 민족주의의 발흥(1789~1815)

제4장 비엔나 체제와 3월 혁명, 그리고 반동(1815~1862)

제5장 통일을 위한 3번의 전쟁 (1862~1871)

제6장 독일 제국: 얽히고설킨 여러 생각들(1871~1914)

제1장

호엔촐레른 가문의 등장

(1415~1640)

브란덴부르크를 획득하다, 종교 개혁에 참여하다

흔히 우리가 프로이센 왕국이라 부르는 나라는 어디서부터 시작했는가? 그 기원의 시작은 15세기 초엽 당시 뉘른베르크 6대 성주였던 호엔촐레른Hohenzollern 가문의 프리드리히 6세부터라고 볼 수 있다. 그의 조상들은 슈바벤 지방의 소영주였다가 12세기 말엽에 프랑켄 지방으로 진출하여 뉘른베르크의 성주Burggraf가 된 사람들이었다. 하지만 실권은 크게 없어 소일거리나 하던 가문이었다. 그러다 프리드리히 6세의 등장으로 상황이 달라졌다. 그는 인근 지방인 안스바흐와 바이로이트 지방을 차지하며 힘을 길렀고 1398년, 당시 신성로마제국 황제 벤체슬라스Václav IV를 설득하는 데 성공해 두 지방에 변경백령의 설치를 허락받으며 통치권을 확립시키고 가문의 세력을 신장시켰다. 그러다가 황제의 사망 이후 새로운 황제를 뽑는 선거에서 그는 차기 황제가 되는 지기스문트Sigismund와 접촉하게 되는데 이것이 그와 그의 가문의 일생을 바꾸게 만들어주었다. 프리드리히 6세는 1410년 황제 선거 당시 차기 황제의 조언자가 되어 활동하였으며 그의 즉위에 큰 공훈을 세우게 된다. 이로써 그는 대가로 브란덴부르크 변경백 칭호를 하사받고 1415년 콘스탄츠 공의회를 통해 선제후Kurfürst 지위를 부여받았다. 자연스레 그는 브란덴부르크 변경백령을 차지하였고 그곳을 후손에게 대대로 물려줄 상속권도 인정받았다. 그렇게 그는 새로운 선제후국의 프리드리히 1세Friedrich I가 되었다. 영토를 인정받은 초창기에는 토착 세력들이 그를 새로운 변경백으로 인정하지 않았다. 대표적으로 프리그니츠의 토착 세력인 푸트리츠Caspar Gans v. Putlitz는 그를 무시했고 자신의 권리를 일방적으로 주장했다. 처음엔 토착 세력들에게 호되게 당했지만 결국 토착 세력을 어느 정도 제압하였고 분란은 얼마 안 가 진정되었다. 1415년 11월쯤에 이르러 토착 세력들은 그에게 충성을 맹세하였다. 마지막으로 1417년에 브란덴부르크Brandenburg 지방을 얻은 대가로 황제 지기스문트에게 헝가리 금화로 40만 길더를 주어 공식적으로 이 땅을 구매하고 지배권을 공고히 하였다.

그렇게 브란덴부르크에서의 호엔촐레른 가문의 이야기가 시작된 것이다. 다만 적어도 종교 전쟁 전까지는 우리가 아는 일반적인 프로이센 왕국이나 독일 제국의 이미지와는 달리 평범한 신성로마제국의 제후국이었다. 호엔촐레른 가문이 브란덴부르크를 차지하게 되었다는 것은 독일 내부에서는 나름 큰 소식이었지만 엄청난 반향을 불러오는 수준은 아니었다. 아직은 그들만의 특색은 달리 없었고 다른 제후국들에 비하면 기반도 세력도 아직 미약했다. 그래도 지기스문트를 도운 공로로 선제후가 된 것은 향후 브란덴부르크가 발전하는 데 큰 도움을 주었다. 이것은 향후 호엔촐레른 가문이 독일을 호령하게 되는 기반이 되어주었다. 선제후는 당시 기준으로 신성로마제국에 총 7명으로 1356년의 금인칙서Goldene Bulle를 통해 황제 선출권을 가진 제국의 엘리트 집단이었다. 대주교구의 3명의 성직 선제후들과 4명의 일반적인 귀족이나 국왕들의 세속 선제후로 이루어진 이 집단은 황제 선출권에서 나오는 정치적 이득으로 막대한 이득을 챙겼었다. 황제 선출 시기뿐만 아니라 평시에도 현재 황제나 차기 황제를 노리는 가문들로부터 후계자를 지지해 줄 것에 대한 대가로 평범한 가문들에서는 상상하기 힘든 부를 쌓을 수 있었다. 특히 제국의 모든 공식 행사에 참여하여 온갖 외교적 이득을 누릴 수 있었다. 이제 호엔촐레른 가문도 그중 하나가 되어 이러한 권리를 기반으로 자신들의 통치권을 공고히 하고 세습 재산을 늘려갔으며 이따금씩 주변의 영토를 획득해 갔다.

종교 전쟁 전 브란덴부르크 가문은 세력을 넓히기 위해 이런저런 결정들을 하였는데 그중 중요한 것은 단언컨대 아킬레스 칙령Dispositio Achillea이었다. 이 칙령은 프리드리히 1세의 3남이자 그의 다다음 대 선제후인 알브레히트 3세Albrecht III. Achilles가 1473년에 반포한 것이었다. 그 내용은 가문의 직계인 맏아들이 브란덴부르크 영지를 이어받고 방계인 차남 이하의 아들들이 원래 프랑켄에 있던 영지를 상속받으라는 것이었다. 당시 중세 시대 유럽에 흔히 있던 가문 분할 상속으로 인한 브란덴부르크 가문의 약화를 피하고자 하는 의도에서였다. 이 칙령은 여러 번 깨질 뻔했으나 다행히 계속 유지되었다. 알브레히트 3세 다다음 대 선제후인 요하임 1세Joachim I. Nestor 때 요하임이 이를 무시하고 아들들에게 영지를 나눠주려다가 작은 아들이 후사 없이 죽어 무마되었고 다시 요하임 1세의 다다음 대인 요한 게오르크Johann Georg 때에 게오르크가 아들들에게 나눠주려다가 남부 프랑켄 가계가 때마침 대가 끊겨 분할을 피하였다. 이러한 일들 덕분에 독일 북부의 생각보다 큰 땅인 브란덴부르크 지방은 갈가리 찢겨나가는 것을 피했고 프로이센의 기반이 되었다.

다만 이렇게 여러 번 분할 상속을 시도할 정도로 아직 브란덴부르크 영지는 그리 좋은 땅은 아니었다. 훗날 이곳이 제국의 수도가 되고 현재도 유럽에서 가장 중요한 도시 중 하나임을 생각한다면 의아스러울 수 있으나 당시까지만 해도 그리 좋은 영지가 아니었다. 당시엔 대부분 늪지대에 나머지는 숲이 우거진 지역이었다. 말 그대로 미개발 지역인 것이었다. 게다가 토양 자체도 척박했다. 도로도 제대로 정비가 되지 않아 오고 가는 것도 힘들었다. 1548년에 베를린과 근방 도시인 쾰른(우리가 아는 그 독일 서부의 쾰른이 아닌 당시 존재했던 도시로 현재 베를린의 미테 지구에 해당되는 곳)에 흐르는 슈프레강과 오데르강을 연결하는 운하 공사를 통해 이동을 어느 정도 편하게 해보려 했지만 너무 돈이 들어 포기한 탓에 이러한 사정은 오랜 기간 이어졌다. 딱히 특산물도 없었고 광물 자원도 없었다. 토양이 척박하니 대부분의 땅에선 농사도 잘되지 않았다. 다행히도 베를린의 서쪽과 북쪽 방면의 지방인 알트마르크Altmark와 우커마르크Uckermark는 나름 비옥해서 아주 농사가 안되는 것은 아니었다. 여하튼 그래서 인구가 도통 늘어나지 않았으며 30년 전쟁 발발 당시인 1618년에 겨우 1만 명이 베를린에 거주할 뿐이었다. 이 도시가 우리가 아는 독일의 심장이 되는 것은 한참 후의 일이었다. 이렇듯 브란덴부르크 가문의 시작은 상당히 미약했고 우리가 아닌 철혈의 이미지를 가지기 시작하는 것엔 적어도 200년이나 되는 긴 시간이 (프리드리히 대왕을 생각하자면 300년이나) 걸릴 예정이었다.

그렇게 브란덴부르크 영지를 가진 호엔촐레른 가문은 남들과 다를 바 없이 평범하게 가문의 역사를 써 내려갔다. 그러다가 변혁의 시기가 다가오니 그것은 바로 종교 개혁의 시간이 온 것이었다. 이 시기 호엔촐레른 가문은 프로테스탄트로 개종하면서 나름의 변화를 겪게 된다. 비단 호엔촐레른 가문뿐만 아니라 마르틴 루터Martin Luther에 의한 종교 개혁으로 인하여 독일의 역사, 나아가 유럽의 역사가 크게 바뀌게 된다.

그렇다면 그 시작점인 마르틴 루터는 무슨 행동을 하였기에 이리 큰 파장을 불러일으켰을까? 그건 바로 마르틴 루터가 당시 교황청이 재원 확보를 위해 판매하고 있던 면죄부Indulgence에 대해 비판함으로써 사람들에게 다른 생각을 환기시킬 밑바탕을 세상에 제공하였기 때문이다. 그는 아우구스티누스 수도회의 교구 사제로서 면죄부에 대해 상당히 비판적이었다. 왜냐하면 그의 생각에 복음이란 올바른 믿음과 그에 따른 참된 행동에 의한 죄의 사함과 구원이지 누군가가 죄를 물질로 지워주는 것이 아니었기 때문이었다. 그렇기에 그는 공개적으로 면죄부를 파는 행동에 대해 사람들에게 비판적인 설교를 하고 다니곤 하였다. 그리고 얼마 되지 않아 그는 하나의 진실을 알게 되는데 바로 1517년 당시 독일 지방에서 면죄부를 팔아먹던 것은 마인츠 대주교 알브레히트Albrecht von Brandenburg라는 것이었다. (당시 알브레히트는 마인츠 대주교이면서 마크데부르크 대주교이자 할버슈타트 행정관을 하며 수많은 직책을 겸직 중이었는데 이는 위법이었다. 그래서 그는 교황에게 2만 4천 두카트Ducat를 뇌물로 바치며 교황에게 겸직 허가를 받았다. 이 덕에 빚더미에 앉게 되자 알브레히트는 면죄부 판매를 시작하고 수익의 절반을 자기 주머니에 넣었다.) 그전에는 판매 주체에 대해 알지 못했으나 이제 알게 된 그는 대주교의 부당함을 알리기 위한 행동을 개시했다. 그것이 훗날 95개조 반박문이라 불릴 그 유명한 『면죄부의 능력과 효용성에 관한 토론Disputation zur Klärung der Kraft der Ablässe』 게시였다. 그는 1517년

10월 31일 비텐베르크성 교회 입구에 있던 게시판에 자신의 생각을 적어놓은 문서를 걸어놓으며 자신의 생각을 세상에 공개하였다.

그는 해당 게시물을 통해 성경적 참회의 의미를 되새겨 볼 것을 세상에 요구했다. 마르틴 루터는 참회란 관례적으로 행해지는 고해성사로 해결되는 것이 아니라 신자들의 그러한 삶을 사는 것이 중요하다고 생각했다. 단순한 고해성사로 죄를 사함받을 수 있다고 여기는 태도가 면죄부 남용으로 이어진다고 그는 주장했다. 루터는 반박문의 5항과 6항을 통해 직접적으로 교황의 권한에 대해 비판하였다. 그는 교황에게 타인의 죄를 없앨 권리 따윈 없다고 말하며 진심으로 죄를 뉘우친다면 알아서 죄는 사함받는다고 주장했다. 당시 교황청이 면죄부를 유럽 전역에서 판매하던 가장 큰 이유 중에 하나가 성 베드로 성당 건축 비용 문제 때문이었는데 루터는 이를 86항에서 언급하며 교황은 자기 돈으로 성당을 세우라고 비판하였다.

당시 면죄부는 중세 교회의 부패의 상징이었다. 이제 교회가 과거와 달리 민중을 착취하는 집단으로 변했다는 것을 상징하는 것이기도 하였다. 그러한 덕택에 당시 민중들은 점점 교회에 대해 안 좋은 감정을 품고 있었다. 그런 와중 이러한 내용이 나오니 세상은 이를 매우 반기며 사방팔방 내용을 퍼트려 버렸다. 분명 마르틴 루터는 출판을 허락한 적이 없었지만 루터의 생각에 동의하던 인쇄업자들이 자발적으로 출판하여 유통하였고 2주 만에 독일 전역에 이 내용이 울려 퍼지게 되었다. 그러자 마인츠 대주교 알브레히트는 분노하며 1517년 12월 루터를 이단이라고 선언했다. 당시 교황이던 레오 10세Leo X는 1518년 2월에 이 사실을 알게 되었고 그는 루터가 속한 수도회에 연락하여 그의 입을 다물게 할 것을 요구했다. 그러면서 루터를 로마로 소환하여 이단 심문을 받으라고 명하였다. 교회 입장에서는 루터를 짓밟아 교황청의 권위를 유지할 필요가 있었다. 하지만 작센 선제후 프리드리히Friedrich der Weise von Sachsen의 도움으로 루터는 라이프치히에서 심문받게 되었다. 그렇게 1518년 10월 12일에서 14일까지의 3일간 논쟁으로 개시되는데 이 논쟁을 통하여 루터는 자신의 생각을 비단 독일뿐만 아니라 그 너머 유럽 전역에 알리게 되었다. 루터는 이곳에서 여러 방면의 대학교수들과 신학자들과 여러 논쟁, 특히 교황의 존재에 대해 이야기했고 교황은 그리스도의 대리자임을 부정했다. 이러한 일련의 논쟁을 통해 루터는 압도적으로 유럽에서 유명해졌고 그의 추종자가 생겨났으며 동시에 그는 교황청이 근본부터 썩어있다는 사실을 알게 되었다. 그래서 루터는 근본적인 그리스도교회 개혁을 위한 운동을 실시하는데 이것이 종교 개혁의 시작이었다.

그러한 그의 종교 개혁은 엄청난 유산을 만들었다. 가장 대표적이고 중요한 것이라고 언급하자면 그건 바로 '만인사제론priesthood of all believers'이었다. 마르틴 루터는 종교 개혁 운동을 위해 1520년 『그리스도의 개선을 위하여 독일의 그리스도교 귀족에게』라는 글을 발표하였다. 이것의 목적은 로마 가톨릭 스스로의 개선은 힘들어 보이니 그 대안으로 세속 사회의 지배 계층들이 책임을 다해 교회와 사회의 개혁에 뛰어줄 것을 요구하는 글이었다. 즉 개혁의 중심부를 이탈리아에서 독일로 변경한 것이었다. 여기서 그는 만인사제론을 언급하는데 이것은 종교 개혁의 가장 중요한 부분이요, 그야말로 혁명이었다. 만인사제론은 간단히 말하여 모두가 사제이고 주교이자 교황이라는 말이었다. 즉 세례만 받았다면 모든 신자는 그리스도에게 직접 예배를 드릴 수 있다는 것이며 사제와 같은 교회 내의 계급을 부정하는 말이었다. 모두가 그리스도의 동등한 자녀임을 주장하고 성직주의와 교권주의를 부정함으로써 누구나 성경을 마음껏 읽고 해석할 자유가 있음을 만인사제론을 통해 주장하였다. 그전에는 그리스도와 신자들 사이에서 중재할 사제의 역할이 중요했지만 그 역할을 개인이 알아서 할 수 있게 해줌으로써 교황의 권위를 부정하고 새롭게 생각할 기반을 준 것이다. 이러한 만인사제론은 훗날 많은 영향을 끼친다. 스스로 생각할 기반이 생겨 사람들은 여러 율법으로부터 자유를 얻었다. 스스로 인간과 그리스도의 관계를 탐구하였고 이 과정에서 종교적, 세속적 멍에를 벗어던짐으로써 일종의 민주주의의 토대가 자라나게 되었다. 자유주의에 대한 영적 토대가 생긴 것이다.

물론 마르틴 루터는 그저 신앙적 측면에서 교황을 비판하고 개혁을 주도한 것이니 그를 민주주의자로 보기는 어려울 것이다. 하지만 그가 사람들의 생각을 바꿈으로써 스스로 움직일 토대를 제공했다는 사실은 부정하기 어려운 사실이다. 다만 앞서 말했듯이 루터는 신학자이지 정치가가 아니었기에 안 좋은 영향도 주었다.

그것은 바로 1525년의 독일 농민 봉기에서 보여준 그의 '두 정부론 Zwei-Reiche-Lehre'이다. 당시 독일 농민들은 자신들이 누리는 체제에 대한 불만이 많았다. 당대 독일이 영방국가화 되면서 중세 시대의 장원 구조가 변화하고 그 과정에서 여러 새로운 법들과 관습들이 농민을 억압하고 빈민이 되도록 만들었다. 농민들은 부당한 인신 예속과 지대, 부역에 분노하던 와중 루터의 만인사제론을 받아들이며 이에 환호하고 봉기의 명분으로 삼았다. 루터의 종교 개혁이 얼마나 이 봉기에 영향을 끼쳤는지는 확실하지 않다. 영방 지배자들과 부농 간의 정치적 갈등(예컨대 악명 높은 사망세Leibherr 폐지와 같은 자결권 투쟁), 부농과 빈농 간의 사회적 갈등도 만만치 않았다. 오버슈바벤 지방에서 농민들의 분할 상속 금지가 수많은 빈민을 만들고 있음을 보면 단순한 경제적 문제로 인한, 먹고살기 힘들어서 일어난 봉기로도 보인다. 하나 확실한 것은 무슨 이유든 간에 농민들은 분노하며 루터의 논리를 토대로 봉기했다는 것이다. (슈바벤의 농민 봉기에서 나온 12개조를 보면 명분이 복음과 하나님의 뜻에 있었다.)

문제는 루터의 태도였다. 루터는 종교 개혁 운동을 한창 진행할 당시 프로테스탄트로 개종한 제후들의 보호를 받고 있었다. 그렇기에 세속 정부에 대한 공격을 함부로 옹호하기 힘들었다. 그래서 루터는 세속 군주를 하나님의 대리자라고 말하며 신하들은 함부로 반항할 수 없으며 참된 그리스도인으로서 행동해 달라고 탄원하는 것이 답이라고 주장했다. 세속 군주에 대한 반란은 주님에 대한 저항이라고 주장한 것이다. 1523년에 루터가 적은 글인 『그리스도교 회중은 모든 교의를 판단할 권리와 힘을 지닌다』에서 주님의 의지에 반하여 통치하는 종교적 폭군은 그리스도 세계에서 추방해야 한다고 말했던 것을 볼 때 아마 필자가 보기엔 진심이 아닌 것으로 보인다. 아마 생존을 위한 선택이 아닐까 싶다. 여하튼 루터는 세속 군주들을 옹호했고 억압받던 농민들은 좌절하게 된다. 루터는 이 판단으로 세속 군주들에게 지원을 받아 새로운 개혁교회를 만드는 데에는 성공했으나 루터에 대한 독일 민중들의 신뢰는 떨어졌고 종교 개혁도 한동안 시들시들하게 되었다. 이것은 훗날의 독일에 안 좋은 영향을 끼치는데 세속 권력에 대한 복종을 요구하는 사상들에 영향을 주었기 때문이었다. 두 정부론이 위험한 국가주의의 밑거름이 되었다는 것은 부정하기 힘든 사실이다. 루터는 훗날의 독일에 좋은 것과 나쁜 것을 동시에 남겼다.

여하튼 루터는 라이프치히에서의 논쟁 이후 새로운 개혁교회를 개척하며 교황과 투쟁해야 할 필요성을 느꼈다. 그래서 그는 1520년 『기독교도의 자유에 대하여』를 집필하여 종교적 자유를 외쳤다. 의도치는 않았겠지만 이는 독일 사람들에게 정치적 자유에 대한 생각도 제고해 주는 결과를 낳았다. 이로써 종교 개혁은 단순한 종교적 투쟁이 아닌 개인들의 독자적 이해관계가 얽히는 사회적, 정치적 운동으로 변화하게 되었다. 이러한 때, 1520년 10월 23일 새로운 신성로마제국 황제로 즉위한 카를 5세Karl V가 즉위하고 몇 달 뒤 보름스에서 루터를 만났다. 새 황제는 가톨릭을 수호하겠다는 마음이 강하여 루터가 주장을 포기하기를 바라고 있었다. 그러나 루터는 대담하게 교회의 권한을 비판했고 결국 황제는 루터를 돕는 모든 자들을 체포할 것이라고 천명했다. 1521년 1월 3일 루터는 결국 공식적으로 파문당했으며 작센 선제후의 도움으로 바르트부르크성으로 피신하였다.

하지만 황제와 교황의 탄압에도 종교 개혁의 흐름은 막을 수가 없었다. 구텐베르크의 발명 덕분에 1521년에 이미 50만 부의 루터의 저서가 독일 전역에 판매되었다. 황제는 루터의 저서들을 전부 불태우라고 명령했지만 (1521년 5월 26일 보름스 칙령) 루터가 사망하는 1546년까지 그의 여러 저서들은 100만 부 가까이 세상에 판매되었다. 가난하게 살던 농민들과 제국의 하급 기사들은 성직자에 반발하며 이러한 여파를 적극적으로 받아들였다. 종교 개혁은 특히 도시를 중심으로 퍼져나갔는데 당시 독일 사회는 농촌의 95%가 문맹이었지만 도시는 3할에 가까운 사람들이 글을 읽을 줄 알았다. 그래서 도시민들은 루터와 칼뱅Jean Calvin,

츠빙글리Ulrich Zwingli 같은 종교 개혁가들의 생각을 다른 곳에 비해 적극적으로 받아들였다. 도시민들은 종교 개혁의 메시지를 정치, 사회, 경제적 투쟁의 명분으로 재해석하여 정치 집단들의 각종 횡포에 저항했다. 예컨대 영주들이 각종 자치권을 빼앗으려 할 때 루터의 주장들은 많은 도움이 되었다. 카를 5세는 이러한 흐름을 막고 싶었으나 오스만이나 여러 경쟁국과의 전쟁으로 귀족과 기사들의 도움이 절실하였다. 그렇기에 루터를 만나고 얼마 뒤 포고한 보름스에서의 칙령을 1526년 슈파이어 제국 의회에서 파기하였다. 영주들의 양심의 자유를 허락한 것이다. 카를 5세가 이탈리아 원정 승리 직후인 1529년 다시 보름스 칙령을 재개했지만 다섯 명의 개신교 제후와 14개의 도시 대표들이 이에 항의Protest했고 그때의 일로 루터의 교회는 프로테스탄트Protestant라고 불리게 되었다. 여하튼 카를 5세는 반발을 막기 위해 1530년 아우크스부르크 제국 의회를 열어 보름스 칙령을 다시 강조하였다. 하지만 곧 오스만의 침공으로 비엔나가 위험해지자 일을 잠정적으로 미루었다. 카를 5세는 한동안 외정에 집중하였지만 10여 년 정도 시간이 지나자 다시 국내 문제에 관심을 돌렸다. 카를 5세는 가톨릭 수호에 진심이었고 독일 문제를 포기할 의중이 없었다. 무엇보다 그에겐 제국을 영방국가체제에서 다시 강력한 중앙집권국가로 만들 야심이 있었다. 고로 카를 5세는 가톨릭 아래 다시 제후들이 황제에 충성하길 바랐고 이에 자연스레 독일 개신교 제후 세력들과의 협상은 깨졌다. 구교와 신교 간의 슈말칼덴 전쟁Schmalkaldischer Krieg이 1546년에 1년간 발발하게 되었다. 이 전쟁에서 개신교 제후들은 쉽게 격파당했으나 분쟁은 종결되지 않았다. 개신교를 이끌던 작센 선제후 요한 프리드리히 1세John Friedrich I가 황제에 의해 사형을 선고받음에 따라 개신교 제후들은 큰 충격을 받고 끝까지 저항했기 때문이었다. 잔존 개신교 제후들은 프랑스의 앙리 2세와 협정을 체결하여 종교와 자유의 투쟁을 이어갔다. 앙리 2세는 캉브레, 메츠, 툴, 베르됭 등등 과거 스페인 길Spanish Road이었던 영지를 얻는 대가로 독일 개신교 제후들을 지원했고 이에 버거움을 느낀 카를 5세는 자신의 동생이자 신성로마제국을 대리하여 통치하고 있었던 페르디난트 1세Ferdinand I의 권유에 따라 한발 물러서게 된다. (사형을 선고받았던 작센의 요한 프리드리히 1세는 이 일로 방면되어 목숨을 부지하게 된다.) 그렇게 1555년 아우크스부르크 화의The Peace of Augsburg를 통해 루터교회가 제국 내에서 인정받음으로써 종교 개혁이 결실을 맺게 된다. 종교의 자유가 인정받았고 이제 사상의 자유로 가는 길이 열린 것이다.

한편 이러한 일련의 종교 개혁 와중에서 브란덴부르크를 점유하고 있던 호엔촐레른은 어떠한 행보를 보였을까? 시간을 조금 돌려보자. 종교개혁이 인정받기 위해 한창 싸우던 시절 호엔촐레른 가문은 최대한 중립을 지키고자 하였다. 개신교에 흥미를 느끼면서도 개신교 제후들과 함께 싸우기는 꺼려하였다. 예컨대 슈말칼덴 전쟁 당시 그즈음 브란덴부르크 선제후는 루터파로 개종했음에도 황제에게 소규모 기마군을 파견할 정도로 합스부르크 가문과 적대를 피하고 싶어 하였다. 차라리 신교와 구교의 중재자가 되길 원하며 분쟁을 조정코자 하였다. 물론 실패했지만 그러한 태도를 통해 호엔촐레른 가문이 얼마나 몸을 사렸는지를 알 수 있다. 이 시기 루터파로 서서히 개종하면서도 황제의 심기를 건들지 않기 위해 호엔촐레른 가문은 최대한 눈치를 살폈다. 브란덴부르크의 호엔촐레른 가문은 요하임 2세Joachim II. Hector 때 루터파로 개종하였다.

그의 어머니가 루터파 개종에 적극적이었는데 이에 영향을 받은 것이다. 하나 공식적으로 신앙을 선언한 것은 1563년으로, 이 당시 브란덴부르크는 유럽의 정세를 살피며 은근슬쩍 개신교에 발을 담그고 있었다. 자신의 지방들을 루터파로 개종시키면서도 합스부르크 황실의 충실한 태도를 보이며 그들을 지지하였다.

그렇게 행동한 원인은 방어하기 어려운 영토와 국경에 비해 브란덴부르크의 힘이 약했기 때문이었다. 그래서 개종을 하면서도 사방의 눈치를 살피며 힘을 기르는 데 집중하는 행보를 보여주었다. 호엔촐레른 가문은 아직까진 강국들에 비하면 한참이나 미약했기에 전쟁보단 결혼 정책으로 영토와 영향력을 확장하고자 하였다. 예컨대 1523년 호엔촐레른 가문은 덴마크 왕가와 혼인을 하였다. 슐레스비히-홀슈타인 공작령의 일부를 얻고자 하는 속셈이었다. 비록 실패하지만 이 시기 이런 시도를 꾸준히 하였다. 그리고 그중 일부는 나름대로 만족할 만한 성과를 얻었다.

바로 율리히-클레베 상속과 프로이센 공국 상속이었다. 먼저 프로이센 공국 획득을 알아보자. 프로이센 공국은 원래 독일 기사단국Staat des Deutschen Ordens으로 오래전 이 지방을 기독교로 만들기 위해 투쟁하던 기사들의 나라였지만 37대 기사단장Hochmeister인 알브레히트Albrecht von Preußen 대에 들어서 경쟁의 대상이었던 폴란드와 타협하여 그들의 종신이 되어 세속화된 공국이었다. 호엔촐레른 가문은 이곳을 노리는데 마지막 기사단장이자 초대 공작인 알브레히트가 바로 같은 가문의 사람이었기 때문이었다. (공작은 선제후의 사촌이었다.) 당시 브란덴부르크 선제후인 요하임 2세는 먼저 1535년에 폴란드의 야드비가 공주와 혼인하였다. 그리고 1564년이 되어 처남이 폴란드 왕이 되자 자신의 두 아들을 프로이센 공국의 공동 상속인으로서 지정하는 것을 허락받는 데 성공하였다. 같은 핏줄이 공국을 다스리니 이런 지위를 인정받아야 함을 주장했으며 1568년 알브레히트 공작이 죽자 폴란드 의회서 이를 최종 승인받음에 따라 상속권을 확정받았다. 그러면서 다른 이들이 공국에 주장하지 못하도록 가문 내의 결혼도 주선하였다. 1594년 알브레히트 공작의 아들이자 다음 공작인 알브레히트 프리드리히Albrecht Friedrich의 장녀 안나 폰 프로이센과 훗날 16대 선제후가 되는 브란덴부르크의 요한 지기스문트Johann Sigismund를 결혼시켜 가문 안과 두 국가의 연대를 공고히 하였다. 그러면서 다음 공작이 정신병이 있는 것을 빌미로 1603년에는 친인척인 폴란드 왕에게 부탁하여 공국의 통치권까지 획득하였다. 이제 사실상 프로이센 공국을 차지한 것이었다. 그런데 여기서 안나 폰 프로이센Anna von Preußen과의 결혼은 상당히 중요한 의미를 지녔는데 그가 공국의 딸이자 동시에 율리히-클레베 공작의 조카이기도 하였기 때문이었다. 안나의 어머니 마리아 엘레오노라가 율리히-클레베 공작 요한 빌헬름의 누나였기에 얽힌 인척 관계로 독일 서부에 있던 공국도 통치권을 주장할 근거가 생겼다. 다만 안나는 조카라 해도 여성인지라 (당시 독일어권은 살리카법Lex Salica에 의해 여자는 가문의 상속을 받지 못하였다.) 통상적으로는 가능한 방법은 아니었지만 당시 율리히-클레베 공국의 가문은 여성도 상속을 받아 삶을 누릴 수 있게 가문의 약정을 바꾸어 놓아 호엔촐레른 가문이 은근슬쩍 주장할 근거를 마련해 주었다. 여하튼 그렇게 시간이 흘러 1618년 알브레히트 프리드리히가 아들 없이 사망하자 호엔촐레른 가문은 프로이센 공국을 획득하였다.

이제 율리히-클레베 공국 상속을 알아보자. 이곳은 프로이센 공국과 다르게 세습 경쟁자들이 많았다. 무려 경쟁자 제후가 7명이나 되었다. 그래서 안나 폰 프로이센을 통해 얻은 경쟁 자격이 남들에 비해 부족해 보일 정도였다. 7명의 경쟁자 중 가장 강력한 사람은 팔츠-노이부르크 공작으로 이 자가 율리히-클레베 공국을 상속할 가능성이 컸었다. 일단 1605년 호엔촐레른 가문은 팔츠 선제후와 결혼을 하였다. 팔츠 선제후의 수도 하이델베르크는 독일 서부의 중요한 도시이자 군사, 정치적 관계망의 중심축인지라 율리히-클레베 공국 획득과 수호에 도움이 될 것이라는 판단이었다. 그리고 1605년 브란덴부르크와 팔츠, 네덜란드 공화국 간의 동맹을 맺어 훗날 율리히-클레베 공국 획득을 위한 병력 지원을 보장받았다. 다만 문제는 팔츠 선제후가 루터파가 아닌 칼뱅파였다. 1555년의 아우쿠스부르크 화의는 루터파만 제국에서 용인해 주는 것인지라 이러한 선택은 그토록 눈치 보았던 합스부크르 가문과의 적대로 이어질 수 있었다. 그래서 브란덴부르크의 의사결정권자들은 이에 반대하는 의견도 적지 않았다. 하지만 차기 선제후인 요한 지기스문트가 팔츠와 더 긴밀해져야 한다고 주장하며 일단 일은 추진되었다.

그러던 중 1609년 율리히-클레베 공작이 사망하여 대가 끊겼다. 그리되자 율리히-클레베 공국을 둘러싼 여러 논의가 독일 각지에서 벌어졌다. 다들 이곳은 자신의 영역이라 주장하였고 호엔촐레른 가문 역시 그러하였다. 다만 이 시점 종교 분쟁이 다시금 격화되고 있을 때라 팔츠 선제후가 이끄는 프로테스탄트 연합과 합스부르크 가문이 이끄는 제국 가톨릭 연합이 부딪히려 하고 있었다. 이러한 때에 적당한 군사력이 없는 브란덴부르크 선제후국이 움직이는 것은 대단히 위험해 보였다. 잘못했다간 이번에 합스부르크 가문에게 완전 찍혀 멸문지화를 당할 수도 있었다. 하지만 이 위기 속에서 호엔촐레른 가문은 모험에 나섰다. 평소라면 황제의 편을 들겠지만 이번에는 프로테스탄트 연합에 들어갔다. 그들의 후원을 받고자 한 것이다. 같은 경쟁자인 팔츠-노이부르크 공작도 이에 뒤처지지 않고 프로테스탄트 연합에 들어갔다. 이리되자 황제는 분노하며 율리히-클레베 공국을 작센 선제후에게 하사하겠다고 공언했다. 그러면서 두 연합이 충돌 직전까지 가지만 프로테스탄트 연합을 후원하던 프랑스 국왕이 1610년 5월에 암살당한 탓인지 다툼이 크게 이어지진 않았다. 결국 어느 정도 사태가 마무리되자 다시금 상속 논의가 이어지는데 여기서 (1614년 크산텐 조약) 어느 가문이 승리하진 못하고 적당히 나눠 먹는 것으로 결정되었다. 아마 둘 다 같은 연합에 들어간 탓일 것이다. 여하튼 팔츠-노이부르크 공작은 율리히와 베르크 지방을 얻고 브란덴부르크 선제후는 클레베와 마르크, 라벤스베르크, 라벤슈타인 지방을 얻는 것으로 마무리되었다. 이 땅들은 기름지어 개간되기 좋거나 중요한 광맥이 있어 야금 활동에 도움이 되었다. 특히 라벤스베르크 백작령은 라인 지방과 독일 북동부 지방을 이어주는 중요한 수송로에 위치하여 아마포 산업이 번창한 곳이라 수입이 좋았다. 호엔촐레른 가문은 이곳을 얻어 가난에서 어느 정도 벗어나는 데 성공하였다. 나름대로 짭짤한 수익을 올린 것이다.

다만 루터파와 멀어지고 칼뱅파와 가까워짐에 따라 기존의 루터파 제후들과 사이가 나빠져 버렸다. 1608년 드디어 선제후가 되었던 요한 지기스문트는 1613년 아예 칼뱅파로 개종을 발표함으로써 아우크스부르크 화의를 이탈하여 합스부르크 가문에게도 좋지 못한 눈초리를 받게 되었다. 원하던 상속은 얻었지만 외교가 나빠진 것이다. 무엇보다 칼뱅파로의 개종은 백성들이 원하지 않았다. 당시 브란덴부르크 영지의 백성들은 이미 루터파를 받아들인 상태였다. 선제후는 칼뱅파지만 백성들은 루터파인 상황은 결국 소요사태를 만들었다. 1615년 쾰른(현재의 베를린 미테 지구)에서 백성들이 난동을 부리자 선제후는 이를 제대로 대처하지 못하였다. 칼뱅파 목사들의 집은 약탈당했고 가문의 사람들도 간신히 피신할 정도의 소요사태였다. 그저 근위병을 늘려 자신과 새롭게 불러들인 칼뱅파 목사들을 지키는 것 정도만 할 뿐이었다. 브란덴부르크의 신분제 의회에서도 반발하자 결국 선제후가 선택한 옵션은 관용 정책을 펴는 것 뿐이었다. 1615년 2월 15일 선제후 칙령을 통해 백성들이 루터파를 그대로 믿어도 된다고 발표하였다. 다만 요한 지기스문트는 생각 없이 칼뱅파로 개종한 것이 아니었다. 칼뱅파로 개종하고 외국 칼뱅파 관료들을 등용함으로써 제2의 종교 개혁을 통한 국가 재편을 할 의도였다. 하지만 백성들과 루터파 성직자들의 반발에 결국 일은 흐지부지되었다. 하나 이미 가문과 상층부 관료 사이의 개종은 이루어져 결국 선제후의 노력은 브란덴부르크 영지 내에서의 종교 분쟁만 생기게 되었다. 좋은 의도가 나쁜 결과를 부른 것이다. 그렇게 같은 영지에 두 종파가 존재하게 됨에 따라 한동안 브란덴부르크 내에서의 크고 작은 소란은 이어지게 되었다.

그래도 아주 나쁜 것은 아니었다. 이러한 두 종파 간의 대립을 무마하기 위한 관용 정책들이 또 다른 좋은 결과물을 만들어주었기 때문이었다. 훗날의 이야기지만 미리 언급하자면 1664년 9월의 관용령을 통해 루터파와 칼뱅파 성직자 간 비난을 자제할 것을 촉구한 일이 있었다. 이러한 관용 정책이 브란덴부르크 정부의 정책적 관행이 됨에 따라 위그노 난민들에게 문호를 개방하는 1685년의 포츠담 칙령이 탄생하게 되었다. 위그노의 지식인들이 대거 브란덴부르크로 피신하여 선제후의 발전에 커다란 공헌을 했음을 보면 브란덴부르그에 두 종파가 생긴 것은 불행이기만 한 것은 아니었다.

여하튼 이러한 과정을 거치며 호엔촐레른 가문은 기존의 브란덴부르크 영지를 넘어 프로이센 공국과 클레베와 마르크 등 독일 서부 영지를 획득하였다. 강국으로 가는 발판이 조금은 생긴 것이다. 다만 영토가 흩어져있는 것에 비해 그들의 가진 군사력은 형편없었다. 이를 극복하기 위해 1604년 추밀원Geheimer Rat을 만들어 (9명의 고문관으로 형성된 합의제 기구로 여러 안건을 다방면으로 처리했다. 다만 자문 역할에 가까웠다.) 국가의 힘을 기르고자 했지만 아직은 미약하였다. 그래도 시간이 지나면 서서히 호엔촐레른 가문이 강해질 것은 분명한 사실이었다. 요한 지기스문트에 의해 발생한 외교의 문제도 충분히 극복 가능한 사안이었다. 문제는 시간이었다. 종교 분쟁이 유럽 사회에서 점점 더 악화되고 있었다. 그러한 분쟁이 조만간 커다란 전쟁으로 변할 조짐을 보이고 있었다. 그것이 호엔촐레른 가문이 원하던 노력의 결실을 한동안 뒤로 미뤄버릴 예정이었다.

독일 기사단국, 그리고 동군연합

독일 기사단국, 흔히 튜턴 기사단Teutonic Order이라고도 불리는 이들은 어떻게 시작되었을까? 그들의 계보를 살펴보자면 첫 시작은 12세기 중엽, 한창 십자군 원정이 한창일 시절 성지 예루살렘에서 결성된 병원형제단이 기원이라고 볼 수 있다. 그들은 독일인 순례자들을 보호하고 간호하는 업무를 맡았다. 그들은 1190년 야전병원을 세우며 일종의 수도회로 변화하였다. 그러다가 1197년 신성 로마 제국의 황제 하인리히 6세의 급사로 독일의 병력이 성지에서 빠져나가자 그들을 대체하기 위하여 병원형제단을 종교기사단으로 1년 뒤 승격시켰다. 당시 교황 인노첸시오 3세Innocentius III는 새로운 기사단을 곧 정식으로 승인하며 병원활동과 구빈사업, 그리고 이교도 교화와 정복이라는 임무를 맡겼다. 이렇게 훗날 독일 기사단으로 불릴 튜턴 기사단이 탄생하였다. 처음 이들은 그들의 본연의 임무에 집중하였다. 그러다가 1210년에 재임하게 된 4대 기사단장인 헤르만 폰 잘차Hermann von Salza는 기사단을 키우기 위해 조금 다른 선택을 하게 된다. 유럽에서도 활동을 해보자는 것이었다. 그는 당시 신성 로마 제국 황제 프리드리히 2세와 친분이 있던 자로 나름의 인맥을 통해 헝가리로부터 일거리를 주선받게 된다. 헝가리 국왕 언드라시 2세II. András는 부르첸란트의 통치권을 대리토록 히게 헤줄 터이니 이곳으로 와 이교도들의 침략을 막고 그들을 정복하고 교화시켜 달라고 요구하였다. 기사단은 새로운 곳에 영지를 획득하기 위하여 헝가리 국왕의 명령을 충실히 이행하였다. 해당 지방의 이교도인 쿠만Kuman인들을 쫓아내거나 교화시키며 그들의 땅을 정복하고 경영하였다. 그렇게 얻은 땅을 발전시키며 성채를 쌓고 주화를 제조하였다. 그러면서 꾸준히 이교도의 침공으로부터 헝가리를 수호하였다. 그 대가로 황제 이외의 재판에 불복할 권리와 재판관 선임권, 그리고 각종 공납의 면제를 획득하였다. 하지만 시간이 흐를수록 기사단의 욕심은 커져갔다. 기사단이 1222년 카르파티아산맥을 넘어 도나우 하류까지 진출하는 데 성공하자 헝가리로부터 사실상 독립하여 자신만의 나라를 세울 궁리를 하게 된다. 간이 배 밖으로 나온 기사단은 헝가리 국왕에게 영방주권을 요구했으나 헝가리는 당연하게 이를 반대했고 결국 1225년 기사단을 헝가리 땅에서 퇴거시키기로 결정하였다.

이에 기사단장 잘차는 분노하나 얼마 안 가 새로운 기회를 잡게 되었다. 바로 다음 해에 폴란드 마조비아의 콘라트 공작이 기사단에 도움을 요청한 것이다. 기사단은 바로 폴란드로 향하기로 하였다. 하나 기사단장은 이번에도 일만 하다가 쫓겨날 수 없다는 생각을 품었다. 그래서 그전에 자신의 인맥인 황제 프리드리히 2세의 보장을 받길 원하였다. 기사단장은 협상단을 신성로마제국의 황제와 콘라트 공작에게 파견하였다. 그리고 협상 끝에 황제의 보장을 받아내니 그것이 1226년 3월에 발포된 리미니 황금칙서Goldene Bulle von Rimini였다. 기사단장은 황제로부터 마조비아의 쿨머란트Kulmerland를 공인받게 되었다. 그리고 콘라트 공작을 통해 폴란드와 협상하여 1230년 5월 크루슈비츠 조약Vertrag von Kruschwitz을 체결하는 데 성공해 그들에게도 쿨머란트를 인정받았다. 그렇게 1230년, 영토를 확실히 얻게 된 기사단은 공식적으로 기사단국을 세우며 꿈에 그리던 그들만의 나라를 세우게 되었다. 하지만 잘차 기사단장은 여기에 멈추지 않고 교황청과도 협상하는데 1234년 교황 그레고리오 9세Gregorius IX에게 리에티Rieti 교서를 받아 다시금 차지한 영토를 인증받았다.

이렇게 삼중으로 공인받은 기사단은 이제 안심하고 폴란드 북부에 식민운동을 개시하였다. 그러면서 여러 협상을 통해 인정받은 프로이센Preußen 지방을 노려갔다. 이 과정에서 이교도들만 상대할 뿐만 아니라 기존에 이미 이교도와 상대하던 이들의 영토도 전쟁 의무를 부과받는 형식으로 양도받으며 세를 불려나갔다. 특히나 맨 먼저 프로이센 지방을 개척하고 이교도들을 교화하던 크리스티안 사교Christian von Preußen와의 경쟁에서 승리하여 그가 지닌 영토와 권리를 가져오는 데 성공, 기사단은 프로이센 개척의 주도권을 차지하게 되었다. (대표적으로 크리스티안 사교의 도브린 기사단Orden von Dobrin이 1234년 튜턴 기사단에게 흡수당했다.) 그리고 1240년쯤이 되자 프로이센 지방의 주요 거점을 점령하는 데 성공하였다. 물론 프로이센 지방의 원주민인 프루사Prūsa족의 격렬한 저항이 있었으나 1270년대 즈음에 접어들어 거의 진압하는 데 성공하여 1283년이 되면 프로이센 지방 전체를 완벽하게 제압하게 된다. 기사단국은 여기에 만족하지 않고 현재의 발트 3국이 있는 곳으로도 진출을 시도하였다. 먼저 1237년, 리보니아의 그리스도 기사수도회Fratres militiæ Christi

Livoniae를 흡수 합병하여 그들의 지역에서 세력을 넓혀갔다. 그리고 1245년 교황청의 주선으로 이곳의 쿠클란트 지방을 얻었으며 1275년, 신성로마제국의 황제로부터 리가에 대한 지배권을 인정받게 되었다. 그리고 꾸준하게 리투아니아를 침공하여 발트에서의 세력권을 확보하였다. 이 과정에서 아쉬운 것은 1291년, 계속 유지하고 있던 성지 부근의 기사단이 보유하던 성이 끝내 무슬림들에게 함락당하였다는 것이었다. 그곳의 기사단은 일단 베니스로 옮기고 유럽의 기사단으로 합류시켰다. 1309년, 기사단은 공식적으로 기사단의 본부를 프로이센의 마리엔부르크로 옮겼고 계속 발트로의 진출을 시도하였다. 1348년 기사단은 에스토니아 지방을 차지하였고 1398년에는 고틀란트섬까지 차지하여 발트해를 석권하였다. 이 과정에서 프로이센 지방만이 아니라 쿠클란트와 젬갈렌, 자모기티엔 등등 발트해 지방들을 석권하는 데에 성공하였다. 이즈음 기사단장은 빈리히 크리프로데Winrich Von Kniprode로 1351년부터 1382년에 재임한 인물인데 그가 기사단의 황금기를 이끌었다. 당시 기사단은 교황과 황제 둘에게 동시에 인정받고 지원받으며 개척활동을 이어갔다. 이것은 기사단의 큰 재산이었는데 둘과의 관계를 이용해 독자적 영방국가 수립을 이룩하면서도 어느 한쪽이 개입하려 하면 다른 쪽의 지원을 받아 자주권을 유지하였다. 예컨대 황제가 기사단을 제국의 가신으로 만들려고 하면 교황을 통해 봉건적 관계에서 도망치곤 하였다.

카를 슈테페크Carl Steffeck가 그린 「말보르크 성에 들어가는 독일 기사단Einzug der Ordensritter in die Marienburg」, 1884년 작품, 독일 구Alte 국립 미술관 소장

여하튼 발트 지방에서 자주적인 영방국가로 자리 잡은 독일 기사단국은 이제 정복한 영토를 확실히 자신의 것으로 만들기 위한 대대적 통합 활동을 개시하였다. 독일인들을 자신들의 나라로 이주시키고 정착시켰으며 중세 독일의 법과 교회의 가르침을 정복지에 확립시켜 갔다. 이러한 독일 기사단국의 활동은 사자공 하인리히Heinrich der Löwe에 의해 12세기부터 활발해진 독일의 동방식민운동Ostsiedlung의 한 과정이라고도 볼 수 있다. 기사단은 꾸준히 정복한 영토에 독일 농민들의 대규모 이주를 받아들였다. 여러 성과 도시가 건설되었으며 기사들이 이 도시들을 수호하고 통치하였다. 대표적으로 리가와 레발이 각각 1201년과 1230

년 식민도시로 이주민들에 의해 건설되었다.

당시 동방식민운동이 독일 전역에서 유행처럼 이어졌기에 새로운 기회나 자유를 얻고자 하는 이들이 꾸준히 새로 개척된 동방의 기독교 영역으로 흘러 들어갔다. 특히 저지대인 플랑드르 지방의 사람들도 많이 참여할 정도였다. 다만 기사단의 발트 지방의 경우 너무 멀고 이교도들과 가까워 슐레지엔 같은 곳과 달리 꾸준히 받아들이지는 못하였다. 그래도 이주한 이들은 부유하고 배운 자들도 많은지라 이들이 독일의 농업기술과 도시법들을 개척지에 정착시키며 많은 기여를 하였고 기사단은 이를 통해 더욱 성장하였다.

이주민들은 이주의 대가로 자신이 경영한 농지의 소유권이나 세습소작권을 획득하여 본국에서보다 더 나은 삶을 추구하였다. 황무지를 개척하여 여러 권리를 얻었는데 재판권이나 양조 및 주류 판매권, 지조분익권 등등 여러 권리를 획득하여 이주 이전보다 더 자유로운 삶을 누릴 수 있었다. 이주민들은 각자 도시의 법을 개척지에 통용시킨 덕에 마크데부르크의 도시법이나 뤼벡의 도시법들이 퍼져나가 개척 도시의 빠른 안정에 도움을 주었다. 광부들에 의해 광산법도 정착되었는데 이렇듯 각자가 필요한 법이 본국으로부터 빠르게 전달되어 이용됨에 따라 개척운동은 초창기의 어려움을 빠르게 탈출하였다. 당시 독일의 법들이 신분제하의 자유를 추구했는지라 각자가 신분에 상응하는 각 분야 개척 사업에 매진한 결과 동방식민운동은 독일의 여러 도시법하에 무난하게 진행되었고 기사단국은 13세기와 14세기에 이러한 독일의 이주를 받아들이며 성장하였다.

그러나 15세기에 접어들며 기사단국의 영광도 서서히 사그라져갔다.

폴란드와의 투쟁에서 패퇴하기 시작한 것이다. 폴란드는 기사단국의 세력이 커져가자 그들을 견제했다. 둘은 곧 붙었으나 이 싸움에서 기사단국이 승리했고 1343년 칼리슈Vertrag von Kalisch 협정으로 기사단은 포메른 헤움노, 미할로프 등등 폴란드와의 접경지대에 대한 권리를 차지하였다. 그렇게 양 국가 사이엔 66년간 평화가 이어지나 1409년 다시금 충돌하였고 1410년 탄넨베르크Tannenberg 전투에서 기사단국이 크게 패배함에 따라 세력의 균형추는 폴란드 쪽으로 급격히 기울었다. 그 뒤로도 몇 번 더 싸우긴 하나 기사단은 결국 패배하고 1435년 평화 협정을 통해 9,500굴덴Gulden의 배상금을 뱉어내고 여러 권리를 포기하였다. 기사단국은 이러한 전쟁들로 재정이 바닥나 버렸다. 그래서 세금을 인상하거나 추가 징수를 하려 했지만 이에 프로이센 지방들의 신분제 의회Stände가 큰 반발을 하였다. 그만한 권리를 요구하였는데 대표적으로 1437년 쿨머란트의 신분제 의회가 18개의 청원서를 기사단장에게 제출한 바 있었다. 그러나 기사단국은 신분제 의회의 권리를 어느 정도 인정해도 완전 수락하지는 않았다. 결국 기사단국의 내부에서 분란이 싹터갔다. 기사단장이 강경한 태도를 유지하자 신분제 의회나 여러 반대파들은 1440년 프로이센 동맹Preußischer Bund을 결성하였다. 이는 당시 영방국가화 되어가는 신성로마제국 안에서 흔히 보이던 현상으로 자신의 권리를 확보하기 위한 국가 내의 권리 집단의 등장인 것이었다. 이에 기사단국은 1441년 8월과 9월 지역별로 의회를 개최하여 기존의 특권을 유지하고자 애를 썼다. 그러면서 각 도시의 신분제 의회 간 분열을 획책하고 황제에게 도움을 요청하여 힘들게 세금 신설안을 통과시켰다. 프로이센 동맹은 수락의 대가로 기사단장에게 전쟁이나 외교 등의 국가 중요

대사에 신분제 의회 총회의 승인을 받으라는 것을 요구하였다. 그러면서 프로이센 동맹은 8개의 대도시와 38개의 소도시, 14개 지역의 기사들을 가맹시켜 세력을 불려갔다. 하지만 기사단장은 기사단국의 권리를 일부를 제외하곤 양도할 생각이 없었다. 그러한 덕택에 국가 내부 안에서의 분쟁은 가시화되었다.

결국 1453년 프로이센 동맹에 속한 신분제 의회와 도시들은 기사단국에게 성실의무를 파기하겠다고 통보하였다. 즉 독립을 주장한 것이다. 기사단의 성채들은 도시민들에게 약탈당하기 시작했고 동맹은 폴란드 왕국에 지원을 요청하였다. 폴란드의 왕 카지미에시 4세Casimir IV Jagiellon는 이를 기회로 여겨 동맹을 지원하기로 결정했고 4월 동맹을 체결하였다. 이렇게 13년 전쟁이 발발하였다. 이 과정에서 기사단은 참담한 패배를 겪었으며 1466년 2차 토른 조약Zweiter Friede von Thorn을 통해 단치히와 쿨머란트, 서프로이센 지방 대부분을 폴란드에 양도하였다. 그리고 폴란드 왕의 종주권을 인정함으로써 그들의 봉신이 되었다. 이렇게 기사단국은 폴란드의 신하국으로 전락한 것이다. 이렇게 기사단국은 몰락하나 이 과정 속에서 그들의 신분제 의회는 하나의 권리 주체로 인정받게 되었다.

이러한 신분제 의회의 권력 상승과 기사단국의 중앙집권적 정치, 경제 우월성의 쇠퇴는 또 다른 탈출구를 찾게 해주는 계기가 되었다. 기사단국은 하락한 자신들의 위치를 다시 상승시켜 보기 위해 신성로마제국 내의 유력한 제후 가문들의 사람을 단장으로 영입하는데 그중 한 명이 1510년에 단장이 된 알브레히트 폰 호엔촐레른이었다. 알브레히트 기사단장은 단원들의 요구에 처음에는 폴란드와의 종속 관계를 끊어보고자 노력하였다. 그러나 계속된 싸움은 국가 발전에 오히려 저해된다고 생각한 그는 차라리 자신의 가문이 통치하는 브란덴부르크와 관계를 굳건히 하고 세속 공국으로 전환하여 나라의 기반을 다시금 다지는 쪽으로 방향을 전환하였다. 그리고 1522년 제국 내의 세력들에게 도움을 받기 위해 제국으로의 여행을 떠났다. 여행 중 그는 당시 제국에서 유행하던 루터파의 복음 내용을 들었고 이에 감명받게 되었다. 1523년 9월 그는 루터를 직접 만나는 데 성공하였다. 루터는 프로이센의 개종을 강력하게 권고하였다. 알브레히트 기사단장은 이를 받아들였고 루터파 복음 전도사들과 함께 쾨니히스베르크로 귀환하였다. 그는 프로이센의 신분제 의회에 개종과 세속 공국으로 바꾸는 안건을 상정했다. 당시 신분제 의회에 있던 개혁파들이 이 안건을 지지함에 따라 통과되었고 기사단장 알브레히트는 당시 폴란드 국왕 지그문트 1세Zygmunt I Stary를 찾아가 그들의 봉신이 될 것을 재확인하며 개종을 허락해 달라고 요구했다. 폴란드는 앞으로 프로이센이 고분고분해질 것을 기대하며 승인했고 1525년 4월 10일 기사단국은 루터파로 개종하면서 동시에 폴란드의 세속 공국으로 정식 변경되었다. 다만 이로써 로마 교황청뿐만 아니라 신성로마제국과도 이어져 있던 여러 권리와 계약이 파기됨에 따라 제국과의 관계가 단절되었다. 개종은 상당히 순조로웠는데 이미 루터파가 프로이센 지방까지도 퍼진 탓에 이미 개종한 사람들이 상당수 존재했기 때문이었다.

이렇게 기사단장 알브레히트는 이제 프로이센 공국의 알브레히트 공작이 되었다. 이 세속화 과정에서 기사단원들이나 수도사들의 지역 통치는 사라지게 되었고 이제 신분제 의회와 관료들이 그 역할을 이어받아 공국의 행정권과 재판권을 행사하게 되었다. 기존의 기사행정관들은 영농 지주로 변화하여 지역 발전에 이바지하였다. 세속화를 통해 신분제 의회 간의 관계를 재조정하고 역할을 나눔에 따라 그들과의 분쟁도 서서히 사그라져갔다. 앞서 신분제 의회는 개종을 아주 쉽게 인정했는데 기존의 가톨릭 형식주의가 분란의 원인이기도 했었기 때문이었다. 이에 반해 루터의 교리는 상업 활동을 용인하며 도시민들 사이에서 떠오르던 신흥 부르주아 세력들의 환호를 받았다. 그렇게 양측의 방해물들을 치워가며 다시금 하나의 국가로 변모하였다.

마지막으로 이 시기 가장 중요한 프로이센 공국의 정책은 바로 브란덴부르크 선제후국과의 결혼 동맹이었다. 그들과 연을 맺어 제국 내에 도움이 될 세력을 확보하였다. 다만 2대 공작 알브레히트 프리드리히가 아들 없이 사망하여 역으로 공국은 선제후국 주도하의 동군연합Personal Union이 되어버렸다. 이로써 기사단국의 이야기는 끝나고 브란덴부르크-프로이센의 이야기가 시작되게 된다.

30년 전쟁

이제 브란덴부르크가 위치한 독일 본국의 이야기로 돌아가 보자. 1618년 시점은 종교 분쟁이 아주 강렬한 때였다. 전쟁이 날 정도로 말이다. 그리고 결국 훗날 30년 전쟁으로 불릴 전쟁이 벌어지게 되었다. 그렇다면 왜 결국 전쟁이 일어났을까? 사실 이 유럽 최초의 국제전은 발발 원인이 너무 많고 복잡하여 하나로 잡기는 힘들다. 하지만 전통적인 종교 갈등에 의한 해석을 기반으로 하자면 아우크스부르크 화의에서 칼뱅파가 빠져있는 측면이 컸었다. 칼뱅파로의 개종은 브란덴부르크만 겪은 일이 아니었다. 칼뱅파는 루터파의 교리에 비해 좀 더 엄격했다. 이성이란 신의 계시가 드러난 것이며 이는 당연하고 태어날 때부터 정해진 것으로 보았다. 칼뱅파의 은총과 예정의 교리는 권위적인 대의를 추구했으며 동시에 공동체에 대한 개인의 의무를 강조했다. 그러면서도 공동체의 도덕적 안녕과 질서, 목사들에 대한 통제권을 평신도들에게 맡겨 분권화를 추구하였다. 이러한 특성은 좀 더 자유로움을 원하는 도시민들이나 지방 영주들 사이에 퍼졌고 유럽의 정치 구조 변화에 영향을 주었다. 팔츠 선제후국이나 네덜란드를 중심으로 칼뱅파는 퍼져나갔고 세력을 불리자 점점 1555년의 화의는 더 이상 구교와 신교의 갈등을 조정하는 역할을 상실하였다. 지난 화의는 엄연히 루디피와 로마 가톨릭 간의 합의였기에 칼뱅파는 이에 제외당한 영향과 교리의 차이로 루터파를 혐오했고 루터파 역시 그러하였다. 둘은 툭하면 충돌했고 이것은 분쟁의 씨앗이 되었다.

이러한 와중에 로마 가톨릭은 개혁을 통해 더 이상 신교도 세력이 늘어나는 것을 막고자 하였다. 이 과정에서 1534년 예수회Ad maiorem Dei gloriam가 탄생하였다. (교황청의 정식인가는 1540년) 그리고 1545년부터 1563년까지 트리엔트 공의회Concilium Tridentinum를 열어 가톨릭을 총체적으로 개혁하고 동시에 가톨릭 수호를 위한 무장 투쟁을 시작했다. 그러한 일련의 과정의 중심에는 예수회가 있었으며 예수회는 가톨릭의 타락을 막으며 동시에 어떤 수단을 쓰든 로마 교회의 신앙을 사방에 퍼트리는 의무를 지니게 되었다. 그들의 영향으로 에스파냐나 로마와 같은 가톨릭 세력의 영토에 종교 재판소가 세워졌으며 재판소는 이단을 심판하였다. 이러한 단체의 등장은 개신교와의 충돌을 만들게 되었다. 다만 종교 개혁 직후 시점에선 구교가 압도적 체급을 가지고 있었음에도 개신교를 누르지 못하였다. 왜냐하면 개신교의 루터파와 칼뱅파의 분란처럼 예수회에 반대하는 가톨릭 단체가 있었기 때문이었다. 주로 프랑스에서 지지를 얻었던 프란체스코 수도회의 분파인 카푸친 형제회Ordo Fratrum Minorum Capuccinorum는 예수회와 달리 신교에 대해 온건한 입장을 펼치며 예수회와 강하게 대립하였다. 그 덕에 구교는 신교를 초창기에 누르지 못하였으며 그사이 신교가 크게 성장함에 따라 도리어 구교와 신교의 충돌 가능성이 상승하였다.

다만 종교 간의 갈등은 대규모 전쟁으로 가는 길의 원인으로는 조금 부족해 보인다. 여기에 결정타를 날린 것은 프랑스와 에스파냐를 중심으로 한 합스부르크 제국 간의 충돌로 여겨진다. 당시 가문 전체를 이끌던 에스파냐의 합스부르크, 그러니까 압스부르고Habsburgo 왕조는 프랑스 견제를 외교의 제1책으로 잡고 있었다. 그렇기에 그들은 꾸준히 프랑스 내정에 개입을 시도하였다. 프랑스의 부르봉 왕가가 앙리 4세Henri IV에 의해 개창되고 그다음 대 왕이 되는 루이 13세의 에스파냐 공주와의 결혼으로 분쟁은 잠시 마무리가 되지만 두 국가의 경쟁은 완전히 끝나지 않았다. 지리적으로 에스파냐가 오스트리아와 네덜란드가 있는 저지대를 장악하여 프랑스를 포위하고 있는 형국이었기에 이에 탈피를 하려는 것은 프랑스로서는 당연한 선택지였기 때문이었다. 그러던 와중 네덜란드 공화파들의 독립을 위한 반란은 프랑스로서는 좋은 기회가 되었다. 물론 30년 전쟁의 근본 원인과 그 시작은 독일 지방에 있었다. 중요한 것은 프랑스와 같은 외부 세력이 각국과의 경쟁에 이용할 것들을 물색하고 있었고 독일에서의 사건을 더욱 키워 30년 전쟁으로 만들었다는 것이다. 독일의 상황이, 분열된 제국의 현황이 독일의 영방군주들로 하여금 외부 세력의 도움을 원하게 하였고 프랑스와 같은 외부 세력이 이를 포착하였으며 결국 전쟁이 30년이나 지속된 것이라 볼 수 있다.

그렇다면 당시 독일의 상황이 어땠기에 외부의 상황과 복잡하게 연결되어 전쟁을 키운 것일까? 여러 사학자들은 당시 30년 전쟁이 커진 원인에 독일의 상업적 부흥으로 인한 부유함을 노린 국내외 세력들의 간계도 있다고 지적한다. 당시 자유도시들은 많은 부를 이루고 있었다. 독일 자체가 유럽 전역으로 뻗어가는 길목에 있기에 많은 도시가 그 유통망, 교통망을 통하여 성장하고 있었다. 프랑크푸르트암마인이나 프랑크푸르트안데어오데르, 라이프치히, 뉘른베르크, 아우크스부르크 등등 많은 도시가 상업과 교역으로 시장을 크게 발전시켜 각국의 이목을 받고 있었다. 다만 필자가 보기에 단순히 부를 노린 것은 장작을 추가한 것에 불과하고 당시 독일의 분열된 제국 상황이 전쟁을 부른 것이 더 근본적인 원인이라고 생각한다. 당시 독일은 너무나도 분열된 상태였다. 카를 5세는 이 분열된 제국을 다시 하나로 통합할 위대한 계획을 가지고 있었으나 결국 실패한 바 있었다. 물론 신성로마제국이 처음부터 중앙집권이 부족한 국가는 아니었으나 (십자군 원정에 10만이나 동원한 붉은 수염의 프리드리히 황제를 떠올려보자.) 오토 왕조, 잘리어 왕조, 호엔슈타우펜 왕조의 역대 황제들이 로마 제국의 고전적 전통에 잡착하여 국내를 통합하는 것보다는 이탈리아 원정에 집착한 덕에 제국은 가면 갈수록 지방분권화되었다. 룩셈부르크 왕조의 카를 4세가 포고한 1356년의 금인칙서가 이러한 흐름을 더욱 공고히 만든 바가 있었다. 영방군주들의 권리가 인정되었고 제국은 사실상 분열되었다. 독립 기사들과 지방의 백작들도 자신만의 나라를 만들 수 있는 수준까지 되었다. 그렇게 300개에 가까운 지방으로 나라가 쪼개지자 법을 제정하고 운용해야 할 제국 정부와 제국 의회는 서로 간의 끊임없는 견제로 (예컨대 각자가 차지한 영지와 그에 따른 투표권에 관한 논쟁) 사실상 기능이 정지되었다. 합스부르크 가문의 제위세습시대가 시작되고 합스부르크 가문이 제국을 다시 하나로 묶으려 하자 이미 자주권을 사실상 획득한 제후들은 이에 반발하였다. 오스트리아의 합스부르크는 같은 가문의 에스파냐에 도움을 요청하며 제후들을 억눌렀고 그럴 때마다 제후들은 프랑스와 같은 외국 군주의 도움에 눈길을 보냈다. 이러한 제국 내의 분열 상황은 유럽이 모두 포함되는 전쟁을 부르기 시작했다. 영방 군주들은 황제의 태도에 분노했지만 황제가 이끌 입법 조직도, 재정 조직도, 군사 조직도 체계와 절차의 복잡함과 국가 분열 상태로 인해 사실상 아무 소용도 없었다는 점을 떠올려보면 합스부르크의 태도는 합당할 정도였다. 예컨대 제국 내에서 분쟁이 나면 제국 관리들이 분쟁을 조정해야 했으나 현실은 그 지역의 힘센 영방 군주가 알아서 정책을 구사하고 황제의 칙령은 가볍게 무시하는 일이 비일비재했다는 점에서 볼 때 제국은 이미 여러 나라로 분열된 상태였다. 말이 하나의 제국이지 이미 사실상 제국은 멸망하고 여러 나라로 나눠진 상태인 것이었다.

그래도 제국은 그간 가톨릭의 이름 아래 하나로 뭉쳐 있었지만 앞서 언급하였듯 새로운 신앙이 제국을 반으로 갈라버리게 된다. 같은 신앙 안에서도 갈라지기도 했으니 상황은 한층 더 복잡하고 위험해졌으며 제국 내외적으로 분쟁을 일으킬 요소가 산적하여 이제 조그마한 불씨가 제국이란 산을 전부 불태울 것이 사실상 확정되었다. 이제 앞서 서술된 수많은 장작에 불씨를 던져줄 사건만 있으면 되게 되었다. 신교 자유시의 권리를 박탈하여 전쟁이 날 뻔한 1608년의 도나우뵈르트Donauwörth 사건과 신교로 개종하는 데 성공하여 황제의 권위를 박살 낸 1609년의 보헤미아 봉기 사건이 이러한 불씨가 될 뻔하였다. 다만 군사 충돌까지는 이어지지 않아 다행히 전쟁은 일어나지 않았고 각각 신교와 구교의 자존심에 스크래치를 낼 뿐이었다. 그러나 1610년대에 접어들며 다시 위기가 찾아왔으며 결국 1617년의 보헤미아 왕위를 둘러싸고 벌어진 구교와 신교의 충돌로 인해 1618년부터 전쟁이 시작되었고 페르디난트 2세 Ferdinand II의 고집으로 전쟁이 내부적으로 빠르게 종결되지 않자 20년대에 접어들어 프랑스나 스페인, 덴마크, 스웨덴 등등 외국 세력이 제국 내부의 도움 요청으로 개입함에 따라 대규모 전쟁으로 번지게 되었다.

여러 가지 원인이 상존했지만, 시작은 보헤미아에서였다. 합스부르크 제국의 보헤미아 지방은 당시 마티아스Matthias 황제가 아들이 없어 그가 사망한다면 그의 사촌 동생인 페르디난트 2세가 제위를 물려받을 예정이었다. 그런데 신교를 적당히 용인하며 종교 간 평화를 추구했던 마티아스 황제와 달리 차기 황제인 페르디난트 2세는 신교도들이 보기엔 자신들에게 적대적인 사람이었다. 그렇기에 보헤미아 의회를 주도하는 신교를 믿는 수많은 지주들과 자유시의 시민들은 그가 즉위하는 것에 매우 큰 우려를 표하고 있었다. 일단 보헤미아 의회는 차기 황제에게 선대 루돌프 2세Rudolf II가 서명했던 신앙자유칙서Majestätsbrief를 다시금 보증해 달라고 요구했다. 이 약속은 신교도들의 자유와 안전을 보장한 것이었다. 페르디난트 2세는 보헤미아의 신교를 용인하는 이 칙서를 인정하기 싫어하였다. 이러한 과정에서 프라하와 브라우나우에서 신교도 시민들이 자체적으로 자신들만의 교회를 세우고 자신들을 왕의 도시에서 살아가는 자유민이되 가톨릭 대주교의 수하는 아님을 선언하였다. 이에 마티아스 황제는 시민권 운동과 융합된 이 움직임을 위험하게 보아 신교도들에게 물러설 것을 요구하였다. (마티아스 황제는 1619년에 사망했다. 그는 죽기 전 보헤미아를 먼저 사촌 동생에게 물려주고자 하였다.) 하지만 왕의 땅에 교회를 세울 수 있다는 신앙자유칙서의 내용을 유지하기 위해 신교도들이 고집하자 마티아스 황제는 강제로 그들을 제압해야겠다고 여겨 무력을 동원해 자체 교회를 세운 이들을 붙잡아 감옥에 넣어버렸다. 이에 분개한 보헤미아의 신교도 귀족들과 시민들은 (각각 교회 관할권 침해와 자유 시민권 침해 문제로 분개했다.) 1618년 3월 사람들을 모아 대규모 석방 집회를 열었다. 보헤미아의 가톨릭 세력들은 이 집회를 막고자 노력했지만 5월에 다시금 2차 대규모 집회가 성황리에 열렸다. 이 당시 보헤미아 신교 세력을 이끌던 것은 투른 백작 하인리히 마티아스Heinrich Matthias Graf von Thurn로 혼란기를 틈타 세력의 주도권을 쥔 인물이었다. 그는 이 기회를 통해 보헤미아의 신교비상정부를 만들고 자신이 권력을 차지하고자 하였다. 그는 집회의 열기를 이용하여 자신을 지지하는 민중들과 함께 황제를 지지하는 가톨릭 세력들이 있는 프라하 왕궁으로 향했다. 그리고 자신의 요구와 함께 그들을 압박했는데 지나친 열기로 인해 가톨릭 측의 보헤미아 대표였던 슬라바타 백작과 마르티니츠 백작이 죽을 위기에 처했다. 민중들은 둘에게 온갖 비난을 퍼붓고 둘을 창가로 끌고 가 창문을 떼어낸 뒤 창밖으로 던져버렸다. 투른 백작은 그들을 죽일 의도가 없었기에 이를 염려했으나 다행히 던져진 두 사람은 쓰레기 더미 위에 떨어진 덕에 목숨을 부지했다.

이렇게 훗날 2차 프라하 창문 투척 사건Prager Fenstersturz으로 불릴 이 사건으로 인하여 투른 백작이 원하던 보헤미아 신교도 정부가 수립이 되었다. 투른 백작은 기존의 가톨릭 관료들에게 신정부에 충성하면 원래의 지위를 보장할 것을 약속하며 빠르게 체제 안정을 추구하였다. 그리고 유럽의 계몽을 위한 반란이라는 해명서를 각국에 반포하며 사방의 지지를 얻고자 하였다. 합스부르크 가문은 이에 분개하며 페르디난트 2세의 왕위를 지키기 위해 병력을 모집하여 1618년 8월 비엔나에서 군대를 출진시켰다. 보헤미아 신교 정부는 프랑스에 도움을 요청했으나 거절당하고 다른 나라에 도움을 요청했는데 팔츠 선제후와 사보이 공작이 지원을 해주기로 결정하였다. 두 나라는 합의 후 당시 유럽에서 명성을 떨지던 용병대상인 에른스트 폰 만스펠드Ernst von Mansfeld의 휘하에 병력을 붙여 보헤미아로 보냈다. 그렇게 보헤미아에서 전쟁이 벌어졌고 이것이 30년 전쟁의 시작이었다.

전쟁 초엽 신교 연합들은 로텐부르크에 모여 이 일에 어찌 대응할지를 논의하였는데 보헤미아 왕위를 노리던 팔츠의 프리드리히Friedrich V. von der Pfalz와 안할트의 크리스티안이 이 회의를 주도했다. 팔츠의 프리드리히는 이번 기회를 통해 보헤미아의 왕위를 차지하고자 하였다. 가능하면 제위까지 말이다. 작센 선제후 요한 게오르크는 같은 신교임에도 그의 야망에 위험을 느끼며 바이에른의 막시밀리안Maximilian I. Kurfürst von Bayern 공작과 함께 구교와 신교의 중재를 추구했으나 결국 큰 성과는 얻지 못하였다. 같이 평화를 바라던 바이에른의 막시말리안과 함께 중재 회의까지는 도출해 냈으나 얼마 안 가 1619년 3월 황제 마티아스가 사망하여 새로운 제위 선거에 이목이 쏠렸기 때문이었다. 이제 선거의 결과가 중요하였으나 팔츠의 프리드리히의 움직임에도 불구하고 예정대로 페르디난트 2세가 황제가 되었다. 이제 새 황제의 강경한 성향으로 인해 구교와 신교의 충돌은 가시화되었다. 자연스레 중재는 없던 일이 되었다. 마티아스 황제가 독일 통합의 마지막 연결 고리였음을 떠올리면 새 황제의 즉위는 앞으로의 비극의 예고편이었다. 새 황제는 전대와 달리 구교와 신교와의 적당한 협상보단 구교, 로마 가톨릭의 승리를 원하였다. 다만 평화가 어그러진 것은 새 황제의 탓이기만 한 건 아니었다. 바이에른의 막시말리안 공작의 노력에도 1619년 9월 공식적으로 팔츠의 프리드리히가 보헤미아의 왕위를 받아들임으로써 오히려 신교 측이 충돌을 가시화시킨 면도 컸었다. 페르디난트 2세는 팔츠 선제후의 행동에 분노하며 바이에른의 막시밀리안의 지원을 받아 보헤미아를 침공하였으며 신교 연합군은 결국 1620년 11월 8일 빌라호라Bílá hora에서 황제의 군대에 참패당하였다. 이렇게 팔츠의 프리드리히는 자신의 야망을 포기했으며 황제에게 선처를 호소하였다. 신교 연합은 팔츠 선제후를 제물로 삼아 적당히 타협하고 평화를 노리고자 하였다. 당시까지 신교와 구교의 체급 차이를 생각하면 당연한 생각이었다. 후일을 도모하는 것이 좋았다. 가톨릭 측은 이번 기회로 페르디난트 2세를 중심으로 모여 제국의 분란을 끝내고자 하였다. 이러한 점을 보면 30년 전쟁이 30년을 이어갈 이유가 없는 것으로 보였다.

그런데 여기서 변수가 생겼다. 덴마크 왕이 팔츠의 프리드리히 축출을 염려하고 있었다는 점이다. 비단 덴마크뿐만 아니라 프랑스, 영국, 네덜란드는 에스파냐와 오스트리아가 라인 지방의 팔츠를 점령하는 것에 대단히 우려를 표하였다. 그들의 안보 전략상 팔츠는 합스부르크 가문에 넘어가면 안 됐기 때문이었다. 덴마크는 황제가 엘베강 상류를 차지하고 그 너머 발트해가 있는 북쪽까지 영향력을 떨칠 것이라 우려해 독일의 개신교 세력이 완전히 죽는 것을 원하지 않았다. 이 당시엔 네덜란드가 특히나 불안에 떨었다. 결국 네덜란드는 팔츠의 프리드리히가 참패하고 갈 곳 잃은 용병대장 만스펠트에게 접근하여 보상을 할 테니 다시 신교를 위해 싸우라고 종용하였다. 팔츠의 프리드리히는 이것이 기회라고 느끼고 네덜란드와 협상하여 만스펠트와 함께 팔츠를 탈환하기 위해 진격하였다. 브라운슈바이크의 크리스티안 공작도 팔츠의 프리드리히를 위해 군대를 움직였다. 문제는 팔츠 선제후의 지원 세력이 흩어져 있어 뭉치는 데 시간이 걸린다는 점, 그리고 팔츠의 프리드리히와 용병 대장 만스펠트의 사이가 나빠지고 있다는 것이었다. 둘의 불화로 1622년 7월 만스펠트는 계약을 파기하였다. 다만 바로 연합을 해체하지는 않았다. 네덜란드가 에스파냐에게 공격받자 두 군대는 네덜란드를 지키기 위해 북상하였고 적을 격퇴하곤 겨울까지 그곳에서 머물렀다. 신교 연합군이 네덜란드에 가 있는 사이 틸리Johann Tserclaes와 코르도바의 황제 군대는 팔츠를 점령하였으며 팔츠의 프리드리히는 네덜란드로 피신하였다. 페르디난트 2세는 1623년 1월 레겐스부르크에서 회의를 열고 자신을 지원하는 대가로 팔츠를 바이에른의 막시말리안 공작에게 약속대로 넘겨주었다. 그리고 보헤미아의 신교도들을 강하게 탄압하고 용서를 받는 대가로 개종을 요구하였다. 실로 많은 이들이 가톨릭으로 개종하였다. 봄이 오자 크리스티안의 병력이 남하하였다. 그는 페르디난트 2세의 가톨릭 중심 제국 재편계획의 핵심이던 할버슈타트 주교구를 점령하고 약탈하였다. 크리스티안은 전리품을 챙기고 다시 네덜란드로 향했다. 만스펠트에게 서신을 보내어 그를 설득하고 그와 합류하여 황제의 군대에 맞서려 했지만 네덜란드로 북상하던 도중 1623년 8월 23일 틸리의 군대의 추격을 당해 슈타트론Stadtlohn에서 전투를 벌였고 이곳에서 참패를 당했다. 참패 이후 남았던 팔츠의 프리드리히의 영토들도 점령당하자 결국 영국의 중재로 팔츠의 프리드리히는 황제와의 평화 조약에 서명하였다. 이로써 30년 전쟁의 1막이 종결된 것이다.

하지만 평화는 잠시만 이어지게 되었다. 1624년 프랑스 정국의 주도권을 잡게 된 리슐리외 추기경은 합스부르크 가문에게 프랑스가 사방에서 위협받고 있다고 판단하였다. 이것을 극복하려면 역으로 신교 세력들과 연을 맺어 합스부르크 가문을 포위할 필요가 있다고 느꼈다. 프랑스의 안보 전략상 독일 내부의 신교 세력이 무너지는 것은 용납하기 힘들었다. 그렇기에 팔츠의 프리드리히의 몰락은 프랑스 정부에게 참기 힘든 것으로 인식되었다. 이는 합스부르크에 대항하고자 하는 다른 외국 세력과 독일의 신교 세력들에게도 마찬가지였다. 1624년 6월 콩피에뉴에서 프랑스 정부와 네덜란드 정부가 우호 조약을 맺었고 닷새 뒤 영국 정부도 이에 가담했다. 7월에는 스웨덴과 덴마크도 이에 합류하여 합스부르크의 적수들이 하나로 뭉쳤다. 프랑스가 주도하는 반反합스부르크 동맹이 만들어진 것이다. 프랑스는 얼마 후 사보이와 베네치아와 협약하여 이탈리아의 발텔리나Valtellina를 공격, 에스파냐에서 오스트리아, 플랑드르로 이어지는 보급선을 점거하였다. 황제는 자금은 최대한 끌어모아 이탈리아로 군대를 보내 이에 맞섰다.

이러던 와중 덴마크가 숙적 폴란드와 평화 조약을 체결하고 1625년 여름 독일 신교의 대의를 위한다며 남하, 30년 전쟁의 2막을 열었다. 신교도들을 위한 대의로 전쟁을 일으켰지만, 주목적은 오스나브뤼크와 할버슈타트를 차지하여 독일 내에서 영향력을 확장하는 것이었다. 다만 가톨릭 세력으로선 포기할 수 없는 주교구 지역이었는지라 곧 덴마크 왕국이 이끄는 신교 연합과 황제의 구교 연합이 충돌하기 시작했다. 덴마크의 크리스타인Christian IV 국왕과 브라운슈바이크의 크리스티안, 영국의 후원을 받아 다시 움직이는 만스펠트의 군대가 틸리와 발렌슈타인Albrecht von Wallenstein의 군대와 대치하였다. 하나 자신만만했던 신교 연합은 무참히 패배당했다. 만스펠트는 데사우 전투에서, 덴마크 국왕은 루터 전투에서 패배했으며 브라운슈바이크는 틸리를 노리며 헤센 방면으로 향하다가 역으로 당해 모든 것을 잃고 볼펜뷔텔로 물러갔고 얼마 안 가 1626년 6월 사망하였다. 만스펠트는 패배 후 달마치야 해안을 향해 도주하다가 도중에 사망하였다. 덴마크 주도의 신교 연합은 얼마 안 가 완전히 무너지게 된 것이었다. 틸리와 발렌슈타인의 황제 군대는 도주하는 덴마크 국왕을 따라 그대로 덴마크 영지로 진격하였다. 홀슈타인 국경을 넘어 덴마크 영지에 들어서자 두 사람의 군대는 마음껏 여러 도시를 약탈하였다. 이에 도저히 버티기 힘들어진 덴마크의 크리스티안은 1629년 뤼베크 조약을 합스부르크와 체결하여 전쟁에서 이탈하였다.

거듭된 승전에 페르디난트 2세는 내부 세력 굳히기에 들어갔다. 반란의 시작점인 보헤미아 의회는 유지되었으나 여러 집행수단을 사실상 상실하였다. 신교를 믿는 사람들은 구교를 강요받았으며 황제의 새로운 칙령에 의하여 로마 가톨릭으로 개종하지 않으면 고향에서 추방당해야 했다. 그리고 프라하에서 황후와 황태자의 화려한 대관식을 열어 자신의 위업을 과시하였다. 황제는 승리하고 귀환한 발렌슈타인을 만나 그의 공적을 치하하였다. 그리고 황제는 덴마크를 지지했던 메클렌부르크 공국을 빼앗아 발렌슈타인에게 하사하고 그를 메클렌부르크 공작으로 임명하였다. 간략하게 서술하였지만 이번 전쟁에서 그의 공적은 대단히 컸었다. 문젠 이것은 독일의 영방군주들에게 큰 혐오감을 주었다. 기존의 전통 있는 귀족가문을 황제의 말 한마디로 쫓아내 버리고 소지주 출신의 발렌슈타인을 공작으로 임명한 것은 질서에 대한 도전으로 받아들여졌다. 작센의 요한 게오르크와 바이에른의 선제후가 된 막시말리안이 이에 강력히 반대하였다. 겨우 타협하여 발렌슈타인이 일단은 예정대로 공작이 되었지만 이는 가톨릭 동맹 간에 균열을 불러일으켰다. 그렇게 서로 간의 대립의 균열이 생기던 중 페르디난트 2세는 자신의 입장에서 기발한 정책을 발표하였다. 바로 1555년 아우크스부르크 화의 이후 프로테스탄트들이 얻은 교회 재산을 전부 로마 가톨릭으로 반환하며 로마 가톨릭 영지에서 프로테스탄트들을 추방할 것을 명한 복구 칙령Restitutionsedikt을 1629년 3월에 선언한 것이다. 토지 반환령이라고도 불리는 이 칙령은 가톨릭 영방 군주들도 그간 주장해 왔던 것으로 황제는 이를 통해 합스부르크가의 권력을 증강시키고자 하였다. 문젠 이게 정말로 실시되면 여러 영방군주들이 하급귀족으로 전락해 버릴 수밖에 없으며 자유시들은 재산권을 훼손받고 도시에서 쫓겨나게 될 것이었다. 신교도 세력은 이에 일제히 반발했으며 오랜 세월 동안 엮인 게 많은 가톨릭 군주들도 회의감을 표하며 황제의 칙령에 반대하였다. 황제는 발렌슈타인의 군대를 이용해 이를 강제로 집행하려 하였다. 발렌슈타인이 명을 받아 이를 강제 집행하자 결국 제국의 영방 군주들과 자유시들은 무력에 굴복하였다. 8월이 되자 신교의 신앙은 전면 금지되었고 신교도 목사는 해외로 추방되었다. 일이 일사천리 진행되자 페르디난트 2세의 권위와 권력이 하늘을 찔렀다. 프랑스와 스웨덴은 합스부르크 가문의 승리에 매우 염려하며 독일의 분쟁에 개입을 준비하였다. 브란덴부르크 선제후가 발렌슈타인의 강압에 시달리다가 (황제와 발렌슈타인은 발트해를 장악하고자 했으며 이 과정에서 브란덴부르크를 착취했다.) 네덜란드에 도움을 요청했는데 이를 캐치한 프랑스와 스웨덴은 독일 개입 계획을 세웠다. 프랑스는 황제에게 불만을 지니게 된 바이에른을 지지하여 새로운 활로를 모색하였다. 하지만 1630년 레겐스부르크 회의에서 자신의 아들을 차기 제위계승자 자리인 로마 왕으로 임명하기 위해 바이에른과 여러 가톨릭 영방 군주들의 지지를 얻고자 발렌슈타인을 해임하자 프랑스는 기회를 상실히였다. 디만 이 회의에서 다들 바라고 있던 복구 칙령 철회는 황제의 고집으로 이루어지지 않았다. 그 덕에 여전히 독일의 여러 영방군주들이 균열을 일으켰고 스웨덴 국왕은 이 틈에 독일을 침공하여 제국을 쪼개는 쐐기 역할을 하였다. 황제의 고집이 독일 신교도들의 생존 본능을 자극하였는데 이를 캐치한 스웨덴의 국왕 구스타프 아돌프Gustav II Adolf가 그들을 돕겠다는 명분으로 독일의 포메른 지방에 상륙한 것이었다.

그렇게 30년 전쟁의 3막이 시작되었다. 스웨덴은 오랜 기간 폴란드와 싸우고 있었을 뿐만 아니라 나라 자체가 가난한 국가에 가까운지라 구스타프 아돌프 국왕은 프랑스의 리슐리외 추기경과 협약을 통하여 독일로 진출하였다. 프랑스의 지원을 받는 대가로 독일 전역의 가톨릭 신앙의 자유를 인정하고 프랑스가 연을 맺으려고 하는 바이에른의 막시밀리안의 영토를 건드리지 않기로 합의하였다. 구스타프 아돌프는 추방된 전 메클렌부르크 공작이나 전 팔츠 선제후였던 보헤미아의 프리드리히와 동맹을 맺으며 그들을 원래 자리로 돌려놓겠다고 선언했다. 스스로 신교의 옹호자이며 수호자임을 자처한 것이다. 다만 독일 신고 선제후였던 브란덴부르크와 작센은 처음부터 스웨덴과 협력하지 않았다. 자신들끼리의 동맹을 체결하고 스웨덴과 합스부르크 사이에서 적절한 중립을 지켰다. 작센 선제후 요한 게오르크는 황제 페르디난트 2세에게 스웨덴에게 협력할 수도 있으니 독일의 개신교를 어서 용인하라고 압박하였다. 그러던 와중 가톨릭의 용병부대가 구스타프 아돌프가 수호하겠다던 신교의 중요한 도시인 마그데부르크를 공격하고 대규모 학살을 벌였다. 이에 브란덴부르크가 두려움과 스웨덴의 사실상의 협박으로 그들과 협력하기로 하였으며 틸리의 군대와 구스타프 아돌프의 군대 사이에 있던 작센은 구스타프 아돌프에게 조건부 협력 의사를 표시하였다. 이러한 일련의 과정을 거치며 구스타프는 독일 내부의 협력자들을 구하는 데 성공했고 프랑스의 자금 지원을 받으며 합스부르크를 향해 진격했다.

그렇게 브라이텐펠트에서 역사에 남을 전투가 시작되었다. 여기서 황제의 군대가 무려 8할이나 죽었다. 다만 브라이텐펠트Breitenfeld 전투로 페르디난트 2세에게 엄청난 피해를 입혔으나 그를 무너트릴 정도까지는 아니었다. 그래도 신교 세력의 의미 있는 첫 승리라는 점, 그리고 엄청난 대승이라는 점에서 프로테스탄트 세력의 반격의 서막이라 볼 수 있었다. 황제의 신성로마제국 군대를 이끌던 틸리는 남쪽으로 도주하였다. 구스타프 아돌프는 독일을 지배해 국가의 이익을 추구하면서도 신교도의 수호자가 되기를 진심으로 바라던 양면적인 인물이었다. 그래서 장기적인 자신의 계획을 위해 틸리를 추격하기보단 먼저 독일 신교도 제후들을 굴복시키고자 판단하였다. 그는 브란덴부르크를 위협하듯 작센을 은근히 유도하여 요한 게오르크 작센 선제후를 굴복시켰다. 그러면서 여러 곳에서 승리하고 그곳을 점령하면서 독일 신교도들의 열렬한 환영을 받았고 그것을 즐겼다. 헤센-카셀 방백이나 뷔르템베르크 섭정, 바이로이트 변경백이나 뉘른베르크 자유시를 자신의 영향력 아래 포섭시키며 그는 자신의 세력을 늘려갔다. 그리고 천천히 비엔나를 향해 군대를 이끌고 남하하였다.

이런 상황이 되자 페르디난트 2세는 다급해졌다. 그는 해임했던 발렌슈타인을 복귀시키며 구스타프 아돌프를 막아 달라 부탁했다. 발렌슈타인은 확고한 실권이 없으면 복귀하지 않겠다고 답하였다. 끝내 실권을 쥐며 그는 화려하게 복귀하였다. 그러던 와중 구스타프 아돌프는 1632년 4월 레흐Lech강에 도착하여 틸리의 군대와 격돌하였고 틸리를 죽이는 것에 성공하였다. 발렌슈타인은 적수를 높게 평가하면서도 장거리 원정인 것을 이용하여 적의 소모 유도하였고 가톨릭 제후들의 군대들과 합쳐 구스타프 아돌프의 군대를 압살하려 하였다. 하지만 병력의 열세에도 불구하고 스웨덴 군대는 발렌슈타인과의 싸움인 1623년 11월의 뤼첸Lützen 전투에서 승리하였다. 다만 안타까운 일이 있다면 이 전투에서 스웨덴 국왕이 전사하였다는 것이었다. 그의 전사가 전투의 마지막에 엄청난 사기를 불러일으켜 승리를 만들어주었지만 동시에 스웨덴이 이끄는 신교 연합의 결집력은 상당히 얕아지게 되었다. 구스타프 아돌프가 이룩하고자 한 독일 진출도 사실상 유명무실화되었다. 국왕을 충실히 보좌했던 스웨덴의 총리 악셀 옥센셰르나Axel Gustafsson Oxenstierna는 이 소식을 듣고 크게 비통해하였다고 한다. 뤼첸 전투에서 겨우 살아남은 발렌슈타인은 스웨덴 국왕의 죽음을 기점으로 삼아 평화 조약을 체결하고자 하였다. 이제 전쟁이 이어진 지도 14~15년 정도 된 시점이었다. 다들 평화를 바라고 있었으니 당연한 행보였다. 옥센셰르나와 리슐리외는 스웨덴 국왕의 죽음으로 다시 합스부르크가 세력을 키울 수 있어 평화에 기본적으로 반대하였다. 옥센셰르나의 경우 자국 국왕의 죽음으로 신교 세력의 주도권이 덴마크나 작센으로 넘어갈 우려가 있어 이를 재조정하느라 스웨덴이 주도하는 강화 조약이 아니면 평화를 꺼렸다.

신교 세력 간의 불협화음과 프랑스의 개입으로 강화는 계속 논의만 꾸준히 되었다. 이러는 와중 페르디난트 2세는 발렌슈타인을 강한 의심의 눈초리로 쳐다보았다. 발렌슈타인은 해임당한 이후 빈에게 꾸준히 적대적이었기에 페르디난트 2세는 스웨덴 국왕이 사망한 지금 시점에서 그가 딴마음을 품을 수 있다고 생각했다. 실로 1633년에 황제의 여러 명령을 거절하고 독자적으로 행동하려는 모습을 다분히 보여준 바가 있었다. 1634년 1월이 되자 발렌슈타인은 플제니에서 반역의 행동을 노골적으로 보여주었다. 그는 사실상 반란 준비를 하고 있었다. 하지만 주요 장교들의 반대에 부딪혔고 그중 한 명인 영국인 용병대장 월터 데버루에게 살해당했다. 1633년에 발렌슈타인이 뤼첸 전투의 패전을 16명의 장교와 5명의 부하들에게 사실상 떠넘기며 그들을 처형했음을 고려했을 때 이것은 필연이었다. 그의 암살이 황제가 꾸민 일이라는 의견도 있지만 당시 여러 가톨릭 세력이 황제에게 충성을 맹세한 것을 고려했을 때 자연사에 가까웠다. 발렌슈타인이 사라지자 황제는 자신이 신임할 수 있는 자를 총사령관에 앉히고 분열 중인 신교도와 다시금 전투에 나섰다. 황제의 군대는 몇 번의 교전 끝에 뇌르틀링겐Nördlingen에서 승리를 거둠에 따라 다시 전쟁의 주도권을 차지하였다. 이 전투는 가톨릭 세력의 압승으로 끝나며 가톨릭 군대는 순식간에 프로테스탄트의 영지를 유린하고 약탈하였다. 결국 개신교 세력은 가톨릭과 협상에 나섰고 그렇게 1635년 프라하 조약을 통해 일단 전쟁을 끝내는 것에 합의하였다. 페르디난트 2세는 독일을 다시금 합스부르크 아래로 만들기 위하여 독일 영방군주들의 사적인 동맹을 금지하는 대가로 이 조약에서 복구 칙령을 철회하기로 하였다.

이로써 황제의 입지는 상당히 튼튼해졌다. 이제 독일 영방군주들의 외국 세력과의 동맹은 비난의 대상이 되었다. 황제는 이에 그치지 않고 덴마크와 우호를 맺어 스웨덴을 견제하였다.

하지만 이렇게 평화가 오나 싶었지만 프랑스의 외교 개입으로 30년 전쟁의 마지막인 4막이 올랐다. 프랑스 입장에서는 이대로 합스부르크 가문에 포위당하는 꼴은 막아야 했기에 이번에는 지원이 아닌 직접 전쟁에 참전하는 것을 결정한 것이다. 1635년 프라하 조약이 체결되는 시기와 거의 비슷한 시기 프랑스는 스웨덴과 콩피에뉴 조약을 체결하며 전면적인 개입을 선언했다. 스웨덴을 동등한 동맹으로 인정하고 동시에 스웨덴을 배제한 강화는 단호히 거부하겠다는 내용이었다. 대신 대가로 라인강 좌안은 프랑스의 영토로 인정받겠다는 것으로 스웨덴과 독일 개신교를 위한 개입을 천명하였다. 그리고 5월 21일 합스부르크 가문을 이끌던 에스파냐에 공식적으로 선전포고하였는데 공교롭게도 프라하 조약 체결 다음 날이었다. 프랑스와 스웨덴은 독일을 향해 진격했다. 다만 신교도 연합의 세력이었던 작센이 프라하 조약의 영향으로 황제의 편에 섰으며 덴마크도 스웨덴과의 관계로 인해 황제의 편으로 돌아섰다. 중간에서 고민하던 바이에른의 막시말리안은 결국 최종적으로 황제를 선택하고 그를 지원하기로 결정하였다. 이렇게 어느 정도 불리한 상태로 시작된 여파인지 새롭게 시작된 전쟁의 초창기에는 프랑스는 좋은 전과를 올리지 못하였고 오히려 불리했다. 프랑스가 주로 노렸던 이탈리아의 보급로 발텔리나는 안정되어 갔고 라인강 우안의 개신교 세력들은 황제의 군대에 점령당했다. 합스부르크의 군대는 역으로 프랑스 영지로 쳐들어가 파리까지 위협할 정도였다.

이렇게 합스부르크와 오스트리아 제국의 힘은 하늘을 찌르는 듯하였다. 구스타프 아돌프의 활약은 그저 일시적이었던 현상으로 치부되었고 황제가 이끄는 로마 가톨릭 연합의 승리가 확실해 보였다. 그런데 이러한 승기의 흐름에 제국 입장에선 불길한 일이 생겼다. 1637년 2월 페르디난트 2세가 사망한 것이다. 그의 아들 페르디난트 에른스트가 페르디난트 3세Ferdinand III가 새로운 신성로마제국의 황제로 즉위하였다. 이런 혼란스러운 시기를 틈타 스웨덴은 군을 재정비하여 다시금 반격을 개시하였다. 구스타프 아돌프 국왕하에서 활약했던 요한 바네르Johan Banér와 레나르트 토르스텐손Lennart Torstensson 장군을 중심으로 형세를 역전시키기 시작한 것이다. 포메른까지 쫓겨났던 스웨덴 군은 브란덴부르크까지 다시 신교의 영역을 탈환하였으며 저지대로 진출하여 오랜 기간 에스파냐에 의해 빼앗겼던 브레다를 탈환하였다. 프랑스는 한때 스웨덴 밑에서 활약했던 용병대장은 작센-바이마르 공작인 베른하르트Bernhard von Sachsen-Weimar를 회유하여 그를 중심으로 군을 재편하고 알자스 지방으로 진출, 점령하는 데 성공하며 새로운 황제를 압박하였다. 새로운 황제 페르디난트 3세는 불리해져 가는 상황을 컨트롤하려 했으나 난항에 빠져버렸다. 오랜 전쟁 기간으로 자금이 바닥나고 있었기 때문이었다. (황제를 지원하는 에스파냐도 마찬가지였다.) 이러한 때에 작센-바이마르의 베른하르트는 알자스를 점령하고 신성로마제국의 남부로 진출하였고 여러 지방을 점거하는 데 성공하였다. 그런데 이 와중 프랑스의 새로운 용병 대장이 35살이라는 젊은 나이에 급사하는 일이 생겼다. 이에 따라 그를 지원하던 프랑스가 그가 남긴 용병대와 다시금 계약하여 사실상 그가 남긴 군대와 전리품을 자연스레 훔쳐 갔다. 베른하르트는 생각보다 30년 전쟁의 독일 역사에 중요한 위치에 있었는데 평범하게 보이는 용병대장이었지만 나름의 독자노선을 타고 있어 리슐리외와 옥센셰르나 사이에서 무시할 수 없는 영향력을 확보해 가고 있던 인물이었다. 그의 의도가 어찌 되었든 그의 죽음으로 남은 전쟁 기간 동안 독일은 프랑스와 에스파냐의 일방적인 전쟁터로 전락하고 말았고 안 그래도 비극적인 전쟁을 더욱 비극적으로 만들었다.

황제 페르디난트 3세는 더 이상의 전쟁 수행에 버거움을 느끼고 있었다. 프랑스와 스웨덴에 대항할 병력을 어느 정도 복구하는 데 성공하였지만 1639년 77척의 에스파냐 함대가 트롬프Maarten Tromp 제독이 이끄는 네덜란드 함대에 참패를 당하는 등 피해가 누적되고 있었다. 새 황제는 일단 개신교 연합 간의 분열을 추구했다. 헤센-카셀 방백이 죽자 대리 통차지가 된 그의 미망인에게 평화 조약을 간청하였다. 하지만 거부당했고 다른 신교도 세력들도 새 황제의 농간에 넘어가질 않았다. 이에 황제는 프라하 강화 조약을 기반으로 화해를 주선하고자 노력하였다. 하지만 외교가 잘 풀리지 않아 역으로 당시 황제의 편에 가담했던 세력들이 스웨덴과 평화 조약을 맺으며 전선에서 이탈했다. 대표적으로 브란덴부르크에 새로운 선제후가 즉위하였는데 그는 더 이상 나라가 파탄 나는 것을 막기 위해 독자적으로 스웨덴과 강화를 맺었다. 브란덴부르크의 새로운 선제후는 황제에게도 같이 조약을 체결하자 권유했지만 조건 때문에 황제는 거부하였고 그 덕에 황제의 세력만 이탈하는 꼴이 되었다. 화해가 흐지부지해지자 스웨덴 군대가 다시금 남하하였고 브라이텐펠트 전투에서 선대 국왕이 승리한 것처럼 같은 장소에서 황제의 군대를 격파하는 데 성공하였다. 이 시점 프랑스는 리슐리외 추기경이 사망하여 마자랭 추기경이 뒤를 이었다. 마자랭Jules Raymond Mazarin은 선대 추기경의 뜻을 충실히 따르기로 결정하였다. 새로운 추기경은 군을 움직였고 로크루아Rocroi 전투에서 에스파냐 군대를 대파하는 데 성공하여 전쟁의 주도권을 가져가게 되었다.

이렇게 선대 황제의 사망 이후 제국이 계속 밀리게 되자 정말로 페르디난트 3세는 평화 조약을 맺고 싶어 하였다. 이 시점이 1643년으로 전쟁이 너무 오래 지속되어 제국은 황제도, 황제의 반대파도 피폐해질 대로 피폐해진 상태였다. 하지만 협상은 상당히 지지부진했는데 황제와 독일 영방군주 간의 불화, 덴마크와 스웨덴의 불화, 프랑스와 네덜란드 간의 불화가 심해진 탓이었다. 제각기 자기주장을 우선시하니 로크루아 전투 이후 협상은 다시 시작되었어도 제대로 진행되지 않았다. 협상 과정에서 스웨덴은 오스나브뤼크를 중심으로 한 독일 신교 세력을 지지했고 프랑스는 황제를 제어하기 위한 가톨릭 입헌주의 세력을 지지함에 따라 평행 구도를 달렸다. 네덜란드는 프랑스의 야망을 의심하며 프랑스와 거리를 두었고 협상은 복잡해져 갔다. 결국 전쟁은 몇 년 더 이어졌고 그 과정에서 전투는 꾸준히 일어나게 되었다. 그러다 1646년 얀카우Jankau 전투의 여파로 협상은 빨라졌다. 황제는 프랑스에게 알자스를 양보하고 네덜란드와 스위스를 인정하며 스웨덴에 철수를 위해 500만 탈러를 지급하기로 합의하였다. 그리고 전쟁을 연장시켰던 복구 칙령은 이제 영구히 보류되었고 칼뱅파도 제국의 신앙으로 인정해 주기로 합의하였다. 대체로 황제에게 전황이 불리하기 흘러갔기에 제국이 협상에서도 불리하였다. 다만 얀카우 전투 이후 보헤미아 지방의 피폐함으로 신교 연합군이 얻은 게 없어 크게 불리해지지는 않았다. 1648년에 접어들자, 뮌스터 협약을 통해 에스파냐와 네덜란드가 평화 협상에 합의를 보았다. 프랑스는 이 합의에 찬동하지 않고 좀 더 움직였다. 그렇게 프라하가 신교 연합에 의해 포위되고 비엔나가 위험에 노출되자 페르디난트 3세는 다시금 먼저 양보하여 서로 간의 평화조약이 극적으로 타결되었다. 그렇게 1648년 10월 베스트팔렌 조약Westfälischer Friede이 체결되어 독일을 황폐화시킨 30년의 기나긴 전쟁이 끝나게 되었다.

독일의 비극,
끔찍한 참혹!

왜 전쟁이 이리 길어진 것일까? 사실 충분히 빠른 종결이 가능한 전쟁이었다. 하지만 여러 이유로 그러지를 못하였다. 많은 이유가 상존한 탓에 누구의 탓이라고 손가락질하기는 애매해 보인다. 예컨대 가장 많이 꼽히는 이유는 페르디난트 2세의 복구 칙령일 것이다. 독실한 가톨릭 신자인 황제가 땅을 다시 돌려내라고 요구했고, 이는 이미 여러 대에 걸쳐 땅을 소유하고 있던 신교도들에게 받아들이기 힘든 것이었다. 당연히 받아들일 수 없었고 외세의 개입을 부르게 되었다. 하지만 전쟁이 길어진 이유가 단순히 페르디난트 2세의 욕심과 독실한 신앙심 때문일까? 프랑스의 안보 전략상 경쟁자인 합스부르크 가문의 전략에 맞대응할 필요가 있었다. 네덜란드의 플랑드르 지방부터 라인강, 스페인 길을 지나 피레네 이남의 스페인 제국까지 프랑스를 포위하고 있음을 볼 때 독일의 전쟁에 개입하는 것은 당연하였다. 그렇기에 다들 전쟁이 길어진 것을 비극으로 삼지만 전쟁 자체는 필연이라고도 보인다. 중요한 것은 전쟁이 단순히 길어진 것이 아니라 길어지는 과정에서 엄청난 끔찍한 사건들이 즐비하게 이어졌다는 것이다. 전쟁과 학살은 세트와 같은 것이다. 일어나지 않기를 바라지만 일어나는 일들이다. 그런데 그러한 과정이 전쟁이 길어짐에 따라 더더욱 많이 발생하게 되었고 더 끔찍하게 학살극이 펼쳐졌다.

대표적인 학살극은 그 유명한 마그데부르크 학살일 것이다. 1631년 5월 30일, 황제의 군대를 이끌던 틸리가 개신교의 대표적인 도시였던 마그데부르크를 이날 함락시켰다. 구스타프 아돌프 스웨덴 국왕이 마그데부르크와 같은 신교 도시들을 지키기로 천명했기에 점령은 상대 세력의 사기 저하에 영향을 줄 수 있었다. 마그데부르크는 한자동맹의 소속 도시로서 경제적 부를 이루고 있었고 1555년의 아우크스부르크 화의 전 카를 5세에 대항하여 루터파들의 피신을 받아 종교적으로도 의미가 많았던 도시였다. 당시 사람들은 마그데부르크를 주의 사무국Herrgotts Kanzlei이라 부르며 개신교의 주요 도시로 대하고 있었다. 틸리는 그러한 개신교의 도시를 점령하였고 이내 학살극이 벌어졌다. 신교도들의 선전물처럼 틸리가 악마 같은 사람은 아니었다. 학살극이 너무 심해지자 대성당을 보호구역으로 삼아 천여 명의 시민들을 구한 것, 그리고 그날 도시에 있었던 대화재가 그의 명령에 의한 것이 아닌 것을 보았을 때 우발적인 학살로 보인다. 당시 전쟁이 장기화되자 어느 나라의 군대든 30년 전쟁 초엽과 달리 만성적인 물자 부족에 시달리고 있었다. 툭하면 임금은 밀렸고 군대는 마치 거지 떼처럼 도시를 이리저리 옮겨 다니며 먹을 것을 취하고 있던 시대였다. 용병들이나 군인들은 이럴 때 부유한 도시를 점령하자 실컷 약탈하며 자신들의 부족한 부분을 채워나갔다. 그렇게 도시는 불타고 약탈당했으며 무려 적어도 2만 명의 도시민들이 재물을 약탈당하는 과정에서 학살당했다.

근대 시대나 지금의 현대 시대와 다르게 이 시점은 아직 종교적 가치가 중요시되는 중세~초기 근세에 해당되는 시절인지라 정확히 어떻게 학살극이 벌어졌는지 알아보기엔 힘들다. 학살극에 대한 내용은 종교적, 문화적 은유로 덮여있다. 당시 개신교 세력의 전단지의 내용 중 하나인 '마그데부르크의 숙녀가 1631년 5월 10일 피에 굶주린 남편 틸리와 치른 비참한 혼례'의 내용을 보면 틸리의 점령군이 강압적으로 도시와 시민들을 다룬 것을 은유와 비유들을 통해 알 수 있다. 모든 것을 더럽혀도 영혼의 순결을 건들 수 없다고 선전한 이 내용을 볼 때 역으로 영혼을 제외한 모든 것이, 물질적이고 육체적인 것들이 전부 더럽혀졌던 그날의 일들을 짐작해 볼 수가 있다. 개신교도들의 여러 간행물에서 틸리는 '처녀 겁탈자'로 낙인찍혔고 여러 선전들이 사기에 영향을 끼쳐 브라이텐펠트 전투의 승리에 일조하였다. 여러 기록물을 토대로 당시 틸리의 군대가 도시 전역에서 강간을 일삼고 사람들을 인신매매하거나 아니면 자신의 부인으로 취했음을 우린 추측해 볼 수 있다.

문제는 이러한 학살과 약탈, 강간, 방화가 마그데부르크에서만 일어난 일이 아니라는 것이다. 전쟁의 피해는 주로 각국 군대와 용병의 자금이 떨어지기 시작한 20년대부터 본격적으로 벌어졌다. 초창기엔 주로 군대보단 용병들이 약탈의 핵심이었는데 이때부터 그들의 용병에 대한 대가를 받기가 힘들어졌기 때문이었다. 용병들은 이곳저곳 떠돌며 약탈했고 온갖 질병을 퍼트리기도 하였다. 티푸스, 괴혈병, 천연두, 매독 등이 그들이 지나는 곳에 일제히 퍼졌다. 신교도 편에 섰었던 용병대장 만스펠트의 어느 영국인 용병의 기록에 의하면 그들은 지나가는 곳마다 남녀노소 모두 공평하게 죽였으며 학살하고 약탈을 일삼았다고 한다. 비슷한 시기 발렌슈타인의 용병대들은 주로 가난에 찌든 젊은이들로 이루어진 탓에 그들도 만만치 않은 약탈과 학살극을 벌였다고 전해진다. 똑같이 질병을 퍼트리고 학살을 해댔다. 그들은 브란덴부르크를 지나며 학살극을 벌였는데 당시 선제후인 게오르크 빌헬름Georg Wilhelm은 이를 막을 힘이 없었다. 그저 프로이센 지방으로 도주할 뿐이었다. 이는 다른 독일의 영방 군주들도 마찬가지라 제국군이나 신교군이 지나가는 곳은 일방적으로 약탈과 학살을 당했다.

시간이 지나자 정규군들도 완전한 강도가 되기 시작했다. 1632년의 각국의 피해를 보면 군대가 얼마나 심각하게 약탈을 해댔는지 우린 알 수 있다. 구교든 신교든 똑같았다. 바이에른과 슈바벤의 경우 지나가는 적국의 군대가 모든 것을 짓밟아 놓았다. 또한 예컨대 스웨덴의 군대는 가면 갈수록 구스타프 아돌프 국왕이 세운 규율은 점점 사라지고 체계적으로 약탈을 실시했다. 마그데부르크의 약탈로 인한 자금 확보 미비 때문이었다. 구교도들의 여러 영지가 불탔고 사제와 수사, 시민들이 고문당해 죽었다. 이러한 약탈에 분노한 바이에른의 막시말리안은 보복을 천명하며 스웨덴 군대의 낙오자나 부상자가 보이면 자비를 베풀지 말고 바로 죽이라고 명령했다. 하지만 켐프텐이나 하게나우에서 사람들을 죽이고 가옥들을 제국군이 불태우며 약탈과 학살극을 벌인 것을 보았을 때 그놈이 그놈이었다. 이렇게 정규군들이 타락한 것에는 개인의 양심보다는 앞서 언급하였듯 보급이 미비해졌기 때문이었다. 1640년대 초엽 당시 스웨덴 총리인 옥센셰르나는 자국군의 상태에 사실상 시인을 한 바가 있었다. 당시 군대가 급료를 제대로 지급받지 못하자 군대 내에선 온갖 불만이 쌓이고 있었다. 자연스레 군대는 약탈자로 변하였으며 이에 옥센셰르나는 자국 여왕의 이름을 걸고 급료를 주겠다고 호소했지만 군대가 낙오자나 약탈자, 강도로 변모하는 것을 막을 수 없다고 한탄하였다. 시간이 흐를수록 어느 나라 군대나 현장의 사기를 위하여 마음껏 점령지를 약탈하도록 허가했다. 문제는 그저 지나가는 곳들도 약탈했다는 것이다. 물자 확보를 위해 전쟁에 참가하지 않은 나라라고 해도 지나가다가 눈에 보이면 약탈극이 벌어졌다.

이러니 독일 사람들은 굶주림에 빠질 수밖에 없었다. 학살에서 살아남거나 노예가 되는 것을 피해 무사히 고향에 남는다고 해도 모든 것을 빼앗긴 그들은 굶주림 앞에 서게 되었다. 이런 와중에 1635년쯤 기근까지 오자 사람들은 식인까지 선택하였다. 기근은 뷔르템베르크에서 로렌까지의 지방에서 주로 벌어졌는데 알자스에서는 교수대에 의해 죽은 죄수의 시신을 끌어내려 요리해 먹었다고 한다. 당시 사람들은 굶어 죽기 싫어 모든 것을 요리하였는데 당대 보름스의 시장에서는 개나 고양이, 쥐가 식용으로 팔렸다고 한다. 당시 잉글랜드 대사가 레겐스부르크 회의에 참석하기 위해 독일 지방들을 지나고 있었는데 사람들의 비참함에 놀라 이런저런 본 사실들을 아래와 같이 기록하였다.

'쾰른에서 프랑크푸르트까지 모든 도시와 촌락과 성이 파괴되고 약탈되고 불에 탔다….'

'집 한 채가 불타있는 것을 보았을 뿐, 마을에서 아무것도 보지 못했다….'

'이곳은 과거에 시장이 있던 곳으로 보이는데 약탈과 방화로 참담하게 변해있다….'

'시장이 굶주림에 시달린 빈민들에게 약간의 먹을 것을 주었는데 빈민들이 자기들끼리 싸우며 서로 먹을 것을 빼앗았다….'

'시장이 베푼 자선을 받으러 갈 힘도 없어…. 똥 더미 위에 빈민들 몇 명이 누워있다….'

전쟁의 만행은 갈수록 심해졌다. 아이들을 죽이고 부인들을 창문 밖으로 던지거나 부엌의 솥에 집어넣어 끓이는 등 온갖 만행이 일상화되었다. 어느 스웨덴군은 포로에게 화약을 묻힌 다음 옷에 불을 놓아 즐겼다고 한다. 시민과 농민들은 재산을 몰래 숨겼다는 이유로 온갖 고문을 당하였다. 전쟁이 끝나가는 1643년의 어느 독일 시골에서는 그저 식량과 물을 주지 않았다고 농민이 그 자리에서 총살당했다. 튀링겐의 어느 독일인은 자신의 딸이 강간당했다며 강간하고 살해한 병사들을 처벌해 달라고 눈물로 호소하였다. 이러한 이야기들이 과장은 있겠지만 확실한 것은 전쟁의 주체가 아닌 독일의 사람들이 제국군이나 외국 군대에 온갖 만행을 당했다는 것이다. 30년의 기나긴 시간 동안 독일인들은 전쟁의 일방적인 피해자가 되어 온갖 피눈물을 흘렸다. 시대가 시대인지라 기록의 부정확함 때문에 얼마나 많은 이들이 죽었는지, 어느 정도의 재산 피해를 입었는지는 모른다. 추측건대 알자스를 포함하고 네덜란드와 보헤미아를 제외한 1618년 당시의 제국 인구가 2,100만 명으로 생각되는데 그것이 1648년에는 1,350만 명이 되었을 것이라고 생각된다. 예컨대 아우크스부르크는 인구가 4만 8천에서 2만 1천이 되었고 켐니츠는 천여 명이 200여 명이 되었으며 뮌헨은 2만 2천 명이 1만 7천 명, 피르나는 전후 876명의 사람들 중 단 54명만이 살아남았다고 전해진다. 중요한 농토와 가축의 손실 경우 정확히 알기가 힘들다. 많은 농토가 불탄 것은 사실이나 현재 얼마나 손실을 입었는지는 기록이 완전 고무줄처럼 형성되어 있다.

자크 칼로Jacques Callot의 「전쟁의 비참한 모습Hanging from The Miseries and Misfortunes of War」, 1632년 작품, 뉴사우스웨일즈 국립 미술관 소장

확실한 것은 많은 이들이 피해를 입었다는 것이다. 분명히 과장은 존재한다. 오히려 괜찮은 경우도 있었다. 많은 것들이 약탈당했지만 다 보급을 위한 약탈인지라 고스란히 약탈당한 돈들은 독일 지방에 소모되었다. 현명한 농민들은 점령군을 상대로 사실상의 사기를 치며 부를 축적했다. 약탈한 소의 가격을 모르는 병사들은 농민들이 말하는 대로 팔았고 이 과정에서 인생 역전의 부농들이 탄생하기도 하였다. 또한 마치 흑사병 당시처럼 인구의 감소로 농민의 권리가 증가한 면도 있었다. 그러나 이런 것들은 예외적인 경우며 상업을 담당하는 중간 계층들은 전쟁으로 사실상 몰락해 버렸다. 정부에 종속되어 버려 귀족과 농민의 완충재 역할을 상실했고 이를 회복하는 데에는 오랜 시간이 걸렸다.

이제 향후 독일 역사의 주역인 브란덴부르크로 돌아오자. 호엔촐레른 가문은 30년 전쟁 동안 무엇을 했을까? 선제후인 만큼 그들도 30년 전쟁 동안 이런저런 굵직굵직한 모습을 보여주곤 하였다. 그러나 대체적으로 신교든 구교든 어디에 속하지 않고 중립을 지키며 이 사태를 피하고자 하였다. 특히나 소심하고 우유부단한 성격으로 유명했던 게오르크 빌헬름 선제후는 (1619년부터 통치) 애처로운 중립 정책으로 전쟁에서 달아나고자 하였다. 하지만 당시 중립은 사실상 불가능한 정책이었다. 황제나 신교를 이끌던 스웨덴이나 그것을 허용할 리가 없었다. 영토를 지킬 병력도 재산도 없었다. 앞선 브란덴부르크의 이야기에서도 알 수 있듯 국내의 루터파와 칼뱅파의 갈등으로 루터파가 다수를 차지한 신분제 의회가 재정지원을 하려 하지 않았다. 애초에 했어도 충분히 외국 군대에 대항할 병력을 마련할 수 있을 리가 없었다. 그래서 처음 게오르크 빌헬름 선제후는 1618년부터 20년까진 황제에게 동조하며 위기를 피하고자 하였다. 브란덴부르크의 영지에 가톨릭 연합 세력 군대가 숙영을 하게 되었다. 그러다가 1626년 덴마크 군대가 알트마르크와 프리그니츠를 침략하였다. 이에 브란덴부르크의 어느 고위 성직자가 항의하자 덴마크 군대는 웃으며 이를 무시하곤 마을을 약탈하였다. 얼마 안 가 황제의 군대에 의해 덴마크 군대가 축출당하나 이것은 그저 비극의 시작이었다. 제국군이라고 브란덴부르크의 보호자가 아니었으니 말이다. 발렌슈타인의 군대는 군대의 식량과 숙소, 봉급을 습관처럼 현지에서 징발하였고 브란덴부르크 선제후국은 엄청난 피해를 입게 되었다. 구스타프 아돌프의 등장에도 달라지는 것은 없었다. 게오르크 빌헬름 선제후는 스웨덴 국왕의 동맹 요구에 처음엔 내키지 않았다. 오히려 작센과 협력하여 독일 북부 지대의 완충 지대를 설치하고 호엔촐레른이 그 속에서 안전하길 기대했다. 물론 강국들에 의해 이루어지진 않았고 스웨덴 군대는 황제 군대를 격파하고 베를린 근처로 다가오며 다시금 동맹을 요구했다. 게오르크 빌헬름 선제후는 어떻게든 중립으로 남고 싶었으나 스웨덴의 압박에 결국 동맹을 체결하였다. 그러다가 구스타프 아돌프가 사망하고 뇌르틀링겐에서 신교 연합이 패배하자 선제후는 다시금 안전을 위해 황제의 편으로 돌아섰다. 게오르크 빌헬름 선제후는 이렇듯 안전을 위해 동맹 사이를 왔다 갔다 반복했으나 피해를 막을 순 없었고 결국 앞서 언급된 것처럼 프로이센 지방으로 도주함으로써 그곳에서 1640년 사망하여 인생을 마무리 지었다.

이러한 일련의 과정 속에서 브란덴부르크는 엄청난 피해를 입었다. 어느 나라 군대든 다른 독일 국가들처럼 지나가는 군대에 약탈당하고 방화당하고 학살당했다. 훗날 정치가들은 당시 선제후의 우유부단함을 비난하지만 나라가 강한 것도 아닌지라 싸우는 것 자체가 불가능한 것을 볼 때 필자에게는 지나친 비난이라고 여겨진다. 1630년대에 들어서 각국 군대는 다른 곳에서 그러하였듯 브란덴부르크에서도 참혹한 짓을 저지르곤 하였다. 1637년 포츠담 부근에서 살았던 세관원의 서기 페터 필레가 남긴 기록을 보면 참으로 끔찍하였다. 제국군이 자신의 마을을 지나가는데 위르겐 베버라는 사람에게 강제로 돈을 숨긴 곳을 알아내기 위하여 성기에 뾰족한 나뭇조각을 찔러 넣는 성고문을 자행했다고 기록하였다. 이러한 과정을 거치며 브란덴부르크 선제후국은 30년 동안 인구의 절반이 죽었다고 한다. 수도인 브란덴부르크와 프랑크푸르트 오데르는 주요 통과 지역이라 2/3가 죽었다고 하며 포츠담과 슈판다우는 인구의 4할 정도 죽었다고 한다. 늪지대같이 군대가 통과하기 애매한 지역만이 많은 사람들이 살아남았다.

다행히 대선제후라고 불리게 될 1640년에 선제후가 된 새로운 지도지기 전쟁의 미지막 8년을 적당히 휠약해 줌에 따라 브란덴부르크는 완전한 재앙에서 어느 정도 피할 수 있었다. 대선제후의 이야기는 다음 파트에서 다루도록 하고 중요한 것은 30년 전쟁이 브란덴부르크와 독일에 엄청난 상처를 남겼다는 것이다. 과장일 수도 있으나 영국의 목판화가 필립 빈센트가 남긴 '독일의 통곡'이란 작품에서 알 수 있듯 잔혹하고 선정적인 이야기가 과장이 있을 순 있어도 사실이었음을 잊어서는 안 된다. 30년 전쟁은 독일 사람들에게 엄청난 고통의 상처를 남겼다. 전쟁의 주체가 아님에도 많은 이들이 죽어갔다. 그러한 덕택에 30년 전쟁은 당대 독일 사람들에게 엄청난 트라우마를 남겼고 향후 독일 역사에 큰 영향을 끼치게 된다. 독일 제국 파트에서도 다루겠지만 독일인들은 프랑스 바로 옆의 나라 사람답게 자유주의와 같은 선진적 사상을 잘 받아들였다. 우리의 편견과 다르게 나치 시대와 같은 특수한 시절을 제외하고는 독일은 자유에 대한 열망이 항상 넘쳐났던 나라였다. 그런데 왜 애국과 군국을 상징하는 철혈 수상이 등장하였을까? 그 기원은 30년 전쟁에 있다. 여기서 나온 트라우마가 독일인들의 판단을 그르쳤다. 넘실거리는 자유와 권리에 대한 열망보단 보호에 대한 욕구가 독일 사람들 사이에서 퍼져갔다.

대표적으로 작센의 법학자이자 홉스의 사상에 영향을 받은 자무엘 푸펜도르프Samuel von Pufendorf의 저서와 그의 사상을 보면 우린 30년 전쟁의 트라우마가 독일 사람들에게 어떠한 영향을 남겼는지 알 수 있다. 그는 자신의 저서 『만국법 요론』에서 사람이 사회생활을 유지하는 데 자연법으로 충분치 않다고 주장했다. 그는 사람들 간의 싸움, 위해를 가하려는 자와 막으려는 자의 싸움은 필연이라고 보며 국가의 가장 중요한 목표는 그 폭력에 맞서 상호협동과 지원으로 국민의 안전을 보장하는 것이라 주장했다. 폭력과 무질서에 대항하여 국가와 시민이 하나로 뭉쳐야 한다고 주장한 것이다. 그는 신분제 의회가 국가의 요구에 맞서 반발할 때 신분 대표들의 자유보다는 국가의 필요성Necessitas을 강력히 주장하였다. 그의 사상은 국가의 힘에 초점을 두었으며 앞선 군주제 행정 시스템의 출현을 촉발하였다. 이러한 사상의 이유는 30년 전쟁의 참혹함 때문이었고 이는 국가의 권위 확대를 위한 사상적 근거가 되었다. 30년 전쟁이 독일의 역사를 비튼 것이다. 그렇기에 필자는 너무나도 독일이 안타깝다고 여겨진다. 이러한 전쟁이 아니었으면 민주주의 독일의 역사는 더 빨리 찾아왔을 것이다. 하지만 폐허 속에서 애국주의가 피어났듯 민주주의는 훗날의 대전쟁을 거쳐 폐허 속에서 완전히 피어나게 되었다.

제2장

계몽전제정

애국주의와 군국주의의 발흥

(1640~1789)

대선제후

30년 전쟁 말엽인 1640년, 새로운 선제후가 브란덴부르크의 새로운 지도자가 되었다. 18대 브란덴부르크 선제후이자 5대 프로이센 공작인 이 사람의 등장으로 브란덴부르크-프로이센의 역사는 우리가 아는 강철 왕국으로 변하기 시작한다. 그의 이름은 프리드리히 빌헬름Friedrich Wilhelm으로 뛰어난 행보로 훗날 대선제후Der Große Kurfürst라고 불리게 되는 인물이었다. 그는 20살의 젊은 나이에 선제후로 즉위하였는데 어린 나이에도 불구하고 바로 개혁에 착수하여 도탄에 빠진 나라를 구원하기 위해 애를 썼다. 그는 10대 시절을 네덜란드 공화국에서 유학하며 지냈는데 이때 배운 것들과 경험이 개혁의 근간이 된 것이다. 프리드리히 빌헬름은 이 당시 라이덴 대학교Universiteit Leiden를 다녔는데 이곳은 신新스토아학파가 주류를 차지하는 곳으로 국가론을 중점적으로 연구하던 곳이었다. 대선제후는 그들의 국가론을 토대로 사회 질서와 국가의 안녕을 추구하기 위해서는 강력한 군대를 기르고 통치 조직에 복종시킬 필요가 있다고 생각하였다. 당시 네덜란드는 가장 선진적인 국가 중 하나로 단순히 군대를 기르는 것을 넘어서 체계적이고도 규칙적인 기동훈련을 통해 실전에서 강한 군대를 갖추고 있었다. 그러면서도 활발한 국제무역과 식민지 개척으로 재정이 튼튼한 정부였는데 대선제후는 이에 감탄하며 배운 것들을 모국에 도입하고자 한 것으로 보인다.

일단 중요한 것은 평화를 가져오는 것이었다. 오랜 전쟁으로 브란덴부르크의 영지 대부분은 황폐해져 있었다. 그리고 영토의 상당 부분이 여전히 스웨덴과 같은 외국 군대에 점거당하고 있었다. 고로 이 상황에서 탈피하는 것이 급선무였다. 더 이상의 전쟁을 원하지 않은 대선제후는 1641년 7월 스웨덴과 협상하여 30년 전쟁에서 이탈하는 데 성공하였다. 물론 30년 전쟁은 1648년까지 이어졌고 이때까지는 각국의 강점은 이어졌기에 여전히 약탈과 방화가 이어졌지만 전보다는 부담이 줄어들었다. 이 당시 대선제후는 신교와 구교 어디에도 속하길 원하지 않아 일단 전대와 같이 프로이센 지방에 거주하며 전쟁을 관망 중이었다. 본토인 브란덴부르크는 마르크 변경백 에른스트가 관리하고 있었는데 참담한 자국 현실을 제대로 대선제후에게 보고하며 대리 통치를 성실히 수행했다. 하나 전쟁의 참혹함은 여전했기에 그는 결국 우울증에 걸려 급사하였고 프리드리히 빌헬름 대선제후는 1643년 3월 브란덴부르크로 귀환하였다. 이런 참극들이 군대를 갖추지 못한 것에 있다고 보아 그는 군사개혁을 먼저 실시하기로 마음먹었다. 일단 병력의 수를 늘릴 필요가 있었다. 이 당시 선제후국은 고작 3천여 명의 병력만 가지고 있었다. 적어도 몇 배로 증강할 필요가 있었다. 문제는 돈이었다. 오랜 전쟁으로 피폐해질 대로 피폐해진 나라가 어디서 돈을 마련할까? 자국 신분제의회에 도움을 요청하기엔 귀족들도 전쟁에 막대한 피해를 입은 상태였다. 다행히도 당장의 돈은 외가를 통해 마련되었다. 대선제후는 1646년 오라니에-나사우 총독 프레데릭 헨드릭Frederik Hendrik의 딸 루이즈 헨리에테Louise Henriette와 결혼을 하였다. 19살의 부인이 결혼하면서 지참금으로 12만 라이히스탈러Reichsthaler(1566~1750년간 독일 지역에 통용된 은화)와 6만 라이히스탈러 상당의 귀금속을 가지고 와 그 덕에 재정이 한동안 풍부해졌다.

대선제후는 부인의 지참금을 토대로 바로 병력을 증강시켰다. 그러면서 병종의 비율을 손보는데 창병보단 총병의 비중을 늘려갔다. 그리고 총병들의 무기를 화승총Match lock에서 수발총Flint lock으로 교체하며 시대에 발맞추어 군대를 바꾸어갔다. 이 외에도 야포를 스웨덴식으로 유연하면서도 능률적으로 교체하였다. 당시 대선제후는 프랑스나 네덜란드, 스웨덴 같은 선진국들의 괜찮은 요소들을 적절히 가져와 군대에 도입하였다. 그렇게 일단 1646년 기준으로 8천 명의 병력을 보유하게 되었다. 당시 폴란드가 프로이센 지방을 은근히 노리고 있었는데 이러한 병력 증강은 자국 수호에 도움이 되었다. 물론 이게 끝은 아니고 군사 개혁은 이제 시작에 불과하였다.

하지만 프리드리히 빌헬름은 일단 시선을 잠시 외교의 장으로 돌렸다. 30년 전쟁의 끝인 베스트팔렌 조약을 체결하기 위한 국제회의가 시작되었기 때문이었다. 이때 대선제후는 놀라운 외교적 활약을 보여주는데 그것은 프랑스에 잘 보이는 것에 성공하였다는 것이다. 프랑스는 애초에 30년 전쟁이 합스부르크 가문 견제를 위해 참전했던 만큼 그들을 견제할 신교 세력이 강해질 필요가 있었다. 그래서 스웨덴과 브란덴부르크 간의 화해협정 체결을 주선해 주었으며 베스트팔렌 조약에서 많은 부분을 획득하게 도움을 주었다. 그 덕에 대선제후는 생각보다 많은 이익을 챙길 수 있었다. 발트해 연안의 포메른 지방 동부, 주교 관할권인 할버슈타트와 민덴, 마그데부르크 등등을 차지하는 네 성공하였다. 이것은 상당히 큰 이득으로 원래 작센보다 작았던 영토의 크기가 그들보다 더 커져버렸다.

외교의 승리를 맛본 프리드리히 빌헬름은 다시금 군사 개혁에 착수하였다. 당시 유럽의 흐름은 상비군Stehendes Herr 구축이었고 그 대세에 브란덴부르크 선제후국도 따라가야 한다고 여긴 것이다. 이러한 군사 개혁 프로그램은 1644년에서 1655년까지 이어지게 된다. 여러 선진국들의 시스템이 도입되었다. 예컨대 1654년 네덜란드의 군사 훈련 시스템을 자국에 도입하였다. 이것은 오라니엔의 마우리츠 왕자의 훈련 교본을 토대로 만든 훈련 제도로 본인이 유학 시절 본 군대의 훈련 모습을 도입한 것이었다. 그리고 병력을 꾸준히 모집하여 1660년에는 2만 5천 명으로 증강하는 데 성공하였다. 장교양성제도를 도입하고 사관학교를 설립하여 지휘체계의 안정을 추구했다. 군대의 재정과 보급을 관리·감독하기 위한 병참국장이란 직위를 신설하여 군 시스템 확립에 더욱 힘을 썼다.

병참국장Generalkriegskommis-sar은 프랑스에서 따온 군사 행정으로 처음엔 실험적으로 도입되었다가 1679년 이후로는 호엔촐레른 가문 영지 전역을 병참국이 관할할 수 있게 되었다. 군비를 납세 받고 훈련도 관할하며 기존 신분제의회의 역할을 침범해 국가의 중앙집권화에 이바지하였다. 병참국은 서서히 발전해 훗날 독일 참모부의 기반이 되었다. (물론 클라우제비츠의 등장 전까지는 다소 평범한 기구였다.) 이러한 변화에는 상당한 돈이 필요했다. 지참금으로 언제까지 가능한 문제는 아니었다. 일단 국가 수입을 제대로 활용할 필요가 있었다. 그래서 도도 폰 크니프하우젠Dodo von Knyphausen의 주도하에 수지의 균형을 제대로 맞출 수 있는 대차대조표를 작성 가능한 중앙세무서를 만들어 국가 관리 효율을 증대하였다. 다만 이 기구는 만드는 데 오래 걸려 그의 사망 직후인 1689에 설치가 완료되었다. 그리고 1653년 프리드리히 빌헬름은 5월에 귀족의 대표들을 베를린으로 소환하여 국가방위를 위한 국방비를 걷기 위한 설득에 나섰다. 상비군 확충을 위한 군인세Heeressteuer를 도입하는 대가로 귀족들의 사회적, 경제적 특권을 인정해 주겠다고 하였다. 귀족들은 자신들의 특권이 침해받지 않는 대가로 이를 승인하였다. 국왕과 귀족의 협력은 훗날 대왕 시기까지 계속 유지되게 된다.

다만 징수 문제가 순탄하기만 한 것은 아니었다. 지방 통치와 징수는 대선제후 통치 시절 내내 골 아픈 문제였다. 처음에는 합의가 잘되었어도 중앙의 통치력을 증강하려는 대선제후의 의도상 지방 귀족들의 반발은 자연스러웠으니 말이다. 1655년부터 60년까지의 북방전쟁 과정에서 생긴 징세 문제로 선제후와 지방의 귀족들은 충돌하였다. 신분제의회는 전부터 의회 의원들의 동의가 있어야 징수가 가능하다는 입장이었지만 지방에 개입을 해가던 중앙 정부는 필요에 따라 세금을 가져갔다. 게다가 통치를 위해 칼뱅파 외국인 관료들을 주요 관직에 임명하였는데 선제후 입장에서는 선진 문물을 도입하고 중앙 정부의 통치력을 강화하는 과정이었으나 지방귀족들은 이에 크나큰 반발을 하였다. 시민권Indigenat 침해라고 여겼기 때문이었다. 따라서 이런저런 불만에 신분제의회들은 선제후의 지출 승인을 1655년 4월 거절하였다. 일단 물러났다가 1660년, 북방전쟁을 마무리한 대선제후는 이러한 지출 승인 거부의 중심지였던 프로이센 지방으로 1661년 10월 군대를 이끌고 진입하였다. 프리드리히 빌헬름은 저항 세력의 대표였던 쾨니히스베르크 시의회 의장인 상인 히에로니무스 로트Hieronymus Roth를 붙잡고 재판에 넘겨 유죄를 선고하였다. 그의 동료 칼크슈타인Kalckstein을 국법 문란을 이유로 1672년 1월 사형에 처하기도 하였다. 이로써 대선제후의 중앙 정부 권한 확대를 위한 지방귀족들의 조세동의권은 박탈되었고 이제 신분제의회의 동의가 필요한 징수는 없어지게 되었다. 대선제후는 그 이후로 도시민에게는 소비세를, 농민들에게는 토지세를 신설하며 세수를 확충하였다. 소비세는 세무위원회Steurräte의 통제를 받았으며 대선제후는 새로운 토지관리국Amtskammer을 신설하여 국가의 소득 기반을 더욱 확충하였다.

다만 대선제후가 무조건 자신의 정책에 반발하는 사람을 강제로 때려잡기만 한 것은 아니었다. 프리드리히 빌헬름은 자신의 의견을 완고하게 주장하고 추진하는 반면 동시에 휘하 관리들을 파견하여 적당히 합의를 보는 것도 동시에 추구하였다. 이러한 투 트랙의 일환으로 1665년 마르크 백작령에 있는 베스트팔렌의 소도시 조스트Soest는 충성의 대가로 과거의 율법을 유지하는 어느 정도의 자치를 손에 얻은 바가 있었다. 다만 대선제후의 등장으로 신분제의회의 힘이 서서히 줄어든 것은 무시할 수 없는 사실이었다. 대선제후는 동의를 얻을 수 있으면 좋지만 얻지 못하면 앞서 보았듯 군대를 동원하였다.

여하튼 그렇게 내부 개혁을 하면서 프리드리히 빌헬름 선제후는 외부를 바라보았다. 대선제후는 앞서 언급되었던 북방전쟁 개전 이후로(1655년 발발) 전쟁의 추이를 유심히 바라보고 있었다. 왜냐하면 폴란드 왕국과의 종주 문제를 해결할 기회로 보았기 때문이었다. 독일기사단국 알브레히트 기사단장의 세속화 결정 이후로 형식적이지만 프로이센 공국은 폴란드 왕국의 신하였고 브란덴부르크 가문을 이끄는 호엔촐레른도 이에 묶여 있었다. 따라서 북방전쟁이 발발된 지 1년 정도 지난 1656년, 스웨덴과 러시아에 포위가 된 폴란드-리투아니아 동군연합을 상대로 브란덴부르크-프로이센은 침공을 개시하였다. 폴란드는 이에 분노했지만 이미 러시아의 위협에 노출된 상태인지라 브란덴부르크의 움직임에 적극적으로 대처하긴 힘들었다. 결국 스웨덴 카를 10세와 프리드리히 빌헬름 대선제후의 연합군이 1656년의 여름, 바르샤바 전투에서 폴란드 군대를 격파하자 폴란드는 오스트리아의 중재를 받으며 브란덴부르크와 화평을 위한 비밀 협상에 나섰다. 여기서 대선제후의 병력은 대략 8천5백 명으로 뛰어난 활약상을 보여 군사 개혁 프로그램의 성과를 보여주었다. 폴란드를 지원하고 있던 오스트리아는 협상을 중재하였는데 때마침 페르디난트 3세의 사망으로 인한 황제 선거에서 브란덴부르크 선제후의 투표 지원을 받기 위해 프로이센 공국에 대한 권리를 인정하라고 폴란드에 재촉하였다. 다만 폴란드와 오스트리아가 아무 생각 없던 것은 아니고 브란덴부르크는 스웨덴과 감정이 좋지 않았기에 그 틈을 노린 것도 없잖아 있다고 필자는 생각한다. 실로 얼마 안 가 브란덴부르크는 포메른 지방 전체를 노리며 오스트리아와 폴란드 동맹 편으로 참전하여 스웨덴과 격돌에 나선다. 1658년 브란덴부르크 선제후국군이 이끄는 동맹군이 스웨덴군을 격파하고 포메른 지방을 점거하나 프랑스의 개입으로 물러나게 된다. 그래도 북방전쟁의 평화조약인 1660년 5월 올리바 평화조약을 통해 프로이센 공국에 대한 대선제후의 주권이 인정받아 소기의 목적은 달성하게 된다.

하지만 꿈에 그리던 발트해 연안의 포메른 지방을 프랑스의 개입으로 강탈당하자 대선제후는 분노하며 한동안 반프랑스 외교를 타게 된다. 다만 대선제후의 통치 기간 동안 그는 프랑스와 오스트리아 사이에서 왔다 갔다 하는 모습을 계속 보여주는데 이는 당시 추밀원의 조언으로 아마 나름의 실리외교를 추구한 것으로 보인다. 예컨대 프랑스-네덜란드 전쟁이 일어나는 1672년 초엽에는 네덜란드의 편을 들면서 프랑스에 반대했다가 73년에는 다시 프랑스의 동맹 협상을 하는 모습을 보여주었다. 그 뒤로 79년과 82년에 프랑스와 동맹을 맺으나 83년 오스만 제국에 포위된 비엔나를 돕기 위해 오스트리아에 분견대를 파견하기도 하였다. 이러한 갈팡질팡 외교는 30년 전쟁 당시 게오르크 빌헬름 선제후 때와는 달리 의도된 것으로 자신의 몸값을 올리기 위한 정책이었다. 어느 한 세력에게 약속하지 말고 일관성 없는 정책을 통해 원하는 바를 얻고자 하였다. 이런 이유는 황제에 대한 선제후의 낮은 충성심과 포메른 전체를 얻기 위한 야망 때문이었다. 다만 서포메른을 차지하는 것을 프랑스와 오스트리아 둘 다 반대하여 결국 이루어지지는 않았다. 따라서 두 국가 중 하나라도 설득하기 위해 이런저런 움직임을 보인 것이라 볼 수 있다.

그래도 브란덴부르크가 네덜란드-프랑스 전쟁에 참가하여 얻은 것이 있었다. 바로 국가와 군대의 엄청난 명성이다. 프리드리히 빌헬름은 전쟁 초엽 네덜란드의 편으로 참전하였다. 스웨덴의 포메른 지방을 노린 것이다. 그러나 스웨덴은 30년 전쟁처럼 군대를 이끌고 먼저 브란덴부르크로 침공하였다. 스웨덴 군대는 베를린 북동쪽의 우커마르크를 약탈하고 주민들은 살해하며 30년 전쟁에서 보여준 모습을 그대로 보여주었다. 분노한 대선제후는 군대를 결집해 이에 맞섰고 그 유명한 페르벨린

Fehrbellin 전투가 벌어졌다. 1675년 6월 28일 베를린 북서쪽의 페르벨린에서 브란덴부르크군 단독으로 스웨덴군과 맞섰으며 대선제후가 신임하는 기마 장군 데르플링거Georg von Derfflinger 남작의 활약으로 적에게 강렬한 승리를 거두었다. 스웨덴군은 4천 명이 전사한 반면 브란덴부르크군은 5백여 명이 전사하였다. 살아남은 스웨덴군은 북쪽으로 도망치다가 농민들의 기습으로 많은 이들이 죽었는데 당대의 보고서에 따르면 일부는 돈을 받고 풀어주었지만 스웨덴의 장교들은 농민들의 복수심에 직접 농민의 손에 죽었다고 한다. 아직 30년 전쟁의 기억이 남아있는 탓이었다.

이 전투에서 놀라운 점은 브란덴부르크는 13문의 대포를 사용하고 스웨덴은 38문의 대포를 썼다는 것이다. 하나 적절한 대포 운영과 기마대의 활약으로 전세가 뒤집혔고 당대 최고의 명성을 달리던 스웨덴군의 이미지는 박살 났으며 차기 강군의 이미지는 브란덴부르크가 가져가게 되었다. 이 전투로 브란덴부르크는 서포메른 지방을 다시 점거했고 이때부터 프리드리히 빌헬름은 '대선제후'로 불리게 되었다. (지금까진 편의상 대선제후로 명칭을 통일했으나 그렇게 불린 것은 이때부터다.) 다만 이후 이어진 프랑스와의 협상에도 그들의 반대로 인해 서포메른 점거는 다시금 포기하게 되었다.

그래도 네덜란드-프랑스 전쟁의 평화 조약, 그중에서 프랑스와 스웨덴이 브란덴부르크와 맺은 생제르맹앙레Saint-Germain-en-Laye 조약을 통해 오데르강 우안 지역과 서포메른 세관에 참가할 권한을 획득하여 경제 영토는 확보하였다. 세관 참여로 스웨덴이 해당 지역에서 가져가던 관세 수입의 절반을 챙겨갈 수 있었다.

이제 마지막으로 대선제후의 가장 중요한 업적을 살펴보자. 그것은 앞서 한번 언급됐었던 포츠담 칙령이다. 포츠담 칙령Edikt von Potsdam은 브란덴부르크-프로이센의 낙후된 경제를 크게 발전시키는 데 도움이 된 칙령이다. 왜냐하면 프랑스 정부의 위그노를 쫓아내는 퐁텐블로 칙령 직후 나온 것으로 (각각 1685년 10월 22일, 10월 29일) 추방된 위그노들을 받아들임과 동시에 그들이 정착하게끔 도움을 주어 인구의 증가와 상공업의 활성화, 학문의 증진에 큰 기여를 하였기 때문이었다. 이러한 정책은 1664년 9월 관용령Toleranzedikt의 연장선상에 있었다. 전전대 선제후 요한 지기스문트 때 호엔촐레른 가문은 칼뱅파로 개종하였다. 그러나 브란덴부르크의 루터파들은 이에 반발하여 충돌이 많았는데 이를 그만 다투라는 의도에서 대선제후는 관용령 반포로 내부의 분쟁을 막고자 하였다. 그래서 그 이후로는 실익만 따지고 종교는 자유롭게 결정하는 것으로 정해졌다. 그렇기에 1671년 오스트리아가 유대인들을 대량 추방했을 때 손쉽게 그들을 받아들이는 결정을 할 수 있었다. 이러한 일련의 과정 속에서 포츠담 칙령은 선언되었고 이번엔 프랑스 위그노들을 받아들인 것이었다. 포츠담 칙령은 해외의 인재들을 받기 위한 실리적 판단 때문인지 내용이 위그노들에게 나름대로 특혜를 부여하는 것으로 이루어져 있었다. 위그노들은 정착을 위한 보조금을 받을 수 있었고 위그노들 사이 분쟁을 위그노들이 독자적으로 선출한 재판관을 통해 해결할 수 있었다. 만일 위그노가 프랑스의 귀족일 경우 브란덴부르크에서도 귀족으로 대우하였으며 토지 소유와 시민권, 상속권을 보장받았다. 이러한 혜택을 받기 위해 프랑스에서 20만의 위그노들이 탈출을 시도했고 그중 2만여 명이 무사히 브란덴부르크에 도착하여 새로운 삶을 살며 브란덴부르크에 기여하였다.

칙령 이후 얼마 안 가 1688년, 대선제후가 사망하였고 그의 아들이 다음 대를 이어갔다. 돌이켜 보면 대선제후의 정책들은 30년 전쟁 이후 불합리한 세상에서 힘을 기르기 위한 실리적인 정책들로 이루어졌음을 우린 알 수 있다. 대왕도 그를 칭송하며 나라의 기반을 만들었다고 말하였다. 대왕의 활약은 그가 만든 정책들이 있었기 때문이었음을 부정할 순 없다. 실로 그가 사망할 시점 상비군의 규모는 4만 명 가까이 늘어나 있었다. 하지만 융커 귀족들을 설득하는 과정이 설득보단 일단 기본적으로 군대를 동원한 힘이었다는 사실이 독일의 향후 역사를 씁쓸하게 만들게 되었다.

예술가와 군인 왕, 그리고 프리츠

대선제후의 사망 후 예술가가 브란덴부르크-프로이센의 지도자가 되었다. 그는 브란덴부르크의 19대 선제후 프리드리히 3세로 훗날 왕이 되는 것에 성공하여 향후 프리드리히 1세Friedrich I라고 불릴 자였다. 그의 가장 대표적인 업적은 칭호에서 알 수 있듯이 바로 왕이 되었다는 것이다. 그는 당시 오스트리아 국왕이자 황제인 레오폴트 1세Leopold I를 에스파냐 왕위계승전쟁에서 돕는 대가로 왕위를 요구했고 협상 끝에 이를 성취하였다. 대가로 8천여 명의 병력을 계승전쟁에 보냈으며 향후 황제 선거에 합스부르크 가문을 계속 지지하기로 합의하였다. 이렇게 브란덴부르크-프로이센 선제후국-공국은 이제 제국 외부 한정이긴 하지만 (제국 내부에서는 선제후 지위를 유지하기로 합의 보았다. 고로 독일에선 외공내왕인 것이다. 실로 국왕의 칭호는 프로이센의 왕König von Preußen이 아닌 프로이센에서의 왕König in Preuße이었다.) 프로이센 왕국이 되어 국가의 위상이 드높여졌다. 예술가왕은 당대 신성로마제국의 영방군주들의 흐름에 따라 왕이 되기 위해 노력했고 끝내 그것을 이루었다. 30년 전쟁 이후 신성로마제국은 사실상 분열된 상태가 되어 황제의 위신이 크게 낮아졌다. 그러한 상황에서 여러 영방군주들은 자신들의 독립성을 확보하기 위해 국왕의 지위에 오르고자 하였다. 대표적으로 작센이 1697년 폴란드 왕위를 획득하여 대외적으로 국왕 칭호를 썼고 비록 실패했지만 바이에른과 팔츠의 비텔스바흐Wittelsbach 가문이 대외 영향력 확보를 위해 왕위를 얻고자 노력하였다.

이러한 지위 상승은 그저 뽐내는 용도가 아니었다. 당시 유럽 국제질서에서 국왕이란 타이틀이 가지는 실리적 이득인 무시할 수 없었다. 예컨대 평화 조약 체결과 같은 외교의 장에서 왕국이 그 밑의 공국과 같은 나라보다 우선권이 있다는 것을 감안하였을 때 국왕의 칭호는 실용적 가치가 있었다. 또한 이러한 지위 격상은 국가의 독립성 확보와 내부 통합에 큰 도움이 되었다. 당시 브란덴부르크는 신성로마제국에, 프로이센은 폴란드에 묶여 있었다. 실질적으로는 독립된 국가지만 형식적으로는 두 국가의 복속된 나라였다. 이러한 때에 국왕 칭호 획득은 두 국가가 간섭하지 못하는 독립된 나라임을 보여주는 것이었다. 실로 국왕 칭호를 얻을 때 프로이센은 왕위가 '새로 만든 것Creieren'이 아닌 '승인받은 것Agnoszieren'임을 분명히 했다. 여기서 승인은 황제의 호의 표시이지 의무사항이 아니라고 못 박았는데 이는 프로이센 왕위가 독립적 위치에 있음을 뜻하였다. 고로 황제를 기독교 세계의 선임 왕으로 대우하는 것이 아닌 프로이센의 독자적 위치 확보는 프로이센이 양국의 어떠한 요구에도 자유롭게 행동하게 해주는 틀을 만들어주었다. 그리고 왕위는 내부 통합에도 도움을 주었는데 당시 브란덴부르크-프로이센의 여러 영토는 나뉘어져 있었고 제각기 달리 불리고 있었다. 분명 소유자는 같은 사람이나 마치 제각기 다른 자들의 소유권인 것처럼 여러 다발이 어설프게 하나로 묶여 보이는 형태였다. 이제 이 영토들이 다 같은 프로이센 왕국이라는 공식 명칭으로 불리게 됨에 따라 자연스레 심리적인 통합 효과를 얻었다. 이는 궁정에도 나타나는데 그간 공비들은 은근히 자신들의 친가 외교 정책을 지지하곤 했었는데 왕비 타이틀을 통해 이제 프로이센의 사람이 되어갔다.

그렇기에 프로이센 왕국의 초대 국왕 프리드리히 1세는 국왕 타이틀을 얻고 쾨니히스베르크에서 1701년 1월 18일에 성대하게 대관식을 열며 자신의 위광을 뽐내었다. 대관식에는 3만 필의 말과 1,800여 대의 마차가 동원되었으며 외부의 시선을 의식하여 당대의 유행과 고전적 방식을 적절히 융합하여 최대한 아름다우면서도 사치스럽게 진행되었다. 돈을 아끼지 않았는데 대관식을 위해 임시로 거둔 50만 탈러의 왕실세는 여러 군데에 쓰이지 못하고 무려 3/5이 왕비의 관에만 쓰일 정도였다.

당시 나라의 세수는 한 해 4백만 탈러 정도였는데 6백만 탈러를 대관식에 사용하였다. 한 해 예산보다 많으니 부족한 부분은 당연히 빚이었다. 그가 왕이 되기 전 대관식의 사전 작업으로 1699년에 베를린 궁전을 바로크 양식으로 증축한 바 있었다. 동시에 부인을 위한 샤를로텐부르크 궁전Schloss Charlottenburg 신축과 쾨니히스베르크 궁전 증축을 시작하며 돈을 쓴 것을 감안하면 그야말로 대관식과 그에 관련된 것에 모든 것을 탕진한 것이었다.

프로이센의 초대 국왕은 대관식 이후 이러한 빚더미에서 탈출하기 위해 여러 국내 진흥 정책을 펼쳤다. 가장 대표적인 것은 할레 대학Universität Halle과 프로이센 왕립 과학 아카데미Königlich-Preußische Akademie der Wissenschaften 건립을 통한 학문, 학술 지원과 베를린 예술 아카데미Akademie der Künste 건립을 통한 예술 지원이었다. 먼저 할레 대학은 부인 조피 샤를로테Sophie Charlotte의 적극적 지원으로 만든 곳이었다. 본디 기사귀족학교였으나 당대의 학자인 토마지우스Christian Thomasius를 영입하여 (그는 자연적 현상과 신의 계시를 구분하는 것을 주장하며 교회의 불관용과 권위에 도전한 이성주의자였다.) 대학으로 변경, 1693년 황제의 허가를 받아 그해 11월 24일 정식 대학이 된 곳으로 졸업생에게 각종 학위증을 수여하여 나라의 발전에 기여하였다. 다른 대학과 마찬가지로 사생아도 인정하고 이들에게 후견인도 임명할 권리를 주어 많은 인재를 확보했고 부총장 선출권과 같은 자치권을 주어 마음껏 발전을 유도했다. (다만 총장은 왕족이 담당했다.) 할레 대학 이후 1696년에 화가, 조각가, 건축가 등을 위한 베를린 예술 아카데미가 세워졌으며 1700년 7월, 수학자이자 철학자 라이프니츠Leibniz의 주도로 베를린 과학 아카데미가 설립되어 미래를 위한 과학과 인문학의 여러 인재들을 길러냈다. 이러한 인재들이 사회에 나가 국가 발전에 기여했고 그 덕에 재정난에서 어느 정도 벗어나는 데 성공하였다.

하지만 이 인재들이 이룩한 놀라운 성과는 학문의 증진보단 프로테스탄트 경건주의 운동일 것이다. 그것은 할레 대학을 중심으로 생긴 운동이며 주동자는 1691년 3월 프리드리히 1세에 의해 베를린 교회 고위 성직자에 임명된 필리프 유코프 슈페너Philipp Jacob Spener였다. 그는 루터파로 『경건한 소망Pia desideria』이란 책을 통해 경건주의를 주장한 자이다. 그가 말하는 경건주의란 욕심을 버리고 하나님의 뜻, 그 섭리에 따라 사는 것이었다. 이러한 영적 운동은 루터의 만인사제설에 기반을 두었으며 루터의 말을 최대한 실천하고자 하였다. 악덕과 게으름보단 타인을 도우며 사는, 신앙을 실천하는 행동을 강조한 경건주의 운동은 의도한 바는 아니었으나 자연스레 루터파와 칼뱅파의 충돌을 제어하는 역할을 하였다. 그 이유는 경건주의 운동에 따르면 종파 간 다툼은 매우 멍청한 행동으로 비추어졌기 때문이었다. 그럴 바에 하나님의 사랑을 한순간이라도 더 실천하라고 강조했으며 (실천주의) 그 덕에 슈페너나 그의 뒤를 따른 여러 신학자들이 의도한 것은 아니었으나 종파 간 통합에 이바지하였다. 경건주의 운동은 그 밖에도 좋은 일을 하였다. 대표적으로 1702년 프리드리히 병원을 베를린에 세워 빈민과 노약자, 고아들을 돕는 사회복지사업을 하여 가난한 자들을 도왔다. 프리드리히 1세는 이러한 경건주의를 지원하며 칼뱅파로 이루어진 중앙정부를 공격하는 호전적인 루터파들을 제어하고 나라 안의 여러 분열로부터 통합을 추구하였다. 이러한 흐름은 다음 대 국왕까지 이어졌다. 초대 국왕 말엽부터는 슈페너의 제자 아우구스트 헤르만 프랑케August Hermann Francke가 주도하는데 그는 할레에 고아원을 중심으로 한 일종의 종합시설을 만들어 빈민들을 먹이고 재우고 교육시켰다. 그러한 자금을 만들기 위해 귀족들을 위한 페다고기움Pädagogium과 같은 고등학교를 만들고 각종 사업 홍보를 위한 출판사를 세웠으며 의약품 거래를 통해 더 많은 자금을 확보하여 가난한 이들을 돕고 교육의 기회를 제공하였다. (재능이 있다면 페다고기움에 입학시켜 주었다.) 양조업이나 신문 활동 등등 여러 가지 사업을 하며 경건주의 운동은 나라의 상업 활성에도 도움을 주었다. 교육과 공직의 표준화에도 영향을 주는데 예컨대 1720년대 후반부터는 공직에 임명되려면 경건주의가 지배하는 할레 대학에서 최소 2학기를 이수해야 했다. 즉 경건주의적인 청빈하면서도 실천적인 삶이 교육과 공직 태도에 반영되어 간 것이다. 실로 이러한 지침에 따라 교육과정도 변경되었으며 이는 계몽주의 시대를 거치며 18세기쯤에 정립되어 간 김나지움Gymnasium과 레알슐레 Realschule와 같은 시스템에 영향을 주게 된다. 다만 이러한 운동은 다음 대 국왕까지만 이어지고 계몽주의와 합리주의를 추구하는 다다음 대의 왕에 의해 서서히 사라지게 된다.

그러다 1713년 2월, 초대 국왕이 사망하고 훗날 군인왕Soldatenkönig으로 불릴 그의 아들인 프리드리히 빌헬름 1세Friedrich Wilhelm I가 새로운 프로이센의 국왕으로 즉위하였다. 그는 아버지와 정반대 성향이었는데 예술보다 규율을 좋아했고 사치를 혐오하였다. 그래서 그는 아버지와 달리 대관식을 열지 않았다. 단순하게 보자면 절약 정신이 뛰어난 사람이었다. 하나 단순히 절약만 하는 것이 아니라 나라를 위해 모든 것을 뜯어고친 사람이었다. 부강함을 위한 기반을 마련하기 위해 먼저 그는 스스로가 불필요하다고 느끼는 것들을 즉위하자마자 척결하기 시작했다. 그는 왕의 업무를 왕실 재정보고서를 받는 것으로 시작하였다. 그리고 재정 긴축을 위하여 궁정에 근무하던 종사자들의 2/3를 바로 해고하였다. 아버지가 초청한 첼리스트나 카스트라토, 작곡가들을 쫓아냈고 파이프오르간 제작자나 초콜릿 제조장인들도 같이 내보냈다. 남은 인원들은 봉급을 최대 75%까지 삭감하여 157,000탈러의 왕실 예산을 10,000탈러까지 극단적으로 줄였다. 자신의 아버지가 사들였던 보석이나 접시, 고가의 포도주, 가구, 4륜 마차 등등 고가의 귀중품들을 바로 처분하였다. 심지어 가족들에게 들어가는 돈까지 아끼기 위해 자녀의 하루 예산도 정하여 딱 그 정도만 쓰게 강요하였다. 왕비의 경우 머무는 장소에 따라 55탈러에서 70탈러만 쓰게 정하였다. 그리고 나라의 부패를 일소하기 위해 선대 시절부터 고위 관료였던 수석장관 콜베 폰 바르텐베르크

Kolbe von Wartenberg와 그의 일당을 대대적인 공식 수사를 통하여 공직에서 추방하였다. 그들은 선대의 취향에 맞춰 정책을 짜 총애를 받았고 그렇게 얻은 권력으로 많은 부정 축재를 저질렀다. 그래서 프리드리히 1세의 여러 국내 진흥책에도 불구하고 여전히 국가엔 많은 빚이 남아 있었다. 특히나 1709~10년의 동프로이센 전염병 사태로 국가에 재난이 덮쳤을 때 보였던 그의 무능함과 부패에 프리드리히 빌헬름 1세는 분노한 바 있었다. 그래서 왕이 된 직후 그들을 조사했고 예상대로 공금횡령과 유용이 드러나 이를 죄목으로 삼아 공직에서 추방하였고 측근 중 일부는 아예 나라에서 추방했다.

문제는 이러한 재정 확보와 부패 척결 운동 과정에서 프리드리히 빌헬름 1세는 자신이 안 좋게 보는 것마저 전부 치웠다는 것이었다. 자신의 시선에 마음에 안 들어도 나라에 도움 되는 것이 있었는데 바로 예술과 학술에 대한 선대의 지원들이었다. 하지만 훗날 군인왕이라 불릴 이 사람은 예술은 헛소리라며 전부 치워버렸다. 예컨대 선대의 사랑을 받았던 바로크 양식은 빠르게 퇴출당하였으며 국립 왕실도서관의 도서 구매비가 1년에 4탈러로 제한받았다. 심지어 사서를 명예직으로 바꾸어 임금을 안 줄 정도였다. 이러한 예술과 학술에 대한 지원은 그의 아들에 의해서 부활하기 전까지는 한동안 쇠락을 맞이하게 되었다.

그래도 여러 노력으로 긴축 정책은 성공했다. 1713년 기준으로 410만 탈러의 세입이 1730년에는 690만 정도로 상승하였다. 하지만 군인왕은 이것으로 만족하지 않았다. 행정과 군사 부문의 개혁, 그리고 상비군 확충을 위해서는 더 많은 돈을 원하였다. 그래서 세금 확보를 위해 갖은 노력을 하였다. 그는 동프로이센 지방을 중심으로 일반농지세 도입을 추진하였다. 그의 정책은 아주 색다르기보다는 기존의 것을 제대로 걷기를 원하는 일종의 부패 척결 사업이었다. 당시 토지는 고정 세율로 납세하였다. 그러나 징세를 담당하는 기관들은 지방 귀족들의 영향을 무시할 수 없어 귀족 지주들이 소유 농토의 가치를 낮게 신고하거나 아예 누락을 시켜도 못 본 척하였다. 지방에서 일종의 왕 노릇을 하는 것을 못 봐주던 군인왕은 세금을 제대로 내던 영세농들을 포함하여 각자가 보유한 토지들에 대한 상세한 조사를 시작하였다. 그리고 수확량 차이를 정확히 검토하여 토질에 따라 분류, 그에 맞는 세금을 부과하였는데 이 과정에서 3만 5천 후페Hufe(당시의 농지 면적 기본단위로 1후페는 약 10헥타르, 따라서 약 6천 제곱킬로미터)의 미신고 과세 대상 토지를 적발하였다. 그리고 왕실 토지를 시작으로 새로운 표준의 세금을 투명하게 부여하고 임대 계약도 올바르게 하자 농업 생산성과 국가의 수입이 가파르게 증가하였다. 법을 제대로 지키지 않은 것들을 눈치 보지 않고 때려잡은 것이었다. 그리고 '영지 배분 정책'을 도입하여 토지에 대한 투자와 농업 혁신을 유도하였다. 영지 배분이란 봉건적 여러 법적 요식을 철폐하여 귀족들의 토지를 간단하게 매각하고 양도하여 농업의 부흥을 유도한 정책이었다. 다만 귀족들은 전통적 봉토법을 추구하여 이를 반대하였다. 매각을 통해 자신들의 토지가 영원히 자기 손을 떠나는 것에 두려워하였다. 그래서 이 새로운 정책은 땅을 '배분'의 개념으로 설정하여 구매의 영역으로 바뀌는 것에 동의하는 대가로 귀족들에게 구매자들의 일부 주기적 납세를 허용하였다. 다만 반발이 계속 심하여 새로운 정책이 정착하는 데는 아주 오랜 시간이 걸렸다.

군인왕은 여기서 멈추지 않고 중상주의의 원칙에 따라 여러 상공업 진흥책을 펼치면서 동시에 오데르강, 바르테강, 네체강의 삼각주 일대에 대규모 간척 사업을 벌였다. 브란덴부르크 영지 상당 부분이 늪지대인 것을 감안할 때 좋은 선택이었다. 또한 오데르강과 엘베강을 잇는 운하를 지었다. 상공업의 경우 제조업 부흥을 위해 여러 지역에 뿌리내린 길드의 권한과 특권들을 최대한 억제하며 주로 이주자들의 자유로운 상업 활동 지원을 통해 서서히 브란덴부르크의 상업 수입을 증가시켰다. 아직까진 프로이센 왕국이 다른 유럽 국가에 비해 낙후된 것은 부정하기 힘든 사실인지라 군인왕은 색다른 정책보단 값진 인력을 외국에서 데려오는 정착 사업을 추구하였다. 대선제후가 그러하였듯이 그는 자신만의 포츠담 칙령을 통해 해외 신교도 인재들을 브란덴부르크로 초대하였다. 대표적인 사례를 들자면 1731년에 잘츠부르크 대교구에서 신교도들이 박해받은 일이 있었다. 대주교는 그들을 로마가톨릭으로 전향시키려 했으나 실패했고 이를 지켜보던 군인왕은 그들을 프로이센 지방으로 신교도들을 데려오고자 하였다. 그러나 대주교가 이를 막아서 물거품이 되나 싶었지만 군인왕 빌헬름은 카를 6세Karl VI가 원하던 후술할 국사조칙을 승인하여 황제의 지원을 받아 대주교의 방해를 없애는 데 성공하였다. 그렇게 800여 명으로 구성된 26개의 이주 집단이 프랑켄과 작센을 거쳐 프로이센 왕국으로 이주하였으며 정착에 성공해 상업과 수공업에 많은 기여를 하였다. 그의 중상주의 정책에 특이한 것이 있다면 바로 곡물세 정책이었고 높은 관세와 밀수방지책을 통하여 질 좋고 값싼 폴란드 곡물로부터 국내 농업을 보호하였다. 그러면서 곡물가가 폭등하는 것을 방지하기 위해 각지에 비상시에 풀 곡물들이 담긴 창고들을 세웠다.

다만 그가 수입을 위해 여러 정책을 폈지만 안타까운 행보가 있다면 대선제후가 네덜란드를 부러워하며 미래를 위해 사놓은 아프리카 서해안에 있는 해외 식민지 그로스-프리드리히스부르크Gross-Friedrichsburg를 1721년에 돈이 안 된다고 네덜란드에 판매한 것이다. 마치 근시안적 태도로 예술 정책을 포기한 것처럼 향후 해외 무역의 기반이 될 곳을 던져버렸다. 이곳이 당대에 적자였던 것은 사실이나 이런 해외 영지를 꾸준히 유지했으면 훗날의 독일 국제무역과 해외 진출에 도움이 되었을 것이고 영국과 비슷한 시기에 식민지 사업에 성공했을지도 모른다.

이제 그가 돈을 끌어 모아 발전시켰던 행정과 군사 시스템을 살펴보자. 행정의 경우 비효율을 경계하며 통합 정책을 추진하였다.

그는 세금을 확보하면서 동시에 1713년 3월, 국유지관리총국Oberdomanendirektorium과 왕실재산관리국Hofkammer을 통합하여 재무관리총국Generalfinanzdirektorium을 신설하였다. 이러한 통합을 통해 국가 전역에 걷히는 비과세 수입을 중앙으로 일원화하였다. 다만 재무관리총국은 왕실 직영지의 임대소득을 관리했고 각종 소비세나 지방민들이 납부하는 군세는 다른 기관인 국가관리위원회Generalkommissariat가 담당하였다.

그래서 얼마 안 가 두 기관이 충돌하였고 따라서 다시 한번 통합을 추진, 1723년 모든 재정을 총괄하는 전국재무전쟁토지관리총국Generalfinanz-Ober-Finanz-Krieges-und Domänendirektorium이 탄생하였다. 소위 관리총국이라 불리는 이 통합기관은 모든 지방의 사무를 통괄하였으며 기관 최상부에는 합의제 의사결정기구를 두어 중요한 일은 기관의 모든 장관들이 모여 논의토록 하였다. 이러한 일원화를 통해 여러 갈래로 나뉜 전문 지식들이 하나의 전 영역을 아우르는 전문 지식들로 재탄생하였다. 그리고 서로 간의 감시와 감독, 견제를 토대로 한 보고 체계로 그간의 실세 장관 세력 확대를 토대로 한 부패 문제들이 일소되었다. 물론 현대의 행정 관료 조직과 달리 아직은 여러 부처가 서로 경계가 애매한 편이긴 했지만 일전에 비해 프로이센의 행정 효율은 나름대로 상승하였다. 관리총국은 5개의 하부 조직을 지니고 있었다. 제1부서는 프로이센, 포메른, 노이마르크의 행정을 부여받았고 왕국 내 개간과 배수 관련 권한을 가졌다. 제2부서는 민덴, 라벤스베르크Ravensberg, 테클렌부르크Tecklenburg, 링겐의 행정을 부여받았으며 감사원Rechenkammer과 식량 보급 업무를 맡았다. 제3부서는 쿠르마르크Kurmark, 마그데부르크, 할버슈타트의 행정을 부여받았고 군대 행군, 군량 조달, 숙영을 총괄하고 도량형 제정 임무를 부여받았다. 제4부서는 클레베, 마르크, 겔데른Geldern, 뫼르스Moers, 뇌샤텔의 행정을 부여받았고 오라니엔 지방 상속 문제를 담당했다. 또한 우편 및 소금 전매권, 동전 주조권을 담당했다. 마지막 제5부서는 국가 내의 사법제도를 총괄하였다. 관리총국은 매주 4번 회의를 했으며 회의에 올라온 안건들은 국왕의 동의하에 통과되었다.

이제 그렇게 긁어모은 역량과 수입으로 모두 군대에 투자하였다. 괜히 군인왕으로 불린 것이 아니다. 실로 1739년의 총세입 690만 탈러 중 500만 탈러가 상비군 운영에 투자되고 있었다. 7할이 넘는 비율이었다. 병력은 그의 즉위 시점에는 4만여 명 정도였으나 사망할 즈음엔 83,000명으로 늘어나게 되었다. 이는 당시 인구가 대략 225만 정도임을 생각하면 엄청난 비율이었다. 이토록 자국의 크기에 비해 엄청난 규모의 군대를 오로지 자국 세금만으로 운영했는데 그는 국가를 독자적으로 운영하기 위해서는 열강들의 재정지원에서 벗어나 스스로 상비군을 운영해야 한다고 생각했기 때문이었다. 그렇게 만든 상비군이 꾸준히 존재해야만 국제적 분쟁 속에서 진정한 자율성을 보장받는다고 여겼다. 30년 전쟁의 비극을 생각한다면 자연스러운 조치였다. 하지만 단순히 수만 불린다고 되는 것은 아니었다. 그는 안할트-데사우 공작인 레오폴트 1세Leopold I, Prince of Anhalt-Dessau를 프로이센에 초청하여 그의 훈련을 받게 하였다. 그는 다음 국왕의 스승이기도 했으며 향후 오스트리아 왕위계승전쟁에도 활약하는 인물이었다. 그는 기강이 드높은 규율을 추구하여 강도 높은 훈련을 실시하였다. 그러면서 1718년, 새로운 것도 프로이센 왕국군에 선사했는데 보병들에게 장전 보조 장치인 주철 포탄 장전용 밀대Ladestock를 착용하게 하여 더 빠른 사격 속도와 방향 전환 능력을 갖추게 해주었다.

그럼 많은 군대는 어떻게 모집했을까? 바로 칸톤 제도Kanton-system라고 불리는 징병제 덕분이었다. 칸톤 제도는 모든 성인 남성에게 병역 의무를 부과하는 제도였다. 물론 다들 징병되는 건 아니었다. 성직자나 장교가 되어야 할 귀족 자제들, 국가 경제에 이바지해야 할 무역업자나 상인들, 수공업자와 같은 기술자들이나 선원들은 면제되었다. 다만 이들은 군대를 안 가는 대가로 세금이 더 많이 부여되었다. 기존에는 모병관이 이곳저곳 돌아다니며 강제징집을 하였으나 종종 유혈사태가 벌어져 체계적인 제도를 도입한 것이다. 지역연대를 기준으로 보병의 경우 5,000가구 단위로, 기병의 경우 1,800가구를 단위로 설정되었다.

다시 각 연대는 7~10개의 마을 단위로 중대를 세분화하였고 세분된 각 중대는 매년 각 마을에서 3~4명의 신병을 받았다. 의무 기간은 명목상 평생이었지만 실제론 그러하지는 않았고 2년 정도 기본적인 군사훈련을 받고 휴가 형식으로 고향에 돌아가 매년 2~3개월씩 돌아가면서 복무하면 됐었다. 매년 9~10개월은 생업에 종사하게 해준 것이며 보통 그렇게 20년 정도 지나면 더 이상 징집하지 않았다. 이러한 시스템을 갖추어 민간 경제에 피해를 주지 않으면서 많은 군대를 보유하게 되었다.

군인왕은 귀족에게도 엄격하였다. 그는 귀족의 자제들을 꾸준히 장교로 키울 생각이었다. 1722년 베를린에 군사사관학교를 세우고 12세에서 18세의 귀족 자제들을 조사하여 그중 잘생기고 건강하며 사지가 곧은 사람을 선발하여 장교로 키웠다. 이는 매년 행해졌다. 그 덕에 시간이 흘러 프로이센 왕국의 귀족들은 장교 양성단에 적어도 아들 한 명을 보내게 되었고 보내지 않은 집안은 찾아보기 힘들 정도였다. 군사사관학교는 수준 높은 교육을 가르쳤다. 수학, 지리, 역사, 무도, 펜싱, 승마, 불어 등등 당대의 가치 있는 학문을 배웠고 동시에 독실한 기독교인으로 교육받았다. 물론 귀족들은 처음엔 당연히 사실상의 강제 입학에 반발하였다. 그러나 국왕은 더 높은 생활 수준을 보장하는 것으로 달랬고 귀족에게 명예로운 역사적 소명의 이미지를 부여하며 그들의 참여를 호소하였다. 그러한 노력 덕택에 귀족들은 점차 국가에 봉사하는 역할을 맡게 되었으며 국가에 대한 이바지를 통해 사회의 단결력에 기여하였다. 장교로서의 복무와 일반 백성들의 병사로서의 복무가 절묘하게 결합되어 장교와 병사의 관계를 통해 사회의 병영화가 진행되었다. 이러한 질서하에 복종이 강조되었으며 이것이 군종軍宗들을 통해 보급되었던 경건주의와도 결합하여 복무자들은 높은 도덕성과 단결심을 갖추게 되었다. 기본적으로 같은 지역 구성원으로 중대를 구성하다 보니 전장에서도 서로 외면하기보단 돕는 정신도 함양되었다. 복종과 청렴, 검약, 근면 성실, 규율에 따르는 정신이 생겨나기 시작해 이 과정에서 프로이센 주의, 프로이센 정신Geist von Preußen 혹은 프로이센 미덕Preußische Tugenden이 탄생하였다. 물론 군대에 종사하기 싫어 탈영하는 자들도 많았으나 그런 이들은 안타깝게도 엄격하게 처벌되었다. 예컨대 탈영하다 붙잡히면 죽기 직전까지 매질하고 다시 복무하게 하였다.

그럼 이렇게 기른 군대로 그는 전쟁을 했을까? 의외로 그는 전쟁을 꺼렸다. 그렇게 기른 군대는 외세에게 함부로 자국에 전쟁을 못 걸게 할 자국의 방어 수단으로 남길 바란 것으로 보인다. 다만 아주 전쟁에 참전하지 않은 것은 아니다. 1715년에 대북방전쟁Großer Nordischer Krieg에 참가하여 러시아의 편에 서서 어느 정도 영토를 얻는 데 성공하였다. 1720년 스톡홀름 조약을 통해 프로이센은 우제돔Usedom과 볼린Wollin섬을 포함한 오데르강 어귀와 슈테틴Stettin과 스웨덴의 포어포메른 지방 일부를 획득하였다.

그렇게 여러 노력을 한 프리드리히 빌헬름 1세는 많은 군대와 국가 자산(무려 800만 탈러의 넉넉한 군자금)을 아들에게 물려줄 수 있게 되었다. 그러면 어린 시절 프리츠Fritz라 불리던 그의 아들은 그것을 고마워했을까? 아마 아닐 것이다. 그는 아마 자신처럼 예술을 즐겼던 할아버지를 좋아했을 것이지 규율을 중요시하는 아버지를 좋아하진 않았을 것이다. 프리츠의 어린 시절은 적어도 그의 기준에선 친부에 의해 제대로 망쳐졌기 때문이었다. 남에겐 그리 아끼면서 살라 하면서도 자신은 키가 150cm인데도 불구하고 몸무게는 125킬로그램일 정도로 많은 고기를 먹던 사람이었으니 아들 입장에선 반감이 들 수밖에 없었을 것이다. 예술을 사랑하여 남몰래 플루트를 불다가 들키는 날에는 죽도록 맞는 것이 일상이었다. (신하들의 앞에서도 때릴 정도였다!) 그의 누나 빌헬미네Wilhelmine von Preußen는 동생을 보호하고 달래고자 노력했지만, 막무가내의 폭력적인 아버지를 막기란 힘들었다. (업적을 말하는 부분에서는 자연스레 다루지 않았으나 군인왕 빌헬름 1세는 대단히 권위적이고 폭력적인 사람이었다.) 하지만 아이러니하게도 예술가적 측면은 할아버지에게, 군인으로서의 측면은 아버지에게 영향을 받아 다방면의 능력을 갖춘 인물로 프리츠는 성장하게 된다. 전자의 영향으로 국내 정책을, 후자의 영향으로 국외 정책을 진행했다고 말해도 헛소리는 아닐 것이다. 특히나 프리츠는 아버지를 부정했으나 아버지의 군사 정책만큼은 따라갔다.

아버지를 부정할 만한 사연들을 이제 알아보자. 왜 그토록 국왕과 왕세자는 사이가 좋지 않았을까? 일단 둘은 성향부터 너무나도 달랐다. 아버지는 규율과 독일의 것을 사랑한 반면 아들은 예술과 프랑스의 것을 사랑하였다. 아마 어릴 적 가정교사였던 루쿨르와 장당의 영향일 것이다. 루쿨르Marthe de Roucoulle는 프로이센으로 이주한 위그노로 불어를 가르쳐주며 빌헬름 1세의 강압적인 가르침보단 부드러운 교육 방식을 선호하였다. 그다음 교사였던 뒤앙 데 장당Jacques Égide Duhan de Jandun은 매우 빡빡한 스케줄을 이행하면서도 정치경제학이나 수학, 군사학, 독일 역사학뿐만이 아닌 문학과 라틴어 수업도 해주어 어린 프리츠가 좋아하는 책을 마음껏 읽게 도움을 주었다. 아들이 강인한 정치 지도자이자 뛰어난 군인이 되길 바라던 빌헬름 1세가 원한 바는 아니었지만 장당은 몰래 비밀도서관을 만들어주어서 그곳에서 계몽주의 사상과 합리주의 사상의 여러 도서를 마음껏 읽게 해주었다. 아버지는 아들이 더 강인하고 더 현명하며 더 굳세길 바라는 마음에 녹초가 될 때까지 열병식에 참석시키고 각 부서에 견학을 보내며 시간이 나면 틈틈이 시찰 여행을 보냈지만 그럼에도 프리츠는 자신이 하고 싶은 것들을 포기하지 않고 남몰래 행하였다.

앞에서는 아버지를 따르는 척하면서 뒤로는 온갖 책들을 다 읽고 플루트와 같은 악기들을 연주하였다. 물론 걸리면 그날은 죽도록 맞았지만 그럼에도 포기하지 않았다. 어린 프리츠는 프랑스에서 건너온 계몽주의 서적들에 심취하여 관련된 책들을 꾸준히 보았으며 그 밖에도 여러 위대한 작가들의 서적들도 빠짐없이 챙겨보았다. 예컨대 페넬롱, 데카르트, 몰리에르, 벨, 부알로, 보쉬에, 코르네유, 라신, 볼테르, 볼프, 라이프니츠, 루소, 몽테스키외, 리비우스, 네포스, 호라티우스, 타키투스, 세네카 등등 당대 최고라고 불리는 작품들을 모조리 섭렵하였다. 어린 프리츠는 문학소년 그 자체였다. 국왕이 된 이후로는 이동식 야전 도서관을 만들어 군대 원정 중일 때도 책을 읽었다고 하니 그의 애독 성향은 가히 대단하다 할 수 있었다. 그러면서도 당대 프랑스 문화의 자랑이었던 플루트 연주를 그는 사랑하였다. 플루트는 프랑스의 우월함을 알려주는 악기였는데 프랑스 악기 제작자들이 심혈을 기울여 당시로썬 갓 나온 최신작으로 미묘하게 음색을 조절할 수 있는 아름다운 악기였다. 어린 프리츠는 남몰래 관련 서적을 보고 연습하며 플루트 연주를 즐겼다. 1728년부터는 남몰래 당대 독일의 플루트 작곡가이자 연주가 크반츠Johann Joachim Quantz를 초청하여 개인적으로 배우기도 하였다고 한다. (연봉을 2천 탈러나 주기로 하였는데 이는 당시 왕실 최고위 관리와 대등한 수준이었다.) 훗날 국왕이 남긴 여러 작곡과 이를 재현한 연주를 보면 그의 음악적 재능은 상당히 탁월했던 걸로 보인다.

이러한 행동들을 몰래몰래 했지만 군인왕 빌헬름 1세는 바보가 아니었다. 아들이 자기 앞에서만 충실하고 뒤에서 독일어 문법 공부는 안 하고 몰래 놀고 다니는 것을 대강 눈치를 채고 있었다. (실로 프리츠의 독일어 능력은 그의 지적 능력에 비해 수준이 낮았다. 예컨대 1722년 2월 17일에 남겨진 기록을 보면 포츠담을 보츠담Bostdam이라고 적어놓기도 하였다. 그가 상당히 지적인 사람인 것을 고려할 때 독일어 공부 자체를 하기 싫었던 것으로 보인다.) 프리츠가 12살이던 1724년에는 "이 작은 머리로 무슨 생각을 하는지 알고 싶다."라고 말할 정도였다고 한다. 그는 자신과 아들이 다른 성향이라는 것을 직감했다. 그러나 자신의 아버지 예술가 프리드리히 1세가 자녀에게 무관심했던 할아버지 대선제후와는 다르게 이해와 배려의 교육 방식을 보여주었던 것과는 또 달리 빌헬름 1세는 계속 자기 아들에게 강압적으로 굴었다. 자신이 선호하는 군사훈련과 사냥의 장소에 불러 왕세자를 거친 놀이를 강제로 즐기게 했으며 항상 자신이 원하는 대로 행동하길 요구하였다. 하지만 어린 프리츠는 가면 갈수록 머리가 굵어지면서 반항의 의지가 생겨났다. 이에 화가 난 군인왕은 가차 없이 구타했고 왕비가, 공주들이, 신하들이 말려도 따귀를 날리는 행동을 멈추지 않았다. 프리드리히 빌헬름 1세는 맞아도 반항하는 자기 아들에게 "만일 내 부친이 나한테 그랬으면 난 자살했을 거다!"라고 말하기도 했다고 전해진다. 그는 심한 말과 구타를 반복했다. 그러나 아들이 보여주었던 반항의 모습 때문에 오히려 더 거칠게 굴어야 자신의 말에 따를 것이라고 생각한 것으로 보인다. 그는 왕자에게 항상 거칠게 굴었고 이러한 자기 모습이 나쁘다는 것을 자각하긴 하고 있었다. 전해지는 말들에 따르면 군인왕은 자신의 성격이 모질다는 것을 알고 고치고 싶다고 주변에 하소연하기도 했다고 한다. 그러나 동시에 자신의 성격은 고칠 수 없다며 다음 날 일어나 다시 사람들을 구타하곤 했다고 한다.

자신이 원하는 걸 가르쳐주지도 않고 자기 말을 안 듣는다고 툭하면 때리는 아버지 밑에서 자란 프리츠는 점점 더 아버지에게 반감을 품게 되었다. 사실 부친이 매우 폭력적인 사람인 걸 고려하면 당연한 반응이었다. 그래서 18살이 된 1730년 프리츠는 계획을 하나 세우게 된다. 당시 어머니에 의해 자신과 약혼 이야기가 오고 가던 영국 공주 아멜리아Amelia를 만나기 위해 영국으로 도피하기로 마음먹은 것이다. 왜 하필 아멜리아 공주가 계기가 되었을까? 얼굴도 모르는 그녀를 사랑해서 그랬다고 보기에는 힘들다. 그것보단 당시 어머니의 결혼 주선이 제국 대사 제켄도르프나 프리드리히 폰 그룸프코 장군 같은 친親합스부르크 세력에 의해 방해받았는데 (하노버 출신인 그의 어머니 왕비 조피 도로테아Sophie Dorothea는 프리츠와 누이 빌헬미네를 영국의 공주 아멜리아와 웨일즈 왕세자 루트비히Friedrich Ludwig와 각각 결혼시키는 이중 결혼식을 계획하고 있었다.) 이를 아버지가 승인함에 따라 이번엔 결혼까지 마음대로 하려고 한다며 화가 난 것으로 보인다. 그래서 왕세자 프리츠는 자신을 잘 보필하면서 많은 것을 가르쳐주던 왕실 중기병 연대의 장교 한스 헤르만 폰 카테Hans Hermann von Katte와 함께 도주 계획을 세웠다. 둘은 대학 강의에서 만난 사이로 둘은 문학 이야기를 자주 나누었고 플루트 연주도 함께하며 친해졌다고 한다. 왕세자는 자신보다 형이며 믿을 만한 사람인 카테에게 도움을 요청했고 26살의 카테는 왕세자를 돕기로 결정하였다.

하지만 국왕이 이상한 것을 눈치챘는지 그들의 계획이었던 출장 계획이 취소당하게 되었다. 그럼에도 프리츠는 계획을 강행했다. 야밤을 틈타 야영지에서 몰래 나가기로 한 것이었다. 그러나 운 좋지 않았는지 바로 시종에게 들켜 둘은 붙잡히고 말았다. 이 사실을 듣자 프리드리히 빌헬름 1세는 갈가리 날뛰었다. 반항을 하긴 해도 묵묵히 수업을 따라가며 우수한 재능을 보이던 자기 아들이 이 나라를 버리려고 한 것을 납득하지 못했기 때문이었다. 그는 매우 분노하며 두 사람을 어서 처형하라고 소리쳤다. 둘은 일단 퀴스트린Küstrin 요새로 압송되었다. 그리고 이곳의 군사재판소에서 재판을 받게 되었다. 왕세자를 담당하게 된 조사위원회는 185개의 문항으로 이루어진 질문서를 프리츠에게 건네주며 성실한 답변을 요구하였다. 여기서 중요한 문항은 179번 문항부터 마지막 185번 문항까지였다. 조사위원회는 해당 문항들을 통해 프리츠에게 스스로 어떠한 처벌을 받을지, 여전히 왕이 될 자격이 있다고 생각하는지, 목숨을 살려주길 원하는지, 살려준다면 왕위계승권을 포기할 것인지 물었다. 프리츠는 그저 왕의 뜻과 자비에 따르겠다고 답하며 자신의 목숨은 소중하지 않지만, 국왕께서 그리 가혹하게 자신을 취급하지 않을 것이라고 답변하였다. 프리츠는 죽음의 공포 앞에서도 자신에게 불리할 것을 교묘히 피하며 능숙하게 답하였다. 자신의 통치권과 계승권에 대해 답변하지 않은 것이다. 이를 본 빌헬름 국왕은 반성하지 않는다며 답변서를 분노하며 찢어버렸다. 한편 카테의 경우 조사관들의 의견이 나뉘었는데 최종적으로는 종신형으로 결정되었다. 그런데 프리드리히 빌헬름 1세가 판결을 다시 하라고 요구하였다. 아마도 필자가 보건대 그를 죽여 왕세자의 의지를 꺾어놓으면 앞으로는 고분고분해지리라 생각한 것으로 보인다. 군인왕은 카테를 잔혹하게 처형하라고 명령했지만 재판관들은 이에 부정적이었고 일단 단순 교수형으로 합의를 보았다. 다만 왕의 요구를 고려하여 변경의 대가로 왕세자는 친우의 죽음을 지켜봐야만 하였다. 이 소식을 들은 프리츠는 왕위계승을 포기하고 자신의 목숨으로 카테를 살리겠다고 간청했지만 들어주지 않았다. 왕의 명령에 따라 프리츠는 강제로 얼굴이 경비병에 의해 창살에 고정되었다. 죽음 앞에 선 카테는 왕세자가 자신을 바라보고 있음을 확인하곤 프리츠에게 정중하고 예의 바른 마지막 인사를 하였다. 그러곤 처형인에 의해 그의 목은 단칼에 베어졌다. 프리츠는 이 과정을 경비병에 의해 강제로 지켜보았다. 그나마 다행인 것은 과도하게 흥분하여 처형 직전에 혼절함에 따라 목이 베어지는 것은 보지 않았다는 것이다.

그렇게 1730년 11월 6일, 카테는 처형당하고 한동안 프리츠는 악몽에 시달리게 되었다. 군인왕 빌헬름은 왕세자도 처형하라고 주장했다. 하지만 주변에서 그를 반대했고 (합스부르크의 카를 6세도 왕족 처형엔 제국 의회 동의가 필요하다며 군인왕을 말렸다. 아마 카를 6세는 차기 국왕과 우호관계를 맺으려 한 것으로 보인다.) 필자가 보기엔 애초에 죽일 생각은 없던 것으로 보인다. 프리츠의 재능, 그의 놀라운 지적 능력은 그 누구보다 아버지인 군인왕 빌헬름이 잘 알고 있었으니 말이다. 물론 동생이자 훗날 전쟁에서 큰 활약을 하는 하인리히 왕세자가 있지만 국왕으로서의 능력은 비교 불가였다. 그렇게 얼마 안 가 11월 9일, 사형은 장기간 구금으로 경감되었다. 프리츠는 일단 죄수 신분으로 죄를 용서받기 위해 퀴스트린의 전쟁 및 국유지관리국에서 근무를 하도록 명령받았다. 그리고 카테뿐만 아니라 왕세자의 탈출을 도왔던 인물들을 처벌하였는데 이 중 누이 빌헬미나 공주도 있었다. 폭력적인 아버지는 딸마저 모두가 보는 앞에서 구타했고 빌헬미나는 구타에 얼굴이 크게 부어 죽을 뻔하였다. 왕비와 왕자들, 공주들이 다들 나서서 말렸고 빌헬미나의 미용사마저 나서 국왕의 행동을 저지했다. 그러나 빌헬미나는 도우려는 사람들을 오히려 비난하며 국왕의 행동을 옹호하고 구타에 행복하다고 말하며 용서를 빌었다. 국왕인 아버지는 밖에서도 들릴 정도로 크게 구타한 후 모두를 비난하며 자신의 행동을 정당화했다.

프리츠는 일단 성실히 명령받은 바를 수행하며 시간을 보냈다. 국왕과 편지도 교류하며 관계를 회복하고자 애를 썼다. 정말로 반성했다기보다는 정제된 이중생활을 본격적으로 시작한 것이었다. 프리츠는 이제 부친의 말에 대들지 않고 무조건 국왕의 말에 복종하며 하라는 대로 하였다. 이에 군인왕은 흡족하며 1732년, 신설 보병 연대의 지휘자로 임명하여 죄수에서 왕세자로 복귀시켰다. 그리고 자신이 정해주는 짝과 결혼하라고 명령하였다. 그녀는 바로 브라운슈바이크-베버른 대공국의 대공녀 엘리자베트 크리스티네Elisabeth Christine로 합스부르크 황후와 사촌지간인 사람이었다. (카를 6세의 조카딸) 프로이센 왕국과 친선 관계를 추구했던 합스부르크 가문의 외교 정책이 성공한 것이었다. 당시 카를 6세는 자신의 딸을 위해 (국사조칙을 생각하여) 선제후들과 친선을 도모했고 많은 노력 끝내 군인왕을 설득하여 혼인을 주선한 것이었다. 프리츠는 속으로는 분노했지만 겉으로는 웃으며 아버지의 말에 따랐다. 프리츠는 결혼식에서 거짓된 기쁨의 눈물을 흘리며 모두를 속였다. (프리츠는 부인에게 매우 친절하게 대했는데 그 친절은 부왕의 사망까지만 이어졌다. 그 뒤론 같이 살지도 않았다. 이것은 대왕의 단점이요, 크리스티네의 비극이었다. 예컨대 즉위 후 상수시 궁전의 매주 정례적 일요일 점심 만찬에 크리스티네는 초청 대상에서 항상 제외되었고 부군의 명령으로 쇤하우젠 궁전Schloss Schönhausen에서 따로 혼자 살아야만 했다.) 1736년, 프리츠는 부인과 함께 부친이 약속한 루핀 근처의 라인스베르크성으로 이주하였다. 여기서 프리츠는 부친이 사망하는 4년 동안 철학과 역사에 관련된 서적을 많이 읽어갔다. 그리고 드디어 원하던 연주를 쉴 때 하게 되었고 볼테르와 서신 교환을 시작하여 그와 친분을 맺고 더 많은 사상에 관해 탐구하게 되었다.

프리츠는 이곳에서 여러 분야의 공부에 매진하였다. 여러 사람을 만나고 생각을 공유하면서 통치에 대해 생각하게 된다. 그렇게 나온 저술이 『반마키아벨리론Antimachiavellismus』이라는 책인데 여기서 프리츠는 인류의 보편적인 도덕적 관념에서 마키아벨리를 비판하였다. 볼테르에게 배운 계몽주의 사상을 기반으로 고결함과 백성의 복지를 최우선시하는 선한 태도, 아량, 자비로운 정책을 주장하였다. 여기서 그의 유명한 "군주는 백성의 행복을 이행하는 첫 번째 종이다."가 언급되었다. 그리고 전쟁을 비판하며 참혹한 전쟁을 피해야 한다고 주장했다. 다만 어쩔 수 없는 경우 정의로운 전쟁Der gerechte Krieg, 예상된 공격을 막기 위한 방어 전쟁은 수행해야 한다고 말하였는데 그는 백성의 이익을 보호하고 증대시키기 위해서는 힘에 의존하는 것은 어쩔 수 없는 일이라고 언급하였다. 향후 그가 계몽주의의 가르침과는 조금 엇나가게 되는 원인을 어느 정도 엿볼 수 있는 부분이라 할 수 있겠다. 여하튼 그러한 저술을 하며 자신의 생각을 정리하고 군사훈련도 제대로 받으며 프리츠는 왕이 죽는 날만을 기다렸다. 그리고 1740년 5월 31일, 부왕의 죽음으로 그는 드디어 왕이 되었다. 그는 부왕을 증오하며 그의 죽음에 기뻐했지만 아이러니하게도 부왕의 짙은 그림자가 그를 지배하게 된다. 아버지를 그토록 증오했지만, 아버지가 가르쳐준 것에 그는 영향받아 그것을 고스란히 실천하는 운명을 밟게 된 것이다. 그야말로 복합적인 기묘한 인간이 된 것이다. 아버지를 증오했지만 힘이 없었기에 철저히 부왕을 따랐고, 그러한 덕택에 힘의 중요성을 깨달아 아버지의 군인이 되란 말을 누구보다 잘 실천한 결과 그는 겉과 속이 다른 뒤틀린 면모의 인간이 되었다. 하지만 그런 아버지의 강압 속에서도 프리츠는 내부에 스스로 쳐놓은 보호망인 예술과 문학에 대한 열정을 포기하지 않아 이상적 면모도 분명히 존재하였다. 프리츠는 스스로 인간 혐오자임을 인정하면서도 악기 연주나 불어 산문 쓰기, 철학 저서 읽기를 멈추지 않았고 그로 인해 현실 속에서 불가지론적인 태도를 보이면서도 이상을 꾸준히 유지하였다. 이러한 그의 복잡한 태도는 훗날 프로이센의 역사에 큰 영향을 끼치게 되었다.

다만 다음 파트로 넘어가기 전 그의 동성애에 관한 이야기를 짤막하게 언급하고자 한다. 필자가 생각건대 그것은 볼테르와 같이 그의 변화에 실망하게 된 사람들이 만들어낸 악성 루머로 보인다. 볼테르는 프리츠가 즉위하자 드디어 철학자가 국가를 지배하는 걸 보는 날이 왔다고 기뻐하였다. 그러나 계몽적이면서도 전제적인 새로운 왕에 곧 실망하였고 얼마 안 가 런던에서 익명의 책을 통해 프리츠는 비난받게 된다. 그 책이 볼테르가 적은 것이라고 확정하긴 어렵지만 확실한 것은 볼테르는 실망했고 런던에서 가명으로 출판된 『비밀회상록』이라는 책에서 프리츠의 동성애 이야기가 나왔다는 것이다. 그러나 정말로 프리츠가 동성애자라고 하기에는 여러 가지 이야기가 판단을 망설이게 만든다. 예컨대 1728년 프리츠는 작센 선제후의 서녀 오르젤스카Anna Karolina Orzelska를 알게 되는데 그녀를 보고 얼마 안 가 그는 짝사랑에 빠지고 만다. 너무 사랑한 나머지 체중이 줄어들고 실신을 하기도 했다고 한다. 이러한 이야기를 통해 프리츠는 최소한 여성에 대한 기호는 분명히 있던 것으로 보인다. 그리고 엘리자베트 크리스티네와의 약혼 직전 드레스덴에서 어느 여인과 잠자리를 가져 임질에 걸려 수술한 것을 보았을 때 동성애자로 보긴 힘들다고 판단된다.

그렇다면 왜 자식이 없었는가? 그것은 동성애자라서 그런 것이 아니라 부인을 싫어했기 때문이었다. 이유는 앞서 언급하였듯이 아버지의 결혼 요구로 인해 맺어진 상대인지라 거부감을 느끼고 있었기 때문이었다. 무엇보다 오스트리아가 제국 대사 제켄도르프를 통해 자신의 결혼에 개입한 것에 대해 그는 불쾌해하고 있었기에 (친선 도모의 목적이었겠지만 프리츠의 입장에서는 또다시 자유로운 삶을 방해받은 것이었다.) 그 결과물을 혐오하고 있었기 때문이라 볼 수 있다. 이는 향후 그의 오스트리아에 적대적인 외교에 영향을 끼친다. 그렇기에 부인을 여자로 보지 않은 것이고 그래서 자녀도 없던 것이다.

여하튼 그렇게 프리츠는 예술과 계몽주의를 사랑하면서 동시에 부군의 영향으로 힘도 원하는 사람이 되어갔다. 그렇게 그는 단순한 계몽군주가 아닌 계몽전제군주가 되었으며 이는 프로이센 역사에 큰 변화를 주게 되었다.

슐레지엔을 훔치다: 오스트리아 왕위계승전쟁

1740년 5월 31일 프리츠, 훗날 대왕으로 불릴 **프리드리히 2세** Friedrich II가 드디어 왕위에 올랐다. 많은 지식인이 철학자 군주의 즉위를 축복하며 왕국의 아름다운 새 시대를 바랐다. 그는 즉위하자마자 예상대로 여러 개혁을 단행하였다. 특히 법과 언론에 대한 개혁은 계몽주의자들의 찬사를 받았다. 하지만 곧 그를 기대하던 사람들은 곧 경악하게 된다. 왕이 된 지 1년도 안 돼서 전쟁의 길로 걸어갔기 때문이었다. 왜 그랬을까? 일단 그의 개혁들은 나중에 한꺼번에 다루기로 하고 먼저 슐레지엔Schlesien을 둘러싼 전쟁의 배경과 과정을 살펴보자. 슐레지엔을 둘러싼 3번의 전쟁이 프로이센의 역사를 본격적으로 바꾸어 놓았으니 말이다. 그렇다면 왜 프리드리히 2세가 이끄는 프로이센은 오스트리아와 맞서게 되었을까? 국왕이 개인적으로 증오하던 나라라서? 물론 그것도 있다. 그러나 생각 외로 오스트리아의 외교적 노력에도 불구하고 프로이센에는 국왕뿐만 아니라 많은 이들이 오스트리아를 혐오하고 있었다. 그 이유는 그들이 프로이센과 친선을 추구하면서도 그러한 교류가 선택적이었기 때문이었다. 오스트리아의 합스부르크 가문은 차기 계승자 마리아 테레지아Maria Theresia를 위한 국사조칙Pragmatische Sanktion을 브란덴부르크 선제후가 지지해 주기를 원하지만 프로이센에게 대가를 지불하기는 꺼려하였다. 선대 군인왕 시절 프로이센 왕국은 라인강의 베르크 공국을 차지하기 위해 외교적 노력을 기울이고 있었다. 그렇기에 국사조칙을 승인하며 오스트리아의 외교적 지원을 얻고자 하였다. 에스파냐 왕위계승전쟁 이후 기본적으로 프랑스보단 오스트리아를 지지했던 브란덴부르크 선제후국은 황제의 도움을 받으리라 예상하였다. 그러나 프로이센이 왕국으로 승격한 이후로 북부 프로테스탄트 왕국의 영향력이 강해지자 오스트리아는 이를 견제할 필요를 느끼고 있었다. 그렇기에 1738년, 약속을 깨고 베르크 공국을 프로이센의 경쟁국인 팔츠 선제후국에 넘겨주었다. 이에 분노한 군인왕은 합스부르크와의 우호 관계를 재고했고 1739년 베르크 공국을 얻기 위한 프랑스와의 비밀 조약을 체결하였다. 군인왕은 죽는 순간 오스트리아를 믿지 말 것을 조언했고 이에 프리드리히 2세는 동의하였으며 당시 프로이센 정부의 의사결정권자들도 뜻을 같이하고 있었다.

그렇기에 국력 신장을 위한 장애물인 오스트리아와의 결전은 피할 수 없는 것으로 보였다. 그저 계기만 있으면 되었고 얼마 안 가 아주 좋은 타이밍에 침공할 명분이 생겼다. (당시 영국은 에스파냐와의 전쟁War of Jenkins' Ear으로, 러시아는 선대의 사망으로 인한 왕위를 두고 둘러싼 내분으로 혼란스러워 당장 개입이 어려웠다. 무엇보다 폴란드 왕위계승전쟁과 오스만과의 전쟁에서 오스트리아가 패배하여 국력과 위신이 떨어진 상태였다.) 그것은 바로 마리아 테레지아의 가문 계승이었다. 사실 브란덴부르크뿐만 아니라 여러 독일의 영방군주들이 마리아 테레지아의 제위 계승을 인정하는 국사조칙을 승인했기 때문에 이는 엄연히 생트집이었다. 프로이센뿐만 아니라 바이에른이나 작센, 프랑스 등등 여러 나라가 오스트리아를 침공하였는데 명분이 상당히 부족한 행동들이었다. 앞서 말했듯 카를 6세가 준비한 국사조칙을 다들 승인했기 때문이었다. 국사조칙이란 무엇인가? 바로 여성도 가문을 상속받을 수 있게 만드는 기술적 장치였다. 원래대로라면 고대 게르만 율법인 살리카법Lex Salica에 따라 여성은 상속이 불가능했다. 그러나 대를 이을 남성이 없자 카를 6세는 차라리 현명한 딸에게 물려주기로 마음먹었다. 그렇기에 상속법을 고쳤고 이를 독일의 영방군주들과 프랑스와 러시아와 같은 여러 열강들에게 동의를 받았다.

그러나 정작 카를 6세가 사망하자 다들 태도를 바꾸었다. 대표적으로 바이에른의 선제후 카를 알브레히트Karl Albrecht와 폴란드 국왕이자 작센 선제후 프리드리히 아우구스트 2세Friedrich August II가 마리아 테레지아의 상속권에 이의를 제기하였다. 그 둘은 카를 6세의 형인 요제프 1세Joseph I의 딸들과 결혼한 적이 있는데 (카를 알브레히트는 요제프 1세의 차녀와, 프리드리히 아우구스트 2세는 장녀와 결혼하였다.) 자신들의 부인이 가진 권리를 토대로 제위 계승에 이의를 제기하였다. 순서대로라면 자신의 부인이 먼저라고 둘은 주장했지만 사실 정말 양심 없는 행동이었다. 국사조칙을 통해 마리아 테레지아가 1순위라고 조정하고 합의 보았기 때문이었다. 카를 알브레히트는 1564년 사망한 신성로마제국 황제 페르디난트 1세가 생전 작성한 혼인장과 유언장을 토대로 합스부르크의 남성 가계가 끊기면 자신의 비텔스바흐 가문이 합스부르크 가문의 영토 일부와 계승권을 가지게 된다고 주장하며 추가적으로 압박하였다. 프랑스는 오스트리아령 저지대를 노리며 자신도 승인한 국사조칙에 대해 이의를 제기하였다. 영국과 네덜란드만이 국사조칙을 그대로 승인하겠다고 선언하였다.

마리아 테레지아는 이러한 억지 주장들에 분노했지만, 빠른 외교적 방어를 위해 자신의 남편 프란츠 슈테판Franz I. Stephan von Lothringen을 합스부르크 가문의 공동 통치자로 임명하고 그를 차기 황제로 밀어주었다. 자신이 계속 황제가 되기 위해 노력하기보단 남편을 황제로 만들어 적들이 여성이라는 요소를 공격하지 못하게 할 작정이었다. 그렇게 해서 가문을 지키고 싶어 하였다.

이러한 시점에 프리드리히 2세는 어찌 대응했을까? 그도 다른 이들과 같이 나도 한입을 외쳤다. 작센 선제후의 경우 정말로 제위를 노리기보단 제위 포기를 대가로 작센과 폴란드 사이의 회랑 지방을 노리고 있었다. 그처럼 프리드리히 2세도 국사조칙 승인의 대가로 오스트리아에게 영토를 요구할 생각이었다. 프리드리히 2세도 이와 비슷하였다. 그는 슐레지엔 지방을 노리며 이곳을 오스트리아가 넘겨준다면 베르크 공국 문제를 포기하고 국사조칙도 인정하며 새로운 황제를 위해 200만 굴덴의 차관 제공과 군사 지원도 해주겠다고 말하였다. 프리드리히 2세는 과거 1537년에 브란덴부르크 선제후국이 슐레지엔 지방을 다스리던 브리크 공국의 피아스텐Piasten 가문과 결혼 조약을 통해 이 지역에 대한 권리를 차지한 바 있으니 호엔촐레른 가문의 슐레지엔 상속은 당연하다고 주장했다.

하지만 이것 역시 다른 제후들처럼 억지 주장에 가까웠다. 1537년의 상호상속조약은 1546년 합스부르크 가문의 개입으로 이미 무효화가 된 바가 있었다. 이에 당시 호엔촐레른 가문은 이의를 제기했으나 대선제후 말엽인 1686년 슈비부스Schwiebus 지방의 일부를 할양받는 대가로 완전히 포기하였다. 그리고 1728년에 국사조칙을 승인하고 2년 후 다시금 재확인했으니 프리드리히 2세의 주장은 말도 안 되는 것이었다. 하지만 프리드리히 2세는 국력 신장을 위해 영토를 원하고 있었다. 예컨대 즉위 직후 뤼티히Lüttich 지방의 헤어슈탈Herstal을 24만 탈러에 구매하려고 소유자에게 강요한 바가 있었는데 이 지역이 뤼티히에서 떨어진 프로이센 영토 내에 있었던지라 통합을 원한 바가 있었다. (다만 협상 끝에 헤어슈탈은 리에주 인근 지방 통합을 추구하던 리에주 주교령의 조르주 루이 드 베르게Georges-Louis de Berghe 주교에게 대가를 받고 양도하였다.) 이젠 국력을 늘리기 위해 슐레지엔 지방을 요구하였다. 슐레지엔은 오스트리아 세습 영지 총수입의 대략 22%를 차지하는 곳으로 가장 많은 세수입을 비엔나에 가져다주는 좋은 영지였다. 아마포 공장을 중심으로 직물 산업이 굉장히 발달한 곳인데 당시 독일어권에서 산업화가 가장 잘 진행되던 곳 중 하나였다. 석탄, 철, 아연도 많이 생산되었다. 게다가 100만여 명의 인구를 가진 곳이었다. 다만 프리드리히 2세가 이곳을 노린 이유는 경제적 이유보다는 작센이 당시 합스부르크에게 슐레지엔을 요구하고 있었던지라 먼저 움직여야 한다는 판단이 더 컸던 것으로 보인다. 작센이 차지하면 호엔촐레른 가문의 영토가 포위당하는 형국이 되니 말이다. 그리고 그는 왕세자 시절인 1731년 2월 자신의 비서관에게 자신의 두 정책을 말한 적이 있었다. 하나는 유럽 각국과 외교적 평화를 추구하는 것이고 하나는 프로이센의 분산된 영토를 하나로 합치는 것이라고 말이다. 나뉘어 있는 영토를 잇기 위한 발판으로 그는 슐레지엔을 원하고 있었다.

하지만 오스트리아는 이를 받아들이기 힘들었다. 말도 안 되는 요구에 영토까지 뜯기는 것은 좌시할 수 없는 일이었다. 무엇보다 합스부르크 가문으로서는 오스트리아와 프로이센은 같은 위치의 나라가 아니었다. 당시 마리아 테레지아는 바이에른이 한 지방이라면 프로이센은 작은 마을 정도에 불과하다며 프리드리히 2세의 요구를 무시하였다. 그렇기에 바로 거절하였고 이 소식은 얼마 안 가 프리드리히 2세에게 도착하게 되었다. 이에 그는 자신감이 넘친 상태로 바로 군대를 움직였다. 프로이센의 국왕은 이번 전쟁에서 손쉽게 이기고 영토도 획득할 것이라는 확신에 가득 차 있었다. 근거 없는 자신감이 아니었다. 당시 슐레지엔을 지키는 병사는 고작 8천여 명에 불과했다. 그런데 프로이센뿐만 아니라 여러 국가들이 합스부르크 가문을 노리기에 이곳에 합스부르크 가문이 섣불리 병력을 더 보내긴 힘들었다. 무엇보다 자신은 부왕으로부터 받은 800만 탈러의 군자금이 있어 장기전이 가능한 반면 마리아 테레지아는 선대가 물려준 1억 굴덴의 정부 부채가 있어 당장 활용 가능한 재원은 고작 수십만 굴덴에 불과하였다. 마리아 테레지아는 명문 귀족들과 고위 성직자들에게 도움을 요청해 320만 굴덴을 모았으며 여러 지방의 영주들에게 각각 50만 굴덴씩 지원받기로 합의 보았다. 그러나 당장은 괜찮아도 장기전에는 힘들었고 귀족들은 지속적 지원보다 왕실 재산을 팔라고 의견을 제시했다. 이러니 마리아 테레지아의 상황은 누가 봐도 불리했고 자신감 있게 프리드리히 2세는 슐레지엔을 향해 침공하였다.

그렇게 1740년 12월 16일, 프로이센 왕국의 군대가 자국의 통치 구역을 넘어 슐레지엔 지방으로 기습적인 침공을 하였다. 예게른도르프 Jägerndorf, 브리크, 리그니츠, 볼라우가 선제공격의 대상이 되었다. 이날이 카를 6세의 사망으로부터 약 2달 정도 지난 시점이었다. 오스트리아의 개인적 적개심과 나라의 미래를 위해 합스부르크 가문의 영향력에서 벗어나야 한다는 현실적 이유가 복합적으로 작용된 결과 프리드리히 2세는 말 그대로 바로 슐레지엔을 침공한 것이다. (실로 11월 7일부터 모든 연대에 비상대기명령을 내려 사실상 카를 6세가 사망하자마자 바로 침공 결정을 내린 것으로 보인다. 아마 오스트리아의 결정도 예상한 것으로 보인다.) 이에 맞서 마리아 테레지아는 브로브네Maximilian Ulysses v. Browne 중장에게 6천의 병력을 주어 프로이센 군대를 막으라 지시하였다. 그러나 프리드리히 2세의 침공군은 이보다 더 많은 25,000여 명의 병력이었고 브로브네 중장은 이를 격퇴하기에 무리가 있음을 알았다. 그래서 지연전을 통해 적의 진격을 늦추는 정도만 시도하였다. 결국 프리드리히 2세의 군대는 1741년 1월 슐레지엔의 주도인 브레슬라우Breslau를 점령하는 데 성공하였다. 프로이센 군대는 그대로 글로가우, 브리크, 나이세 등지에 요새를 구축하며 슐레지엔 지방 대부분을 점거하였다. 프리드리히 2세는 슐레지엔 점령 후 고터Gustav Adolf Gotter 백작을 비엔나로 파견하여 다시금 슐레지엔 지방 양도를 요구하였다. 마리아 테레지아는 프리드리히 2세를 파렴치한 인간으로 생각하였기에 고터 백작과 만나기를 거부했고 남편인 프란츠 슈테판이 회담을 가졌다. 프로이센 측은 적이 동원할 병력이 적다는 것을 이용하여 (문서상의 병력은 123,000명이었으나 실제 가용 가능한 것은 6만여 명 정도였고 그마저도 저지대와 롬바르디아 등지에 분산 배치되어 있었다.) 슐레지엔 지방 포기를 요구하였다. 그 대가로 오스트리아와의 동맹과 재정지원을 약속하였다. 하지만 마리아 테레지아는 거부했고 다시금 두 나라의 군대는 충돌하였다. 마리아 테레지아는 70세의 노장 나이페르크Wilhelm Reinhard von Neipperg 백작을 총사령관으로 임명하여 프리드리히 2세의 군대를 박살 내라고 명령하였다. 나이페르크는 오스만과의 전쟁에서 여러 전략적 실수를 보여 패배에 일조한 사람이었지만 프리드리히 2세의 당시 나이는 29살로 경험의 차이로 적을 이길 수 있으리라고 그녀는 판단하였다. 그렇게 1741년 4월 10일, 브레슬라우에서 남동쪽에 있는 브리크 지방 근방 작은 마을 몰비츠Mollwitz에서 양측 군대가 충돌하였다. 예상대로 실전 경험이 없던 프리드리히 2세는 뛰어난 재능에도 실수를 연발하였다. 오스트리아의 기마대에 당한 프리드리히 2세는 사태를 수습하고 적에게 돌격하려 했는데 이때 국왕을 보좌하던 슈베린 장군Kurt von Schwerin이 전투 장소에서 물러날 것을 조언하였다. 이에 프리드리히 2세는 자신의 실수임을 인정하고 슈베린 장군에게 지휘권을 넘기고 후퇴하였다. 그리고 국왕이 떠나자 슈베린 장군은 빠르게 재정비 후 보병대를 중심으로 오스트리아군의 중앙부를 돌파하였고 적군은 혼란에 빠져 후퇴를 결정하게 되었다. 이렇게 마리아 테레지아의 예측은 프리드리히 2세의 재빠른 자기반성과 성찰로 인해 실패하게 되었다. 프리드리히 2세는 승전 소식을 듣고는 자신의 실수로 인해 잃은 1,500여 명의 병사들에게 죄책감을 가졌고 다신 실수를 반복하지 않기로 다짐하였다.

몰비츠 전투에서 승리 후 프로이센의 위신은 급격히 상승하게 되었다. 개입을 슬슬 하려고 하던 주변국들은 프로이센과 손을 잡으며 오스트리아를 침공하기 시작했다. 그렇게 프랑스의 플뢰리 추기경André Hercule de Fleur의 주도하에 1741년 5월 28일, 뮌헨 근방에 있는 님펜부르크Nymphenburg성에서 반反합스부르크 동맹체제가 결성되었다. 프로이센, 프랑스, 에스파냐, 바이에른, 작센, 팔츠, 쾰른, 사보이아-피에몬테가 참여하였다. 동맹의 목표는 합스부르크 가문의 제위 계승을 박탈하고 바이에른의 카를 알브레히트가 차기 황제가 되도록 지지하는 것이었다. 이

동맹 조약에 따라 프랑스는 바이에른에 최대 6만의 병력을 지원하기로 결정하였고 그 대가로 바이에른은 황제가 되면 오스트리아의 저지대를 프랑스에게 주기로 하였다. 에스파냐는 바이에른에 보조금을 지급하기로 하였다. 대가로 오스트리아가 가진 이탈리아 북부의 영지들을 가져가기로 하였다. 작센은 제위를 바이에른에 양보하는 대가로 오버슐레지엔과 모라비아를 가져가기로 하였다. 프랑스는 강대한 합스부르크 가문이 아닌 상대적으로 힘이 약한 비텔스바흐 가문이 제국을 차지하게 해서 독일 지방을 마음대로 주무르고자 하였다. 이 계획에 따르면 마리아 테레지아에게 인정된 영토는 오스트리아 본국과 헝가리 정도였다.

일단 프리드리히 2세는 이러한 동맹의 흐름 속에서 차지한 슐레지엔 지방과 브레슬라우에 대한 영유권을 인정받기 위해 1741년 5월 4일 브레슬라우에서 프랑스와 군사동맹을 체결하였다. 여기서 베르크 공국에 대한 영유권 주장은 포기하는 대가로 슐레지엔 영유권을 인정받는데 대신 바이에른을 황제로 지지할 것을 요구받았고 이에 수락하였다. 카를 알브레히트는 이러한 지지를 기반으로 하여 1741년 8월부터 본격적으로 오스트리아를 침공하였다. 파죽지세로 비엔나를 위협했고 군사를 돌려 프랑스, 작센의 군대와 함께 보헤미아로 향해 11월 25일 프라하를 점령하였다. 카를 알브레히트는 선제후인 보헤미아 왕위를 획득하여 차기 황제가 되는 데 쐐기를 박고자 하였다. 그런데 프리드리히 2세는 이런 흐름이 마음에 들지 않았다. 이 동맹이 프로이센의 이익에 도움이 되지만 그렇다고 바이에른과 작센이 세력을 키우기를 원치 않았다. 무엇보다 너무 오스트리아가 약화되고 프랑스가 독일어권에서 세력을 늘리는 것을 원치 않았다. 그래서 그는 슬슬 이 동맹에서 탈퇴해야겠다고 마음먹었다. 그는 몰래 마리아 테레지아와 접촉, 비밀 협약을 체결하게 된다. 프리드리히 2세는 일전에 맺은 프랑스와의 브레슬라우 조약 폐기를 약속하고 더 이상 오스트리아를 침공하지 않기로 하였다. 그 대가로 프로이센이 차지한 슐레지엔 지방에 대한 영유권 인정, 오스트리아의 점유 포기를 요구하였다. 슐레지엔 지방만 준다면 다신 오스트리아의 영토를 요구하지 않겠다고 서명하였다.

하지만 프리드리히 2세는 바로 동맹을 탈퇴하지 않았다. 프랑스-작센-바이에른 연합군이 보헤미아 대부분을 차지하였으며 얼마 안 가 카를 알브레히트가 1742년 1월 24일 프랑크푸르트 선제후 의회를 통해 황제로 선출되었기 때문이었다. 이제 그는 카를 7세Karl VII가 되었다. 그렇기에 조금 더 추이를 보다가 탈퇴하기로 판단한 것으로 보인다. 한편 오스트리아는 밀담을 통해 니더슐레지엔에 대한 점유를 포기하는 대가로 프로이센에게 반합스부르크 동맹에서 탈퇴 후 자국과의 군사동맹을 요청하였다. 그런데 프리드리히 2세는 이를 받아들이지 않았다. 왜냐하면 비밀 협약의 일이 밖으로 새어 나갔는데 그것을 오스트리아의 탓으로 돌렸기 때문이었다. 그래서 비밀 협약을 없던 것으로 돌리고 모라비아로 진격, 올뮈츠Olmütz를 점거해 버렸다. 이에 마리아 테리지아는 분노했지만 이탈리아에 에스파냐 군대가 프랑스의 지원하에 상륙하여 영토를 위협하면서 사태가 더욱 불리하게 돌아가자 그녀는 일단 참았다. 그녀는 재빠르게 군대를 재정비하여 카를 7세가 대관식에 시선이 팔린 사이 바이에른 지방으로 군대를 보내 뮌헨을 점령해 버렸다. 이리되자 새로운 황제는 본거지로 돌아가지 못하고 프랑크푸르트에서 망명 생활을 시작하였다. 프리드리히 2세는 보헤미아를 유지하기 위해 병력을 움직였고 오스트리아도 보헤미아 탈환을 위해 병력을 움직였다. 이 과정에서 두 군대는 충돌했고 코투지츠Chotusitz 전투를 통해 프로이센 군대는 다시금 승리를 거머쥐었다. 이 전투에서 프로이센 군대는 완전히 오스트리아 군대를 꺾는 데는 실패했지만 그들에게 큰 부담을 주는 것에는 성공하였다. 마리아 테레지아는 분하지만 다른 나라를 먼저 상대하기 위하여 일단 슐레지엔 지방을 포기하기로 결정하였다. 그렇게 1742년 6월 11일, 영국의 중재로 브레슬라우 예비평화회담이 진행되었고 같은 해 7월 28일 베를린에서 브레슬라우 평화조약이 체결되었다. 이로써 오스트리아는 테셴Teschen 대공국, 트로파우Troppau 대공국, 헨너스도르프Hennersdorf와 예게른도르프의 일부를 제외한 나머지 니더, 오버 슐레지엔 전체와 보헤미아의 글라츠 백작령Grafschaft Glatz을 프로이센 왕국에 양도하기로 합의하였다. 대신 오스트리아가 슐레지엔 지방을 담보로 빌린 영국과 네덜란드의 170만 탈러의 빚은 프로이센이 부담하기로 하였다.

프리드리히 2세는 일단 전열에서 벗어났지만, 오스트리아가 반격에 성공한다면 다시금 자신과 붙으리라는 것을 예상하였다. 그래서 코투지츠 전투에서 프로이센 기병대가 부족했다는 것을 토대로 군사력을 보강해 가며 미래의 전투에 대비하였다. 그리고 서서히 프리드리히 2세의 예측대로 돌아가기 시작했다. 1742년 5월, 영국이 프랑스와 에스파냐의 세력 확장을 막기 위해 네덜란드, 헤센, 하노버와 더불어 오스트리아에 대한 군사 지원을 시작하였다. 그리고 재정이 파탄 난 오스트리아를 위해 3년간 매년 30만 파운드의 예산지원도 약속하였다. 영국은 국사조칙을 지지하며 군사를 파병했고 1742년 12월 29일 프라하를 탈환하는 데 성공하였다. 처음엔 마리아 테레지아는 카를 7세에 협력한 보헤미아 사람들을 처벌하려 하였다. 그런데 카를 알렉산더 대공Karl Alexander von Lothringen이 심바흐Simbach에서 프랑스와 바이에른 연합군을 대파했다는 소식을 듣곤 기분이 풀어져 처벌보단 화해의 카드를 꺼내며 자신의 보헤미아 국왕 대관식을 화기애애하게 진행하고 민심을 얻었다. 마리아 테레지아는 더욱 영국과 힘을 합쳐 프랑스에 맞대응하였고 1743년 6월 27일, 데팅엔Dettingen에서 프랑스 군대를 격파하며 비로소 위기에서 벗어나게 되었다. 유리한 국면에 들어서자 오스트리아는 영국의 중재를 받으며 바이에른과 사르데냐와 협상을 시작했다. 카를 7세에게 바이에른을 돌려줄 생각이 없던 마리아 테레지아는 그와의 협상에는 실패했지만 사르데냐와의 협상에서는 성공해 보름스 협약을 체결하였다. 두 국가는 오스트리아의 전쟁에 사르데냐가 협력하는 대가로 이탈리아 지역들을 나누어 가지기로 하였다.

일이 서서히 오스트리아에 유리하게 조성되자 프리드리히 2세는 1744년에 접어들어 개입의 필요성을 느꼈다. 여기서 다시 전투를 벌여 확실하게 적을 격파해야 슐레지엔의 지배권을 확고히 할 수 있다고 그는 생각했다. 5월 초 프리드리히 2세는 오스트리아에 다시 전쟁을 선포하였고 6월에 프랑스와 군사동맹을 다시금 체결하였다. 그리고 바이에른과 헤센-카셀, 팔츠와도 동맹을 체결하는데 여기서 프로이센은 보헤미아에 대한 영유권 주장을 바이에른으로부터 인정받았다. 프리드리히 2세는 6만 명의 병력을 이끌고 오스트리아의 편으로 돌아선 작센을 (1743년에 전향, 바이에른이 점령당하고 프로이센이 전열에서 이탈하자 빠르게 오스트리아와 관계 회복을 시도하였다.) 7월 29일 침공하였다. 작센을 타격한 후 병사를 이끌고 프리드리히 2세는 프라하로 향하는데 슐레지엔의 안전을 도모하기 위해 보헤미아 지방을 점령해야 한다는 전략적 판단에서였다. 그렇게 프라하로 간 프로이센군은 9월 16일 프라하를 점령하였다. 이러한 소식을 들은 카를 알렉산더 대공의 오스트리아군은 프랑스와의 전선을 정리하고 프라하를 탈환하기 위해 병력을 보헤미아로 돌렸다. 오스트리아는 운이 좋게도 당시 루이 15세가 갑작스러운 와병에 빠져 프랑스가 혼란스러운 틈을 타 별 피해를 보지 않고 본국으로 귀환할 수 있었다. 그렇게 보헤미아에 도착한 오스트리아군은 프로이센의 보급로가 길어져 본국에서 보급을 제대로 받지 못하는 것을 이용, 지연전을 펼치자 결국 프리드리히 2세는 큰 소득을 얻기 힘듦을 깨닫고 (그는 대규모 회전을 원했다.) 병력을 슐레지엔 지방으로 후퇴시켰다.

적의 후퇴에 자신감을 얻은 마리아 테레지아는 작센과 영국, 네덜란드와 바르샤바 4국 동맹 조약을 체결하여 프로이센에 맞서는 것을 천명하였다. 영국과 네덜란드는 부족한 전비를 지원해 주기로 하고 오스트리아와 작센의 군대가 프로이센에 맞서기로 합의 보았다. 이러던 와중 마리아 테레지아에게는 행운이 찾아왔다. 자신의 제위를 노렸던 카를 7세가 사망한 것이다. 1744년 10월 23일, 바이에른 제켄도르프 사령관의 활약으로 카를 7세는 뮌헨을 탈환한 바가 있었다. 하지만 제켄도르프 사령관은 더 이상의 전쟁 수행이 힘들다고 판단하였고 카를 알렉산더 대공과 담판을 지어 평화조약을 체결하였다. 이를 카를 7세는 수락하지는 않았다. 그런데 뮌헨 복귀 3개월 만인 1745년 1월 20일 급사함으로써 그의 장자 막시밀리안 3세 요제프가 비텔스바흐 가문의 수장이 되자 상황이 바뀌었다. 새로운 지도자는 평화파와 주전파 사이에서 고민하다가 결국 평화파의 입장을 택하였다. 그에 따라 국사조칙을 인정하는 대가로 4월

22일 퓌센Füssen에서 오스트리아와 바이에른의 평화조약이 체결되었다. 바이에른은 프란츠 슈테판을 황제로 지지하는 대가로 바이에른 영토 보전을 인정받았다. 평화파의 입장을 택한 것은 며칠 전인 4월 15일 파펜호펜 전투에서의 패전 때문이었다. 이 전투에서 프랑스와 바이에른의 군대는 오스트리아와 팔츠의 군대에 격파당했고 프랑스는 대패당해 라인강 좌안으로 밀려났다. 이로써 마리아 테레지아는 더욱 자신감을 얻었고 이제 프로이센이 강탈한 슐레지엔 지방을 노리기 시작했다. 비슷한 시기 프리드리히 2세는 프라하와 그 주변에서 입은 손실로 인하여 적당히 평화조약을 체결하려고 하나 마리아 테레지아는 이를 단칼에 거절하였다. 그리고 카를 알렉산더 대공에게 작센 군과 연합하여 슐레지엔을 탈환할 것을 명령했다. (앞으론 독일 역사의 영광스러운 주요 전투들은 조금 자세히 언급하도록 하겠다.)

카를 알렉산더 대공은 작센의 19,000명의 병력과 합쳐 총 대략 59,000의 병력을 이끌고 슐레지엔 지방으로 침공하였다. 오스트리아-작센 연합군은 산길을 넘어 슐레지엔 지방으로 넘어왔고 프리드리히 2세는 그러한 움직임을 글라츠와 나이세 지방 사이에 주둔하며 지켜보았다. 오스트리아군은 호엔프리트베르크Hohenfriedberg로 들어와 해당 지방의 언덕을 점거하고 점진적으로 움직이고자 하였다. 그런데 느긋하던 카를 알렉산더 대공에게 정보가 하나 들어오게 되었다. 그것은 바로 프로이센 출신의 요원에게 들은 것으로 프리드리히 2세가 항전을 위해 브레슬라우로 퇴각하려고 한다는 것이었다. 이에 카를 알렉산더 대공은 추격을 명하며 유리한 전략적 거점인 언덕에서 내려와 프로이센 군대를 향해 움직였다. 하지만 이것은 프리드리히 2세가 적에게 뿌린 음모로 프리드리히 2세는 적들이 무방비하게 평원으로 나오는 것을 기다리고 있었다. 프리드리히 2세는 적의 움직임이 정찰병에 의해 포착되자 야영지의 불을 끄고 흔적을 지우며 몰래 적을 맞이할 준비를 하였다. 이때 프로이센 병력은 약 42,000명으로 14,500명의 중기병과 2,300명의 경기병, 192개의 대포를 가지고 있었다. 이는 오스트리아의 예측보다 더 많은 숫자였는데 (프라하 점령 후 잃은 병력들을 생각하여) 프리드리히 2세가 슐레지엔으로 귀환한 후 행정력을 총동원하여 많은 병력을 충원한 것이었다. 그에 비해 오스트리아와 작센의 연합군은 121개의 대포를 가진 상태인지라 그들의 생각과 달리 그렇게 유리하지 않았다.

일단 오스트리아군과 작센군은 전장인 호엔프리트베르크의 남쪽에 위치하였고 프로이센군은 그에 비해 북쪽에 위치하고 있었다. 오스트리아군과 작센군은 남서쪽의 필그림샤임Pilgramshain 마을에서 남동쪽의 토머스발다우Thomaswaldau 호수까지 좌우로 길게 대열을 형성하였다. 작센군이 좌익을, 오스트리아가 중앙과 우익을 맡았다. 프로이센 군대는 북쪽의 슈트리가우striegau에서 주둔 중이었는데 이곳은 사방이 슈트리가우강으로 둘러싸여 있어서 적을 향해 진격하기 위해선 다리를 건너야 하는 곳이었다.

새벽 4시, 프리드리히 2세는 적들 몰래 조심스레 슈트리가우 강을 건너 먼저 작센군을 타격하기로 결정하였다. 프리드리히 2세는 뒤 물랭Peter Ludwig du Moulin 장군에게 척탄병과 후사르 기병대를 이끌고 먼저 다리를 건너 작센군을 선제 타격하라고 명령하였다. 오스트리아-작센 연합군은 적이 브레슬라우로 퇴각 중이라고 알고 있었기에 대열이 어느 정도 흐트러져 있는 상황이었다. 바로 전투에 돌입할 준비가 되어있지 않은 상태인 것이다. 그런데 갑자기 적의 공격을 받으니 작센군은 놀라 제대로 된 대응을 할 수 없었다. 그런데 작센군이 프리드리히 2세의 예측보다 더 서쪽으로 배치가 되어있어 적의 측면이 아닌 정면을 공격하게 되자 생각보다 뒤 물랭 장군은 어려움을 겪게 되었다. 혼자서 격파하고 다른 쪽을 도우러 가야 하는데 다른 상황이었으면 추가적 지원을 받아야 할 뻔하였다. 하지만 갑작스러운 기습의 효과로 인해 작센군은 적의 공격에 대응하면서도 제대로 싸우지 못하였다. 먼저 기병대를 보내 적의 기병에 맞섰지만, 효과를 보지 못하였고 작센 보병대도 프로이센 보병대에게 주춤하였다. 그러한 틈을 놓치지 않은 뒤 물랭 장군은 자신이 끌고 온 프로이센 우익 군대를 적절히 활용하여 적의 빈틈을 계속 찔러댔다.

그렇게 뒤 물랭 장군이 작센의 군대를 요리하고 있을 때 프리드리히 2세와 안할트-데사우 공작 레오폴트 2세Leopold II Maximilian, Prince of Anhalt-Dessau가 이끄는 프로이센의 중앙과 좌익의 부대가 호엔프리트베르크의 중앙부 평야 지대를 지나 오스트라아의 근방까지 접근하는 데 성공하였다. 그리고 오스트리아가 전열 재정비를 끝내는 것을 기다려주지 않고 재빠르게 전열을 타격하였다. 그런데 여기서 프로이센에게 불운이 찾아왔다. 맹렬히 적을 타격해야 할 시점에 건너던 다리가 무너져 기병의 2/3가 넘어오질 못한 것이었다. 안할트-데사우 공작 레오폴트 2세는 일단 넘어온 기병으로만 가지고 오스트리아의 우익에 배치된 적의 기병대에 맞서기로 결정하였다. 그러나 수가 부족하니 오스트리아의 기병대를 이기기 힘들었다. 하지만 프로이센의 전설적인 기병대장 중 하나인 한스 요하임 폰 치텐Hans Joachim von Zieten이 못 건넌 기병들을 이끌고 강을 우회하여 건널 수 있는 여울을 빠르게 찾는 데 성공하였다. 그리고 재빠르게 당하고 있던 아군 기병대에 합류하여 적 기병대에 놀라운 반격을 개시하였다. 그리고 이때쯤 뒤 이어 프로이센의 중앙 보병대가 가운데쯤의 귄터스도르프Günthersdorf와 오른쪽의 토마스발다우 사이 적의 중앙 보병대에 강렬한 타격을 가하는 데 성공하여 일부가 적의 중앙과 우익 사이로 들어가는 데 성공하였다. 위치상 토마스발다우 근처에서 오스트리아 기병대의 측면에 선 것이다. 사이에 들어간 중앙 보병대의 분견대는 아군 전체 기병의 공격에 발맞춰 적 기병대의 측면을 타격하였고 이로써 오스트리아 기병대는 초반의 기세를 이어가지 못하고 크나큰 피해를 입어버렸다.

이렇게 오스트리아는 서서히 불리해져 갔다. 그런데 여기서 끝이 아니었다. 여기서 프로이센의 국왕 프리드리히 2세의 천재성이 발휘되기 시작하였다. 뒤 물랭이 이끄는 프로이센 우익이 오전 7시경 작센군을 완전히 패퇴시키는 데 성공하자 주저하지 않고 오스트리아 중앙대로 공격하라고 명하였다. 이때 그냥 공격하는 것이 아닌 평소에 훈련한 대로 보병대 전체가 비스듬히 꺾여 사선대형을 갖추어 공격하는데 이러한 공격에 오스트리아 중앙 보병대가 큰 피해를 입었다. 사선에서의 공격이 전열보병의 시대의 가장 큰 목표인 적의 측면을 더 손쉽게 공격할 수 있게 해주었다.

그리고 적이 큰 피해를 입은 이때 프리드리히 2세는 아껴둔 1,500명의 정예 바이로이트 용기병대Dragonerregiment Bayreuth를 균열이 생긴 적의 보병대 사이로 투입시켰다. 용기병대는 용감히 오스트리아 중앙 보병대의 가운데를 돌파하였고 보병의 사선공격과 함께 마치 쓰레받기와 빗자루로 적을 쓸어 담는 형태를 만들어 적에게 엄청난 피해를 입혔다.

이때 고작 20분 만에 2,500명의 포로와 66개의 군기, 5개의 포문이 프로이센의 손에 떨어졌다.

이렇게 오스트리아 군대가 격파되어 가자 카를 알렉산더 대공은 더 이상 답이 없다고 판단, 전장에서 후퇴하였다. 이 전투로 프로이센군은 5천 명의 사상자가 나왔으며 오스트리아-작센 연합군은 9천 명의 사상자와 5천 명의 포로가 나왔다. 하지만 마리아 테레지아는 포기하지 않았다. 다시금 맞붙었다. 그러나 1745년 9월 30일 조르Soor 전투에서 오스트리아군이 참혹한 대패를 당하면서 프리드리히 2세의 기세가 하늘을 찌르게 되었다. 저번 전투는 전술적 완벽함을 자랑했으나 그래도 피해가 어느 정도 있던 반면 이번에는 프로이센은 고작 856명의 전사자만 나왔다. 반면 오스트리아는 4,500명에 달하는 전사자가 발생하였다. 게다가 이 전투들 앞인 1745년 5월 11일 오스트리아의 저지대에 있는 퐁트누아Fontenoy에서 루이 15세의 프랑스군에 오스트리아-영국-네덜란드-하노버 연합군이 대패함으로써 승리의 추가 프랑스-프로이센 연합으로 넘어가게 되었다. 이런 상황에서 1745년 8월 영국 내부에서 2차 자코바이트 반란이 일어나 (가톨릭 왕위계승자를 자처하던 에드워드 찰스 스튜어트가 일으킨 반란. 이 반란을 후원한 것은 프랑스였다.) 군대를 영국으로 귀환시켰다. 영국은 마리아 테레지아에게 적당히 프리드리히 2세와 평화조약을 맺길 권고하였다.

그래도 마리아 테레지아 입장에서 불행 중 다행인 것은 드디어 남편 프란츠 슈테판이 1745년 9월 13일 프랑크푸르트에서 열린 황제 선거를 통해 신성로마제국의 황제가 되었다는 것이다. 물론 많은 당대 정치가가 인정했든 실질적인 황제는 마리아 테레지아였다. 이 과정에서 프랑스의 엄청난 태클이 있었지만 (프랑스는 선거에서 프란츠 슈테판의 등극을 그가 독일인이 아니란 이유로 계속 반대했다.) 제위를 지기는 데 성공한 마리아 테레지아는 그래도 한숨 돌리게 되었다. 전반적으로 보면 슐레지엔 지방을 제외하곤 다른 곳의 침략을 다 막은 것이었다. 하지만, 이 정도 성과에 그녀는 만족하지 않았다. 프리드리히 2세의 입장에서는 과거의 복수이자 힘을 늘리기 위함이라지만 그녀로서는 엄연한 침략 아니었던가? 그녀가 매춘도 강제로 막으려 시도한 만큼 독실하고 도덕적인 사람이었음을 살펴보았을 땐 프리드리히 2세의 행동은 용납할 수 있는 것이 아니었다.

그래서 주변 신하의 만류에도 불구하고 다시금 군대를 동원했지만 1745년 11월 23일의 헨넬스도르프 전투와 1745년 12월 15일의 케셀스도르프Kesselsdorf 전투에서 패배함으로써 결국 일단 슐레지엔을 회복하는 것은 포기하게 되었다.

그렇게 영국의 주선하에 1745년 12월 25일, 성탄절에 드레스덴 조약을 통해 프리드리히 2세의 프란츠 슈테판 황제 인정과 오스트리아의 보헤미아 왕국 투표권 행사 인정을 받는 대가로 프로이센에 슐레지엔과 글라츠 점유를 인정하게 되었다. 이것은 과거 베를린에서 체결한 브레슬라우 화평 조약의 재확인이었다. 드레스덴 평화조약을 통해 작센은 프로이센에 100만 탈러의 전쟁 배상금을 물게 되었고 프로이센은 드레스덴과 작센을 점령 중이었는데 이곳에서 철수하기로 하였다. 또한 작센은 슐레지엔 지방 영유권 주장을 포기하기로 하였고 오데르강 세관이 포함된 퓌르스텐베르크Fürstenberg와 쉴도Schildow 지방을 양도하였다. 이렇게 프로이센은 다시금 오스트리아와의 전쟁에서 이탈하였다. 오스트리아 왕위계승전쟁은 여기서 3년은 더 이어지게 되나 프로이센은 다시금 참전하진 않았다. 왜냐하면 부왕이 물려준 800만 탈러를 탕진해 버렸기 때문이었다. 그래서 그는 작센에게 얻은 배상금을 토대로 다시금 부를 모으며 사태를 보기만 하기로 결정하였다.

프리드리히 2세는 그렇게 베를린으로 영광스러운 귀환을 하였으며 백성들은 그에게 위대한 대왕der Große이라고 소리쳐 주었다. 실제로 거리의 현수막에는 '오래 사시길 바랍니다. 프리드리히 대왕님Vivat Fridericus Magnus'이라고 적혔다고 한다. 초등학교의 합창단은 조국의 아버지이자 승리자인 프리드리히 국왕을 찬송하는 노래를 불렀으며 프리드리히 2세는 스스로 이번 승리를 기념하기 위해, 특히 위대한 전투였던 호엔프리트베르크 전투를 기념하기 위한 행진곡Hohenfriedberger March을 만들며 승리의 기쁨에 취하였다. 이것은 자아도취가 아닌 정말 대단한 성과였다. 30년 전쟁 이후 독일어권은 주변국에게 휘둘리기만 하는 형태를 취하고 있었다. 그런데 프로이센이라는, 당시의 인식으로썬 삼류 국가로 인식되었던 열등한 지방이 합스부르크라는 거대한 국가를 이긴 것은 독일어권의 무력이 상승한 것을 보여주는 사건이었다. 그에 따라 영국이나 프랑스 같은 열강들이 독일어권의 무력화를 어느 정도 인정하고 동의하게 해줌으로써 독일어권의 유럽에서의 독자성이 자라나기 시작했다. 과장해서 말하면 독일 국가들의 진정한 독립 시대가 시작한 것이었다.

이러한 승리는 프로이센 군대의 뛰어난 전투력이 드높은 규율과 함께 대단한 활약을 보여주었기 때문이었다. 예컨대 프로이센 보병대는 호엔프리트베르크에서 놀라운 모습을 보여주었는데 이는 3열 횡대를 이루면서 정확히 같은 규정 속도를 지키며 적에게 접근한, 놀라운 훈련의 효과였다. 어느 정도 거리가 있을 때는 1보에 90보, 가까워지면 70보로 줄이면서 마치 '움직이는 벽'처럼 이동하며 적에게 타격을 주었다. 이러한 움직임은 그간 프로이센이 강군을 만드는 데 노력하였고 그것에 성공했나는 방증이었다.

물론 그렇게 잘 기른 군사로 야비한 짓을 했다고 손가락질할 수도 있겠으나 그것은 마리아 테레지아의 일방적 입장이며 1704년 에스파냐 왕위계승전쟁에서 영국과 네덜란드가 보인 행동, 벨기에와 서부 독일을 노리면서 꾸준히 보여준 프랑스의 외교 행보를 보면 알 수 있듯 당대의 권력 정치의 맥락에선 아주 자연스러운 행동이었다. 일단 프로이센의 군사적 개혁에 관한 이야기는 7년 전쟁 이후에 다루기로 하고 더 이상 프로이센 군대를 언급하기보단 남은 오스트리아 왕위계승전쟁 이야기를 간략하게 다루도록 하자.

1746년 2월, 프랑스군은 브뤼셀을 포위하였다. 프랑스는 적보다 큰 피해를 입었지만 브뤼셀 공방전에서 오스트리아, 영국, 하노버, 네덜란드로 구성된 국사조칙 연합군을 격파하는 데 성공하여 오스트리아의 저지대와 룩셈부르크를 차지하였다. 그리고 1747년 네덜란드 지방으로 진격하는데 라우펠트에서 국사조칙 연합군을 다시 격파하여 플랑드르 지방을 점령하는 데 성공하였다. 이렇게 프랑스와의 전선에서 오스트리아는 위기에 봉착하나 1747년 11월 30일, 러시아와의 동맹에 성공하여 희망을 품게 되었다. 러시아는 1748년 37,000의 병력을 라인 지방으로 파견해 주겠다고 하였다. 드디어 러시아가 침묵을 깨고 외교의 장에 나온 것이다. 프랑스는 1748년 4월부터 러시아군이 포함된 국사조칙 연합군을 상대로 마스트리흐트Maastricht 공방전을 벌였다. 이에 승리하는 데 성공했으나 더 이상의 전투에 부담을 느낀 각국은 평화조약을 체결하기로 하였으며 그렇게 1748년 10월 18일 아헨 평화조약이 체결되었다. 이 조약으로 현재의 벨기에인 오스트리아는 빼앗긴 저지대를 되찾는 데 성공했으나 에스파냐 계통의 부르봉 왕조에 파르마 대공국, 피아첸차 대공국, 구아스탈라Guastàla 대공국을 이양하였다. 프로이센은 이 조약을 통해 슐레지엔 지배를 공인받고 대가로 국사조칙을 다시금 인정하였다.

그렇게 기나긴 전쟁이 끝이 났다. 하지만 아쉽게도 이 기나긴 전쟁은 일종의 예고편에 가까웠다. 마리아 테레지아가 프로이센에게 빼앗긴 땅을 포기하기엔 너무나도 큰 분노와 도덕심을 가지고 있었기 때문이었다. 결국 두 나라는 다시금 충돌하게 된다.

7년 전쟁:
3차 슐레지엔 전쟁과 프로이센 군대

마리아 테레지아는 프로이센에게 빼앗긴 슐레지엔을 되찾고 싶었다. 그냥 되찾는 것이 아니라 프로이센을 다시 독일의 삼류 국가로 돌려버리고 싶었다. 그렇기에 프로이센을 박살 내기 위한 외교적 노력을 다하였으며 이는 '동맹의 역전Renversement des alliances'으로 나타나게 되었다. 그렇다면 동맹의 역전이란 무엇이란 말인가? 그것은 왕조의 권위와 전통과 같은 기존의 봉건적 질서가 아닌 국가의 이해관계를 바탕으로 둔 정책의 결과물이었다. 즉 자국의 이익을 성취하기 위해 전통적인 동맹 관계와 구조에서 탈피하는 것이었다. 오스트리아는 전통적으로 영국과 친선 관계였으며 프랑스와는 적대관계였다. 하지만 국가의 직접적 이득, 슐레지엔 탈환을 위해서 더 도움이 되는 동맹을 원했으며 그로 인해 전통적인 영국과의 동맹을 청산하고 그간 적대적인 프랑스와의 동맹을 추구하게 되었다. 이러한 '동맹의 역전'의 시작점은 엄밀히 따지면 지난 전쟁 도중인 1746년이었다. 그해 마리아 테레지아는 러시아의 새로운 여제 엘리자베타 페트로브나Elizaveta Petrovna와 동맹을 맺었다. 그러면서 이 동맹에 비밀조항을 넣었는데 그 내용은 언젠가 두 국가가 프로이센 왕국을 군사적으로 점령하게 된다면 분할할 것을 명시하였다. 이러한 조약이 체결된 이유는 프로이센 왕국의 급부상으로 러시아도 프로이센을 견제해야 할 필요성을 느꼈기 때문이었다. 가만히 놔두면 발트해에서 러시아의 입지가 무너질 것이라고 새로운 여제는 판단하였다.

'동맹의 역전'의 주요 지점인 프랑스와의 동맹이 결정된 시점은 1749년 3월 24일에 있었던 오스트리아의 추밀외교위원회Geheime Konferenz 회의였다. 마리아 테레지아는 슐레지엔을 빼앗긴 것에 대한 대응에 대해 논의하는데 여기서 37세의 젊고 총명한 장관인 벤첼 안톤 폰 카우니츠Wenzel Anton von Kaunitz 백작이 여기서 동맹을 바꾸어야 한다고 역설하였다. 그는 슐레지엔 지방을 강탈당한 것에 분노를 표하며 프리드리히 2세를 없애야 오스트리아에 안녕이 있을 것이라고 주장했다. 그러면서 구체적인 방법으로 프랑스와의 협상을 말하였다. 영국과는 이젠 멀어질 때라고 주장했는데 영국은 기본적으로 제해권에 관심 있는 반면 오스트리아는 대륙의 지배권을 원하기에 서로 성질이 달라 도움이 되질 않는다는 것이었다. 무엇보다 영국이 아헨 조약을 통해 프로이센의 슐레지엔 지배를 인정하라고 요구한 것에 분노가 있었다. 다만 이런 의견에 다들 동조했던 것은 아니었다. 새로운 패러다임을 제시하는 카우니츠 백작과 달리 대부분 외교관은 전통적인 외교 방식을 선호하였다. 특히 회의에 참석한 프란츠 슈테판, 이제 황제가 되어 프란츠 1세가 된 그는 이러한 의견에 부정적인 견해를 표하였다. 오히려 러시아와 동맹을 강화하며 프리드리히 2세와의 타협을 주장했다.

하지만 복수를 원하던 마리아 테레지아는 다수의 의견보다 카우니츠 백작의 의견을 택했다. 그를 베르사유 주재 왕실 대사로 임명하여 프랑스와의 동맹을 추진하라 명했다. 그리고 1753년에는 그를 국가 수상으로 임명하여 힘을 실어주었다. 카우니츠 백작은 루이 15세를 설득하기 위해 왕의 총애를 받던 애첩 마담 퐁파두르Madame de Pompadour 후작부인에게 접근하였다. 퐁파두르 후작 부인은 카우니츠 백작의 의견에 동조하며 당시 프랑스 내부의 친親프로이센 대신들을 축출하였다. 쉽게 설득에 넘어간 이유는 프리드리히 2세가 평소 그녀를 멍청하다는 뜻의 '마담 푸아송'이라 부르며 형편없는 여인이라고 조롱을 한 덕에 개인적인 감정이 있는 덕택이었다. (푸아송Poisson은 생선이란 뜻의 불어며 그러한 의미도 있다고 한다.) 당시 퐁파두르 후작 부인은 지적인 사람이었지만 대중적인 이미지는 평민 출신이었던 탓인지 대단히 좋지 못했는데 프리드리히 2세는 이러한 여론에 편승하여 한 마디를 더 거든 것이었다. 이러한 이미지와 달리 퐁파두르 후작부인은 살롱Salon을 운영하며 당대의 사상가와 문학가를 후원하며 계몽주의를 키웠고 훗날 프랑스 혁명에 영향을 끼친 사람이었다. 여하튼 퐁파두르 후작 부인의 활약으로 프랑스는 서서히 오스트리아와의 관계를 재고하게 되었다.

하지만 이러한 흐름을 프리드리히 2세가 모르지 않았다. 그는 각국에 파견한 첩자들을 통해 이 정보를 들었고 대응할 필요성을 느꼈다. 때마침 영국이 하노버의 보호자를 찾고 있었다. 7년 전쟁 직전이자 한창 프랑스와 오스트리아가 비밀회담을 하고 있을 시점인 1755년, 영국은 북미 대륙이 오하이오강에서 프랑스와 소규모 접전을 벌였다. 그리고 다시금 대규모 전쟁이 발발한다면 신대륙에 집중해야 하는데 그사이 하노버가 프랑스에 의해 점령당하는 것을 꺼렸다. 그래서 처음에는 러시아에 접근하여 재정지원을 대가로 러시아의 서쪽 국경, 그러니까 동부 프로이센 국경에 미리 러시아의 육해군을 배치하고 위기 시 하노버를 구원해 줄 조약을 체결하려고 하였다. 이를 본 프리드리히 2세는 중간에 끼어들어 영국에게 자신이 하노버를 지킬 테니 자신과 동맹을 맺자고 어필하였다. 오스트리아가 러시아와 친선을 맺은 이때 러시아 군대가 국경 근처로 오는 것은 프로이센으로선 상당한 부담이기도 하였다. 영국은 이를 받아들여 1756년 1월 16일, 웨스트민스터 협정을 체결하여 러시아에게 줄 돈을 이젠 프로이센에게 주어 하노버가 프랑스에게 침공당한다면 공동 방어 작전을 펼칠 것을 합의하였다. 프리드리히 2세는 그렇게 적극적으로 움직여서 새로운 동맹을 만들어내는 데 성공했다. 실로 영국과의 동맹은 도움이 되었는데 1758년부터 4년간 매년 3,350,000탈러의 지원금을 주어 프로이센이 장기전을 가능하게끔 해주었다. 이는 당시 프로이센 정부의 전쟁 비용의 1/4에 해당하는 거액이었다.

문제는 프리드리히 2세의 빠른 판단이 오히려 독이 되었다는 것이다. 당시 프랑스는 카우니츠 백작의 말에 흥미가 생기면서도 판단을 주저했는데 웨스트민스터 협약의 소식이 들리자 기존의 동맹이던 프로이센에 분노하며 적극적으로 오스트리아와의 동맹을 추진하였다. 결국 1756년 5월 1일, 오스트리아와 프랑스의 군사동맹이 체결되었다. 다만 오스트리아는 그렇다고 기존의 영국과의 동맹을 깰 생각은 없지만 영국이 오스트리아의 이득을 보호할 생각이 요원하여 자연스럽게 해체되고 만다. 그렇게 서로 간의 동맹이 교체되어 영국-프로이센 동맹과 오스트리아-프랑스 동맹의 싸움이 벌어지게 되었다. 전자의 동맹에는 포르투갈 왕국, 브라운슈바이크-볼펜뷔텔 대공국, 헤센-카셀 방백, 작센-고타-알텐부르크 대공국, 사움부르크-리페 백작령이 참가했고 후자의 동맹에는 러시아, 스웨덴, 에스파냐, 파르마 대공국, 나폴리-시칠리아 왕국이 참가하였다. 오스트리아의 동맹 세력은 총 38만의 대병력이었으며 프로이센의 동맹은 총 18만여 명에 불과하였다. 이마저도 이 중 14만이 프로이센 병력이었다.

구도가 이렇게 불리하게 흘러가자, 프리드리히 2세는 오히려 자신의 공포가 반사작용으로 나쁜 결과를 만들었다는 것을 깨달았다. 마리아 테레지아의 강인한 결단력과 프리드리히 2세의 성급한 판단이 이러한 구도를 만든 것이었다. 하지만 그렇다고 프리드리히 2세는 슐레지엔을, 더 나아가 프로이센 왕국을 포기할 수는 없었다. 오스트리아가 이런저런 세력을 죄다 끌어모아 저 정도 병력을 마련한 것은 이 전쟁이 단순히 슐레지엔을 결정짓는 것이 아닌 프로이센 왕국 분할의 의도였음을 그는 알았다. 예컨대 스웨덴은 이번 전쟁으로 포메른 전체를 가로챌 희망에 차고 있었다. 그렇다면 차라리 먼저 전쟁을 걸어 주도권을 가져오자고 프리드리히 2세는 판단하였다.

그렇게 그는 1756년 8월 29일, 선전포고도 없이 오스트리아의 동맹인 작센 선제후국을 침공하는 것으로 전쟁을 시작하였다. 프리드리히 2세는 자신의 저서 『반마키아벨리론』을 통해 예방전쟁에 대해 언급한 적이 있었는데 이번에 그것을 실천한 것이었다. 그의 입장에선 국민의 이익을 보호하기 위한 정의로운 방어 전쟁이었다. 그래서 어서 작센을 침공하고 그곳을 통해 보헤미아를 거쳐 수도 비엔나를 위협하여 빠른 전쟁 종결을 추구하였다. 그렇게 프리드리히 2세는 66,000명의 병력을 3개 군단으로 편성하고 작센으로 향했다. 중앙군은 프리드리히 2세가, 좌익군은 프리드리히 2세의 동생이 아우구스트 빌헬름이, 우익군은 브라운슈바이크-베베른 공작인 프리드리히 2세의 손아래 처남 페르디난트가 지휘하였다. 그렇게 출진한 프로이센 군대는 손쉽게 9월 9일, 작센의 수도 드레스덴을 점령하였다. 그리고 남은 작센군에 항복을 요구하나 잔존 작센군을 이끌던 루토프스키 백작은 피르나Pirna 근처에서 방어진을 치며 이를 거절하였다. 보헤미아에 주둔 중이던 브라운Maximilian Ulysses von Browne 원수가 지휘하는 오스트리아군이 도우러 올 것이라는 판단에서였다. 브라운 원수는 작센군의 바람에 호응하며 군을 진군시켰다. 프로이센군은 이 움직임을 포착하고 피르나 포위를 유지한 채 병력을 빼내어 적이 올 곳으로 군대를 이동시켰다. 그렇게 10월 1일, 로보지츠Lobositz 근교에서 양측 군대는 부딪혔다. 이곳에서 프리드리히 2세는 오스트리아 기병연대의 활약으로 큰 피해를 보나, 프로이센 보병대의 활약으로 역공에 성공하여 로보지츠 전투에서 승리를 거두었다. 그리고 피르나로 향하는 길목을 점거하는 데 성공하였다. 그 후 본격적으로 피르나 포위전을 실시하자 결국 10월 16일 작센군은 프로이센에 항복하였다. 이렇게 전초전에서 승리를 거두자 프리드리히 2세는 마리아 테레지아에게 화평의 메시지를 보내었다. 그러나 복수를 갈망하던 그녀는 애매한 답변을 하며 이를 우회적으로 거절하였다. 프리드리히 2세는 비엔나 주재 대사와 여러 첩보원을 통해 그녀가 군대를 모아 다시금 프로이센에 도전하려는 속셈을 파악하였다.

프리드리히 2세는 어서 보헤미아를 점령해야 함을 느끼고 향후 전투를 위해 작센의 재정을 상당 부분 약탈해 갔다. 그리고 기습공격의 명분을 위해 드레스덴 국가 문서고를 뒤져 오스트리아와 작센이 합의하던 프로이센 비밀공격계획에 대한 문건을 찾아 프로파간다 목적으로 써먹었다. 프리드리히 2세는 먼저 침공했음에도 역으로 적대적인 감정은 오히려 오스트리아에게 있다며 지기 행동을 정당화하였다. 그러나 1757년 1월 17일, 제국의회는 프로이센의 주장을 부정하며 프로이센에 대한 제국전쟁을 선포하였다. 신성로마제국 황제 프란츠 1세의 평화 요구를 (전쟁 이전 상태로 복원시킬 것) 프리드리히 2세가 거부했기 때문이었다. 이에 프리드리히 2세는 1757년 4월 18일 보헤미아 침공으로 화답하였다. 그리고 공식적인 오스트리아와의 전쟁도 선포하였다. 오스트리아는 프랑스와 러시아와 공격적 성격의 군사동맹을 공식적으로 체결하며 그들의 지원을 받는 것으로 프로이센의 침공에 대응하였다. 동맹의 대가로 프랑스에게는 예컨대 저지대를, 러시아에게는 동프로이센 지역을 프로이센에게서 강탈하여 폴란드에게 주고 러시아가 점령한 폴란드령 젬갈렌과 쿠클란트를 러시아 영토로 인정하겠다고 하였다. 프랑스에게는 대략 13만의 병력을, 러시아에게는 적어도 8만의 병력을 지원받기로 하였다. 그리고 오스트리아는 군대들이 전부 집결할 때까지 보헤미아의 프라하를 사수하려고 애썼지만, 5월 6일 프라하 전투에서 프리드리히 2세의 군대에 패배하고 말았다.

그러나 프라하 전투는 생각보다 쉽지 않았다. 프로이센은 전보다 더 힘들게 승리하였다. 3,099명이 사망하고 8,208명이 중상을 입었으며 1,657명이 실종되었는데 이는 오스트리아보다 조금 더 큰 피해였다. 오스트리아군이 전부 뭉치기 전에 유리한 고지를 차지하려 했으나 전략적 목표를 달성하긴 했어도 피해가 적지 않았다. 이것은 저번 전쟁과 달리 적이 자신들을 보며 학습하고 성장했다는 뜻이었다. 앞으로의 전쟁이 쉽지 않을 것임을 예견하는 사태였다. 프리드리히 2세는 일단 프라하 전투를 마치고 잔존 적군이 도망쳐 들어간 프라하를 포위한 뒤 동시에 비엔나로의 진격을 쉽게 할 교두보를 점거하기 위해 6월 10일부터 올뮈츠 요새 공방전을 실시하였다. 하지만 라우돈 남작Ernst Gideon von Laudon의 활약으로 보급로가 위험해지자 요새 포위를 풀고 모라비아 지방으로 병력을 후퇴시켰다.

이러한 때에 마리아 테레지아는 레오폴트 요제프 폰 다운 백작Leopold Joseph von Daun을 프라하 구원군 사령관으로 임명하고 그에게 프리드리히 2세를 격파하고 보헤미아 지방을 해방시킬 것을 요구하였다. 다운 백작은 자신 있게 프라하로 향하였고 프리드리히 2세는 이에 군대를 차출하여 엘베강 근변의 콜린에서 적을 맞이하였다. 그렇게 역사적인 콜린Kolín 전투가 시작되었다. 프리드리히 2세는 여기서도 자신의 장기를 보여주며 승리를 거머쥐고자 하였다. 그의 전술의 장점이자 특이점은 '사선대형'으로 적의 측면으로 우회하여 프로이센 특유의 '이동 벽'으로 적의 약한 부분을 비스듬히 깎아내려 가는 것이었다. 하지만 다운 백작은 이것을 잘 예측하고 있었다. 그는 호엔프리트베르크 전투에 참전한 경험이 있는 자로 프리드리히 2세의 전술을 철저히 분석하여 오히려 적의 예상지점을 파악해 프리드리히 2세에게 측면이 아닌 정면을 보여주었다. 프리드리히 2세가 측면이라 생각했던 곳엔 정면이 펼쳐져 있었으며 이내 정면 부분의 맹렬한 공격을 받자 역으로 막대한 손실을 보았다. 지난 전쟁에서 프리드리히 2세는 놀라운 면모들을 보여주었지만 이제 적들도 이를 배운 것이었다. 숙적의 탄생이었다.

결국 콜린 전투에서 프리드리히 2세는 참패를 당하고 말았다. 이것이 그의 첫 패전이었다. 8,755명의 보병들이 사망하거나 실종되었으며

3,568명이 중상을 입었다. 1,450명의 기병과 1,677필의 말도 잃게 되었다. 이에 반해 오스트리아는 8,114명의 인명 피해로 더 적은 손실로 승리를 거머쥐었다. 물론 오스트리아의 병력이 54,000명으로 프로이센의 34,500명보다 더욱 많긴 했으나 패배의 연속에서 거머쥔 강렬한 역전의 발판이었음을 부정하긴 힘들었다. 프리드리히 2세는 결국 비엔나를 위협하여 평화협정을 이끌어내겠다는 판단을 뒤로하고 작센으로 병력을 후퇴시켰다. 이 영광스러운 첫 승리에 마리아 테레지아는 기뻐하며 콜린 전투의 승리를 기념하기 위해 '마리아 테레지아 무공훈장Militär-Maria-Theresien-Orden'을 신설했고 그 첫 수여자로 다운 백작을 선정하였다.

한동안 프리드리히 2세에게 연달아 악재가 터지게 되었다. 콜린 전투 후, 프랑스가 하노버를 노리며 병력을 진군시켰는데 영국과의 조약에 따라 약 1만의 병력을 서쪽으로 보냈다. 그러나 7월 26일 하스텐베크hastenbeck에서 패배함으로써 하노버를 상실하게 되었다. 당시 하노버군을 이끌던 컴벌랜드 공작이 프랑스와 클로스터르제벤 협정Convention of Klosterzeven을 체결함으로써 포로를 교환하고 전열에서 이탈하였다. 영국과 프로이센은 이에 반발했으나 일단 한동안 하노버에서 철수하게 되었다. 그러는 사이 오스트리아의 지원 요청을 받은 러시아가 동부 프로이센을 향해 진격해 왔다. 프리드리히 2세는 대략 32,000의 병력을 주어 요한 폰 레발트Johann von Lehwaldt 장군에게 55,000명의 러시아군 진격을 막으라고 명령하였지만, 8월 30일 그로스-예거스도르프Groß-Jägersdorf 전투에서 패배함으로써 러시아를 막는 데 실패하였다. 그나마 다행인 것은 프랑스와 러시아 둘 다 보급의 문제로 인하여 프랑스는 하노버에서 진군을 멈췄으며 러시아는 폴란드 방면으로 회군하였다는 것이다. 하지만 아직 악재는 끝나지 않았다. 9월 7일, 슐레지엔과 작센의 연결 구간에 해당하는 모이스Moys에 오스트리아군이 진격하였다. 교두보도 점거하고 때마침 전선에 방문할 예정인 카우니츠 대공에게 잘 보이기 위한 전공을 세울 욕심에서 비롯된 결정이었다. 프로이센의 빈터펠트Hans Karl von Winterfeldt 장군은 이 연결 구간을 지키고 있었는데 근방인 괴를리츠의 란데스크로네Landeskrone에 아우구스트 빌헬름 대공의 본영이 자리 잡고 있었다. 이곳을 침공한 오스트리아 지휘관 나르다시Franz Leopold von Nádasdy는 본영과 빈터펠트 군 사이에 틈이 있다는 것을 이용하여 배에 달하는 수를 이용해 우회 공격하여 그를 참패시키고 모이스를 빼앗았다. 아우구스트 빌헬름 대공은 돕는 데 실패하고 일단 슐레지엔 지방 방위에 집중하였다. 모이스 전투의 패배에 이어 1757년 10월 16일 오스트리아의 푸타크 중장의 활약으로 일시적이지만 베를린이 함락당하였다. 푸타크Andreas Hadik von Futak 중장은 베를린시를 협박하여 금품을 빼앗고 유유히 후퇴하였다. 이는 일부 분견대의 독자 행동인지라 프리드리히 2세는 베를린 방위에 집착하기보단 우선 하나하나 각개격파를 시도하여 전황을 돌리는 것에 집중하였다. 프랑스군은 다시금 움직이기 시작했고 베를린을 향해 서서히 다가왔다. 다운 백작과 카를 알렉산더 대공이 이끄는 오스트리아군이 슐레지엔을 노리고 있었기에 아우구스트 빌헬름 대공에게 32,000의 병력을 주어 슐레지엔을 지키도록 하고 그사이 자신은 어서 프랑스군을 격파하고 연이어 슐레지엔으로 오는 오스트리아를 격파, 그다음 러시아를 격파하는 것으로 전황을 뒤집자고 판단하였다.

그렇게 프리드리히 2세는 22,000의 병력을 이끌고 프랑스군이 있는 곳으로 향했다. 이 중 기병은 대략 5,400이고 포병은 79문이었다. 작센의 서쪽, 나움베르크Naumberg와 메르제부르크Merseburg 사이에 있는 로스바흐Roßbach에서 프로이센군은 수비즈 공작Charles de Rohan이 이끄는 프랑스군과 그에 합류하는 데 성공한 요제프 프리드리히Prinz Joseph가 이끄는 오스트리아군과 부딪히게 되었다. 적들의 총병력은 프리드리히 2세의 병력에 두 배에 달하는 42,000명이나 되었다. 이 중 기병은 7,340명이고 포병은 114문이었다. 이번 전쟁은 앞서 언급했다시피 전체 병력이 열세로 시작하여 이번에도 뒤처지는 병력으로 싸우게 된 것이었다. 그러나 프리드리히 2세는 굴하지 않았다. 이즈음 영국으로부터 클로스터르제벤 협정을 파기할 것을 들었기에 이번 전투의 승리에 아주 많은 것이 달렸음을 그는 깨닫고 있었다. 이 전투에서 승리해야 프랑스가 전열에서 이탈하고 서쪽이 안전해질 것임을 그는 알았다.

1757년 11월 5일, 전장에 도착한 프리드리히 2세의 부대는 강을 넘어 전장의 오른편인 로스바흐 마을과 베드라Bedra 사이의 능선에 주둔하였으며 전장의 왼편에 있는 프랑스와 오스트리아 연합군은 뮈첼른Mucheln과 브란데로다Branderoda 사이에 주둔하였다. 처음 프리드리히 2세는 정찰을 마치고 적의 수가 많은 것에 어떻게 움직일지 고민하였다. 이러한 적의 분위기를 눈치챘는지 프랑스 군악대들은 적의 사기를 꺾기 위한 음악을 연주하며 프리드리히 2세를 도발하였다. 프랑스와 오스트리아 연합군은 프리드리히 2세의 병력이 상대적으로 열세이기에 싸우지 않고 물러날 것을 걱정하였다. 여기서 적을 격파한다면 프로이센은 그대로 무너질 터이니 이곳에서 격파하고 싶었던 것이다. 하지만 적극적으로 적을 공격하자는 요제프 프리드리히와는 달리 프랑스 지휘관 수비즈 공작은 신중하였다. 하지만 동맹의 설득에 일단 공격에 나서기로 하였다. 수비즈 공작은 본대는 프로이센과 정면충돌하고 동시에 일부 부대를 남쪽으로 보내어 프로이센 좌익의 측면 방향인 전장의 남동쪽 라이할트스베르벤Reichertswerben과 남쪽 페트스타트Pettstadt 사이에 대형을 짜서 수직으로 쳐 적의 측면을 정석적으로 파괴할 계획을 세웠다. 이러한 움직임에 프리드리히 2세는 얼마 안 가 자신의 측면을 노리는 것을 파악하였다. 이대로 가면 커다란 피해를 입을 것이 자명했기에 그는 재빠르게 군대를 재배치하기로 하였다.

프리드리히 2세는 부대에 명령하여 뒤로 후퇴하는 척하면서 남동쪽 라이할트스베르벤과 그곳의 왼편에 있는 타게베르벤Tagewerben 사이로 이동하라고 명령하였다. 그러면서 포병대는 재빨리 라이할트스베르벤의 오른편에 있던 야누스베르크Janusberg 언덕으로 올라가 자리를 잡으라고 명령했다. 이것은 아주 재빠르게 해야 했었는데 평소 강도 높던 프로이센의 기동훈련이 빛을 발하는 순간이었다. 포병의 경우 기마포병으로 운용하여 무거운 대포를 국왕의 명령에 따라 신속하게 언덕 위로 올리는 것에 성공하였다. 이는 당시 포병을 이끌던 카를 프리드리히 폰 묄러Karl Friedrich von Moller의 우수한 지휘 능력 덕이기도 하였다. 보병대들은 30분 만에 주둔지의 짐을 챙기고 명령을 이행하였다. 이를 보고 있던 프랑스-오스트리아 연합군은 적이 결국 후퇴하는 것이라고 판단하였다. 상식적 판단이었는데 숫자도 많고 프리드리히 2세의 후퇴 전까지만 해도 진형도 유리하다고 판단되었기 때문이었다.

그래서 프랑스와 오스트리아는 먼저 기병대를 보내 적을 추격하기로 하였다. 하지만 남쪽의 페트스타트를 지나 산등성이 사이의 라이할트스베르벤에 도착했을 때 마주친 것은 도망치는 적의 군대가 아니라 그들을 기다리고 있던 프로이센의 전설적인 기병대장인 자이들리츠Friedrich Wilhelm von Seydlitz가 이끄는 프로이센의 기병대였다. 미리 언덕에 있던 포병들이 먼저 적의 측면을 열렬히 타격하였고 그 후 자이들리츠의 기병대가 적의 기병들과 부딪히면서 적들을 섬멸하였다. 자이들리츠는 모든 예비 기병들을 동원하여 적의 기병들을 박살 냈다. 자이들리츠가 타게베르벤 방면으로 적 기병들을 몰아붙여 섬멸하는 동안 프로이센 보병대가 도착하여 산등성이의 입구에 나오는 적들을 섬멸하기 좋게 어느 정도 보름달 형태로 진형을 구축하여 출구에 단단히 자리 잡았다. 그리고 급히 뒤따라온 적 보병대들에게 포병과 함께 일제 사격으로 환영의 인사를 건네었다. 프랑스와 오스트리아 연합군은 적들이 도망가는 것으로 알았기에 추격의 형태를 띠고 있어 종대에 가까운 진형이었는데 종대가 횡대에 그대로 노출되니 전열보병 시대의 가장 취하면 안 되는 진형으로 적의 아가리로 들어가게 되었다. 급하게 추격하느라 대열도 흐트러져 있었으니 일방적으로 당하게 되었고 통제가 제대로 되지 않았다. 그사이 자이들리츠의 기병대가 적 기병대 섬멸을 마무리하고 그대로 적의 우익 측면으로 움직여 적의 보병대들을 향해 파괴적인 돌격을 감행하였다. 기병대의 공격에 프랑스와 오스트리아의 보병대들은 일방적인 학살을 당했고 이내 결국 후퇴를 결정하였다. 프로이센군은 불과 548명의 사상자를 낸 반면 프랑스와 오스트리아는 1만여 명의 사상자를 내고 7천여 명이 포로로 잡혔다. 이것은 프랑스에게 재앙과 같은 패배였고 프랑스는 더 이상 유럽 전선에 힘을 쓰기보단 영국을 상대하기 위해 신대륙에 힘을 쓰기로 결정하였다. 프랑스의 유럽 전선 이탈이 바로 이루어진 것은 아니고 2년 정도 지난 시점인 1759년 8월 1일의 민덴Minden 전투로 거의 완전히 이탈하게 되지만 이때를 기점으로 프랑스는 오스트리아의 요청에 그다지 호응하지 않게 된 것은 사실이었다. (프랑스의 서부 전선 전투는 민덴 전투 이후로도 있지만 프로이센 입장에서는 크게 신경 쓰지 않을 정도로 위기가 하락하였다.) 여하튼 그러한 기조가 이번 전투로 인해 정해지자 프리드리히 2세의 첫 번째 전략적 목표가 달성되었다.

하지만 얼마 안 가 충격적인 소식이 프리드리히 2세에게 들려왔다. 브라운슈바이크-볼펜뷔-베베른 공작 아우구스트 빌헬름 대공이 슐레지엔을 지키는 데 실패했다는 것이다. 한창 로스바흐 전투가 일어날 시점에 카를 알렉산더 대공이 지휘하는 오스트리아 주력군이 슐레지엔 지방으로 쳐들어간 것이었다. 카를 알렉산더 대공과 휘하의 다운 백작은 논의 끝에 프리드리히 2세의 후방보단 잃어버린 땅으로 진격하였고 아우구스트 빌헬름 대공은 이에 버티려 했으나 결국 11월 22일, 브레슬라우 전투에서 패배하여 글로가우로 후퇴한 것이었다. 그리고 그 과정에서 베베른 공작은 포로가 되고 말았다. 오스트리아 주력군의 병력은 8만으로 베베른 공작이 막기에는 병력의 차이가 심하였다. 중과부적이었던 것이다. 이 당시 총사령관은 콜린 전투의 전공을 세웠던 다운 백작이 아니라 카를 알렉산더 대공이었다. 아마도 그가 프리드리히 2세에게 패배한 적은 있어도 지난 전쟁에서 프랑스를 상대로 세운 공훈과 왕실 사람이 최고 지휘관이 되어야 한다는 유럽의 전통 때문에 총사령관이 된 것으로 보인다. 여하튼 브레슬라우 전투의 패전과 뒤이은 슐레지엔 지방의 함락 소식에 프리드리히 2세는 크게 동요하였다. 그러나 이내 슐레지엔을 탈환하면서 각개격파를 이어가자고 빠르게 결정하였다. 슐레지엔은 앞서 언급되었듯 중요한 상공업 지대였고 경제적 가치가 높은 곳이었다. 프로이센 처지에선 포기할 수 없는 땅이었기에 그는 최대한 데리고 갈 수 있는 사람과 보급품만 챙기고 동쪽으로, 170마일(약 273km)을 엄청난 속도로 달려갔다.

프리드리히 2세는 로이텐Leuthen 인근까지 도착하곤 사기를 북돋우려고 병사들에게 슐레지엔 탈환의 중요성을 훈시하였다. 그러면서 탈환 시의 보상도 언급하며 사기를 최대한 올렸다. 그 뒤 브레슬라우를 향해 움직였고 카를 알렉산더 대공이 이에 대응하여 양측 군대는 브레슬라우 북동쪽인 로이텐에서 1757년 12월 5일 부딪히게 되었다. 여기서 프로이센 병력 구성은 23,000의 보병과 12,000의 기병, 그리고 대포 160문이었고 오스트리아는 43,000의 보병과 22,000의 기병, 그리고 대포 210문이었다. 오스트리아의 이러한 병력은 최소치로 기록에 따라 7만에서 8만의 대병력이었다. 거의 두 배에서 세 배에 달하는 병력이었다. 당시 카를 알렉산더 대공은 요새에서 버티기보단 평야에 나가 싸우는 것을 택하였는데 두 배의 병력을 가지고 있었다는 점, 그리고 유리한 포지션을 먼저 잡으면 더 유리할 것이라는 판단에서였다. 실로 카를 알렉산더 대공은 좋은 지형에 진형을 구축하는 데 성공하였고 프리드리히 2세 특유의 사선전술을 막기 위해 로이텐의 평야의 오른편에서 북에서 남으로 적이 있는 왼편을 바라보며 약 8km에 달하는 긴 전열을 구축하였다. 더 많은 병력을 가진 덕에 가능한 전법이었다. 카를 알렉산더 대공은 어느 정도 구릉에 진을 쳐서 자연 성벽을 만들었으며 강과 늪지도 활용하여 진형을 구축해 적의 공격에 대응하기 쉽게 전열을 구축했다. 콜린 전투의 교훈을 본받으면서 동시에 프리드리히 2세의 장점을 무효화시키려는 것이었다.

이 지형과 진형을 본 프리드리히 2세는 당황하지 않고 오히려 적의 생각을 역으로 이용하고자 판단하였다. 일단 프리드리히 2세는 일부 부대를 처음 도착한 로이텐 지방 왼편인 보르네Borne에서 적의 우익으로 보내 그들의 시선을 끌었다. 카를 알렉산더 대공은 우익의 원군 요청에 고민하다가 예비대를 쓰기로 결정하고 일부를 우익으로 보내 적의 공격에 대처하였다. 그렇게 시선이 끌려있는 동안 프로이센 본대는 국왕의 명령에 따라 보르네의 남쪽에 길게 늘어져 있는 소피엔베르크Sophienberg 능선 뒤편으로 2열 종대로 몰래 지나가 전장의 남서쪽에 있는 로베틴츠Lobetinz로 향하였다. 그리고 다시금 로이텐 남동쪽에 있는 작슈츠Sagschutz, 오스트리아의 좌익이 있는 곳으로 본대를 움직였다. 그렇게 도착한 프로이센 보병대는 적의 좌익을 향해 적의 측면에 비스듬히 사선대형을 구축하였다. 보병대보다 먼저 움직인 폰 치텐의 기병대는 새롭게 구축된 프로이센 전열의 오른편, 슈바이드니츠Schweidnitz강이 흐르는 곳 근방에 위치하였으며 프로이센 기마포병대들은 재빨리 뒤따라가 전열의 후방에 있는 포격하기 좋은 언덕인 글란츠베르크Glanzberg 언덕에 올라가 대포를 설치하였다.

이렇게 카를 알렉산더 대공의 오스트리아군은 길게 전열을 배치해 적의 측면 공격을 막고자 하였지만 프리드리히 2세의 기만책에 의하여 좌익 측면을 적의 전열에 노출시키고 말았다. 게다가 방금 나르다시의 기병대를 돕기 위해 보낸 예비대가 반대편에 있었기에 더욱 열세에 놓이게 되었다. 프리드리히 2세는 빠르게 사선대형 구축에 성공하고 때를 놓치지 않기 위해 바로 오스트리아 좌익 공격에 나섰다. 역으로 불리한 진형이 되어버린 오스트리아 좌익은 모리츠 폰 안할트-데사우Prinz Moritz von Anhalt-Dessau 공자와 카를 하인리히 폰 베델Carl Heinrich von Wedel 장군이 이끄는 프로이센 보병대의 강렬한 공격에 속수무책으로 당하게 되었다. 특히 프로이센 포병대들이 좋은 자리를 잡고 일방적으로 오스트리아군 좌익을 두들겨대어 그 손해가 상당히 심하였다. 좌익에 배치되어 있던 나르다시의 기병대는 일단 폰 치텐의 기병대에 맞대응하며 다급히 카를 알렉산더 대공에게 지원을 요청하였다. 카를 알렉산더 대공은 처음엔 적의 기만인 것으로 여기다가 좌익이 급속도로 무너지자 병력을 남쪽으로 돌리기 시작하였다. 그러나 전열을 너무 길게 늘여버린 덕택에 대응은 느린 데다가 일단 최대한 빨리 돕기 위해 하나하나 가까운 병력부터 축차투입을 한 나머지 제대로 효과를 보지 못하였다. 그사이 나르다시의 기병대는 적 좌익 보병대를 격파한 베델 장군의 프로이센 보병대와 폰 치텐 기병대의 합동 공격으로 결국 패주하게 되었다. 카를 알렉산더 대공은 어떻게든 새로운 전열을 빠르게 구축하려고 노력하였다. 포병들을 다급히 로이텐 마을의 뒤편에 설치하고 보병대들을 재정비하여 로이텐 마을을 빼앗기는 것을 막으려 하였다. 그러나 이미 오스트리아군이 남쪽으로 오기 전에 프로이센의 기마포병대가 전장의 왼편에 있는 버터베르크Butterberg 언덕과 글란츠베르크 언덕 왼편의 유덴베르크Judenberg 언덕에도 재빠르게 올라가 자리를 잡은 덕에 오스트리아군은 제대로 대응을 못 하였다. 포병의 공격에 속수무책으로 당하며 큰 피해를 입었고 가까스로 남쪽으로 와 전열을 형성한 보병대는 프로이센 보병대에게 무너져 갔다. 오스트리아 포병이 분전했으나 역전의 시작으로 드높아진 사기를 지니게 된 프로이센 보병대들은 피해를 입으면서도 로이텐 마을에서 적을 밀어버렸다. 이러한 전황을 돌이켜 보면 말 그대로 쓰레받기에 치울 것들이 일자로 하나하나 들어오는 형국이었다.

하지만 아직 카를 알렉산더 대공에겐 마지막 카드가 있었다. 기존의 우익에 있던 루체시Joseph Graf Lucchesi 장군이 이끄는 기병대를 적의 좌측면으로 보내 우회기동을 하여 배후와 측면을 타격해 역전을 노린 것이었다. 그러나 프리드리히 2세는 폰 치텐 장군에게 기병을 전부 부여하지 않고 예비 기병대를 게오르크 빌헬름 폰 드리젠Georg Wilhelm von Driesen 기병대장에게 맡겨 후방에 아껴둔 덕에 손쉽게 대응할 수 있었다. 이러한 드리젠 장군 기병대의 활약으로 오스트리아 루체시 장군 기병대는 계획대로 움직이지 못하고 진격이 막히고 말았다. 프로이센 드리젠 기병대는 그렇게 버터베르크 언덕의 포병대 지원을 받으며 적 기병을 격퇴하였고 그대로 새롭게 형성된 오스트리아 우익으로 들어가 적의 측면을 타격하며 큰 피해를 주었다.

결국 카를 알렉산더 대공은 치욕적인 후퇴를 결정하게 되었다. 프리드리히 2세는 그들을 추격하여 더 큰 피해를 주고 승리를 확정시켰다. 이렇게 프리드리히 2세는 로이텐Leuthen 전투에서 승리하게 되었다. 이 전투에서 프로이센은 6,382명의 인명 손실을 보았으며 이 중 1,200명이 전사하였다. 이에 반해 오스트리아는 22,000명의 인명 손실을 보았고 3,000여 명이 죽고 12,000명 정도가 포로로 잡혔다. 17명의 장군이 죽었고 116문의 대포와 51개의 깃발을 빼앗겼다. 이러한 로스바흐 전투와 로이텐 전투의 연이은 승리로 프로이센은 각국의 포위망 형성 위기에서 벗어나게 되었고 역전의 발판을 만들게 되었다. 그리고 그대로 슐레지엔 지방의 각 지역으로 들어가 빼앗긴 영토를 탈환하는 데 성공하였다. (1758년 4월에 빼앗긴 요새를 전부 탈환하는 데 성공하였다.) 이 수적 열세를 극복한 빛나는 전투는 후대의 역사가와 전술가들에게 극찬을 받게 되었다. 훗날 나폴레옹은 로이텐 전투를 통해 프리드리히 2세를 극찬했으며 독일의 역사가 프리에는 로이텐 전투에서 군대의 이동, 전략, 결단력에서 하나의 걸작을 만들어냈다고 평가하였다.

마리아 테레지아는 이 소식에 절망하며 기도실에 며칠 동안 칩거했다고 한다. 하지만 그녀의 입장에서 아직 희망이 없는 것은 아니었다. 1758년 1월, 페르모르Wilhelm v. Fermor 백작이 이끄는 러시아군이 동프로이센을 지키던 레발트 장군이 잠시 베를린으로 후퇴해 있는 동안 동프로이센을 점거하며 적을 압박하고 있었다. 고로 아직 모든 것은 끝난 것이 아니기에 프리드리히 2세의 의기양양한 평화조약 체결 요구를 거절하며 후일을 도모하였다. 러시아군은 동프로이센을 점령하고 퀴스트린 요새를 공성하였다. 그들은 그대로 요새를 돌파하여 오스트리아군과 합류하기를 시도하였다. 이에 오스트리아는 호응하며 다운 백작의 지휘 아래 베를린 방면으로 진격하였다. 이제 프리드리히 2세는 러시아마저도 격파하며 자신의 각개격파 계획을 완성할 필요가 있었다. 여기서도 대승을 거둔다면 마리아 테레지아도 굴복할 수밖에 없었다. 그렇기에 프리드리히 2세는 군대를 이끌고 양군이 합류하기 전에 러시아군을 격파하기로 결정하였다. 국왕의 주력 군대는 퀴스트린 요새로 향했으며 러시아군은 프리드리히 2세와 싸우기 위해 요새 포위를 풀고 퀴스트린 동남쪽의 조른도르프Zorndorf를 점령하고 주둔하여 유리한 위치에서 적을 맞이할 준비를 하였다. 이내 곧 양쪽 군대는 1758년 8월 25일, 조른도르프에서 부딪혔다. 프로이센은 35,000의 병력을 동원했고 러시아는 43,000의 병력을 동원하였다. 이곳에서 용맹한 자이들리츠 기병대장의 활약으로 계획대로 어느 정도는 수적 열세를 극복할 수 있었지만 너무 큰 피해를 보고 말았다. 모리츠 폰 안할트-데사우 공자가 이끄는 보병대도 분전했지만 페르모르 백작의 러시아군이 생각보다 더 큰 활약을 보여주었다. 프로이센에 일방적으로 밀리지 않고 철저히 싸움을 이어갔다. 그러나 누적되는 피해에 결국 페르모르 백작은 오스트리아와의 합류를 포기하고 란츠베르크Landsberg로 철수하였다. 이로써 프리드리히 2세는 전투의 승리를 거머쥐게 되었다. 하지만 프로이센의 큰 피해와 러시아군이 대패하지 않았다는 사실은 말이 승리지 사실상 무승부로 그의 각개격파 계획이 물 건너갔음을 의미했다. 프로이센은 12,800여 명의 인명 피해를, 러시아는 18,500여 명의 인명 피해를 입었다. 이러한 인명 피해가 심각했던 이유는 피해의 상당수에 많은 정예병들이 포함되어 있다는 것이었다. 그러한 정예병들의 손실은 향후 전쟁기간 동안 프로이센이 로스바흐와 로이텐에서 보여주었던 모습을 다시 보여주기 어렵게 만드는 요인이 되었다. 그래도 한동안 오스트리아에 집중할 수 있게 되었다.

프로이센 왕국은 일단 자신들이 지배했던 포메른 지방을 탈환하기 위해 내려온 스웨덴군을 먼저 격파하기로 하였다. 프리드리히 2세는 로이텐 전투에서 활약했던 카를 하인리히 폰 베델 장군을 지원하여 북부의 스웨덴군 점령지를 탈환하라고 명령하였다. 베델 장군은 9월 26일에 토르노프Tornow 전투에서 스웨덴군을 격파하고 연이어 28일 페흐벨린Fehrbellin 전투에서도 적을 격파하여 스웨덴이 북부에서 더 이상 움직이지 못하도록 만들었다. 이렇게 북방이 안정되자 프리드리히 2세는 작센 남부로 침투한 다운 백작을 처리하기로 결정하였다. 작센은 그의 동생인 하인리히 대공Prinz Heinrich von Preußen이 다운 백작을 막고 있었는데 프리드리히 2세는 그를 돕고 다운 백작을 격파하기 위해 대략 3만의 병력을 이끌고 바우첸Bautzen 동쪽 방면에 있는 호흐키르히Hochkirch로 이동하였다. 그리고 여기서 다운 백작과 다시금 결전을 치르게 되었다. 하지만 여기서 프리드리히 2세는 다운 백작의 신중한 성격을 너무 높이 사는 오판을 하였다. 그동안 여러 전투에서 활약했던 스코틀랜드 이민자 출신인 키이스Jakob von Keith 장군이 지형이 기습당하기에 좋으니 대비해야 한다고 말했지만 프리드리히 2세는 기습은 없을 것이라고 답했다. 실로 다운 백작은 기습할 생각이 없었으나 라우돈 남작이 적극 건의하여 기습을 걸었고 그 덕에 10월 14일의 호흐키르히 전투 승리는 오스트리아의 것이 되었다. 프리드리히 2세는 이 전투에서 키이스 장군을 그의 죽음으로 잃고, 모리츠 폰 안할트-데사우 공자를 포로로 잃게 되었다. 그렇게 숙적에게 두 번이나 참담한 패배를 당했다. 그래도 불행 중 다행으로 질서정연한 패배를 이룬 덕분에 다운 백작이 적을 높이 사며 추격하지 않았다. 그래서 프로이센 군대는 존립 위기까진 몰리지 않았으며 프리드리히 2세는 일단 슐레지엔 지방으로 후퇴하였다. 다운 백작은 기세를 이어가 작센을 탈환하려 했지만 하인리히 대공의 활약으로 성공하진 못하였다.

오스트리아는 일단 해가 바뀐 뒤 다시 러시아와의 합류를 시도하였다. 혼자서 프리드리히 2세의 군대를 완전히 꺾는다는 것은 힘들다는 것이 증명되었으니 말이다. 이에 프리드리히 2세는 베델 장군에게 명령하여 러시아군을 타격해 둘의 합류를 막으라고 지시하였다. 베델 장군은 대략 3만 명의 병력을 이끌고 포젠으로부터 남하하던 러시아군을 향해 진군하였다. 그리고 브란덴부르크의 동쪽에 있는 카이Kay에서 1759년 7월 23일에 적과 전투를 벌였는데 러시아 살티코프Pjotr Semjonowitsch Saltykow 장군의 활약으로 프로이센은 목적을 이루지 못하였다. 러시아군이 52,000의 더 많은 병력으로 우위에 있던 데다가 베델 장군이 전술적 오판을 저질렀기 때문이었다. 특히 보병과 기병의 간격 조절 실패로 인해 프로이센군은 자신의 실력을 발휘하지 못하였다. 결국 이 패전으로 프리드리히 2세가 막고 싶었던 두 군대의 합류는 막지 못하게 되었다. 양측 군대는 프랑크푸르트와 쿠너스도르프Kunersdorf 사이에서 합류하였고 프리드리히 2세는 드레스덴, 라이프치히, 비텐베르크와 토르가우Torgau 요새 같은 일부 거점을 제외한 작센 지방에서 군을 후퇴시켜 병력을 집중하곤 그들과 맞서기 위해 쿠너스도르프로 진격하였다. 이러한 진군 직전인 1759년 8월 1일에 앞서 언급되었던 민덴 전투를 통하여 프로이센과 영국의 연합군이 하노버를 탈환하고 프랑스를 서부 전선에서 축출하였는데 쿠너스도르프도 이긴다면 프리드리히 2세는 다시금 협상테이블로 마리아 테레지아를 끌어올 수 있었다. 다만 합류를 막는 데 실패했기에 지면 모든 걸 잃을 수도 있었다. 아주 위험한 기로의 순간이었다. 그렇게 프리드리히 2세는 1759년 8월 12일, 라우돈 남작과 살티코프 백작의 연합군과 쿠너스도르프에서 부딪혔다.

프로이센은 대략 5만, 연합군은 대략 6만이었다. 이곳에서 프리드리히 2세는 치명적인 실수를 하고 말았다. 적이 더 많은 데다가 (병력은 그래도 어느 정도 비슷한데 대포가 140문과 250문으로 차이가 컸다.) 아직 다운 백작의 군대가 합류하기 전인지라 조급했기 때문이었다. 살티코프와 라우돈은 적의 이러한 입장을 눈치채곤 프로이센 군대가 들어오기 싫어하는 지형에 신형을 구축하고 수비에만 집중하였다. 하지만 프리드리히 2세의 집착과 뛰어난 전술, 프로이센군의 활약으로 러시아 포병대가 차지한 유리한 지형의 언덕을 빼앗으며 초반에는 유리한 구도를 이끌어갔다. 문제는 기병대 투입을 하여 전과를 확대해야 했으나 기병대가 다른 방향에서 대기하고 있는 터라 제때 투입되지 못하였다. 프리드리히 2세가 과감하면서도 기병만큼은 신중하게 챙겼기 때문이었다. 그 틈을 타 러시아는 전열을 재정비하는 데 성공하여 오히려 전선을 축소하고 다시금 유리한 형국을 이끌어갔다. 이에 동생 하인리히 대공과 자이들리츠 기병대장이 이 전투를 끝내자고 건의하였다. 하지만 프리드리히 2세는 이 전투를 반드시 이겨야 한다고 생각하고 있었다. 이 전투에 이겨야 평화 협상이 가능하다고 여겼기 때문이었다. 프리드리히 2세는 자이들리츠의 말에 격분하며 그에게 강제로 진격을 명령하였다. 자이들리츠는 억지로 진격했고 이를 역이용한 러시아의 공격에 퇴로가 막혀 오히려 괴멸되었다. 프리드리히 2세는 포기하지 않고 보병대를 동원하여 패주하는 기병대를 엄호하고 쿠너스도르프 마을을 점령하기 위해 병력을 움직였다. 그러나 억지 공격이 먹히기 힘들었고 결국 프리드리히 2세는 끔찍한 피해를 입었다. 무려 19,100여 명의 병력을 상실했고 자이들리츠 기병대장은 중상을 입게 되었다. 프리드리히 2세 자신도 중상을 입었으며 경험 많은 530여 명의 장교들을 잃었다. 안 그래도 피해가 누적되어 숙련병들이 전쟁 초엽에 비해 많이 사라진 상태였는데 이는 정말로 큰 피해였다. 프리드리히 2세는 겨우 도망치는 데 성공하였는데 이때 그의 주변에 있던 병력은 고작 3,000명이었다. 프리드리히 2세는 이 사실에 절망하며 베를린에 서신을 보내 지금의 심정에 대해 전했는데 내용은 거의 모든 걸 포기한 사람의 심정이었다. 대패로 인해 병력을 상실하여 더 이상 싸우기 힘들어져 프로이센은 유럽에서 사라질 운명이 되었다고 언급하였다. 프리드리히 2세는 동생 하인리히 대공에게 지휘권을 넘겨주곤 진지하게 자살을 고민하였다. 아예 왕위를 넘겨줄 생각을 하였다.

쿠너스도르프 전투의 승리로 오스트리아군은 베를린으로 가는 길이 열리게 되었다. 그러나 베를린으로 가지는 않았는데 프랑스와 러시아의 견제와 다운 백작의 작센 점령 의도 때문이었다. 오스트리아의 동맹이긴 했지만 프랑스와 러시아는 오스트리아가 일방적으로 프로이센을 분할하여 중부 유럽의 패자가 되길 원하지 않았다. 게다가 다운 백작이 작센을 탈환하는 것이야말로 자연스레 승리로 가는 길이라고 주장하여 베를린보단 작센으로 향하기로 하였다. 여기서 국왕이 의기소침해 있는 동안 동생이 큰 활약을 하였다. 하인리히 대공은 국왕을 두 번이나 꺾은 적을 상대로 대단한 활약을 보이며 다운 백작을 상대로 어느 정도 빼앗긴 작센을 대부분 다시 차지하는 데 성공하였다. 다운 백작은 토르가우에 주둔하고 있던 하인리히 대공을 몰아내려 했지만 결국 실패하였다. 1759년 9월 25일, 하인리히 대공이 작센의 호이어스베르다Hoyerswerda에서 이겨 최종적으로 다운 백작을 철수시키자 프리드리히 2세는 멸망의 위기에서 벗어나게 되어 서서히 자신감을 회복하게 되었다. 프리드리히 2세는 역전의 발판을 마련하기 위해 핀크Friedrich August von Finck 장군에게 막센Maxen으로 가서 그들의 보급망을 차단하라고 명령하였다. 성공한다면 드레스덴에 머물던 오스트리아군을 완전히 작센에서 철수시킬 수 있었다. 그러나 막센 전투에서 (1759년 11월 20일) 다운 백작에 의해 군대가 격파되고 말았다. 사실 무조건 해내야 한다는 강박에서 나온 판단인지라 실패할 만하였다. 주변에서 만류하였지만 억지로 진행시켰고 결과는 참혹했다. 2,000여 명이 죽고 무려 13,000명이 포로로 잡혀서 다시금 프로이센은 위기에 봉착하게 되었다. 핀크 장군도 사로잡혔다. 프리드리히 2세는 핀크 장군 탓을 하며 권위를 유지하려 애를 썼는데 사실 핀크 장군도 무모한 작전이라고 건의한 걸 생각하면 억울한 처사였다.

다시금 프로이센이 위기에 몰리자 오스트리아는 이를 놓치지 않았다. 이번엔 라우돈 남작의 부대가 슐레지엔으로 향하였다. 1760년 6월 23일, 란데스후트에서 라우돈 남작은 푸케Heinrich August de la Motte Fouqué 장군을 상대로 승리를 거두었다. 이번에도 오스트리아는 10,000여 명의 많은 포로를 잡았으며 지휘관은 푸케 장군도 포로로 잡아들이는 데 성공하였다. 그 결과 슐레지엔의 대부분이 오스트리아에게 점령당했고 요새 몇 군데만 겨우 유지할 수 있었다. 프리드리히 2세는 슐레지엔을 탈환하기 위해 다급히 움직였고 8월 15일 슐레지엔의 리그니츠Liegnitz에서 라우돈 남작과 한판 붙게 되었다. 다행히 이곳에서는 승리하여 슐레지엔을 유지하는 데 성공하였다. 하지만 슐레지엔을 지키는 동안 1760년 10월 9일에 오스트리아와 러시아가 베를린을 기습 침공하여 다시금 점령하였다. 그리고 약탈을 한 뒤 프리드리히 2세의 구원군이 오자 바로 유유히 빠져나갔다. 프리드리히 2세는 일단 베를린을 안정시킨 후 이번에는 작센을 되찾으려 다운 백작을 향해 군을 움직였다. 1760년 11월 3일, 라이프치히 북동쪽의 토르가우에서 양쪽 군대는 부딪혔고 치텐 장군의 쥐프티츠Sueptiz 언덕 공략 성공으로 승리를 거머쥐게 되었다. 적수를 상대로 드디어 승리한 것이다. 그러나 피해는 만만치 않았다. 오스트리아는

53,400명 중 15,700명의 인명 피해를 입었으며 프로이센은 48,500명 중 16,750명의 인명피해를 입었다. 가히 피로스의 승리였고 그래서 작센에서 완전히 쫓아내는 것은 실패하였다. 여전히 동프로이센은 러시아에게, 작센과 슐레지엔의 여러 부분이 오스트리아에 의해 점령당하고 있었다. 스웨덴도 프로이센이 약해진 틈을 타 프로이센령 포메른을 점령하는 데 성공하였다.

그나마 다행인 것은 1761년의 전황은 그나마 나아졌다는 것이다. 오스트리아와 러시아의 합류는 이루어졌으니 이제 다시 두 나라가 합쳐 슐레지엔으로 향하였다. 그런데 러시아가 보급 문제로 인하여 뒤로 후퇴하여 합류가 사실상 종료되었다. 러시아는 오스트리아와 같이 슐레지엔에서 싸우겠다고 했지만 동프로이센으로 돌아가 버렸다. 이에 프리드리히 2세는 기뻐했지만 얼마 안 가 다시금 안 좋은 사건이 연이어 터졌다. 1761년 10월 1일에 슐레지엔의 주요 거점인 슈바이드니츠 요새가 라우돈 남작에게 함락당하고 보헤미아와의 통로인 글라츠 요새도 함락당했다. 12월에는 러시아가 드디어 콜베르크Kolberg 요새를 함락하여 육해로의 보급거점을 드디어 확보하였다. 러시아는 엄청난 병력에도 불구하고 쿠너스도르프 전투 정도를 제외하곤 적극적으로 프로이센을 압박하진 못하였는데 다 보급이 문제였기에 그런 것이었다. 그런데 이제 보급이 해결되었으니 이것은 프로이센에 사형선고나 다름없었다. 오스트리아는 어떻게든 상대하겠으나 러시아가 본격적으로 온다면 막을 힘이 없었으니 말이다. 이런 상황에 영국의 윌리엄 피트William Pitt 내각이 붕괴되자 1761년부터는 영국의 재정지원마저 끊기게 되었다. 영국은 10월 5일, 이대로 가면 동맹체제를 파기할 것이라고 입장을 내놓았다. 그야말로 엄청난 위기였다.

그러나 진쟁의 마지믹 해인 1762년이 되자 반전이 벌어진다. 먼저 1762년 5월 12일, 작센의 되벨른Döbeln에서 하인리히 대공이 오스트리아를 상대로 대승을 거두어 적에게 피해를 줌과 동시에 아직 프로이센이 무너지지 않았다는 것을 증명하였다. 프로이센은 고작 63명이 죽은 반면 오스트리아는 1,500여 명이 사망하였다. 그리고 로스바흐 전투 이후 적극적인 대공세는 아니었으나 꾸준히 프랑스가 하노버를 향해 다시금 군대를 파견하곤 했는데 6월 24일 빌헬스타흘Wilhelmsthal에서 프랑스의 수비즈 공작의 군대를 영국-하노버-헤센-프로이센 연합군이 격파하여 프랑스의 마지막 서부 침공을 막는 데 성공하였다. 이로써 다시 유리한 발판이 생겨나게 되었다.

여기에 러시아의 새로운 황제의 등장으로 모든 것이 바뀌게 되었다. 옐리자베타 여제의 죽음으로 표트르 3세Peter III가 새로운 황제가 되었는데 그가 프로이센과 화평을 맺고 스웨덴과 함께 전쟁에서 이탈한 것이었다. 러시아의 전쟁 이탈로 프로이센은 다시금 오스트리아와 싸울 수 있게 되었다. 그렇다면 러시아의 새로운 황제는 왜 프로이센과 화평을 맺고 전쟁에서 이탈한 것일까? 흔한 이야기처럼 프리드리히 2세의 팬이라서? 멍청한 인간이라서 그럴까? 물론 그럴 수도 있다. 당연히 기본적으로 운이다. 그렇기에 프리드리히 2세를 싫어하는 사람은 그를 운만 좋은 인간이라고 비웃곤 한다. 그러나 이것은 하나는 알고 둘은 모르는 이야기다. 표트르 3세, 카를 페터 울리히Karl Peter Ulrich는 홀슈타인-고토로프Holstein-Gottorp 대공 카를 프리드리히와 러시아 표트르 대제의 장녀 안나 페트로브나 사이에서 태어난 인물이었다. 1739년부터 62년까지 홀슈타인-고토로프를 통치하였다. 그는 독일에서 태어나 자란 독일계로 어린 시절엔 루터교 신자였으며 (러시아에 가서 정교회로 개종하긴 한다.) 프로이센 방식의 교육을 받았다. 물론 차기 계승자가 되자 러시아로 소환되어 러시아에서 기르고 교육했는데 그때가 14살이었다. 그러면 그전에는 어디서 지냈냐면 바로 포츠담이었다. 왜 포츠담일까? 말이 홀슈타인-고토로프를 통치하지 명목상만 그랬고 본가인 덴마크 왕국에게 땅을 거의 빼앗겨 어린 시절 유랑을 하다가 프리드리히 2세의 지원으로 포츠담에 정착하게 된 것이었다. 프리드리히 2세는 그 당시 별 볼 일 없던 소년이 혈통상 러시아 황제가 될 수도 있음을 알고 극진히 대접하였다. 반지를 선물한다든지 프로이센 최고 훈장인 검정 독수리 대훈장을 선물한다든지 하면서 프리드리히 2세는 그와 친해지길 노력했다. 즉 표트르 3세의 처지에서 본다면 아무것도 아닌 자신을 유일하게 사람 대우해 준 사람이 바로 프리드리히 2세인 것이다. 우리 한국인들이 만력제를 왜 그리 좋아하는가? 그는 중국에서는 바보 같은 인간이지만 우리에게 많은 도움을 준 것은 사실이다. 그래서 우리로선 좋은 사람인 것은 부정할 수 없으니 좋아하고 기억해 주는 것이다. 그처럼 표트르 3세는 개인적인 호감을 지닐 수밖에 없었다. 무엇보다 바로 축출되긴 했지만 짧은 기간 동안 보여준 그의 광범위하고 급진적인 개혁 정책을 보면 프리드리히 2세는 그의 입장에선 롤모델 그 자체였다. 그가 후일 나폴레옹이 등장해야 성공하는 교회와의 다툼을 벌인 것을 떠올려보자. 표트르 3세가 서구화를 바라는 급진개혁파임을 부정할 수 없다. 따라서 자연스럽게 표트르 3세는 황제가 된 후 프로이센과의 우호 정책을 펼치기 시작했다. 서구화의 파트너로 프로이센을 고른 것이다. 팬심 이전에 그가 프로이센 모델을 좋아했던 것은 부정하기 힘든 사실이다.

그야말로 프리드리히 2세의 베팅이 성공한 것이다. 물론 운이다. 그러나 소위 '운칠기삼'이란 말이 왜 존재하는가? 세상 돌아가는 것이 운이 상당함을 우리가 알지만 왜 다들 노력을 중요시 여기는가? 결국 운을 잡으려면 기반이 갖춰져야 하기 때문이다. 평소에 행동하는 자만이 운을 거머쥘 수 있다. 즉 동맹의 역전으로 오스트리아가 외교적 승리를 거두었다면 프리드리히 2세는 차기 러시아 황제와 친하게 지내 새로운 외교적 승리를 거머쥔 것이다. 러시아의 새로운 황제는 프랑스와 오스트리아와의 군사동맹 파기를 바로 선언하고 프로이센과 군사동맹을 체결하였다. 그러면서 콜베르크 요새같이 점령한 곳을 반환해 주었다. 프리드리히 2세는 싱글벙글하며 브레슬라우로 진격하였다. 다만 반년 만에 황제가 축출당해서 같이 싸우기로 하던 러시아군은 본토로 돌아가 버렸다. 표트르 3세의 부인이자 차기 황제가 된 예카테리나 2세Catherine II는 군대를 철수시키면서 프로이센과의 동맹을 철회시키지만, 다시 전쟁에 참가하진 않기로 결정하였다. 그동안 러시아도 엄청난 피해를 보아 다시 전쟁하는 것은 부담스러웠기 때문이었다. 금고도 바닥나고 빚도 많아져 예카테리나 2세는 긴 세월 동안 내정에만 집중하였다.

여하튼 확실한 것은 러시아가 사라졌다는 것이다. 프랑스도 없는 상태니 이제 1대1인 상태였다. 프리드리히 2세는 남은 힘을 쥐어짜 슐레지엔 지방의 오스트리아 점령지에 공세를 가하기 시작했다. 1762년 7월 21일 슐레지엔의 부르케르스도르프Burkkersdorf에서 프리드리히 2세와 다운 백작의 군대가 부딪혔다. 이곳에서 프리드리히 2세는 숙적을 상대로 승리했으며 그대로 슈바이드니츠 요새로 달려가 탈환을 위한 공성전을 시작하였다. 이에 오스트리아는 다시금 힘을 모아 요새를 구원하러 갔다. 그러나 구원 과정에서 벌어진 라이헨바흐Reichenbach 전투에서 프리드리히 2세는 다운 백작을 상대로 다시금 승리를 거머쥐는 데 성공하였다. 결국 10월 9일, 슈바이드니츠 요새는 좀 더 버티다가 프로이센에 항복하였다. 슐레지엔을 되찾는 데 결국엔 성공한 것이다. 그렇다면 남은 곳은 작센이었다. 작센 방면은 국왕의 동생인 하인리히 대공이 나섰다. 하인리히 대공은 7년 전쟁의 마지막 전투인 프라이베르크Freiberg 전투에서 뛰어난 지휘 능력을 뽐냈고 자이들리츠 장군이 이끄는 부대의 활약으로 끝내 적을 격파하는 데 성공하였다. 전투의 결과로 결국 오스트리아는 작센에서 후퇴하게 되었다.

일이 이렇게 돌아가자 마리아 테레지아는 갑작스러운 변화에 절망하였다. 그러나 더는 전쟁을 이어갈 수 없음을 그녀는 알았다. 오스트리아는 2,600만 굴덴의 전쟁 비용을 부었는데 이제 버티기 힘든 상황이었다. 1763년 당시 오스트리아 정부 세입은 2,350만 굴덴이었는데 세출이 전쟁 여파로 그의 3배에 달해 빚을 갚는 데 예산의 4할을 써야 할 정도였다. 따라서 매우 분하고 억울하지만 마리아 테레지아는 여기서 전쟁을 끝내야 하는 것을 인정할 수밖에 없었다. 그렇게 1763년 2월 15일, 베름스도르프에 있는 후베르투스부르크Hubertusburg성에서 프로이센과 오스트리아 간의 평화조약이 체결되었다. 내용은 나름 길지만 간단히 요약하자면 전쟁 전으로 돌아가는 것이었다. 특이점은 오스트리아가 글라츠를 계속 점유하려고 했으나 결국 프로이센이 계속 거부해서 글라츠도 프로이센에게 돌려주었다는 것이었다. 그렇게 7년의 세월 간 이어진 전쟁이 끝났다.

전쟁 전 프로이센이 상대해야 할 유럽 전선의 적의 수가 몇 배에 달하는 것을 우린 보았다. 그리고 그것을 버텨내는 것에 프리드리히 2세와 프로이센 왕국의 군대는 성공한 것이다. 그렇다면 프로이센군은 뭐가 다르기에 이 강대국들 사이에서 버틸 수 있었을까? 물론 앞서 보았듯 쿠너스도르프 전투처럼 진 전투도 많지만 로스바흐와 로이텐 전투처럼 엄청난 전투도 많았다. 1차 슐레지엔 전쟁 당시와 달리 패배도 많았지만 승리도 많았다. 그런데 이 승리는 하나 같이 쉬운 것이 아니었다. 툭하면 적이 두 배였던 것을 기억해 보자. 그래서 패배도 엄밀히 따지면 질 만한 것들이 많았다. 질서정연한 후퇴가 있었음도 떠올려보자. 프로이센 군대는 거대한 연합군을 상대로 최종적 승리까진 가기 힘들어했지만 그들에게 피해를 주어 협력 체제를 무너트리고 패배의 궁지에서 꾸준히 도망치는 데 성공하였다. 프로이센의 국력과 적들의 국력 차이를 생각해 보면 매우 놀라운 성과였다. 이제 그러한 이유를 파악하기 위해 내정 부분으로 넘어가기 전에 군사 부문만 간단히 파악해 보고 넘어가 보자.

일단 프로이센군이 강한 특유의 요인은 바로 그들만의 기동성과 임기응변이라 할 수 있다. 이것은 독일 제국과 나치스 독일 시절까지도 이어진다. 프리드리히 2세는 기동성을 대단히 중요시하였다. 물론 기동성은 고대나 현대나 주로 챙겨야 할 군의 핵심요소이나 프리드리히 2세와 후예들은 국가방위를 위한 '내선전략'을 달성하기 위해서 기동성을 남들보다 조금 더 중시하였다. 그렇게 챙긴 특유의 기동성으로 본토를 이리저리 이른 시일 안에 주파하며 각개격파를 했으며 전장에서는 재빠르게 적의 측면이나 후방을 타격하여 손쉽게 승리를 거두었다. 조금 더 구체적으로 보자면 예컨대 프리드리히 2세는 기병들의 무장을 계속 경량화해

갔다. 흉갑기병은 엄연히 중장갑을 착용한 기병이나 가면 갈수록 사실상 무장이 경기병처럼 되어갔다. 후사르Hussar와 같은 경기병들은 더더욱 가벼워졌고 빠른 이동에 더욱 집착하며 훈련받았다. 그러한 결과로 타국 경기병들이 700m를 전력 질주할 수 있을 때 프리드리히 2세의 경기병들은 1,800m를 전력 질주할 수 있었다. 그러한 빠른 기병들은 여러 전쟁에서 활약하였고 특유의 움직임으로 척후 활동과 빠른 정찰을 통한 정보 수집, 측면과 후방 타격 임무를 수행하며 전투 승리에 공헌하였다. 앞서 기마포병이 언급되었듯이 포병 병과에도 이러한 흐름이 이어졌으며 주로 3파운드 포나 6파운드 포를 말들이 이끌며 빠르게 유리한 고지에서 포격하였다. 물론 포병 병과는 다양했으나 예컨대 곡사포들이 1740년에는 18파운드 곡사포를 운용하다가 43년에는 10파운드를, 58년엔 7곡사포를 운용했다는 것에서 그가 군대 전반적으로 가벼움을 추구했다는 것은 확실해 보인다. 다만 이러한 기마포병이라는 것이 활용하기 힘들고 기존 대포에 비해 화력이 낮을 수밖에 없어 프리드리히 2세와 같은 노련한 지휘관이 아니라면 애매하다는 단점도 있었다. 마지막으로 보병대들도 로이텐 전투에서 보면 알 수 있듯이 평상시의 강도 높은 기동훈련으로 빠른 이동이 가능하였다. 프로이센 보병대들은 평소 3열로 전투에 임하다가 이동해야 할 시 2열 종대로 빠르게 움직이곤 하였다. 하지만 프로이센 전열보병의 장점은 빠른 이동보다는 빠른 속사였다. 앞서 언급된 안할트-데사우 공작 레오폴트 1세의 주철 포탄 장전용 밀대를 도입한 프로이센의 철제 머스킷Musket은 더 빠른 장전과 사격을 더 안정적으로 하게 해주었다. 당시 타국 보병들은 빨라야 12초가 걸린 장전이 프로이센 보병은 9초 정도면 충분히 가능했다. 분당으로 하면 한두 발

정도 더 쏘는 것이 가능했던 것이다. 이는 새로운 무기와 평소의 강도 높은 열병훈련으로 가능했다. 프로이센 보병들은 집단사격 훈련을 통해 일제히 화력을 집중하여 쏘는 것에도 능하였다. 당시 전열보병들은 생각보다 각자 장전되는 대로 제각기 쏘는 것이 흔했으나 훈련을 통해 그것을 극복한 것이다.

그렇다면 프리드리히 2세가 중요하게 여긴 임기응변이란 무엇일까? 그것은 독일의 유명한 임무형 전술Auftragstaktik의 초기 형태로 말 그대로 현장의 판단은 현장의 사람들에게 넘겨주는 것이라 볼 수 있었다. 먼저 그 당시 군 조직에 대해 알아보자. 당시 대선제후의 병참국이 성장하여 성과를 보이는 데 성공해 프리드리히 2세의 치세에 오면서 여러 군사 기관이 생겨난 상황이었다. 예컨대 군수참모부라고도 불리는 기존의 병참국과 더불어 군사서기국과 고급부관부, 공병참모부 등등 전투 수행에 필요한 조직들이 이 시절부터 서서히 자리를 잡고 있었다. 여기서 중요한 것은 되는 군수참모부(병참국)와 고급부관부였다. 프리드리히 2세는 이것들을 좀 더 자신의 스타일에 맞게 개량하면서 자국 군대의 힘을 키웠다. 프리드리히 2세는 1757년 진지구축을 위한 포진법布陳法을 도입하여 군수참모부의 업무를 보다 명확히 하였다. 이제 단순히 보급을 건들 뿐만 아니라 전장의 지휘관들이 더욱 전투에 집중할 수 있는 보조 역할을 맡긴 것이다. 왕이나 현장의 사령관이 전술전략에 집중할 수 있게 기술적인 세부 사항이나 적절한 야영 및 행군로 선정, 야전 진지 구축을 위한 계획 수립과 같은 일을 맡았다. 이로써 현장 지휘관은 좀 더 재량적으로 움직일 수 있었다. 그리고 이 시점에서는 군수참모부와 역할이 어느 정도 겹치며 향후에도 참모부와 경쟁하는 훗날의 군사내각

Militärkabinett의 초기 형태인 고급부관부가 자율적 행동을 맡기 시작하였다. 고급부관부는 기본적으로 군사내각이 그러하듯 인사권을 행사하는 곳이었다. 프리드리히 2세가 전쟁을 거치면서 명령 수행 시 전체적인 작전 명령의 범위 안이라면 하급 지휘관에게 독자적 의사결정을 허용하기 시작했는데 이러한 개별 작전 부여와 부대 간 유기적인 연결을 위해 연락 임무를 맡는 기존의 여단 소령과 정찰 장교를 더욱 늘리면서 동시에 고급부관들에게 독자적 행동권을 주었다. 이러한 고급부관부를 중심으로 한 독자적 의사결정 확대 조치로 각 지휘관은 재량권을 통한 적절한 임기응변이 가능해졌다. 호엔프리트베르크 전투의 바이로이트 용기병대의 활약에는 이러한 재량권의 도움이 있었다. 이러한 프리드리히 2세 당시 변화의 시작으로 우리가 아는 독일군이 시작되게 된다.

물론 당시 프로이센군의 활약이 단순히 두 요소만 있는 것은 아니었다. 예컨대 프리드리히 2세의 사행전술도 한몫하였는데 전력을 비대칭으로 쏠리게 하여 여분의 병력으로 적 병력을 마크하는 동안 주 병력이 적의 취약점을 강렬히 타격하는 이 전법은 전쟁 기간 내내 프로이센군의 승리를 이끌었다. 하지만 일개 지휘관의 이러한 번뜩이는 움직임보다는 이런 천재성을 다들 발휘할 수 있게 만드는 환경 구축, 군수참모부와 고급부관부의 여건 조성이 프로이센군의 강함에 큰 영향을 주었다.

그렇게 프리드리히 2세는 물려받은 8만에 가까운 군대를 20만 가깝게 증강시키며 이번 전쟁을 승리로 이끌었다. 다만 특이한 점이 있는데, 이것만 마지막으로 언급하자면 그의 군대는 다른 시기와 다르게 외국인 용병들이 매우 많았다는 것이다. 예컨대 사망 시점의 약 20만 군대 중 4할 정도만 프로이센 사람이었고 나머지는 폴란드나 다른 지역의 독일인이었다. (작센이나 베스트팔렌, 뷔르템베르크 등등 여러 독일 지역에서 온 이들.) 이렇게 외국 용병들을 모집한 이유는 다른 독일 시기와 달리 이 당시 프로이센 인구는 매우 적었기 때문에 본토인들은 경제 생산에 전부 투입하였기 때문이었다. 귀중한 인명을 군대에서 함부로 손실할 수 없었기에 프리드리히 2세는 최대한 백성들은 경제활동에 집중시켰다.

그렇게 프리드리히 2세는 좀 더 자신의 스타일에 맞게 발전시킨 군대로 승리를 얻을 수 있었다. 그러나 더 중요한 것은 전쟁이 아닌 그 이후의 내정이었다.

계몽전제정의 모순과 한계, 그러나 동시에 피어나는 대왕의 이상향을 향한 개혁들

프리드리히 2세는 즉위하자마자 여러 개혁을 단행하였다. 그의 법과 교육에 대한 개혁은 가히 놀라워 프로이센을 단번에 계몽주의의 뜻이 넘쳐나는 곳으로 탈바꿈하였다. 여러 상공업 진흥정책은 훗날의 독일 산업의 밑거름을 만들었다. 하지만 동시에 그의 놀라운 개혁에는 분명 한계가 존재했다. 계몽전제주의 자체가 가진 한계와 장교 양성을 위한 융커Junker와의 타협도 있었지만 일단 전쟁으로 인한 피해가 커서 그것을 복구하는 데 힘을 너무 쓰기도 했기 때문이었다.

바로 앞에 7년 전쟁을 다룬 바가 있다. 7년 전쟁은 정말 끔찍한 피해를 가져다주었다. 즉위 당시 인구가 대략 225만이었는데 이 전쟁으로 죽은 군인은 약 18만이고 민간인을 포함한다면 대략 50만 명이나 죽었다. 예를 들어 동프로이센에서는 무려 9만 명의 백성들이 전쟁으로 목숨을 잃었다. 슐레지엔을 포함한다면 그래도 즉위 이후보다는 인구가 늘어난 것이긴 하지만 프로이센 왕국은 슐레지엔을 완전히 차지하는 대가로 엄청난 인명 피해를 보았다. 인명뿐이 아니다. 국토도 전부 유린당한 덕에 전후 나라 상태는 엉망이었다. 베를린이 여러 번 약탈당한 것을 떠올려보자. 그렇기에 프리드리히 2세는 남은 치세 동안 재건에 대부분의 시간을 보냈다. 불타버린 땅에 건물을 다시 세우고 망가진 농경지와 목초지를 고치며 백성들이 고향에서 다시 시작하는 것에 집중하였다. 그러면서도 잃어버린 인구를 되찾기 위해 습지를 간척하여 새로운 개간지를 형성하여 타국에서 이민들 적극적으로 받아들였다. 예컨대 왕국의 마주렌Masuren과 같은 폴란드어권에도 많은 투자를 하였는데 그렇게 만들어진 경작지에 뷔르템베르크나 팔츠 선제후국, 헤센-나사우에서 온 이민자들을 받아들여 이곳에 정착시켰다. 그런데 당시 마주렌은 미개발지라서 습지가 많았다. 이런 땅들은 프로이센 왕국에 생각보다 많은지라 프리드리히 2세는 대대적인 운하사업을 통하여 습지를 배수하기 위한 광활한 운하망을 조성하였다. 이렇게 형성된 운하들은 새로운 경작지 형성에 이바지하였고 운하를 통한 유통망은 상공업에도 영향을 주어 전후 복구에 큰 도움을 주었다. 그렇게 천천히 프로이센의 농업은 복구되었다.

문제는 이것이 하루아침에 되지는 않기에 그동안의 생필품 부족과 물가 급등, 기근에 대처해야 한다는 것이었다. 그래서 프리드리히 2세는 전쟁이 끝나자 국고를 털기 시작한다. 먼저 전쟁이 끝난 1763년부터 국가가 소유한 저장고들에서 생필품들을 적절히 방출량을 조절해 가며 백성들과 시장에 뿌렸다. 그러면서 1766년에는 곡물세를 한시적으로 폐지하며 해외의 값싼 농작물을 들여와 백성들이 먹을 것을 싸게 구할 수 있도록 조치하였다. 곡물세는 3년 뒤 재도입되나 한동안은 오직 빵을 만드는 밀에 부여하여 부유한 자들만 곡물세를 내도록 하였다. 당시 부유층들은 흰 빵을, 백성들은 잡곡빵을 먹었었다. 다만 국가의 저장고에서 먹을 것을 풀어서 기근을 막으려는 정책은 생각보다 빠르게 고비를 맞았다. 1771년과 1772년에 시스템의 위기가 오자 결국 본래 목적인 군사창고의 기능보다 민간을 위한 기능을 우선시하는 것으로 바꾸어 대왕의 치세에는 대규모 보조금 정책이 이어지게 되었다. 그리고 프리드리히 2세는 전쟁 직후 저장고 풀기와 곡물세 폐지와 더불어 1763년 5월의 조폐 칙령Mint Edict을 통하여 탈러화 평가절상을 추구하는 통화 개혁을 실시하였다. 그를 통해 유통하는 통화량을 제한하여 물가 안정을 추구하였다. 아주 큰 효과는 아니었지만 어느 정도 화폐 가치 유지에 도움을 주어 전후 복구에 도움을 주었다.

나라 안을 그렇게 안정시키면서 프리드리히 2세는 참전 용사들에게 책무에 대한 대가를 지급하였다. 1768년 프리드리히 2세는 국가를 위해 자신의 몸과 건강, 체력 나아가 목숨까지 바친 병사는 자신이 모든 것을 지켜주려고 한 바로 그 사람들과 나라에 혜택을 요구할 권리가 있음을 천명하였다. 그래서 그는 베를린에 장애인이 된 상이군인을 수용할 보호시설을 만들었고 가난에 시달리는 귀환 병사들에 대한 보조금 정책을 실시하였다. 그리고 그들의 생계를 우회적으로 지원할 수 있도록 주로 담배 전매사업과 관련된 저임금 노동 및 간소한 정부 고용직을 만들어 그들을 우선적으로 고용하여 당장의 생활을 해결하게 해주었다.

이렇게 전후 여러 조치들을 하느라 대왕의 개혁은 늦춰질 수밖에 없었다. 프리드리히 2세는 전대와 같이 새로운 행정기관을 통하여 행정 통합을 추구한 바 있었다. 예를 들어 전국적인 산업정책을 다루는 5부나 프로이센의 모든 국민과 연관된 군사 문제를 책임지는 6부 같은 기관들이 있었다. 그러나 전쟁의 여파로 그 속도는 줄어들게 되었고 다음 대로 미루어지게 되었다. 그의 생각에서는 한동안 전쟁이 다시 나면 국토를 전부 방위하는 것은, 특히 변두리를 지키는 것은 사실상 불가능한 것으로 보였다. 그래서 여러 지방에 대한 부서 개설은 미루어지고 평시를 위한 경제 개발에 집중하게 되었다. 예컨대 서부 지방의 재무 구조를 하나로 통합하여 재무를 관리하려던 계획은 제대로 이루어지지 않았다. 물론 후술될 개혁들이 존재하는 만큼 여러 노력과 그러한 결과물들이 있었지만, 확실한 것은 대왕이 생각했던 규모보다 줄어들었다는 것이다.

그러한 한계에 박차를 가하는 것은 계몽전제주의가 가지고 있던 모순 그 자체였다. 이 모순과 전쟁의 피해가 대왕이 바라는 이상향 구축에 계속 발목을 잡았다. 계몽적 사고에 의하면 군주란 혈통이 아닌 의무 수행 능력이 중요시된다고 여겨졌다. 능력 있는 자가 백성을 위해 일한다는 것이 계몽군주인 것이다. 하지만 이러한 계몽주의의 논리대로라면 왕은 선출되어야 마땅했다. 따라서 당시 프리드리히 2세와 같은 계몽군주들은 결국 계몽주의란 외피 안에 절대주의란 내피를 숨겨두고 있는 상태일 수밖에 없었다. 분명 계몽적 사고를 하기에 여러 개혁을 단행하였다. 하지만 계몽주의와 절대주의가, 이 서로 상극인 것들이 동시에 존재하는 모순이 생겨 계몽적 헌법과 독재가 같이 존재하였고 그 덕에 개혁은 언제든지 없어질 수 있는 상태가 지속되었다. 실로 나폴레옹의 등장으로 인한 프로이센 개혁 전까진 대왕 사후 계몽주의는 차기 국왕에 의해 엄연히 후퇴하였다. 프리드리히 2세와 같은 계몽군주들은 군주를 법에 종속시키는 것으로 이러한 모순을 막아보려고 했지만 그들은 단순한 계몽주의자가 아닌 계몽'전제'군주이기에 결국 군주 개인의 의무감에 호소할 수밖에 없는 체제였고 따라서 군주가 현실과 타협하거나 포기하면 언제든지 좌초될 수 있는 시스템이었다. 계몽전제주의는 계몽주의에서 파생되어 공공의 복지에 대한 군주 개인의 헌신이 존재하는 이상적 사회를 꿈꾸었지만 체제 특유의 불안함으로 언제든 무너질 수 있었다. 실로 결국 계몽전제정의 미래는 프랑스와 같이 군주정의 붕괴거나 영국같이 입헌군주정으로의 변화 두 개뿐이었다. 그러한 계몽전제주의의 모순이 개혁을 진행할 때마다 발목을 잡았다.

하지만 그렇다고 계몽주의라는 외피 안에 전제주의가 존재한 덕에 모든 개혁이 엉망인 것은 아니었다. 분명히 모순으로 인한 현실과의 타협도 있었지만 계몽주의의 양자인 계몽전제정의 결실도 존재했다. 분명히 여러 합리적 개혁은 단행되었고 국가의 수입은 증대했기 때문이었다. 계몽전제주의를 택한 나라는 프리드리히 2세의 프로이센과 더불어 요제프 2세Joseph II의 오스트리아나, 예카테리나 2세의 러시아 등등이 있었다. 이들의 공통점은 기본적으로 행정과 경제 방면에서의 후발주자였다는 것이었다. 그렇기에 미진한 기반 아래에서는 국가 주도의 결집이 필요하였다. 선발주자를 잡기 위해 독일의 계몽사상을 지닌 정치가들은 일시적으로 전제적 요소와 타협을 하였다. (영국과 프랑스의 경우 상공업 발전을 중심으로 자연스럽게 발전해 가는 자본주의 속에서 시민계급이 성장했으나 독일 지방 국가들은 자본주의 발전이 미비해 자연스러운 발전은 힘이 들었다. 인위적 조치가 필요한 시점이었다.) 그런 한계에 아쉬워했지만, 개혁가들은 통치 실제의 중요성을 잘 알고 있었다. 당연히 없는 것보단 있는 것이 나으니 말이다. 그렇기에 영국과 프랑스를 벤치마킹하여 행정 조직을 뜯어고쳐 국왕을 일종의 관료로 만들었고 그 속에서 여러 개혁이 이루어질 수 있었다. 영국이나 프랑스와 달리 자본주의가 미진했던 독일 국가들과 프로이센 왕국은 국왕의 힘으로 춘프트Zunft 제도가 가진 특유의 제한을 폐지하여 자유로운 경제활동을 구축하였으며 상위계층들의 조세 특권을 폐지하여 상공업을 진흥시키고 수입을 늘려갔다. 그렇게 한번 정착된 제도는 설사 후대 왕이 없애려고 해도 이미 사람들의 손에 익어버려 자유로움에 대한 갈망을 모두에게 심어주게 되었다. 그렇기에 계몽전제주의는 자유의 이상 추구라는 계몽주의의 근본 기반을 은근히 부정하면서도 국가 행정의 중앙 집중화와 분화, 그를 통한 합리적 조직 구축에 긍정하여 나라의 발전에 이바지하였고 그렇게 구축된 개혁을 통해 나온 좋은 결과물들이 사회가 자유롭게 나아가는 것에도 도움을 주게 되었다.

그런 복합적인 프리드리히 2세의 정책 결과물의 대표적인 예시가 융커가 소유한 농노들에 대한 개혁이었다. 다른 개혁들이 기본적으로 이상적인 결과물이었다면 독일 동부 지방의 농노, 정확히는 봉건적 대농장 경영제도인 구츠헤어샤프트Gutsherrschaft에 사실상 종속되어 부역하는 세습적 영지예속농민들에 대한 개혁은 성과가 있으면서도 애매하였다. 그들은 신분적으로는 노예가 아니었으나 사실상 영주에 예속되어 모든 것을 허락받고 살아야 하는 사람들이었다. 성인이 되어도 농민이 될지, 임노동자가 될지 같은 직업 선택의 자유는 없었다. 그들은 영주의 허가 없이 예속되어 있는 토지를 떠날 수 없었고 무엇보다 영주재판소Gutsgericht를 통하여 그의 주인인 지주에게 사법적 처벌을 받을 수 있어 사실상 노예나 다름없었다. 지주는 자신의 영역에서 농민들에게 사법권을 행사하며 사실상 그들의 군주였다. 농민들은 자신들의 지주 귀족에게 충성과 복종의 의무를 지녔으며 이를 어길 수 없었다. 다만 그들을 사실상 다스리는 융커 귀족들은 그들을 보호하고 최소한의 생활을 책임질

의무가 있었다. 프로이센의 지주 귀족들은 브란덴부르크의 토지 60%를, 포메른의 토지 62%를, 동프로이센 토지의 40%를 보유하고 있었고 그만큼 해방되어야 할 사람들의 수도 상당하였다. 국왕의 입장에서는 자유민이 많아야 세수가 늘고 나라의 발전 가능성도 늘어나니 농민들의 예속을 끊어버리고 싶었다. 그러나 완전 그러기는 힘들었다. 군의 장교들을 꾸준히 양성하기 위해서는 뛰어난 자질을 갖춘 자원들이 필요했다. 군의 장교는 주로 귀족들에게서, 특히나 엘베강 넘어 동부에 토지를 가진 융커와 같은 지주 귀족들에게서 출세의 기회 용도로 많이 배출되었다. 그들은 선대가 베를린에 세운 왕립 사관학교를 통하여 군의 장교가 되었다. 프로이센의 지주 귀족들은 과거부터 군복무를 대가로 토지와 면세 혜택을 누리는 계층이었다. 또한 귀족들은 관료제의 기초들이었다. 그들은 영국의 치안판사와 유사하게 지역의 군郡의회 자문의원이 되어 지방의 행정에 종사하곤 하였다. 관료를 충원하기 위한 자원이 귀족뿐만인 것은 아니나 지속적 충족을 위한다면 그들과의 적대는 쉬운 길이 아니었다.

그래서 프리드리히 2세는 이해관계 일치로 인하여 귀족에게 적대적이던 선왕과 달리 그들과 적당히 타협하였다. 계몽전제주의의 단점이 나온 것이었다. 그러나 동시에 당대 유럽의 흐름으로는 농민의 권리가 증진되는 것은 피할 수 없었기 때문에 프리드리히 2세는 농노 개혁을 적당히 추진하기도 하였다. 완벽하지는 않지만 설사 융커라 할지라도 사회경제적 변화를 피하긴 힘들었으니 말이다. 당시 서유럽을 중심으로 농민들의 해방은 이루어지고 있었고 의무적인 노동보단 소작료 납부가 대세가 되어가던 시대였다. 고로 이러한 흐름은 얼마 안 가 독일어권에도 찾아왔다. 이를 통해 프리드리히 2세는 농민들의 토지에 대한 보유권이나 재산권에 대한 농민들의 권리를 최대한 챙겨주고 봉건적 부역에 의한 부담도 덜어주려고 노력하였다.

프리드리히 2세는 최대한 지주의 횡포로부터 농민을 보호하고자 애썼다. 예컨대 선대 군인왕 시절엔 세습 재산을 다투는 경우 새로 만든 형사법전Criminal-Ordnung을 기준으로 재판하라고 경고하였다. 지주라고 마음대로 했다가는 중징계를 내린다고 귀족들을 겁박했다. 프리드리히 2세는 이를 이어가며 1747년에 법정에 의무적으로 대학을 졸업하여 정규 코스를 밟은 법률가를 판사로 지정하도록 법을 만들어 공정한 재판을 통해 농민들의 수탈을 최대한 막으려고 하였다. 그리고 이에 더하여 브란덴부르크 최고재판소이자 상소법원인 베를린 고등법원Berliner Kammergericht에서도 이러한 문제를 다루게 하여 농민과 지주 사이의 문제를 조정하였다. 또한 후술할 법제 개혁을 통해 좀 더 신속하고 비용이 적게 들게 만들어 농민들을 도왔다. 그리고 1749년 8월에는 농민의 보유권이 불확실하여 툭하면 일어나는 농민 추방을 막기 위해 농민 추방을 금하는 칙령도 선언하였다. 그렇게 억울한 일을 막으면서 프리드리히 2세는 농민들의 부역을 최대한 경감시켰다. 1748년에 부역에 관한 칙령을 내어 주에 2~3일만 부역하고 그 이상, 많아도 4일 넘게 부역시키지 말라고 봉건적 부역에 대해 제한을 걸었다. 그리고 1760년대에 접어들어 농민들의 강제적 봉사 의무에 대해 철폐를 선언하는 입법 조치를 단행하여 서서히 농민들에게 자유를 주기 위하여 노력했다. 물론 이러한 부역 경감이나 해방 조치는 기본적으로 왕령지에서 주로 이루어진 것이었다. 예컨대 프리드리히 2세는 왕국의 토지를 재분배하여 5만여 호의 세습 농장을 만들고 왕령지에 소작하는 농민들에게 나누어주어 그들에게 자신들만의 땅을 가지게 해주었다. 하지만 이러한 농민에 대한 복지와 해방은 융커 귀족들의 땅에서는 잘 이루어지지 않았다. 그래도 당시 유럽의 흐름에 따라 농민들은 자주 저항했고 집단적인 시위도 많이 일삼았는지라 억압에 대한 저항의 흐름이 계속 이어져 향후 봉건적 구조를 탈피하는 것에 영향을 분명히 주긴 하였다. 왕국의 토지에 일어난 해방들은 사적인 영역에도 영향을 주었으며 프리드리히 2세의 치세에는 이루어지지 못한 완전한 해방을 다음 대에는 이루어지게 해주었다.

다만 이러한 조치들은 융커들을 뿔나게 하였다. 그래서 프리드리히 2세는 융커들의 토지 담보 부채로 인한 도산을 도와주는 정책을 펴서 그들의 인심을 샀다. 상호의존적 관계로 만들어 균형을 이룬 것이었다. 융커들이 이용할 수 있는 국영농업신용조합Landschaften을 설립하여 재정이 궁핍하거나 부채가 있는 지주 가정에 융자를 주어 그들을 돕고 동시에 지주들의 토지 생산력을 높이는 것을 지원하여 그들에게도 나라에도 이득이 나게끔 하였다. 그리고 1752년의 담화문을 통해 융커들의 지위를 계속 이어지게 담보해 주기로 하였다. 그래서 프리드리히 2세는 농민을 위한 정책을 펴면서도 융커의 토지에서는 미적지근했던 것이다. 또한 부르주아지들이 함부로 귀족들의 토지를 구매하지 못하게 하여 토지 소유에 대한 그들의 특권을 어느 정도 인정해 주었다. 부르주아지들에게는 왕령지를 임대하게 해주는 것으로 대처하였다. 이러하듯 진보적이면서도 수구적인 행보를 보이며 국왕은 농노 해방을 적당히 시행하였다.

그럴지라도 그는 계몽주의에 진심인 국왕이었기에 다른 분야에서는 나름대로 개혁이 순탄하였다. 사람들에 따라 의견이 다르나 필자가 보기에는 그는 스피노자의 범신론을 신봉하다가 도주하던 급진적 합리주의자인 요한 크리스티안 에델만Johann Christian Edelmann을 돕기 위하여 베를린에 은신처를 제공한 기록이 있는 것으로 보아 적어도 사상 자체는 계몽적이면서도 급진적인 철학자였음을 부정하긴 힘들다. 그렇기에 당시 기준으로는 과감한 개혁을 추진하였고 많은 것을 이루어냈다. 가장 진보적인 것은 법무장관 코체지Samuel von Cocceji를 통한 사법제도 개혁과 여러 지식인을 통한 의무교육제도 확립일 것이다.

먼저 사법제도 개혁을 알아보자. 프리드리히 2세는 즉위 3일 만인 1740년 6월 3일, 국가에 대한 반역죄나 집중적인 조사가 필요한 중대 집단 살인에 대한 재판을 제외하고는 더 이상 고문을 집행하지 않을 것이라는 칙령을 발표했다. 이어 1754년 추가적인 칙령을 통해 이러한 고문 금지를 전면적으로 확대하고 법률로서 체계화하여 정말 중대한 사건이 아닌 이상 고문 자체를 완전히 금지했다. 고문은 잔인할 뿐만 아니라 고통에서 벗어나기 위한 허위 자백의 가능성 때문에 프리드리히 2세는 쓸모가 없다고 보았다. 재판관들은 증거 수집의 어려움을 호소하며 이에 부정적이었지만 끈질기게 고문 금지를 추진했다. 이러한 조치는 프리드리히 2세의 왕세자 시절 법학자이자 철학자로 활동하던 계몽주의자 토마지우스의 견해를 따른 것으로 그는 고문이나 마녀사냥 같은 행위는 대단히 야만적인 것이니 철폐할 것을 주장하였다. 토마지우스는 제한적 계몽주의자로서 개인적 감정은 억제하고 평화와 안전, 복지를 위한 공동의 이익을 추구해야 한다는 사람이었다. 그는 구성원들 간의 상호계약과 공동 행동으로 평화와 안위를 사는 것이 옳다고 보는 입장이었다. 토마지우스의 사상에 따르면 사회적 협약과 복종의 협약이 국가의 기초였고 국가의 권력분립보다 국가의 안녕을 위한 중앙집권화를 지향하였다. 프리드리히 2세는 이에 동의하며 토마지우스의 철학을 법제에 스며들게 하였다. 이러한 조치들로 잔혹한 고문들은 사라져 갔다. 대표적으로 수레바퀴 처형 방식에 대한 수정이었다. 본디 살아있는 상태로 수레바퀴가 달린 처형대에 묶어놓고 사형수의 몸을 으스러트리는 잔인한 방식이었다. 이것을 대중 앞에서 행하였다. 그러나 이젠 미리 죄수를 죽이고 죽은 몸으로만 공개 처형하는 방식을 택하여 죄수의 인권을 챙기면서 공개처형의 충격 효과를 유지토록 하였다. 실용을 추구한 판단과 잔인한 행위에 대한 혐오감이 중첩되어 나온 결과였다.

당시 유럽 사회는 프리드리히 2세의 치세까지도 고문에 긍정적이었다. 『체들러 세계백과Zedler's Universal-lexikon』와 같은 책에서는 고문을 수사 기술로써 긍정했고 당시 계몽주의의 본고장인 프랑스에서는 여전히 잔혹한 처형 행위가 존속되고 있음을 생각하면 상당히 진보적인 업적이었다. 그리고 왕위 계승과 동시에 그는 언론의 자유도 보장하였다. 물론 통제 자체가 없어진 건 아니었다. 전쟁 기간에는 특히 그러하였다. 그러나 그들이 생각을 마음껏 말하는 것 자체는 막지 않았다. 선대 군인왕의 경우 반대파를 용서하지 않아 정부 기관지들이나 입맛에 맞는 곳을 제외하면 간행을 허가하지 않았다. 허가해도 검열에 시달리게 했다. 하지만 프리드리히 2세는 언론사의 자유로운 창간과 작문, 유통을 허가했다. 예컨대 『베를린 신문Die Berlinischen Nachrichten』이라는 나라나 학술에 관한 이야기를 다루는 신문은 군인왕에 의하여 툭하면 검열되었으나 이제 그러한 검열에 시달리지 않을 것을 보장해 주었고 이제 창간을 마음대로 해주게 하여 『베를린 정치 저널Journal de Berlin ou Nouvelles politiques et littéraires』과 같은 신문들이 여러 개 생겨나 자유롭게 지적인 이야기를 다루게 해주었다. 프리드리히 2세는 이러한 신문들을 통해 프로이센 지식인들의 지적 성장을 추구하였다. 그리고 그들이 마음껏 떠들 지적 토양을 위해 프리드리히 2세는 경건주의자들에게서 할레 대학교에서 사실상 추방된 철학자 크리스티안 볼프Christian Wolff와 같은 이들을 다시금 복직시켜 합리주의적 사고관이 프로이센에 자리 잡게 했다. 이러한 흐름은 계몽전제주의의 한계상 국왕의 마음에 달린 것이라 다음 대에도 잘 이어진 것은 아니었으나 프리드리히 2세의 치세에는 언론이 국왕에 대한 존경과 존중을 한다면 간섭받는 일은 크게 없게 되었다.

이제 이러한 언론의 자유와 고문 폐지의 흐름을 통해 프리드리히 2세는 법무장관 코체지에게 사법제도의 개선을 명령하였고 우선 즉흥적 판결 배제와 3심제도가 도입되었다. 코체지는 1723년부터 베를린 고등법원장으로 활동하던 법률가로 1738년 군인왕에 의해 장관이 된 사람이었다. 그는 법률 시스템의 공정성과 신속성, 저비용을 중요시했다. 그에 따라 사법 관료 조직 개선을 추구하였는데 재판관들의 부패와 무능을 막기 위해 적극적으로 조사를 통해 파면하고 조속한 일 처리를 요구하는 대신 적절한 대우를 국왕의 동의하에 보장함에 따라 법률가들의 능률성을 회복시켰다. 그리고 마음대로 판결하는 것을 막기 위해 법률에 근거한 문서 판결을 하도록 하였고 판결문을 일정 기간 보존하도록 하였다. 그렇게 법률 체제와 법률가들의 행태를 개선하고 코체지는 국왕의 명령에 따라 국익에 도움 되는 법을 만들려고 노력하였다. 그러한 노력의 결산이 바로 『프로이센 일반국법전Allgemeines Gesetzbuch für die Preußischen Staaten』의 편찬이었다. 프로이센의 관료제나 공교육제도 같은 프리드리히 2세의 개혁 결과물의 총본산으로서 국가의 시민 보호와 시민의 권리와 의무를 규정하는 법전이었다.

프로이센 민법전이라고도 불리는 이 법전은 계몽주의의 영향으로 절대 체제와 자유주의 체제의 과도기적인 성향을 지니고 있었다. 법전은 국왕의 명령으로 프리드리히 2세 치세에 계속 편찬이 이어지나 완성은 그다음 대인 1794년에 성문화되었다. 무려 2만 개의 항목으로 이루어져 있었으며 프리드리히 2세가 민간 사회에 이룩한 최고의 업적이라고 할 수 있었다. 법의 지배라는 원칙하에 투명하고 정확한 핵심 원칙들을 명확히 표현하여 현재의 독일 민법에도 큰 영향을 준 법전으로 당시 프로이센 사회를 미완의 상태로 보고 해당 시점에서 존재했던 여러 특권과 서서히 형성되어 가던 평등주의에 기초한 평민들의 권리와 같은 것들을 적절히 융합하였다. 예컨대 보통법전은 "국가 거주민의 권리와 의무를 규정하는 법칙을 담고 있다."라고 서술하며 전통적인 백성Untertanen이라는 용어보단 평등주의적 사고관의 거주민Einwohner이란 용어를 썼다. 이를 통해 법은 같은 국가의 사람이라면 지위나 성별을 가리지 않고 하나의 사람임을 추구하여 평등한 사고하에 국가의 단결력, 연대 의식을 강하게 만들어주었다. 동시에 시민들의 국가에 대한 자유로운 주권을 보장하였다. 그러면서도 "개인의 권리는 혈통과 신분에 따르며 나머지의 경우에 평등하다."라고 표현하곤 "귀족은 국가 제1신분이며 주요 사명과 임무는 국가 수호다."라고 언급하며 차등을 두었다. 실로 귀족의 토지는 귀족만이 소유토록 하였다. 또한 법전에 의하면 귀족은 국가최고법원에서만 재판을 받으며 국가의 명예직에 접근할 특권을 누릴 수 있었다. 현대인의 시점에서는 이런 서술들이 모순으로 보이나 당시 프리드리히 2세의 생각으론 사회질서를 적절히 유지하면서도 개혁을 진행할 묘수였으며 당시 사람들에겐 실로 그렇게 인식되었다. 융커들의 특권을 인정하면서도 그 속에서, 고착화된 프로이센 사회의 신분 구조 속에서 귀족들을 제외한 세상은 평등하게 만들었다. 이러한 모순이 최대한 서로 인과관계를 만들지 못하게 서술하여 동시에 두 세계가 존재하게 하였다. 실로 이 법전은 농민들에게 국가의 자유 시민freye Bürger des Staates이라 표현하며 시골 지역에서 융커들에 의한 불평등을 재확인하면서도 그들의 자유로운 권리를 함께 묘사하며 아직은 협소한 평민들의 자유로운 세상을 법치로 더욱 확장시킬, 귀족들의 세계를 잡아먹을 토대를 만들어주었다. 독일의 역사가 하인리히 트라이치케Heinrich von Treitschke가 언급하였듯 그야말로 '야누스Janus의 얼굴'을 띤 양면적인 법전인 것이었다.

여하튼 그러한 법전 편찬과 더불어 관료제와 공교육제도가 정착되었다. 관료제를 먼저 알아보자. 먼저 선대로부터 물려받은 관리총국을 재편하고 확대하거나 새로운 전문부처를 만드는 것으로 시작하였다. 이것은 즉위 직후부터 실시되는 데 더욱 세분화하면서 전문적인 부처를 만들어 국가 관료의 전문성을 키워갔다. 예컨대 1740년에 기존의 관리총국 부서에 새로운 부서를 만들어 그곳에 왕국의 우편과 교육, 공장제 수공업인 매뉴팩처를 관리토록 하였다. 그러면서 1746년, 제2부서와 제3부서의 군대 보급 행정 관련 사안들을 빼내어 레알-행정부서Real-départment를 만들어 그곳에서 좀 더 전문적으로 총괄하게 하였다. 또한 1748년에는 관리총국에서 사법권을 떼어내어 대수상청Großkanleramt을 신설하였다. 그리고 같은 해 국왕의 직접 통제를 받는 산림청과 건설청을 신설하였다. 이렇게 기존 체제를 바꾸거나 신설하여 좀 더 관료의 전문화를 추구하였다. 그러면서 관료조직의 효율성을 더욱 높이기 위한 감시 체제를 도입하였다. 본디 프리드리히 2세는 백성들의 서신이나 직접적인 민원을 듣기 위해 이런저런 노력을 하였는데 그를 통해 관료들의 부패나 횡포를 막고자 하였다. 그래서 일종의 국왕 직속 스파이인 2열의 관리, 피스칼Fiscale이라는 일종의 비밀경찰제도가 도입되어 지방의 행정 관료들의 행위를 감시하고 중앙정부의 통제력을 확장시켰다. 그러면서 최대한 툭하면 지방 순시를 자주 하여 그들이 능률적으로 일에만 힘쓰게 노력하였다. 그리고 지방의 민간행정조직들을 엄격한 집단협의체 방식으로 만들어 함께 책임지는 위원회 방식으로 운영토록 하였다. 집단에게 책임을 가하여 내부의 권력 투쟁보다는 하나의 관료 체제가 되어 유기적으로 움직이도록 하였다. 이러한 집단 의무를 통해 뛰어난 규율과 효율성이 발휘되기 시작했다. 마지막으로 지방 귀족들로 인한 지방분권화를 막는 조치로 자기 고향에서 관료가 되지는 못하고 고향에서 멀리 떨어진 곳에서 관료가 되게 하였다. 이를 통해 새로운 관료가 토착인과 자연스럽게 부딪히게 만들어 지방분권화도 막고 토착인들의 권리Jus Indignatus도 분쇄하는 효과를 노렸다.

다만, 득달같은 감시와 책임 요구에 효율적이면서도 동시에 집무의 창조성이 옅어졌다는 문제가 생겼다. 지방의 관료들은 열심히 일하면서도 책임에 좀 더 자유로워지기 위해 기계적인 집무 태도를 보였다. 이러한 문제는 후술할 다음 세대에 의해 해결되었다. 또한 엄격한 관리는 계몽전제정의 단점과 프리드리히 2세의 개인적 안 좋은 면모와 합쳐서 효율적이면서도 불안정한 시스템을 만들기도 하였다. 프리드리히 2세는 말년에 접어들수록 의논보다는 독선적인 결정을 주로 하곤 하였다. 그의 어린 시절로 인한 안 좋아진 성격 탓도 있었지만 계몽전제의 특성상 유례없는 권력 집중으로 모든 행정과 외교, 군사 사무의 최종 결정권이 있기에 이걸 다 검토히려면 시긴이 상딩히 빠듯하였다. 그가 매우 성실한 사람이었음에도 말이다. 그렇기에 정기적인 회의보단 간략한 보고서를 받고 답변서를 보내 처리하게 하는 것을 선호하게 되었고 점점 프리드리히 2세의 최측근 비서, 소위 관방비서로 불리는 자들의 권한이 커지게 되었다. 관방비서는 초창기에는 왕의 사무 검토를 도와주는, 정확히 문제 소재를 파악하게끔 조언하는 역할이었다. 그러나 국왕의 최측근이라는 위치를 지니면서 서서히 국정을 농단하려고 하였다. 프리드리히 2세는 그런 짓에 놀아날 인물이 아니었으나 문제는 그의 사후였다. 이러한 문제가 해결되는 것은 앞서 언급된 다음 세대, 즉 독자 여러분도 예상할 수 있는 혁명의 여파를 프로이센이 정면으로 맞게 되는 시대에 해결된다.

여하튼 그렇게 프로이센 관료체제는 효율적인 조직이 되어 국가의 작은 체급에도 7년 전쟁 때처럼 강대국들과 맞서는 국력을 지니게 해주었다. 하지만 향후 독일을 진정한 대국으로 만들어주는 요인은 바로 교육이었다. 프리드리히 2세는 기존의 교육시스템을 개편하여 누구나 교육받는 의무교육제도로 탈바꿈시키고자 하였다. 그의 생각에 따르면 프로이센 왕국의 누구나, 백성이라면 기초적인 것은 반드시 배워야만 하였다. 그러한 의무교육제도 확립을 위해 국왕은 교육학자 헤커Johann julius hecker를 등용하여 그에게 교육제도를 정비하라고 명령하였다. 먼저 국왕은 프리드리히 도시인문학교를 매입하려는 헤커를 재정적으로 도왔다. 해커는 폐교를 사고 이곳을 농업과 수학의 기술학교로 재출범시켰다. 그는 특별교육을 받은 교사 육성을 위해 1748년 교육대학을 신설하였으며 쾨페니크에 1753년 쿠르메르키세스 란트슐러세미나

Kurmärkisches Landschullehrerseminar라고 불리는 직업학교를 세웠다. 해당 직업학교에서는 수공업과 매뉴팩처에 대한 실습을 비중 있게 다루었다. 이렇게 교육활동을 이어가던 헤커는 그간의 경험을 바탕으로 교육제도를 1763년에 마련하게 되는데 이것이 바로 프로이센 학교규정Die allgemeine Schulpflicht in Preußen이다. 이것은 유럽 최초의 초등교육 시행령으로 의무교육의 시작이었다. 먼저 첫째로 이 규정에는 취학의무 나이가 명시되었다. 5세부터 13세의 아동은 무조건 해당 지역학교에 등록되어야 했다. 학생들은 기독교의 기초를 비롯하여 읽고 쓰기를 배웠다. 여름에도 일주일에 2일 정도는 꼭 학교에 나와야 했다. 지주들은 소작농의 자녀가 학교에 다니기 시작하면 공부하는 동안에는 일을 시키면 안 됐다. 둘째로는 학교를 어디에다가 세울 것인지와 운영 방법 규정에 대해 명시되었다. 예컨대 각 지역구의 교회는 최소 1명의 교사를 채용하여 학교를 운영해야 했으며 봉급은 해당 지역구에서 지급되었고 교회가 채용된 교사에 대해 감독할 권리가 있었다. 셋째로는 어떤 교재로 무슨 내용을 가르칠지가 적혀있었다. 예컨대 신교의 우월성과 장점을 설파하며 그에 따라 도덕적으로 살 것을 권하였으며 로마가톨릭으로는 개종하지 못하게끔 설정하였다. 이러한 종교 교육을 통하여 살인과 같은 범죄에 대한 도덕적 거부감을 느끼도록 하였다. 넷째로는 수업료를 어떻게 책정할지였다. 빈곤계층의 경우 수업료가 면제되었다. 그리고 교사에 대해서도 규정되었는데 교사가 되기 위해서는 해당 지역 장학관청의 시험을 통과하여 베를린 교원양성소에서 연수 교육을 받아야 했다. 마지막으로 모두가 평등한 교육이라기보단 부유한 사람들은 지식을 얻는 코스를, 가난하면 지식보다는 기술을 받는 코스를 타게 하였다. 귀족이나 부르주아지들의 자제들은 엘리트 학교로 갔으며 그곳의 교사들은 무려 100탈러 이상의 고액 연봉을 받았다고 한다. 평범한 이들은 보통 실업학교로 진학하였다. 이러한 교육제도를 갖추어 프로이센은 다른 나라 시민들과 비교하면 문맹률이 낮게 측정되기 시작했으며 국가 경제에 이바지하게 된다.

교육과 더불어 프리드리히 2세는 학문에 대한 지원을 늘려 나라에 좀 더 지식이 넘쳐나게 하였다. 지식을 통해 발전을 이룩하도록 말이다. 그래서 수학자이자 철학자인 모페르튀이Pierre Louis Moreau de Maupertuis를 원장으로 임명하며 베를린 과학아카데미를 확장하였다. 모페르튀이는 국왕의 명에 따라 여러 학자를 베를린에 초대하였다. 대표적으로 모세스 멘델스존Moses Mendelssohn 같은 철학자나 조제프 랑그라주Joseph-Louis Lagrange 같은 수학자들이 있었다. 랑그라주의 경우 수학 교수로서 초빙되어 강연을 하기도 하였다. 이렇게 초대된 학자들은 프로이센의 왕립학교회원이 되어 저술 활동을 이어갔고 프로이센의 학문에 꽃이 피어졌다. 프리드리히 2세는 프랑스 학문에 빠져있었기에 불어를 아카데미의 공식 언어로 채택시켰고 사변철학Speculative philosophy을 주요 연구과제로 삼게 하였다. 그러한 초빙과 후원으로 프로이센의 학문 실력은 점차 증가해 갔다.

로버트 바르트뮐러Robert Warthmüller의 캔버스 유채화, 「어디에나 있는 왕Der König überall」, 1886년 작품, 프리드리히 대왕의 감자 재배 시찰을 다룸, 독일 역사박물관 소장

이제 프리드리히 2세의 마지막 내정 부분인 농업과 상공업 지원과 개입을 통한 경제 활성화 정책들과 그를 위한 기반 구축이라 볼 수 있는 종교관용 정책들을 알아보고 해당 파트를 마무리해 보자. 프리드리히 2세는 일단 슐레지엔을 통한 상공업 지대를 얻었어도 국가의 상당 부분은 농업이 차지한다는 사실을 잘 알았다. 그래서 앞서 언급되었던 전후 복구 당시와 같이 일단 농지를 얻기 위한 관개 사업을 대대적으로 벌였다. 여러 습지를 농지로 바꾸었고 그곳에서 최대한 생산력을 끌어올릴 방안을 마련하였다. 예를 들어 1746년부터 1753년까지 오데르부르크Oderbruch에 농지화 계획을 시행해 150,000에이커의 새로운 농지를 개척하였다. 그렇게 130여 개의 새로운 마을을 만들었다. 그리곤 농작물을 더 얻기 위하여 새로운 작물을 도입했는데 감자와 순무와 같은 것들이 있었다. 하지만 사람들은 새로운 농작물들이 쓸모 있을지 의심스러

워했다. 이에 국왕은 특히나 사람들이 거부감을 느끼는 감자를 도입시키는 소치를 하였다. 이른바 감사법령Kartoffelbefehl을 실시한 것이다. 이것은 1746년 포메른 지방에 기근이 왔을 때 제정되었으며 감자를 재배하는 방법을 알려주고 기르기를 권유하는 법령이었다. 감자는 토지의 상태를 그렇게 따지지 않는 작물이었고 물이 부족해도 잘 버티는 장점이 있었다. 가장 유명한 일화는 역사적 사실은 아니지만 프리드리히 2세가 일부러 자기만 먹으려는 것처럼 보이게 감자 재배지에 보초병을 세워 백성의 흥미를 유도했다는 것이다. 여하튼 권유와 사실상의 협박을 통해 감자 재배는 프로이센의 지방들에 퍼져갔다. 그 외엔 왕령지의 농지를 장기 임차하게 해준다든지 가축과 농기구를 임대해 주어 농업 활동을 지원하였다. 또한 관개 사업을 통해 생성된 운하를 통해서 수송하게 해 이동성과 경제성도 챙겨갔다.

프리드리히 2세는 농업에 이어 상공업을 진흥시키기 위해 많은 노력을 하였다. 노동력 확보를 위한 인구 정책이나 이민 정책으로 최대한 많은 사람들을 받아들이고 그것을 기반으로 기업의 기초를 다지고 육성하며 수입 금지와 관세로 보호하면서 키워갔다. 가령 판매가 불확실하지만 국가에 필요한 산업의 경우 정부가 독점해 관리자를 임명 후 전매권을 행사하는 것으로 대처하였다. 그러면서 꾸준한 품질관리를 통해 다시금 이득을 추구하였다. 전반적으로 그의 산업발전책은 중상주의의 방책을 택하였으며 그 중상주의의 학문적 기반은 선대 군인왕 시절부터 할레 대학교 같은 곳에서 연구되던 관방학Kameralwissenschaft이었다. 관방학은 프리드리히 2세의 사상과 유사하게 국민의 행복과 복지를 위해서 사회 전반적인 경제 상태를 증진하기 위해 국가의 부를 끌어올리는 것에 목적을 둔 학문이었다. 관방학은 기본적으로 행정학이기에 프로이센 행정의 집중화와 전문화에 영향을 끼치기도 하였다. 일단 전쟁으로 인한 여파도 있지만 경제 인구를 최대한 늘리기 위해 프리드리히 2세는 유럽 곳곳에서 이민을 받았다. 군인도 용병을 주로 쓰던 것을 생각해 보자. 함부르크나 레겐스부르크, 프랑크푸르트, 암스테르담, 제네바 같은 곳에 프로이센 이주민 센터가 지워져 운영되었고 프로이센이 많은 새로운 경작지에 이주하는 대가로 여러 혜택을 제공하였다. 예컨대 제네바에서는 프로이센의 실크 공장에서 일하기 위해 오는 기술공들도 더러 있었다. 많은 이가 다시 돌아가기도 하였지만 조금씩 인구는 늘어갔다.

프로이센의 경제정책은 기본적으로 국가에 이득 되는 산업에 정부가 적극적으로 개입하는 형식을 취하고 있었다. 국가의 보조금을 지급하거나 해당 품목의 수출을 돕고 타국 상품의 수입을 금하거나 시장에서의 물류를 조절해 주는 등 그러한 방식으로 사업을 지원하였다. 대표적으로 프리드리히 2세는 실크, 그러니까 비단 산업에 관심이 있는 편이었다. 비단 같은 사치품을 자국에서 생산한다면 사치품 수입으로 인한 부의 외부 유출이 줄어들 것으로 판단하였다. 그래서 국왕은 뽕나무 농장을 조성하기 위해 토지를 제공해 주는 칙령을 공포하였고 뽕나무 농장 경영이 수익이 생길 때까지 정원사 월급에 대해 보조금을 지급하였다. 뽕나무가 충분히 성장하면 정부는 농장주에게 이탈리아에서 온 누에알을 지급하였다. 그리고 관세도 보호해 주고 면세혜택도 주었다. 실로 1756년 엘베강 동쪽의 프로이센 일대에는 실크 수입이 금지되었고 총 160만 탈러의 보조금이 들어갔다. 이런 과감한 육성책으로 프로이센의 비단 사업의 전반적인 생산 능력이 늘어났고 소비 또한 따라 늘어 경제발전에 도움을 주었다. 비단뿐만 아니라 면, 아마포, 도자기, 유리 등등 각종 사업이 추진되었다.

철광 사업의 경우엔 아예 국영기업으로 운영되어 발전시켰다. 예를 들자면 1753년 슐레지엔의 말라파네 제철소는 독일 지역 최초의 현대적 용광로를 가진 곳이었다. 이곳은 국영기업으로 흡수되어 국가가 관리하였는데 그 이유는 철광 사업의 경우 오랜 시간과 자본을 투자해야 해서 민간에서의 성장을 바라거나 앞선 비단 사업 같은 민관의 협력 정도로는 부족한 곳이었기 때문이었다. 담배나 목재, 커피, 소금이나 슈테틴의 왕립 조선소 같은 곳은 국가가 전매하여 사업을 진행하였다. 국왕은 작센에서 온 프리드리히 안톤 폰 하이니츠Friedrich Anton von Heynitz 남작을 1768년 관리총국의 신설 부서인 광산 및 제련부서의 장관으로 임명하여 슐레지엔의 철광석 사업을 주도시켰다. 그는 자신의 조카 레덴Fritz Reden 백작을 브레슬라우 상급 광산관리국Oberbergamt 책임자로 임명하였고 철저한 국가 관리하에 채굴량과 철강생산량을 급증시켰다. 철광 사업에서의 성공은 프리드리히 2세의 사후에도 이어졌고 1780년부터 1800년까지 노동 인력과 생산량이 무려 500%나 상승하였다.

다만 정부의 개입이 항상 효과를 보던 것은 아니었다. 제염 사업의 경우가 그러하였다. 하이니츠 남작은 천연 소금 덩어리를 만들어 방목 가축을 기르는 곳에 팔 계획을 세웠다. 그래서 그로스 잘체 지방의 제염업자를 모아 국왕의 보조금으로 이런저런 실험 끝에 소금 덩어리를 만들었다. 그러나 이것은 너무 비싸고 품질도 별로였다. 당시 유럽의 경제를 주도하던 사상은 자율 규칙을 선호하였다. 특히 자본주의가 발달한 영국과 프랑스가 그러하였다. 어찌 보면 프리드리히 2세의 경제 개입 방식은 구태와도 같았다. 앞서 언급된 비단 사업 경우에도 성장에 성공하면서도 보조금에 의한 나태, 품질하락 문제도 덩달아 있었다. 다만 후발 주자로서 국가 주도의 위에서의 개혁이 필요한 상태인지라 그의 방식이 무조건 나쁘다고 보기엔 힘들었다. 야금 사업의 경우 국가 주도하의 개발이 성공하여 19세기 중엽에는 슐레지엔에 유럽에서 가장 효율적인 야금산업단지가 생기게 되었다. 비록 자유 경쟁의 시대에 적합한 산업 풍토 조성은 한동안 방해받았을지 몰라도 국가의 집중적인 지원이 해당 지역의 자원과 노하우를 적절히 융합시켜 서서히 결실을 보게 해주었다. 산업 발전을 통해 새로운 경제 엘리트들이 등장했고 그들은 전통적인 기업 구조를 박살 내고 개인적이면서도 집단적인 이익을 최대한 추구하는 독립적인 기업인으로 성장해 갔다. 이런 경제 엘리트 집단들, 부르주아지들은 정부의 정책에 저항하고 협조하며 영향을 끼쳤고 점차 영국과 프랑스를 따라잡을 경제발전에 이바지해 갔다.

여하튼 그렇게 정부의 주도하에 사업은 진행되었고 망한 것도 많지만 잘된 케이스들이 늘어났으며 이 속에서 민간 기업과 사업자들이 훗날 독일 산업의 토대를 만들었다. 예컨대 가면 갈수록 국영기업보단 민간 기업의 성장이 두드러졌는데 7년 전쟁 이후 민간 자본으로 운영되는 노동자가 50명에서 99명 사이인 중간 규모의 제조업 분야의 기업들이 엄청나게 성장하기도 하였다. 면화 사업의 경우 정부 보조금을 비단 사업과 달리 그다지 받지 않았음에도 성장하는 쾌거를 달성하기도 하였다. 다만 이 시대까지는 국가 주도의 발전인지라 국가에서 지방 사업가들에게 파견되는 세무 감독관이나 공장 감사관 같은 관료들이 기업인들과 의논해 가며 사업을 추진하는 경우가 많았다. 그 속에서 정경유착의 비리도

터질 때가 있었다. 그래도 프리드리히 2세의 부패 척결에 대한 집착으로 그런 관료들은 기본적으론 중앙정부와 지방을 연결해 주는 정보 통로에 가까운 역할을 하였다.

이제 정말 마지막으로 종교관용 정책을 알아보고 끝내자. 이것이 중요한 이유는 인구 확보에 기여했기 때문이었다. 산업을 발전시키거나 경작지를 확보해도 결국 일할 사람이 필요했다. 그래서 앞선 이민 정책들이 나온 것이다. 하지만 여기서 더 필요했던 프리드리히 2세는 1750년 8월에 브레슬라우 대주교의 동의 속에서 종교관용에 관한 칙령을 발표, 여러 사람들을 프로이센으로 오게 하려는 온갖 종교적 관용을 베풀었다. 프리드리히 2세는 국가나 사회에 대한 반역 행위를 저지르는 것만 아니라면 이슬람이든 유대인이든 전부 허가해 주었다. 관용의 측면에서 종교는 개인적인 문제로 간주한 것이다. 그는 다음과 같은 말을 남기며 외국인의 입국을 늘리려고 노력하였다.

"모든 종교는 동일하며 좋은 것이다. 만일 튀르크인들이 우리와 같이 살길 원한다면 나는 그들이 필요한 이슬람 사원의 건축도 허가할 것이다. Alle Religionen seindt gleich und guht, wan nuhr die Leute, so sie profesieren, erliche Leute seindt, und wen Türken und Heiden kähmen und wolten das Land pöbplieren, so wollen wier sie Mosqueen und Kirchen bauen."

프리드리히 2세는 관용 칙령을 통해 신교도와 구교도가 결혼하는 경우 아들은 아버지의 종교를 따르되 딸들은 어머니의 종교를 따라도 되게끔 허가해 주었다. 이러한 관용 정책으로 여러 민족이, 예컨대 유대인들이 프로이센의 땅에 거주하기 시작했으며 경제 활성화에 이바지하였다. 프리드리히 2세는 유대인들을 수익 창출자로 활용하길 바랐으며 유대인에게 더 넓은 자유를 허락하는 대가로 그들을 금은괴 무역이나 주물공장, 월경 상업 활동 등등 여러 사업에 투입시켰다. 다만 아버지의 영향인지 프리드리히 2세는 유대인들을 도우면서도 의심하여 1750년에 '국내의 유대인을 위한 일반 예외 법규'를 반포, 그들을 6계층으로 나누어 통제하였다. 그래도 베를린에는 유대인 거주지 게토가 따로 있지 않고 베를린 하스칼라Haskalah를 통해 그들은 서서히 문화적 변화를 겪으며 독일 사회에 융화되어 갔고 곧이어 독일 사회에 크게 이바지하였다. (여기서 하스칼라란 유대 계몽주의란 뜻으로 이러한 흐름을 통해 전통적인 유대교가 프로이센과 독일 지역에서 서서히 열어졌다. 물론 아슈케나짐의 공동체 문화는 너무 강해서 민족 정체성 자체가 사라진 것은 아니고 종교는 사적인 영역으로 제한되었으며 세속적인 교육을 받게 하는 흐름이었다.)

이렇게 프리드리히 2세는 여러 국내 정책을 진행하였다. 그러나 그의 인생에서 가장 중요한 것은 이런 진보적인 정책들이 아니었다. 그를 진정으로 대왕으로 불리게 한 것은 이런 성과들 위에 방점을 찍은 어느 한 외교 행보에서였다. 이제 그것을 알아보러 다음 파트로 가보자.

대왕의 남은 치세와 프로이센의 애국 열풍

폴란드에 대한 대외정책에 앞서 슐레지엔 전쟁을 다루느라 언급을 못했던 동프리슬란트Ostfriesland에 대해 먼저 아주 간단히 알아보자. 이곳은 본디 시르크세나Cirksena 가문이 통치하던 곳으로 1694년도부터 호엔촐레른 가문이 계승권을 가진 곳이었다. 그래서 1744년에 가문이 단절되자 자연스레 프로이센 왕국으로 넘어온 곳이었다. 프리드리히 2세는 동프리슬란트의 엠덴을 통해 해상교역을 시도했다. 하지만 그가 엠덴에 세운 동인도회사는 영국과 네덜란드의 반발로 그다지 성과를 얻지 못하였다. 다만 광범위한 간척과 제방 건설로 경제적 이득을 얻을 수 있었다.

이제 폴란드 분할로 넘어가 보자. 폴란드-리투아니아 연합왕국은 세 차례의 분할, 1772년과 1793년, 1795년의 분할협정을 통해 역사 속으로 사라졌다. 이 중 첫 번째가 프리드리히 2세의 치세에 일어났다. 프리드리히 2세는 몰락해 가는 폴란드의 분할을 통하여 서프로이센을 왕국의 영토로 편입하고 브란덴부르크와 프로이센을 연결하고자 하였다. 프로이센은 왕국이 된 1701년부터 프로이센 지방의 서쪽을 스스로 왕령 프로이센이라 부르면서 이곳을 차지하는 것을 숙원사업으로 여겼다. 이곳을 폴란드로부터 빼앗긴 세습재산이라고 여겼다. 하지만 7년 전쟁으로 프로이센의 위신이 상승했어도 분할을 주도하기에는 왕국의 국력이 아직 미약했다. 그래서 프로이센은 자신이 주도하기보단 오스트리아와 러시아의 향배에 주목하였다. 처음에는 러시아가 분할에 반대하는 입장이었다. 그러나 입장이 바뀌는데 폴란드인들의 외세에 대한 저항이 있었기 때문이었다. 폴란드-리투아니아 연합왕국이 튜턴기사단을 격파하던 시절을 생각하면 폴란드의 몰락이 잘 와닿지 않을 수 있다. 그렇기에 중요한 폴란드 몰락의 원인만 체크하자면 그들의 선거 군주제 시스템에는 결함이 있었다. 의회인 세임Sejm이 단결을 해치는 구조로 되어 있었기 때문이었다. 의회 구성원인 귀족 계층이 가진 특권 리베룸 베토Liberum Veto 때문이었는데 이것은 의회에 제출된 법안을 거부할 권리로 아무리 왕의 결정이라 해도, 다수의 뜻이라도 거부할 수 있는 특권이었다. 단순히 뜻에 반대할 수 있을 뿐만 아니라 귀족들의 무장 연합이라 볼 수 있는 연맹 체제를 형성할 권리도 있어 '합법적인 내전'이 가능하였다. 그렇기에 나라가 부패하자 서서히 내부적 혼란이 가속화되었고 이를 보던 여러 나라들이 그들의 시스템을 통해 온갖 간섭과 침탈에 나섰다.

하지만 이에 폴란드인들이 구경만 하고 있던 것은 아니었다. 특히나 프로이센이나 러시아가 폴란드 내정에 간섭하는 것에 불쾌감을 느끼고 있었다. 특히 왕을 정하는 데에 말이다. 이러한 현실에 분노한 폴란드인들은 1768년 2월 29일 포돌리아Podole의 바르Bar에서 반외세 군사동맹체인 바르 동맹을 결성하고 외세에 맞서기로 결의하였다. 주 대상은 폴란드를 전초기지로 여겼던 러시아였다. 이러한 폴란드인들의 태도에 러시아는 점점 분할에 찬성하게 되어갔다. 그럴 때 프리드리히 2세가 1768년 9월에 1차 폴란드 분할을 제안하였다. 폴란드의 무정부 상태에 대비하자는 명분에서였다. 이에 오스트리아가 적극적으로 찬성하였다. 마리아 테레지아는 양심상 처음에 머뭇거리는 모습을 보였지만 프로이센과 러시아보다 더 적극적으로 폴란드 영토에 관심을 표하였다. 여러 이유가 있겠지만 비슷한 시기 러시아가 오스만과의 전쟁에서 승리하여 세력을 확장하는 데 성공하자 반대급부로 자신들도 세력을 확장해야 한다는 판단에서였다. 균형을 유지하는 것은 당시 유럽 외교가의 상식이었고 러시아도 다른 국가들의 이러한 불안을 종식하기 위해 보상안이 필요하다고 여겼으며 자신들도 폴란드를 원하고 있었다. 이렇게 서서히 이해관계가 일치하자 세 나라는 1771년 한창 폴란드의 혼란 상태가 정점을 이루고 있을 때 원칙적인 합의를 보았고 다음 해인 1772년 폴란드 분할을 공식적으로 선언하였다.

명분은 어처구니가 없었는데 폴란드 왕국의 혼란이 나라를 뒤흔들고 있으니 폴란드 왕국을 유지하기 위해, 국가가 완전히 해체되는 것을 막고 평화를 지속시키려면 불가피하게 세 나라가 폴란드 영토 일부를 점유할 필요가 있다는 것이었다. 그렇게 세 나라는 폴란드의 영토들을 자기가 원하는 만큼 강탈해 갔다. 그렇게 1772년 8월 5일의 상트페테르부르크에서의 최종 합의를 통해 정식으로 조약을 체결하였다. 여기서 폴란드는 국토의 1/4과 국민의 1/3을 상실하였다. 이 조약으로 프로이센은 그토록 원하던 서프로이센 지방과 (다만 단치히와 토른Thorn은 제외된 상태로) 주교구인 에름란트Ermland, 그리고 네츠강 유역의 34,900제곱킬로미터에 달하는 폴란드 영토를 자국 영토로 편입시켰다. 폴란드 영토의 5% 정도로 러시아는 대략 13%를, 오스트리아는 대략 12%를 가져갔다. 이로써 호엔촐레른 가문은 그간의 숙원사업을 달성하였다. 프로이센의 서쪽을 얻은 것은 나라에 큰 이득을 가져다주었는데 이곳 사람들은 기본적으로 폴란드인들도 많았다만 두드러질 정도로 독일어를 사용하는 프로테스탄트들도 많았기 때문이었다. 이러한 인구가 자료에 따라 다르지만 적어도 4할에서 5할은 되었다. 게다가 새로 얻은 영토에 폴란드의 주요한 강인 비스와강이 있어 폴란드 곡물에 대한 통제와 관세부과가 가능해졌다. 프리드리히 2세는 새로 얻은 영지는 폴란드 체제로 인해 낙후되었다고 보고 남은 치세 동안 집중적으로 관리를 시작했으며 프로이센 체제 도입으로 인해 해당 지역에서의 세수 증대가 이루어졌다. 또한 새로 얻은 영토로 인하여 발트해 무역에 대한 투사력도 강해질 수 있었다.

프리드리히 2세는 영토를 얻은 직후 바로 과거 폴란드였던 곳에 대대적인 행정 조치를 감행하였다. 일단 기존의 전통적인 통치기관을 전부 없애버렸다. 그리고 프로이센 중앙정부에서 관료를 파견했는데 단 한 명을 제외하고는 서프로이센 출신이 아닌 외지인으로 구성하였다. 슐레지엔 지방은 최대한 현지인을 고용한 것을 생각하면 토착 폴란드 행정에 대한 프리드리히 2세의 혐오감이 반영된 결과로 보인다. 그리고 다른 지역과 달리 자치권을 거의 인정하지 않았다. 대부분의 일은 베를린에서 직접 결정해 주는 방식을 택했다. 그렇게 모든 것을 중앙정부가 이끌어 가며 본토에서 한 제도와 사업을 이식해 갔다. 예컨대 수송을 더 싸고 편리하게 할 목적으로 네츠강과 브라에강을 잇는 운하를 만들었다. 그리고 습지를 배수하고 경작지와 목초지를 만들었다. 학교를 세우고 감자를 심고 제방을 쌓고 종자를 보급하며 프로이센 체제를 이곳에서 심어갔다. 가장 중요한 것은 본토의 사법제도를 심어서 지주의 횡포로 농민을 보호하였다는 것이다. 이렇게 시스템을 이식하자 세수입은 자연스레 증가하였다. 1779년에 이르면 분할을 통해 얻은 지역에서 총세입의 10%가 나오게 되었다.

다만 껄끄러운 것은 해당 지역에서 강세인 로마가톨릭과 폴란드 토착 귀족들이었다. 일단 대놓고 탄압하기보단 우회적으로 그들의 힘을 깎아 먹는 방식을 취했다. 교회에는 중과세를 적용하여 그들의 재산을 행정부의 통제하에 넣었고 은밀히 세속화를 추진하였다. 실로 교회 수입의 4할 정도만이 성직자들의 금고에 들어갔고 그로 인해 세력이 서서히 약해져 갔다. 폴란드 토착 귀족들에게는 일단 충성을 요구하였다. 생각보다 큰 저항은 없었다. 그리고 그들의 지방 회의를 더 이상 열지 못하게 하였으며 그들의 토지를 최대한 매각하도록 유도하였다. 바로 독일의 개신교도들에게 말이다. 그렇게 프로테스탄트들이 기존의 폴란드 귀족 토지를 구매했고 얼마 안 가 서프로이센에서 시민 계층의 토지가 크게 늘어났다.

이렇게 통제를 강화하고 수입을 늘려 서프로이센 병합은 성공적으로 이어져 갔다. 국력은 상승했다. 다만 토착민들, 폴란드인들의 불만은 상당하였다. 하층민이라서 기회를 잡은 이들은 프리드리히 2세를 찬양했지만 폴란드 귀족들은 과거의 지위를 유지하지 못해 독일을 원망하였다. 이 지역이 진정으로 독일의 영토가 되는 데는 오랜 시간이 걸리게 되었다.

그래도 이 분할로 인한 성취로 프리드리히 2세는 진정으로 대왕이라 불리기 시작했다. 과거 호엔프리트베르크 전투 직후 자화자찬과 달리 독일 국민이라면 자국에 여러 업적을 세운 그를 칭송하였다. 중앙과 동쪽의 영토가 연결된 것이 컸었다. 타국의 정치가들도 이 작은 나라를 강소국으로 이끈 그를 칭찬하며 실로 존경하였다. 대표적으로 경쟁국인 오스트리아의 요제프 2세가 어머니의 적수였던 그를 어머니의 눈치를 보면서도 존경하였다. 이로써 그는 진정으로 대왕Der Große 칭호를 획득했으며 왕의 칭호도 기존의 내왕외공König in Preußen에서 대외적으로도 국왕König von Preußen으로 불리게 되었다.

한창 그렇게 새로운 영토를 관리할 시점인 1777년 12월 30일, 대왕의 마지막 외치가 될 사건의 단초가 발생하였다. 바로 바이에른의 막시밀리안 3세가 천연두에 걸려 이날 사망한 것이다. 이에 오스트리아의 요제프 2세가 바이에른 지방에 대해 상속권을 제기하였다. 사망한 막시밀리안 3세는 마리아 테레지아의 사촌누이인 마리아 요제파의 외아들이기에 혈연관계상 합스부르크 가문이 상속하는 것이 옳다는 주장에서였다. 그런데 비텔스바흐 가문은 이미 팔츠 선제후와 비밀조약을 통해 상속 문제를 해결한 적이 있어 팔츠 선제후가 가져가는 것이 옳았다. 이에 요제프 2세는 팔츠에 일부 영토를 양도하는 대가로 포기하겠다고 했지만 팔츠 선제후 카를 테오도르Karl Theodor는 역으로 오스트리아령 저지대를 요구했으나 거부당했다. 결국 합의가 안 되자 요제프 2세는 바이에른 지방을 차지하기 위해 군사를 움직였다. 하지만 호엔촐레른 가문의 방계가 남부 독일의 안스바흐와 바이로이트 변경백령을 차지하고 있었기에 이러한 움직임은 용납할 수 없었다. 프리드리히 2세는 러시아의 예카테리나 2세와 하노버, 그러니까 영국의 지지를 업고 요제프 2세에 맞섰다.

하나 요제프 2세는 지난 슐레지엔 전쟁들로 오스트리아의 지위가 하락했기에 물러설 수 없다고 판단, 18만 대군을 프로이센과의 국경 지대로 보내며 강경하게 대응했다. 이에 프리드리히 2세는 자신을 지지하던 작센과 함께 오스트리아에 전쟁을 선언하였다. 군대의 규모는 오스트리아와 맞먹었다. 그렇게 바이에른 왕위계승전쟁이 1778년 7월 3일에 발발하였다. 하지만 양측은 보급의 문제와 7년 전쟁의 여파로 인하여 적극적으로 전투를 수행하지는 않았다. 보급 사정이 나빠 서로 감자를 먹으며 버텼기 때문에 이 전쟁은 감자전쟁Kartoffelkrieg이라고도 불리게 되었다. 물론 전투가 전혀 없던 것은 아니었다. 프로이센과 작센 연합군은 보헤미아로 달려가 일부 점령하는 데 성공하였고 쾨니히그레츠 요새를 둘러싼 공방전을 벌였다. 다만 전투보단 식량 확보를 위한 약탈이 더 많았던 것으로 보인다.

결국 양측은 빠르게 합의를 보기 시작했다. 아들의 뒤에서 바라보고 있던 마리아 테레지아가 전면에 나섰다. 두 나라는 1779년 3월부터 오스트리아령 슐레지엔(지난 전쟁으로 슐레지엔 대부분을 빼앗겼지만 남은 일부분이다.)의 테셴에서 협상을 시작했다. 그렇게 5월 13일에 평화조약이 정식으로 체결되는데 내용은 양측은 바이에른에서 후퇴하고 예정대로 팔츠 선제후 카를 테오도르가 바이에른의 지배자가 되는 것이었다. 그 대가로 오스트리아는 바이에른 남쪽에 있던 인구 6만 명의 인피어텔Innviertel을 차지하였고 프로이센은 안스바흐와 바이로이트를 인정받았다. 두 지역은 1791년에 최종적으로 프로이센 왕국에 편입되었다. 이 전쟁에서 비록 큰 활약을 한 것은 아니었고 여전히 국력은 밀렸으나 오스트리아와의 대등한 외교로 프로이센 왕국은 오스트리아와의 독일 내 양강구도를 성립할 수 있게 되었다. 프로이센의 위상이 상승한 것이다.

이러한 프리드리히 대왕의 성과들로 인하여 프로이센 내부에는 애국주의 흐름이 형성되어 갔다. 프로이센 정신이 무엇인지를 떠올려보자. 복종과 단결심, 규율을 중요시하는 프로이센 사람들의 마음은 대왕의 치세에 더욱 강해졌다. 왜냐하면 프로이센이 강소국이지 강대국이 아니기 때문에 일치단결하지 않으면 외세에 대항하며 성장하는 것은 불가능했기 때문이었다. 약한 국력의 후발 주자들은 국력을 최대한 집중할 필요가 있었고 그 과정에서 단결의 정신이 중요시되었다. 하나 되어 싸우며 사람들은 프로이센이라는 타이틀에 집착해 갔고 그러한 일련의 과정을 통해 애국주의 흐름이 조성되었다. 특히나 7년 전쟁이라는 어마어마한 규모의 전쟁을 통해 프로이센의 땅에는 애국심이라는 것이 강렬하게 고조되었다. 7년 전쟁의 역경은 과거 전쟁들과 달리 프리드리히 대왕의 목표를 백성들이 공감해 주었고 군주에 대한 열망을 통해 광범위한 연대의식이 구축되었다. 예컨대 7년 전쟁 당시의 장교 복무자들의 기록을 보면 그들은 왕이 패배하면 우울해했고 왕이 승리하면 대왕의 공적을 높이며 기뻐했다고 한다. 7년 전쟁 당시 포메른 신분제의회에서는 병사를 모집하자 자진해서 5천여 명의 사람들이 모였다고 하였으며 브란덴부르크와 마그데부르크 같은 다른 지역에서도 비슷한 현상이 있었다. 특히나 교회를 중심으로 애국적 연설이 이어졌으며 선전물들이 배포되어 사람들의 집단의식을 끌어올리곤 하였다. 대왕이 7년 전쟁에서 코너로 몰렸을 때는 『조국을 위한 죽음Vom Tode für das Vaterland』이라는 팸플릿이 나와 사람들의 감정을 자극하기도 하였다.

이러한 애국주의 흐름 속에 애국적 문학작품들이 쏟아져 나오기 시작했다. 대표적으로 시인이자 극작가 에발트 크리스티안 폰 클라이스트Ewald Christian von Kleist는 1758년에 『1756년과 1757년의 원정에서 척탄병이 부른 프로이센 군가Preußischen Kriegslieder in den Feldzügen 1756 und 1757 von einem Grenadier』를 만들어 진부하지만, 참신한 어휘로 사람들의 감정을 자극했다. 이러한 애국 작품들은 생각보다 사회에 큰 충격을 주면서 빠르게 전파되었다. 이 작품군들에 감동한 사람들은 진황이 흘러가는 흐름에 관심을 가졌고 프로이센군의 움직임을 살피고 자국의 군대를 응원하였다. 애국심 고조와 전투 현장에 관한 이야기로 사람들은 애국적 책임감을 형성했고 그 과정에서 기본적 군사 지식을 익혀갔다. 사람들의 병영화가 대중적인 흐름을 탄 것이었다. 이러한 흐름으로 인해 사람들은 병역 의무에 대해 자연스레 적극적으로 참여해야 한다는 마음이 자라났고 이런 생각은 광범위하게 퍼져갔다. 이러한 애국주의는 당대 사람들이 계몽주의에 의해 서서히 깨달으며 매달리기 시작한 여러 가지 사회 문제 해결에 도움을 주었다. 그래서 사람들이 더 애국심에 매달린 측면도 컸다. 당시는 현대와 달리 귀족인지 농민인지 시민인지 군인인지에 따라 계층 간 구분과 차이, 차별이 있던 시대였다. 이런 불평등의 시대가 인류 역사에 아주 오래 자리 잡혔지만, 진보적 이상이 탄생하던 시대인 만큼 사람들은 서서히 이런 신분적 차별이 혁파되어야 한다고 생각하고 있었다. 그런 와중 애국주의 흐름이 서로 간의 벽을 허무는 효과를 만들었다. 전쟁에 참가하여 싸우는 것으로 귀족도 평민도 같은 사람이 된다는 것이었다. 당시 사람들은 이런 애국주의를 통하여 백성일지라도 한낱 기계 같은 존재가 아닌 하나의 인격체가 되어 특별한 가치를 지니는, 한 민족의 조국에 대한 사랑을 통해 위대한 새로운 사고방식이 부여된다고 생각하였다.

다만 이러한 애국주의 운동은 국가에 대한 사랑이라기보단 프리드리히 대왕 개인에 대한 사랑에 가까웠다. 7년 전쟁 당시 써진 시와 글들은 애국을 찬양하면서 그 중심에 있는 대왕을 '기름 부음을 받은 자'로 묘사하며 대왕의 업적을 칭송하는 데 더 집중하곤 하였다. 따라서 프랑스와 같이 하나의 국민적 정체성 관념으로 발전은 크게 없었다. 그래도 이러한 애국주의 흐름은 그전부터 있던 경건주의 운동의 노동윤리, 30년 전쟁의 충격, 신교도의 의무감 등등이 사회 밑바닥에 존재했다가 융합되면서 양지로 올라온 현상으로 보이기에 프로이센의 애국주의는 대왕에 대한 경애로 인한 갑작스러운 현상만은 아니었다. 30년 전쟁에 대한 분노, 그에 따른 사치 없는 삶과 단결이 대왕을 통해 뭉쳤으며 이런 흐름은 당장 무언가를 만들지 않았지만 향후 독일 군국주의의 토대가 되었다고 봐야 할 것이다.

프리드리히 대왕은 그렇게 전쟁에서 승리하고 여러 업적을 세우며 백성들에게 사랑을 받다가 1786년 8월 17일, 74세의 나이로 포츠담 상수시 궁정에서 사망하였다. 마지막 순간에 집무실 소파에 누워있었다고 한다. 담당 의사와 하인들이 그의 임종을 지켜봤다. 프리드리히 대왕은 평소 개를 키우는 것에 진심이었던지라 그가 죽고 키우던 11마리의 개(달마티안)도 죽는다면 개들을 자신의 곁에 함께 묻어달라고 유언을 남겼다. 죽기 전에 남긴 유언장을 통해 대왕은 자신은 철학자이니, 철학자처럼 사치 없게 장례를 치러 달라고 하였다. 그러나 그의 후계자인 조카 프리드리히 빌헬름 2세Friedrich Wilhelm II는 대왕의 입지, 나라의 입지를 고려하여 선대의 유언을 무시하고 성대한 장례식을 치렀다. 6만 명의 조문객이 모였다. 그의 사망 소식을 들은 요제프 2세는 한 시대가 끝났다며 한탄했다고 한다. 비록 어머니의 적수였지만 대단한 인물임을 부정하지 않은 것이다. 대왕은 후대에게 550만의 인구와 20만 명에 달하는 강병들, 그리고 5,100만 탈러의 부유한 국고를 물려주었다. 대왕이 즉위할 때에 비하면 여러 위기 속에서도 국가의 힘이 배로 증가한 것이었다.

프리드리히 대왕은 빛과 그림자가 둘 다 존재하는 사람이었다. 고로 대왕 치세의 여파는 프로이센을 중심으로 한 향후 독일 역사에 큰 영향을 미쳤다. 그의 개혁은 독일 특유의 혁신에, 그의 확장은 독일 특유의 병영국가화에 토대를 마련해 주었고 이러한 흐름은 세계대전이 종결되는 시점까지 이어지게 된다. 향후 독일 제국 파트에서 다루겠지만 독일 사회는 복합적인 면모를 지녔다. 자유의 소중함을 알면서도 군사력에 몰두하는 모습을 보이는데 필자의 생각에는 그것은 30년 전쟁과 대왕의 그림자로 보인다. 확실한 것은 프리드리히 대왕을 통해 독일의 역사는 바뀌었다는 것이다. 당장은 아니지만 향후 프로이센 왕국은 (정확히는 비엔나 체제 이후) 독일 내에서 새로운 통일 지도자 후보로 떠올랐으며 통일 전쟁을 거치며 세상을 놀라게 하였다.

제3장

독일해방전쟁

자유주의와 민족주의의 발흥

(1789~1815)

대혁명과 프로이센의 행보

그의 뒤를 이은 프리드리히 빌헬름 2세는 대왕과 같은 능력자가 아니었다. 따라서 대왕의 행보를 그대로 따라 하는 것은 새로운 왕에게는 부담스러운 일이었다. 현실적으로 생각해 보면 더욱 그러하였다. 대왕으로 인해 프로이센의 위상은 매우 증가한 반면 실질적으로 위상에 걸맞을 정도로 프로이센이 성장하지는 못한 상태였다. 슐레지엔과 폴란드 분할을 통해 영토와 인구가 배로 늘어난 것은 사실이나 그렇다고 열강에 끼어들 정도는 아니었다. 게다가 새로운 동맹인 영국은 프로이센에게 크게 협조적이지 않은 것에 비해 오스트리아의 동맹들은 (프랑스, 러시아) 외부적으로 굳건하게 보여 프로이센을 불안하게 만들었다. 따라서 새로운 왕은 자신들이 불안한 입지에 있다고 판단하고 대왕의 위상에 걸맞은 외교적 행보보다는 중립에 가까운 실리적 외교 정책을 실시하기로 결정하였다. 그리고 그것은 나쁘지 않은 선택이었다. 사실 대왕의 정책들은 무모한 것에 가까웠다. 그저 그의 재능과 노력, 그리고 운으로 승리를 가까스로 쟁취한 것이었다. 그렇기에 겁쟁이 같은 정책이 오히려 당시 프로이센에 어울리는 것이었다. 그런데 여기서 커다란 여러 변수가 생기며 프로이센의 정책은 의도와 달리 이상하게 흘러간다. 먼저 유럽에 엄청난 지각변동이 일어났기 때문이었나. 그것은 바로 내혁명, 파리에서 일어난 민중의 위대한 혁명이 유럽 사회의 근간을 흔들기 시작한 것이다. 프로이센 왕국은 이 위대한 혁명에 휩쓸리기 시작했고 괜찮다고 여겨지던 정책은 이 혁명으로 인해 자기 발등을 찍어버렸다.

그렇다면 프랑스 대혁명La Révolution française은 무엇이기에 세상을 바꾸었는가? 향후 설명할 프로이센의 개혁이 이 혁명의 여파임을 생각한다면 독일 역사에서 혁명을 빼놓고 말할 수는 없는 법이다. 비단 독일의 역사뿐만 아니라 유럽의 정치사를 바꾸어 놓았다. 엄밀히 따지자면 전 세계의 역사를 바꾸는 사건이었다. 이렇게 극찬할 만큼 혁명의 영향력은 대단했으며 혁명의 핵심 요소는 인류에게 많은 것을 선물하였다. 그렇다면, 다시 한번 언급하자면 무엇이 혁명을 그토록 위대하게 만들었는가? 그것은 바로 파리에서 일어난 이 혁명이 바로 민중이 주도한 혁명이라는 것이다. 사실 시민혁명은 그전에도 존재했다. 영국의 명예혁명이나 미국 독립전쟁처럼 말이다. 하지만 이것과 프랑스 대혁명의 차이는 주도 계층이 엄연히 다르다는 것에 있다. 프랑스 혁명은 민중이 주도하였다. 비록 혁명의 결실은 부르주아지가 가져가고 나폴레옹의 쿠데타로 끝이 났으나 민중의 봉기, 그 적극적 참여가 아니었으면 혁명은 이루어지지 않았을 것이다. 예컨대 민중의 지지가 없었더라면 봉건 귀족들의 특권을 혁파하는 것은 불가능했을 것이며 봉건 질서를 수호하려는 외세의 침략도 막지 못하였을 것이다. 프랑스 혁명을 통해 역사는 미래를 주도하는 계층이 소수의 엘리트가 아닌 다수의 민중임을 보여주고 있다. 동시에 민주사회로 가는 변화가 생기려면 민중의 적극적 참여가 있어야만 가능하다는 것을 보여주고 있다. 따라서 프랑스 혁명을 통해 비로소 인류 사회는 민주주의로 가는 길을 연 것이다.

하지만 당시 유럽의 국가들은 이를 받아들일 준비가 되지 않았다. 당연하게도 왕정의 시대니 말이다. 당장 바로 전까지만 해도 절대주의의 시대였는지라 계몽주의에서 싹튼 시민혁명을 왕정국가들은 거부하였다. 각국은 군대를 보냈고 곧이어 혁명에 대항하는 대對프랑스 동맹전쟁이 발발하게 되었다. 이러한 흐름 속에서 프로이센은 어떠한 행보를 택했을까? 처음에 프로이센 왕국은 혁명을 반겼다. 프랑스와 오스트리아의 동맹이 파기될 수도 있다는 기대 때문이었다. 그렇다면 불리한 동맹 구조에서 탈피할 수 있었다. 당시 프랑스의 혁명 세력들은 오래된 전통을 지니며 부르봉 왕가와 연을 맺고 있던 합스부르크 가문에 적대적이었다. 프로이센 왕국 내에는 프랑스 혁명을 좋게 보는 계몽주의 관료들이 많았기에 그들은 프랑스 혁명정부와 연을 맺고 오스트리아와 맞서자고 주장했다. 당시 독일 사회는 계몽주의 여파로 혁명에 온건적이었는데 대표적으로 브라운슈바이크 공국의 교육자 캄페Johann Heinrich Campe가 그러하였다. 그는 얼마 뒤 프로이센의 교육 개혁에 일조하는 젊은 시절의 훔볼트Wilhelm von Humboldt와 함께 1789년 혁명 당시의 파리를 여행한 일이 있었는데 이때 경험한 이야기를 집필하여 독일 지방에 출판했다. 그리고 그 책, 『파리서한Briefe aus Paris』은 큰 반향을 일으켰고 독일 사회에 혁명의 지지자를 만들었다. 그러하듯 프로이센 왕국에도 혁명에 옹호적인 그룹이 있었다.

예컨대 프로이센의 외무장관 헤르츠베르크Ewald Friedrich von Hertzberg 백작이 그런 인물 중 하나였고 그는 혁명정부를 옹호하며 오스트리아에 피해를 줘 독일 내의 주도권을 챙겨보자고 주장했다. 당시 오스트리아는 오스만과 전쟁 중이었는데 하필 그 시점에 혁명으로 인하여 변두리 지방에서 혁명의 여파로 인한 봉기가 일어나고 있었다. 대표적으로 벨기에의 리에주 주교령이 그러하였다. 백작은 리에주 봉기를 남몰래 지원하자고 하였다. 이러한 주장들에 프리드리히 빌헬름 2세는 고민에 빠졌다. 하지만 이내 곧 이를 수락하였다. 필자가 보기엔 그가 스스로 능력이 부족하다는 걸 아는 인물이었다. 그러면서 동시에 실리를 챙길 수 있으면 챙기는 것이 최선이라고도 생각하는 인물이었기에 이 기회를 놓치기 싫었던 것으로 보인다. 다만 이러한 합스부르크 대항 정책은 오래가지 않았는데 오스트리아가 재빨리 프로이센과의 화해를 추진했기 때문이었다. 당시 오스트리아 대공인 레오폴트 2세Leopold II는 프로이센의 획책으로 헝가리에서도 봉기가 일어나면 안 된다는 생각에 빠르게 오스만과의 전쟁을 마무리 지었다. (프로이센의 압박 때문에 오스만과의 전쟁에서 얻은 영토를 포기하면서까지 빠르게 마무리 지었다.) 그리고 1790년 3월, 프로이센에 서한을 보내 협상을 시작했고 7월 27일 라이헨바흐 협정으로 합의 도달에 성공하였다.

이 협정을 통해 대왕 시절 이래 오랜 갈등을 이어오던 두 세력은 친선도모를 추구하기로 하였다. 이 협정으로 프랑스와 친선을 주장했던 헤르츠베르크 백작은 관직에서 쫓겨났고 프리드리히 빌헬름 2세는 오스트리아와 함께 혁명 세력과 전쟁을 하기로 결정하였다. 이러한 갑작스러운 외교 변화는 오스트리아의 설득도 있었지만, 당시 프리드리히 빌헬름 2세가 최고로 관심을 많이 가지던 폴란드 지방에 대해 오스트리아가 그 권리를 인정해 주기로 합의를 본 게 컸었다. 오스트리아는 협정의 6조에서 프로이센이 단치히와 토른 지방을 얻을 수 있게 러시아, 폴란드와 선린관계를 맺을 것이라고 약속하였다. 이렇듯 폴란드에 대한 권리를 인정해 주자 프리드리히 빌헬름 2세는 바로 오스트리아와의 경쟁을 포기하였다. 더 큰 실리를 얻었다고 생각한 것이다. 실리를 따라가는 중립 외교 정책이 이 당시 프로이센의 외교기조였기에 어찌 보면 합리적으로 보일 수도 있었다. 그러나 이 결정은 프랑스 혁명 정부를 분노케 하였고 그의 치세 동안 프로이센 정부의 외교기조를 갈팡질팡하게 만들었다. 아주 이해할 수 없는 것은 아니나 손바닥 뒤집듯 뒤집는 외교는 프로이센의 고립을 자초하였다. 훗날 나폴레옹이 프로이센을 침공할 때 프로이센은 고립된 외교관계를 가지고 있었는데 나폴레옹이 이미 오스트리아와 러시아를 격파해서 그런 것도 있지만 그가 한 행동의 여파가 더 컸었다.

여하튼 파리에서는 전쟁을 주장하는 지롱드파가 입지를 다지며 군사적 충돌을 준비했다. 그리고 이내 1792년 4월 20일, 오스트리아에 전쟁을 선언하며 그것은 현실이 되었다. 오스트리아는 프로이센과 합의하여 신성로마제국의 서부 변경을 정복하고 그곳을 사이좋게 분할하기로 하였다. 그러나 이내 이 계획은 수포로 돌아가는데 그전까지만 해도 지기만 했던 혁명정부의 군대가 드디어 경험치를 쌓아 혁명에 대항하는 세력들의 군대를 상대로 승리를 거머쥐는 데 성공했기 때문이었다. 1792년 9월 20일, 발미 전투에서 프랑스 혁명군은 프로이센과 오스트리아의 연합군을 상대로 승리하였다. 연합군은 프랑스 혁명 분쇄라는 목표를 이루지 못한 채 일단 후퇴하였다. 그 뒤로 오스트리아는 계속 혁명정부와 전투에 나섰지만 프로이센 정부는 그다지 전투에 적극적으로 참여하지 않았다. 몇 번의 전투에서 참가는 하긴 했지만, 물자도 병력도 신통치 않게 보냈다. 애당초 당시 국왕이던 프리드리히 빌헬름 2세의 마음에는 혁명을 분쇄해야 한다는 왕족으로서의 사명 같은 것은 없었기 때문이었다. 모든 것이 폴란드 지방을 얻기 위해서 오스트리아와 화해한 것인지라 참가하긴 했으니 이젠 대가나 얻을 시간이라고 그는 생각한 것으로 보인다.

그렇게 프로이센 왕국은 혁명이 일어나고 있던 서쪽보단 폴란드가 있는 동쪽을 바라보기 시작했다. 당시 폴란드는 마지막 발악을 하고 있었다. 국왕이던 스타니스와프 아우구스트 포니아토프스키Stanisław II August는 자국 내의 개혁파와 손을 잡아 1791년 5월 3일 새로운 헌법을 반포하며 독립의 기틀을 마련하기 위해 노력하고 있었다. 그 헌법은 오랫동안 폴란드를 괴롭히던 악습인 리베룸 베토를 폐지하고 국왕 세습권과 소작농의 권리를 챙긴 당시로서는 상당히 자유롭고 혁신적인 법안이었다. 하지만 프로이센과 러시아가 이를 용인할 리가 없었다. 프리드리히 빌헬름 2세는 당시 폴란드와 동맹 상태였기에 (1790년 3월 29일 체결, 러시아와 오스트리아가 오스만과 전쟁을 하는 것을 틈타 폴란드에 대한 영향력을 확장할 목적이었다.) 일단 신헌법 반포를 공식적으로는 축하했지만, 뒤에서는 어떻게든 무너트릴 방법을 찾으려 노력했다. 그러던 중 1792년 5월 18일, 러시아의 예카테리나 2세가 폴란드 내부에서 신헌법에 반발하며 일어난 귀족 반란에 개입하며 10만의 병력을 폴란드로 보냈다. 폴란드의 특권세력들이 진압군의 노력에도 포기하지 않고 러시아에 구원요청을 하였는데 이를 좋은 개입의 명분이라 여기며 수락한 것이었다. 프로이센 왕국은 처음엔 이를 잠자코 지켜보았다. 일단은 동맹이니 폴란드를 도울지 말지 고민하였다. 이러한 때에 러시아가 동맹을 포기하는 대가로 분할을 제안하였고 프로이센은 냉큼 수락하였다. 그렇게 1793년 1월 23일 양국은 상트페테르부르크 조약을 체결하여 폴란드를 또다시 분할하기로 합의하였다. 이 분할로 프로이센은 단치히와 토른, 포젠 지방 등등 바라던 것 이상의 큰 영토를 차지하였다. 인구는 550만에서 770만으로 크게 증가하였다. 러시아는 그것의 4배나 뜯어갔지만 프로이센 입장에서는 원하는 땅을 얻은 데다가 오스트리아에 대해 보상 의무가 없던 건수였던지라 만족하였다.

1794년에 접어들자 이러한 프로이센의 일방적 이득을 보기 힘들었던 오스트리아는 서부 지방에 대한 지원을 프로이센에 영국과 함께 촉구하였다. 프로이센은 그 대가로 경제적 지원을 요구하였고 4월 19일 헤이그 조약을 통해서 영국과 네덜란드가 재정 지원을 해주기로 하였다. 프로이센은 이제 6만의 군대를 서부에 파병해야 할 의무가 생겼다. 하지만 실리를 위해 오스트리아와 화친을 하였어도 두 국가의 사이는 좋아지지 않았기에 이러한 지원은 금세 그 의미를 상실했다. 애당초 오스트리아는 최대한 자신이 소외된 폴란드 분할을 방해하려 했던 전적이 있었고 비슷한 시기 프로이센은 오스트리아의 바이에른 진출을 저지하려 한 바가 있었는지라 영국의 중재에도 두 국가의 군사적 협력은 맺어지기 힘들었다. 결정적으로 이 시점에서 있었던 폴란드에서의 봉기가 프로이센에게 명분을 주었다. 1794년 3월, 폴란드의 애국자 타데우시 코시치우슈코tadeusz kosciuszko가 크라쿠프에서 봉기를 일으켰다. 그는 러시아에 대항하여 폴란드의 자주독립을 추구하였다. 하지만 러시아는 이를 용납할 수 없었다. 바로 바르샤바로 군대가 보내졌다. 프로이센은 이 사태를 보며 추가 분할이 일어날 것이라고 직감하곤 러시아를 뒤이어 폴란드에 개입하였다. 기회를 엿보던 오스트리아도 이에 동참하였다. 폴란드의 애국자들은 이러한 외세의 파렴치한 행동에 맞서 몇 번의 침략을 격퇴하는 성공을 거두었다. 그러나 압도적인 세력 차이를 극복할 수 없었고 결국 1794년 10월 10일 바르샤바 남동부에서 러시아군이 승리를 거두면서 반란은 최종적으로 진압되었다.

폴란드의 반란이 진압되자 프로이센-오스트리아-러시아 삼국은 곧바로 폴란드 분할 협상에 나섰다. 극심한 논쟁 끝에 합의에 성공하여 1795년 10월 24일, 폴란드를 완전히 멸망시키고 그 땅을 적절히 나누어 먹는 것으로 마무리 지었다. 이 과정에서 프로이센은 폴란드 수도 바르샤바를 포함한 약 5만 5천 제곱킬로미터에 달하는 영토와 100만여 명의 주민을 차지하였다. 이제 프로이센의 영토는 약 30만 제곱킬로미터에 달하게 됐으며 인구는 870만에 도달하였다. 프리드리히 빌헬름 2세는 그렇게 자신이 바라던 실리를 챙기는 데 성공했다. 그러나 이것을 빌미로 동부에 집중한 덕에 서부에 대한 지원은 흐지부지해져 버렸다. 돈을 지원해 주기로 했던 영국과 네덜란드는 이에 분노했고 연합군은 서부에서 프랑스에게 패배를 겪게 되었다. 그로 인해 경제 지원은 그해 가을 바로 없던 것으로 되었고 프로이센은 신망을 잃게 되었다. 하지만 실리적 중립 외교가 최선이라고 믿었던 프로이센 국왕은 그것을 자기만의 방식대로 해석하며 곧바로 새로운 외교 선택지를 고르기로 하였다. 그것은 바로 프랑스 혁명정부와의 화해였다. 어차피 연합군하고 손발이 맞지도 않고 이득은 챙겼으니 이제 중립으로 돌아가겠다는 판단에서였다. 오스트리아는 이 비열한 배신을 비난했지만 프리드리히 빌헬름 2세는 이것을 무시하며 1795년 4월 5일, 바젤Basel에서 프랑스와 단독 강화조약을 맺어버렸다. 다만 폴란드의 광활한 영토를 소화하느라 비용 소모가 가파르게 상승하고 있어서 어차피 전쟁 수행은 불가능했던 점을 보아 그에게도 정상참작의 여지는 있다. 여하튼 프로이센은 바젤 평화조약으로 중립으로 돌아가 버렸고 그 대가는 상당했다. 프랑스 혁명정부는 프로이센 왕국의 동東프리슬란트를 기준으로 오른쪽의 북독일 지방에 중립지대를 설정, 그곳을 프로이센의 안마당으로 만들게 해주었다. 이제 프로이센은 북부 독일에서 지역 강자로서의 위세를 획득했고 폴란드 지방 통치에 집중할 수 있게 되었다.

그러나 이런 혼란스러운 이중적 행보는 프로이센의 외교를 고립시켰다. 프랑스와의 화해 때문에 프로이센 정부는 프랑스를 제외한 유럽 국가들과 외교가 단절되고 말았다. 맺었던 동맹들은 파기되었고 프로이센은 한동안 믿을 수 없는 국가라는 이미지가 생겨버렸다. 게다가 폴란드가 사라짐으로써 러시아와 국경을 맞대게 된 것도 프로이센에겐 큰 부담으로 다가오게 되었다. 훗날 비엔나 체제 이후 성립된 유럽 협조 체제가 아니었으면 프로이센은 동부의 위험에 고스란히 노출되어 말라비틀어졌을 것이다. 그 긴 국경을 탄탄히 막을 국력은 당시 프로이센에게 없었다. 그렇다고 프랑스가 믿을 만한 상대인 것도 아니었다. 당장은 아니지만 서서히 프랑스는 프로이센을 맛있는 먹잇감으로 여겼다. 그도 그럴 만한 것이 오스트리아에게 대승을 거두어 맺은 1797년 10월의 캄포포르미오 조약을 통해 그들은 자연국경을 인정받았다. 라인강 서쪽의 영토를 병합할 수 있게 말이다. 이 말도 안 되는 계획은 얼마 안 가 현실로 변하였고 프로이센은 프랑스와 러시아 사이에서 완충지대 없이 고립된, 대단히 위험한 상태로 전락하였다. 이 과정에서 프로이센은 프랑스에 의해 여러 자유 제국 도시들을 차지하면서 약 50만의 인구와 1만 3천 제곱킬로미터의 영토를 얻었다. 하지만 프랑스 사이의 중립지대가, 신성로마제국의 보호막이 완전히 사라지게 되었다. 얼마 안 가 1804년, 오스트리아의 마지막 신성로마제국 황제 프란츠 2세Franz II에 의해 제국은 공식적으로 해체되었고 프로이센의 몰락도 성큼 다가오게 되었다.

이러한 일련의 과정이 생기게 될 것인지 프리드리히 빌헬름 2세는 알았을까? 아마 크게 관심이 없었을 것이다. 그는 실리적 중립 외교정책이라는 헛된 이상하에 당장의 이익만 추구했으니 말이다. 실리적 외교정책이 나쁜 것은 아니었지만 그는 그것을 자기 마음대로 행하였고 재앙을 자초하였다. 하지만 필자가 보기엔 그는 폴란드 분할을 마무리하고 죽었으니 스스로는 만족했을 것이다. 인구와 영토가 두 배로 늘어났으니 스스로는 대왕을 능가했다고 생각했을 것 같다. 그는 분할에 참여하고 바젤 조약을 맺은 뒤 얼마 안 가 1797년에 사망하였다. 아마도 왕국에 큰 선물을 했다고 생각하면서 갔을 것이다. 그러나 프로이센에게 다가온 것은 선물이 아니라 **나폴레옹**Napoléon Bonaparte이라는 악몽이었다.

프로이센이 침공당하다!

1797년 프리드리히 빌헬름 3세Friedrich Wilhelm III가 프로이센 왕국을 이어받았다. 그는 우유부단하지만 동시에 현명한 사람으로 필자가 보기에는 인재 보는 눈이 좋은, 마치 조선의 선조 같은 사람이었다. 조금 뒤 서술될 프로이센의 군사 시스템을 개혁하는 샤른호르스트Gerhard von Scharnhorst나 그나이제나우August Neidhardt von Gneisenau 같은 인물들, 국내를 전반적으로 뜯어고친 카를 폼 슈타인Heinrich Friedrich Karl vom und zum Stein과 하르덴베르크 백작Karl August Fürst von Hardenberg 같은 사람들을 생각하자면 그는 유능한 국왕에 가까웠다. 그러나 문제는 물려받은 왕국의 상태였다. 폴란드 분할을 통한 엄청난 영토 확장은 프로이센의 위장을 터지기 직전으로 만들어 놓았다. 그것을 당장 소화하는 것은 상당히 힘든 일이라서 프로이센 왕국은 한동안 아무것도 못 할 지경이었다. 그가 평화적 노선을 좋아했기도 했지만 상황 자체가 멍청한 중립 정책을 이어가게끔 했다. 일단 새로운 국왕은 국내 안정에 몰두하였다. 이러한 판단은 어쩔 수 없는 것이었으나 프랑스에서 나온 악마로 인해 그들의 운명을 불우하게 만들었다.

그래도 좋은 것이 있다면 혁명에 의한 자유주의가 프로이센을 포함한 독일 전역에 퍼졌다는 것이다. 프랑스가 침략자라는 사실은 얼마 안 가 드러나지만, 그전까지는 오히려 혁명군에게 호응할 정도로 독일 사회 전역에 자유와 인권, 평등과 형제애의 흐름이 형성되었다. 프로이센이 포함된 북부 지방보다는 프랑스의 직접적인 영향을 받고 있던 독일의 서부 지방과 남부 지방, 특히 라인강 좌안이 반봉건적 운동의 움직임이 거셌다. 라인 지방의 사람들은 프랑스 혁명정부의 지원하에 자유를 추구하였다. 대표적으로 1792년의 마인츠가 그러하였다. 마인츠의 자유주의자들은 '독일 자유-평등 우호회Gesellscher deutscher Freunde der Freiheit und Gleichheit'를 창설하고 프랑스와 연대하여 독일의 억압받은 민중을 해방해야 한다고 주장했다. 수학자, 신학자, 교사, 의사 등등 여러 지식인이 이에 참가하여 봉건제를 타파하고 무리한 조세와 부역에 대해 거부를 표시하였다. 이들은 자치 기구를 설립하고 라인 지방의 국민의회를 설립하여 독일 최초의 시민공화국을 세우려고 하였다. 하지만 왕정 국가들의 침공에 지켜주던 프랑스 군대가 버티지 못하고 물러나자 얼마 안 가 실패하였다. 그래도 이런 일련의 자유 운동은 멈추지 않았다. 예컨대 독일의 수공업자들은 권리 신장을 위한 봉기를 일으키며 봉건제에 저항했다. 뉘른베르크에서 시작된 수공업자들의 봉기는 독일 전역으로 퍼져 베를린까지도 번졌다. 이것이 있던 해는 1794~5년으로 프로이센의 수도 베를린도 파업 봉기가 일어나 시가전이 일어날 정도였다. 비록 잔혹한 탄압에 봉기는 성공하지 못하나 이제 사람들의 마음속에는 자유에 대한 열망이 확고히 자리 잡기 시작하였다. 비슷한 시기 함부르크의 경우 자유주의적 출판사들이 생겨나 혁명을 최대한 퍼트렸다. 1799년에는 남부 독일의 혁명가들이 민중의 참여를 유도하기 위해 바젤에서 발행한 100쪽이 넘는 팸플릿을 최대한 많이 찍어내 남부 독일에 퍼트렸다. 제목은 『독일에 알맞은 공화적 헌법 초안Entwurf einer repu blkanischen Verfassungsurkunde, wie sie für Deutschland taugen möchte』으로 공화주의에 영향을 받은 헌법을 통한 봉건제 폐지, 자유 성취와 독일 통일에 관한 내용을 담아 민중의 계몽을 유도하였다.

다만 이러한 자유주의의 물결의 아쉬운 점은 정부의 탄압이란 현실의 벽 때문인지 프랑스에 큰 의존을 했다는 것이다. 혁명가들은 정부를 무너트리고 독일의 공화국을 세우기 위해 프랑스에 도움을 요청했다. 하지만 프랑스의 부르주아지들은 독일의 새롭게 자라나던 시민계급을 인정하기보다는 이용하길 원하였다. 그래서 자유에 대한 요구를 애매하게 들어주었고 혁명의 수출과 그들의 독립보단 프랑스로의 병합을 추구하였다. 1801년 2월, 뤼네빌 평화조약으로 프랑스는 라인란트를 자국으로 병합하면서 이 목적을 이루었다. 그래도 독일의 자유주의 시민들 입장에서 그나마 다행인 것은 1804년 프랑스 민법전Code civil des Français의 도입(나폴레옹 법전)으로 병합된 지역과 괴뢰국이던 라인 동맹Rheinische Bundesstaaten의 지역들에서 봉건적 특권이 일시적으로 사라졌다는 것이었다. 계급적 특권은 사라지고 조합은 폐지되었으며 귀족과 성직자들의 재산은 몰수되었다. 사람들은 이제 자유로운 직업 선택의 자유를 누렸고 그 속에서 자라는 시민사회의 기틀은 향후 독일의 자유주의에 영향을 끼쳤다. 프랑스 부르주아지들의 착취를 위한 방해만 아니었으면 어쩌면 1848년의 혁명은 성공했을지도 모른다.

1848년의 혁명은 다음 장에서 다루도록 하고 이제 프로이센의 시선으로 돌아가 보도록 하자. 이 당시 프로이센은 폴란드 병합에 국가의 역량을 집중하고 있었다. 그래서 나폴레옹 전쟁에 참가하기보단 중립을 택했으며 그저 북부 독일에 형성된 중립지대에서의 권리만 원할 뿐이었다. 그런데 이것은 유지되기가 힘들었다. 나폴레옹은 시간이 흐를수록 프로이센의 권리를 무시했기 때문이었다. 예컨대 북부 독일의 국가들은 시간이 흐를수록 프로이센을 빼두고 직접적으로 프랑스와 교섭하였다. 북부 독일에서의 주도권을 무시한 처사였다. 1804년에는 프로이센과 교섭하던 영국 사절을 일방적으로 납치하였는데 보통 사절은 방문한 나라의 국왕이 보호하는 것이 기본인지라 프로이센 국왕을 무시한 처사였다. 무엇보다 프로이센이 중립을 지키는 대가로 원하던 하노버 왕국의 영지를 프랑스는 제대로 인정해 주질 않았다. 이러한 시기에 결정적으로 1805년 10월에 프랑스의 군대가 허락도 받지 않고 프로이센의 남부 독일에 있는 영지인 안스바흐와 바이로이트를 지나감으로써 국왕 프리드리히 빌헬름 3세의 분노는 절정에 달하였다. 프로이센 국왕은 분노하여 사절을 보내 강력한 항의를 하려 하였다. 대다수의 관료는 아직 프랑스와 싸우긴 무리라며 반대했지만 사절단은 나폴레옹에게로 향하였다. 그런데 이 시점이 나폴레옹의 가장 대단한 승리인 아우스터리츠 전투 직후인지라 사절단은 그 광경을 보고 경악하여 작전을 바꾸었다. 중립이 아닌 프랑스의 동맹이 될 테니 대가를 지불해 달라고 요구하였다. 나폴레옹은 성과를 관리할 잠시의 평화를 원하고 있었기에 동맹 추진을 받아들였고 하노버를 인정해 주는 대가로 클레베와 베르크, 안스바흐, 바이로이트와 하노버 영지의 교환을 요구하였다. 그리고 같이 영국에 맞설 것을 동시에 요구했다. 일단 프로이센은 합의를 받아들이며 북부의 항구들을 걸어

잠그고 영국과 전쟁에 나섰다. 영국은 하노버 강탈에 프로이센에 분노하며 선전포고하였다. 비록 두 나라에 큰 교전은 없었지만 프로이센 왕국은 당장 강대한 나폴레옹의 군대와 싸우기엔 무리였는지라 나폴레옹의 요구를 수락하는 선택지를 택하였다.

하지만 프로이센 국왕은 분노한 상태였고 몇몇 소신 있는 관료들 또한 그러하였다. 당시 외무장관이던 하르덴베르크와 재무 장관이던 카를 폼 슈타인이 적극적으로 프랑스와 맞서길 주장하였다. 이에 국왕의 아내인 루이제Luise zu Mecklenburg-Strelitz 왕비도 거들었다. 친프랑스 여론이 여전히 강했지만, 서서히 프랑스에 대한 혐오가 프로이센의 분위기를 차지해 가고 있었다. 그만큼 나폴레옹은 툭하면 프로이센을 무시하기 일쑤였다. 프리드리히 빌헬름 3세는 그런 의견을 어느 정도 수용하며 러시아와 몰래 밀담하며 항쟁을 준비하였다. 꾸준히 비밀사절단이 러시아로 향하였다. 다만 일부 적극적인 관료들의 설득에도 국왕은 바로 움직이진 못했다. 당시 프랑스 대육군이 엄청난 활약을 하고 있어 자살 행위로 보였기 때문이었다. 그에 반해 자국은 아직 전쟁할 상태가 아니었다.

이러한 상황에서 다시금 프로이센이 분노할 일이 벌어졌다. 아직 소문이기는 하지만 프랑스가 하노버를 강탈하여 영국에게 돌려주려 한다는 이야기가 퍼진 것이다. 해협을 건너 영국을 굴복시키는 것보다는 외교를 하려는데 그 제물이 프로이센이 차지한 하노버 반환이라는 것이다. 프랑스에 대항하길 원했던 관료들과 왕가 사람들 입장에서는 이는 엄청난 모욕이었다. 중립지대를 제대로 인정도 안 해주더니 줬다가 뺏으려는 처사에 당장 나폴레옹과 맞서야 한다고 주장했다. 국왕은 이러한 심한 압박을 견디기 힘들었다. 게다가 훗날 드러나지만 이건 딱히 거짓말도 아니었다. 물론 대가를 지불할 생각이었지만 당시 나폴레옹은 하노버를 가져갈 생긱이었다. 일단 프리드리히 빌헬름 3세는 그 시점에 프랑스가 일방적으로 점거하고 있던 니더라인 지방의 프로이센 영지들을 반환하라는 편지를 나폴레옹에게 보냈다. 하지만 라인동맹을 조성하던 나폴레옹은 매우 빈정거리는 어투, 오만한 태도와 공격적인 언사로 답장하였다. 그것은 명백히 프로이센은 도발한 것으로 유럽 재편은 오로지 프랑스의 의사에 달린 것이지 당신들의 요구는 아무렇지도 않다는 생각이었다.

이제 전쟁은 피할 수 없는 것이 되었다. 프리드리히 빌헬름 3세는 주전파의 의견을 받아들여 러시아와 동맹을 추진하면서 군대에 동원을 명령했다. 러시아는 그간 이상한 중립을 택하던 프로이센이 마음에 들진 않았지만 거악을 쓰러트리기 위해 바로 직전에 프랑스와 맺은 화약을 파기하고 군대를 동원해 프로이센과 같이 항전하기로 결정하였다. 그렇게 제4차 대프랑스 동맹전쟁이 1806년 10월 6일에 발발했다. 프로이센은 먼저 군대를 움직였고 분명 처음엔 유리한 고지를 차지할 것으로 보였다. 그러나 전쟁을 마음먹고 움직이던 9월 내내 나폴레옹 군대에 대한 대응책을 논의하느라 시간을 허비했고 예비군 동원도 생각보다 조금 더 늦춰짐으로써 시간적 우위를 상실하였다. 러시아는 대략 11월에 도착할 것으로 예측되어 이에 맞춰 나폴레옹에게 최후통첩을 보냈지만 나폴레옹은 프로이센의 예상보다 더욱 빨리 움직였다. 프랑스 군대는 10월 초의 선전포고에 바로 대응하여 10월 8일에 선봉 부대를 프로이센 국경에 진출시키는 것에 성공하였다. 그 뒤 후속으로 도착한 프랑스 대육군은 세 갈래로 나뉘어 베를린을 향해 진격했다. 적군이 국경을 넘자 프로이센 군대는 다급히 이를 막으려 했으며 먼저 슐라이츠Schleiz에서 최초의 전투가 벌어졌다. 그러나 이곳에서는 뮈라Joachim Murat가 이끄는 프랑스 기병대의 활약으로 프로이센이 패배하였다. 하지만 프로이센은 굴하지 않고 자신들의 자랑인 루트비히 왕자Friedrich Ludwig Christian가 이끄는 부대를 잘펠트Saalfeld로 보내 적에 맞서고자 하였다. 그는 대왕의 조카로 33살의 젊은 나이였지만 걸출한 능력을 지녔으며 대왕처럼 예술적 재능이 뛰어난 음악가였다. 루트비히 왕자는 잘펠트에서 프랑스 좌익을 이끄는 장 란Jean Lannes의 부대와 부딪혔다. 프로이센-러시아 동맹에 참여한 작센과 연합하여 치열한 전투를 벌였다. 하지만 연이어 도착하는 장 란의 부대 병력으로 인한 열세와 장 란의 탁월한 지휘에 의한 지형의 이점으로 인해 결국 프로이센의 미래는 패배하고 말았다. 루트비히 왕자는 분전 끝에 전사했고 이것은 프로이센에 큰 충격을 주었다.

그렇다고 포기할 순 없었다. 7년 전쟁에 참전한 바가 있는 노장 브라운슈바이크-볼펜뷔텔Braunschweig-Wolfenbüttel 공작 카를 빌헬름 페르디난트는 적극적으로 움직여 전세를 역전하고자 마음먹었다. 그는 호엔로헤Hohenlohe-Ingelfingen 공이 이끄는 프로이센 본대가 베를린으로 가는 길목인 예나Jena에서 나폴레옹을 막는 동안 측면으로 재빠르고 조심스럽게 돌아가 아우어슈테트Auerstedt에 도착한 뒤 할레와 마그데부르크로 이동, 적의 후방을 교란하기로 하였다. 이 작전은 프로이센이 많은 병력을 동원한 덕에 생각보다 승산이 충분하였다. 자신은 약 6만, 호엔로헤는 약 4만 정도를 이끌고 나섰는데 프랑스에 뒤처지지 않는 병력이었다. 그러나 이것은 오히려 나폴레옹이 바라던 바였다. 러시아군이 프로이센에 당도하기 전에 끝내어 각개격파를 원하고 있었으니 말이다. 오히려 나폴레옹은 적이 예나에서 벗어날까 봐 걱정하며 베르나도트Jean-

Baptiste Bernadotte에게 명령해 적들의 퇴로를 막으라고 명령했고 얼마 안 가 예나에서 두 군대는 부딪혔다. 처음엔 프로이센 경보병의 활약과 미셸 네 기병대의 오판으로 프로이센군이 앞서가는 것처럼 보였다. 그런데 예상과 다르게 나폴레옹이 이끄는 본대는 그 병력이 대단히 많았다. 무려 9만의 대군이었다. 이 당시 프로이센군은 대략 15만의 병력을 동원한 상태였는데 호엔로헤 공작은 근방의 군대에 다급히 합류를 요청하며 위기에서 벗어나고자 하였다. 하지만 나폴레옹의 적절한 포병 지휘와 포위, 기병대의 맹렬한 추격으로 인하여 그의 본대는 추가로 합류한 약 1만 5천의 병력 증원에도 처절하게 패배하고 말았다. 5만이 넘는 대군을 격파한 나폴레옹은 프로이센 본대를 격파했으니 이제 프로이센은 패배했다며 기분 좋게 미소를 지었다.

하지만 아직 카를 빌헬름 페르디난트가 이끄는 대규모 별동대가 남아 있었다. 그는 서둘러 프로이센 국왕과 함께 위대한 승리를 쟁취하기 위해 아우어슈테트로 향하고 있었고 그곳엔 나폴레옹이 가장 신뢰하는 유능한 장군인 루이 니콜라 다부Louis-Nicolas Davout가 있었다. 그는 나폴레옹 휘하 최고의 장군으로, 능력만 보자면 황제의 친구 장 란을 넘는 재능을 가진 자였다. 그는 처음에 아우어슈테트에 보이는 적의 부대를 보곤 그저 고립된 소규모 분견대 정도로 판단하였다. 그야 먼저 나폴레옹을 막는 것이 정상적 판단이니 말이다. 그러나 정찰할수록 그것은 자신보다 더 큰, 무려 3배에 가까운 병력임을 깨닫기 시작했다. 그는 2만 7천 명의 병력인 반면 프로이센의 별동대는 6만 3천의 대군이었다. 예나 전투가 1806년 10월 14일이었고 아우어슈테트 전투도 거의 같은 시간에 진행되고 있었다. 즉 지원은 힘든 상황이었다. 프로이센군은 압도적인 병력으로 다부를 몰아세웠고 다부는 위기에 봉착하였다. 그러나 기적이 발생하였다. 카를 빌헬름 페르디난트 공작이 지휘 도중 총탄에 우연히 맞아 두 눈에 큰 상처를 입은 것이었다. 그는 바로 후방으로 후송되었으나 결국 11월 10일 사망하게 된다. 같이 최전선을 지휘하던 슈메타우 Friedrich Wilhelm von Schmettau 중장마저 전투 중 사망하자 프로이센의 전열은 큰 혼란에 휩싸이게 되었다. 프로이센 국왕 프리드리히 빌헬름 3세는 나폴레옹이 이곳에 있다는 착각에 빠졌고 한창 신나게 이기던 프로이센군은 제대로 된 지휘를 받지 못하자 균열이 생기고 말았다. 이를 바로 포착한 다부는 봐주지 않았고 그 틈을 노려 적에게 총반격을 가했다. 프리드리히 빌헬름 3세는 결국 수습에 실패하고 크나큰 피해를 입으며 후퇴하였다. 100문이 넘는 포와 1만 5천에 가까운 병력을 상실하며 작전은 크게 실패하고 말았다.

결국 프로이센은 나폴레옹을 막는 데 실패하였다. 나폴레옹은 적을 대파한 다부를 극찬하였고 위풍당당하게 베를린으로 향하였다. 일단 나폴레옹은 작센과 교섭하여 그들을 프랑스의 편으로 돌려버렸다. 그리고 프로이센의 남은 군대를 당장 추격하여 섬멸할 것을 명령하였다. 호엔로헤 공작은 최대한 많은 병력을 슈테틴으로 후퇴시켰으며 이제 믿을 것은 러시아뿐인지라 최대한 수습하여 그들과 합류하려고 노력하였다. 나폴레옹은 10월 24일 포츠담에 유유히 입성하며 자신이 존경하던 프리드리히 대왕의 묘를 방문했고 그의 검을 가져가며 경배와 동시에 약탈하였다. 그리고 베를린에 도착하여 전대 국왕이 1791년에 완공시킨 브란덴부르크 문Brandenburger Tor을 지나는 개선 행진을 하였다. 나폴레옹의 군대는 프로이센의 여러 영지를 점령하면서 잔존 부대를 격파했고 11

월 21일, 그 유명한 대륙봉쇄령Continental System인 베를린 칙령을 선언하여 점령지의 모든 항구가 영국 선박들에게 폐쇄될 것과 영국산 제품을 압류할 것을 명령하였다. 프리드리히 빌헬름 3세는 쾨니히스베르크로 몽진을 선택하고 최후의 저항을 이어가기로 하였다.

나폴레옹의 군대는 일단 유리한 발판을 만들기 위해 폴란드 독립을 약속하며 먼저 폴란드 방면으로 향했다. 러시아는 잔존 프로이센군과 합류하여 바르샤바를 지키려고 하였지만 실패하였다. 베니히센Levin August von Bennigsen이 이끄는 러시아군은 큰 피해를 보았지만 이제 쾨니히스베르크로 향하는 적의 군대가 돌출되어 있음을 깨닫고 이를 역으로 이용하여 적을 격파하고자 하였다. 그런데 나폴레옹의 판단이 더 빨라 오히려 베니히센의 군대가 위기에 몰리게 되었다. 결국 아일라우Eylau로 후퇴하였고 러시아는 이곳에서 프로이센과 함께 방어전을 펼치기로 하였다. 그렇게 개시된 아일라우 전투에서 나폴레옹은 일단 적의 중앙을 타격하고자 하였다. 그러나 전진하던 보병대가 진로를 이탈하는 실수를 범하여 적의 공격에 노출되었고 오히려 위기에 몰리게 되자 나폴레옹은 전세를 다시 돌리기 위해 뮈라의 기병대를 투입하였다. 러시아도 이에 맞대응하였고 곧 엄청난 혈전이 벌어졌다. 뮈라의 활약으로 어느 정도 전열이 안정되자 곧이어 다부가 러시아의 좌익을 타격하여 엄청난 활약을 보여주었다. 하지만 프로이센군을 이끌던 레스토크Anton Wilhelm von L'Estocq 장군의 활약으로 다부의 측면은 무방비하게 노출당했고 그의 활약 덕에 러시아군은 조금은 안전하게 전장에서 후퇴할 수 있었다. 이 전투에서 러시아는 큰 피해를 입었지만 프랑스군도 엇비슷한 숫자인 2만 5천의 사상자를 입으며 엄청난 피해를 입었다. 러시아는 나름대로 전과에 고무되어 오스트리아에게 참전을 유도하였다. 오스트리아는 비록 참전은 하진 않았지만 계속 이런 전투가 이어지면 충분히 가능한 시나리오가 되었다. 나폴레옹은 러시아와 함께 전쟁에 참가한 스웨덴과 평화조약을 맺는 것에 성공, 연이어 프로이센에게 강화조약을 권했지만 하르덴베르크의 강력한 반대로 성사되진 않았다.

하일스베르크Heilsberg 전투에서도 비슷하게 양측이 큰 피해를 입었다. 이제 나폴레옹은 쾨니히스베르크로 향하며 종전을 위한 완벽한 승리를 갈망했다. 이에 반해 베니히센은 적에게 한 번 더 피해를 주어 오스트리아의 참전을 확정하려고 하였다. 그는 프리플란트Friedland에 먼저 보내진 프랑스의 장 란이 이끄는 일개 군단을 섬멸하려고 시도하였다. 하지만 장 란은 끈질기게 버텼고 나폴레옹은 모르티에와 네의 부대와 함께 합류에 성공하였다. 나폴레옹의 놀라운 곡사포 공격과 네의 알레강을 등진 대단한 공격으로 러시아군은 강렬한 타격을 받고 패배를 강요당했다. 프랑스는 완벽한 승리를 거두었고 닷새 뒤 러시아 황제 알렉산드르 1세Alexander I는 나폴레옹에게 휴전을 요청하였다. 결국 프리틀란트 전투를 마지막으로 그렇게 4차 대프랑스 동맹 전쟁이 나폴레옹의 승리로 마무리되었다.

이제 프로이센에게 남은 선택지는 오로지 지배당하고 수탈당하는 것뿐이었다.

패전과 굴욕,
그리고 수탈

1807년 7월 7일, 프랑스와 러시아 사이에서 평화조약이 체결되었다. 프로이센과는 7월 9일에 체결되었다. 조약은 당시 러시아 제국의 영토였던 틸지트Tilsit에서 체결되었다. 훗날 틸지트 조약이라 불릴 이 굴욕적인 강화는 프로이센에게 깊은 상처를 안겼다. 프로이센은 나름대로 용맹하게 싸웠으나 너무나도 쉽게 프랑스 대육군에게 패배하였다. 나폴레옹과 프랑스 제국 원수들의 활약이긴 하지만 프로이센에도 훗날 활약하는 블뤼허Gebhard Leberecht von Blücher 같은 용맹하고 인망과 리더십이 넘치는 장군과 샤른호르스트, 그나이제나우 같은 뛰어난 참모들이 있었다. 분명 인재가 없는 것은 아니었으나 쉽게 패배했다. 대왕이 사망한 지 그리 오래된 시간이 아니었다. 그렇다면 왜 대왕의 후예들이 이리 쉽게 패배했는가? 아이러니하게도 대왕이 이룬 업적 때문에 전대의 것들을 그대로 답습하였고 고치려는 시도는 대왕에 대한 도전으로 받아들여져 거부당했기 때문이었다. 예컨대 프리드리히 대왕이 집착했던 기동과 속사는 여전히 유지되고 있었다. 그 덕에 프로이센의 군대는 엄청난 훈련을 통해 무시무시한 화력을 단기간에 퍼붓는 가공할 능력을 여전히 유지하고 있었다. 그런데 이러한 속사와 집중을 통한 화력은 평지에서의 전열 전투에 적합하지, 산병전에는 적합하지 않았다. 시간이 흐르면서 개방 지형에 적합한 프로이센 보병들은 엄폐할 수단이 있는 곳에서 싸우는 데 익숙해진 프랑스 보병들의 상대가 되질 못하였다. 그리고 지난 시절 강한 군대를 만들기 위한 행진 훈련이 이젠 발목을 잡게 되었다. 행진 훈련이란 프로이센이 군대란 전쟁 억제 수단을 대외적으로 홍보하기 위해 마련한 훈련법으로 병사들에게 극단적인 스트레스를 부여하고 그것을 버티게 함으로써 끈질긴 의지를 통해 대단한 응집력을 유지하게 하는 것이었다. 그런데 과시하면서 군대를 강하게도 해주었던 이 훈련이 시간이 흐를수록 초기의 목적인 신속함과 유연함과 거리가 멀어지게 되었다. 단순한 강함에 집착하여 훈련법은 복잡해졌고 시대에 뒤처져 갔다. 게다가 과거 프로이센 경제를 위한 외국인 용병도 민족주의 시대가 펼쳐지면서 도태된 수단이 되었다. 혁명이 발생하면서 국민이란 개념을 통해 나라의 사람들이 하나 되는 시점에서 대왕이 유지한 외국인 용병 체제는 오히려 규율을 느슨하게 만들었고 동기부여를 만들지 못하게 방해하면서 질적 하락을 불러왔다. 프랑스가 국민개병제를 통해 모두를 징집하며 단결력을 기를 때 프로이센은 국민을 동원하지 않아 단결력이 크게 뒤처졌다.

물론 대왕 사후 아무런 변화가 없는 것은 아니었다. 예컨대 기동력이 있는 경보병 부대와 예거Jäger와 같은 소총수 분견대를 확대하였고 1787년에 병력과 동원 및 군수품 담당 부서, 제복과 무기 담당 부서, 상이군인 담당 부서의 3개의 부서로 이루어진 고등군사위원회를 최고 군사 기구로 설립하고 이론적으론 대왕 시절에 언급한 군수참모부와 고급부관부를 이곳의 휘하에 두어 효율적인 군대를 추구했다. 하지만 대왕 사후 군사제도는 서서히 경직화되어 갔고 최고 지도부의 관료화를 초래하였다. 기껏 만든 고등군사위원회는 권한도 애매하고 관료회로 인해 단순한 사무실로 전락했다. 이러한 문제점을 프리드리히 빌헬름 3세가 모르는 바는 아니었고 샤른호르스트나 그나이제나우 같은 현명한 인물들은 이를 바꾸고 싶어 했으나 군대의 원로들은 대왕 시절에 집착하여 이를 거부함으로써 나폴레옹에 대항할 수단을 갖추는 것을 방해하였다. 예컨대 1803년쯤 근대적 참모본부를 만들려는 시도가 있었으나 7년 전쟁에서 수훈을 세운 원로들이 노골적으로 반대함에 따라 무산되었다. 예나 전투에서 용맹하게 싸웠던 80대가 넘은 노인이자 7년 전쟁에 참가한 바가 있는 묄렌도르프 원수는 군대를 개혁하자는 의견에 도저히 이해할 수 없다고 말하며 골든타임을 놓쳤다. 지난 시절 위대한 승리가 결국 프로이센을 망치게 된 것이었다. 이 외에도 뛰어난 기병에 비해 낙후되어 버린 포병이라든지 참모 제도나 독립적 병참 시스템의 미비가 패전을 불러왔다.

그렇게 패전은 굴욕적인 강화조약을 맺게 하였다. 틸지트 조약은 그 유명한 루이제 왕비의 눈물의 호소에도 너무하다 싶을 정도로 프로이센에게 불리하였다. 그나마 차르의 설득에 나라가 유지되었지 아니었으면 나라가 사라졌을 수도 있었다. 하지만 나폴레옹은 살려주는 것을 제외하고는 프로이센을 철저히 무시하였다. 협상의 장소만 봐도 그러하였다. 협상을 틸지트의 니멘Neman강 위에서 하기로 했는데 그곳에 화려한 뗏목을 만들어 중립지대인 강 위에서 이야기하고자 하였다. 뗏목을 설치하곤 프랑스와 러시아 황제를 상징하는 화환들이 설치되었는데 거기에는 나폴레옹과 알렉산드르 2세를 상징하는 단어들은 들어가 있어도 프리드리히 빌헬름 3세를 상징하는 단어들은 없었다. 애당초 프리드리히 빌헬름 3세는 뗏목에 초대되지 못했으며 차르 측 장교들의 호위를 받으며 강둑에서 초라하게 대기해야만 했다. 나중에야 나폴레옹이 뗏목으로 부르긴 했으나 일방적으로 프랑스 황제의 말만 듣게 했으며 프로이센은 그저 이 협상의 조연 중의 조연으로 취급하였다. 심지어 나폴레옹은 자기가 아직 처리 못 한 서류가 있다고 대기실에서 오래 기다리게 했고 자신의 프로이센에 대한 계획을 일부러 말해주지 않거나 프로이센이 자신에게 대항한 과오에 대해 소리 내어 지적하는 등 대놓고 면박을 주었다. 일국의 왕을 이런 식으로 대하는 것은 엄청난 굴욕이었으나 프리드리히 빌헬름 3세는 치욕을 삼키며 일방적으로 들을 수밖에 없었다. 그러나 더 가관인 것은 틸지트 조약의 내용이었다. 멸망은 시키진 않겠지만 사실상 나라를 프랑스에 바치라는 요구를 하였다. 여기서 루이제 왕비는 관대한 처분을 호소했지만 나폴레옹은 왕비를 잘 대해주면서도 조약의 내용을 절대 바꾸지 않았다. 나폴레옹은 프로이센의 브란덴부르크와 포메른 지방, 슐레지엔과 동프로이센, 그리고 수도와 쾨니히스베르크를 연결하기 위한 서부 프로이센의 회랑지대 정도를 제외하곤 모든 영토를 강탈하였다. (단 회랑지대의 단치히는 자유도시로 독립시켰다.) 폴란드 분할을 통해 얻은 영토는 대부분 상실하였고 독일 서부에 오랜 기간 유지하던 영토도 프랑스나 라인 동맹에게 빼앗겼다. 그렇게 약 32만 제곱킬로미터에 달했던 영토는 이제 약 15만 제곱킬로미터가 되었고 인구도 절반으로 줄어들었다. 여기서 그치지 않고 프랑스는 프로이센에 1억 2천 프랑에 달하는 막대한 전쟁 배상금을 요구했다. 다 갚을 때까지 만여 명에 달하는 병력이 프로이센의 주요 요새를 점령하기로 하였다. 그리고 마지막으로 그간 프로이센의 강함의 상징이던 20만의 병력도 유지하지 말라고 강요하였다. 이제 프로이센 군내는 오로지 4만 2천의 병력만 소유할 수 있있으며 그 이상의 군대를 가질 수 없게 하였다.

니콜라 고스Nicolas Gosse가 그린 「나폴레옹이 프러시아 왕비를 틸지트에서 맞이하다Napoleon Receiving the Queen of Prussia at Tilsit」, 1837년 작품, 뉴욕 공공 도서관 디지털 갤러리 소장.

프리드리히 빌헬름 3세는 부들부들 떨었지만 어쩌겠는가? 패자는 말이 없는 법이었다. 이제 프로이센도 러시아와 함께 대륙봉쇄령에 동참하여 프랑스의 명령에 따라야 했다. 그래도 여기서 그쳤더라면 프로이센을 포함한 독일 민족들은 프랑스에 큰 반감을 가지지 않았을 수 있었다. 그러나 이제야 본격적인 프랑스의 지배가 시작되니 그것은 바로 엄청난 약탈과 수탈이었다. 프랑스의 역사를 배우면 이 시기 나폴레옹은 프랑스

발전을 위해 여러 체제를 도입하고 운하도 만들고 도로도 건설하고 각종 산업을 진흥시키며 국내의 지지를 받았다. 그런데 과거 엄청난 기근과 경제난을 겪으며 결국 혁명이 발생한 프랑스에 그런 돈이 다 어디서 났을까? 다 지배당한 나라에서 나온 것들이었다. 나폴레옹의 대륙 체제는 대육군의 유지와 프랑스의 발전을 위해 점령당한 이들에게 희생을 강요하였다. 예컨대 틸지트 조약 당시 엘지아르 블라즈라는 프랑스 대위의 기록을 보자면 당시 프랑스는 아주 훌륭한 주둔지를 세워 프로이센과 러시아의 감탄을 받았는데 그것은 다 주변 독일 농촌에서 수탈한 자원으로 만든 것이었다. 엘지아르 블라즈Elzear Blaze 대위는 그 덕에 마을 여럿이 폐허가 되었다며 홍수나 화재가 나는 것보다 적국의 병사가 머무는 것이 진정한 재앙이라고 양심적인 서술을 하였다.

프랑스 군인들은 쾌적함을 누리거나 배를 채우기 위해 점령하는 곳마다 약탈하였고 여러 마을의 곳간과 가축은 거덜 났다. 백성들은 수탈당하고 희롱당했으며 30년 전쟁의 비참함은 패전으로 다시금 반복되었다. 외세의 군대가 다시 독일에 만행을 자랑하기 시작한 것이다. 물론 프로이센 국왕은 이에 대해 찍소리도 못 했다. 그저 속으로 분노할 뿐이었다. 하지만 이러한 분노는 그만의 감정이 아니었다. 조약의 불리함과 프랑스군의 야만에는 독일 모두가 동의하며 분노하였다. 예컨대 프로이센의 젊은이들은 적들의 만행에 분노하며 미덕회라고도 불리는 투겐트분데Tugendbunde라는 반프랑스 조직을 만들며 저항했다. 물론 이것을 봐줄 리가 없었던 프랑스 정부는 지속적으로 이러한 저항을 탄압했다. 그러나 비단 프로이센뿐만 아니라 독일 전역에서 탄압에도 불구하고 저항이 생겨났다. 이에 프랑스는 탄압으로 일관하였다. 여러 사례를 간단히 언급하자면 1806년 뉘른베르크의 서적상 요한 팔름은 반프랑스 문건을 인쇄했다고 처형당했고, 1809년에는 안드레아스 호퍼라는 사람이 티롤 지방에서 봉기하려 하자 붙잡고 처형하였다. 그리고 후술될 프로이센의 개혁을 방해하기 위해 카를 폼 슈타인의 신병을 인도하라고 프로이센 정부에 압박하기도 하였다. 이렇듯 독일 사람들은 프랑스의 강점에 의문을 표시하기만 해도 강한 탄압을 받자 분노했고 혁명과 같이 튀어나온 민족주의를 받아들이면서 독일이 해방되어야 한다는 생각을 가지게 되었다. 분명 초창기에는 혁명으로 인해 독일 사람들은 자유주의를 받아들이며 우리도 프랑스를 따라가자고 생각했지만, 나폴레옹의 야만적 행동으로 민족주의도 받아들이면서 해방의 꿈을 꾸기 시작한 것이다.

이제 프로이센은 조국과 민족을 위해 그간 미루었던 개혁을 진행할 시점임을 깨달았다. 이제 누구라도 개혁에 반대하지 못할 것이다. 그만큼 나폴레옹은 무도했다. 이제 프로이센의 개혁을, 라인란트의 산업 발전과 빌헬름 1세 재위 초기의 군제개혁과 함께 통일의 기반이 되는 그들의 변화를 알아보도록 하자.

프로이센의 개혁

프로이센은 패전했다. 굴욕적인 패전을 겪었다. 그 굴욕은 전통적인 사회구조와 행정 시스템에 대한 거부감을 만들었고 개혁 반대파들의 소리를 일축해 버렸다. 아이러니하게도 패전은 프로이센의 혁신을 불러일으켰다. 샤른호르스트와 그나이제나우, 카를 폼 슈타인과 하르덴베르크 같은 개혁파들이 힘을 얻어 그들이 구상하던 것들을 드디어 진행시킬 수 있게 되었다. 프로이센 국왕 프리드리히 빌헬름 3세는 나폴레옹에 다시 맞서기 위해, 나아가 독일을 해방하기 위하여 그들의 개혁에 본격적으로 지지를 표명하였다. 먼저 등용된 이는 카를 폼 슈타인이었다. 루이제 왕비는 틸지트 조약 직후 그가 마지막 희망이라 언급하며 국왕에게 그를 등용할 것을 설득했다. 당시 슈타인은 몇 달 전 태도 문제로 잠시 해고된 상태였는데 왕비의 추천을 받아 정계로 복귀하였다. 하르덴베르크도 왕비의 높은 평가를 받으며 개혁에 참여하게 되었다. 이 둘은 프로이센 행정부에서 막강한 권한을 수여받으며 프로이센을 재건해 갔다. 일단 당시 개혁파들의 수장인 슈타인은 영국을 모델로 개혁을 하기로 결정하였다. 그는 과거 신성로마제국의 기사 가문 출신이었다. 나사우 출생으로 베스트팔렌에서 탄광이나 공장, 교통 부문에서 일하며 여러 경험을 쌓은 바 있었다. 그는 이런 경험을 통해 자유로운 인식의 중요성을 깨달으며 자유주의자가 되었지만 동시에 지방 엘리트와의 협력이 필수임을 느끼며 그들의 생각을 들어야 할 필요가 있음도 깨달았다. 또한 자유주의와 개인주의가 불러오는 이기심의 발로가 얼마나 무서운지를 잘 알아 정부의 공동복지를 통한 법적 제한을 추구하여 그는 급진적인 프랑스 모델보단 중도적인 영국 모델을 선호하였다. 그의 시선에서 프랑스의 개혁은 일부 계층이 일방적으로 도려내진 극단적 시민 개혁으로 여겨졌고 무엇보다 나폴레옹에 의해 혁명의 목적이 실추되어 따라갈 가치가 없다고 여겼다. 그는 프로이센의 개혁이 정부 주도하의 개혁이기에 여러 계층의, 모두의 협력이 필수라고 여겼고 귀족과 부르주아지, 시민과 농민들이 모두 힘을 합쳐 봉건적 질서와 제도를 혁파해야 한다고 여겼다. 귀족이 동의하고 시민이 참가하는 그림을 위해선 영국의 중도적 모델이 적합했다. 그는 점진적으로 자유주의 개혁을 이루고 시민사회와 국민국가를 이룩하고자 하였다. 그의 후계자이자 다음 수상 하르덴베르크도 그것을 이어받아 자유주의적이면서도 어느 정도는 보수적인 개혁을 이어갔다. 다만 두 사람의 성향은 생각보다 상반되었는지라 사안에 따라 좀 더 급진적이거나 더 보수적이기도 하였다. 예컨대 하르덴베르크는 슈타인과 달리 자유주의자이기보단 계몽주의자에 가까워 입헌군주에 관한 생각보다는 개방과 소통이 중요하다고 여겨 대표의회의 권한에 대해 그리 염두를 두지 않았기도 하였다. 하지만 좀 더 진보적인 측면이 있다면 관청의 문서에 왕의 칭호를 중요도에 따라 열거하는 왕명nomine regis을 생략하기로 하여 언어의 급진성을 추구해 개혁에 더욱 박차를 가하고자 하였다. 여하튼 둘 다 구조적 개혁의 절실함은 동의하였는지라 개혁은 자율적이면서도 효율적으로 강력하게 추진되었다.

당시 먼저 뜯어고쳐야 할 부분은 정치 부문과 군사 부문이었다. 일단 군사 부문은 마지막에 다루고 정치 부문에 대해 알아보자면 개혁파들은 전대의 관방학과 관료 감시를 통해 나타난 폐단인 관료들의 기계적 집무 태도를 박살 내고 권한과 책임을 분명히 하여 중앙 행정부를 간소화하는 동시에 효율적으로 돌아가게끔 만들고자 하였다. 예컨대 사실상 실권을 가진 비서들의 아첨을 만드는 내각제도에 대한 수정이 이루어졌다. 군사 내각과 같은 시스템은 후대에도 꾸준히 이어지지만 이 당시 문제는 국왕의 측근 비서관들이 자문의 역할을 역이용하여 정책 결정 과정에 영향력을 행사하면서도 책임을 지지 않는다는 것이었다. 이들은 실권을 챙기기 위한 자문으로 사실상 각부의 대신처럼 행동했고 결국 국가의 기능이 중복되는 일이 발생되었다. 또한 중복을 통한 의견 대립으로 결정도 신속하고 효율적으로 이루어지지 못하게 되었다. 대왕 시절에는 그의 유능함으로 문제가 안 됐지만 이젠 그들을 억누르고 법적인 근거하에만 움직이게 할 필요가 있었다. 따라서 슈타인은 1808년 11월, 책임이 구분된 다섯 명의 장관으로 이루어진 중앙집행부를 신설하고 (내무부, 재무부, 외무부, 전쟁부, 법무부. 그간의 관리총국은 이때 폐지되고 중앙집행부로 대체되었다.) 각 부의 장관들이 국왕에게 자기 분야를 직접 보고하는 방식으로 운영토록 만들었다. 그렇게 자문과 정책이 분리되어 국왕에게 받아들여지게 해 두 사이의 조화를 이루도록 하였다. 이로써 더 이상 복수의 대신들이 존재하는 형국은 사라졌다. 서서히 '관방 통치' 시스템에서 '대신 통치' 시스템으로 변화가 이루어진 것이다. 그리고 이 과정에서 책임소재를 분명히 하는 것으로 대왕 시대의 관료 감시보단 합리적인 근대적 관료 체제 구축으로 관료의 권한과 책임을 적절히 부여하여 그들의 나태한 집무 태도, 부패한 관료에서 탈피시켜 갔다.

이러한 관료 시스템을 구축하면서 슈타인은 동시에 1808년 11월에 국가의회Reichsstände를 만들어 국민의 대표기관으로 인정하고 이를 헌법으로 보장하였다. 계승자 하르덴베르크의 경우 좀 더 보수적이긴 했지만 국왕의 허락을 받아 1812년 4월에 다시금 신분제의회를 만들었고 그들의 입장을 국가에 반영시켰다. 하르덴베르크의 의회 경우 귀족 대표가 18명, 시민계급 대표가 14명, 귀족이 아닌 토지를 가진 농민들의 대표가 9명이 있었다. 다만 아직까진 완전한 자유주의의 의회제도는 아니었고 국왕의 조언 기구에 가까웠으나 두 사람의 의도에 따라 귀족에게 종속된 형태는 아니었고 과도기적인 형태를 띠고 있었다. 기존의 신분제의회를 자유주의적 의회 시스템으로 약간만 변경한 것이라고 보면 된다. 이제 프로이센은 자유주의의 초입부에 들어온 것이다. 아쉬운 점은 핵심인 입법과 예산심의 같은 권한이 생기는 것에 대한 논의는 후술할 해방전쟁으로 인해 흐지부지해져 다음 세대로 넘겨지게 되었다는 것이다. 고로 우리가 아는 의회제도처럼 어느 정도 변화하는 것은 1848년의 혁명 이후며 그것은 그때 다루도록 하자.

여하튼 그래도 일정 세금을 내는 시민들은 (토지 소유자거나 한 해 수입이 150탈러 이상) 선거권과 평등한 비밀투표를 통해 의원을 선출할 권한을 얻게 되었다는 것은 의미가 있다. 시민들은 대표 기구 의원들을 뽑고 의원들은 책임을 지는 형태를 지닌 일종의 행정 기구인 시장을 선출하며 지방자치를 추구했다. 1807년 카를 폼 슈타인의 나사우 각서Nassau

Memorandum on Administrative Reform in Prussia와 1808년 11월의 '프로이센 왕국의 모든 도시에 대한 규정(시 조례)'으로 지방자치가 실시되었고 예산과 조세, 학교, 빈민 구제와 같은 자율적 행정 권한이 시청에 위임되었다. 슈타인은 이러한 지방자치를 통해 근대적 시민의식을 시민들에게 주입하고자 하였다. 비록 이러한 지방자치는 이 시점에는 시골까진 확대되지 못했고 세금을 낼 수 있는 산업이 발전된 도시에서 이루어지는 도시행정이었다. 그래도 슈타인은 가능한 한 최대한 많은 시민의 정치참여를 유도하여 애국심과 공공정신과 같은 여러 시민의식의 함양을 추구했다. 생업Gewerbe에 종사하는 시민Büger이라면 투표권과 공직에 나갈 수 있는 권한을 주어 소유Teilhabe와 참여Teilnahme를 통한 등가교환으로 자유주의 시민의식을 함양시킨 것이다. 이는 향후 독일에 자유주의가 널리 퍼지는 요인이 되어주었다. 예컨대 슈타인은 부르주아지의 정치참여를 유도하며 도시에서 무급참사관 선거제를 제안하며 지방자치의 강화를 추구했다.

그런데 이런 지방자치는 5개의 중앙부서를 설치하며 간소화되면서도 중앙집권화를 추구한 중앙의 행정 기구들과 외견상 모순되어 있었다. 하지만 이는 오해로 슈타인과 개혁가들은 절대주의의 행정에서 근대적 관료 체제로의 이행을 위해 절대주의에 속박되었던 시민들을 해방하는 것이 먼저라고 판단한 것에 가까웠다. 시민들을 지방행정에 적극적으로 참여시켜 정치 훈련을 통해 참정 의식을 기르고 자유주의 이념을 습득시켜 입헌왕정과 근대적 관료 체제가 만들어지는 기반을 구축한 것이다. 실로 향후 독일은 자연스럽게 자유주의가 뿜어져 나왔으며 독일의 관료 체제는 애매하게 겹친 상태에서 벗어나 효율적이고 체계적인 시스템으로 변화가 일어났다. 물론 이 당시 슈타인과 하르덴베르크의 개혁에 아쉬운 점이 있는 것은 사실이었다. 예컨대 지방자치를 하면서 재판권을 지방에 이양하려 했으나 융커들의 반발로 이는 다음 세대로 넘어간 것을 볼 때 농지개혁 부문에서의 한계처럼 많은 아쉬움이 있었으나 혁명의 여파와 더불어 멈출 수 없는 자유주의로 가는 길이 만들어진 것은 부정하기 힘든 사실이다.

다음은 재정 부문에 대한 개혁을 알아보자. 슈타인은 먼저 대왕 시절부터 내려온 상공업 진흥책과 조세 정책들을 건드렸다. 국가의 직접적 통제를 통한 낙후된 산업을 진흥시키며 재정 확대를 이끌어가던 제도들은 이제 시대에 뒤처진 상태였다. 전매 제도를 통해 기반을 만들어 간 것은 사실이나 자유주의 시대에 접어들며 시민들의 노동 욕구를 마비시키고 있었다. 아무리 좋은 정책이라도 꾸준히 시대에 맞게 변화가 필요한 법이었으며 슈타인과 하르덴베르크는 이번 세기를 이어갈 정책들을 수립해 갔다. 다만 이런 변화에는 큰 장애물이 있었으니 바로 배상금 문제였다. 돈이 있어야 경제개혁도 가능한 법인데 배상금이 발목을 잡았다. 게다가 영토의 절반이 강탈당하여 나라 자체에 돈이 없기도 했다. 프랑스의 수탈과 개혁에 대한 자금 투자로 인해 국가부채는 순식간에 1806년 3,500만 탈러에서 1810년에 6,600만 탈러로 급증하였다. 그로 인해 화폐 가치는 하락하였고 악성 인플레이션이 생겨났다. 일단 슈타인은 1808년 상반기에 배상금 교섭을 통해 시간을 벌면서 영국의 소득세를 도입해 근대적 세제 체제로 위기를 넘기고자 하였다. 이런 와중에 1809년 나폴레옹이 오스트리아를 바그람 전투를 통해 한 번 더 격파하고 1810년에 접어들어 배상금을 어서 갚으라고 요구하자 프로이센 국왕은 일단 슈타인 내각을 해임하고 잠시 은퇴하였던 하르덴베르크를 수상으로 임명하여 프랑스의 요구에 응하겠다고 굴복하였다. (일단 이 시기 슈타인은 러시아로 도망갔다. 그로써 하르덴베르크가 이어받았는데 다른 개혁들도 개혁의 초중반은 슈타인이, 하르덴베르크가 중후반을 책임졌음을 기억해 두자.)

여하튼 1810년 6월 슈타인의 뒤를 이은 하르덴베르크는 본격적으로 세제 개혁을 추진했다. 나폴레옹의 행동 덕에 그간 미루어져 왔던 재정과 상업 부문에서의 봉건적 특권이 일소되어 갔다. 먼저 융커 귀족들의 면세, 지주로서의 특권들이 사라졌다. 이제 조세부담의 경우 소비세의 일종인 영토소비세가 고르게 부과되어 평등권에 기초한 재산에 따른 균등한 납부가 시행되었다. 그해 10월 칙령을 통해 모든 계층과 영토에 세금을 부여하였고 교회의 자산이 몰수되었다. 불필요한 왕령 소유지 재산도 매각하였으며 그 이후로도 2년간 여러 칙령, 각종 재무령을 통해 관세와 세금 체계를 근대적으로 고쳐갔다. 이렇게 증세를 통해 시민들은 발언권을 얻었으며 앞서 언급되었던 하르덴베르크 시절 프로이센의 대표의회가 국왕의 승인을 받았다. 이 일련의 과정에서 가장 주목해야 할 것은 드디어 프로이센의 땅에도 준프트제도(조합)의 규제가 철폐되었고 영업의 자유, 직업선택의 자유가 생겨난 것이었다. 1810년 11월에 있었던 『일반영업세에 관한 칙령Gewerbesteueredikt』으로 조합의 독점은 사라졌고 기술자들은 이제 누구나 독립적 경영인이 될 수 있게 되었다. 간단히 그 내용을 말하자면 100에서 200탈러 정도의 영업세를 납부하여 영업 감찰을 받은 사람이라면 도시건 농촌이건 어디서든 자유롭게 영업할 수 있다는 것이었다. 즉 더 이상 굳이 조합의 허락을 받을 필요가 없었다. 이제 장인 밑에서 수련하던 직인들은 자유롭게 상공업 시장에 뛰어들었고 그러한 자유경쟁으로 인해 생활필수품들의 질적 상승과 가격하락이 생겨났다. 또한 1811년 9월의 후속 칙령으로 조합에 강제로 가입해야 하는 의무마저 완전히 사라짐에 따라 춘프트의 독점은 이제 철폐되었다. 이렇게 자연스레 독점이 사라지게 되자 애덤 스미스Adam Smith의 경제적 자유주의가 프로이센의 영토에 자리 잡게 되었다. 실력 있는 기술자들은 마음껏 새로운 부르주아지가 되기 위해 산업전선으로 뛰어들었고, 이는 프로이센의 공업 활성화에 도움을 주었다. 실로 베를린의 인구가 증가하였는데 이것의 영향을 부정하긴 힘들었다. 이러한 변화를 통해 드디어 프로이센에도 평등권에 기초한 근대적 세제와 독점을 부정하는 자유주의적 경제체제가 안착한 것이다. 그야말로 자유주의의 시작이었다.

다음은 프로이센의 농업 부문, 토지개혁을 알아보자. 여러 개혁 프로그램에서 가장 중요한 것은 여전히 프로이센의 대부분을 차지하고 있는 농업 제도 개혁이었다. 대왕도 힘들었던 이 농노에 관한 문제는 이제 더 이상 미룰 수 없는 것으로 이른 시일 내에 어느 정도 해결을 봐야만 하였다. 프리드리히 빌헬름 3세도 틸지트 조약 직후 구츠헤어샤프트로 대표되는 이 농노제를 폐지하는 것을 목표로 삼았다. 슈타인은 먼저 해당 분야의 전문가인 테오도르 폰 쇤Heinrich Theodor von Schön과 프리드리히 폰 슈뢰터Friedrich Leopold von Schrötter를 초대하여 두 사람에게 농업 개혁을 위한 법률안(해방법)의 초안을 작성하도록 하였다. 두 사람은 농노제 폐지를 위한 사회 개혁 방안을 마련하고 토지조사를 통해 슈타인의 계획을 도왔다. 이로써 나온 것이 유명한 1807년의 10월 9일 칙령이다. 소위 10월 칙령Oktoberedikt이라 불리는 이 칙령을 다른 칙령과 비교하기 위해 구체적 이름을 언급하자면 『토지 재산의 보유 간이화 및 농촌 주민의 인격 관계에 관한 칙령Edict den erleichterten Besitz und den freien

Gebrauch des Grundeigentums so wie die persönlichen Verhältnisse der Land-Bewohner betreffend』으로 농촌사회의 사회구조를 근본적으로 변화시키겠다고 선포한 기념비적인 프로이센 개혁 시대의 입법안이었다. 이 칙령의 가장 중요한 지점은 바로 융커들의 토지에 대한 구매 제한을 푼다는 점과 모든 세습 노예 제도를 폐지하기로 한 것이다. 대왕이 해결하지 못했던 귀족의 특권과 구츠헤어샤프트의 악습을 끝내기로 한 것이다. 또한 악질적인 부역제도도 없애버렸다. 슈타인은 이 칙령을 통해 이제부터 프로이센에는 자유민만이 존재할 것이라 선언하였다. 다만 귀족들이 반발하지 않은 것은 아닌지라 생각보다 표현은 부정확했고 구체적으로 어떻게 농민들을 보호할지는 의문스러운 칙령이었다. 융커들은 예나와 아우어슈테트의 패전으로 인해 개혁에 동의하면서도 자신의 이익을 포기하기는 거부하였다. 그래서 일부 융커들은 법적으로 해방된 농민들이 현실적 이유로 여전히 자신의 땅에서 농사를 짓는 것을 빌미로 엄청난 지세를 요구했다. 아니면 소작 중인 토지에 대해 무모할 정도로 회수를 거듭하는 사태를 벌여 실질적으로 그들을 노예 상태로 유지하였다.

슈타인은 이를 염려하여 1808년 2월에 후속 법령을 만들어 융커들에게 양보한 권리 중 일부를 회수하고 농민들의 처지를 개선하기 위해 노력하였다. 여기서 여러 조건을 달며 농민들의 토지 소유권을 인정하고 보호해 주었다. 다만 소유권이 확실하지 않은 일시적 차용계약을 맺은 소작농이라면 보호받기가 힘들었다. 일단 슈타인의 초기 목적은 농민들이 해방되고 경제적 성장을 거두어 세금을 바치면서 지방자치기구의 대표가 되길 바랐다. 영국과 같은 합리적인 영농시스템이 정착하길 바라고 있었고 하르덴베르크가 이를 이어받아 1811년의 규정 칙령과 1816년의 포고령을 통해 해방된 소작농들을 일련의 등급으로 나누어 차등적으로 소유권을 보호해 주었다. 하르덴베르크는 해방 농민들의 토지 세습소유권을 대체로 두 가지 사례로 나누어 보호했다. 해방 당시 세습소유권이 있다면 토지 2/3의 사용권을, 비세습소유권이라면 절반의 사용권을 인정해 주었다. 그런데 문제는 최하층 농민들로 이들은 소유권 이전이 힘들어 사용권을 인정받기 힘들었다. 그렇다고 좀 더 급진적 정책을 시행하기에는 하르덴베르크는 봉건적 생산방식에서 자본주의적 생산방식으로 서서히 변화할 것을 추구하여 최하층 농민까지 챙기는 것은 힘들었다. 프로이센 정부는 융커들이 자본주의적 경영가로 탈바꿈하길 바라고 있었고 실로 이 기회를 잡은 융커들은 농업생산을 늘려가며 새로운 시대에 탑승하였다. 농민들은 소유권을 인정받아도 토지를 얻는 과정에서 귀족들에게 일정 부분 보상을 해야 했기에 슈타인이 바라던 합리적인 근대적 농업은 오히려 융커들이 주도하고 농민들은 여전히 일부를 제외하곤 가난에서 벗어나질 못했다. 기회를 잡은 융커들은 역으로 복잡한 세습 문제에서 해방된 농민들을 값싼 임금노동자로 고용하고 자본주의적 농업경영 방식을 도입해 생산성 향상으로 농업 발전의 혜택을 받게 되었다. 토지개혁을 통해 분명 농노제는 사라지고 해방되면서 부를 소유한 농민들도 생겨났지만 대부분은 해방만 된 것이었다. 여러 개혁처럼 여기서도 한계는 존재한 것이었다. 그래도 성과는 아예 없는 것은 아니었고 농업 분야에서 자본주의적 경영방식이 도입됨에 따라 생산량은 증대되어 갔고 그 속에서 부를 얻는 이들이 생겨났다.

문제는 새로운 시대에 탑승하지 못한 귀족들이 이에 대해 대단한 불만을 품게 된 것이다. 토지개혁은 구시대적인 토지 귀족들의 농민에 대한 토지 긴박이나 영주재판권, 경찰권, 노비적 봉사를 혁파했는데 (물론 일부 유지되긴 하나) 이는 귀족들에게 대단한 불만을 품게 했다. 하르덴베르크는 귀족들의 경제적 이익을 침해하지 않게 점진적 개혁을 하였지만 그럼에도 일부 귀족들은 불만을 일으키자, 그들의 대표자인 퀴스트린 부근의 지주 마르비츠Ludwig von der Marwitz를 붙잡아 불만을 잠재웠다. 이제 시대가 변한 것은 부정하기 힘든 사실이었다.

그런 시대의 변화에 가장 큰 부분은 바로 빌헬름 폰 훔볼트가 주도한 교육개혁일 것이다. 전대부터 여러 교육정책이 있긴 했지만 공직에 무기력한 시민을 양성한다면 개혁은 순식간에 동력을 잃을 것이 분명했다. 이제 그저 백성Untertanen이 아닌 국가의 시민Büger des Staates을 양성할 순간이었다. 훔볼트는 슈타인의 명으로 1809년 2월 20일에 내무부에 소속되어 있는 종교 및 공교육 국장으로 취임하여 개혁을 시작하였다. 그는 포메른의 군인 가문 출신으로 한창 계몽주의가 피어나던 1770~80년대의 베를린에서 성장한 인물이었다. 그는 프랑스 혁명으로 인해 근대적 기준으로 표준화되어 가고 있던 공교육 시스템을 적극 도입했다. 표준화된 국가고사 및 검사 제도를 도입하고 교육과정과 교과서, 학습 보조도구를 감독하는 특별 부서를 내무부에 설치했다. 또한 지난날의 교원양성소와 교육대학들을 개편하여 칸트적 교육 이상을 실현하는 교사들을 양성시켰다. 그는 정치적 간섭으로부터 자유로운 학술적 다원주의를 통해 대학의 지적인 활기를 추구했다. 그러한 일련의 과정의 정점으로 만든 것이 바로 1810년 10월 15일 베를린에 설립한 프리드리히-빌헬름스 대학교Friedrich Wilhelms-Universität였다. 이곳은 1949년부터 개명되어 지금은 베를린 훔볼트 대학교Humboldt-Universität zu Berlin

라고 모두가 알고 있는 곳으로 초창기 이름은 베를린 대학교였다. 훔볼트는 이 대학을 자신의 이념에 따라 운영하여 프로이센에 자신의 교육적 이상을 퍼트렸다. 당시 할레 대학교가 프랑스의 강점으로 인해 그 기능이 상실한 상태인지라 새로운 대학교가 필요했고 훔볼트는 새로운 대학을 세우면서 자신의 교육이념을 이곳에 주입했다.

그렇다면 훔볼트 대학을 통한 교육개혁의 목표는 무엇이었을까? 당연히 앞서 말했듯 절대왕정의 정치적 간섭에서 자유로운 국민의 대학이었다. 근대 시민을 양성하기 위한 대학을 만들어 당시까지 존재했던 춘프트 제도의 악습으로 인한 것들을 뜯어고치고자 하는 이념적 목표가 있었다. 그러한 과정을 통해 이제 교육은 전과 달리 단순히 기술을 가르치는 것이 아닌 인간을 가르치는, 자유롭게 의견을 타진하는 근대 시민의 양성소가 된 것이다. 훔볼트는 구두장이의 아들을 구두장이로 만드는 것이 아닌 인간의 아이를 인간으로 만드는 것이 목표라는 유명한 말을 남기며 프로이센 교육의 목표를 분명히 하였다. 이를 위해 대학 운영에 철칙을 세우는데 비록 국가의 재정으로 운영된다고 할지라도 국가가 교육에 간섭할 수 없다는 것이었다. 여러 번 언급하지만 국가대학Staats-Universität이 아닌 국가로부터 자유로운 국민대학Nationale Universität을 주장한 것이다. 그는 국왕을 위한 곳이 되면 안 된다고 강조하였다. 그렇게 자유로움을 구축하는 데 성공하여 훔볼트는 대학에서 교수와 학생의 개념을 재설정하였다. 그는 교수가 학생을 위해 존재하는 것이 아니라고 밝혔다. 수직적 구조보단 두 존재에게 제도상 학문 연구라는 동일한 삶의 방식을 부여하여 동등한 권리를 통해 상호 작용을 하는 것으로 대학은 '고독하면서도 자유로운Einsamkeit und Freiheit' 학습장이 되어야 한다고 주장했다.

즉 단순한 학습기관을 넘어서 연구대학Forschoungs-Universität이 되는 것을 추구한 것이다. 학문 연구를 통해 새로운 학문과 지식을 창조하고 그 과정에서 교수와 학생은 창조적인 교육활동과 학습을 자연스레 하길 원했다. 교수의 자유와 학습의 자유가 결합된 근대적 학문 관념이 이곳에 확립한 것이다. 이를 통해 자연스레 과거 시절 경제부흥을 위한 직업교육의 일방적 교육을 타파코자 하였다. 훔볼트 대학의 교육개혁을 통한 최종 목표는 기존의 실리를 위한 직업교육이 무조건 복종하며 단순한 생각을 하는 인간을 양성한다고 보아 일반적인 인간의 교양을 품은 시민을 탄생시키고자 했다. 고로 그의 최종 목표는 인간의 내면을 키워 실용주의에 따라 사회적 요구에 응하는 실업교육으로부터 인간을 인간답게 하는 순수학문을 지키고 그를 통해 근대 시민을 만들고자 한 것이다.

다시금 강조하자면 훔볼트의 교육개혁은 간섭받지 않고 순수한 인간의 내면을 탐구하는 자유 시민의 양성이 목표인 것이다. 이러한 그의 노력은 훗날 통일의 목표에 잠시 누그러트려지긴 하지만 독일의 자유주의를 확고히 하는 데 크게 이바지하였다. 훔볼트는 그렇게 대학을 구성하고 자유로운 교육의 방식을 사회 전반에 가능한 한 많이 도입시켰다.

이제 마지막으로 프로이센의 군사 개혁을 알아보고 해방전쟁으로 넘어가자. 결국 군대가 있어야 해방이 될 수 있는 법이니 말이다. 당시 프로이센 참모의 중심이던 샤른호르스트의 군대 개혁의 핵심은 바로 근대적 참모본부의 설립과 국민군Volksherr의 형성, 그리고 독일 특유의 임무형 지휘 체계의 정립이었다. 본디 하노버의 포병대 소령이었던 샤른호르스트는 1801년에 프로이센 국왕에게 청원서를 보내 프로이센군으로의 편입을 요청하였다. 그리고 동시에 3가지 요구를 하면서 자신의 목표를 이루고자 하였다. 하나는 중령으로의 편입이고 다른 하나는 자신의 귀족 시위 보장, 마지막으로는 프로이센 군대의 개혁이었다. 그는 당시 프로이센 군대가 독일 군대에서 가장 발전 가능성이 있는 군대라고 보았으며 독일의 핵심이 될 것으로 판단하고 있었다.

프로이센 왕국은 그의 재능을 높이 사며 이를 받아들였다. 귀족 신분으로 격상된 소작농의 아들은 군수참모부에 배치되었다. 그는 프로이센에 도착하고 얼마 지나지 않아 군대의 개혁을 위한 모임을 만들었다. 그것이 바로 일종의 연구 모임인 '군사협회'로 1802년 베를린에 설립되었다. 그는 여기서 여러 장교와 군의 발전을 어떤 식으로 해야 할지 구체적으로 정해갔는데 이러한 군의 발전에 큰 도움을 준 대표적인 인물로는 크리스티안 폰 마쎈바흐Christian von Massenbach 대령과 레빈 폰 고이사우Levin von Geusau 중장이 있었다. 마쎈바흐 대령은 참모부를 재편하여 군의 핵심 중추로 바꾸어야 한다고 샤른호르스트와 의견을 맞추었다. 당시 프랑스를 시작으로 참모부가 근대적 형태로 성장하고 있었는데 정작 나폴레옹은 참모부를 자신의 명령을 교부하는 수단 정도로 쓰고 있었다. 황제이자 총사령관이었기에 직접 작전계획을 수립했기 때문이었다. 두 사람은 이에 한 단계 더 나아가 기획본부로서의 상설참모부가 되어야 한다고 주장했다. 그를 위해 1802년 마쎈바흐 대령은 군수참모부의 장교를 위한 훈령을 입안하였다. 그리고 1803년에는 국왕의 허가하에 군수참모부를 실험적으로 재편하였다. 고이사우 중장이 군수참모부의 리더가 되어 당시 최고군사기구인 고등군사위원회의 병무 부분의 지휘와 공병단을 군수참모부가 맡게 하여 권한을 증폭시켰다. 하지만 이 실험적인 참모부는 제대로 가동되지 못했는데 앞서 설명했다시피 7년 전쟁에 참가했던 노장들이 참모 시스템에 동의하지 않았기 때문이었다.

결국 군수참모부는 권위 있는 기구가 되지 못했고 참패를 겪고 나서야 변화가 시작되었다. 1807년 7월, 틸지트 조약의 충격 직후 프리드리히 빌헬름 3세는 슈타인에게 명하여 군대 개혁을 위한 군사재편위원회를 설치토록 하였다. 이곳을 통해 샤른호르스트와 그가 한때 군사학교장으로 있었을 때 가르쳤던 학생들의 계획이 드디어 착수되게 되었다. 샤른호르스트는 그나이제나우, 헤르만 폰 보이엔Hermann von Boyen, 카를 폰 그롤만Karl Wilhelm Georg von Grolman, 카를 폰 클라우제비츠Carl von Clausewitz 등 4명의 유능한 장교를 합류시켜 같이 개혁에 박차를 가하였다. 군사재편위원회는 먼저 최고 책임을 지는 군사 관청인 프로이센 전쟁부Preußisches Kriegsministerium를 만들어야 한다는 것에 합의를 보았다. 슈타인의 계획 아래에 행정 간소화와 집중을 위한 5개의 부서로 이루어진 중앙집행부가 만들어졌고 전쟁부는 그중 하나로 자리 잡게 되었다. 샤른호르스트와 장교들은 기존의 유명무실한 고등군사위원회를 대체할 전쟁부에 군수참모부(병참국)와 고급부관부, 군사내각을 이관하고 전쟁부가 이 기관들을 관할토록 하였다. 그리고 여기서 군수참모부를 근대적 형태의 '일반참모부Generalstab'로 재편하여 참모부의 장교들에게 권위 있는 강제력을 위한 명확한 권한을 부여하였다. 이러한 재편을 통해 일반참모부는 전쟁부의 핵심 중추가 되어갔다. 여기서 멈추지 않고 일반참모부 아래 중앙기구로서의 사령부 역할을 할 군무국과 행정 소임을 수행할 군사경제국을 설치하였다. 군무국은 다시 3개의 부서로 구성되었는데 제1부는 군사내각과 고급부관부의 업무를, 제2부는 행군 및 숙영, 보급 계획과 지도와 기록 업무 같은 참모부의 기본적인 역할들을 업무로 맡았다. 고로 참모부의 핵심으로 간주되어 샤른호르스트에 의해 군의 핵심이자 장교들의 군사학교라는 특별 지위를 허가받았다. 마지막으로 제3부는 병기 및 감찰 업무를 맡았다. 각각 순서대로 그롤만, 보이엔, 그나이제나우가 지휘하였다. 샤른호르스트는 초기에는 군무국장을 맡았다가 1808년 3월에 초대 육군 장관으로 취임하였다. 클라우제비츠의 경우 샤른호르스트의 신임을 받아 육군 장관의 사무실에서 최측근으로 일하였다. 당시 대위였던 그는 새로운 참모부의 참모 기능을 실험적으로 운행하고 전술에 대해 각종 논의를 하였다. 샤른호르스트는 앞으로도 뛰어난 이들이 참모부에 일하도록 새로운 사관학교를 베를린과 쾨니히스베르크, 브레슬라우에 설립했고 베를린에는 1810년에 육군대학을 만들어 개교하였다.

그리고 장교들에게 전술을 가르치면서 프리드리히 대왕 시절부터 내려오던 임기응변에 관한 이야기들을 임무형 지휘 체계Auftragstaktik로 정립시켰다. 그것은 샤른호르스트가 예나와 아우어슈테트의 패배 원인이 사고의 경직성과 장교들의 피동적 지휘에 있다고 보고 만든 자율적인 지휘 체계였다. 샤른호르스트와 클라우제비츠는 전쟁이라는 환경에서 엄격한 규칙은 존재하기 힘들다고 판단하였고 대신 유연한 사고 구조를 가져야 한다고 생각했다. 따라서 기본적으론 최고 명령권자의 지휘를 따르면서도 현장에서는 상황에 알맞은 목표 달성 가능한 행동을 해야 한다고 가르쳤다. 현장의 하급 지휘관들의 유연성과 자신감이 필수 덕목이 된 것이다. 이러한 행동의 융통성은 향후 몰트케라는 후예에 의해 완성되었다. 이러한 사상의 기반은 클라우제비츠가 작성한 『전쟁론Vom Kriege』에 잘 묘사되어 있다. 클라우제비츠는 자신의 미완성 저작에서 (1831년에 클레라로 사망하였다.) 군인들은 전투 현장에 불려 모으는 한낱 가축이 아닌 변화무쌍한 기분과 도덕성, 굶주림, 추위, 피로, 공포 등등 여러 요소에 흔들리는 인간으로, 군대를 기계적으로 개념화하기보단 그 자체로 집단적 재능을 지닌 의식적인 의지의 유기체로 보아야 한다고 말하였다. 따라서 그의 군사이론은 주관적인 변수들을 고려해야 하는 불확정의 과학으로 현장의 판단이 중요하다고 밝혔다. 고로 임무형 지휘 체계는 이러한 방식으로 자리 잡고 운영되었다. (다만 전쟁론은 전술 이론의 정수를 적은 책이라기보단 정치 목표를 이루기 위한 봉사로써의 개념이 더 핵심 요소였다. 단순한 군복무를 하는 것이 아닌 근대 시민이 되기 위한 과정인 것이다.)

이렇게 군사 개혁은 체계를 잡아갔다. 다만 중요한 것은 싸울 병력이 있어야 뭐라도 가능하다는 것이었다. 따라서 위의 계획들보다 우선시되었던 것이 바로 국민군 창설이었다. 샤른호르스트는 보편적 병역 의무를 확립하고 기존에 유지되었던 외국인 용병 시스템을 폐지하였다. 군사재편위원회는 1808년 12월, 20세부터 30세의 모든 장정들을 대상으로 하여 기존의 신분적, 직업적 특권을 배제하고 모두가 평등한 추첨을 통해 징병되도록 하였다. 남은 장정들은 예비군으로 편성하였고 정규군과 긴밀한 협력 관계를 맺도록 하였다. 완전한 징병제라고 보기엔 무리가 있었으나 해방전쟁 발발 후 1813년 2월의 군복무 면제 폐기 법안과 동년 3월 향토방위 조직을 위한 법안, 그리고 1814년 9월의 방위법 Das Wehrgesetz으로 20세부터 40세까지의 전면적인 일반복무 의무가 생겨났다. 다만 틸지트 조약 직후 문제가 있었는데 바로 프랑스와의 강화조약으로 인한 42,000명의 제한이었다. 군사재편위원회는 대안으로 1807년 예비군 설치 법안, 1808년 주군州軍 설치 법안으로 예비군을 통해 실질적인 병력을 확보하고자 하였다. 그 방식을 간단하게 말하자면 약 4만 명의 정규군만을 가지되 주기적으로 돌아가면서 병력이 예비군이 되어 실질적으로는 더 많은 병력을 확보하는 것이었다. 이렇게 4만의 정규군과 11만의 향토방위대를 보유하여 실질적으로 대략 15만에 가까운 병력을 가지게 되었다. 그리고 단순히 병력 확보에 끝나지 않고 악명 높은 배열태형Spießrutenlauf과 같이 가혹한 체벌을 단계적으로 폐지하여 군대의 배타성을 없애려고 하였다. 샤른호르스트에게 군대는 애국심의 보고이자 활기와 책임감을 불어넣는 존재가 되어야 했다. 슈타인의 구상처럼 자유주의적 발상을 기반으로 군인정신의 함양과 고취를 통해 군대와 국민이 하나가 되어 유대 깊은 굳건한 연합체로 만들고자 하였다. 즉 기존의 증오만 생기는 체벌 문화에서 벗어나 조국애를 통해 단결된 군대를 구축하여 드높은 사기를 기반으로 승리를 쟁취하고자 한 것이다. 그것을 위해 이제 군대는 도덕적 배려가 넘치는 단체가 되어야 한다고 샤른호르스트를 비롯한 개혁가들은 주장했다. 인간의 존엄성을 각성시키고 국민 교육을 통해 전쟁 의식을 고양하며 명예 감정을 진작시키는 것이 중요시되었다. 1808년 8월의 군형법조령을 통해 체벌이 공식적으로 금지되었으며 이를 통해 자유주의로 가는 길이 군대에서도 열린 것이다.

이렇게 프로이센은 프랑스에 맞서 각종 개혁을 추진하였다. 다만 개혁이 순탄한 것은 아니었다. 나폴레옹은 사사건건 개입하였으며 그로 인해 슈타인은 도중에 쫓겨났고 다른 개혁가들도 도중 퇴출당하거나 개혁에 제동을 받았다. 그러나 한번 시작된 흐름은 멈출 수 있는 것이 아니었다. 개혁은 차근차근 프로이센의 국력을 회복시켰고 기회가 오자 프로이센을 봉기시키게 해주었다.

나폴레옹의 몰락, 독일의 해방!

나폴레옹은 프로이센 격파 이후 오스트리아를 한 번 더 굴복시키고 이베리아반도를 침공하였다. 그러한 과정에서 대성공을 거두며 그는 유럽 대륙을 굴복시켰다. 하지만 나폴레옹이 강요하는 대륙봉쇄령과 여러 요구는 유럽 국가들이 받아들이기 힘든 것이었다. 특히나 러시아 제국이 시간이 흐를수록 프랑스와 마찰을 빚기 시작했다. 애당초 두 국가는 대륙봉쇄령으로 인한 견해 차이로 계속 동맹을 이어가기 힘들었다. 러시아는 영국과의 대외무역 통해 벌어들이던 수익을 보상해 주길 바랐으나 프랑스는 이에 제대로 호응하지 않았다. 결국 러시아는 영국 선박은 정박을 거부하되 영국 상품을 가지고 오는 중립국 선박은 받으면서 대륙봉쇄령을 우회하였다. 손실을 최소화하려는 조치였으나 프랑스가 이를 눈치채면서 상호 간의 불신이 싹터갔다. 이러던 와중 1810년 12월 두 국가 간의 사이가 급랭해지는 사건이 발생하니 바로 프랑스 제국의 올덴부르크 공국 합병이었다. 올덴부르크 공국은 틸지트 조약에 의해 독립을 보장받은 곳이었으나 프랑스가 일방적으로 합병을 하였다. 이곳은 러시아 알렉산드르 1세의 숙부가 다스리던 곳으로 로마노프 황가를 분노케 하였다. 러시아는 동년 12월 31일 칙령을 통해 프랑스 상품들에 대해 러시아 시장과 항구에서 봉쇄를 명하였다. 그리고 1811년부터 무역 금지로 인한 누적된 경제 피해를 복구시키기 위해 영국과의 무역을 재개하고 대륙봉쇄령에 대한 협조를 거부하자 양국 관계는 완전히 파탄 나버렸다. 프랑스 제국은 1811년 연말부터 1812년 초엽까지 군대를 증강하고 공세를 준비하면서 사실상 전쟁이 시작되었다.

이러한 일련의 과정에서 프로이센은 어찌하고 있었을까? 결론부터 말하자면 기회를 노리며 숨죽이고 있었다. 프로이센은 오스트리아가 다시 항전하는 1809년에 대프랑스 동맹에 재참전을 할 생각도 있었다. 하지만 국력은 회복되지 않았으며 프리드리히 빌헬름 3세가 블뤼허의 호소에도 신중한 태도를 취함으로써 그런 일은 일어나지 않았다. 다만 프로이센의 민의는 그때부터 이미 들끓고 있었던지라 페르디난트 폰 실Ferdinand von Schill 소령이 이끄는 연대의 돌발행동이 있었다. 그는 지난 전쟁에서 프랑스와의 게릴라전에서 활약한 인물로 자신이 이끄는 연대를 이끌고 프랑스에 맞설 생각에 상층부의 허락도 없이 베를린에 입성했다. 그는 비밀 애국 조직과 접촉하며 나름대로 새로운 항전을 준비하나 돌발행동에 프로이센 정부는 깜짝 놀라 대책 회의에 나섰다. 신중한 국왕과는 반대로 대신들은 민의에 동의하며 오스트리아와의 동맹을 부르짖었다. 당시 1809년 3월에 창설된 초대 베를린 경찰국장 유스투스 그루너Justus von Gruner는 강한 어조로 민의에 따르지 않으면 호엔촐레른의 왕위가 위험해질 것이라고 경고했다. 하지만 나폴레옹의 조치로 실 소령의 계획은 빠르게 박살 났다. 실 소령은 5월 31일 슈트랄준트에서 사살되었고 가담자들도 얼마 안 가 붙잡혀 전부 총살당했다. 국왕은 참고 넘어가는 선택지를 택하였고 결국 참전은 없게 되었다. 그러나 국왕의 신중론에도 독일 시민들의 분노는 이미 한계 상태인지라 가담자 색출에도 프랑스 정부에 분노를 표출했다. 프로이센의 백성들은 애국자가 탄압받는 것을 속수무책으로 쳐다보면서도 들끓는 민족주의를 참기 힘들어하였다. 나폴레옹의 탄압이 아이러니하게도 독일 민족의 정체성을 키워주었다. 일부 사람들은 프리드리히 빌헬름 3세의 태도가 비열하다며 그의 동생이나 사촌을 왕위에 앉힐 음모를 꾸미기도 하였다.

그러던 와중 앞서 말한 프랑스와 러시아의 충돌이 시작되자 다시금 프로이센 내부에서는 프랑스에 대항하는 군사행동을 해야 한다는 주장이 나오기 시작했다. 그나이제나우는 성직자를 통한 지역사회 동원 방식으로 민중봉기의 형태로 시작해 보자고 건의하였다. 하지만 얼마 전인 1810년 7월에 루이제 왕비가 사망한 영향인지 프리드리히 빌헬름 3세는 우울증 증세를 보이며 적극적인 태도를 보이는 것에 주저하였다. 그래도 주전파의 의견을 어느 정도 수용하여 1811년 초여름을 기점으로 몰래몰래 준비를 하기로 결정하였다. 일단 주요 요새를 강화하고 군대를 확대할 계획을 마련하였다. 하나 이러한 움직임은 얼마 안 가 1811년 8월에 나폴레옹에게 들켜 버렸다. 프랑스는 프로이센에 강력한 경고를 보냈다. 당장 중단하지 않으면 베를린에 다부 원수의 부대를 주둔시키겠다고 말이다. 프로이센 국왕은 일단 물러서야 한다고 생각하여 블뤼허의 강력한 반대에도 요새 증축과 모병 활동을 중단하였다. 그리고 극렬한 반대를 하던 블뤼허의 지휘권을 몰수하였다. 그런데 그렇게 나폴레옹의 입맛대로 해주었는데도 돌아오는 것은 더욱 모욕적인 행동이었다. 나폴레옹은 러시아 원정을 위해 자신의 군대가 동부로 진격할 때 프로이센의 모든 요새와 창고를 개방하여 병영과 군량을 제공하라고 압박하였다. 추가로 프로이센의 병력 2만 명을 자신의 원정군으로 보내라고 하였다.

나폴레옹의 강요에 한 번 더 수락하자 프로이센 개혁파 관료들과 시민들은 엄청난 분노에 휩싸였다. 예컨대 강경파였던 초대 경찰국장 그루너는 분노하며 잠시 관직을 벗어던지고 프라하로 가서 애국 조직에 합류, 봉기를 준비하였고 샤른호르스트는 현재는 때가 아님을 알고 공직에서 잠적해 버렸다. 보이엔과 클라우제비츠, 그나이제나우는 차르의 군대에 합류하기로 결정하고 러시아로 망명하였다. 그들은 먼저 망명 중이던 슈타인과 만나 러시아에서 항전하기로 하였다. 프로이센의 시민들은 지나가던 프랑스의 병력이 일방적으로 곡물과 여러 재산을 훔치는 것에 불만을 가졌다. 심지어 가축과 종자용 씨앗마저 죄다 훔쳐 가자 농민들은 숲속으로 가축을 데리고 도망갈 정도였다. 무도한 프랑스의 부대들은 도망친 농민들을 뒤쫓아 재산을 약탈하고 매질을 하며 보복했다. 당시 관료들이 올린 보고서에 의하면 참화의 수준이 30년 전쟁 당시보다 더 악랄하게 보인다고 하였다. 당시 하노버 외교관 루트비히 옴프테다Ludwig Ompteda의 표현에 의하면 프랑스군은 프로이센 주민들에게 '참상을 보고 눈물을 흘릴 눈'을 제외하면 아무것도 남겨놓지 않았다고 한다. 그렇게 자연스레 민심은 순식간에 증오로 변했다. 이제 조금이라도 복수할 기회만 생긴다면 이젠 아무리 국왕이 신중히 움직여야 한다고 말려도 시민들이 들고일어날 환경이 조성되었다.

그리고 이것은 얼마 지나지 않아 생기게 된다. 1812년 겨울, 나폴레옹이 러시아에서 참혹한 결실을 맞이했기 때문이었다. 나폴레옹은 러시아군을 격파하며 모스크바에 입성하는 것에 성공했다. 하지만 알렉산드르

1세는 계속 항전을 이어갔고 코사크 기병대로 비롯되는 유격대의 보급 약탈과 지연전, 소모전이 지속적으로 성공하여 프랑스와 그들의 동맹군은 서서히 피폐해졌고 수많은 사상자를 만들게 되었다. 나폴레옹은 클라우제비츠의 기록에 의하면 61만의 대군을 모았고 그중 42만 명을 러시아로 이끌고 갔지만 이젠 그 절반도 남지 않게 되었다. 기록에 따라 다르나 모스크바에서 후퇴하기 시작한 병력은 아무리 많이 잡아도 10만 명대 중반일 것이다. 사실상 자랑하던 대육군이 붕괴한 것이다. 이러한 철수 소식이 1812년 11월 12일 신문에 나오게 되었고 그로 인해 프로이센의 정부와 시민들은 지금이야말로 복수의 기회임을 눈치채게 되었다. 그러자 사람들은 자발적으로 강점 중인 프랑스 군대에 항전을 시작했다. 예컨대 프로이센 지방의 노이슈타트Neustadt에서 지역 주민들이 프랑스군에 맞서 유혈 시비를 일으켰다고 한다. 또한 다른 보고에 의하면 여러 지역에서 무장한 농민들이 낙오병들을 발견하여 직접 공격하였다고도 한다. 그야말로 민중봉기가 시작된 것이다.

그러나 프리드리히 빌헬름 3세는 주변 관료들의 러시아와 손을 잡으라는 주장에도 여전히 신중한 태도를 보이고 있었다. 오히려 프랑스와 러시아 사이의 중재를 통해 실리를 얻는 것이 좋다고 말하였다. 그러면서도 오스트리아와 동맹 협상을 몰래 벌이며 신중히 기회를 엿보기로 하였다. 그는 일단 1812년 12월 15일에 있던 나폴레옹의 동맹군 군대 분담 규모 확대 요구에 응하며 눈치를 보았다. 그러나 기세를 탄 민족주의를 잠재울 수는 없었다. 나폴레옹을 따라 러시아로 보내진 프로이센 군대를 이끌던 요르크Ludwig Yorck von Wartenburg 장군은 프랑스의 잔여 병력 후퇴를 엄호하라는 명령을 무시하고 러시아군 사령관 다비치Dibitsch

장군을 만나 타우로겐Tauroggen에서 12월 30일에 밀약을 맺었다. 이것은 클라우제비츠의 설득에 의한 것으로 앞으로 요르크 장군이 이끄는 부대는 두 달간 중립을 지키며 러시아군이 프로이센 지역을 통과하도록 해주기로 하였다. 이는 명백한 반역 행위였지만 그는 엄청난 억압을 받던 프로이센 국민의 뜻을 등에 업고 이 사태를 정당화하였다. 적에 대한 분노로 하나 된 독일 민족주의의 열기는 그만큼 거셌으며 아무리 국왕이라 할지라도 이젠 민족주의의 발흥은 막을 수 없었다.

그렇게 러시아군은 프로이센 지방으로 들어왔고 프랑스로부터 동프로이센 전역을 해방시켰다. 그리고 얼마 안 가 나폴레옹에 의해 러시아로 망명했던 카를 폰 슈타인이 러시아 황제의 고문관이자 전권대사로 동프로이센에 돌아와 행정권한을 행사하였다. 그는 쾨니히스베르크 신분제의회를 소집하였다. 당시 프로이센 본국의 체포 명령이 떨어진 요르크 장군은 이 회의에 초빙되었고 프랑스와 맞서 싸울 것을 이야기하였다. 슈타인은 2월 5일부터 10일까지의 여러 번의 신분제의회를 통해 민중 전쟁을 제안하였고 해방된 지역에서 최대한 많은 인원을 소집하기로 결의하였다. 계획에 따르면 도합 3만의 병력이 프로이센에서 징집될 예정이었다. 그리고 국왕에게 공개서한을 올려 조국을 위해 싸우든지 아니면 죽든지 택하라고 요구하였다. 슈타인은 신문과 유인물을 프로이센 전역에 뿌리며 봉기를 촉구하였고 여러 프로이센의 통치 구역에서 이에 호응하는 움직임이 포착되어 갔다.

이 시점에서 프리드리히 빌헬름 3세는 자신이 중립을 어길 것을 걱정하여 프랑스가 납치 계획을 세우고 있다는 소문에 일단 브레슬라우로 하르덴베르크 수상과 함께 피신한 상태였다. 1813년 1월, 여기서 그는 수상과 보좌관들, 그리고 대신들에게 항전을 택해야 한다는 의견을 강력하게 받게 되었다. 이 시점에서 샤른호르스트가 돌아와 중책을 맡으며 개혁 파트에서 말한 일반 병역 의무를 준비하자 국왕도 이제 대항할 시점임을 부정하기 힘들게 되었다. 특히나 자신이 총애하던 국왕의 고문이었던 위그노 선교사 앙시용Jean Pierre Frédéric Ancillon이 항전하지 않으면 민심에 의해 결국 국왕이 휩쓸려 나갈 것임을 충고하자 결국 주변의 의견을 받아들이기로 하였다. 실로 러시아군의 움직임에 발맞춰 프로이센 전역에서 프랑스에 대항하는 민중봉기가 일어나고 있었다.

그렇게 2월 29일 러시아와 프로이센의 칼리슈 조약Treaty of Kalisz이 체결되었다. 이제 몇 주 안으로 프로이센은 러시아의 동맹으로 참전하기로 하였다. 여기서 러시아는 15만의 병력을, 프로이센은 8만의 병력을 동원하기로 합의하였으며 추가로 민병대를 최대한 많이 확보하기로 하였다. 그리고 양측은 프로이센의 영토가 1806년의 상태로 회복될 것에 합의하였다. 다만 폴란드 2차, 3차 분할로 얻은 땅 대부분은 러시아가 가져가고 대가로 연합군이 점령할 독일 지방의 땅들을 프로이센에 주기로 하였다. 이러한 소식에 보이엔, 그나이제나우, 클라우제비츠와 같이 잠시 프로이센을 떠났던 여러 인사들이 요직에 복직되었으며 러시아의 총사령관 쿠투조프Mikhail Kutuzov와 의논하여 어떻게 나폴레옹에게 맞설지 논의하기 시작했다. 그리고 1813년 3월 17일, 『나의 국민에게An Mein Volk』라는 호소문이 프로이센 전역에 포고됨으로써 공식적으로 프로이센의 해방전쟁이 시작되었다. 이 호소문은 프로이센이나 독일의 영방국가들에서 그간 벌어졌던 나폴레옹에 대항하는 애국주의 운동의 결정체와도 같은 것이었다. 여기서 프리드리히 빌헬름 3세는 과거 프랑스의 무력에 당했던 굴욕과 독립의 당위성을 설파하며 프로이센 사람들의 민족주의를 자극하였다. 그는 프리드리히 내왕의 영광스러운 순산을 언급하며 이왕 죽을 것이면 프랑스가 아닌 조국과 민족을 위해 죽는 것이 나으며 프로이센 사람이자 독일인으로 살기 위해선 지금은 반드시 투쟁해야 할 순간이라고 언급하였다. 이러한 호소문은 독일에 형성되어 가던 민족주의에 강한 영향력을 미쳤다. 이제 사람들은 스스로를 단순히 어느 국가나 지방에 속한 사람이 아닌 독일이라는 하나의 민족에 속한 사람임을 깨달으며 동시에 독일의 통일에 대해 열망을 품게 되었다. 프리드리히 빌헬름 3세가 의도한 바는 아니겠지만 강력한 민족주의의 탄생으로 독일 통일에 대한 논제가 독일인들 사이에서 부상하게 되었다.

이러한 나폴레옹에 대항하는 독일 애국주의, 민족주의 흐름은 정확히 따지자면 앞서보았듯 나폴레옹의 전성기 시절부터 시작되고 있었다. 프랑스의 압제에 시민들은 분노했고 그에 따라 독일 전역에 애국적 문학가들이 등장하여 시민들의 마음을 달래고 힘을 줄 작품들을 쏟아냈다. 여러 시와 단편, 우화들이 익명으로 출판되었고 그를 통해 독일 민족이 하나가 되어 싸워야 한다는 생각이 탄생하게 되었다. 주로 낭만주의자들이 독일 민족의 정체성과 감정을 키우기 위한 여러 행동을 하였고 그 과정에서 유명한 작품들이 튀어나와 독일인의 감정을 하나의 민족으로 키워갔다. 예컨대 1809년에 오스트리아가 프랑스에 다시 한번 대항할 때 낭만주의의 거두 슈레겔Friedrich Schlegel이 만든 비극 『헤르만의 전쟁Die Hermanns schlacht』이 대표적인 낭만적 전쟁 독려문이었다. 로마에 대항하고 승리했던 위대한 독일 민족의 영웅 아르미니우스Arminius를 통해 독일해방을 주장한 것이다. 오스트리아의 패전으로 금방 물거품이 되었지만 이러한 흐름은 멈추지 않았다. 애국적 문학가들은 연이어 여러 작품을 이어갔고 고전주의와 결합하여 대표적으로 민요집 『소년의 마적 Des Knaben Wunderhorn』 같은 작품을 만들었다. 이것은 아르님과 브렌타노의 작품으로 당시 형성되어 가던 독일 민족주의의 정신을 고백한 작품이었다. 특히나 유명한 것은 그림 형제의 『어린이와 가정을 위한 민담 Kinder- und Hausmärchen』, 즉 그림동화로 당시까지 내려오던 독일의 전래동화를 모아 하나의 작품으로 만들어 독일인이라는 민족감정을 형성하는 데 지대한 영향을 끼쳤다.

다만 이러한 흐름의 문제가 있다면 피어나던 자유주의의 흐름에 어느 정도 제동을 걸었다는 것이다. 자유주의와 더불어 프랑스에 대항하고자 한 민족주의는 독일인이라는 하나의 정체성을 형성하기 위해 기독교 신앙과 과거부터 내려온 독일의 신화나 이야기들을 이용했고 그러한 고전주의는 계몽주의의 합리성을 해치곤 하였다. 그러한 덕택에 향후 독일 민족은 진보적이면서도 보수적인 아주 특수한 상황에 놓이게 되었다. 통일을 바라는 민족주의로 보수적 정책을 택하면서도 자유주의의 여파로 인해서 진보적인 복지를 추진하는 복합적 사회를 만들게 된 것이다. 그것은 독일 제국 파트에서 좀 더 자세히 다루도록 하자.

여하튼 이러한 흐름 속에 프로이센은 하나 됨을 강조하며 나폴레옹에 대항하기로 결정하였다. 프로이센은 1813년 4월 칙령을 통해 지역돌격대 창설을 호소하였다. 물론 장교를 선발해야 한다는 전제조건이 있었지만 민족주의 흐름에 호소하는 상당히 과격한 정책이었다. 프로이센 시민들은 이에 호응하며 나폴레옹에 대한 항거를 시작하였다. 예컨대 '독일체조운동'이라는 일종의 민족주의 운동을 주도한 프리드리히 루트비히 얀

Friedrich Ludwig Jahn이 많은 사람들을 이끌고 오며 적극적으로 참여하였다. 당대의 기록에 의하면 그렇게 모인 의용군들이 브레슬라우를 가득 메웠으며 그런 의용군에게 필요한 물자를 팔러 온 상인들로 인해 시내에 북적거렸다고 한다. 프로이센은 이렇게 병력을 긁어모으며 러시아와 함께 작전을 펼쳤고 알렉산드르 1세의 적극적 의중에 따라서 독일에서도 나폴레옹의 세력을 추방시키는 해방전쟁이 본격적으로 발발하였다. 먼저 러시아군은 폴란드로 향하였다. 외젠Eugène de Beauharnais이 이끄는 프랑스군은 이를 막아보고자 했으나 병력의 차이로 역부족이었다. 그는 포젠 방어는 불가능임을 깨닫고 엘베강 방면으로 후퇴했고 러시아군은 유유히 베를린으로 도착하는 데 성공하며 프로이센 본군과 합류하였다. 3월 13일 정식으로 프랑스에 선전포고한 프로이센은 블뤼허에게 지휘를 맡겨 러시아군과 합류해 작센의 드레스덴으로 진격하였고 3월 27일, 그곳을 점령하는 데 성공했다. 그 무렵 베르나도트가 이끄는 스웨덴군이 포메라니아에 나타났으며 영국과 하노버의 부대가 슈트랄준트까지 진출하는 데 성공하여 속속히 나폴레옹에 대항하는 연합군의 포위망이 형성되어 갔다.

나폴레옹은 이에 대항하기 위해 파리로 돌아와 대규모 징집명령을 포고하였다. 병역 기간을 늘리거나 스페인에서 정규군을 회군시키며 20만에 달하는 병력을 아득바득 모아 연합군을 압도하는 전력을 일시적으로 만드는 데 성공하였다. 그러나 기병은 순식간에 모을 수 있는 것이 아닌지라 그의 목표에는 미치지 못하였고 숙련된 포병 또한 그러하였다. 일단 프랑스는 점령당한 드레스덴에 대한 역습을 펼쳐 러시아군의 진출을 막고 베를린과 브레슬라우의 연락선을 끊는 2중 전략을 취하였다. 그로 인해 프랑스와 연합군이 뤼첸에서 맞붙게 되었다. 이곳에서 프랑스는 가까스로 승리를 거두는 데 성공했지만 미셸 네의 실수와 블뤼허의 완벽한 기습 성공으로 인하여 그들이 원하던 완벽한 승리는 거두지 못하였다. 도리어 큰 피해로 인해 프로이센이 엄청난 성장을 거두어 앞으로 힘들어질 것이라는 전망을 얻게 되었다. 그래도 나폴레옹의 적절한 등장과 지원으로 승리를 거두었고 14만의 대군은 8만의 연합군을 패퇴시킬 수 있었다. 또한 프로이센은 전투 중 총상으로 군의 개혁을 주도하던 샤른호르스트를 잃게 되어 큰 피해를 입었다. 다만 프랑스 입장에서 큰 문제는 기병이 군마 부족으로 복구가 되질 않아 추격을 못 해서 전과확대를 못했다는 것이다. 이러한 지난 전쟁에서의 손실은 꾸준히 나폴레옹의 발목을 잡게 되었다.

일단 나폴레옹은 승리를 이어가기 위해 군을 나누어 하나는 베를린으로, 하나는 드레스덴으로 향하게 하였다. 베를린에는 우디노Nicolas Oudinot가, 드레스덴으론 자신이 향했다. 이 과정에서 벌어진 콜디츠Colditz 전투에서 프로이센에게 승리한 프랑스는 드레스덴으로 향하는 교두보를 구축하였고 전쟁의 주도권을 가져올 수 있단 희망을 얻게 되었다. 연합군은 뤼첸 전투 이후 바우첸Bautzen으로 결집하여 러시아군의 충원을 받고 나폴레옹을 맞이할 준비를 하였다. 그런데 바우첸 전투에서도 미셸 네의 실수로 프랑스는 승리를 거두었지만 완벽한 승리는 놓치게 되었다. 연합군은 나폴레옹의 전략을 이해하지 못한 지휘관들의 실수 덕택에 질서정연한 후퇴에 성공하게 되었고 다시 한번 기회를 얻게 되었다. 연합군은 일단 지원군을 이끌고 온 바실리 데 톨리Barclay de Tolly를 러시아 사령관으로 임명하고 슐레지엔의 슈바이드니츠까지 후퇴하기로 하였다. 나폴레옹은 연합군의 뒤를 추격하며 다부에게 일전 외젠이 포젠과 힘께 포기했던 함부르크로 달려가 그곳을 회복하라고 명령했다. 다부는 함부르크를 탈환하는 데 성공했고 나폴레옹은 브레슬라우 근방까지 진격하는 데 성공했지만 피해 누적으로 일단 작센의 드레스덴 탈환 정도로 만족하며 연합군과 1813년 6월 4일 36시간의 일시 휴전을 체결하며 드레스덴으로 물러났다. 훗날 이걸 나폴레옹의 실수로 지적하지만 그는 급히 징집된 신병으로 도저히 무리임을 깨닫고 있었고 이는 사실이었다. 해방전쟁 초엽 나폴레옹은 놀라운 지휘로 승리를 연속으로 거두었지만 신병들의 수준이 낮아 자신의 명령을 제대로 이행하지 못하고 있었다. 무엇보다 보급선도 위태로워 부대를 재건하는 것이 올바른 판단이었다. 문제는 그의 실수로 이해될 정도로 연합군의 회복이 더 빠르고 컸다는 것이다. 나폴레옹은 겨우겨우 독일 전역에 44만 명의 군대를 배치하였고 이중 절반이 사실상 고립된 상황이었다. 그런데 연합군은 50만에 가까운 병력을 모으는 데 성공했고 예비대를 추가로 35만이나 모을 예정인지라 이제 숫자 싸움에서 이길 수 없는 상황에 놓이게 되었다. 여기에 40만의 부대를 보유하고 있는 오스트리아가 복수를 위해 참전을 준비하니 정말로 그의 실수로 보일 만하였다. 오스트리아의 클레멘스 폰 메테르니히Klemens von Metternich 외무상은 연합군과 접촉하여 나폴레옹이 자신의 요구조건을 받아주지 않는다면 연합군 편으로 붙겠다고 선언하였다. 이 라이헨바흐 조약의 내용은 프랑스가 세운 바르샤바 공국의 해체와 프로이센의 확장, 프랑스에게 빼앗긴 오스트리아의 연안 영토인 일리리아Illyria 반환이 요구되어 있었다. 나폴레옹은 이를 받아들일 수 없었고 오스트리아는 7월 19일 연합군의 편으로 참전하게 되었다. 그리고 8월 12일 오스트리아는 정식으로 프랑스에 선전포고하였다.

휴전은 정식으로 1813년 8월 16일에 끝났는데 연합군은 크게 4개의 군으로 구성되어 독일 전역에 배치되었다. 프로이센과 러시아군으로 이루어진 블뤼허가 이끄는 9만 5천의 병력이 브레슬라우에, 프로이센과 스웨덴군으로 이루어진 베르나도트가 이끄는 11만의 병력이 독일 북부에, 오스트리아와 프로이센 그리고 러시아군으로 이루어진 슈바르첸베르크Karl Philipp zu Schwarzenberg가 이끄는 23만의 병력이 보헤미아에, 마지막으로 러시아 베니히센이 이끄는 6만의 병력이 폴란드 방면에서 후방 배치되어 있었다. 이들의 총사령관은 오스트리아의 슈바르첸베르크 후작으로 결정되었으며 합의한 트라헨베르크Trachenberg 작전 계획에 따라 1개 군이 공격받으면 다른 군은 아군의 측면을 보호하면서 적의 측후방을 타격하기로 하였다. 나폴레옹을 격파하기 전까진 자국의 이익보단 승리에 집중코자 한 합의의 결과물이었다. 하지만 프로이센 국왕과 러시아 황제는 툭하면 총사령관에게 개입하려 들어서 슈바르첸베르크 후작은 자신의 군주에게 피로감을 호소하곤 하였다. 이에 맞선 나폴레옹은 엘베강 상류와 함부르크 방어는 다부에게 맡기고 자신의 25만 병력은 유동적으로 주변의 연합군을 노리고 우디노 장군에게는 12만 병력을 주어 베를린에 다시금 진출토록 해 적의 포위망을 격파하고자 하였다.

하지만 부대를 쪼개어 포위망에 대응하는 방식은 결론적으로 실패하였다. 베를린으로 향하던 우디노의 병력은 베르나도트에게 막혔으며 블뤼허를 견제하도록 보낸 마크도날Jacques MacDonald의 부대는 카츠바흐Katzbach에서 역으로 격파당했다. 역으로 연합군에 의해 드레스덴에 남겨둔 병력이 위험해지자 나폴레옹은 계획을 바꿔 드레스덴으로 서둘러

말머리를 돌렸다. 그는 병력의 열세에도 불구하고 연합군의 좌측을 노린 공격에 성공하여 인상적인 진술을 신보였지만 슈바르첸베르크가 이끄는 부대를 포위하는 데 실패하며 적에게 큰 타격을 주는 데 실패하였다. 물론 13만과 21만이라는 병력 차이를 고려해야겠지만 우디노와 마크도날의 실패로 인한 피해 누적을 적에게도 선사해야 했는지라 아쉬운 결과였다. 그래도 나폴레옹은 팽팽한 대결을 이어가는 데 성공하였다. 문제는 시간이 흐를수록 불리해지고 있다는 것이었다. 연합군은 계속 병력과 보급품을 충원받고 있지만 프랑스는 본국으로부터 보급도 잘 못 받고 있었고 미비한 훈련과 실전 부족, 무엇보다 기병 전력의 부족함으로 나날이 불리해졌다. 나폴레옹은 미셸 네의 부대를 통해 다시금 베를린을 노렸지만 실패했고 베르나도트의 북부군이 서서히 그를 향해 내려오기 시작했다. 나폴레옹은 도저히 지금 구역을 지키는 것은 불가능이라 판단하고 엘베강 서쪽의 작센 왕국 지역으로 후퇴하기로 하였다. 그리고 소모되고 남은 25만의 병력과 함께 라이프치히에 단단한 방어 거점을 구축하였다. 베르나도트의 북부군이 내려와 블뤼허와 만나 합류하였고 그들은 라이프치히 방면으로 움직였다. 슈바르첸베르크와 베니히센의 부대도 라이프치히 방면으로 향하면서 연합군의 포위망이 형성되어 갔다. 나폴레옹은 이런저런 시도로 이들의 진격을 저지하려 했지만 결국 실패했고 연합군은 협공이 가능할 정도로 거리가 좁혀지게 되었다.

그렇게 몇 번의 전초전 끝에 1813년 10월 16일, 국가들의 전투Battle of the Nations라고도 불리는 라이프치히 전투가 개시되었다. 이 전투에서 바르샤바 공국과 작센, 바덴, 헤센, 뷔르템베르크, 베스트팔렌, 이탈리아, 나폴리 왕국이 프랑스의 편으로 참전했고 러시아, 프로이센, 오스트리아,

스웨덴, 영국, 마그데부르크-슈베린Mecklenburg-Schwerin이 연합군으로 참전하였다. 프랑스와 그들의 동맹은 대략 19만의 병력과 700문의 대포를, 연합군은 대략 38만의 병력과 1,500문의 대포를 동원했다. 그야말로 국제전의 시초인 전투였다.

10월 16일, 그 장대한 전투의 첫날이 시작되었다. 연합군에서 먼저 라이프치히의 전장에 도착한 것은 슈바르첸베르크의 보헤미아 방면군이었다. 그들은 전장의 남쪽에서 플라이세Pleisse강의 우측에, 나폴레옹의 입장에선 남쪽에 자리 잡고 진형을 구축했다. 아직 블뤼허나 베르나도트가 이끄는 다른 연합군 병력이 도착하지 않았기 때문에 나폴레옹은 라이프치히 북쪽 방위를 맡은 미셸 네에게 최대한 병력을 남쪽으로 보내라고 명령했다. 적어도 첫날엔 도착하지 않을 것이라고 보았고 그전에 슈바르첸베르크의 병력을 먼저 격파하겠다는 의도에서였다. 그렇게 오전 8시 첫 교전이 시작되었다. 프로이센과 오스트리아, 러시아의 연합병력이 나폴레옹이 주둔하고 있는 라이프치히를 향해 진격했다. 그들은 라이프치히 남쪽에 있는 바하우Wachau까지 진격하였고 러시아 부대의 활약으로 점령하는 데 성공했다. 하지만 프랑스 포병대의 활약과 프랑스 2군단의 분전으로 바하우는 얼마 안 가 프랑스에 탈환되었다. 바하우는 한동안 계속 주인이 바뀌며 양측 군대는 치열한 싸움을 이어갔다. 그러는 동안 프로이센의 부대가 바하우 좌측의 마클레베르크Markkleeberg에서 폴란드군을 상대로 승리해 해당 지역을 점령하는 데 성공했다. 슈바르첸베르크 부대의 좌측 부대는 플라이세 강을 건너 라이프치히로 가는 좌측 길을 열기 위해 애썼지만 일단 코네비츠Connewitz와 될리츠Dölitz에서 돈좌되었다. 슈바르첸베르크의 우측 부대인 러시아 부대는 순조롭게 전장의 우측을 차지하였고 나폴레옹의 본진을 향해 라이프치히의 남동쪽에 위치한 리베르트볼크비츠Liebertwolkwitz를 향해 진격했다. 나폴레옹은 9군단과 청년근위대를 자신의 우측으로, 마크도날의 군단을 자신의 좌측인 러시아 부대가 오는 곳으로 보내 진격을 막았다. 마크도날은 놀라운 활약을 보여주며 리베르트볼크비츠로 온 오스트리아와 러시아의 부대를 남동쪽의 평원 너머로 쫓아내 버렸다. 다만 코사크 기병대가 측면에 보이자 더 이상의 추격은 하지 않았다.

슈바르첸베르크가 이끄는 보헤미아 방면 연합군은 나폴레옹의 반격에 주춤하게 되나 그래도 나름의 성과를 얻긴 하였다. 바로 오스트리아의 3군단이 라이프치히 왼편에 있는 린데나우를 점령하려고 시도한 덕에 북쪽의 미셸 네의 부대가 추가적인 나폴레옹 지원을 포기하고 린데나우Lindenau로 베르트랑의 부대를 보냈다는 것이다. 그 덕에 나폴레옹은 지원 미비로 추가적인 기회를 잡기 힘들게 되었다. 그러는 사이 블뤼허의 브레슬라우 방면군이 라이프치히의 북쪽에 서서히 접근하기 시작하기 시작했다. 나폴레옹의 예상과 다르게 다른 연합군들은 생각보다 라이프치히에서 가까이에 있었고 블뤼허의 부대가 첫날 슈바르첸베르크를 제외하곤 가장 먼저 도착한 것이다. 미셸 네는 더 이상 남쪽으로 병력을 보내지 않고 마르몽Auguste Marmont이 이끄는 부대를 북으로 보내 블뤼허를 막아보고자 하였다. 마르몽이 북서쪽에서 프로이센의 부대를, 라이프치히 북쪽 뷔더리츠Wiederitzsch에서 폴란드 부대가 블뤼허 산하의 러시아 부대를 막으려고 노력하였다. 블뤼허는 슈바르첸베르크를 돕기 위해 적극적으로 프랑스를 공격했고 이러한 그의 선택은 나폴레옹의 발목을 잡았다. 나폴레옹은 적들이 전부 라이프치히에 도착하기 전에 결판을 내려고 남쪽에 집중하려 했으나 그 작전이 시작부터 어긋나 버린 것이다. 그래도 아직 남쪽에선 나폴레옹의 군세가 슈바르첸베르크보다 더 컸다. 슈바르첸베르크는 예비대를 전부 투입하며 나폴레옹의 의도에서 벗어나고자 하였다.

나폴레옹은 전투 첫날의 오후 2시, 위기에서 탈피하고 승기를 잡기 위해 적극적 공세로 전환하였다. 2군단과 5군단, 청년근위대와 근방에 있는 180문의 대포를 동원해 슈바르첸베르크의 연합군에 공격을 가하였다. 뮈라가 만여 명의 기병을 이끌고 공격을 지원하였다. 하지만 뮈라의 기병대는 습한 토지와 험한 지형에 가로막혔고 적의 근위 사단과 기병대의 반격으로 얼마 안 가 패퇴하였다. 5군단을 비롯한 프랑스의 부대도 남쪽의 굴덴-고사Gülden-Gossa를 점령하는 데 실패하고 밀려나게 되었다. 슈바르첸베르크는 이 기세를 이어가 예비대를 접전 중이던 마클레베르크로 보냈고 점령하는 데 성공하였다. 이로써 나폴레옹의 군대는 남쪽에서 바하우 근방까지 밀리게 되었다. 한편, 북쪽에서 마르몽의 부대는 프로이센의 병력을 막으려고 애썼으나 프로이센은 큰 피해에도 불구하고 마르몽의 부대를 밀어내는 데 성공하였다. 그 여파로 뷔더리츠에서도 폴란드 부대가 뒤로 밀려났고 마르몽의 부대는 일단 라이프치히로 퇴각하였다. 이렇게 북쪽에서도 남쪽에서도 나폴레옹의 군세는 밀리며 전투 첫날이 종료되었다. 나폴레옹은 나름대로 적에게 타격을 주는 데 성공하였다. 첫날 나폴레옹은 2만 5천을 잃었고 연합군은 3만의 병력 잃었다. 하지만 결정적 타격은 실패하여 결국 그의 운명은 사실상 첫날에 결정되었다. 오후 2시의 공세가 성공해야 했는데 실패한 것이 컸다.

나폴레옹은 어떻게든 이 상황을 타파하기 위해 다음 날인 10월 17일에 일시 휴전을 요청했지만 연합군은 무시했고 블뤼허의 브레슬라우 방면군이 계속 북쪽에서 내려오기 시작했다. 블뤼허 휘하의 러시아 보병대가 라이프치히 바로 위에 있는 얼트리치Eutritzsch와 고흘리스Gohlis를 타격하였다. 러시아 후사르도 이 공격에 참여했고 그들의 활약으로 두 곳에서 프랑스는 밀리게 되어 라이프치히 코앞까지 밀리게 되었다. 그나마 다행인 것은 프랑스의 7군단이 라이프치히에 도착하여 병력이 조금 증강되었다는 것이다. 이 병력이 1만 4천 정도였는데 불운하게도 연합군은 10만에 가까운 병력이 충원되면서 나폴레옹의 승기는 사라져 갔다. 베르나도트는 조금 늦게 도착했지만 그와 베니히센의 폴란드 방면군도 얼마 안 가 도착함에 따라 병력의 차이는 더더욱 벌어졌다. 일단 연합군은 포위망 형성을 위해 전투 둘째 날은 공격보다는 라이프치히에 달려오는 아군을 기다렸다. 나폴레옹은 부족한 탄약을 최대한 보급하면서 촘촘한 방어라인 형성을 위해 남쪽의 병력을 뒤로 물렸다. 그리고 라이프치히를 중심으로 큰 원형 둘레를 형성했다. 그러한 동시에 베르트랑의 4군단으로 하여금 라이프치히 왼쪽 린데나우 방면으로 퇴로를 확보토록 하였다. 모르티에 원수가 린데나우에, 베르트랑은 그보다 왼편에 위치하여 도망갈 루트를 마련하였다.

그렇게 둘째 날은 서로 재정비하기 위해 북쪽에서 블뤼허의 활약을 제외하곤 큰 충돌 없이 넘어갔다. 10월 18일, 셋째 날이 되자 슈바르첸베르크는 연합군 모두에게 소식을 보내 여섯 방향으로 진격해 적을 집중적으로 공격하여 나폴레옹을 압박하기로 하였다. 그렇게 오전 7~8시쯤 슈바르첸베르크가 이끄는 연합군의 총공세가 시작되었다. 일단 오스트리아의 부대가 남쪽의 될리츠를 점령하는 데 성공하며 기분 좋게 출발하였다. 하지만 프랑스의 청년근위대가 이에 반격하여 될리츠는 금방 탈환되었다. 프랑스의 완강한 저항으로 잠시 연합군의 공세가 지연되었다. 그러나 베니히센이 이끄는 군대가 나폴레옹이 만든 둘레라인의 우측을 감싸기 시작했고 마크도날로부터 홀츠하우젠Holzhhausen을 점령하는 데 성공하며 다시금 승기를 가져왔다. 문제는 그대로 남쪽에서 북쪽까지 포위망이 형성되어야 하는데 베니히센의 측면을 담당해 주면서 북동쪽을 포위해 줘야 했던 베르나도트의 부대가 여전히 전장에 천천히 접근하고 있어 연합군의 울화통을 터트리고 있었다. 한편 블뤼허가 라이프치히 바로 위를 열심히 공격하였으나 나폴레옹의 예비대 투입으로 어느 정도의 전진만 성공하고 큰 성과는 거두지 못하였다. 정오쯤이 되자 겨우 베르나도트의 부대가 전장에 완전히 도착하여 블뤼허와 베니히센의 사이를 채워주게 되었다. 베르나도트의 부대는 마르몽이 지키던 라이프치히 북동쪽 쇠네펠트Schönefeld를 200문의 대포를 동원하며 강렬히 공격했다. 오스트리아와 프로이센의 군단이 베르나도트와 베니히센의 사이사이를 메워주며 나폴레옹의 군세에 대한 포위망이 완성되자 나폴레옹의 군대는 숫자와 화력의 차이로 점점 전장에서 밀려나게 되었다. 예컨대 프랑스 7군단은 프로이센 3군단의 활약에 라이프치히에서 우측 방향에 있는 파운스도르프Paunsdorf를 내줄 수밖에 없었다. 베르나도트가 공격하던 쇠네펠트도 점령당하고 바로 옆에 있는 잘레하우젠Sellerhausen도 프로이센군이 점령하자 나폴레옹은 이 전투가 패배로 가고 있음을 직감했다. 더 많은 병력으로 포위망이 형성된 이상 승기는 더 이상 없었다. 이제 동쪽에 이어 남쪽마저 밀리려고 하자 그렇게 오후 2시 나폴레옹은 총퇴각 명령을 내렸다. 프랑스군은 라이프치히 성벽 안으로 모든 병력을 후퇴시켰고 다음 날 새벽의 어둠을 틈타 확보해 둔 도시 왼쪽의 퇴각로를 통해 빠져나갔다. 연합군은 이 후퇴를 봐주고 있을 생각이 없었으나 도시에 남기로 한 후위대가 마지막 항전을 벌였고 프랑스군이 후퇴하면서 라이프치히 왼편의 다리를 폭파함으로써 큰 피해를 입었지만 후퇴하는 데 성공하였다.

이 전투로 연합군은 5만 2천의 병력을, 프랑스는 4만 7천의 병력을 잃고 325개의 대포를 상실하고 3만 5천이 포로로 잡혔다. 이 전투의 여파로 나폴레옹은 독일 전역에 대한 물리적 지배력을 상실하였고 남은 병력을 챙기며 라인강 너머로 도망치게 되었다. 라인동맹에 대한 통제력이 상실되자 프랑스의 자연국경 근처의 국가들 정도를 제외하곤 빠르게 프랑스와의 동맹에서 이탈하기 시작했다. 사실상 라인동맹은 해체되었으며 독일 지방에 해방이 찾아오게 되었다. 하지만 나폴레옹은 본국으로 후퇴하는 데 성공했는지 몰라도 다부를 비롯하여 독일 지방에 남아 있는 프랑스 부대는 생각보다 많았다. 그 수는 10만 명 정도였고 연합군의 공세에 대부분 고립된 처지라 퇴로가 막혀 본국으로 돌아가기 힘든 상황이었다. 다부 정도를 제외하곤 그들은 대부분 항복하였으며 이로써 라인강 우측의 모든 독일 영토는 프랑스에서 해방되었다. 이제 나폴레옹의 몰락은 사실상 확정되었다. 본국으로 돌아온 나폴레옹에게 남은 군대는 10만이 안 됐으나 라인강 동쪽에서 프랑스 본토 침공을 준비하는 연합군은 34만 5천에 달했고 스페인 전역에서 승리하던 웰링턴Arthur Wellesley의 12만 5천의 병력이 술트Jean-de-Dieu Soult의 10만 병력과 대치하며 프랑스 남쪽을 노리고 있어서 사면초가인 상황이었다.

그러나 불굴의 의지를 가지고 있던 나폴레옹은 연합군이 프랑스 본토 침공을 하기 전에 새로운 병력을 충원하여 국면을 전환하려고 하였다. 연합군의 재정비에는 수개월이 걸릴 터이니 그것이 마지막 기회라고 판단한 것이다. 그러나 나폴레옹은 말도 안 되는 목표를 잡고 있었다. 적어도 80만을 충원하려 했는데 80만은커녕 10만도 힘든 상황이었다. 총리대신 캉바세레스Cambacérès는 이것이 불가능하다고 황제에게 보고했다. 그러나 나폴레옹은 웰링턴을 막고 있던 남쪽의 병력을 제외하면 자신에게 현재 20만도 안 되는 병력뿐인지라 어떻게든 충원하려고 하였다. 일단 캉바세레스는 국민방위대 10만 명을 돌려쓰는 방식으로 당장 급한 불을 끄려고 하였다. 한편, 연합군은 11월에 프랑크푸르트에 모여 프랑스에게 강요할 조약에 대해 협의하고 나폴레옹에게 라인강을 경계로 한 자연국경 평화조약을 요구하였다. 프로이센과 러시아는 나폴레옹에 대한 강력한 복수를 원했지만 그렇지 않은 국가들도 있었다. 나름의 합의책이었지만 동시에 나폴레옹이 받아들이지 않을 것이라고 보아 연합군의 프랑스 본토 침공 명분을 만드는 행동이기도 하였다. 그런데 예상과 달리 은근슬쩍 나폴레옹은 이를 수락하였다. 더 이상의 전쟁이 힘들다는 것을 그는 느끼고 있었기 때문이었다. 하지만 영국과 오스트리아의 요구로 자연국경이 아닌 라인란트와 저지대를 포함한 1792년의 프랑스 국경선을 요구하자 나폴레옹은 분노하며 이를 거부했다. 결국 1813년의 협상은 물 건너가고 12월 21일 오스트리아의 병력이 라인강을 건너는 것으로 전쟁이 재개되었다.

연합군은 여러 갈래로 나뉘어 프랑스 본토 전역을 공격하기 시작했다. 영국과 프로이센의 연합군이 벨기에로 향하였고 중부 전선은 블뤼허의 프로이센 10만 병력을 선두로 각국의 연합군 부대가 이어서 쳐들어갔고 남쪽은 슈바르첸베르크의 20만 병력이 쳐들어가 스페인과 이탈리아 방면에서 올라오는 연합군 병력과 힘을 합쳐 프랑스 남부를 위협했다. 다부의 함부르크 군단은 베르나도트가 남아서 감시토록 하였다. 나폴레옹은 자신의 재산을 털며 최대한 군대를 충원하려 했으나 겨우 6만 7천 명을 모았을 뿐이었다. 그 정도로는 국경 전부를 지킬 수 없었고 프랑스 제국의 몰락이 확정되자 탈레랑Talleyrand-Périgord 같은 사람들은 부르봉 왕가나 연합군과 협상을 시작하며 사실상 나폴레옹에 대한 충성을 포기하였다. 병력도 없고 내분도 시작되자 국경 수비는 지금까지의 모습과 달리 속절없이 무너져 갔다. 스트라스부르와 낭시가 총성도 없이 적에게 넘어갔고 미셸 네가 블뤼허의 부대를 막으려고 노력했지만 1814년 1월 22일, 그들이 뫼즈Meuse강을 넘는 것을 막지 못하였다. 이튿날 블뤼허의 선봉 부대가 마른Marne강을 건너기 시작했고 남쪽에서 다가오던 슈바르첸베르크의 부대는 비슷한 시기 바르쉬르오브Bar-sur-Aube까지 당도하였다. 모르티에나 마크도날의 부대가 어떻게든 막으려고 했으나 꾸준히 밀렸고 이제 연합군은 파리를 향해 진격했다. 이때 파리로 진격한 연합군의 병력은 대략 20만 명이던 반면 파리를 지키려는 프랑스의 병력은 8만 5천에 불과하였다. 나폴레옹은 어떻게든 파리를 지키기 위해 자신의 형 조제프에게 정부를 맡기고 파리 밖으로 나섰다. 하지만 1814년 2월 1일에 있었던 파리 남서쪽 방면에 있던 라로티에르La Rothière 전투에서 나폴레옹은 결국 병력의 열세로 인해 초반의 활약에도 불구하고 퇴각을 결정하였다. 이 전투에서 활약한 블뤼허는 승리에 고무되어 이 김에 파리까지 점령하고자 하였다. 그러나 프랑스군의 저항으로 그 꿈은 바로 이루어지진 않았다. 일단 나폴레옹은 블뤼허가 수도를 노리고 있음을 깨닫고 블뤼허를 막고 있던 마크도날에게 최대한 병력을 지원해 주었다. 슈바르첸베르크는 모르티에의 활약으로 바르쉬르오브에서 더 이상 전진하지 못하여 잠시 나폴레옹은 숨을 고를 수 있었다.

하지만 2월 6일 브뤼셀이 연합군에게 점령당했다는 소식에 다시금 전황은 불리해졌다. 연합군은 나폴레옹에게 1792년 이전의 국경을 수락하라고 요구하였다. 그러나 나폴레옹은 여전히 포기하지 않고 블뤼허와 슈바르첸베르크가 폭우로 인해 서로 유기적으로 이어져 있지 않음을 파악하고 먼저 블뤼허를 치기 위해 발 빠르게 움직였다. 그 후 여러 번의 전투가 벌어지는데 이 일련의 전투를 훗날 '6일 전투Campagne des Six-Jours'라고 부른다. 여기서 나폴레옹은 연합군에게 2만 명의 피해를 주며 프랑스의 사기를 끌어올리는 데 성공하지만 승세를 바꿀 정도는 아니었다. 연합군의 후속부대가 속속히 모였고 파리에서 30km 떨어진 곳까지 도착하자 파리는 공황에 휩싸였다. 나폴레옹은 이 상황에서 벗어나기 위해 측면이 위험해져 후퇴 기동을 하는 슈바르첸베르크를 상대로 여러 번 승리를 거두며 이것을 토대로 평화 협상에 나서지만 받아들여지지 않았다. 슈바르첸베르크는 재정비 후 바르쉬르오브 방면으로 다시금 진군하였고 이즈음 쇼몽에서 역사적인 회담이 열려 연합군은 최종적 승리를 위해 다 같이 싸울 것임을 결의하였다. 여기서 영국이 연합군을 위해 500만 파운드의 재정지원을 해주기로 하였다. 이제 나폴레옹에게 그가 원하는 평화 협상의 가능성은 사라지게 되었다.

웰링턴이 남서쪽에서 지독하게 프랑스를 압박했고 여러 전선에서 다시금 여러 지역이 함락당했으나 여전히 나폴레옹은 포기하지 않았다. 그는 연합군의 각개격파를 노렸으나 슈바르첸베르크는 더 이상 당해주지 않고 질서정연하게 후퇴해 주었고 그사이 블뤼허가 피스메Fismes에서 프랑스군을 격파하자 상황은 더욱 나빠졌다. 그 뒤로도 여러 번의 전투에서 나폴레옹은 사력을 다했으나 슈바르첸베르크가 모르티에가 버티던 라페르샹프누아즈La-Fère-Champenoise까지 유린하자 이제 패전은 확실시되었다. 3월 29일 마리 루이즈는 자신의 아들 로마왕 나폴레옹 2세와 함께 파리를 빠져나갔고 이튿날 저녁 나폴레옹의 형 조제프와 정부 관료들도 파리를 빠져나갔다. 얼마 후 나폴레옹이 모든 것을 포기하고 파리로 향했음에도 15만에 달하는 연합군이 파리에 입성하는 데 성공하며 사실상 전쟁이 끝났다. 나폴레옹은 파리가 점령당했음에도 파리 탈환 계획을 세우나 이제 그에게 충성했던 장군들이 이를 거부하였다. 나폴레옹은 분노하며 군대는 자신을 따를 것이라고 소리쳤으나 미셸 네가 군대는 자신들의 장군을 따를 것이라 말했고 결국 나폴레옹은 체념하며 4월 6일 황제의 직위에서 하야하는 것으로 전쟁을 마무리하였다. 열흘 후 퐁텐블로 조약을 통해 나폴레옹은 유럽의 작은 섬 엘바섬에서 여생을 보내기로 하였고 4월 30일 파리 조약을 통해 전쟁이 공식적으로 종결되었다. 국경은 1792년 때로 돌아갔으며 이제 연합국 회원들이 향후 유럽을 어찌해야 할지 논의하게 되었다.

이렇게 6차 대프랑스 동맹전쟁이 종결되었다. 연합국은 오스트리아의 수도 비엔나에서 후속 회담을 이어갔다. 여기서 어떻게 유럽의 영토를 재편할지, 프랑스에게 정확히 어떤 요구를 할지 서로 온갖 논쟁을 벌였다. 이 회담은 생각보다 길게 이어지는 데 합의를 보려고 해도 각국이 자기의 입장만 되풀이하며 최대한 이득을 보려 했기 때문이었다. 예컨대 오스트리아의 메테르니히는 회담장에서 자신이 원하는 결과물이 나오지 않으면 그날 회담을 파하고 연회나 벌이는 방식을 툭하면 해대면서 자국의 이익을 우선시하였다. 그 덕에 회담이 길어지자 그 틈을 타고 1815년 2월 26일, 나폴레옹이 엘바섬에서 탈출하였다.

나폴레옹의 프랑스 복귀 소식에 놀란 연합국 국가들은 일단 회담을 뒤로 미루고 나폴레옹을 다 같이 막을 것을 천명하였다. 나폴레옹은 다가오는 적들을 각개격파 하여 유리한 협상을 통해 다시금 프랑스의 지배자로 인정받을 계획을 세웠다. 나폴레옹은 먼저 프랑스 근처까지 다가온 웰링턴의 영국-네덜란드 연합군 9만과 블뤼허가 이끄는 프로이센의 12만 병력을 격파하고자 하였다. 양쪽 군대가 합쳐지기 전에 분리하여 격파한다면 그의 계획이 성공할 수도 있었다. 그는 1815년 6월 15일, 12만 5천 명을 이끌고 두 군대가 야영 중인 벨기에로 향하였다. 먼저 브뤼셀 가도에 인접한 도시 샤를루아Charleroi로 향했다. 이곳은 웰링턴과 블뤼허의 사이로 둘이 합쳐지는 것을 막으려면 반드시 차지해야 할 공간이었다. 나폴레옹은 미셸 네에게 좌측을 맡겨 웰링턴을 막게 하고 자신은 우측의 블뤼허를 격파하고자 하였다. 72세의 노장 블뤼허 원수는 리니Ligny에서 분전했지만 상당한 피해를 입으며 패배하였다. 하지만 큰 피해를 입긴 했어도 완전히 패배하진 않았고 북쪽을 향한 질서정연한 후퇴에 성공하였다. 나폴레옹은 블뤼허를 완전히 격파하진 못했으나 일단 이어서 웰링턴을 격파하기 위해 본대를 좌측으로 움직였다. 블뤼허의 남은 군대는 그루시Emmanuel de Grouchy 장군에게 맡겨 그가 프로이센군을 마무리하기로 하였다.

웰링턴은 블뤼허의 패배 소식을 듣자 일단 브뤼셀 방면으로 후퇴하였고 워털루Waterloo 마을에서 재정비해 그곳에서 나폴레옹을 맞이하기로 하였다. 그리고 블뤼허에게 재빨리 사람을 보내 여기서 나폴레옹을 상대할 데니 어서 부대를 재정비하고 이곳으로 달려와 나폴레옹의 측면을 강타해 달라고 부탁했다. 향후 워털루 전투가 일진일퇴 막상막하의 대결로 흘러갔음을 보았을 때 이제 승부는 블뤼허와 그루시, 누가 먼저 워털루의 전장에 도착하는 것에 달리게 되었다. 나폴레옹은 산등성이의 유리한 고지에서 자신을 기다리는 웰링턴을 상대로 상당한 전과를 거두었다. 중간에 미셸 네의 대규모 기병 돌격 오판으로 인한 큰 피해도 있었지만 그는 웰링턴을 상대로 승리를 거둬갔고 이기기 직전까지 갔다.

그때 블뤼허의 프로이센군이 전장의 우측에 등장하였다. 그는 전장의 분위기가 한창 달아오를 때인 1815년 6월 18일 오후 5시에 대략 5만 명의 병력과 함께 모습을 드러냈고 프랑스의 측면인 플랑스누아 Plancenoit 마을을 점령하여 나폴레옹을 크게 압박했다. 블뤼허는 그루시를 따돌리기 위해 와브르Wavre에 미끼부대를 놔두고 재빨리 워털루로 향했는데 이것이 기가 막히게 성공한 것이었다. 그루시는 3만여 명의 귀중한 병력을 가지고 그곳에 없는 블뤼허의 부대를 찾기 위해 이리저리 움직였고 이것은 나폴레옹의 패배에 절대적인 기여를 하였다. 반대로 블뤼허의 결단력 있는 판단과 행동력은 연합군의 승리에 결정적인 기여를 하게 되었다. 전장에 도착한 블뤼허는 지난 기간 프로이센이 당한 설움을 갚듯 맹렬히 나폴레옹의 측면을 강타했고 나폴레옹은 웰링턴을 상대로 거두던 승리를 빼앗기게 되었다. 나폴레옹은 웰링턴과 자신의 중앙쯤에 있었던 라 에이 생트La Haye Sainte의 농가를 점령하여 분명 승리 직전까지 갔으나 이제 블뤼허의 공격을 막아야 했기에 웰링턴에 대한 결정적인 공격을 할 수가 없었다. 나폴레옹은 마지막 발악으로 최후의 예비대인 제국근위대를 영국군을 향해 돌진시켰지만, 웰링턴의 차분한 대응으로 실패하였다. 일시적으로 플랑스누아 마을도 탈환했지만 블뤼허의 침착한 포위 기동을 통해 프랑스군 전체가 서서히 포위되어 가자 프랑스군은 공황에 빠지기 시작했고 나폴레옹은 물러날 시점임을 깨달았다. 나폴레옹은 결국 후퇴를 결정했고 블뤼허의 활약을 본 웰링턴이 연합군 전체에 총진격을 명령하였다. 이로써 워털루 전투의 승리는 연합군의 것으로 확정되었고 나폴레옹은 결국 패배를 안고 파리로 돌아갔으며 다시금 황제의 자리에서 퇴위하게 되었다. 그는 세인트헬레나섬으로 보내졌고 그곳에서 1821년에 여생을 마치게 되었다. 이렇게 나폴레옹은 완전히 무너졌으며 독일은 진정한 해방을 맞이하게 되었다.

훗날 독일해방전쟁으로 기억될 프로이센과 독일국가들의 6차, 7차 대프랑스 동맹전쟁의 기억은 독일 민족을 하나로 만들어주었다. 나폴레옹을 추방하기 위한 자발적 노력이 프로이센 사람들을 프로이센을 넘어 독일인으로 만들어주었다. 예컨대 프로이센 정부는 나폴레옹에게 대항하기로 한 시점부터 금 모으기 운동을 벌이는데 시민들의 적극적 참여로 650만 탈러의 금을 모아 좀 더 전쟁을 수월하게 진행할 수 있었다. 그리고 시민들의 향토방위대 지원을 통한 전쟁 참여로 더 많은 병력도 확보할 수 있었는데 이러한 자발적 참여들로 애국심이 증폭하여 프로이센을 비롯한 독일 지방 전역에 민족이라는 개념이 확실히 자리 잡게 되었다. 프로이센 애국주의는 독일 민족주의와 은밀하게 연결되어 갔으며 이 과정에서 나온 철십자훈장Eisernes Kreuz이나 루이제 왕비에 대한 숭배 열기 같은 것들이 독일 민족의 민족적 상징이 되어가면서 독일인들은 신화적 해방전쟁을 통해 이제 독일이 하나가 되어야 한다는 민족주의 열망을 가지게 되었다. 그러한 열망은 앞서 다루었던 독일 지방에서 일어났던 여러 민족적 운동과 결합하며 더욱 증폭되었다. 향후 프로이센의 정치 지도자들은 이러한 열기를 적절히 이용해 가며 자신들이 주도하는 독일 통일의 꿈을 품어갔다.

다만 이러한 민족주의 열기는 당대의 자유주의 흐름과 상충하는 면모가 있었다. 게다가 프로이센 국왕들은 나폴레옹의 몰락 이후 혁명에 의한 결실들을 치우고 싶어 하였기에 프로이센의 개혁가들은 이러한 점을 우려할 수밖에 없었다. 그래서 슈타인의 경우 1817년 국무원Staatsrat을 설치하여 법률 제정에 결정적 역할을 하게 하였다. 이는 왕권을 어느 정도 제어하였다. 하르덴베르크는 1820년 1월에 국가부채 처리를 위한 법안을 만드는데, 만일 국가가 차후 다시금 국채를 발행한다면 '미래의 국민의회'가 개입하여 공동으로 보증할 때만 가능하다고 단서 조항을 넣었다. 이러한 개혁가들의 의지는 프로이센에 자유주의가 사라지지 않게 해주었다. 그를 통해 서서히 민주주의가 자라났으며 선구자들의 노력과 희생으로 향후 독일은 끔찍한 예속의 어둠과 피의 살육을 지나 자유의 금빛으로 향하는 길이 만들어졌다.

제4장

비엔나 체제와 3월 혁명, 그리고 반동

(1815~1862)

메테르니히의 비엔나 체제와 여파들

1815년의 비엔나 회의der Wiener Kongress를 통해 새로운 유럽이 탄생하였다. 비엔나 회의는 역사적으로 정말 중요한 회담이었는데 단순히 유럽을 재편할 뿐만 아니라 새로운 질서를 만들었기 때문이었다. 그 질서는 수십 년간 이어졌으며 중요한 3가지의 테마를 담고 있었다. 그것은 바로 유럽협조체제Concert of Europe의 구축과 반동을 위한 신성동맹Holy Alliance의 발족, 그리고 독일연방Deutscher Bund 수립으로 인한 프로이센과 오스트리아의 독일 지방 내의 양강구도 성립이었다. 먼저 비엔나 회의로 인해 재구성된 각국의 영토를 알아보자. 먼저 우리의 프로이센을 보자. 동쪽에서 큰 변화가 있었다. 포젠 대공국의 영역을 제외하고 폴란드의 영토가 러시아의 것이 되었다. 다만 크라쿠프는 각국의 보장을 받는 자유시가 되었다. 대왕이 얻었던 동프리슬란트는 하노버에 할양되었다. 대가로 서부 포메른의 일부와 뤼겐Rügen섬을 얻었다. 그리고 영국의 의중에 따라 네덜란드 동부에서 프랑스 국경까지 이르는 쾰른이 있는 라인주Rheinland와 베스트팔렌Westfalen 지방을 차지했다. 프로이센이 독일 서부에서 일종의 파수꾼 역할을 하길 바란 것인데 이곳은 혁명의 여파를 강하게 받은 곳인지라 통치에 까다로울 것으로 여겨져 프로이센은 딱히 원하지 않았나. 하지만 영국과 오스트리아의 설득으로 결국 원하던 작센 전체는 포기하고 작센 일부와 라인 지방을 차지하기로 하였다. 오스트리아는 벨기에를 네덜란드에 양도하며 문제 있는 영토에서 후퇴하며 나름의 이득을 보았다. 하나 후술할 산업 발전으로 프로이센은 예상 외의 엄청난 수확을 얻게 되었다. 마지막으로 프로이센은 작센 북쪽의 일부를 차지했다. 대표적으로 비텐베르크, 토르가우, 라우지츠Lausitz 등등으로 나름대로 요새화가 된 지역이었다.

프로이센 왕국은 왕국 전체의 2/5에 해당하는 새로운 영토를 얻었다. 인구는 1831년 기준으로 1천3백십만 명에 도달하였다. 하지만 자신이 원하는 대로 협상이 이루어지지 않아 만족스럽지는 않았다. 그러나 라인 지방에서의 뜻밖의 수확과 분단된 영토로 인한 경제망 구축으로 프로이센은 향후 뜻밖의 행운을 챙길 수 있었다. 다른 나라의 경우 오스트리아는 벨기에를 포기하고 롬바르디아와 베네치아, 모데나, 파르마, 토스카나를 얻어 이탈리아에서 확장하였고 네덜란드가 벨기에를 차지하여 네덜란드 연합왕국을 설립하였다. 스웨덴은 덴마크로부터 노르웨이를 가져왔으며 러시아는 앞서 말했듯 폴란드 대부분을 차지하였다. 그리고 러시아는 핀란드도 차지했다. 영국의 경우 헬골란트와 몰타섬을 가져가면서 프랑스와 스페인이 차지하고 있던 해외식민지들을 인수하였다. 그리고 라인동맹이 해체되어 브라운슈바이크 공국이나 헤센-카셀, 올덴부르크, 하노버 왕국, 함부르크, 브레멘 등등이 다시금 독일 영방국으로 부활하였다.

이러한 영토 분배보단 더 중요한 조약의 결과물은 단언컨대 독일연방일 것이다. 프로이센과 오스트리아는 합의 끝에 새로운 신성로마제국을 세웠다. 총 38개의 회원국(35개의 군주국과 4개의 자유시)으로 이루어진 이 연합 국가체제는 여러 논의 끝에 중앙기관의 영향력이 강력하지 않은 느슨한 형태로 구성되었다. 이렇게 된 이유는 강력한 중앙집권국가를 바라던 프로이센과 느슨한 체제를 원하던 다민족국가였던 오스트리아의 견해 차이에서 후자가 승리한 탓도 있었지만 더 큰 요인은 회원국들이 나폴레옹의 백일 천하에 군사력을 지원하는 대가를 요구했기 때문이었다. 결국 논쟁 끝에 슈타인이 바라던 오스트리아와의 이원적 체제를 가진 중앙집권국가는 이루어지지 않았고 메테르니히의 형식적 연방이 생기는 것으로 결론이 났다. 1815년 6월 8일에 합의를 통해 연방은 설립되었으며 상설기구는 연방의회Bundesversammlung 정도만 두는 것으로 결정되었다. 이것이 독일연방의 유일한 법정 중앙기구로 회원국들은 이곳에 외교권을 가진 대표를 보내 여러 국가 안건에 대해 논의하기로 하였다. 연방 약관에 의하면 연방의회를 제외하곤 독일연방에 통일된 무언가는 없었다. 연방재판소도 없었고 통일된 도량형도 도입되지 않았다. 역으로 연방 약관에 의해 각국의 영주권이 확고히 보장되었다. 그래도 나폴레옹에 대한 기억으로 인해 연방 군대에 관한 법은 뒤늦게나마 체결되긴 하였다. 1821년 4월, 연방군사법을 통해 영방국가들은 각자 일부씩 부담금을 내어 총 10개의 군단을 연방을 위해 두도록 하였다. 오스트리아와 프로이센이 각각 3개의 군단을, 바이에른이 1개의 군단을, 나머지 국가들이 합해 3개의 군단을 유지하기로 하였다. 전시에는 연방의회에서 최고 지휘관을 선출하여 외적을 막기로 합의하였다.

여하튼 그렇게 프로이센의 정책 입안자들은 오스트리아와의 경쟁에서 실패했지만 나쁘기만 한 것은 아니었다. 느슨한 연방 내에서 선택했던 차선책이 나름대로 좋은 효과를 보았기 때문이었다. 비록 프로이센 개혁가들의 단일국가를 향한 꿈은 미루어졌으나 분리된 영토를 활용한 관세 일원화 정책으로 프로이센을 적어도 북부 독일의 주도권자로 만들어주었다.

사실 관세 철폐에 관한 이야기는 프로이센의 전유물은 아니었다. 예컨대 슈타인이 1814년, 당시 독일국가 간의 관세 철폐와 연방관세제도 도입을 주장하긴 했으나 이에 관한 시민단체는 정작 다른 나라에서 형성되었다. 대표적으로 1819년, 프랑크푸르트에 설립된 '독일 상업 및 수공업 총연합allgemeiner deutscher Handels und Gewerbeverein'이 그러하였다. 그들은 슈타인과 유사하게 독일연방 내에선 관세를 철폐하자고 주장했고 상인들의 발전을 유도하기 위한 단합 행동을 보여주었다. 나아가 시민계급의 발전에도 영향을 끼치려 했으나 메테르니히의 탄압으로 급성장하였음에도 결국 1820년에 바로 해체되었다. 하지만 이 단체 형성을 통해 오히려 독일 사회는 관세동맹 추진의 흐름을 인지하였고 시간이 흐를수록 이는 막을 수 없는 운명임을 받아들여 갔다. 그래서 20년대 중반부터 서서히 각국 정부에서 진지하게 논의되었고 그 첫 시작은 프로이센이 아닌 바로 남부 독일에서였다. 바이에른과 뷔르템베르크가 먼저 관세협정을 체결하자 이에 프로이센은 비록 처음엔 관심이 없었지만 관세동맹의 중요성을 이내 깨닫고 북부 독일에서의 영향력을 지키기 위해 비슷한 시기인 1827년, 프로이센의 재무장관 모츠Friedrich von Motz의 주도하에 헤센-다름슈타트와의 관세협정을 체결하였다. 메테르니히는 발 빠른 프로이센의 대처에 놀라 경쟁국을 견제할 목적으로 중부 독일에 새로운 관세동맹을 만들었다. 작센과 하노버, 헤센과 나사우 등등이 그 대상이었다. 하지만 중부 독일의 관세동맹은 높은 통관세로 자유로운 상거래가 힘들어 금방 실패하였고 모츠의 공격적 정책으로 도리어 역으로 흡수되었다. 예컨대 작센-마이닝겐Sachsen-Meiningen과 작센-고부르크-고타Sachsen-Coburg-Gotha 공국이 그러하였다. 프로이센은 설득과 협박을 적절히 이용하여 주변국들이 자신의 관세협정에 참여하게 만들었다. 그리고 남부 독일마저 설득하여 마침내 1829년 5월 27일, 바이에른과 뷔르템베르크와의 통상조약을 체결하여 자신이 주도하는 관세동맹을 구축할 발판을 마련하였다.

그렇게 1834년 1월 1일에 프로이센이 주도하는 '독일 관세동맹Deutscher Zollverein'이 정식으로 설립되었고 참여국들의 시장은 하나로 통합되었다. 이는 자유경쟁을 기반으로 한 덕에 독일의 자본주의가 발전하도록 해주었다. 설립 이듬해 바덴과 나사우, 프랑크푸르트가 합류했고 1841년에는 브라운슈바이크와 뤼네부르크가 참가했다. 그 뒤로도 꾸준히 독일국가들의 참여가 이어졌는데 프로이센의 관세동맹 지도를 보면 훗날 건국될 독일 제국의 판도와 유사한 것을 알 수 있다. 즉 관세동맹을 토대로 프로이센은 성장함과 동시에 독일 내에서 영향력이 정책 입안자들의 예상보다 더더욱 증폭한 것이었다. 그 덕에 오스트리아보다 국력에서 밀렸던 프로이센은 독일연방 내에서 오스트리아와 양강구도를 형성할 수 있었다. 물론 프로이센이 주도한 것이라고 해도 경제적 지배권이 확립된 것이라 보긴 어려웠으나 참여국의 경제적 이익을 중재하는 역할을 맡은 덕에 프로이센의 권위가 상승한 것은 부정하기 힘든 사실이었다.

이제 다음으로 또 다른 조약의 결과물인 유럽협조체제를 알아보자. 이것이 분명 조약이 만든 최고의 성과일 것이다. 그 내용을 간단히 말하자면 유럽 각국이 서로 간의 정치적 경계를 확실히 나누고 상호 세력균형을 이루고 유지하자는 것이었다. 이 체제는 향후 크림전쟁을 통해 절정에 이르렀다. 물론 1848년 혁명이나 독일, 이탈리아 통일과 같은 일들로 위협을 당하기도 하지만 60년 정도 이어졌으며 그 기간 동안 유럽의 밸런스를 유지하게 해주었다. 이 체제는 영국, 프랑스, 오스트리아, 프로이센, 러시아의 협력하에 유지되었고 어느 국가가 지나치게 강해지는 것이나 약해지는 것을 방지하였다. 그러한 덕택에 프랑스는 패전국임에도 지나친 영토 강탈이나 배상금을 물지 않았다. 이 유럽협조체제가 중요한 이유는 향후 세계대전 원인 부분에서 좀 더 언급하겠지만 어느 한쪽이 무너지지 않게 해주었다는 것이다. 예컨대 프로이센의 경우 강한 국가가 되긴 했지만 동시에 다른 열강에 비하면 약한 나라였다. 위상에 비해 부족한 국력으로 강국들과의 완충지대가 꼭 필요했으나 폴란드의 멸망으로 러시아의 강한 입김 앞에 존재하여 그 위치가 생각보다 불안하였다. 그래서 프리드리히 빌헬름 3세는 러시아의 계승자 니콜라이 대공과 자신의 딸을 결혼시켜 이 불안을 해소하려 하였다. 과거 같으면 강국에 노출된 소국들은 그대로 힘든 상황으로 직행해야 정상적이었으나 여기서 유럽협조체제가 모두의 방패막이 되어주었다. 고로 프로이센은 프랑스와 러시아 사이에서 불안해하면서도 통일을 위한 길을 열 수가 있었다. 이러한 유럽협조체제는 향후 유럽에 오랜 평화를 만들어주었다. 물론 중간중간 전쟁도 있었지만 전체적으로 보았을 때 오랜만에 유럽에 긴 평화기를 만들어주었고 훗날 벨 에포크Belle Époque 시대의 형성에 지대한 영향을 끼쳤다. 견제와 그를 통한 균형이 평화를 만들어준 것이었다.

이제 마지막으로 메테르니히가 주도한 신성동맹을 간단히 알아보고 다음 파트로 넘어가 보자. 이것은 비엔나 회의의 안 좋은 결과물로 성장해 가던 시민사회의 발목을 잡았다. 유럽의 군주들과 귀족들은 나폴레옹이 몰락하자 복고주의를 내걸며 민중의 요구를 묵살하고 반동적 체제를 유지하려 하였다. 이것이 유럽협조체제와 더불어 대표되는 메테르니히가 구축한 비엔나 체제 핵심이었다. 본디 신성동맹이란 기독교 국가들끼리 이해관계에 따라 만들어진 군사동맹체로 그전에도 여러 번 존재한 적이 있었다. 예컨대 1538년 오스만을 향한 신성동맹이 그러하였다. 이번엔 그 대상이 혁명의 결과물인 것이었다. 1818년 11월 15일 체결된 5국(영국, 프랑스, 러시아, 오스트리아, 프로이센) 동맹 체제를 기반으로 반봉건적 세력에 다 같이 대응하기로 합의하였다. 이것은 슈타인과 하르덴베르크 같은 개혁가들을 대단히 실망하게 만드는 결과물이었다. 하지만 유럽 군주들은 혁명을 통한 국력 신장 정도는 제외하곤 전부 왕권신수설을 기반으로 돌리고자 하였다.

우리가 그간 살펴본 프로이센의 경우 나폴레옹 몰락 후 국왕의 배신으로 슈타인과 하르덴베르크, 훔볼트 같은 개혁가들의 노력이 일시적으로 후퇴되었다. 프리드리히 빌헬름 3세는 분명 1815년 5월에 국민들의 대표기관을 만들겠다 했지만 1819년에 보수주의자들을 동원하여 하르덴베르크 수상의 바람을 억압하였다. 결국 개혁가들의 의회에 대한 열망은 당대에 이루어지지 않았다. 적어도 1848년까진 미루어지게 되었다. 그렇게 국민주권이나 권력분립의 원칙은 거부되었고 온갖 논리를 세우며 자연법의 도입을 거부하였다. 예컨대 국왕의 고문이었던 앙시용은 전쟁이 끝나자 의회 제헌에 대해 비판하면서 민중은 어린아이와 같으니 국왕의 통치를 받아야 한다고 선전하였다. 다른 나라도 메테르니히의 의도로 비슷하였다. 신분제를 기초한 헌법들이 복구되었고 귀족들이니 지주들이 행정권과 재판권을 좌지우지하였다. 과거로 돌아가게 만든 것이다. 하지만 관세동맹의 형성과 자본주의의 발전으로 점점 기존 질서는 유지가 힘들어지게 되었다. 오히려 봉건적 지주들은 더 큰 이득을 위해 자본주의를 제대로 장착한 부르주아지 경영 지주가 되었고 봉건주의적 요소를 유지하게 힘들게 만들었다. 더불어 시민 계층들이 가면 갈수록 저항하기 시작했고 그것의 절정이 1848년의 혁명이었다. 이제 1848년 혁명까지의 일들을 하나하나 다루어보도록 하자.

부르셴샤프트 활동과 바르트부르크 축제, 그리고 잔트의 정치적 암살

부르셴샤프트Burschenschaft라고 불리는 학생조합운동은 예나대학에서 시작되었다. 이것은 독일 내 시민 계층의 저항 시작점으로 그들은 기본적으로 자유와 독일의 통일을 열망하였다. 나폴레옹의 몰락 이후로 세워진 독일연방은 학생들과 교수, 문학가나 철학가들 입장에서는 그전 시대와 다를 바 없는 구시대의 잔재였다. 절대주의와 분파주의로 형성된 조각난 체제였으며 이를 극복하려면 독일 민족의 통일이 우선시되어야 한다고 생각하였다. 고로 통일의 중요성을 사회에 인식시키기 위해 대학생들 간의 조직적 통합이 이루어져야 한다고 생각했고 1815년 6월 12일, 예나 대학을 기점으로 부르셴샤프트가 결성되어 갔다. 이 학생조합은 부르셴샤프트 강령을 통해 자신들이 나아가야 할 방향에 대해 제시하였다. 이 강령은 의용군단에서 활약했던 카펜베르거Kaffenberger와 하인리히스Heinrichs의 주도하에 작성되었다. 베를린 대학 총장인 피히테Johann Gottlieb Fichte나 민족주의 운동을 주도했던 얀, 예나대학 역사학 교수 루덴Heinrich Luden이나 시인이자 본 대학 교수인 아른트Ernst Moritz Arndt 등등 당대의 자유주의와 민족주의 운동의 관점들을 참고하여 작성되었다. 이들 간의 생각 차이는 있었지만 자유와 통일로 뭉치자는 것은 다를 바 없었으며 특이나 루덴과 아른트 교수가 학생조합의 정신적 대부가 되었다.

카펜베르거는 강령을 통해 다음과 같이 나아갈 것을 제시했다. 먼저 첫째로 대학은 학문의 증대와 육체적 도약을 해나가는 독일 민족의 공공기관이 되어야 한다는 것, 둘째로 학문적 자유가 인격교육의 전제조건이라는 것, 셋째로 부르셴샤프트의 회원들은 고결함을 얻으려는 지속적인 노력을 통해 영광을 얻을 것, 넷째로 부르셴샤프트는 민족 통일 구현을 위해 결성된 단체라는 것이다. 이들은 결성과 함께 민주적 절차에 따라 9명의 주제자Vorsteher와 21명의 상임위원을 선출하고 현실 정치에 관심을 가져 독일을 바꾸기로 결의하였다. 이 단체에는 해방전쟁에서 귀환한 이들이 다수 참가하였고 '명예, 자유, 조국'을 조합의 기치로 삼아 낭만주의와 이상주의를 통해 독일의 자유와 통일을 이룩하고자 하였다.

자유와 통일이 같이 중요한 메시지가 된 이유는 비엔나 체제 이후로 세워진 독일연방은 구체제로의 복귀를 목표로 하여 절대주의를 회복시키려 했기 때문이었다. 절대주의를 회복하기 위해 과거의 제국 체제를 부활시키려 하였고 자연스레 수백 개로 나뉘었던 당시 독일의 체제가 복구되면서 분파주의가 다시금 확립되었다. 따라서 자유를 위해선 각자의 특권이 유지되며 나라를 조각낸 분파주의도 박살 낼 필요가 있었다. 즉 절대주의와 각자의 영역에서 부귀영화를 누리려는 분파주의는 한 세트였고 자유로운 위대한 하나의 국가를 만드는 것이 학생조합의 목표였다. 이는 그들이 학생조합 결성 직후 만든 정관들에서도 확인해 볼 수 있다. 정관의 네 번째 조항에 따르면 부르셴샤프트는 메테르니히 체제의 문제점에 대해 지적하고 개선책에 대해 구체적으로 논의할 것을 주장했다. 메테르니히 체제는 과거 귀족의 시대로의 복귀였으며 이미 계몽주의 시대와 혁명의 시대를 거친 지식인들 입장에서는 매우 혐오스러운 것이었다.

여하튼 그렇게 부르셴샤프트가 결성되었다. 예나대학에서 조합원들은 정기적으로 모임을 가지며 군사훈련과 전쟁학 토론, 조국애를 부르짖는 노래를 합창하며 소속감을 강화하였고 이러한 모임을 독일의 대학들이 퍼트려 갔다. 주로 중부와 남부의 독일 대학교에 연이어 학생조합이 결성되었고 전국의 조합들은 서서히 조직화되어 갔다. 다만 조직화의 속도는 생각보다 느렸으며 프로이센과 바이에른, 오스트리아에서는 학생운동이 큰 활약을 내지 못하였다. 전체적으로 보았을 때 학생조합은 구교 지역에서 힘을 쓰지 못했고 신교 지역에서 준수한 속도를 보이며 확장해 나갔다. 부르셴샤프트는 해방전쟁의 교훈에 대해 심사숙고하며 애국심과 민족에 대한 감정을 퍼트리는 것에 주력하였고 복고주의에 저항할 것을 모두에게 호소하였다. 그러면서 독일 민족의 고대 의상을 제복으로 선정하며 외형적 통합도 중요시했는데 해방전쟁을 통해 형성되었던 낭만적 민족주의를 활용한 행동이었다. 그 동경과 향수를 통해 이상적 공동체를 실현하고자 한 것이다. 다만 얀의 영향으로 프랑스에 대한 것에는 배타적이었던 탓인지 공화정 체제에 대해서 학생조합은 부정적인 입장이었다. 학생조합은 자유주의를 기초로 하면서도 침략자에 대한 기억으로 공화정 체제보다는 기존의 체제를 자유에 기초로 하여 바꾸는 것에 중점을 둔 것이었다.

그렇게 부르셴샤프트는 활발한 활동을 이어갔고 결성 2년 후인 1817년 10월 18일, 작센-바이마르-아이젠나흐Sachsen-Weimar-Eisenach 공국의 바르트부르크Wartburg에서 축제를 개최하였다. 이때가 바로 종교 개혁 300주년이자 라이프치히 전승 4주년으로 학생조합의 단결 추구와 독일 내 활동을 앞으로 어찌 이어갈지 논의하기 위함이 목적이었다. 그것을 축제 방식으로 하여 즐기면서 논의하고 또한 축제를 통해 생각을 독일 사회에 퍼트리며 영주와 귀족들의 지배에 저항하고자 하였다. 이 축제에는 13개의 대학에서 온 468명의 학생이 참여하였다. 이곳에서 학생들은 여러 대학에 퍼진 학생조합들의 단결과 결속 방식에 대해 구체적으로 논의하였고 연설을 통해 자유와 통일의 이념을 부르짖었다. 지주들의 민중 수탈을 지적하였고 영주들의 자발적 참여도 호소하였다. 여러 대학의 교수들도 참여하여 부르셴샤프트의 결속을 주장하였고 메테르니히 체제를 부정하고 학생조합이 구체제 타파의 선봉 역할을 해야 한다고 주장하였다. 그리고 축제는 절정에 달하며 구체제의 상징들을 소각하는 행위를 하는 일종의 퍼포먼스를 실시하였다. 신성동맹의 결성문서라든지 창기병의 군복, 오스트리아 분대장의 모자나 프로이센 경찰법전 같은 것들을 불태웠다. 여기엔 나폴레옹 법전도 포함되어 있었는데 이는 학생조합이 구체제와 프랑스 혁명이 만든 대의제 둘 다 부정했음을 알려주는 요소였다. 필자의 생각으로는 신성로마제국이 조각나기 전 제국 시스템에 자유주의를 결합한 방식을 추구한 것으로 보인다. 다만 기센의 학생조합같이 일부는 공화정 체제 도입도 주장하며 혁명적 방법을 택하자는 의견이 아주 무시된 것은 아닌 것으로 보인다. 이들은 스스로를 흑색파Schwarze 혹은 절대파Unbedingte라고 지칭하며 주류와 달리 혁명 프랑스가 미래 독일의 토대가 되어야 한다고 주장했다. 보통선거, 민족교회Nation-alkirche 설립, 토지 국유화, 국민군 창설, 도시의 학교들 지방으로 이전 등등을 주장하였고 이를 실천하기 위해 농민과 노동자들의 지지를 얻고자 하였다.

부르셴샤프트는 이 축제를 통해 더욱 하나로 단결되었고 실제로 1년 뒤인 1818년 10월, 예나 대학에서 14개 대학 대표가 모여 독일 최초의 전체 학생 기구인 '부르셴샤프트 총연합Allgemeine Deutsche Burschenschaft'을 결성하여 조직화를 이루어내었다. 그리고 다 같이 독일 국민들의 통일 의식을 진작시키는 활동을 하기로 결의하였다. 이들은 해방전쟁 당시 프로이센 왕국에 자원했던 뤼트초프 의용군단Lützowsches Freikorps이 사용한 흑-적-황 3색을 조합의 상징으로 채택하였고 새로운 원칙들을 발표하며 독일 사회에 자유와 통일의 흐름을 확고히 하고자 하였다. 이 원칙들을 통해 독일의 통일, 입헌군주정 체제하에 연방주의적 통치 체제 확립, 국민 대표들로 구성된 의결 기구와 장관 책임제, 사회 구성원의 법적 평등, 배심원제 도입, 사유재산 보호, 농노제를 비롯한 봉건 잔재 폐지를 주장했다.

이러한 자유주의 흐름은 비단 학생조합에만 존재했던 것은 아니었다. 앞서 관세동맹 부분에서도 나온 독일 상업 및 수공업 총연합도 독일을 자유로운 경제체제하에 하나로 묶기 위한 작업임을 떠올려보자. 무엇보다 이 시기 독일 각국에서 헌법운동이 벌어지며 학생들의 생각이 허황한 것이 아님을 보여주었다. 예컨대 1815년 11월, 바덴 대공국에서 시민들이 헌법운동을 주도하였고 수많은 논쟁 끝에 1818년 8월 22일, 경제고문 네베니우스Karl Friedrich Nebenius가 초안을 맡은 헌법이 공포되며 절대주의와 분파주의에 타격을 입히는 데 성공하기도 하였다. 바덴의 의회는 초보적인지라 제대로 된 입법기관이라 보긴 애매했으나 정부가 2주 간격으로 의회에 예산 내역을 보고하게 함으로써 독일 내 자유주의 첫 시작을 만들어냈다. 뷔르템베르크 왕국에서는 타협적인 성격이긴 했지만 1819년 3월에 의회가 개원했으며 헤센-다름슈타트에서도 헌법운동은 성공을 거두었다. 귀족들은 신분제의회를 복구시키려 했지만 헤센-다름슈타트에서 시민들과 학생운동이 힘을 합쳐 이 움직임을 분쇄했으며 1820년 3월, 헌법이 도입되었다. 이러한 일들을 볼 때 학생과 교수들이 주축이 된 지식인들의 학생조합이 자유주의를 퍼트리기 위해 노력했지만 그들의 걱정과 달리 애당초 독일 사회가 자유주의의 흐름을 이미 서서히 받아들이고 있었던 것이다. 학생운동과 이러한 헌법운동을 통해 시민 계층은 절대주의 복귀로부터 저항해 갔다.

이러한 복고주의 반대운동의 절정이 바로 잔트Karl Ludwig Sand의 정치적 암살이었다. 그것은 1819년 3월 23일, 오후 5시에 만하임에서 발생한 사건이었다. 부르센샤프트의 회원이자 신학생이었던 24살의 카를 잔트는 극작가 아우구스트 폰 코체부August von Kotzebue의 집에 찾아갔다. 왜냐하면 코체부는 학생들의 애국주의 운동을 평소에 비난한 일이 있어서 부르센샤프트 입장에서는 눈엣가시인 존재였기 때문이었다. 게다가 잔트가 찾아가기 직전인 3월 초엽에 코체부는 학생조합을 속물적이며 방자하다고 모욕하며 언행이 극에 달했기에 그는 코체부를 암살하는 것이 자신의 숙명임을 자각하고 코체부의 집으로 향하였다. 잔트는 급진적인 흑색파에 영향을 준 법률학자 폴렌Follen 형제의 사상에 영향을 받은 사람인지라 이것은 단순한 살인이 아닌 민족과 사회를 위해 사악한 것을 제거하는 정당한 행위라고 스스로 생각했다. 이는 그가 작년인 1818년 5월 5일에 자신의 일기장에서 남긴 기록에서 확인해 볼 수 있다. 그는 코체부를 매국노로 지칭하였고 친구들에게 보내는 편지에서는 코체부를 살해할 당위성에 대해 언급하였다. 그렇기에 잔트는 방문할 때 복장을 민족운동을 주도한 얀이 디자인한 과거 독일 민족의 복장을 입었으며 자신의 행위를 일종의 민족주의 운동으로 여겼다. 다만 살인이 나쁜 것임은 알긴 했는지 1819년 2월에 학생조합을 탈퇴하며 부르셴샤프트와 자신을 연관시키는 것을 피하고자 하였다.

여하튼 잔트는 코체부를 방문했고 오후 5시에 그를 마주치자 57세의 코체부의 가슴을 단도로 두 번 찌르며 당신은 매국노라고 소리쳤다. 코체부는 바로 숨을 거두었다. 이어 잔트는 자기 하복부를 두 번 찌르면서 성공하게 해준 하늘에 감사하다며 소리치곤 쓰러졌다. 아마 암살 후 바로 자살하려 했던 것으로 보이나 코체부와 달리 잔트는 병원으로 이송되었고 빠르게 회복되었다. 그는 회복 직후 바로 감옥으로 보내졌다. 살인을 저질렀으니 말이다. 다만 당시엔 그가 독일의 애국자로 인식되었기에 감옥에서 상당히 편안한 생활을 제공받았다. 그는 넓은 감방을 제공받았고 쇠사슬도 차지 않았다. 잔트는 감옥에서 자기 행위의 정당성을 설파했다. 하지만 만하임 왕실재판소는 1820년 5월에 그에게 참수형을 선고했고 5월 20일 사람들 앞에서 처형당했다. 잔트의 생각이 당대 사람들에게 인정받았는지 그는 독일 통합의 상징이 되었고 사람들은 그의 처형 장소에 모여 손수건에 그의 피를 적시거나 그의 머리카락을 가져가며 그를 추모함과 동시에 위인으로 치켜세웠다.

잔트의 행동은 당시 자유와 통일의 흐름에 긍정적인 영향과 부정적인 영향을 둘 다 주었다. 사람들은 그의 생각에 동감하며 학생조합의 열망에 동조하였지만 동시에 메테르니히에게 학생조합을 탄압할 빌미를 주었다. 게다가 7월 1일에 잔트 사건과 유사한 약사 뢰닝Karl Löning의 나사우 공국 추밀원 고문 살해 미수사건이 일어나자 메테르니히는 이러한 사건들을 빌미로 자유주의 운동을 탄압하는 독일연방 내의 공식적인 절차를 밟기로 하였다. 메테르니히는 바르트부르크 축제 직후부터 학생조합을 탄압하고 싶었지만 작센-바이마르-아이젠나흐 공국의 지배자인 카를 아우구스트 대공이 개최를 용인하고 메테르니히의 질책을 무시하여 정식적으로 독일 전역에서 학생조합을 탄압하는 것에 실패하였다. 일단 프로이센 정부와 힘을 합쳐 북부 독일과 오스트리아 내부에서 탄압하는 것으로 마무리 지은 바가 있었다. 그런데 이런 사건이 터지니 메테르니히는 속으로 쾌재를 외치며 이것이 연방 내 금지령을 내릴 절호의 찬스임을 알게 되었다.

결국 이로 인해 입헌주의 헌법운동엔 제동이 걸렸고 자연스럽게 형성될 중앙정부를 견제할 입헌적 정당의 창설은 적어도 20~30년 뒤로 미루어지게 되었다. 그야말로 독일의 비극이었다.

카를스바트 협의와 반동, 그리고 저항

잔트의 정치적 암살에 기회를 잡은 메테르니히는 1819년 8월 6일, 보헤미아의 휴양도시인 카를스바트Carlsbad에서 연방의회를 개최하고 부르셴샤프트와 여러 입헌 운동을 탄압하기로 동조하는 회원국들과 결의하였다. 이 협의에는 오스트리아와 프로이센, 바이에른, 메클렌부르크-슈베린Mecklenburg-Schwerin, 메클렌부르크-스트렐리츠Strelitz, 나사우, 바덴, 하노버, 작센, 뷔르템베르크의 대표가 참석하여 메테르니히의 정책에 지지를 표하였다. 모든 독일연방의 회원들이 지지한 것은 아니었다. 예컨대 학생조합을 감쌌던 작센-바이마르-아이젠나흐 공국이 그러하였다. 하지만 메테르니히는 그런 나라들은 초청하지 않고 지지하는 국가만 초대하여 함께 결의하여 자유주의를 바라던 시민 계층을 탄압하기로 하였다. 이로써 대의제를 추구하거나 입헌 운동을 하는 행동들은 독일연방에서 전면 금지되었다. 메테르니히와 참석자들은 연방 약관 13조를 군주제와 연관시켜 해석하여 연방 내에서의 헌법 도입을 전면 거부하였다. 이것은 추가적인 입헌 운동을 막을 뿐만 아니라 기존에 헌법이 통과된 국가들도 무력화시키는 방안이었다.

카를스바트에서 참석자들은 구체적으로 자유주의 투쟁과 입헌 운동을 어찌 대응할지 결정하였다. 먼저 향후 5년간 신문과 정기간행물들을 엄격히 검열하기로 하였다. 만일 불온물이 발견될 시 즉시 회수하고 폐기하며 출간한 출판사들은 5년간 동일 업종 종사를 금지하기로 하였다. 대학들은 이제 각국 정부가 지명한 특별 전권위원의 엄격한 감독을 받게 하였고 부르셴샤프트는 즉각 해산시키기로 하였다. 향후 학생들이 조합 활동을 이어간다면 국가 관료로 등용시키지 않겠다고 엄포를 놓았다. 마지막으로 11명의 법률가로 이루어진 중앙조사위원회를 한시적으로 설치하여 각 지역에서 일어나는 소요들을 조사하고 연방의회에 보고토록 하였다. 이 위원회는 단순한 조사기관이 아닌 체포권과 구인권을 가진 일종의 경찰기관이었다. 이 결의는 그날 바로 연방의회에 안건으로 상정됐고 즉시 통과되어 실시되었다. 엄밀히 따지면 잔트의 조사 직후부터 활동가들은 탄압받았으나 이제 정식적으로 강도 높은 탄압이 시작된 것이다. 각국은 협의를 통해 자유주의자들을 잡아들였고 하노버와 나사우의 경우 합의안보다 더 큰 처벌을 하기도 하였다.

그렇다면 프로이센의 경우 어떻게 나왔을까? 나폴레옹을 몰락시킨 이후부터 프로이센 국왕은 반동으로 돌아갈 기회를 엿보고 있었다. 분명 슈타인이나 하르덴베르크와 약속을 했었지만 앞서 언급하였듯 그것은 거부될 운명이었다. 그런 찰나에 터진 이 사건은 국왕과 보수파에게 힘을 주었다. 대표적으로 잔트의 정치적 암살 직후 베를린 경시청장 비트겐슈타인Fürst von Sayon Wittgenstein이 협의 전부터 즉각 움직임을 보였다. 그는 메테르니히와 뜻을 같이한 자로 베를린 대학을 포함한 프로이센 내의 모든 대학을 감시하여 부르셴샤프트 활동에 대한 탄압을 즉시 시행하였다. 그는 학생들을 심문했고 이 조직이 위험하니 즉각 해체해야 한다고 상부에 보고했다. 그런 움직임의 여파로 1818년 7월 중순부터 베를린 대학과 본 대학에 대대적인 체포와 수색 작업이 들어갔고 대학뿐만 아니라 사회의 여러 부문이 탄압에 들어가게 되었다. 예컨대 해방전쟁부터 체조협회를 통해 민족운동을 하던 얀이 배후로 지목받아 투옥되었다. 정신적 지주였던 본 대학교의 아른트 교수는 가택수사를 강제로 받게 되었으며 교수직에서 정직을 맛보게 되었다. 잔트의 행동에 대해 편지로 옹호적인 말을 했던 베를린 신학교 교수 드 베테Wilhelm M. L. de Wette도 탄압을 받아 교수직에서 해고되었다. 여러 인사들이 협의 전부터 이렇게 탄압당했는데 카를스바트 협의 이후에는 더욱 심해졌다. 협의 이후인 1819년 10월 18일, 프로이센 당국은 이제 협의안과 함께 새로운 검열 규정을 만들어 반군주적 이론이나 언론을 탄압하기로 하였다. 여기서 심각했던 점은 학문적 자유마저 탄압했다는 것이다. 학문 연구의 자유를 유보하고 교사나 목사들은 이제 경찰이 보증하는 정치 증명서를 가지고 있어야지 학생들을 가르칠 수 있었다. 이에 교수와 학습의 자유를 강조하던 훔볼트는 항의했으나 돌아온 것은 탄압이었다. 훔볼트 장관뿐만 아니라 보이엔 전쟁장관, 그롤만 장군, 그나이제나우 장군, 법무 대신이자 수상을 한번 지냈던 카를 프리드리히 폰 바이메Carl Friedrich von Beyme 등등 프로이센의 개혁에 참여한 여러 사람들이 카를스바트 협의에 반대했으나 개혁가들은 외려 해임을 당했다.

가장 이에 반발하며 막을 책임이 있던 하르덴베르크 수상은 국왕을 설득고자 했지만 헛수고였다. 프리드리히 빌헬름 3세는 협의와 새로운 검열 규정을 통해 자유주의를 탄압했고 이 기회에 약속되었던 대표 기구 설치를 거부하였다. 앞서 언급되었듯 결국 1819년 헌법 도입은 거부되었고 하르덴베르크는 어떻게든 막으려 했으나 왕은 그를 1821년에 외교사절로 임명해 중앙정치에서 쫓아내는 방식을 통해 그를 무력화했다. 슈타인에게 이어받은 하르덴베르크의 꿈은 그렇게 박살 나버렸고 혁명의 시대 꿈꾸었던 프로이센 개혁가들의 꿈이 프로이센 보수파들의 반동으로 순식간에 밀려 나갔다. 프리드리히 빌헬름 3세가 나폴레옹 시기에 보여준 면모들을 떠올리면 이해가 안 될 정도의 보수 반동이었다. 다만 루이제 왕비 사후 그의 측근이 된 앙시용 선교사와 비트겐슈타인 왕자, 추밀고문관 다니엘 루트비히 알브레히트 등등이 대단한 보수파였음을 보았을 때 국왕에게 슈타인과 하르덴베르크를 추천하던 진보적인 왕비가 떠나자 보수파들의 영향을 받아 사상이 바뀐 것으로 보인다.

결국 그렇게 개혁은 후퇴되었고 1823년 6월 5일, 일반법을 통하여 성문헌법 도입과 국민의회 설치를 공식적으로 거부하고 기존의 지방 신분제의회를 부활시킬 것임을 선언하였다. 이것은 프로이센 자유주의의 후퇴였으며 프로이센 개혁가들이 꿈이 무너졌음을 보여주는 것이었다. 하지만 해방전쟁 파트 마지막에 언급했듯 개혁가들을 불안한 미래에 대비하고 있었고 그러한 노력은 자유주의가 완전히 사라지는 것을 막아주었다. 분명히 국왕을 감싸고 돈 보수파가 자유주의를 박살 내는 데 외적으로는 성공했지만 자유주의의 흔적이 체제 사방에 남아 결국 다음 시대에 민주주의가 찾아오게 하는 토대를 구축해 주었다. 예컨대 애당초 이번에 설립된 지방 신분제의회 자체가 그러하였다. 신분제의회라는 이름은 과거 귀족들의 시대가 돌아오게 한 것처럼 보였지만 실상은 달랐다. 분명 행정권과 조세권도 없고 고작 3년에 한 번 소집되었고 귀족 대표단이 모든 안건을 부결하는 것도 가능했지만 귀족Ritterschaft의 신분 조건이 '혈통'에서 '재산'으로 변경됨에 따라 모든 것이 달라졌다. 그렇기에 프로이센의 지방 신분제의회는 처음에는 단순한 국왕의 고문 기관으로 시작했지만 어느새 새로운 형태의 대표기관이 되었다. 이것은 1848년 혁명 이후 프로이센에 새롭게 생겨나는 의회로 가는 길목이 되어주었다. 이러한 변경은 당시 자본주의의 흐름에 따라 형성된 부르주아지들의 상층부 입성을 허용한 것으로 아무리 자유주의를 탄압하여도 이미 변화된 사회적 면모들을 완전히 거부할 수는 없다는 판단에서 나온 결과물이었다.

그러한 변경점이 자유주의가 생존하게 해주었다. 자본주의적 영농방식을 택한 부르주아지들은 자유주의의 흐름에 따라 각종 시장의 규제를 철폐하며 힘을 키워갔는데 정치로 압박하려 해도 돈에 장사가 없는 시대가 열림에 따라 기존 귀족들의 힘이 서서히 약해져 갔고 그 속에서 자라난 신흥 부르주아지들이 사실상 재산에 기반을 둔 투표권을 행사하며 신분제의회의 진정한 주인공이 되어갔다. 예컨대 1806년 당시 쾨니히스베르크의 토지 3/4 정도는 융커들의 것이었으나 1829년이 되면 절반 정도로 떨어졌다. 물론 지역마다 다르고 19세기 중반에도 융커들이 절반의 토지는 소유했으나 지방 신분제의회는 재산을 기초로 한 덕에 금권정치로 변모하여 자유주의가 생존하게 만들어줬다는 점이었다. 이렇게 의원이 된 부유한 시민 계층들은 지속적으로 의원의 권한을 활용하여 청원을 거듭하였고 시간이 흐를수록 신분제의회는 사실상 헌법운동을 하는 새로운 장소가 되었다. 언론의 자유를 요구했고 베를린 행정부를 비판하기도 하였다. 보수적인 정부와 융커들에게 대항하기 위해 의원들은 여러 의견을 수렴하고 서명을 받아 의견을 피력하였는데 1843년 인스터부르크Insterburg의 청원에는 상인, 목수, 열쇠장이, 제빵업자, 유리제조공, 도살업자 등등 여러 사람들이 참여하여 시간이 흐를수록 새로운 대표 기구가 만들어졌음을 보여주었다.

무엇보다 라인란트의 경우 기존 자신들의 종교회의 헌법이나 나폴레옹 시대의 제도를 지키기 위한 중앙정부의 투쟁으로부터 승리한 덕에 이런 신분제의회 자체가 도입되질 않아 향후 진보세력의 거점이 됨에 따라 자유주의가 다시금 타오르게 해주었다. 그 외에도 관세동맹 구축 방안이 진행된 점이나 1817년에 새로 창설된 문화부Kultusministeriums, 종교와 의료, 교육담당부서 장관 카를 폼 알텐슈타인Karl vom Stein zum Altenstein의 활약으로 교육 부문에서의 훔볼트 정책이 이어간 것을 통해 자유주의는 여러 방면에서 꾸준히 생존하였다. 특히나 교육 부분의 생존은 특기할 만한 것으로 훔볼트가 추구한 교사 양성과 전문화가 성공하여 1840년대 들어서 아동의 8할이 초등학교에 다녔고 문맹률은 최저에 도달하였다는 것이다. 또한 학생 중심의 교육은 유럽의 찬사를 받았으며 산업과 자본의 시대에 맞게 18세기에 만들어진 김나지움과 레알슐레를 재편하여 인간 중심적이면서도 실용적인 교육을 마련하였다. 예컨대 1818년에 인문주의를 교육하는 학교를 세웠다. 그리고 1825년에는 기술 엔지니어를 양성하기 위한 학교를 세웠다. 무엇보다 중요한 것은 1819년에 신설된 교육법이었다. 이 법안을 통해 교육시스템의 체계적인 일원화에 성공하였다. 그렇게 일원화된 교육제도에 인문주의 교육방식을 의무 도입하여 훔볼트의 생각을 이어갔다.

이렇듯 보수파가 탄압을 하긴 했지만 자유주의의 흐름이란 한시적이면 몰라도 계속 막을 수 있는 것이 아니었다. 꾸준히 생존했고 1848년 혁명과 그 이후 독일 제국 당시 여러 자유주의적 정당의 근원이 되었다.

이렇게 생존할 수 있었던 것은 자본주의의 성장에 따른 정신적 문화의 성숙 때문일 것이다. 예컨대 볼프강 괴테Johann Wolfgang von Goethe의 『파우스트Faust』나 빌헬름 마이터스의 『방랑시대Wilhelm Meisters Wanderjahre』 같은 작품은 자본주의적 시민사회의 도래에 발생한 과제들과 새로운 측면들, 노동자의 삶에 관해 이야기하며 시민 계층의 정신적 문화 성장에 큰 영향을 끼쳤다. 낭만주의 문학가들의 경우 사회비판적 이야기를 담아내며 독일이 가진 후진성을 비판하며 정신적 성숙을 추구했는데 대표적으로 『한 건달의 생애Aus dem Leben eines Taugenichts』란 소설을 쓴 아이헨도르프Joseph Freiherr von Eichendorff가 있었다. 샤미소나 뵈르네, 하이네Heinrich Heine 같은 작가들이나 시인들이 신성동맹에 대한 우회적인 비판 저작들을 쓰면서 시민 계층의 저항문학을 이끌어감에 따라 사람들은 탄압에도 불구하고 그 정신을 포기하지 않을 수 있었다. 하이네의 『여행기Reisebilder』의 경우 민주주의의 정치, 사회적 이념을 독창적으로 담아내 반동과 사회적 불의에 사람들이 움직이는 것에 큰 기여를 하였다. 철학의 경우 헤겔Georg Wilhelm Friedrich Hegel을 이야기할 수밖에 없는데 그의 관념론이 독일 사회의 변화에 큰 영향을 주었다. 그의 변증법적 이론을 통해 프로이센 정신도 한층 더 발전하였다. 그의 국가론은 독특했는데 국가를 강제로 세운 구조물이 아닌 국민들의 윤리적 행동의 실체이자 고도로 다듬어진 자유의 표현이며 초월적이고 합리적인 존재의 전개로 보았다. 따라서 국가는 시민사회 스스로 합리적 방법을 통해 질서를 세울 수 있게 만들어준다고 보았으며 국가란 단순한 톱니바퀴가 아니며 유기적으로 엉켜가며 발전해 가는 모순적 변화의 실체로 보았다. 그의 저서 『법철학 개요Grundlinien der Philosophie des Rechts』를 통해 알 수 있듯이 그는 변증법적인 모순적 발진 체계를 통해 시민 계층의 기대에 부응하는 이상적인 국가형태를 제시하였고 독일 사회는 그의 영향 아래 자유주의를 키워갔다. 다만 헤겔이 자유주의자는 아니었고 보수주의와의, 그 사이에 속한 사람이었지만 분명한 것은 그의 독특한 사상이 독일의 자유주의에 영향을 끼쳤다는 것이다. 이렇게 반동 속에서도 프로이센과 독일 사회에는 자유주의의 불씨가 살아났다. 그렇게 다시금 시민들은 저항의 의식을 키울 수 있었다.

시민들의 저항과 함바흐 축제

시민들의 저항이 다시 시작될 수 있었던 요인 중 가장 큰 것은 아마도 신성동맹의 와해일 것이다. 물론 동맹 자체가 해체된 것이 아니나 신성동맹을 주도하는 오스트리아와 동맹국 간의 사이는 서서히 균열이 일어나고 있었다. 신성동맹은 분명 처음 설립될 때 유럽협조체제를 수호하면서 절대주의를 수호하는 반동을 외쳤다. 처음에는 이것이 적당히 잘 돌아갔다. 가령 1819년에 시칠리아에서 혁명적 봉기가 일어났을 때 메테르니히는 이탈리아의 혁명을 초장에 박살 내고자 하였다. 신성동맹 회원국들은 이에 호응하며 오스트리아와 함께 1821년 1월, 라이바흐Laibach에서 논의 끝에 최종적으로 이탈리아 개입을 결정하였다. 그렇게 파병된 신성동맹의 군대는 나폴리까지 진격하여 혁명정부를 몰아냈고 오스트리아의 이탈리아 영토에서 마지막으로 저항군을 격파하며 반동 전쟁을 마무리 지었다. 다음 해 가을에 다시 회담해 혁명 소요가 생기는 에스파냐에도 개입하기로 하였다. 이렇듯 혁명적 기운을 미리 차단하는 것에 회원국들은 동의하며 초반에는 5국 동맹체제가 잘 돌아갔다. 그런데 문제가 생겼다. 오스만 제국 치하에서 고통받던 그리스가 독립을 선언하는 사태가 벌어진 것이다. 이것에 동맹 회원들은 제각기 다른 반응을 보였다. 러시아는 발칸에서의 영향력 확보를 위해 오스만을 쳐야 한다는 입장이었고 오스트리아는 유럽협조체제와 신성동맹의 룰을 따라 그리스 봉기를 용납하면 안 된다는 입장이었다. 나폴레옹을 혐오하며 모든 반동을 이루자는 신성동맹을 생각하자면 막는 것이 맞았으나 러시아는 자국의 이익을 중시하였다. 러시아는 프랑스와 영국을 설득하여 같이 오스만을 공격했고 오스트리아는 프로이센과 함께 이를 막으려 했지만 실패하였다. 그리스의 독립 사태는 언제든지 국익에 따라 동맹체제가 붕괴할 수 있음을 보여주는 사건이었다. 실로 이 이후로는 신성동맹이 시민 계층의 새로운 혁명을 다 같이 적극적으로 막는 그림은 서서히 옅어졌다. 또한 프로이센 왕국도 독일연방 내에서의 형제(오스트리아)간 갈등으로 인한 여파와 러시아와의 친교 때문에 신성동맹의 협조체제에서 멀어져 갔다.

이런 신성동맹 국가들의 불화는 시민 계층들에게 활동을 재개할 틈새를 만들어주었다. 분명 부르셴샤프트는 이제 불법이 되었다만 다시금 대학들을 중심으로 학생조합의 재건이 일어난 것이었다. 그러한 대표 사례가 청년동맹Jünglingsbund과 긴밀한 조합Engerer Verein이었다. 청년동맹은 기존에 학생운동을 주도하던 과격한 성향의 폴렌이 만든 것이고 긴밀한 조합은 할레 대학의 루게Arnold Ruge와 힐데브란트Hildebrandt가 주도한 학생운동이었다. 비록 탄압으로 인해 합법적인 조직은 아니었으나 학생조합의 정신을 이어가고자 하였다. 두 단체는 1821년 5월과 6월에 창설되었고 청년동맹이 먼저 만들어졌다. 청년동맹의 경우 과격했고 긴밀한 조합은 상대적으로 온건한 방식을 취하였다. 청년동맹은 군주의 변화를 기대하지 않고 봉기를 주도하여 혁명을 통해 사회 변화를 추구하였다. 무력투쟁 없이는 결과를 만들 수 없다고 보아 저항권을 근거로 공화정 체제와 헌법을 도입시키고자 하였다. 긴밀한 조합의 경우 무력보단 기존 체제와의 협력이나 연설, 저술을 통한 변화를 선호하였다. 다만 루게의 경우 무력투쟁에 옹호적이었는지라 청년동맹에도 가입하여 좀 더 적극적인 활동을 하였다. 하지만 이 단체들은 오래가지 못하였다. 메테르니히와 찬동자들이 이들을 용납하지 않았으니 말이다. 예컨대 청년동맹은 1823년 마인츠 경찰들에 의해 재판에 회부되며 분쇄되어 갔다. 소규모 조직들은 살아남긴 했으나 대부분 지하조직이 검거되며 일시적인 후퇴를 맛보았다.

하지만 시민들의 저항은 프랑스에서 일어난 7월 혁명으로 인해 다시금 생명력을 부여받았다. 7월 혁명을 아주 간단히 소개하자면 반동적 정책을 펴던 부르봉 왕가의 샤를 10세를 시민들이 3일 간의 시가전을 통해 쫓아내 버린 사건이었다. 이 일로 오를레앙의 루이 필리프가 입헌군주제를 받아들이며 시민들의 국왕으로 즉위하였다. 이 사태는 5국 동맹체제가 그토록 막고 싶어 했던 입헌 운동이 다시금 시작되었음을 보여주는 사건이었다. 더욱 중요한 것은 혁명의 성공으로 5국 동맹체제에서 프랑스가 이탈하였다는 것이다. 또한 프랑스에서의 성공은 유럽 각국에 희망을 주었다. 7월 혁명을 바라보던 각국의 시민들은 뒤이어 봉기를 일으키며 기득권에 저항하였다. 먼저 벨기에에서 혁명이 일어났고 그 여파로 벨기에는 1년 만에 독립마저 이루어버렸다. 프로이센이나 오스트리아에서도 민중들의 봉기와 시민 활동이 이어졌다. 특히나 당시는 유럽이 산업화를 시작한 시점인지라 복지 없는 가혹한 공장제 생산 시스템으로 인해 노동자들의 삶이 궁핍하던 시절이었다. 노동자들이 어느 계층보다 적극적으로 봉기에 참여하며 유럽에 다시금 혁명의 기운이 퍼져갔다. 예컨대 1830년 8월에 프로이센의 아헨에서 노동자들의 봉기가 있었고 9월에는 드레스덴에서 혁명이 일어나 데모대와 정부군의 시가전이 벌어졌다. 작센 정부의 경우 시민위원회를 구성하여 봉기하는 시민들의 의견과 부르주아지의 의견을 조율하여 결국 헌법을 받아들이기도 하였다. 물론 귀족이 상원을 독점하는 방식으로 시민이 완전히 원하는 방식은 아니었지만 내각책임제와 양원제도 도입되며 유럽에 변화가 일기 시작했다. 브라운슈바이크나 헤셀, 튀링겐 등등 1830년 가을에 여러 독일 지방에서 봉기가 일어났고 모든 곳이 성공한 것은 아니지만 일련의 과정을 통해 시민 계층이 주도권을 잡아간 것은 분명한 사실이었다. 시민들은 저항을 통해 권력자들에게 자유주의로 나아갈 것을 경고했고 나름대로 성과를 거두며 사회구조를 왕권신수설에 기반을 둔 통치에서 혁명적 이성에 기반을 둔 민중의 통치로 바꾸어나가게 되었다. 브라운슈바이크의 통치자가 민중이 무서워 봉기 도중 영국으로 도망치고 그자의 빈자리에서 헌법이 도입되는 과정은 통치의 합법성이 민중으로 넘어오고 있다는 상징적인 신호였다.

이러한 일련의 과정에서 북부 독일보단 남부 독일에서 다시금 부르셴샤프트의 활동이 재개되었다. 카를스바트 협의 이후 불법 조직이 된 학생조합은 자취를 감춘 바 있었다. 하지만 청년동맹이나 긴밀한 조합의 경우처럼 은밀히 이어져 갔는데 1830~1년의 민중운동의 여파로 부르셴샤프트는 다시금 재조직되었다. 활동 재개에 가장 큰 영향을 준 사건은 필자가 보기엔 폴란드 독립운동으로 보인다. 벨기에에 이어 폴란드에서도 독립운동이 벌어졌으며 독일에서 이를 지원하기 위한 폴란드연맹 Polenverein이라는 단체가 생겨났다. 폴란드연맹은 러시아의 탄압을 피해 독일로 도망 오는 폴란드 사람들을 돕거나 그들을 위한 모금 운동 같은 것들을 하는 단체로 신성동맹의 반동적 체제에 저항을 목표로 삼은 단체였다. 폴란드연맹은 기존 저항들과 달리 정부의 금지에도 공공연하게 움직였는데 그들의 이러한 노력 덕택에 독일 내 시민 운동이 하나로 뭉쳐갔으며 국가 통일운동으로까지 발전하게 되었다.

재탄생된 부르셴샤프트는 두 개의 파벌로 나뉘어 활동을 재개하였다. 하나는 아르미넨Arminen파로 군주의 개혁을 지지하는 온건적 파벌이었고 다른 하나는 게르마넨Germanen파로 정치활동에 직접적으로 참여하는 것을 추구하는 급진적 파벌이었다. 1831년 9월, 부르셴샤프트는 프랑크푸르트에서 총회를 열었고 여기서 정치단체로 모습을 바꾸어 모든 독재와 반동에 대항할 것을 천명했다. 동시에 새롭게 만든 조직의 비밀 규정을 통해 앞길을 정하였는데 특히 규정 1조를 통해 독일 민중의 통합된 자유 국가 설립을 목표로 세웠다. 그리고 그 생각을 퍼트리기 위한 언론 간행 목표도 잡았으며 현재 질서에 불만을 가진 여러 계층과 접촉하여 힘을 합치기로 하였다. 이런 결과는 기존 체제를 허물자는 것인지라 아르미넨파의 반발과 탈퇴를 부르긴 했으나 부르셴샤프트가 게르마넨파의 주도하에 움직이게 되어 더욱 적극적으로 자유와 통일을 향한 활동을 하게 해주었다.

이러한 학생들과 시민들의 활동 재개에는 언론이 큰 도움을 주었다. 주로 남부 독일에서 언론들이 진보적 움직임을 지지함으로써 재개된 부르셴샤프트의 생각이 독일 지방에서 넓은 공감대를 형성하게끔 해주었다. 대표적으로 비르트Johann Georg August Wirth의 『독일연단Deutsche Tribüne』이나 지벤바이퍼Philipp Jakob Siebenpfeiffer의 『서구소식Westbote』과 같은 간행물이 그러하였다. 이들은 학생운동의 이념과 독일 지식인들의 국가관을 수용하여 독일 전역에 언론의 자유와 헌법 도입, 공정한 법률제정을 주장하였다. 이러한 언론 운동을 주도하던 비르트는 1832년 1월, 바이에른의 야당 지도자를 위한 파티에 참석하여 독일의 자유 언론들을 하나로 합칠 '독일 언론과 조국연맹Deutscher Preß- und Vaterlandsverein'이라는 단체를 만들 것을 건의했고 1833년 2월 정식으로 발족하였다. 속칭 조국연맹은 발족 직후 비르트가 작성한 『독일의 의무Deutschlands Pflichten』라는 호소문을 5만 부 발행하여 시민들에게 신성동맹에 대한 투쟁과 독일의 통일국가 건립의 필연성에 대해 전했으며 동시에 그를 위한 자유언론 적극 지지를 호소하였다. 조국연맹은 본부를 프랑스 국경과 맞닿고 있던 바이에른의 팔츠Pfalz에 두어 최대한 자유로운 활동을 추구하였고 그 여파는 곧 독일 지방 전역에 퍼져 열렬한 지지를 받게 되었다. 예컨대 라인 지방에만 한 달 만에 67개의 지부가 생겼고 얼마 안 가 중부와 남부 독일까지 퍼져 총 116개의 지부와 5천 명이 넘는 회원을 가지게 되어 독일 전역에 생각을 빠르게 퍼트릴 수 있게 되었다. 자유로운 국가 설립을 위해서는 국민들의 의식이 깨어나야 했는데 그것을 선도적으로 이끌었으며 나름대로 성공을 거둔 것이었다. 바이에른 정부는 비르트를 소요 책동 죄로 체포하고 조국연맹을 탄압했지만 강력한 탄압은 도리어 시민들의 반발을 불러일으켰다. 탄압에도 조국연맹은 지하조직을 통해 유인물을 간행하였고 축제를 통해 생각을 계속 퍼트려 나갔다. 다행히도 비르트는 배심원들의 진보적 성향 덕택에 공판에서 무죄를 선고받았고 연이은 시민들의 집회로 힘을 얻은 지벤바이퍼는 대규모 정치축제를 준비하여 자유를 위한 저항을 이어가고자 하였다.

그렇게 벌어진 대규모의 집회가 바로 라인 지방의 노이슈타트에서 1832년 5월 27일에 벌어진 함바흐 축제Hambacher Fest였다. 지벤파이퍼가 주도한 축제로 여성들의 참여도 허용되었으며 여러 사회적 신분 계층이 참여하여 자유와 국가 통일에 대해 논의하였다. 사람들은 흑-적-황, 3색으로 이루어진 깃발을 들고 함바흐의 옛 성터를 행진하였는데 깃발에 '독일 재생Deutschlands Wiedergeburt'이라는 문구를 넣어 자유와 통일에 대한 열망을 직접적으로 표현하였다. 앞으로도 자유와 민족의 통일을 위해 싸울 것을 천명한 것이었다. 참가자들은 독일의 투쟁을 목표로 잡는 동시에 유럽 각국의 반봉건 세력과의 연대도 추구하였다. 폴란드 망명자들이 축제에 참여하였으며 프랑스에서 온 지식인들이 절대주의 타파를 위한 범유럽적 자유 동맹을 거론하기도 하였다. 무려 2만 명의 사람들이 축제에 참여하였고 주로 농민이나 노동자들의 참석률이 높았다. 당시 여러 민중봉기는 주로 불합리한 처우로 인한 것이었다. 노동자들은 격렬하게 반봉건을 외쳤다. 부르셴샤프트의 경우 300여 명이 축제에 참여하였다.

참가자들은 축제를 즐기며 여러 안건에 대해 논의했는데 주로 독일의 자유 개혁과 국가 통합, 폴란드 독립 지원, 프랑스 자유주의자와의 연대가 주 안건이었다. 그러면서 적극적으로 싸워야 한다고 주장했다. 개회사를 했던 의사 헤프Philipp Hepp는 단순히 귀족만이 우리의 적이 아니라 투쟁의 위험을 두려워하는 모든 이기적인 행동이, 그런 행동을 하는 가

짜 자유주의자들이 진정한 적이라고 언급하였다. 축제를 주관한 지벤파이피는 민족과 자연을 합치시키며 자연의 섭리를 따라 당연히 민족의 번영도 이루어지리라 주장하며 자신들의 행동에 당위성을 부여하였다. 동시에 분파주의를 추종하며 분열된 독일 상황을 유지하려는 독일 각국의 군주를 비난하였다. 그는 독일의 통일 자유국 설립을 위해 민족의 대의기구 설립과 주권재민설 인정, 남녀 평등, 자유로운 상업과 교역 활동, 일상생활에서의 애국심 고양이 이루어져야 한다고 주장했다. 그러면서 마지막에는 자유 독일과 폴란드, 프랑스 만세를 외치며 독일인과 유럽인들의 자유를 위한 동맹을 추구하였다. 비르트는 부르셴샤프트가 주장하는 독일의 자유와 통일의 이념을 여러 유럽 각국의 진보적 이념과 결부하여 범유럽동맹을 주장하였고 신성동맹과 절대왕정에 다 같이 항거해야 한다고 주장하였다. 이러한 이야기를 통해 함바흐 축제는 지난 축제들과 달리 유럽 시민사회로 가는 길까지 만들어 간 것이다. 각자의 의견은 조금씩 달랐지만 참가자들은 신성동맹에 대항해야 한다는 중점적인 이야기에 다들 동의하였고 비르트와 지벤바이퍼의 연설에 환호성을 질렀다. 참가자들은 메테르니히 체제를 비난하였고 급진적인 사람들은 무력적인 방법도 불사해야 한다고 주장하였다.

이렇게 함바흐 축제는 성황리에 이어졌고 좋은 마무리를 지어 지벤파이퍼의 주도하에 독일개혁연맹Deutscher Reformverein을 창설, 주권재민사상과 일반 국민들의 무장, 독일연방공화국 창설, 유럽의 모든 자유 민족과의 연대를 목표로 하는 단체를 만들고 활동을 시작함으로써 지난 축제보다 더 큰 성과를 얻었다. 다만 이러한 반봉건 민주 연합단체는 바로 기존 질서 체제의 공격을 받았다. 메테르니히는 축제의 소식에 매우 분노했고 6월 28일 연방의회를 통해 이들을 탄압할 조치를 취하기로 하였다. 독일연방의회는 이제 모든 축제를 사전에 허가를 받게 하였다. 그리고 흑-적-황의 상징물은 쓰지 못하게 하였고 독일 각국 정부 간의 군사원조를 통해 시민들의 저항을 적극적으로 탄압하고자 하였다. 또한 대학에 대한 정부의 감시가 다시금 부활하였다.

이러한 탄압에 바로 적극적 저항이 시작되었다. 예컨대 1832년 6월에 헤센에서 억압에도 민중 집회가 열렸다. 만여 명의 시민들은 급진적인 주장을 하며 탄압에 맞섰다. 민중들의 움직임에 힘을 얻은 부르셴샤프트는 독일 언론과 조국동맹과의 연대를 추구하며 그해 말 혁명을 일으킬 것을 목표로 잡았다. 그리고 준비 과정 끝에 1833년 4월 3일, 프랑크푸르트에서 봉기를 일으켜 자신들의 손으로 직접 독일 공화국을 만들려고 하였다. 탄압에도 여론이 좋아 그것을 믿고 군사적 모험을 해본 것이었다. 학생과 노동자, 폴란드에서 온 장교 50여 명이 프랑크푸르트 경찰수비대를 급습하여 도시의 행정을 장악하려 시도했다. 다만 이것은 빠르게 진압되었고 메테르니히는 이를 빌미로 주요 요인 체포, 신문 금지, 의회 해산 등등의 조치를 내리며 더욱 강하게 탄압하였다.

그래도 시민들은 꺾이지 않고 지하활동을 이어갔다. 프랑크푸르트의 거사는 실패했지만 불법적인 유인물을 계속 살포하며 독일 자유주의 운동의 질적 성장을 추구하였다. 대표적으로 부츠바흐Butzbach의 목사 바이디히Friedrich Ludwig Weidig나 극작가 뷔히너Georg Büchner 같은 사람들이 이러한 활동을 도왔다. 바이디히는 1834년 7월 『헤센의 국가소식Hesische Lndbotn』을 발행하여 민중의 참여를 호소하였고 뷔히너는 인권회Gesellschaft für Menschenrechte를 설립하며 시민들의 민주 투쟁을 주도하였다. 이렇듯 짓밟아도 꾸준히 일어나는 시민들의 움직임은 반동 세력들이 힘으로 시대의 흐름을 막으려는 노력이 헛된 행동임을 보여주는 강렬한 증거였다. 물론 여전히 북부 독일에서는 미지근한 반응인지라 아직까진 독일의 시민 계층들이 완전히 성숙한 것은 아니었으나 이제 독일 사회는 자유주의에 대한 열망을 포기할 수가 없게 되었다. 물론 엄청난 탄압으로 자유주의자들은 체념하기도 하였다. 1842년까지 독일연방의 중앙조사위원회에 의해 2,140명이 혐의자로 조사받았고 많은 이들이 투옥되었다. 프랑크푸르트 거사에 참여한 사람 중 11명은 무기징역을 선고받았다. 하지만 1837년의 하노버 새 군주의 헌법 무효 선언에 반발한 괴팅겐 7인 교수Göttinger Sieben의 저항은 사람들에게 시민들의 자유 운동의 불은 꺼질 수 있는 것이 아님을 보여주었다. 하노버의 새로운 공작은 1833년에 제정된 헌법의 기능을 정지시켰다. 이에 반발한 달만, 게르비누스, 그림형제, 알브레히트, 베버, 에스발트 교수가 1837년 12월 12일 괴팅겐 대학에 모여 시대를 역행하지 말라는 자신들의 항의서를 하노버 정부에 보냈다. 결국 강제 추방을 당하나 그들의 항의서는 학생들을 통해 복사되어 독일 전역에 퍼졌고 많은 공감을 얻게 되었다. 많은 도시에서 괴팅겐 연합이 결성되어 교수들을 위한 모금 운동이 전개되었고 사람들은 항의서의 내용을 통해 하나 된 자유 독일에 대해 꿈을 꾸게 되었다. 그리고 1838년에는 비록 실패하긴 했으나 빌헬름 바이틀링Wilhelm Weitling이 독일 노동자들을 위해 설립한 정의동맹Bund der Gerechten의 활동으로 복지에 관한 이야기도 독일에서 논의되게 되었다. 정의동맹은 사회주의에 영향을 주었으며 재산 공유와 같은 방식으로 경제적 평등을 추구했고 노동자들의 계몽을 위해 노력하였다.

이러한 시민들의 저항은 일정 부분 성공하여 대다수의 독일 국가에서 1830년대에 제정된 헌법을 지키게 해주었다. 특히나 농업 부문에서의 성과는 대단한 것이었다. 대부분의 독일 지방은 여전히 농민들이 지주에게 귀속된 형태를 유지하고 있었다. 그런데 30년대에 진행된 헌법 운동으로 인해 제정된 개혁적 법령이 농민의 부역 의무를 없애주고 동시에 새로운 기회를 주었다. 예컨대 바덴에서 농노신분제가 폐지되었고 나사우에서 1841년 칙령을 통해 봉건적 수탈을 금하였다. 독일의 여러 국가가 프로이센에 이어 법적인 해방을 만들었고 동시에 자본주의적 농업 개혁을 실시하였다. 물론 모든 농민이 결실의 열매를 얻어먹은 것은 아니다. 하노버의 경우 괴팅겐 교수들의 활약에도 결국 헌법은 폐지되었고 헌법이 유지된 대부분의 국가도 빈농에게까지 실질적 혜택이 내려가진 않았다. 그래도 농지 개편과 생산방법 개선, 자본주의적 영농 시스템을 통해 생산량을 폭증했고 프로이센과 마찬가지로 귀족의 농업 자본가화가 진행되었고 부유한 자유농도 생겨갔다. 모든 독일을 전체적으로 종합하자면 1820년과 60년 사이 경작지가 42%나 늘었고 삼포제 폐지와 윤작 방식 도입으로 휴경지는 1800년엔 25%였던 것이 70년에는 9%로 감소하였다. 나무로 된 쟁기는 쇠로 바뀌면서 농기구의 개편으로 농업 사회의 기계화가 이루어졌다. 감자나 홍당무, 각종 사료작물이나 특히 사탕무 재배의 성공으로 독일 전역에 생산량이 증가했는데 특히나 작센과 슐레지엔에서 사탕무 재배가 대성하여 독일은 세계에서 손꼽히는 사탕무 재배국이 되었다. 사탕무를 통해 설탕도 얻어냈고 설탕 공장이나 양조 공장을 통해 독일 국민의 부가 증대되었다. 이러한 농업의 자본화로 독일 전역을 기준으로 19세기 초에 비해 중엽이 되면 농업 생산이 두 배로 증가하였다. 이러한 일련의 과정을 통해 독일 사회에서 신분제가 서서히 의미를 상실했고 부를 가진 시민 계층들이 투쟁을 이어가 독일의 자유주의 흐름에 도움을 주었다.

여하튼 결론적으로 시민들의 저항과 입헌 운동의 흐름은 반동으로 막을 수 있는 것이 아님이 증명된 것이다. 이로써 1848년의 혁명의 토대가 완전히 갖춰지게 되었다. 자유를 향한 열망이란 누구도 막을 수 없는 인류의 숙명임을 독일인들이 다시금 증명해 낸 것이다.

프로이센에서의 폭풍전야

그간 독일 자유주의의 흐름을 설명하기 위해 프로이센의 이야기는 간간이 언급하고 독일의 전체적 상황을 다루었으나 이제 다시 프로이센으로 돌아와 보자. 일단 이즈음에 프로이센에 큰 변화가 있었다. 바로 1840년 6월 7일, 프리드리히 빌헬름 4세Friedrich Wilhelm IV가 부친의 서거로 인해 프로이센의 국왕으로 즉위한 것이었다. 그는 자유주의자와 보수주의자 모두에게 기대를 받으며 국왕의 자리에 올랐다. 그는 어떤 인물이었을까? 간단히 말하자면 낭만주의자이자 동시에 프로이센 경건주의를 추종하는 종교적 색채가 강한 포용주의자였다. 그는 진보적 색채와 보수적 색채 둘 다 띠고 있는 독특한 사람으로 그간의 프로이센의 프로테스탄트 흐름을 중시하면서도 가톨릭교도들도 존중해 주는 사람이었다. 그간 프로이센 왕국은 전대의 경건주의 흐름으로 루터파와 칼뱅파가 적절히 절충하여 사이좋게 지내는 사회를 조성한 바 있다. 하지만 가톨릭에 대해서는 예외였으나 새로운 국왕은 구교도들에게도 포용적 자세를 취하였다. 아내가 바이에른의 공주로 구교도였기에 부왕은 그의 그런 선택에 놀라기도 하였다. (물론 아내는 왕족이기에 결혼과 동시에 프로테스탄트로 개종하였다.) 이런 진보적 색채는 자유주의자들에게 기대를 품게 해주었다. 그러나 그는 자신의 종교관에 따른 중세적 위계질서의 사회에 심취한 사람이었기에 대의기구에 반대하지 않으면서도 기존 질서에 반하는 형태는 안 된다고 주장하는 독특한 사람이었다. 그의 이런 독특한 가치관은 1848년 혁명이 프로이센에게 가져다주는 복잡한 결과에 큰 영향을 주게 되었다.

프로이센의 자유주의자들은 그런 새로운 국왕의 즉위에 큰 기대를 걸었다. 이제 남부를 넘어 북부 독일에서도 자유주의 운동이 격렬해지려 하고 있었는데 새로운 국왕이 자유주의를 적당히는 용인할 것이라고 예상했었다. 프리드리히 빌헬름 4세는 그러한 자유주의자들의 마음을 알아챘는지 그들이 좋아할 만한 소식들을 보여주기 시작했다. 먼저 그는 이제부터 각 지역의 신분제의회, 그러니까 주의회가 이제부턴 2년마다 열릴 것이라고 해주었다. 그리고 해고되었던 본 대학의 아른트 교수를 복직시켜 주면서 그간의 탄압을 더 이상 진행하지 않을 것임을 보여주었다. 1840년 10월에는 문화부 장관으로 아이히호른Johann Albrecht Friedrich Eichhorn을 입각시키며 자유주의자의 찬사를 받았고 이제는 노장이 된 보이엔을 전쟁부 장관으로 복귀시키면서 새로운 시대가 열렸음을 보여주었다. 그리고 그간 메테르니히의 끄나풀로 인식되던 경찰국장 캄프츠Karl Albert von Kamptz를 해직하면서 프로이센 자유주의자들에게 낙천적 분위기를 선사하였다. 프로이센 자유주의자들은 그들의 기대가 실제로 이루어지고 있다고 좋아하였다. 다만 새로운 국왕은 그들의 생각과 달리 종교적 가치관을 지닌 포용주의자였기에 어느 한쪽의 생각만 들을 계획은 아니었다. 보수파들의 실망을 받으면서도 보수파들의 생각도 수용하였다.

그는 내무대신 구스타프 폰 로호Gustav von Rochow를 통해 국민의회Nationalversammlung에 대한 미수용을 언급하여 자유 세력과 보수파 간의 알력을 조정하려 하였다. 국왕의 입장에서는 정기적인 신분제의회 정도로 충분한 양보라고 생각한 것이다. 이러한 국왕의 조치에 자유주의자들은 순식간에 실망에 빠지며 반발에 나섰다. 대표주자는 바로 쾨니히스베르크 주지사 테오도르 폰 쇤Heinrich Theodor von Schön이었다. 그는 『어디에 왔다가 어디로 가는가?Woher und Wohin?』를 저술하여 기존의 신분제의회가 아닌 헌법에 기반한 국민의회의 도입을 종용하였다. 그로 인해 베를린과 쾨니히스베르크의 관계는 급히 냉각되었으며 내무부 장관 로호는 쇤과 대립하며 프로이센 내의 자유주의와 보수주의의 충돌을 만들어버렸다. 다만 두 세력의 충돌은 생각보단 오래가지 않았다. 중간에서 이 사태를 바라보던 국왕이 1842년 6월 3일과 10일에 각각 쇤을 해임하고 로호도 해임함으로써 일을 마무리시켜 버렸기 때문이었다. 국왕은 헌법에 거부적이면서도 어느 세력에 끼려 하지 않았다.

하지만 이것은 미봉책으로 자유와 보수의 갈등은 이후로도 끊이질 않았다. 예컨대 급진파인 요한 야코비Johann Jacoby가 1841년부터 국민의 합법적 국정 참여를 요구하며 주기적 정치모임을 가졌다. 그는 도시 전문직들로부터 호응을 받았고 프로이센의 여러 지방에 포럼을 만들며 보수파에 대항하였다. 대표적으로 브레슬라우에는 '도시자원'이라는 모임을, 마그데부르크에는 '시민클럽'이라는 모임을 가지며 정치활동을 통해 자유주의 투쟁을 이어갔다. 해임된 쇤의 경우 자유주의적 풍토를 지닌 융커들의 지지를 받으며 투쟁을 이어갔는데 결국 이에 보수파도 맞대응하면서 프로이센 내의 자유주의의 격동과 반발은 끊이지 않게 되었다. 다만 잘 결집하여 1841년과 43년에 언론의 자유와 법 앞의 평등을 요구하는 결의안을 여러 지방 주의회에 올린 자유 세력과는 달리 보수파는 응집을 잘하지 못하였다. 보수파의 거두가 되는 국왕의 측근이자 여단장인 레오폴트 폰 게를라흐Leopold von Gerlach는 이러한 정치 상황을 보며 자유주의가 프로이센을 덮칠 것이라고 우려하였다. 1848년 혁명을 생각해 보자면 그것은 옳은 생각이었고 '보수와 통일의 선구자'가 등장하기 전까진 보수파들은 자유 세력에게 전체적으로 보면 밀리는 형국을 보여주었다.

이러한 모양새 덕인지 민중들은 기본적으로 자유주의에 옹호적이었다. 자유주의자들이 꾸준히 주의회에서 여러 결의안이나 입법 활동을 시도하자 정치 개혁의 바람이 민중 사이에 퍼졌는데 낮은 문맹률이 신문 보급에 큰 기여를 하여 민중의 계몽에 큰 도움을 주었다. 사람들 사이에선 라 마르세예즈의 변형곡이 유행하였고 신문의 하위인 더 읽기 쉬운 인쇄물인 민중 달력Volkskalender이 유행하였다. 그러한 흐름 속에 사육제나 민속축제가 자주 벌어졌고 민중들은 그러한 모임 속에서 정치나 사회의 분위기를 풍자하였다. 민중들은 풍자를 통해 이도 저도 못 하는 국왕에 대해 조롱하였다. 실로 국왕은 유대인 문제를 자신이 생각하는 중세적 신분 질서의 양식으로 프로이센에 편입하려고 시도했으나 실패한 바가 있었다. 왕은 고대의 향수에 젖어 지내면서 절박한 현실의 요구에는 대응하지 않는다고 조롱받았다. 국왕은 자비를 베풀어 경범죄 정도면 자신에 대한 비난에 대해 그다지 처벌하지 않았으나 민중의 마음이 국왕을 떠나는 것마저 막긴 힘들었다.

이러한 때에 프로이센에 대형 사건이 터지니 바로 1844년의 슐레지엔 직조공의 봉기였다. 이것은 1848년의 전초전으로 산업화로 인해 생긴 수많은 노동자의 삶이 매우 참혹했다는 방증이었다. 사실 이 봉기는 자유주의의 흐름에서 튀어나온 것은 아니었다. 노동자들은 그저 힘들기에 못 참아서 들고 일어난 것이었고 자유니 통일이니 그런 것이 언급된 것은 아니었으나 결과적으로 자유파도 보수파도 이를 대단히 정치적으로 해석하였다. 그만큼 노동자들의 삶은 참혹했고 봉기는 거대했다. 예컨대 하이네는 『슐레지엔의 직조공Die schlesischen Weber』이란 시를 만들며 이 사태의 참혹함에 대해 노래한 바가 있었다. 하이네는 기아 수준의 임금을 받으면서 매우 긴 노동시간을 지닌 이들의 참담함을 노래했고 이는 매우 큰 여론의 동감을 받았다. 실로 당대 노동자들의 삶은 매우 힘들었는데 특히나 궁핍했다는 것이 큰 문제였다. 노동자들은 근근이 삶을 이어갔고 이는 식량 소비를 통해 알아볼 수 있었다. 예컨대 1838년까지만 해도 라인 지방의 사람들은 연간 41킬로그램의 고기를 소비하였지만 1848년이 되면서 30킬로그램으로 줄어들었다. 1846년의 프로이센 국가 조사에 의하면 국민의 절반이 최저 수준이나 혹은 그보다 못한 생계를 유지하고 있었다. 봉기를 일으킨 슐레지엔 직조공을 집중적으로 조명하자면 그들은 적어도 연간 100탈러의 수입이 필요했으나 정작 받은 것은 60탈러 정도였다. 즉 굶어 죽거나 겨우 살아남으라는 잔혹한 자본주의의 행태로 인해 사람들은 봉기를 일으키는 것 말곤 답이 없었던 것이다.

그렇기에 1844년 6월 4일, 슐레지엔의 페터스발다우Peterswaldau와 랑겐빌라우Langenbielau 일대의 섬유공장 구역에서 대규모 봉기가 일어났다. 직조공들은 공장주의 집 앞으로 모여 타락한 자본가의 저택과 시설물들을 파괴하였고 공장의 기계도 부수고 사업장의 여러 장부마저 불태우는 것으로 자신들의 의견을 피력하였다. 화들짝 놀란 관료들은 다음 날 군대를 동원해 직조공들을 진압하려 했지만 오히려 충돌만 만들었고 6월 6일에 대규모로 군대를 동원해서 겨우 사태를 진정시킬 수 있었다. 정부는 봉기에 참여한 사람들을 붙잡고 처벌했지만 노동자들의 분노는 이미 걷잡을 수 없는 상태였다. 곧 여러 지방에서 노동 봉기가 벌어졌고 다른 지역으로도 번졌다. 예컨대 마그데부르크에서는 설탕 공장 노동자들이, 렌츠부르크에서는 목수들이, 잉골슈타트에서는 염색공들이 들고 일어났다. 노동자들이 들고일어나자 농민들도 자극을 받아 지주들에게 대항하기 시작했고 이러한 여파로 여러 계층의 소시민들이 전국적으로 들고일어나 버렸다. 농민들은 지주들의 저택을 불태우고 부역에 거부했으며 시민들은 도시에서 소요 사태를 벌이며 불평등에 호소하였다. 프로이센에서 시작된 봉기는 독일 전역으로 퍼졌다. 예컨대 1844년 뮌헨과 1845년 라이프치히에서도 봉기가 벌어졌고 오스트리아에도 번졌다. 프로이센에서의 봉기는 1846~7년까지 꾸준히 벌어졌으며 47년 4월과 5월에만 기아 사태로 인한 식량 폭동이 158회나 벌어졌다. 이러한 봉기들은 정치적 메시지를 지닌 것은 아니었고 배고파서 들고 일어난 것이었으나 정치가들에게 크나큰 충격을 주었다. 자유주의자들은 정부의 규제가 문제라고 이를 고쳐야 한다고 주장했고 보수파들은 복지국가론에 대해 진지하게 논의하기 시작하였다. 자유 세력이나 보수파나 해결 방안은 달랐을지라도 국가가 이것을 제어해야 함에는 동의하며 자신의 방식대로 개혁해야 한다고 주장했다.

이러한 민중의 격렬한 봉기는 곧 정치에 대한 기대감으로 이어졌다.

이제 변화가 필요한 시점임을 누구도 부정하진 못하였다. 자유주의자들은 민중의 흐름에 올라타 입헌 운동을 통한 국민의회 설립을 주장하였다. 때마침 산업 발전을 통한 철도의 중요성이 부각되면서 철도를 국가 전역에 설치하기 위한 정부 주도 사업이 안건으로 올라왔다. 자유주의자들은 이 기회를 잡으려 하였다. 그것은 절묘한 기회로 일전 1820년 1월에 하르덴베르크가 반포한 국가 부채에 관한 법안을 이용한 것이었다. 국가 부채 발행에는 의회의 동의가 필요했었다. 그래서 국왕은 1847년 4월, 전국적인 통합주의회를 열었고 자유주의자들은 자신의 생각을 관철하고자 하였다. 그러나 국왕은 강력하게 반동적 자세를 보여주었다. 그는 국민의회가 설치되는, 입법기구의 등장을 원하지 않았기에 개회사에서 나폴레옹 몰락 이후 만들어진 기존의 신분제의회는 유지될 것이라고 엄포를 놓았다. 보수파들은 이에 환영했으나 자유주의자들은 격렬히 거부 반응을 보였다. 프로이센의 철도망이 1840년엔 185킬로미터 정도였으나 1845년엔 1,106킬로미터로 급증한 것을 보면 분명 자유주의의 좋은 기회였다. 자유주의자들은 의회의 권리를 국왕이 수용해야 부채를 발행하는 것에 동의할 것이라고 엄포에 엄포를 놓았다. 결국 양측은 의견 대립 끝에 부채도 발행 못 하고 입법도 안 되며 끝나버렸다. 철도가 더 이상 민간 자본으로만 확장하는 것이 무리였음을 볼 때 국왕의 입장에서는 뼈아픈 실패였고 자유주의자 역시 그러하였다. 하지만 이 사건은 1848년의 혁명이 코앞에 다가왔음을 알려주는 사건이었고 결국 1년 뒤의 일을 통해 입법과 산업 발전 모두 실행되게 되었다.

왜냐하면 이 시점 민중의 분노는 엄청나 다시금 대규모 봉기가 일어날 조짐을 보여주고 있었기 때문이었다. 그것이 1848년의 혁명이고

1840년대의 기아 문제와 빈민 문제가 만든 결과물이었다. 여기서 중요히 바라볼 점은 1844년의 일련의 반봉건적 저항 봉기가 자유주의적 부르주아지와 민중들의 괴리를 만들었다는 것이다. 자본가들은 점점 반민주주의의 색채를 입어갔고 자본과 노동 사이의 대립 속에서 사회주의Socialism가 탄생하게 되었다. (훗날 독일 자본가들이 병영 문화를 받아들이는 것에 이런 배경이 숨겨져 있던 것이다. 다만 이 시점까진 자본가나 노동가나 같이 귀족들에게 대항하는 동반자였다.)

카를 마르크스Karl Marx가 1845년 저술한 『포이어바흐에 관한 테제Thesen über Feuerbach』와 46년에 저술한 『독일 이데올로기Die Deutsche Ideologie』, 그것을 거쳐 1848년에 작성한 『공산당 선언Das Kommunistische Manifest』을 통해 창안된 이 사상은 독일에서 시작하여 유럽에 엄청난 반향을 불러일으켰다. 마르크스는 슐레지엔 직조공 봉기를 프롤레타리아Proletarier의 자본 독점에 대항한 노동자 봉기로 규정하였다. 이러한 주장은 사회주의가 허점이 있음에도 사회변혁의 열쇠가 되게끔 해주었다. 마르크스의 주장이 사회에 강렬한 느낌을 주었다는 것은 부정하기 힘든 사실이었다. 독일 제국 파트에서 나올 사회보장제도가 사회주의 세력의 성장을 막기 위함인 것을 고려한다면 더더욱 그러하다고 볼 수 있다. 사회주의자들의 격렬한 외침이 복지란 개념을 체제에 구축하게 만든 것임을 부정하긴 힘들다. 여하튼 마르크스는 그의 동지 엥겔스와 함께 사회주의 세력을 집중시키면서 계급투쟁이론을 통한 시민혁명을 주장하였고 지금 봐도 매우 과격한 주장을 하며 민중의 이목을 끌고자 하였다. 이는 그럭저럭 성공하여 당대 민중들에게 사회변혁의 시점임을 느끼게 해주었다. 당대 사람들 중 이것에 호응하는 이가 상당했는데 왜냐하면 당대 독일의 경제적 상황이 좋지 않았기 때문이었다. 당시 1830~40년대 독일 지방들은 정치, 경제적 위기가 상존하여 상당히 불안정한 상황을 이어가고 있었다. 그 여파로 많은 공장들이 문을 닫기도 하였다. 예컨대 1847년 함부르크를 보자면 128개의 무역회사가 파산하기도 하였다. 잘나가던 독일 지방의 면직물 공업도 이 시기에 41%나 생산이 감소하기도 하였다. 이러한 덕택에 사회주의는 급속도로 퍼지게 되었다. 물론 독일 산업은 다시금 발전하긴 하지만 사회주의는 이러한 추세에 잘 올라탄 것이었다.

이러한 마르크스와 사회주의 사상의 등장은 1848년의 혁명이 더욱 불타게 도움을 주었다. 장기적으로는 유럽에 사회주의 혁명을 촉발시켰다. 좋든 나쁘든 인류 사회에 큰 영향을 준 사상이 탄생한 것이었다.

1848년 3월 프로이센 혁명

1848년 2월 말 시점을 보자면 독일연방의 시민들은 혁명적 소요와 소식에 익숙해지고 있었다. 특히나 유럽 각국에서 날라 오는 자유주의 흐름의 성공 소식은 시민들을 들뜨게 만들어주었다. 스위스 연방 수립이나 이탈리아 팔레르모의 혁명 소식이 그러하였다. 하지만 가장 크게 독일연방 시민들을 흥분하게 한 소식은 2월에 프랑스 수도에서 일어난 혁명 소식이었다. 프랑스 국왕 루이 필리프가 물러나고 혁명을 통해 프랑스에 공화정이 다시금 시작되었다는 소식은 모두를 들뜨게 만들었다. 이제 곧 독일도 혁명이 일어날 시간이라고 다들 짐작하였으며 실로 그러하였다. 처음 시작은 바덴에서였다. 프랑스 2월 혁명 직후인 2월 27일, 바덴의 만하임에서 시민들이 모여 출판 및 결사의 자유와 배심원제도 도입, 농민들에 대한 봉건적 부역 철폐를 부르짖었다. 이러한 소요 사태는 탄압에도 물러나지 않았고 곧 각국으로 퍼져나갔다. 결국 바덴은 헌법 도입을 약속할 수밖에 없게 되었으며 다른 독일 영방국가들도 그러하였다. 이러한 혁명은 금세 오스트리아까지 퍼졌다. 먼저 헝가리에서 정치적 움직임이 시작되었으며 곧 수도 비엔나에서도 시민들의 봉기가 일어났다. 비엔나의 시민들은 입법권과 조세 승인권을 가진 전국 단위 의회 소집을 요구했고 동시에 구질서 그 자체인 메테르니히의 실각을 요구하였다. 오스트리아 정부는 요구에 응하지 않았으나 곧 시가전이 벌어졌다. 무력 충돌 끝에 합스부르크 황실은 사태의 심각성을 깨닫고 메테르니히를 쫓아내고 군대를 철수시켰다. 비록 시민들이 원하던 의회는 바로 구성되지 않았지만 합스부르크 황실이 타협적 자세를 보이며 헌법제정을 약속함에 따라 비엔나에서의 혁명은 어느 정도 성과를 거두었다. 이러한 소식은 다시금 독일연방 전역에 퍼졌고 이제 프로이센에서도 혁명적 소요가 일어나기 시작했다.

프로이센에서 먼저 소요가 일어난 곳은 라인 지방에서였다. 주로 쾰른의 시민들이 집단시위를 벌였고 여기엔 급진파인 사회주의자들의 활약이 있었다. 쾰른의 공산당 지부는 시위를 주도하며 언론 및 결사의 자유와 입법과 행정을 민중이 주도하기 위해 보통선거제 도입과 상비군 폐지, 민중들의 무장을 주장했다. 노동권과 생존권을 주장한 쾰른 노동자들은 쾰른 지방의회로 가 자신들의 요구를 받아들이라고 외쳤다. 쾰른 시장은 처음엔 이를 받아들이는 제스처를 취했으나 곧 정부군을 동원하여 그들을 탄압하였다. 그러나 막을 수 있는 것이 아니었다. 첫 시위만 제압했을 뿐 계속 혁명을 위한 시위는 퍼져갔고 결국 라인 지방의회는 자유주의 성향의 시민들이 장악하게 되었다. 3월 3일, 자유 세력이 주도하는 라인 지방의회는 베를린 정부에 거국적 국민의회 소집을 요구하는 청원서를 전달하였다. 비단 라인 지방뿐만 아니라 마그데부르크나 작센, 포메른, 슐레지엔 지방으로도 혁명의 기운이 퍼져갔다. 3월 7일에는 쾨니히스베르크에도 시민 집회가 열려 요한 야코비가 작성한 청원서가 채택되었다.

이러한 소식은 베를린의 자유주의자들을 자극하였고 곧 베를린에도 혁명의 움직임이 보이기 시작하였다. 베를린의 시민 계층들은 자신들의 주장을 펼치기 위해 시의회로 몰려가거나 브란덴부르크 문밖에 있는 티어가르텐Tiergarten 공원에서 매일 정치 집회를 벌였다. 이 티어가르텐에서의 집회는 3월 11일이 되자 헌법제정을 위한 탄원서에 대해 논의하였고 13일에는 무려 2만 명이 넘는 시민이 참가하여 각종 연설을 벌였다. 노동자나 기술 장인들이 주로 참석하여 경제적 요구에 관한 이야기도 많았다. 13일의 집회에는 비엔나의 소식이 전해져 더욱 열기는 뜨거웠다. 이에 베를린 정부는 국왕이 어떠한 요구에도 응할 생각이 없어 군대를 투입하기로 하였다. 경찰국장의 요청에 따라 즉시 군대가 투입되었고 군대는 브란덴부르크 성에서 귀가하는 시민들을 습격하며 진압을 실시하였다. 다만 내각 모두가 진압에 찬성한 것은 아니었다. 대표적으로 베를린 지구 사령관 에른스트 폰 푸엘Ernst von Pfuel 장군은 온건적 성향을 지녀 무력을 택하는 것은 옳지 못하다고 주장하였다. 하지만 훗날 황제가 되는 빌헬름 왕세제가 강력히 군대 투입을 주장하였고 팽팽한 의견 대립 속에서 국왕을 일단 진압이라는 옵션을 택했다. 시민들은 군대 투입에 분노하며 무력 항쟁에 돌입하였고 당장 군대를 철수시킬 것을 요구하였다. 13일부터 16일까지 20여 명이 사망하고 150여 명의 부상이 있자 시민들의 분노는 하늘을 찌르기 시작했다.

이러던 와중 3월 15일, 베를린에 비엔나 정부가 시민들에게 항복했다는 소식이 전해졌다. 이에 놀란 국왕은 메테르니히 내각 붕괴 소식에 더 나쁜 상황이 오기 전에 타협해야 한다고 마음을 돌렸다. 프리드리히 빌헬름 4세는 3월 17일 칙령을 통해 신성동맹 체제하에 만들어진 검열제도를 폐지하고 헌법을 도입하겠다고 선언하였다. 하지만 사태는 바로 진정되지 않았다. 군대 투입으로 인해 시민들은 분노한 상태였고 더 확실히 대답을 얻기 위해 3월 18일 왕궁 앞에서 대규모 시위를 벌이기로 하였다. 그날 오전 정부의 양보 소식이 전해졌음에도 민중들은 왕궁으로 모였고 왕과의 면담을 요구하였다. 경찰국장은 국왕에게 소요 사태 진압이 아직 가능하다고 주장했으나 국왕은 거절하고 민중들 앞에 서는 선택을 하였다. 그렇게 오후 2시쯤 국왕은 민중 앞에 섰고 내무부 장관 보델슈빙Ernst von Bodelschwingh-Velmede이 시민들에게 이렇게 외쳤다.

"국왕께선 자유가 널리 보급되길 원하십니다!"

"국왕께선 독일의 모든 땅이 자유 아래 헌법의 보호를 받길 원하십니다!"

"국왕께선 즉시 통합주의회가 열리시길 바라십니다!"

"국왕께선 세금에 의한 규제를 철폐하길 바라십니다!"

"국왕께선 이러한 운동의 선두에 서시길 원하십니다!!"

그의 말에 민중들은 환호성을 질렀다. 하지만 만일의 사태를 대비하여 국왕을 보호하기 위해 달려온 군인들이 시야에 보이자 시민들은 환호를 멈추고 다시금 분노의 목소리를 높였다. 어서 군대를 물리라고 소리 지르자 국왕은 상황이 뜻대로 되질 않자 수도 주둔군의 지휘 권한을 푸엘 장군에서 강경한 보수파인 프리트비츠Karl von Prittwitz 장군으로 이관시켰다. 현장은 순식간에 혼란스러워졌고 프리트비츠 장군이 강경하게 나옴으로써 다시금 시위하는 민중들과 군대가 충돌하였다. 베를린 전역에 시민들의 바리케이드가 세워졌고 시가전이 벌어졌다. 시민들은 무장을 갖추기 시작했고 소총이 없으면 쇠스랑, 낫, 도끼, 창 등등을 들며 저항했다. 시민군은 주로 베를린의 직인, 도제, 공장노동자로 구성되었는데 실로 진투 후 사망자 230명 중 3/4이 노동자들이있다. 프리트비츠는 군을 동원하여 베를린 곳곳을 장악한 시민군을 빠르게 진압하려고 했지만 거센 저항에 결국 18일 자정 무렵 국왕에게 더 이상의 무력 진압은 힘들다는 보고를 올렸다. 그는 베를린에서 철수하고 수도를 역으로 포위하여 포격을 통해 시민군을 상대로 승리해야 한다고 주장했으나 국왕은 전면 철수의 명령을 내리며 시민들과의 타협을 택하였다. 프리드리히 빌헬름 4세는 이튿날 새벽 연설문을 통해 시민들에게 군대 철수를 대가로 바리케이드를 치우길 권고하였다. 그는 약속대로 군대를 베를린에서 빼냈고 동시에 자신은 포츠담으로 거처를 옮겼다. 그리고 3월 21일 후속 연설문을 통해 자유와 동시에 통일을 바라는 시민들의 뜻에 따라 향후 프로이센이 독일 통합 과정에서 주도적 역할을 할 것이라고 천명하였다. 시민들의 혁명을 용인하는 이 결정에 동생인 빌헬름 왕세제는 분노를 터트렸으나 국왕의 시선에선 더 이상의 피해는 용납하기 힘들었었다. 그렇기에 포츠담으로 떠나기 전인 3월 19일, 민중의 뜻에 따라 궁정 발코니 밖으로 나가 시민군의 시신 앞에서 모자를 벗고 고개를 숙였던 것이다. 필자의 판단으로는 그가 입헌에 대해 진심은 아니나 포용적인 성향으로 인해 더 이상의 피를 막고자 한 것으로 보인다.

그렇게 3월 29일, 시민의 요구를 따른 프로이센 국왕의 결정에 따라 새로운 내각이 결성되었다. 라인 지방의 사업가인 루돌프 캄프하우젠Gottfried Ludolf Camphausen이 새로운 수상이 되었다. 그리고 새로운 인사들이 내각에 임명되었는데 대표적으로 재무장관에 다비트 한제만David Hanseman이 있었다. 한제만은 지난 47년의 통합주의회에 참가한 인물로 자유주의자들의 지지를 받는 사람이었다. 그 말인즉슨 새로운 프로이센 정부는 혁명의 결과에 따라 자유 정부가 될 것임이 천명된 것이었다. 부르주아지를 주축으로 구성된 신정부는 사회주의로 비롯되는 급진파의 거센 물결을 제어하면서 최대한 빠르게 안정적으로 합법적인 헌법을 구축하여 혁명을 완수하는 것을 목표로 잡았다. 프로이센과 오스트리아 혁명의 여파로 바덴, 뷔르템베르크, 헤센-다름슈타트, 바이에른, 작센, 하노버 등등 여러 독일 영방국가에서도 자유주의자들의 내각이 탄생하였다. 프로이센의 새로운 정부는 폴란드 혁명가에 대한 정치범 사면령을 내리며 자유주의 원칙이 무엇인지를 유럽에 보여주었다.

그런데 생각보다 새로운 정부는 삐걱댔다. 왜냐하면 사회주의로 비롯되는 급진파와 자유주의적인 귀족들, 부르주아지 등등의 혁명 세력들을 잘 규합시키는 것에 큰 애를 먹었기 때문이었다. 특히 온건적 성향을 지닌 자유주의 귀족들은 다른 것은 잘 협력해도 입헌만큼은 사사건건 반대하며 신정부를 골탕 먹였다. 그러한 상황에서 국왕과 국왕을 지지하는 군대, 농촌 지역들도 제어해야만 하였다. 3월 혁명이 성공했음에도 여전히 난이도 높은 과제들이 놓여 있던 것이었다. 일단 캄프하우젠 내각은 합의론Vereinbarungstheorie을 채택하여 입헌 제정에 나섰다. 프로이센의 여러 세력의 입장을 적절히 반영하여 왕권과 민권 사이의 중간 입장을 내놓은 것이었다. 그리고 국왕을 설득하여 일단 입헌하겠다는 약속을 받아내는 데 성공하였다. 그렇게 4월 2일에 베를린에 열린 의회가 개최되었고 25세 이상의 세금을 내는 프로이센 남성에 대한 선거권과 제헌의회 권한에 대한 법률이 통과되었다. 그리고 4월 6일, 합의에 따라 국민주권의 원칙이 아닌 왕권과 민권의 합의를 통해 국가 헌법을 정하기로 하였고 이러한 원칙에 따라 국왕은 군대에 대한 독점적 통수권과 국왕 지위에 대한 신성불가침을 얻었다. 양보의 대가로 새로운 의회의 헌법은 조세 승인권과 법률안 심의권, 언론과 출판 및 결사의 자유를 보장받았다. 또한 차후 국민의회를 통하여 국왕의 행정권을 제안하는 결의안이 통과되었다.

하지만 혁명을 완수하기 위한 반동과의 타협은 한계를 지닐 수밖에 없었다. 국왕과의 타협을 위해 군대에 대한 통제권을 가져오지 못한 것은 치명적인 실수였으며 타협 때문에 급진파를 억제하기로 하는 여러 결정은 이제 겨우 생겨난 국민의회에 대한 민중들의 지지를 잃어버리게 하였다. 예컨대 농촌에서의 봉건 잔재 철폐와 행정과 재판의 특권 폐지를 위해 슐레지엔과 여러 지방에 봉기가 일어났으나 정부군에 의해 탄압받았다. 이는 합의의 결과였고 결국 민중의 내각에 대한 지지를 상실케 하였다. 그렇게 캄프하우젠 내각은 지지기반을 잃으며 금방 무너져 버렸다. 결국 6월 20일, 루돌프 폰 아우어스발트Rudolf von Auerswald의 새로운 자유주의 노선의 내각이 구성되었다. (다만 한제만은 그대로 재무장관으로 유지되었다.) 아우어스발트 내각은 필요성에 의해 행정과 군제에 대한 개혁을 하고자 하였다. 예컨대 군주의 입법 저지권을 제한하거나 시민군Bürgerwehr을 창설하려 하였다. 7월 11일에는 지주들의 18가지 특권에 대한 폐지 법안을 통해 농촌에 잔존해 있는 세습 특권을 혁파하려고 하였다. 새로운 지역 행정법이라든지 영주재판권 폐지 같은 것들을 제헌의회에 올렸지만 8월 18일에 베를린에서 열린 400여 명의 지주들이 참가한 집회, 이른바 융커의회Junkerparlament의 움직임으로 여러 합의는 결국 실패하고 말았다.

특히 군에 대한 통제권을 의회로 가져오기 위한 9월 7일의 결의안이 국왕의 강한 반발로 실패하자 결국 아우어스발트 내각도 금세 붕괴해 버렸다. 결국 다시금 내각은 교체되었고 새로운 수상은 온건파인 에른스트 폰 푸엘 장군이 되었다. 그는 훔볼트의 친구로서 지식인들의 지지를 얻고 있던 사람이었다. 합의론을 잘 이끌어갈 사람으로 보였지만 그도 왕권과 민권의 타협에는 실패하고 말았다. 이는 민중과 결별한 부르주아지 내각의 한계를 보여주는 것이었다. 그래도 푸엘은 나름대로 개혁을 이어가고자 하였다. 10월 12일 제헌의회를 통해 장래의 왕이 '신의 은총에 의해서'라는 문구를 삭제하도록 요구함으로써 왕권에 대한 제한을 하려고 시도하였다. 10월 31일에는 귀족 계급을 공식적으로 폐지하는 안건을 200 대 153표로 통과시킴으로써 융커 특권 폐지와 시민의 평등을 이루고자 하였다. 하지만 이러한 봉건 잔재 철폐를 위한 시도는 국왕과 융커들에게 큰 반발을 느끼게 하였다. 당연히 이루어지지 않았고 나아가 푸엘 수상을 교체시켜야 한다는 여론이 왕과 귀족들 사이에서 모이게 되었다. 결국 푸엘 수상은 11월 1일에 사임하였고 그의 후임으로 프리드리히 빌헬름 폰 브란덴부르크 백작Friedrich Wilhelm von Brandenburg이 임명되었다. 이는 자유주의자들에게 엄청난 실망을 안겨다 주는 결정이었다. 새로운 수상이 대단히 보수적인 사람이었기 때문이었다. 예상대로 새로운 수상은 반동을 천명했고 의회를 11월 27일까지 휴회시키겠다고 발표하였다. 국민의회 의원들은 이에 반발했으나 브란덴부르크 백작은 1만 3천 명의 병력을 이끌고 베를린으로 입성, 11월 3일에 계엄령을 선포하고 시민군을 강제 해산시켰다. 그리고 국민의회를 12월 5일에 해산시키면서 3월 혁명을 공식적으로 종료시켜 버렸다.

그렇게 고작 1년도 채 지나지 않아 겨우 생겨난 프로이센의 국민의회는 해체되었고 혁명은 사실상 종료되었다. 1848년 12월 5일의 프로이센 반동 쿠데타로 결국 혁명은 끝장난 것이었다. 요한 야코비와 같은 자유주의 인사가 시민들과 상수시에 모여 왕에게 마지막으로 청원했지만 끝끝내 국왕은 거부하였고 11월 15일 마지막 제헌의회는 납세 거부를 결의하며 최대한 막아보려 했지만 군대의 힘에 굴복해 버리고 말았다. 그렇게 혁명은 끝났다. 돌이켜 보면 부르주아지들로 구성된 자유주의자들과 마르크스주의자들로 구성된 급진파들이 분열을 일으킨 덕에 애당초 성공하기 힘든 면모도 있었다. 예컨대 5월 제헌의회에서 두 세력은 공동 후보에 대해 합의에 실패하여 보수파에게 세력을 헌납하기도 하였다. 무엇보다 도시를 제외한 농촌에서는 프로이센 보수주의가 강한 힘을 받아 국왕을 중심으로 한 보수파의 힘을 강하게 키워주었다. 참전용사협회, 애국동맹, 농민연합 등등 일련의 보수연합이 국왕을 지지했고 특히 해방전쟁 참전용사가 기반이 되어 구축된 군대 클럽들이 국왕을 지지하여 브란덴부르크 백작이 손쉽게 반동 쿠데타를 일으킬 기반을 마련해 주었다. 예컨대 보수결집으로 슐레지엔에는 혁명 전에는 8개가 있었던 군대 클럽이 64개로 늘었다.

그래도 '3월의 성과Märzerrungenschaften'는 탄압에도 예상외의 좋은 결과물을 낳았다. 비록 자유주의자들이 원하던 완전한 입헌은 아니지만 이전과 비교해 보면 상당히 진보된 헌법과 선거제가 도입되었다. 새로운 참정 시스템인 프로이센 3계급 투표제Dreiklassenwahlrecht는 자유주의자들이 원하던 헌법은 아니었지만 1848년 12월에 이윽고 헌법이 도입되긴 하였다. 이러한 입헌은 3월 혁명의 결과물들이 생존하게 도움을 주었다. 이 헌법의 초안에 가장 큰 기여를 한 인물은 1850년에 새로운 수상으로 취임하여 8년간 재임하는 오토 테오도르 폰 만토이펠Otto Theodor von Manteuffel이었다. 그는 수상 취임 후 여러 조치를 통해 나름대로 3월 혁명의 결과물을 프로이센 사회에 유지해 준 인물로 필자가 보기엔 그간 국민의회가 갈망하던 타협에 적합한 리더십을 가진 위인이 아닌가 싶다. 새 헌법은 국민의 '기본권'이 기초로 되어있고 언론과 집회, 결사의 자유, 인격의 자유, 학문의 자유가 명시되어 있으며 여러 특권의 폐지와 관직의 개방, 내각책임제, 보통선거권, 토지소유권, 시민적인 혼례, 신앙의 자유, 종교적 평등권, 주거불가침권 등등 여러 헌법이라면 갖추어야 할 요소들을 가지고 있어 보수파들을 대단히 놀라게 하였고 패배했음에도 자유주의자들을 만족시켜 주었다. 실로 반동 쿠데타 직후 큰 저항이 있어야 했지만 이것을 보고 자유주의자들은 그다지 저항하지 않았다. 만토이펠 수상은 자유 세력에게 당근을 주어야 더 이상 반항하지 않는다고 보수파들을 설득하며 이런 헌법을 만들었다. 그렇다면 프로이센의 3계급 투표는 정확히 어떻게 구성되어 있을까?

먼저 투표권을 얻기 위해선 소득세나 재산세, 사업세와 같은 직접세를 내는 25세 이상 남성이어야 했다. 그런 전제조건을 통과했다면 이제 각 지역의 선거구별로 과세소득에 따라 세 가지 계급으로 분류되었다. 단순히 상류층, 중산층, 서민층으로 나누는 것은 아니었고 그 지역에서 들어올 세금을 3등분으로 나누어 세금을 많이 내는 사람부터 계산하여 액수가 1/3에 도달하면 그 사람까진 1등급, 다시 세금 내는 사람들을 계산하여 다시금 1/3의 액수가 차면 그 사람까지 2등급, 나머지가 남은 1/3 액수를 채우고 해당하는 사람이 3등급이 되었다. 시민들은 이렇게 매겨진 등급에 따라 차등 된 투표권을 행사하였다. 1849년을 기준으로 프로이센 시민의 5% 정도가 1등급이었고 12.6% 정도가 2등급, 나머지 82.7%가 3등급에 해당하였으며 각 계층마다 같은 선거인단을 선출하였다. 즉 5%와 82.7%가 같은 숫자를 뽑을 수 있었다는 것이었다. 이렇게 각자 차등적인 권리를 행사하여 선거인단을 구성하면 해당 선거인들이 프로이센 의회 의원들을 뽑는 간접적인 선거 시스템이었다.

얼핏 보면 여전히 불평등해 보이는 제도이다. 그러나 20세기의 세계대전을 거쳐 완전한 직선제가 유럽과 세계에 도입되기 전까지는 대부분 간선제를 택하였다는 사실을 보면 프로이센의 헌법이 결코 시대에 뒤처지지 않았음을 우린 알 수 있다. 무엇보다 차등적이라고 할지라도 대다수의 시민이 투표에 참여하게 해준 것은 프로이센이 거의 유일하였다. 비슷한 국가는 프랑스나 스위스 정도였고 대부분 평등한 투표권을 가지고 있다고 하더라도 인구의 일부만 선거에 참여할 수 있었다. 프로이센은 차등적이긴 하지만 모든 성인 남성에게 부여함으로써 대의제를 통해 프로이센에 자유주의를 살아 숨 쉬게 해주었다.

무엇보다 새로운 헌법(정확히는 1850년에 개정된 헌법, 프로이센의 헌법은 총 3가지로 1848년, 1850년, 1920년에 개정되었다.)은 시민들과 국가에 좋은 영향력을 발휘해 갔다. 먼저 새로운 대의체제는 그토록 시민들이 허물고 싶었던 농촌의 악습 잔재들을 허무는 효과를 보여주었다. 예컨대 1850년의 상환법Ablösungsgesetz을 통하여 마침내 시골에 잔존해 있는 지주들의 세습 재판권을 혁파하였다. 만토이펠 수상은 여러 법안을 '기본권'이 기초된 헌법을 통하여 통과시켰고 이러한 개혁들을 통해 혁명의 성과물을 이어가게 해주었다. 그리고 당장 프로이센에 시급했던 문제도 해결해 주었다. 1851년의 소득세 법안이 통과되어 철도나 공공시설에 대한 지출 제한이 드디어 풀렸다. 하르덴베르크가 남긴 족쇄가 드디어 풀린 것이었다. 47년 통합주의회의 주요 주제였던 철도 건설을 위한 자금 조달 문제가 새로운 헌법의 투표권 부여를 통해 세금을 거두고 채권을 발행하여 그간 완공되지 못했던 동부 철도에 3,300만 탈러의 예산을 승인하게 해주었다. 추가 조치로 인해 비단 철도뿐만 아니라 상업 및 기반 시설에 대한 국가의 공공지출이 대폭 상승하여 경제 발전의 밑거름을 구축하였다.

이 시기 프로이센은 근대화를 위해 박차를 가하고 있었는데 그것이 의무와 권리를 통해 해결된 것이다. 의무와 권리는 새로운 헌법하에 성장했고 그 과정에서 국가의 주도권을 인정하는 자유주의 그룹이 온건하면서도 혁신적인 보수 엘리트들과 결합하여 시민과 국가의 발전에 이바지하였다. 자유주의 우파와 보수 개혁파의 초당적 정치 세력이 정치, 사회의 분위기를 주도하였는데 이러한 움직임이 프로이센 경제 발전에 이바지하였고 나아가 기존의 보수파를 수세로 몰아 나라 전체에 새로운 헌정 질서를 받아들이게 만들었다. 이러한 현상은 새로운 체제하에 각 세력이 협력하고 화해하는 결과물을 만들었고 보수파들도 충격받았던 입헌 시스템을 받아들이게 했다. 자유주의자들도 국가의 주도를 인정하여 프로이센은 귀족의 영지처럼 나라를 다스리려 하던 과거에서 벗어나 조화의 강력한 결과를 통한 실용주의적 국가로 발전해 갔고 자연스레 시민과 국가 둘 다 성장하게 되었다. 우리의 생각보다 이 시기 프로이센은 더 자유주의적이고 더 혁신적인 국가가 된 것이다. 예컨대 이 시기에 프로이센 재무장관이 된 아우구스트 폰 데어 하이트August von der Heydt는 프로이센 철도를 점진적으로 국유화해 갔다. 과거라면 자유주의자들이 손사래를 쳐야 하나 경제이론이 재정립되며 국가의 통합적인 시스템을 받아들였고 하원의 전폭적인 지지를 통해 (상원의 경우 영국을 본떠 1855년에 추가적으로 개설되었다.) 하이트 재무장관은 프로이센 철도를 실용적으로 확장해갔다. 그러면서도 사업의 자율성을 존중하여 때때로 민간 투자를 위한 판단도 내렸는데 은행 시스템에 대한 것이 대표적으로 그러하였다. 만토이펠 수상은 보수파의 반발을 물리치고 1856년에 합자회사 형태의 은행 설립을 허가하여 민간 금융기관의 대출 업무에 대한 정부 통제를 하지 않게 해주었다. 석탄과 철강 산업 분야에서도 민간사업자를 위해 정부 통제를 완화하였는데 이런 흐름을 통해 민간 분야에서의 경제 성장도 도모할 수 있게 되었다.

이러한 양보와 협력의 흐름 속에서 국가는 성장했고 만토이펠은 연이어 여러 진보적 정책을 통해 3월의 성과가 이어지는 것을 추구하였다. 대표적으로 1852년, 국가의 효율 증대를 위한 중앙정부로의 통합과 일관성 확보를 위해 국왕과 내각 사이의 공식적인 연결 통로로 수상을 유일하게 지정함으로써 장기적으로 국왕 비서들의 영향력을 제거하였다. 물론 이러한 내각명령이 오히려 역으로 국왕이 비선들의 품으로 가게 하는 결과도 단기적으로 만들었지만, 이러한 시도를 추구하며 국왕과 일부 세력의 독단을 없애고 민주적 시스템을 통한 정책을 끌어내려 한 것이었다.

무엇보다 만토이펠 수상의 활약으로 새로운 헌법이 자유주의를 살아나게 했다는 결정적 증거는 바로 검열이 폐지되었다는 것이다. 앞선 헌법의 기본권에 기초한 요소들에 따라 검열이 인쇄물의 사전 검열에서 그것을 생산하는 정치집단 감시로 바뀌었다. 이러한 변경점으로 혁명이 반동 쿠데타로 실패했음에도 자유주의 원칙은 살아남게 되었다. 이로써 혁명적 신문과 잡지는 이제 유통이 된 이후에나 처벌이 되었고 결국 정치적 독자층의 성장을 막을 수 없게 만들어주었다. 이렇게 시민의 성장은 이어지게 되었다. 그리고 만토이펠 수상은 여기에 추가로 행동을 하나 더 행하였다. 그는 시민들의 신문과 정부 간의 전통적 대립에서 탈피해야 함을 느끼고 있었다. 그래서 중앙언론국Zentralstelle für Pressangelegenheiten을 1850년 12월에 설치하여 정부와 신문사 간의 관계를 재조정하고 강화하였다. 해당 부서는 신문보조금을 위한 자금 관리와 보조금을 받는 신문사를 감독하면서 연락망을 구축하는 역할을 맡았다. 만토이펠은 이러한 관계 구축을 통해 48년 혁명의 결과물이 이어지길 추구하였다. 신문이 가정의 새로운 전통이 되게 하여 돌이킬 수 없는 흐름으로 만든 것이었다. 물론 수상과 국왕의 사이가 멀어져 삐걱댈 때도 있었지만 만토이펠 수상의 활약은 혁명의 결과물을 보존하면서 국가 성장에 이바지하였다.

마지막으로 1848년 혁명 결과물로 총 6개의 정부 부서에 2개의 부서가 추가 신설되었다는 것이 있다. 본디 슈타인과 하르덴베르크와 같은 개혁가들은 나폴레옹 시기에 5개의 중앙부서를 만든 바 있었다. 여기에 1817년, 종교와 종교, 교육을 담당하는 문화부를 설치했는데 1848년에 두 부서를 추가하였다. 그것이 바로 농업과 토지, 산림, 임업을 담당하는 속칭 농무부Ministerium für Landwirtschaft, Domänen und Forsten와 무역과 상업, 공공사업을 담당하는 속칭 무역부Ministerium für Handel und Gewerbe였다. 시대에 걸맞은 두 부서를 설치하여 프로이센은 한층 더 효율적이고 전문적인 나라로 거듭났다. 행정 간소화와 집중의 전통이 실용적 타협 속에서 발현된 것이었다.

프로이센 개혁으로부터 1848년 혁명까지의 변화들이 이 나라가 강국이 될 여지를 만들어주었다. 자유는 진보적 발전의 여지를, 통일에 대한 마음은 국력 신장의 여지를 탄생시켰다. (그것은 후술할 경제 발전과 군사 개혁에 드러날 것이다.) 그럼 이제 프로이센이 통일로 가는 길을 다루어보도록 하자.

프랑크푸르트 국민의회와 에르푸르트 연합의회, 그리고 올뮈츠의 굴욕

이제 통일의 시대를 다루기 위해 민족주의의 흐름에 대해 집중해 보자. 1848년은 자유의 혁명이자 동시에 민족주의의 거대한 흐름을 열어젖힌 혁명이었다. 부르셴샤프트부터 자유와 통일이 동시에 강조된 것을 기억해 보자. 프로이센과 독일 지역에서의 3월 혁명으로 인해 1848년 4월 18일, 프랑크푸르트 암 마인에서 독일연방의 국민의회가 개최되었다. 국민의회는 연방의 새로운 헌법의 초안을 곧바로 구성하고 의원을 선출하기 위한 선거를 실시하였다. 본의회장 내부에는 민족국가임을 상징하는 흑-적-황 삼색기가 장식되었고 그 위에 화가 필리프 바이트Philipp Veit가 그린 거대한 독일을 의인화한 게르마니아Germania 우화가 1848년이 자유의 해임과 동시에 민족주의의 해임을 알려주었다. 국가 통일에 대한 열망이 이 시기 꿈틀댔고 프랑크푸르트 국민의회가 민족의 열망을 주도하려고 하였다.

프리드리히 아우구스트 폰 카우바흐Friedrich August von Kaulbach가 그린 국가의 의인화이자 독일 민족의 상징 「게르마니아」, 1914년 작품, 독일 역사박물관 소장

4월과 5월의 선거를 통해 585명의 국민의원들이 선출되었고 대다수가 중산층인 시민 계층 출신들이었다. 또한 상당수가 부르셴샤프트 출신이었다. 예컨대 아른트 교수가 이번에 의원이 되었다. 그러한 덕택에 81%에 달하는 의원이 대학을 졸업하였고 그중 절반이 법학 전공자였다. 부르주아지들인 공장주나 지주들도 있었는데 46명 정도였으며 수공업자는 20여 명, 농민 출신은 3명 정도가 선출되었다. 의회 의장에는 자유주의 성향인 하인리히 폰 가게른Heinrich von Gagern이 선출되었다. 그는 예나의 학생조합 회원 출신으로 군주와 타협할 줄 아는 온건한 부르주아지 자유파의 대표주자였다. 의원 다수는 온건한 자유 세력이었으며 군주

제 폐지를 주장하는 급진파는 소수였다. 그렇게 시작된 프랑크푸르트 국민의회의 최대 목표는 앞서 말했듯 3월 혁명의 여파로 민족의 통일이 되었다. 그렇다면 프로이센과 오스트리아와의 협력은 필수였다. 일단 국민의회는 연방의 일원화 작업을 위하여 6월 28일, 연방섭정Reichsverweser을 선출하기로 하였다. 선출된 사람은 오스트리아 페르디난트 2세의 동생인 요한 대공Johann von Österreich이었으며 436명의 의원의 지지를 받았다. 그는 바이에른의 라이닝겐 후작Karl zu Leiningen을 섭외하여 그를 정부 수반으로 삼고 프랑크푸르트에 연방정부를 본격적으로 꾸려나갔다. 그러나 프랑크푸르트의 연방정부는 외견상으로만 바로 구성되었을 뿐 실질적인 정부의 권한은 제한되어 있었다. 프로이센과 오스트리아의 지지를 받으려는 행동들은 성공을 그다지 거두지 못하였고 연방의 각국 정부는 제국섭정에게 충성 서약을 하면서도 프랑크푸르트의 국방장관이 군대에 대한 통제권을 가지려고 하면 온갖 방해를 하며 독자적인 권력을 놓으려 하지 않았다.

이러한 독일연방 국민의회의 무력함은 슐레스비히-홀슈타인 문제Schleswig-Holsteinische Frage에서 바로 명백히 드러나게 되었다. 이것은 1848년 1월 20일 덴마크 왕위 교체에 의한 여파로 연방의회가 처음으로 맞닥뜨린 연방의 주요 안건이자 민족문제였다. 이 두 공국은 오랜 기간 덴마크 왕국의 지배를 받고 있던 지역이었으며 이 중 홀슈타인이 독일연방의 회원국이었다. 슐레스비히의 경우 연방의 일원은 아니었으나 남부 지역에 독일계 주민들이 많아 민족주의의 열파를 받기 좋은 곳이었다. 실로 독일계 주민들은 연방에 귀속되어야 한다고 주장하며 덴마크계 주민들과 충돌하기도 하였다. 이러한 때에 덴마크 국왕 프레데리크 7세

Frederick VII의 판단이 문제를 일으키게 되었다. 왜냐하면 그의 후계문제 때문이었는데 대가 끊어질 것에 대한 염려로 그는 친척을 후계자로 만든 일이 있었다. 문제는 후계자가 슐레스비히와 홀슈타인에선 모계 혈통이었다는 것이다. 그렇다면 살리카법에 어긋나서 자연스레 덴마크 왕국에서 독립될 위기에 처하자 프레데리크 7세는 칙령을 통해 이 문제를 해결하려고 하였다. 그러한 때에 3월 혁명의 여파로 독일계 주민이 민족주의 봉기를 일으키며 이에 거부 반응을 보였다. 독일계 주민들은 킬Kiel에 슐레스비히 임시정부를 수립하고 갓 설립된 프랑크푸르트 연방의회에 구원을 요청하였다.

이에 연방의회는 민족문제 해결을 위해 임시정부를 공식적으로 승인하고 슐레스비히를 연방에 귀속시킬 것임을 선포했다. 그리고 프로이센을 포함한 독일연방 북부 국가들에게 군대 파병을 요청하였다. 연방의 요청에 프리드리히 빌헬름 4세는 북부 국가들과 함께 파견대를 꾸려 슐레스비히로 향했다. 프로이센 국왕은 일전 아우구스텐부르크 Augustenburg 공작과 한 약속으로 인해 두 공국을 지켜야만 하였기에 순순히 연방의회의 요청에 따랐었다. 프로이센을 주축으로 한 파견대는 덴마크 군대를 손쉽게 격파하고 유틀란트 남부 지방에서 적을 축출하는 데 성공하였다. 이에 민족주의자들은 환호성을 질렀고 그대로 승전으로 끝이 나는 듯 보였다. 하지만 군대를 파견하는 데 반대한 오스트리아와 여러 영방국가들의 움직임, 특히나 러시아와 영국의 개입으로 파견대는 더 이상 진격하지 못하였다. 러시아는 프로이센이 혁명 분자들과 손을 잡고 있다고 비난했고 영국은 덴마크가 러시아의 영향력 아래 떨어지는 것을 우려하여 철수를 통한 빠른 종결을 프로이센에 요구하였다. 프랑스와 스웨덴도 이에 거들자 프로이센 왕국은 외세의 간섭으로 결국 5월 말에 덴마크 영토에서 철수하였다.

프랑크푸르트의 연방 국민의회는 깊은 충격에 빠졌고 협상에 반발했지만 자체적 군사력이 없었기에 속수무책으로 바라볼 수밖에 없었다. 8월 26일 스웨덴 말뫼Malmö에서 평화협정이 체결되었고 연방의회는 무기력하게 9월 16일에 표결을 통해 이를 승인했다. 중간에 평화 협상이 틀어져 1849년 4월에 프로이센과 덴마크의 전쟁이 재발하나 영국과 러시아의 개입과 중재로 49년 7월 10일, 재차 평화협정이 체결됨에 따라 완전히 상황은 종료되었다. 이러한 무기력한 사태에 분노한 시민들은 프랑크푸르트에 폭동을 일으켜 친프로이센 성향의 보수파 의원 두 명을 살해하기도 하였다. 그래도 전쟁의 결과 자체는 나쁘지 않았다. 협정 결과 덴마크가 두 공국을 온전히 가져가는 것은 실패하였고 독일연방에 조금 더 유리하였다. 슐레스비히의 경우 독일연방과 덴마크 왕국의 통합 지방정부가 관리하게 되었고 홀슈타인의 경우 연방의회에서 파견된 독일 총독이 통치하기로 하였다.

이렇게 프랑크푸르트 국민의회는 시작하자마자 자체적인 힘이 없다는 문제점을 보이며 위상이 급락하였다. 하지만 3월 혁명의 여파가 아직은 살아있는 1848년 10월, 연방의회는 포기하지 않고 연방헌법을 도입하기 위한 '독일 국민의 기본권Grundrechte des Deuschen Volkes'에 대한 심의를 시작하며 상황을 역전하기 위한 개혁을 시도하였다. 기본권과 선거권, 민주적 원칙에 따른 헌법을 발의하고 1848년 12월 21일, 기본권에 관한 내용을 공식적으로 통과시켰으며 27일에 최종적으로 기본권을 기초에 둔 연방법령을 공포하였다. 그 내용은 상당히 진보적이었다. 귀족 제도의 폐지, 법 앞의 평등, 국민의 의무교육, 평등선거권, 개인의 자유 불침해, 교육과 종교 분리, 학문의 자유, 사형제 폐지, 영업과 이동의 자유, 출판과 집회 및 결사의 자유 등등 당대 자유주의 사상이 전부 들어가 있었다. 이러한 정신은 훗날 바이마르 공화국과 독일연방공화국의 기본법에 계승되었다. 전통의 보수파를 비롯한 우파그룹은 이 헌법이 일단은 유보되어야 한다는 입장이었으나 연방의회는 이를 밀어붙이려 하였다. 개혁을 주도하며 돌파구를 찾고자 했던 것이다. 그런데 헌법에 대한 논쟁이 국가 통합에 대한 이야기로 번져나가기 시작했다. 자유와 더불어 통일도 주요 안건이었고 독일연방을 어찌 꾸려나갈지에 대해 각국이 주도권을 차지하려 한 것이 또 다른 논쟁을 불러일으킨 것이었다. 이 과정에서 프로이센과 오스트리아는 반목을 일으켰고 연방의회는 프로이센을 지지하면서 실질적인 힘을 얻어 보려고 하였다.

그렇다면 프랑크푸르트 연방의회 의원들은 왜 프로이센을 차기 통합 황제로 택한 것일까? 일단 프로이센은 오스트리아와 상반되게 탄탄하고 응집력 있는 정치기구의 등장에 거부감이 없었다. 그것이 프로이센에게 이득이라고 생각하고 있었으며 관세동맹을 통하여 이미 그러한 방향성을 추구하고 있었기 때문이었다. 하지만 다민족 국가체제였던 오스트리아는 아직은 느슨한 연방 체제를 원하고 있었다. 오스트리아 출신 의원들의 생각엔 설사 오스트리아와 체코까지 포함하는 대독일주의 방식으로 통일이 이루어져도 오스트리아 제국이 해체될 가능성이 컸었다. 이에 반해 프리드리히 빌헬름 4세가 1842년 쾰른 대성당 공사 재개 축하연에서 발언한 내용을 고려했을 때 (여기서 프로이센 국왕은 '독일 통일과 힘의 정신'을 찬양하는 즉석연설을 하였다. 물론 국왕의 입장에선 정치적인 것이 아닌 종교적 통합을 의미한 발언이었다.) 프로이센은 '독일 공동체' 형성 자체에는 거부감이 있진 않았다.

이러한 생각을 기반으로 연방의회에는 대독일주의Großdeutsche와 소독일주의Kleindeutsche가 탄생했으며 (소독일주의의 경우 10월 26일 독일 통일 공식 안건으로 제시된 바 있었다.) 논쟁 끝에 1848년 12월 15일, 대독일주의를 지지하던 내각수반 슈메들링Anton Ritter von Schmerling이 물러남에 따라 소독일주의가 연방의회에서 우위를 차지하게 되었다. 무엇보다 슈바르첸베르크Felix zu Schwarzenberg 후작이 혁명 세력으로부터 빈을 탈환한 11월 27일에 오스트리아 단일 정치체제 유지를 선언하고 대독일주의마저 배격하자 자연스레 연방의회는 프로이센을 통일의 주체로 지지하게 되었다.

프로이센을 택한 연방의회는 곧바로 작업에 착수, 1849년 3월 27일의 국민의회 투표를 통해 찬성 277표로 반대 263표를 이겨 새로운 독일 체제에 대한 안건을 통과시키고 향후 체제를 입헌군주제로 확정하였다. 동시에 독일연방의 새로운 헌법도 통과시키며 민중의 지지를 회복시키는 데 성공하였다. 다음 날인 28일, 새로운 독일연방의 황제로 프로이센의 프리드리히 빌헬름 4세를 선출하는 안건을 올렸고 290명의 지지로 통과되어 (반대는 248표) 프로이센 국왕이 연방의 황제로 최종 결정되었다. 연방의회는 곧바로 영방국가들의 대표 33명을 뽑아 사절단으로 베를린에 보냈다. 황제 자리를 받아달라고 말이다. 그런데 연방의회의 의도와는 다르게 프리드리히 빌헬름 4세는 자신의 황제 선출에 불쾌감을 보이며 사절단에게 단호한 거부 의사를 표하였다. 이때가 4월 3일이었다. 그는 독일 황제의 관을 원하긴 했으나 종교적인 사람이었기에 동료 영방군주들이 추대하는 방식을 원하지 이렇게 국민의 손에 의해 뽑힐 마음이 없었기 때문이었다. 그의 시각으론 신의 은총을 받은 군주의 성스러운 권리가 더럽혀진 것으로 보았다.

이러한 거부를 예상 못 한 연방의회는 다급히 제정된 헌법을 유지하기 위해 애를 썼다. 외교적 노력을 다했지만 4월 26일, 프로이센 행정부가 국왕의 의지에 따라 베를린에 계엄령을 선포하고 반동을 실시하자 주변 국가도 이에 영향을 받아 프랑크푸르트 국민의회가 만든 헌법을 거부하기 시작하였다. 혁명을 바라던 민중들이 이에 반발하였고 대표적으로 바덴에서 봉기를 일으켰으나 무자비하게 진압되었다. 봉기는 연이어 독일 연방 전역에 일어났으며 연방의회는 프로이센을 피해 5월 슈투트가르트Stuttgart로 피신하여 잔여의회를 열지만 결국 1849년 6월 18일, 뷔르템베르크 국왕의 군대 파견으로 허망하게 폐쇄됨에 따라 프랑크푸르트 국민의회의 역사는 여기서 종결되게 되었다. 혁명을 바라던 민중의 봉기는 뒤로도 이어지나 8월 헝가리에서 있었던 마지막 봉기가 진압됨에 따라 프로이센에 이어 독일에서 반동이 승리하게 되었다.

다만 통일에 대한 논의는 끝난 것은 아니었다. 프리드리히 빌헬름 4세는 자신의 황제 선출에 반대한 248명의 의원에게 불쾌감을 느낄 만큼 황제의 자리에 관심이 없던 것이 아니었다. 그저 동료 영방군주의 지지가 필수적 요소로 느꼈을 뿐이었다. 따라서 그는 연방의 제안을 거절했지만 동시에 나름대로 자신만의 방식을 통한 독일 통합 정책을 추진하였다. 이 정책의 중심에는 국왕의 지인이자 프랑크푸르트 국민의회 의원이기도 했던 (국민의회 당시 프로이센군 전권 위임자 역할도 수행했다. 주로 가게른과 논의하여 소독일주의를 추진했다.) 외무장관 라도비츠Joseph Maria von Radowitz

가 있었다. 그는 지난 4월에 오스트리아와 협상을 하고 5월에는 뷔르템베르크, 하노버, 작센, 바이에른과 협상을 하며 프로이센 주도의 통일방안을 추진하였다. 그러한 연합Union 작업의 일환으로 1849년 5월 26일, 작센과 하노버와 더불어 3왕 동맹체제Dreikönigsbündnis를 결성하였다. 원래는 바이에른과 뷔르템베르크도 포함되어야 했지만 5월 17일에 그들이 거부함으로써 3왕 동맹체제가 된 것이다. 그런데 3왕 동맹체제는 금방 와해되었다. 작센은 바이에른의 가입 때문에, 하노버는 오스트리아의 연방 포함 이야기 때문에 동맹을 체결한 것이라서 약속 미이행을 이유로 프로이센에 대한 지지를 철회했다.

그럼에도 불구하고 17개의 국가가 프로이센의 동맹체제에 참가하였다. 국민의회에서의 소독일주의 승리로 인해 프로이센 영향력이 확대되고 있었기 때문이었다. 그래서 라도비츠는 이를 놓치지 않고 1849년 6월 26일, 연방의회에서 중도파나 우파로 여겨지는 150여 명의 의원들을 튀링겐의 고타로 모아 새로운 헌법을 제정하려고 하였다. 국민의회가 정지된 이상 일전의 연방의회가 새로이 제정한 헌법은 사용할 수 없고 따라서 프로이센이 주도하는 헌법을 통하여 독일연방을 이끌어야 한다는 논리에서였다. 그렇게 모인 의원 중 130여 명의 동의를 받아 3왕 동맹체제가 지지하던 헌법, 에르푸르트 연방헌법을 채택하여 새로운 연방을 만들 것을 선언하였다. 이렇게 에르푸르트 동맹Erfurter Union 체제가 구축되었다. 이어 1850년 3월 헌법 제정을 위한 에르푸르트 연합의회가 개최되어 프로이센 주도 연방 창설 작업에 착수하였다. 이렇게 만들어진 헌법은 프로이센 정부와 밀접한 관계를 맺을 연방집행부와 양원제 의회, 입법권을 나누어 가질 연방의회를 설치하도록 하였다. 하원은 권한이 크게 제한된 형태였고 선거권은 프로이센과 유사한 3등급 선거제였고 재산 유무로 정해졌다. 추가적인 가입으로 인해 에르푸르트 동맹은 28개의 회원국을 유치시키며 프로이센은 연방의 주도권 가져갔다.

그런데 시간을 조금 돌려 1848년 8월, 헝가리 봉기가 진압되어 비엔나 정부가 연방 문제에 관심을 본격적으로 보이자 상황이 바뀌어 갔다. 슈바르첸베르크 후작은 라도비츠와 협상하면서 프로이센에 반대하는 그룹에게 시간을 벌어주었다. 곧 바이에른과 뷔르템베르크, 하노버와 작센이 동맹을 결성하면서 과거의 느슨한 연방 체제로 복귀를 주장하며 라도비츠의 계획에 반대를 표명하였다. 이러한 움직임은 에르푸르트 동맹을 흔들어 놓았다. 프로이센은 굴하지 않고 자신이 주도하는 연방헌법 초안을 마련하려고 했다. 이에 오스트리아는 좀 더 적극적으로 움직여 옛 연방의회를 부활시키고 영방국가들을 초대하였다. 에르푸르트 연합의회에 참가한 국가들은 대부분 응하지 않았으나 10개국이 참가하여 독일을 반으로 갈라놓게 되었다. 두 동강 난 연방 상태로 인해 프로이센과 오스트리아의 전쟁 가능성이 표출되기 시작했다.

이러한 상황에서 헤센-카셀 문제가 터졌다. 당시 헤센-카셀 대공이 1850년 2월, 자유주의 성향 장관들을 해임하고 보수주의자들을 임명한 일이 있었다. 이에 의회가 예산안 승인을 거부하자 대공은 긴급조치를 발동했고 이러한 반동에 의회와 법원, 민중들이 반발하며 충돌이 벌어졌다. 곧 계엄령이 발동되었는데 군대가 시민들에 대한 무력 사용을 거부함으로써 헤센 대공이 프랑크푸르트로 피신하는 일이 발생하였다. 에르푸르트 연합에 참가했던 대공은 반대로 오스트리아가 부활시킨 프랑크푸르트 연방의회에 도움을 청했고 슈바르첸베르크의 활약으로 이는 승인되었다. 1850년 10월의 브레겐츠Bregenz 조약으로 오스트리아와 바이에른, 뷔르템베르크 간의 군사동맹이 체결되었다. 이들은 대공의 요구에 응하기 위해 북으로 병력을 진군시켰는데 이는 프로이센에 엄청난 도발이었다. 왜냐하면 프로이센의 라인란트와 브란덴부르크를 연결하는 핵심적인 도로망이 헤센-카셀 대공국을 지나고 있었기 때문이었다. 따라서 라도비츠는 이러한 도발에 무력 대응을 하려 했지만 러시아가 프로이센이 헤센-카셀에 개입하면 오스트리아의 편에 서겠다고 표명함으로써 급히 협상에 나섰다. 프로이센은 일단 10월 28일, 바르샤바에서 양측 군주 간 만남을 통해 프로이센이 헤센-카셀에 개입하지 않고 군대도 철수시킬 것이라고 약속하였다. 그런데 브레겐츠 조약 국가들이 프로이센에게 시간을 주지 않고 11월 1일, 헤센-카셀 대공국 위기 종식 명분으로 군대를 움직이자 프로이센도 이에 맞대응하여 2개 사단을 헤센-카셀 북부로 출동시켰다. 이에 인해 11월 8일, 양측은 풀다-브론첼Fulda-Bronzell에서 소규모 충돌을 일으켰다. 하지만 이것은 러시아와의 합의와 위반되는 것이었고 11월 24일 러시아를 등에 업은 슈바르첸베르크가 48시간 이내에 헤센에서 후퇴하라는 최후통첩을 하자 결국 프리드리히 빌헬름 4세는 이에 굴복하고 말았다. 독일 황제가 되고 싶었지만 오스트리아와 전쟁을 벌일 정도는 아니었던 것이다. 그렇게 1849년 11월 28일과 29일에 보헤미아 올뮈츠에서 열린 협상을 통해 프로이센이 양보함으로써 분쟁이 종결되었다. 라도비츠는 책임을 지며 외무장관에서 해임되었고 1년 뒤 수상이 되는 만토이펠이 외무장관이 되어 사태를 수습하였다.

이렇게 체결된 올뮈츠 협약은 그 내용으로 인해 올뮈츠 굴욕Schande

von Olmütz으로 불리게 되었다. 이 협상으로 에르푸르트 연합은 당연히 해체되었고 과거의 느슨한 형태의 독일연방이 부활하기로 하였다. 헤센 카셀 대공국이나 슐레스비히-홀슈타인 같은 독일연방의 문제는 이제 오스트리아가 원하는 형식의 연방집행으로 마무리하기로 하였다. 오스트리아는 연방의 주도권을 확립하였고 이 과정에서 프로이센을 존중해 줄 것이라고 했지만 동등한 자격은 지켜지지 않았고 1851년에 사소한 점들만 변경하고 과거 1848년 이전의 독일연방을 복구시키며 1848년의 혁명부터 이어진 일련의 사태를 종결시켰다. 이로써 한동안 프로이센 국왕이 바라던 통일 프로젝트는 좌초되었다. 이는 단호했던 슈바르첸베르크와 달리 프로이센 행정부가 우유부단했던 데다가 외교적 대처에 실패했던 탓이었다. 예컨대 프로이센은 1848년 혁명으로 생긴, 연방의회의 발악으로 생긴 여러 혁명적 봉기를 진압해 주었다. 바덴이 그러하였는데 정작 바덴은 1852년까지 프로이센군이 주둔해 주었음에도 작센과 함께 프로이센이 주도하는 동맹체제에 머물기를 거부하였다. 1차 슐레스비히-홀슈타인 전쟁에서 러시아와 영국, 프랑스, 스웨덴의 개입도 그렇고 마지막 러시아의 개입으로 올뮈츠 협정을 맺은 것도 그렇고 프로이센은 연이어 외교적으로 실패를 겪었다.

하지만 프로이센은 과거 나폴레옹을 통해 배웠듯 이번에도 교훈을 얻었다. 이제 통일의 주도권을 잡기 위해선 정치권력의 지형에 근본적인 변화가 있어야 함과 동시에 외교적 합의를 통한 성과가 얼마나 중요한지 알게 된 것이었다. 물론 군의 강력함도 키워 나가야 하겠으나 안정적인 통일 작업을 위해선 외교의 노력이 중요해졌다. 그러한 노력의 과정에서 등장한 한 인물이 프로이센 왕국을 통일로 이끌게 되었다.

라인란트를 중심으로 한 프로이센과 독일의 산업 발전

통일의 기반은 법의 제정과 군대혁신도 있겠지만 가장 중요한 것은 경제적 기반 구축일 것이다. 돈이 있어야 전쟁도 하는 법이니 말이다. 그렇다면 경제발전이 가장 두드러진 곳은 어딜까? 바로 라인란트일 것이다. 이곳이 프로이센을 넘어 독일의 가장 중요한 부분이 되면서 프로이센이 통일을 이룩하게 해주었다. 이 시기 프로이센의 자본주의와 산업 발전은 관세동맹이 만들어지는 1830년대 중반을 기점으로 전반기와 후반기를 나누어 설명해야 할 것이다. 그만큼 관세동맹은 프로이센의 자본시장 형성에 큰 도움을 주었고 여파가 상당했다. 다만 비엔나 체제 이후부터 독일 제국 성립 전까지의 대략 60년에 가까운 세월에 경제가 성장하는 데 가장 크게 이바지한 것은 바로 인구일 것이다. 19세기 초엽의 유럽 인구는 대략 2억 명 정도였고 100년의 세월 동안 4억 명으로 늘어나 두 배의 인구 성장을 하였다. 독일 지방의 경우 소독일 기준으로 오스트리아를 제외하자면 대략 2,500만의 인구가 19세기 초엽에 존재했고 통일시점인 1871년에는 대략 4,100만이 되고 100년 뒤인 1900년에는 5,600만, 세계대전 개시 시점인 1914년에는 6,700만을 돌파하며 엄청난 인구 증가를 보여주었다. 19세기 독일의 인구 성장률은 연평균 1%를 조금 너 넘었는네 동상적으로 1%만 성장을 꾸준히 해도 70년마다 인구가 두 배로 증가함을 고려하자면 유럽 전체가 성장하는 와중에서도 더욱 큰 인구 성장을 거둔 것이었다. 이러한 인구 증가는 농노해방 조치와 함께 광범위한 인구 이동으로 이어져 도시화에 크나큰 영향을 끼쳤다. 전문적인 공장제의 등장과 노동력의 집중으로 라인란트와 루르 지방의 산업화가 급속도로 이루어지게 되었다.

정리해 보자면 독일의 산업 발전에는 농노해방으로 인한 산업 인구 요인과 독일 지방 전역에 구축되어 간 관세동맹이 중요한 기반이었다. 여기에 추가로 중요한 것이 있다면 바로 프로이센과 독일 지방의 의무교육 시스템일 것이다. 이것이 산업 발전에 필요한 기술공들을 배출해 주었다. 그러한 기반하에 제조업이 부상하게 되었다.

프로이센의 경우에도 앞서 언급한 여러 농민해방 개혁이 발전에 많은 도움을 주었다. 다만 1815년 이후에도 수공업 매뉴팩처가 주요한 위치를 점거하고 있었으며 바로 산업 발전이 시작한 것은 아니었다. 영업의 자유가 오히려 수공업의 발전에 도움이 되기도 하였다. 그래도 1815년 시점에 이미 베를린에는 증기기관이 생산되고 있었고 근대적 공장 생산 방식에 관한 기술이 들어오고 있는 시점인지라 서서히 발전이 가시화되어 갔다. 20년대에 들어서며 여러 분야의 개발이 시작되었으며 광산, 제철소 같은 것들이 하나둘 생겨났으며 여러 운반수단과 도로가 건설되어 갔다. 1822년에 탄광이 프로이센 왕국에 만들어졌고 28년에는 초콜릿 공장이, 34년에는 인쇄소가 만들어졌다. 섬유산업이 먼저 두드러진 성장세를 보였고 직조기의 도입에 따라 생산량이 증가해 갔다. 예컨대 25

년부터 31년까지 대략 9만 1천 톤에서 15만 6천 톤으로 늘어났다. 이러한 시작으로 모직물 공업이나 기계공업도 발전해 갔다.

가장 두드러진 발전이 있던 지역은 슐레지엔의 글라이비츠Gleiwitz나 루르Ruhr 지방이었다. 이 지역들에서 광산업과 제철업이 발전되었다. 여기엔 증기기관이나 광산업에 걸맞은 양수기나 전양기가 도움을 주었는데 딘넨달Franz Dinnendahl 같은 사람들이 제조업을 위한 증기기관들을 발명해 갔다. 하르코르트Friedrich Wilhelm Harkort의 기계공장이 증기기관이나 직조기계를 생산했고 1830년에 알반Ernst Alban의 주도하에 독일 최초의 기계공장이 클라인-베넨도르프Klein-Wehnendorf에 건설됨으로써 기계공업의 발전이 두드러졌다. 그러한 발전 과정 덕에 1820년에 루르 지방에서 100미터 이상의 굴착에 성공했으며 기센Gießen의 경우 석탄을 이용하여 철강을 생산하였다. 다만 4~50년대 전까지는 석탄과 철의 생산은 아직 초보적이었다. 루르 지방의 석탄은 국가 주도하에 1780년대부터 실험적으로 이어졌으나 석탄 생산이 본격화되는 시점은 50년대부터였다. 그리고 철공업의 경우에도 슐레지엔 지방에 코크스 제련법이 도입되긴 하지만 4~50년대까지는 중세적 야금 방식이 동반되어 있었다. 독일 제국 파트에서 서술될 전기나 화학 부문도 이 당시에는 실험적이고 초보적이었다. 그래도 서서히 산업의 발전이 작동되어 가고 있었고 자연스레 운송업도 발전함에 따라 기반은 잘 만들어져가고 있었다. 운송업의 경우 1820년대 초반에 쾰른에 운송업 분야의 주식회사가 생기는 것을 시작으로 1830년에 접어들면 12척의 증기선이 운행되어 물자를 수송하였다.

이러한 일련의 공업 발전으로 인해 과학과 기술에 대한 관심도는 대단히 높아졌다. 그렇기에 프로이센과 독일 영방국가들은 기술공을 기르며 동시에 선진기술을 만들 과학자들도 양성하고 싶어 했다. 일단 독일보단 영국에서 산업이 먼저 시작되었기에 영국에서 기술자들을 초빙해 배웠으나 곧 한계를 느끼고 자체적인 연구기관이나 폴리텍으로 불리는 공과대학을 설립해 갔다. 예컨대 1821년에 세워진 베를린 산업 연구소 Gewerbe Institute, 1825년에 만들어진 칼스루헤Karlsruhe 공과대학이 그러하였다. 바덴의 칼스루헤 폴리테크 학교가 독일의 첫 공과대학이었으며 이것은 1827년에 뮌헨에도 세워지는 것으로 독일 전역에 퍼져갔다. 칼스루헤 폴리테크는 1815년에 비엔나에 세워진 복합 기술연구소를 벤치마킹하였으며 강의나 학습의 자율권이 있는 엔지니어 양성소였는지라 대학과 동등한 대우를 받았다. 이러한 제도는 앞서 말했듯 독일 전역에 퍼져갔고 실습 교육을 중요시했는지라 민간 영역에서의 실용적 기술인으로 만드는 것을 최우선시하였다. 다만 프로이센 왕국은 비엔나 모델을 따르지 않고 영국 모델을 따르며 민간 기술자를 양성하였다. 예컨대 영국의 공작기계를 실습장에 설치해 실용교육을 추구하였다. 지방의 레알슐레를 졸업한 사람들을 뽑아 여러 전문 기술을 집중적으로 가르쳤고 토목이나 기계, 제련 등등 여러 분야의 기술자들을 배출하였다. 국가 기술관료의 경우 프로이센 왕국은 1799년에 베를린에 세운 바우 아카데미 Bauakademie를 통해 양성하였다. 과학자들의 경우 1822년에 설립된 독일 자연 연구가 및 의사협회Gesellschaft deutscher Naturforscher und Ärzte 같은 단체를 통해 자라났는데 이 시기 훔볼트Alexander von Humboldt, 가우스Carl Friedrich Gauß, 리비히Justus von Liebig, 뵐러Friedrich Wöhler 같은 사람들이 대표적인 자연과학자였다. 훔볼트 교수의 경우 기후학이나 각종 지리학의 기초를 세운 사람으로 화산학이나 천문학 연구에도 일가견이 있어 과학 발전에 많은 기여를 한 학자였다. 대표적인 저작으로는 『우주-물리적 지구 기술의 시도Kosmos-Versucheiner physischen Erdbeschreibung』를 저술하여 자연과학적 지식을 종합하고 교육과 기술의 발전에 도움을 주었다. 가우스의 경우 위대한 수학자로 미분학과 기하학, 측지학을 발전시켰고 천체궤도의 계산과 수학적 통계의 선구자였다. 그는 지구의 자력을 계산하는 기계나 전보기를 발명하였다. 리비히는 기센에 최초의 화학실험실을 세웠으며 유기화학 분야를 크게 발전시켰고 베를린 직업 아카데미 교사였던 뷜러는 알루미늄을 화학적으로 분석하고 청산과 암모니아를 합성해 화학 발전에 기여하였다. 이러한 기여들은 관세동맹 확립 전까지 자본주의와 산업 발전의 기초를 다졌고 자연스레 프로이센의 라인란트와 슐레지엔, 베를린이 공업의 중심부가 되어갔다.

그러다 1834년에 프로이센이 주도하는 독일 관세동맹이 만들어졌고 본격적으로 독일 지방에서의 산업혁명이 개시되었다. 30년대부터 공장들이 더 많이 건설되었고 생산량도 폭증되었다. 이 시기 본격적으로 등장한 철도는 상품의 수송에 결정적으로 이바지를 하였고 빠른 속도로 확장되어 갔다. 철과 석탄 생산량이 철도의 등장 이후로 급증하였음은 철도가 산업 발전에 이바지했음을 보여주는 것이었다. 5~60년대에 접어들면 철광과 석탄 생산이 프랑스에 맞먹게 되었다. 먼저 성장한 것은 경공업 분야였다. 작센의 경우 1834년부터 4년간 319개의 섬유공장이 생기며 폭증하였다. 1840년부터 자동 방직기의 도입으로 섬유공업은 혁신적으로 발전해 갔다. 재봉틀과 자동 인쇄기와 같은 발명품의 등장으로 여러 경공업 분야가 발전해 갔다. 또한 시간은 걸렸지만 기계화가 독일의 산업 전반에 진행되었고 증기기관도 여러 산업에 도입되어 갔다. 예컨대 1840년부터 10년간 독일의 증기기관의 수는 6~7배에 가깝게 증가하였다. 프로이센의 경우 보링기와 대패기, 선반기의 여러 혁신적 발명으로 인해 1846년 시점에서는 대부분의 기계공장들이 증기기관을 소유하게 되었다. 이어 앞서 언급된 코크스 용광로가 도입되며 야금학의 혁신이 중공업의 발전에 이바지하였다. 예컨대 1847년 자르Saar 지방의 124개 용광로 중 1/3이 코크스 용광로로 제철산업에 크게 이바지하였다. 여전히 목탄 용광로가 많았긴 했지만 1855년에 접어들면 절반이 코크스 용광로에서 선철이 생산되었다. 이러한 일련의 발전으로 선철 연간 사용량이 1834년부터 47년까지 대략 12만 톤에서 41만 4천 톤으로 증가했고 1842년 독일의 245대의 기관차 중 38개만 국산이었지만 1851년에 접어들면 기계공업의 발전으로 절반 이상이 독일 제품으로 채워지게 되었다. 이런 발전 속에 철도가 운송수단으로 각광받았고 산업과 연계하여 서로 간의 상호 발전을 추구하게 되었다. 1835년 베를린과 포츠담 구간의 독일 최초의 철도가 만들어진 이후로 1840년에 462킬로미터였던 철로는 45년에 2,151킬로미터로, 50년에는 5,874킬로미터로 증폭하였다. 이로써 영국보단 아니지만 프랑스보다 더 긴 구간을 가짐으로써 독일은 진정한 산업 대국이 되어갔다. 자연스레 다시금 탄광, 제철, 중공업이 발달하였고 자본주의적 산업화로 기관차를 독일 자체적으로 생산해 갔다. 예컨대 베를린의 보르지히August Borsig 기관차 제조회사는 1842년에 8대의 기관차를 생산했지만 58년까지 천여 대의 기관차를 생산하여 보급하는 데 성공하였다. 영국에서의 수입에서 자체 생산에 성공한 것이며 이런 독자적 생산 성공은 여러 산업 분야에서도 이루어지게 되었다.

이러한 산업 발전은 도시화를 촉진시켰다. 베를린의 인구는 1846년 40만을 돌파했고 49년에는 전체 인구의 27%가 도시에 거주하게 되었다. 이런 도시화는 전기공업에 이바지했고 40년대부터 전기도금업과 전신업이 발전되어 갔다. 상점과 극장, 공공건물에 전기가 들어섬에 따라 도시의 조명과 운송수단에 따른 필요성으로 이 시기부터 전기산업이 발전하였다. 다만 아직까진 전기는 화학과 더불어 시작하는 단계에 가까웠다.

다만 40년대의 경제공황과 48년 혁명으로 인한 혼란 때문에 경제는 잠시 강하게 추락하였다. 베를린의 경우 기계생산이 46년에서 48년 사이 4할이나 감소하였다. 하지만 혁명 후 정부의 조치들로 다시금 경제는 상승했고 50~60년대에 절정을 이루었다. 이 시점부터 중공업이 대세가 되었고 기계생산과 증기기관의 발전으로 석탄과 철광업의 발전과 생산량이 미친 듯이 늘기 시작하였다. 50년부터 70년까지 석탄 수요는 670만 톤에서 3,400만 톤으로 늘었고 루르 지방은 독일 최대의 석탄 생산지가 되었다. 강철 생산의 경우 60년에서 70년 사이 3만 4천 톤에서 16만 9천 톤으로 늘었으며 영국에 이어 두 번째 유럽 최대 생산국이 되었다. 이 시기부터 증기기관으로 돌아가는 공작기계를 가동하는 기계공장이 늘어났고 복잡한 기계적 공업 방식으로 독일의 산업은 계속 발전해 갔다. 예컨대 베를린의 뵐레르트Wöhlert 기계공장에는 350여 명의 노동자가 237대의 공작기계, 4대의 증기기관, 5대의 증기해머, 23대의 압착기를 사용하였다. 이러한 전문적이고도 기계적 방식 도입이 프로이센과 독일 전역에 퍼짐에 따라 기계공업은 발전했고 기계 수출량이 증대되었다. 그러한 덕택에 품질도 좋아졌고 1863년이 되면 수입보다 수출량이 관세동맹 시역에서 너 커시세 되었나. 자언스레 방적공업이나 직조입에서의 기계화도 일어났으며 기계 직조기가 48년에 5천 대 정도였던 것이 58년에는 8천 대 가까이 늘어갔다. 이러한 산업 발전으로 철도뿐만 아니라 해상수송도 운송수단으로서 발전하게 되는데 증기기관을 사용하여 증기 화물선의 적재량이 늘어가 경제에 이바지하였다. 50년까지만 해도 적재량은 약 4천 톤이었으나 60년에는 2만 2천 톤, 70년에는 6만 7천 톤이 되었다.

이러한 일련의 산업 발전으로 이젠 수공업은 완전히 사라졌고 기업집중 현상으로 작은 규모의 공장보단 대규모 공장이 생겨났다. 49년에는 평균 노동자 수가 33명이었으나 58년에는 71명이 되었다. 산업의 발전으로 과학적 기업가들이 등장하였고 50년대까진 섬유공업이 산업 발전의 중심이었으나 60년대부턴 중공업을 위주로 산업이 돌아가게 되었다. 그리고 슬슬 전기와 화학이 발전하였다. 대표적으로 독일의 화학자 호프만의 기여로 화학공업이 50년대부터 본격적으로 성장하였다. 알루미늄이나 크롬, 마그네슘, 니켈 같은 새로운 금속을 발견하여 적절히 사용하거나 특수 합금 철강이나 비철 합금 같은 새로운 금속을 개발하여 화학공업 발전에 이바지하였다. 또한 통조림 같은 새로운 식료품 개발, 인공 비료 개발 등등을 여러 화학자의 각종 혁신을 통해 비약적으로 독일의 화학공업이 발전해 갔다. 1870년대에 접어들면 독일은 전 세계 화학공업의 절반을 차지하게 되면서 화학 분야가 독일 경제에 크게 이바지하였다.

이러한 발전에는 당연히 기술학교와 은행의 도움이 컸다. 폴리테크의 경우 한층 더 발전하여 고등기술학교Technische Hochschule로 인정받게 되었다. 입학 조건을 실업 김나지움 졸업 같은 것으로 변경하고 40년대 이후로 토목건축, 기계, 화학 기술 같은 과목을 신설하여 기술학교로서의 전문성을 확립하였다. 예컨대 수학의 수업 비중을 늘려가 기계공학의 발전에 이바지하였다. 조금 뒤의 일이긴 하지만 1879년 바우 아카데미와 결합하여 프로이센에 베를린 고등기술학교가 설립되어 학습 자율과 행정 자율을 통해 대학에 상응하는 전문 기관으로 성장하게 되었다. 실로 양적으로도 성장하여 1821년에 설립된 베를린 산업연구소는 첫해에 13명의 학생이 입학했으나 40년에는 100명, 53년에는 165명, 60년에는 302명, 69년에는 499명으로 증가하며 권위 있는 기술학교로 성장하였다. 그 결과 전문적 엔지니어의 상류 계층으로의 진출도 자연스레 증가하였다.

1840년대부터 본격적으로 탄생한 은행은 정부의 공기업이나 철도회사에 자금을 지원하거나 설립 혹은 인수하면서 자본주의와 산업 발전을 촉진시켰다. 최초의 독일 은행은 1848년의 샤프하우젠 은행 Schaffhausensche Bankverein으로, 이것을 시작으로 독일 영방국가들에 은행이 설립되어 갔다. 프로이센의 경우 1870년까지 주식은행 설립을 법적으로 허가하지 않았기에 라인란트의 공장주들은 규제를 피해 53년 다름슈타트에 은행을 세워 자본의 투자를 추구하였다. 56년에 베를린에도 상업은행이 세워지긴 했으나 법적으로 허용되는 합자회사 형태에 가까웠다. 프로이센은 합자회사 형태만 인정하다가 70년부터 주식회사 형태의 은행도 정식적으로 허가하였다. 여하튼 이러한 신용은행의 등장은 산업 분야에 자금을 공급하였고 투자를 통해 공업화에 이바지하였다.

여기까지 1815년부터 독일 통일시점인 1870년까지 대략 프로이센과 독일에서의 산업 발전을 알아보았다. 이러한 발전들이 프로이센과 독일이 강국으로 가는 기반이었다. 다만 이 시기가 아쉬운 점은 노동자들의 삶이 매우 처참해졌다는 것이다. 그것은 사민당을 다룰 때 이야기해 보겠지만 극렬한 자본주의의 단점이 향후 독일 역사에 큰 여파를 끼치게 되었다.

비스마르크의 등장과 크림전쟁

면밀히 보면 단순히 실패했다고 보긴 힘들지만 1848년 혁명은 일단 실패로 끝이 났다. 국민의회는 해체되었고 과거의 연방으로 돌아가게 되었다. 그러한 결말로 인해 독일 사회에 반동이 다시금 다가오게 되었다. 이 반동 속에서 한 사람이 등장하게 되니 그가 바로 독일 통일을 주도하는 **오토 폰 비스마르크**Otto von Bismarck였다. 그는 1851년 다시금 열린 연방의회에 프로이센 대사로 임명되며 본격적으로 정계에 이름을 알리기 시작한 인물로 당대 프로이센 보수파의 거두인 레오폴트 폰 게를라흐의 추천을 받으며 등장한 사람이었다. 이것은 이례적인 결정이었는데 비스마르크가 외교 업무를 해본 사람이 아니었기 때문이다. 게다가 1848년 당시의 일로 훗날 독일 제국의 초대 황제가 되는 빌헬름 왕세제의 아내 왕세제빈 아우구스타Augusta von Sachsen-Weimar-Eisenach가 비스마르크를 혐오한 덕에 (비스마르크는 48년 혁명 당시 혁명을 진압하기 위해 진압을 반대하는 국왕을 끌어내고 왕세제의 아들을 왕으로 올릴 계획을 가지고 있었다. 이것은 여러 계획 중 하나였고 실행되진 않으나 사실상의 반역 음모 덕에 아우구스타는 그를 평생 싫어하게 되었다.) 왕세제도 그를 이 당시엔 좋게 평가하지 않았음을 고려하면 더더욱 그러하였다.

사진작가 A 보크만A. Bockmann이 찍은 「1886년 12월 27일의 업무를 보는 비스마르크」, 비스마르크 재단 소장

이력도 좋지 못했다는 점은 당대 사람들이 게를라흐의 판단을 더욱 의문스럽게 만들었다. 대학 생활을 우리의 이미지와는 다르게 나태하게 보냈고 법원에서 첫 커리어를 시작하나 금세 싫증을 느끼고 그만둔 바가 있었다. 그다음에는 외교관이 되겠다고 시보 활동을 하다가 연애에 푹 빠져 외교관을 사실상 그만두게 되었고 실제로 얼마 후 그만두었다. 그 뒤로는 고향으로 돌아가 가문의 경영하는 농장의 지주로 살며 타인이 보기에는 허송세월하였다. 그러나 이즈음 그는 인생에 큰 변화를 맞이하게

되었다. 먼저 그의 아내가 되는 요한나Johanna von Puttkamer와 1847년 1월에 약혼하였고 그 과정에서 있었던 경건주의자 모임과 같은 여러 인맥과의 만남의 장소에서 자신을 인정하고 지지해 주는 사람들과 만나게 되었다는 것이다. 게를라흐도 이러한 과정에서 만나게 되었다. 그는 다시금 뜻을 펼치기 위해 움직였고 선거를 통해 1847년 5월 8일, 통합주의회 최연소의원으로 정계에 진출하게 되었다. 48년 혁명 이후로도 국민의회 의원으로 활동하여 보수주의자로서 행보를 보였다. 혁명 당시에는 정계에서의 활동보단 신문을 통한 의견 피력에 주력하였으며 과격한 행보를 보인 덕분에 정계의 중앙에서 어느 정도 떨어진 모습을 보이고 있었다.

엄연히 주류의 삶은 아니었으나 게를라흐는 박식한 그의 모습을 보고 과감히 대사에 추천하였다. 비스마르크는 농장주 시절의 삶을 통해 식견이 높은 지식인으로 성장한 바가 있었다. 학생 시절에도 뛰어난 면모를 갖추긴 했으나 그렇게 열심히 공부하진 않았다가 성공한 농장주의 삶을 거치며 그것을 통해 얻은 현장의 지식과 틈틈이 읽기 시작한 각종 서적에서 나온 지식을 통해 대단한 문장력과 연설 능력을 지닌 사람이 되었다. 그는 농장주 시절 바이런George Gordon Byron이나 하이네, 괴테 등등 여러 분야 지식인의 글들을 읽었으며 그 지식을 자신의 것으로 만드는 데 성공하였다. 그러면서 모임을 통해 자신의 생각을 말하며 나름대로 인정을 받았는데 이 과정에서 게를라흐는 그를 좋게 보았다. 그를 대단하게 보았던 게를라흐는 주변의 반대에도 36살의 비스마르크를 연방의회 대사로 임명할 것을 프리드리히 빌헬름 4세에게 강력히 추천하였다.

그렇게 연방대사로 임명된 그는 게를라흐의 기대에 부응하며 괜찮은 활약을 보여주었다. 그는 주도권을 가져간 오스트리아를 상대로 온갖 시비를 걸며 프로이센의 위상과 입지 향상에 노력하였고 나름대로 성과를 거두었다. 가장 대표적인 것은 오스트리아의 관세 연합 계획을 저지했다는 것이다. 프로이센은 관세동맹을 통해 독일 지방에서 입지를 다진 바가 있었다. 이것을 탐탁지 않게 본 오스트리아는 프로이센의 관세동맹에 자신들도 가입시키라고 종용했고 그를 통해 새로운 유럽 중부의 관세연합Zollunion을 만들려고 하였다. 이에 비스마르크는 온갖 노력을 통해 독일 국가들을 반대표에 던지게 하였고 남부 독일 국가들마저 반대하자 오스트리아의 계획은 좌초되었다. 이러한 외교적 승리에 프로이센은 지난날의 실수를 어느 정도 만회하였고 비스마르크는 자연스레 독일의 주목을 받게 되었다. 사소하게는 이 당시 회의 중엔 연방의회 의장만 필 수 있던 특권인 담배를 자신도 피우면서 모두가 피우게 만듦으로써 오스트리아의 위상을 상대적으로 낮추기도 하였다. 이러한 그의 대담함에 프로이센 내부에서 그의 평가는 점점 좋아지게 되었다. 그는 이런저런 활약을 보이며 성공 가도를 걷기 시작하였다.

물론 중간중간 고비도 많았지만 그가 수상이 되는 것은 어찌 보면 정해진 운명이었다. 그럴 수 있는 원인은 그가 단순한 보수주의자가 아니기 때문이었다. 그는 지극히 현실주의자이자 프로이센에 충성하는 실용주의자로 절대주의에 재갈을 물리기 좋아하는 옛 보수주의와 거리가 먼 사람이었다. 물론 그가 자유주의자인 것은 아니었다. 그는 고정적 이념에 탈피한 유연한 인물로 둘과 모두 손을 잡을 수도, 손을 놓을 수도 있는 예측불허의 사내였다. 민족주의자의 공명심을 채워주다가도 자유주의자들에게 민주적 선거권을 약속해 주는 것이 가능한 이 사람의 능숙한 현란함이 그가 독일에 필요한 사람이자 동시에 독일에 필요한 것을 주는 사람으로 만들어주었다. 기회주의적 면모가 있으면서도 자율성을 중시하며 대담한 면모를 보여주는 그는 서서히 게를라흐가 예상하던 그런 대단한 사람이 되었다. 복잡한 이 인물의 일관적인 면모가 있다면 아마도 프로이센과 훗날의 독일 제국만을 바라본다는 면이 아닐까 싶다. 필자가 보기엔 어찌 보면 그는 시대에 맞지 않게 늦게 태어난 절대왕정 신봉자인 듯 보인다.

그의 이러한 성공에는 혁명 후 반동이라는 배경도 있었다. 1850년에 취임한 만토이펠 수상이 많은 자유주의의 흔적을 남기긴 했지만 여하튼 결과는 반동 쿠데타의 성공이었는지라 전체적인 틀은 국왕의 의중에 따라 반동적이었다. 여기서 비스마르크를 지지했던 게를라흐가 보수파의 거두로 성장하게 되었다. 그는 십자신문당Kreuzzeitungspartei이라는 언론 조직을 기반으로 한 반동 보수파를 조직하여 만토이펠과 툭하면 싸우면서 과거의 특권을 주장하였다. 이러한 반동의 흐름인 어느 정도 성공을 거두기도 하였다. 예컨대 헌법에 명시된 지방자치가 사실상 무효가 되기도 하였다. 국왕과 보수파들은 귀족원인 상원을 1855년에 만들고 하원과 정부에서 자유 인사들을 탄압함으로써 공공부문에서 대부분을 친정부 인사로 채워버리기도 하였다. 연방의회 차원에서는 1854년 7월, 언론법을 개정하여 결사의 자유를 폐지하고 검열에 돌입하며 반동의 모습을 보였다. 비스마르크는 이러한 반동의 시대를 맞아 자신의 보수적 목소리를 내며 지지를 얻어가며 성공 가도를 달렸다. 다만 올뮈츠의 굴욕으로 인한 보수파들의 분열과 만토이펠 수상의 자유주의 흔적 남기기, 로하우Ludwig von Rochau와 같은 온건 자유파의 꾸준한 노력으로 인해 프로이센의 경우 헌법 자체의 틀은 유지되었고 앞서 언급된 검열 폐지와 같은 혁명 성과들은 사라지지 않았다.

그러한 복합적인 사회의 면모가 이어지던 와중, 1853년 10월에 유럽에 큰 사건이 발생하게 되었다. 그것이 바로 크림전쟁Crimean War으로 오스만을 침공하려는 러시아의 움직임에 영국과 프랑스가 저항하며 생긴 전쟁이었다. 러시아는 예전부터 흑해 넘어 지중해로 진출하고자 하는 야망이 있었다. 발칸반도를 해방하여 정교도 세력을 흡수하고 해양 진출을 통해 약화되어 가는 자국의 봉건적 경제체제를 새로운 영토와 경제 시장 확보로 극복하고자 한 것이다. 그렇기에 1차 관문으로 보스포루스Bosporus 해협을 노렸고 나아가 오스만의 수도 콘스탄티노플을 장악하고자 하였다. 하지만 러시아가 이곳을 차지한다는 것은 영국이나 프랑스 입장에선 도나우강을 통한 자본주의 무역 시장이 깨진다는 것을 의미했다. 특히 영국은 안정적인 유럽과 인도 사이의 해상통로를 확보하기 위해 러시아의 움직임에 강한 거부반응을 보였다. 하지만 지중해로 진출하고자 했던 러시아가 오스만의 저항에도 먼저 침공하는 것으로 전쟁이 발발되었다. 이에 영국과 프랑스는 1854년 1월 전투함대를 흑해로 파견하며 3월 37과 38일 각각 러시아에 선전포고하며 전쟁에 끼어들었다.

이에 독일연방은 이 전쟁에 어찌 대응해야 할지 엄청난 혼란에 휩싸였다. 이번 전쟁은 그간 이어진 신성동맹으로 비롯되는 유럽협조체제가 사실상 무너졌다는 것을 의미하기에 한 번의 판단으로 향후 수십 년간의 외교 정세가 결정될 예정이었다. 오스트리아의 경우 도나우강의 이익을 공유하고 있었고 발칸에 대한 야망도 있었기에 영국과 프랑스에 발을 맞춰야 한다고 강경히 주장하였다. 이에 반해 프로이센은 게를라흐로 비롯되는 강경 보수파와 온건 보수-자유파 간의 의견 대립으로 결정을 내리지 못하고 있었다. 레오폴트 게를라흐가 이끄는 십자신문당은 강력히 러시아를 지원해야 한다고 주장했고 자유 세력이나 온건 보수파들은 오스트리아를 따라 영국과 프랑스를 돕는 것이 프로이센의 이익이라고 주장했다.

이 격렬한 논쟁 속에서 비스마르크는 중립을 주장했다. 프로이센은 오로지 프로이센 편이라고 주장하며 괜히 개입하여 어느 쪽과도 척질 필요 없다는 논리에서였다. 비스마르크는 만토이펠 수상에게 서신을 보내 오스트리아의 유혹을 거부해야 한다고 말했고 국왕과 수상은 그의 의견에 동조하였다. 결국 오스트리아의 직간접적 요구에도 프로이센은 중립을 하기로 결정하였다. 이러한 결정으로 예컨대 1854년 4월, 양국은 서로를 보호하고 방어하기 위해 노력한다는 협약을 체결하나 오스트리아가 이것을 빌미로 개입을 요구해도 프로이센 정부는 거절하는 것으로 회피하였다. 1855년 1월에는 오스트리아가 연방의회에 안건을 통해 독일의 러시아를 향한 군대 동원을 시도했지만 비스마르크의 활약으로 부결되게 되었다. 결국 오스트리아는 단독 개입을 하게 되었다. 다만 러시아와의 전쟁은 부담스러웠기에 영국, 프랑스와 형식적 동맹조약을 맺고 공동 요구와 같은 외교적 압박만 취하였다.

그렇게 프로이센이 중립을 유지하던 중 1855년 9월 18일에 러시아의 세바스토폴 요새가 연합군에 함락되고 1856년 1월에는 오스트리아가 러시아에 최후통첩을 가함에 따라 파리 강화회담이 성사되었다. 프로이센 왕국은 여기에 뒤늦은 초대를 받아 참석하였으며 파리조약에 따라 도나우강의 자유로운 선박 운행이 공인되었고 오스만은 영토를 보존할 수 있게 되었다. 러시아는 패전으로 인해 소유하던 베사라비아Bessarabia 남부 지역을 상실하였고 흑해에 요새 구축을 금지당했다. 흑해함대 역시 운영하지 못하게 되었고 전쟁 명분이던 오스만 치하 정교도 보호 주장도 금지당했다. 러시아는 전쟁의 여파로 개혁에 들어갔고 오스만도 다음 전쟁을 대비한 개혁에 착수하였다. 프로이센은 끝까지 중립을 택한 대가로 러시아의 신뢰를 얻었으며 그에 반해 오스트리아는 러시아와 적대를 시작한 것치곤 영국과 프랑스를 확고한 동맹으로 만들지 못해 발칸에서의 러시아와 대립을 시작하고 말았다.

그렇게 나폴레옹 전쟁 이후 수십만을 희생시킨 대규모의 전쟁은 끝이 났고 유럽협조체제는 훗날 비스마르크가 베를린 회담을 통해 부활시키기 전까진 박살 나버리게 되었다. 그로 인한 새로운 외교관계 정립 속에서 비스마르크는 러시아와 친교를 구축하면서 적어도 독일 내의 통일 주도권을 차지하기 전까진 프랑스의 나폴레옹 3세Napoléon III와 좋은 관계를 맺길 원하였다. 지난 나폴레옹 전쟁의 기억으로 비스마르크를 아끼던 게를라흐는 이에 반대했지만 비스마르크는 굴하지 않고 나폴레옹과의 접촉을 추구하였다. 실로 파리회담 당시 박람회 방문 구실로 둘은 만나기도 하였다. 비스마르크는 오스트리아와의 결전이 가능성 있는 시나리오로 생각하였기에 한동안 프랑스와의 친교가 러시아와의 관계만큼이나 중요하게 여겼었다. 다만 이러한 생각을 추진하려면 국왕의 신임이 필요하였다. 그래서 그는 왕세제와 관계 회복에 노력하였다.

하지만 훗날의 이미지와는 다르게 빌헬름 왕세제는 이 당시엔 비스마르크를 좋지 않게 보고 있었고 오히려 그를 상트페테르부르크 대사로 파견하기로 하였다. 이는 부인의 영향(앞서 말했듯 죽을 때까지 비스마르크를 싫어했다.)과 온건주의 노선 채택으로 인한 결과였다. 1857년, 프리드리히 빌헬름 4세가 뇌졸중 증세를 보이며 쓰러지자 60세의 나이로 그해 10월 23일 빌헬름 왕세제가 내각으로부터 전권을 맡게 되었다. 왕세제는 1851년에 『프로이센 주간지Preussisches Wochenblatt』를 창간하며 활동했던 온건 보수파의 손을 잡고 융커 귀족과 부르주아지 사이의 양보와 협력을 추구하였다. 왕세제는 프로이센에 새 시대Neue Ära를 천명하였다. 자연스럽게 설 자리가 없어진 비스마르크는 향후 러시아와 프랑스의 대사로 활동하면서 훗날을 기약하게 되었다. 다만 빌헬름 왕세제는 아내 아우구스타의 영향으로 온건파와 손을 잡지만 성향 자체가 보수적이었기에 프로이센 왕국의 보수적 기반 자체는 유지되어야 한다는 입장을 보이고 있었다. 그 판단은 향후 비스마르크가 중앙 정계로 복귀하기 전까지 왕세제 빌헬름의 입지를 어렵게 만들었다. 실로 그에게 옹호적이던 자유 신문들은 얼마 안 가 그를 헐뜯기 시작했고 새로운 내각을 구성하는 58년 11월의 의원 선거에서 빌헬름 왕세제의 주간신문당은 53석으로 자유파의 151석에게 크게 뒤지며 참패하였다. (보수파는 47석이었다.) 왕세제는 자신에 반대하는 급진파와 자유 세력에 저항하려 했지만 반동적 정책은 의회의 반발로 잘 실행되지를 않았다. 물론 부르주아지나 급진파들도 얻어가는 것이 큰 것은 아니었으나 고등학교에서의 장교 자제 특권을 제한한다든지 토지세에 관한 신설 법안으로 융커들의 권한을 제한하여 나름대로 저항을 통해 빌헬름 왕세제를 괴롭혔다.

이러한 반동과 민주 세력 간의 투쟁으로 왕세제는 자신이 원하는 정책을 시행하기 힘들어졌고 구원투수가 필요해졌다. 그것이 극명히 드러나는 순간이 1859~61년의 이탈리아에서의 전쟁으로 인한 정책 결정의 순간에서였다. 시간을 조금 돌려 1858년 여름, 사르데냐-피에몬테 왕국 수상 카밀로 카보우르Camillo Cavour는 프랑스 황제 나폴레옹 3세와 방위동맹을 체결하고 군대를 롬바르디아로 집결시키며 오스트리아를 자극했다. 이탈리아 통일전쟁을 위해 카보우르 수상은 적극적으로 움직였고 주저하면 이탈리아 제어권을 잃는다는 것을 직감한 합스부르크 가문은 이에 대응함에 따라 프랑스-피에몬테와 오스트리아와의 전쟁이 벌어졌다. 이 전쟁에서 피에몬테는 승리하여 이탈리아 민족의 영토를 탈환하였고 이어 주세페 가리발디Giuseppe Garibaldi의 활약으로 이탈리아 남부 나폴리 왕국도 무너짐에 따라 1861년 3월, 이탈리아 대부분을 차지하게 된 사르데냐-피에몬테가 국명을 이탈리아 왕국으로 바꾸며 사실상 통일을 선포하였다. 이 전쟁을 도운 대가로 나폴레옹 3세는 사르데냐-피에몬테의 사보이와 니스를 양도받게 되었다. 이탈리아의 통일전쟁은 독일 지방에 큰 여파를 끼쳤다. 이제 민족주의의 시대가 왔으며 동시에 독일에 통일해야 할 시점이 다가온 것을 알려준 것이었다. 그로 인해 1859년 9월 독일의 시민들은 다시금 자발적으로 국가 통일운동을 시작하였고 대표적으로 독일국가연합Der Deutsche Naitonalverein이라는 조직을 만들어 프로이센을 통일 주체로 지지하되 융커의 특권에는 반대하는 시민 운동을 펼쳐갔다. 이러한 흐름 속에서 이탈리아 전쟁을 바라보던 프로이센 정부는 결국 민족 갈등 해결에 군사력이 필요한 순간이 올 것이라는 것을 직감하고 군제개혁에 나서기로 하였다. 자발적으로 주변국이 통일을 용인할 리 없으니 말이다. 무엇보다 독일 내에서는 영방국가들이 프로이센보단 오스트리아를 주로 지지하고 있었다.

문제는 의회가 자유파들로 범벅임에 따라 개혁안에 대한 동의를 얻기가 힘들었다는 것이다. 특히 자유주의 좌파들은 1861년 6월에 독일 진보당Deutsche Fortschrittspartei을 발족하고 동년 12월 의회 선거에서 109석으로 제1당이 되는 대승을 거두면서 군제개혁을 반대했다. 군대 증강 자체는 동의했으나 방식을 국왕이 원하는 보수적인 형태로는 할 수 없다는 이유에서였다. 보수파는 이 선거에서 고작 14석을 차지하며 1861년 1월 2일에 형의 죽음으로 왕이 된 빌헬름 1세Wilhelm I를 전혀 돕지 못하였다.

일단 빌헬름 1세는 1862년 3월 11일 하원을 해산하였으나 그것으로 상황을 바꿀 수는 없었다. 5월의 재선거에서 자유주의자들이 전체 353석 중 229석을 차지하는 압도적인 승리를 거두며 오히려 위기에 처했다. 결국 지금의 난관을 해결해 줄 사람이 필요해졌고 비스마르크의 재등장이 모든 상황을 역전시키게 해주었다. 그렇게 비스마르크가 화려하게 베를린 정계로 복귀하였고 그는 통일을 위한 대의하에 모든 것을 해결해 주었다. 이 과정은 다음 파트에서 다루도록 하자. 다만 이번 파트를 끝내기 전 마지막으로 아쉬운 점을 언급하자면 그러한 열기가 자유주의의 흐름을 일시적으로 멈추어버렸다는 것이다. 물론 독일 제국 파트에서 다시 말하겠지만 자유주의는 여전히 독일 사회에 살아남았다. 하나 민족주의 열기로 인한 통일의 대의 최우선시는 독일 사회에 자유주의와 병영문화의 혼합이라는 복잡하고도 미묘한 형태를 만들게 되었다. 결국 통일을 위한 열기가 일시적 헌법 투쟁 중지를 불러일으켰고 그렇게 독일 군국주의가 탄생하게 된 것이다. 그것은 향후 독일의 역사에 영광과 참극, 두 가지를 동시에 선사해 주었다.

제5장

통일을 위한 3번의 전쟁

(1862~1871)

통일을 위한 군제개혁과 명장 몰트케의 등장

빌헬름 1세는 1861년, **룬**Albrecht Theodor Emil von Roon과 **몰트케**Helmuth Karl Bernhard von Moltke를 각각 전쟁부 장관과 육군 참모총장에 임명하여 군제개혁의 실시를 명하였다. 이에 룬이 전쟁 기반을, 몰트케가 전쟁 방법을 새로이 정립하였다. 먼저 룬 장관이 구축한 기반을 간단히 알아보자. 알브레히트 폰 룬은 포메른 지방의 가난한 귀족 출신으로 1849년 바덴 봉기 진압 당시 프로이센군의 편제를 지적하며 군의 주목을 받은 인물이었다. 그의 눈에는 현재 프로이센군의 상태가 부실해 보였는데 이것은 기우가 아니었다. 실로 프로이센의 인구는 1820년 당시 갓 천만 명인 상태에서 1850년대 말엽을 기준으로 1,800만에 도달한 상태였다. 그에 반해 군대의 규모는 14만 명 정도로 룬의 장관 취임 당시 기준으로 청년인구의 절반 정도만이 징병되고 있었다. 이는 해방전쟁 직후 군대의 규모가 유지된 것으로 더 이상 늘리지 않고 있었던 이유는 프로이센 왕국의 재정적 이유에서였다. 그로 인해 병역의무의 나이에 도달한 청년의 대략 67%가 우연Zufall적이거나 자유재량에 의해 추첨을 통해 병역을 면제받고 있었다. 그 결과 매년 14만 명 정도가 병역을 면제받고 있었다. 다른 나라들이 지난 세월 군대 규모를 증폭시키고 있음을 고려했을 땐 위험한 수준이었다. 예컨대 프랑스는 17만에서 40만으로, 늘었고 현재 오스트리아와 러시아는 각각 31만 명과 50만 명의 병력을 보유하고 있었다. 그래서 룬 장관은 군대 재편을 통해 최소한 군대 규모를 20만으로 늘려 시대에 발맞추기로 하였다. 무엇보다 프로이센 왕국의 경우 클라우제비츠와 그나이제나우, 그리고 조미니Antoine-Henri Jomini가 남긴 교훈에 따라 지정학적 위치 덕분에 신속한 결전과 섬멸이 군사 계획수립의 필수조건임을 생각해 보자면 강력한 정예 상비군의 존재는 더더욱 필요하였다.

따라서 알브레히트 폰 룬 장관은 추가 재정지원 승인을 받아 군대 규모를 최소 20만으로 늘리기 위해 다음과 같이 군대를 재편코자 하였다. 먼저 기존의 2년의 복무기간을 3년으로 늘린다. 그렇게 징집된 병사들은 일선 연대에서 3년간 복무한 뒤 예비군으로 4년을 추가로 더 복무한 다음 그 이후에는 지방군으로 7년간 복무하기로 결정하였다. 그리고 기존에 매년 4만 명씩 신규 징병하던 것을 매년 6만 5천 명으로 늘려 수요를 맞추기로 하였다. 이렇게 하여 추가로 39개의 보병 연대와 10개의 기병연대를 새롭게 확충하기로 하였으며 이러한 개편을 위해 정부에 매년 추가 국방비용 명목으로 950만 탈러의 비용을 요청하였다. 이렇게만 된다면 20만 규모의 군대는 순조롭게 모일 것으로 전망되었다. 더 필요하다면 여기서 사이즈만 늘리면 될 문제였다. 실로 독일 제국의 상비군 시스템은 세계대전까지 큰 변화를 보이지 않고 이대로 유지되었다. 여기서 핵심은 이 개편을 통해 상비군Stehendes Heer의 역할을 늘리고 향토 방위군인 지방군Landwehr의 역할은 줄였다는 것이다. 지방군의 경우 이제 후방근무와 주둔지 경계 위주로 하기로 하였고 작전 계획수립과 수행 같은 전문적인 것은 상비군이 맡기로 하였다. 이러한 상비군의 정예화 추구는 신속한 결전을 위해서는 강한 군대가 필요했기 때문이었다. 그렇기에 처음 7년은 강도 높은 훈련을 받지만 지방군부터는 전방 복무는 하지 않고 부차적인 역할만 맡는 방식을 택한 것이다.

이러한 개혁법안은 1860년 2월 10일에 하원에 제출되었다. 통과 과정은 조금 뒤 비스마르크 수상 취임 이후에 다루고 먼저 몰트케가 완성한 총참모부Großer Generalstab를 먼저 짚어보자. 총참모부는 어떻게 형성된 것일까? 일단 나폴레옹 전쟁 이후 참모부의 변화 과정을 간단히 살펴보자. 먼저 전후 그롤만 장군에 의해 1816년 일반참모부의 기본 업무에 토지 측량이 추가되었다. 이것을 토대로 여러 전장을 미리 검토해 보는 전쟁 연구과를 개설한 뒤 총 3개의 파트로 나누어 제1부가 서부 독일과 프랑스 방면을, 제2부가 중부와 남부 독일 그리고 오스트리아 방면을, 마지막 제3부는 러시아 방면을 사전에 검토하기로 하였다. 해당 부서는 미리 해당 방면을 조사하고 정확한 자료를 수집하여 사전에 유용한 지도를 제작한 뒤 이론적으로 가능한 경우의 수를 최대한 검토하였다. 그렇게 전시 상황이 닥친다면 어떻게 군을 동원하여 진군시킬 계획을 사전에 수립하였다. 그롤만은 베를린의 참모부에 16명의 장교가 근무하게 하였고 각 군단에 정보 업무를 위한 참모장교 3명을 보유시켰다. 사단의 경우 1명의 참모장교를 가지게 하였다. 마지막으로 6명의 장교를 외국 공관에 두어 무관 제도의 시작을 알렸다.

이런 식으로 참모부를 다듬은 그롤만은 1819년에 은퇴하였다. 그 이후 1821년 1월에 다다음 대 참모부 수장이 된 프리드리히 카를 폰 뮈플링Friedrich Karl von Müffling이 참모부를 다시금 개선하였다. 먼저 이름을 '총참모부'로 바꾸었다. 그리고 참모들의 진쟁계획 수립 능력을 강화하기 위한 정찰여행제도를 도입했다. 이는 과거에 있었지만 유명무실해진 것을 재도입한 것으로 해당 전장에 직접 가보는 것이었다. 또한 동시에 작전 상황을 모래판이나 지도 위에서 검토해 보는 도상전쟁연습(모의훈련)을 도입하여 참모들이 전술 및 전략상의 문제점을 스스로 파악하고 고치도록 교육하였다. 1824년에 이에 관련한 교범을 제작하여 교육하는데 이를 통해 계획수립을 더욱 용이하고 우수하게 만들어준 것이었다. 뮈플링은 참모부 강화를 위해 여기서 멈추지 않고 1825년, 큰 결정을 내리니 바로 참모부를 전쟁부에서 독립시키는 것이었다. 참모부가 강화됨에 따라 생기는 혼선을 피하기 위해서였다. 참모부는 이제 국왕의 직속 보좌기관이 되었으며 3개의 주요 부서로 구성되었다. 내용은 일전 프로이센 개혁 파트에서 보았듯 제1부는 인사 문제를 담당했다. 제2부는 기동연습이나 행군계획, 동원 업무를 맡았고 제3부의 경우 기술적 문제들이나 포병 관리를 처리했다.

이러한 독립의 흐름에 따라 전쟁부로 이관되었던 군사내각도 독립기관으로 부활하게 되었다. 참모부보다 1년 정도 빠른 1824년, 국왕의 측근이자 보수파 장군 비츨레벤Job von Witzleben의 노력으로 군내 인사권을 관할 하는 부서로 다시금 전면에 등장했으며 이름은 그에 걸맞게 '인사과'로 명명되었다. 인사과는 군사 문제 전반에 개입하며 중요 기구로 부상하였다. 이렇게 전쟁부에서 두 기관이 독립하게 됨에 따라 전쟁부, 참모부, 인사과가 3대 군사 기구로 자리 잡게 되었다. 다만 참모부의 경우 국왕을 직접 독대하고 보고할 권한이 주어지지 않아 아직은 그 힘이 미약했다. 그렇기에 툭하면 인사과에게 집어삼켜질 위기에 종종 처하긴 했지만 1848년 5월에 참모부 수장이 되는 카를 빌헬름 폰 라이허Karl Wilhelm von Reyher의 활약으로 참모부는 독립적 지위를 유지하는 데 성공하였다.

그러다가 1857년, 라이허 참모총장이 사망함에 따라 인사과 수장 에트빈 폰 만토이펠Edwin von Manteuffel이 57세의 무명의 인물을 차기 참모부 수장으로 국왕에 추천하였다. 그가 바로 통일전쟁의 위대한 영웅 헬무트 폰 몰트케였다. 만토이펠은 참모부를 집어삼키고 싶었기에 야전부대 지휘 경험이 없는 존재감 없던 몰트케 소장을 추천하였다. 하지만 정찰 여행과 해외 무관 경력으로 (예컨대 그는 1835년 학술 조사 여행으로 오스만에 간 적이 있다.) 생각보다 넓은 안목의 소유자였던 신임 참모총장은 곧 놀라운 활약을 보여주어 만토이펠의 생각을 틀리게 만들어주었다.

1858년 9월 18일, 공식적으로 참모총장에 임명된 몰트케는 빠른 속도로 발전하던 무역과 산업을 바라보며 그 속의 철도와 전신電信에 이목을 집중하였다. 몰트케는 철도 시스템을 군사적으로 활용할 것을 주장했다. 그는 1842년에 만든 자신의 소책자를 통해 철도가 전쟁에 중요한 수단이 될 것임을 이미 강조한 바가 있었다. 철도를 통해 지리적 한계를 극복하고 재빠르게 많은 병력을 움직일 수 있다는 생각에서였다. 물론 몰트케 이전에도 철도의 중요성을 프로이센 참모부도 눈치채고 있었으나 그간 병력 수송이라는 단편적인 관점으로만 이해하고 있었을 뿐이었다. 그러나 몰트케는 단순히 많은 병력을 이동시키는 것이 아닌 단시간 내에 먼 거리를 극복하여 '분진 합격'을 통해 군사력 활동의 공간을 확대하고자 하는, 시공간의 확장성을 중시하는 더 높은 차원의 생각을 하였다. 따라서 이를 위해 부대 전개 계획에 철도망의 연결을 집어넣었다. 1859년, 최초로 정확히 날짜를 명시한 부대 전개 계획과 철도를 이용한 수송계획을 결합하는 데 성공하였고 1869년엔 아예 총참모부에 독립적인 철도과를 신설하여 철도수송에 관한 시간계획과 동원계획의 기본조건이 되는 정보들을 처리토록 하였다. 또한 참모 훈련에 수송훈련도 추가하였다. 그리고 여기에 멈추지 않고 몰트케는 전신을 활용토록 하였다. 기존의 수기 신호체계는 이제 몰트케의 방안에는 뒤처진 것이었고 새로운 것이 필요했는데 그것이 바로 전신선을 통한 연락망 구축이었다. 물론 이러한 전신선은 적 영토에서는 운용되기 힘들었으나 개별 전선에 위치한 부대와 즉각 연락하게 해주어 거의 실시간으로 야전부대의 이동 및 작전 수행을 통제하게 해주었다. 이는 형제 전쟁과 같은 향후의 전쟁에 큰 도움을 주었다.

사진작가 카를 귄터Carl Günther가 찍은 「헬무트 폰 몰트케 Portrait of Helmuth von Moltke」, 1870년 작품, 갈리카 디지털 도서관 소장

몰트케 참모총장은 임무형 지휘 체계도 구축하였다. 지휘의 분권화를 통한 빠른 임기응변을 요구한 것이다. 물론 이것은 대왕 시절부터 내려온 것이지만 이것을 우리가 흔히 생각하는 방식으로 완성시킨 것은 엄연히 몰트케 참모총장이었다. 그렇다면 왜 다시금 임무형 지휘가 강조되었을까? 바로 인구의 증가로 인해 부대의 규모가 확장되었기 때문이었다. 이제 군은 여러 야전군으로 분할되어 움직이게 되었다. 통신의 발달에도 서로 멀리 떨어져 진군하는 야전군들을 일일이 통제하는 것은 상당히 어려운 일임이 분명했기에 몰트케 참모총장은 임무 달성을 위한 폭넓은 독단적 판단을 허용해 주었다.

물론 아무런 생각 없이 알아서 움직이라고 하는 것은 아니었다. 상급 지휘관이 전체 계획 범주 내에서 달성할 목표를 설정해 주어 임무를 하달하면 하급 지휘관들은 그 안에서 자신이 처한 상황에 맞게 임무 달성을 위해 움직이는 것이었다. 따라서 상급 지휘관은 야전 지휘관들이 명령을 잘 수행할 수 있게 충분히 이행 가능한 수준으로 세세히 여러 사항을 정해주되 뼈대만을 갖춘 절제된 명령을 내려야 하였다. 이를 위해 상급자는 하급자를 신뢰하고 하급자는 체계적인 참모 교육을 통해 지나친 돌발행동을 자제하고 합리적이면서도 빠른 대처를 추구하였다. 또한 지나친 행동을 하지 않고 상급자의 의도를 제대로 파악하기 위하여 상호 간의 소통이 중요시되었으며 참모 교육을 통하여 상하급자 간의 소통을 일상화시켰다.

즉, 몰트케 참모총장은 복잡해지는 전쟁을 바라보며 현장 지휘관들이 스스로 주도권을 챙기길 바란 것이다. 그렇게 수수방관하는 태도에서 벗어나 '작전적 사고'를 통해 우발적인 상황에서 탄력적으로 신속한 대응을 추구하였다. 그러면서도 분산된 부대끼리의 협조를 마지막으로 강조하여 각개격파의 위험성을 줄이고자 하였다. 이러한 사고관은 앞서 말했듯 참모 교육을 통해 완성되었다. 이러한 작동이 제대로 되려면 상급자와 하급자가 일심동체가 되어야 했다. 그것은 전쟁대학에서의 교육(1872년부터 총참모부가 관리)과 참모들의 현장실습, 도상연습 통해 구축되었으며 몰트케는 이 과정을 중요시하여 엘리트 참모들에게 동질의 교육을 시켜 동일한 전술관을 가지도록 하였다. 그렇게 비로소 그의 시대에 임무형 지휘 체계가 확립되었다.

그렇다면 몰트케 참모총장이 추구했던 작전적 사고란 무엇이었을까? 그는 과연 어떤 전략을 추구했을까? 그것을 간단히 말하자면 바로 전쟁을 최대한 빠르게 종결시키기 위한 고전적 방식의 대규모 회전을 추구하는 것이었다. 시간의 압박을 받는 위험한 상황 속에서 불리해지기 전에 먼저 신속한 승리를 거두려는 방식이었으며 이는 분진 합격을 통해 이루어졌다. 고로 확장된 시공간적 상상을 통해 드넓은 전역을 안방처럼 드나들며 신속하고 예리하게 움직여 적을 원하는 장소에서 만나 회전을 통해 단기 결전을 벌이는 것이 그의 전략 기초였다. 하지만 말이 쉽지 빠르게 적을 무너트리는 것은 간단한 일이 아니었다. 게다가 훗날의 인식과 다르게 통일 전까지 프로이센 왕국은 항상 병력이 열세였음을 감안하면 더더욱 그러하였다.

하지만 몰트케 참모총장은 철도의 중요성을 알아 이를 통해 열세를 극복하였다. 회전이 벌어질 전략적 거점으로 병력을 빠르게 수송하여 전쟁 초엽 한정으로 적보다 더 많은 병력을 가지게 하였고 이를 통해 단기 결전이 가능한 상황을 조성하였다. 문제는 인구의 증가로 많은 병력을 서로 가진 이 시대에 하나의 길로 모든 병력을 보내기엔 보급에 무리가 생긴다는 것이었다. 따라서 분산되어 회전 장소로 기동하였고 다시금 합쳐서 적을 치는 '분진 합격'이 그의 전술 기본이 되었다. 이러한 분산 후 기동과 전장에서의 집중은 나폴레옹 시대까지만 해도 금기시되는 것이었다. 각개격파의 위험성이 있으니 말이다. 그러나 새로운 교통수단인 철도로 인해 분산 기동은 매우 빠르게 이루어지며 이제 장점이 되었다. 게다가 앞서 말했듯 인구의 증가로 여러 야전군이 탄생함에 따라 보급을 좀 더 원활하게 해주기 위해선 나뉘어 진격하고 전장에서 하나로 모이는 것은 이제 상식이 되어갔다. 또한 지정학적 위치로 향후 독일 제국이 내선작전을 항상 고려하였음을 생각하자면 분산 기동은 이제 시대의 요구였다.

다만 분진 합격이 제대로 이루어지기 위해 빠른 기동이 필수였고 그렇게 빠르게 목표 지점에 모인 병력이 적의 정면과 측방을 동시에 집중적으로 타격하는 것이 중요했다. 이를 위해 아군과 적의 상호작용을 중요시했고 앞서 보았듯 현장의 판단을 우선시하였다. 이러한 점들을 고려하며 몰트케 참모총장은 신속한 공세적 기동전을 수행하는 것이 향후 독일의 기본임을 강조하였다. 정리하자면 몰트케는 회전 장소에서 적을 섬멸하는 것을 추구했는데 이것은 무기의 화력이 증대된 당시의 시대 상황을 고려하면 더 이상 추격을 통해 적을 섬멸하는 것은 이젠 큰 의미가 없다고 판단한 것이었다.

몰트케 참모총장은 이러한 생각들을 토대로 총참모부의 조직을 5개의 주요 부서로 개편하였다. 앞의 3개는 일전과 유사한 전쟁계획 수립부서였다. 먼저 제1부는 동부 담당으로 러시아나 스웨덴, 오스만 방면을 담당했다. 제2부는 중부 담당으로 오스트리아나 덴마크, 스위스, 이탈리아 방면을 담당했다. 제3부는 서부 담당으로 프랑스, 영국, 네덜란드, 벨기에, 스페인, 미국 방면을 담당했다. 제4부는 앞서 언급했던 철도부이며 마지막 제5부는 군사 역사부로 전쟁사를 연구하여 다가올 전쟁에 쓰일 전술과 전략을 강구하였다. 지난 역사의 교훈과 함의를 통해 창의적인 해결책을 모색한 것이다. 군사 역사부는 참모들이 유사한 군사적 상황에 어찌 대응할지 미리 모든 정황을 파악하게 해주었고 자연스레 신속히 알맞은 대응을 하도록 해주었다. 이렇게 재편된 총참모부는 그대로 유지되다가 형제 전쟁에서 실력을 보여주며 인정받았고 1867년 1월, 다시금 개편되었다. 이제 총참모부는 크게 총무부와 지원부로 나뉘어졌고 총무부에는 4개의 과가, 지원부에는 5개의 과가 설치되었다. 총무부 제1과는 오스트리아, 러시아, 그리스, 오스만 그리고 스칸디나비아반도와 아시아 국가들을 담당했고 제2과는 독일과 스위스, 이탈리아를 담당했으며 제3과는 영국, 프랑스, 베네룩스, 이베리아반도와 미국을 담당했다. 4과는 독일연방의 철도를 관할하였다. 지원부는 군사 역사과와 측량과, 지리 및 통계과, 지형과, 상황 분석과로 편성되었고 군사 역사과를 중심으로 전쟁 계획수립과 수행에 필요한 자료들을 만들어 참모들이 유용하게 쓰게 하였다.

이렇게 몰트케 참모총장은 자신만의 군사 개혁을 추진했고 후술할 전쟁들을 통해 이것이 쓸모 있음을 입증하였다. 다만 당연히 처음부터 인정받은 것은 아니었다. 처음엔 국왕을 독대하고 직접 의견을 개진할 권한도 없었으며 작전계획을 수립해도 그것을 실행할 권한도 없었다. 그저 기획안을 시행해 보라고 권유할, 국왕의 자문기관에 가까웠다. 규모도 몰트케 참모총장이 취임할 땐 상당히 작아서 참모 50명을 포함하여 총 64명 정도였다. 하지만 후술 될 덴마크와의 전쟁에서 긴급히 총사령관의 참모장이 된 몰트케 참모총장의 활약으로 빌헬름 1세의 신임을 받게 됨으로써 상황은 바뀌게 되었다. 규모도 1867년 기준으로 참모 109명이 포함된 총 162명으로 크게 늘었으며 1883년에는 군주에게 직접 보고하고 의견을 제시할 직접 상신권도 부여받게 되었다. 무엇보다 중요한 큰 변화는 1866년 6월 2일, '명령 교부권'을 가지게 된 것이었다. 본디 프로이센의 전통에 따라 국왕이 직접 군을 이끌었지만, 이 시점부턴 총참모장이 대리하여 전군을 지휘하였고 작전명령을 각 부대에 직접 하달할 수 있게 된 것이다. 그전에는 명령 하달의 권한은 전쟁부에 있었고 그저 작전을 기획하기만 하였지만 이젠 전쟁부에 통보만 하고 직접 지휘하게 된 것이었다. 물론 공식적 지위는 전쟁부가 제국 멸망까지 더 높았지만 실질적인 지위가 우리가 생각하는 수준으로 비로소 올라온 것이었다.

통일을 위한 군제개혁을 훑어보았으니 이제 비스마르크의 이야기로 돌아가 보자. 앞서보았듯 1862년의 하원 재선거의 결과는 국왕과 군부의 입장에선 참혹했다. 보수파는 겨우 11석을 차지하고 자유주의 세력들이 353석 중 229석을 차지하였으며 이 중 133석이 급진적인 파벌인 독일 진보당이었다. 1860년 5월과 1861년 5월에 각각 있었던 추가 국방비 예산 승인 안건이 겨우 통과되었음을 고려해 볼 때 (61년의 경우 159 대 148로 힘들게 통과되었다.) 재선거의 결과는 더 이상의 군사력 강화를 하기 힘들게 만들었다. 빌헬름 1세는 1862년 1월 16일에 이러한 결과를 어느 정도 예상하였는지라 군부에 미리 베를린을 포위하는 반동 쿠데타에 대한 작전을 구상하라고 지시하였다. 다만 실제로 안 좋은 결과가 나왔지만 국왕과 전쟁부 장관 룬은 그럴 순 없다고 주저하였다. 반동 보수파의 대표주자였던 인사과장 에르빈 폰 만토이펠은 나라와 군대의 명예를 위해 친위쿠데타를 벌여야 한다고 국왕을 설득했지만 빌헬름 1세는 군사 옵션은 거부감이 들어 결국 거절하였다.

그런 와중 의회는 나름대로 양보안을 제시하였다. 자유주의 파벌로 가득한 하원은 그간 국방비 증가 자체는 찬성하되 국민군(지방군)을 격하하고 상비군을 격상시키는 것에는 반대하고 있었다. 그래서 계속 룬 장관의 개혁안을 지지하지 않고 있었는데 나름대로 양보하여 룬의 개혁안을 추진하되 대신 상비군 의무복무 기간을 2년으로 줄이는 중재안을 제시하였다. 룬은 아무것도 안 하는 것보단 나을 것이라는 생각에 수락했지만 국왕은 이러한 중재안을 받아들이는 것을 군주제를 포기하는 것으로 받아들여 차라리 의회와 타협하느니 퇴위하겠다고 선언하였다. 그러자 1862년 8월, 의회는 군제개혁을 위한 추가 자금 지출을 거부하고 다시금 왕과 대립하였다. 9월에는 예산안 상정 자체를 각하하며 국왕에게 합법적인 예산이 없이 나라를 통치해야 하는 상황을 만들어줌으로써 사실상 양보안을 강요하였다. 자유주의 성향이 짙었던 왕세자 프리드리히는 부왕에게 양보할 것을 제안했으나 9월의 사태로 충격받은 빌헬름 1세는 차라리 양위를 하겠다고 생각하고 서명과 날짜를 제외한 양위문서를 작성하고 주변 측근들에게 알렸다. 이 소식에 놀란 룬 장관은 국왕을 설득, 이 사태를 해결할 사람을 외무장관의 전보를 통해 급히 베를린으로 부르는데 그 사람이 바로 당시 파리 대사였던 비스마르크였다. 9월 18일에는 룬이 직접 파리에서 빨리 귀국하라고 비스마르크에게 다시 전보를 보냈고 비스마르크는 최대한 빨리 베를린으로 향하였다. 빌헬름 1세는 아내의 영향으로 그를 탐탁지 않게 여겼지만 룬의 설득으로 일단 독대의 자리를 가지기로 하였다.

그렇게 9월 22일 바벨스베르크Babelsberg성에서 빌헬름 1세와 비스마르크가 만났다. 서너 시간의 심도 있는 대화 끝에 국왕은 비스마르크를 당장 내일부터 임시 수상으로 임명하겠다고 말했다. 그 대가로 군제개혁이 막힌 지금의 상황을 해결하라고 명하였다. 비스마르크는 이를 수락하며 한시적으로 의회를 무시하고 수상의 재량권을 통해 나라를 정상화해 보이겠다고 답했다. 실패할 시 국왕과 함께 운명을 다하겠다면서 말이다. 물론 아직 서로를 완전히 신뢰한 것은 아니었다. 빌헬름 1세의 입장에선 여전히 아내가 완고하게 비스마르크 임명을 반대하고 있었기에 과연 비스마르크가 자신에게 완전히 충성할지 의문스러웠다. 하지만 둘은 이제 한 배를 타게 되었고 이 부정할 수 없는 새로운 사실 속에서 비스마르크는 자신의 꿈을 펼치기 위해 수상으로서 의회로 나섰다. 그렇게 9월 23일, 47세의 비스마르크는 수상으로 임명되었다. 같은 날 의회는 군제개혁을 위한 정부의 예산안을 308 대 11로 거부하면서 새로운 수상에게 물을 먹였다. 만토이펠 인사과장은 새로운 수상에게 친위쿠데타를 통한 헌법철폐를 건의했지만 비스마르크는 단호히 군사 옵션을 거절하였다. 대신 만토이펠을 비롯한 보수파의 의견을 받아 자유주의자들이 건넨 상비군 2년 의무복무는 거절하고 기존의 3년 복무를 밀기로 하였다. 그리고 자유주의자들을 설득하기 위해 여러 하원의원을 만나며 군제개혁의 중요성을 설파하였다.

하지만 비스마르크의 설득은 통하질 않았다. 하원의원들은 개혁의 필요성을 인정하되 국왕과 융커의 반동적 행태만큼은 막고자 하였다. 비스마르크가 추구하던 위에서의 혁명보단 영국과 프랑스와 같은 방식을 추구한 것이있다. 그렇게 좀처럼 의견 대립이 좁혀지지 않자 비스마르크는 9월 30일 직접 하원 예산 심의위원회로 나가 연설을 하며 군사개혁안에 대한 예산안 통과를 호소하였다. 여기서 그 유명한 '철과 피Eisen und Blut'에 대한 연설이 나왔다. 이 연설의 내용을 요약하자면 당대에 놓인 여러 큰 문제들은 언론과 다수결, 자유주의로 해결되지 않으며 오로지 힘, 철과 피로 정해진다고 새로운 수상은 말하였다. 1848년의 혁명과 그 직후인 1849년에 있던 일들이 가장 큰 결정적 증거라면서 말이다. 비스마르크의 목표는 군사개혁안에 대한 의회의 동의였기에 과거 에르푸르트 연합의회의 실패 원인이 군사력 미비라고 설득하며 의원들이 정부의 예산안을 지지해 주기를 부탁하였다. 실로 그간 독일의 자유주의가 활발해도 성공하지 못한 이유가 뭉치기는 잘 뭉쳐도 탄압에 저항할 강제력이 없음을 떠올리면 절묘한 말이었다. 무엇보다 그 옛날 30년 전쟁을 떠올려보자면 민주주의가 정착하기 전의 비극적 세상엔 힘이 필요하긴 하였다. 그러나 자유주의자나 급진파들에게 시민의 목소리가 의미 없다고 하는 말이 먹혀들 리가 없었다. 곧바로 수상의 말에 분노를 일으키며 국내의 문제를 무력을 통해 국외로 돌리려고 하고 있다며 비난하였다. 바덴 출신의 자유주의자 로겐바흐Franz von Roggenbach는 비스마르크 내각을 당장 쓸어버려야 한다고 목소리를 높였고 순식간에 베를린은 혼란에 휩싸이게 되었다. 이러한 사태를 보던 빌헬름 1세는 비스마르크가 사태를 해결하지 못하는 모습에 실망하며 그를 수상직에서 파면하려고 하였다. 비스마르크는 국왕의 실망을 직감하고 바덴바덴에서 휴가 중이던 국왕이 베를린으로 돌아오기 전에 먼저 면담하고자 하였다. 돌아오는 철도의 환승역에서 비스마르크는 국왕을 만나 지난 연설에 대한 자신의 진의를 설명하고 아직은 끝이 아님을 밝혔다. 하지만 빌헬름 1세는 여러 해 전부터 하원의 반대로 정책을 제대로 실시해 보질 못한 절망감에 이대로 가다간 자신은 단두대에 목이 잘릴 것이라고 한탄하였다. 이에 비스마르크는 오히려 그럴수록 품위 있는 죽음을 맞이해야 한다고 국왕을 설득했다. 설사 두 사람의 정치 행동이 실패하여 정말로 죽음의 순간이 온다고 해도 이 싸움은 피할 수 있는 것이 아니라고 말이다. 그렇다면 차라리 당당하게 후회하지 않고 품위 있게 맞서 싸우다가 죽는 것이 피할 수 없는 옳은 길임을 비스마르크는 주장했다.

국왕은 이 설득에 넘어가 파면을 없던 일로 하였다. 오히려 1862년 10월 8일, 그를 수상 겸 외무장관으로 임명하였다. 외무장관도 겸하게 된 비스마르크는 바로 모든 외교문서를 이제 독일어로만 작성하도록 명하면서 자신의 통일에 대한 의지를 표명하였다. 그리고 하원과의 대화를 포기하고 어떻게 합법적으로 의회를 무력화시킬지 고민에 빠졌다. 수상이 의회와 대결하려 하자 하원은 10월 13일에 폐회를 선언하며 예산 없는 정부가 될 것이라고 선언하였다. 이에 수상과 내각은 헌법을 폐지할 순 없기에 난처하였지만 곧 기발한 방법 하나를 찾게 되었다. 바로 하원과 달리 귀족원인 상원이 예산안을 승인한 것을 보고 이것을 명분으로 삼자고 판단한 것이었다. 하원과 상원이 서로 의견이 일치하지 않으면 자연스레 국가 통치는 마비된다. 그러면 통상적으론 국왕의 판단이 우선시되는데 이때 국왕의 대리인 수상이 사태를 수습할 권한이 있다고 주장한 것이었다. 당시 프로이센 헌법은 권력 기관끼리의 합의가 실패할 시에 어찌해야 할지 정해 두질 않았다. 이것을 빌미로 하루라도 국정을 마비시킬 수 없다는 명분으로 수상인 자신이 사태를 정리할 권한을 가지며 긴급권 발동을 통해 예산 승인 없이 국가를 운영하겠다고 신인하였다. 이러한 주장을 담은 것이 결함이론(Lückentheorie, 하루라도 국가 운영은 중지되면 안 된다는 이론)이었고 비스마르크는 그 이론을 토대로 하원과의 대화 없이 국정운영을 하기로 결정하였다.

이것은 지난날 신성동맹의 카를스바트 협의를 뛰어넘는 폭정이었고 곧 헌법 투쟁으로 비화되었다. 하지만 비스마르크는 의회를 무시하고 자신은 오로지 국왕에게만 책임을 진다고 주장하며 바로 군제개혁을 위한 예산안을 통과시켜 버렸다. 이에 독일 진보당은 시민들에게 납세 거부를 호소하며 장외투쟁에 나섰다. 1863년 5월에는 국왕에게 청원서를 보내 비스마르크 내각의 퇴진을 요구하였다. 하지만 자유주의자들은 조세 거부와 같은 투쟁을 적극적으로 하진 못하였다. 자유주의에 옹호적인 왕세자 프리드리히와의 관계 고려와 아직은 인구의 다수를 차지하는 농민들에게 그들의 지지가 약하다는 구조적 문제로 적극적 투쟁에는 자신이 없던 것이었다. 그래서 비스마르크는 역으로 저항을 강하게 탄압하였다. 그들에 동조하는 공무원이나 판사들을 해고하며 관료들에게 복종을 요구하였고 6월에 신문 규제법을 통과시켜 반정부적인 여론을 탄압하였다. 비스마르크가 강경하게 나오자 시민들은 7월 베를린에서 소요 사태가 일으키며 저항했다. 여기서 8천 명에 가까운 시민들이 경찰과 부딪혔으나 결국 독일 진보당은 강력히 투쟁하는 것을 포기하였고 사실상 비스마르크가 국내 정치에서 승리하였다. 비록 1863년 10월의 재선거에서 여전히 친정부 보수파는 고작 38명이 당선되었지만 자유주의 세력의 실책으로 국정의 키는 수상에게 넘어왔다. 비스마르크는 자신의 정적들을 탄압했고 그 뒤론 하원에 연설하고 정책을 제시했지 설득은 하지 않았다. 질의는 허락하되 비판은 용납하지 않았고 누군가 비판하려 하면 바로 수상의 사무실로 철수하며 이제 더 이상 대화는 없음을 천명하였다.

비스마르크는 국내의 승리에 이어 외교에서도 성과를 얻었다. 두 가지 성과가 있는데 하나는 1863년 8월에 있던 오스트리아 황제 프란츠 요제프 1세Franz Joseph I의 연방 개혁안을 막았다는 것이었다. 이 연방 개혁안은 5개국으로 구성되는 연방 이사국을 새로운 연방집행기구로 신설하고 기존의 연방의회를 300명의 대표자 회의로 회의체 구조로 개편하자는 것이었다. 이 개혁안은 다민족국가인 오스트리아의 입지에는 어울렸지만 프로이센에게는 좋지 못하였다. 그래서 비스마르크는 국왕을 설득해 이 안건을 수락하는 대가로 3가지 요구를 하였다. 선전포고에 대한 프로이센과 오스트리아의 거부권, 연방 지도부 구성에 대한 양국의 동등한 자격조건, 인구수 비례의 직접선거를 통해 선발한 대표들로 연방조직 구성할 것이 바로 그 내용이었다. 이걸 받아들이는 것은 오스트리아 주도의 개혁을 포기하라는 것이었고 결국 프로이센이 없는 연방은 의미 없음을 안 오스트리아는 이 개혁안을 포기하였다. 다만 멋지게 성공했지만 다른 말론 통일 주도권을 두고 언젠간 무력으로 충돌할 날이 올 것임을 예고하는 사건이었다. 말이 안 통하면 전쟁뿐이니 말이다.

다른 하나는 바로 좀 더 전의 일이지만 아주 중요한 사건인 1863년 2월 8일의 알벤스레벤Alvensleben 협정이었다. 이것은 러시아 황제와 비스마르크가 체결한 조약으로 1월에 일어난 폴란드 봉기를 프로이센이 군사적으로 돕겠다는 것이었다. 이 조약으로 양국은 폴란드 민족주의 문제를 같이 억압하기로 결의하였다. 영국이나 프랑스, 오스트리아가 봉기를 빌미로 러시아를 흔들 때 비스마르크는 러시아를 돕는 것으로 그들의 환심을 샀으며 이는 훗날 통일전생에 러시아가 프로이센을 지지하는 결과를 만들어주었다.

이렇게 국내외적으로 비스마르크는 성과를 올리며 빌헬름 1세로 하여금 자신이 반드시 필요한 존재임을 각인시키는 데 성공하였다. 실로 앞서 언급된 연방 개혁안 당시 국왕이 흔들리자 비스마르크는 그럼 수상에서 물러나겠다고 강경하게 나온 적이 있었다. 이에 빌헬름 1세는 그 없이 다시 의회와 대립할 생각에 바로 생각을 바꾸었다. 이제 국왕의 신뢰를 받게 된 비스마르크는 완전히 중앙 정계에 안착하였고 그를 통해 군사 개혁안은 신속히 시행되었다. 이로써 통일을 위한 준비가 끝났다.

독일로 가져오라

프로이센 왕국 내부가 정리된 것이 얼마 되지 않은 1863년 11월 15일, 덴마크 국왕 프레데리크 7세가 후계자 없이 사망하자 슐레스비히와 홀슈타인에 대한 상속 문제가 다시금 수면 위로 떠올랐다. 사실 1852년 조약을 통해 마무리 지은 사안이라 문제가 생기는 것이 이상한 사안이었다. 그러나 조약 체결의 당사자인 아우구스텐부르크 대공의 아들 프레데리크가 1863년에 접어들어 자신을 슐레스비히-홀슈타인 공작이라 부르며 자신은 그 조약과 관계가 없다고 주장했다. 분명 부친은 1852년에 양 공국에 관해 권리를 포기했지만 자신은 아니라며 자신이 양 공국의 지배자가 되어야 한다고 주장한 것이다. 그의 일방적 주장은 독일 민족주의자들의 열렬한 지지를 받았다. 분명 억지 주장에 가까웠으나 체조운동이나 사격대회로 비롯되는 민족운동이 이에 동조함에 따라 일이 커졌다. 63년 말부터 64년 초까지 대도시를 위주로 슐레스비히-홀슈타인 위원회와 같은 민중 집회가 조직되었고 모금 활동을 통해 아우구스텐부르크 대공의 양 공국 지배를 지지하였다. 지난날 덴마크 왕국은 1852년의 협정에도 불구하고 양 공국에서 독일 관리들을 최대한 배제하고 독일어를 관공서에서 못 쓰게 하면서 덴마크 민족주의를 양 공국에 뿌리내리려고 노력하였는데 이는 그간 독일 민족주의를 자극하고 있었다. 그렇기에 이번 기회에 독일의 민족주의자들은 양 공국을 확실히 독일로 가져와야 한다고 주장했고 (아우구스텐부르크 가문의 통치를 받는 양 공국이 독일 연방의 일원이 되는 방식으로) 순식간에 이 문제는 덴마크와 독일에서 큰 문제로 급부상하였다.

이러한 새로운 덴마크 국왕 크리스티안 9세Christian IX의 판단이 일을 더욱 키워버렸다. 그는 즉위 이틀 전인 1863년 11월 13일, 자국 민족주의 여론에 따라 개정 헌법에 서명했는데 그 내용은 슐레스비히 대공국을 덴마크 왕국에 합병하는 것이었다. 이에 독일의 민족주의자들은 거센 반발을 하며 그해 12월의 프랑크푸르트에서 열린 중앙위원회와 같은 각 지역의 통합된 위원회를 결성, 여론을 통해 정부에 적극적인 자세를 요구했다. 프로이센과 오스트리아는 사태를 지켜보기로 하며 잠시 중립을 지켰으나 독일 연방의 대다수 국가들은 민족주의 흐름에 동조하며 이 사태에 빠르게 개입해 양 공국을 아우구스텐부르크 대공에게 주어야 한다고 입장을 밝혔다. 이러한 상황에서 1863년 12월 23일, 12월의 연방의회에서 이 사태에 개입하겠다는 결의안이 단 한 표 차이로 통과함에 따라 1만 2천의 연방 파견대가 덴마크 방면으로 진격함으로써 홀슈타인의 대부분이 얼마 안 가 연방 파견대에 점령되고 말았다. 1864년 1월에는 프로이센과 오스트리아가 각각 따로 덴마크 왕국에 지난 1852년 협정을 지키라는 최후통첩을 가하며 각자 군대를 덴마크로 보냈다. 덴마크 왕국은 이를 거부했고 독일 양대 강국의 군대는 2월 1일 아이더Eider강을 건너 슐레스비히 대공국에 진입하였다. 본격적으로 2차 슐레스비히-홀슈타인 전쟁이 시작된 것이다. 다만 프로이센과 오스트리아의 개입은 자신을 프리드리히 8세라고 자칭하는 아우구스텐부르크 대공을 인정하는 것은 아니었고 덴마크 왕국의 슐레스비히 강제 합병에 반대하며 1852년의 협약을 지키라는 이유에서였다. 이는 당시 민족주의 흐름에 배치되는 것이었으나 덴마크군을 상대로 한 승리와 결국 프로이센과 오스트리아도 양 공국을 가져오려는 태도에 금세 수그러들었다.

프로이센과 오스트리아 연합군의 움직임으로 덴마크는 슐레스비히에서 속절없이 밀려났다. 덴마크와 양 강국의 국력 차이를 생각하면 당연한 결과였다. 고로 덴마크 전쟁 진행 과정은 따로 서술하지 않을 것이다. 덴마크의 기대와 달리 영국이 개입도 안 했으니 말이다. (정작 빅토리아 여왕은 덴마크가 양 공국의 권리를 침해했다고 보고 있었다.) 그래도 어려움이 없는 것은 아니었고 연합군 총사령관으로 임명된 프로이센 브랑겔 백작의 부족한 지휘 능력으로 전쟁 초엽에는 많은 고초를 겪기도 하였다. 브랑겔 백작과 전선의 지휘관들은 참모부의 조언을 제대로 이행하지 않았기에 이를 본 룬 장관의 건의로 4월에 총참모장 몰트케가 연합군 참모장으로 임명됨에 따라 전선의 불안정함이 겨우 진정되었다. 5월 중순에는 아예 브랑겔을 연합군 총사령관에서 해임해 버렸다. 비스마르크는 국력의 차이로 전쟁의 승리가 확실시되자 이 전쟁을 정치적으로 이용하고자 하였다. 그래서 덴마크가 자랑하는 뒤펠Düppel 요새를 프로이센군이 전면으로 공격하여 멋지게 점령하라고 명령하였다. 이에 빌헬름 1세의 조카 프리드리히 카를은 수상에게 도저히 이해가 안 된다고 따졌지만 비스마르크의 입장에서는 향후 평화 협상에서 프로이센의 입지를 위해, 동시에 국내 정치에서의 입지를 위해 화려한 전과를 원하였다. 애당초 말이 연합군이지 오스트리아와 프로이센은 서로 목적이 달랐으니 말이다. 비스마르크의 경우 당연히 슐레스비히와 홀슈타인 둘 다 프로이센의 영토로 만들 목적이었으며 오스트리아는 양국이 공동 통치하는 독일 연방 차원의 초지역적 기관 설립과 활성화를 통해 독일 민족주의 흐름을 억누르려고 하였다. 왜냐하면 프로이센은 민족주의 흐름에 타는 것이 국익에 나쁘지 않은 반면 다민족국가인 오스트리아는 연방의 현상 유지를 원했기 때문이었다. 여기서 나폴레옹 3세가 프로이센을 샤르데냐-피에몬테처럼 이용할 목적으로 프로이센의 양 공국 합병을 지지함에 따라 외교의 장에서 좀 더 프로이센이 유리하긴 하였다.

그렇게 4월 2일 프로이센군은 뒤펠 요새 공방전에 나섰다. 프로이센군은 새로운 야포와 곡사포로 덴마크 요새를 강타하였고 18일에는 프리드리히 카를 왕자의 지휘에 따라 보병을 투입했지만 예상대로 큰 피해를 입었다. 천여 명이 넘는 프로이센 병력이 전사하거나 부상을 입었고 덴마크는 천칠백 명의 사상자를 보았다. 그래도 결국 승리를 거머쥐었고 이는 민족주의 그룹의 열렬한 지지를 받게 해주었다. 그간 프로이센의 자유주의자들은 비스마르크를 증오했지만 동시에 민족에 대한 열망도 가득하였기에 애국적 열기의 열파로 서서히 수상을 인정하게 되었다. 지난 부르셴샤프트가 자유와 통일을 둘 다 언급했음을 떠올려보자. 당대에 민족주의는 독일의 자유주의자들에게 거부될 수 있는 것이 아니었다. 따라서 자연스레 자유주의자들은 향후 통일 정책을 지지하며 정부와 화해하였고 이러한 움직임은 1864년 5월 아르님-보이첸부르크의 양 공국 합병 청원서에 보수파들뿐만 아니라 자유주의자들도 찬동하여 7만 명의 서명이 모인 것으로 잘 드러나게 되었다. 자유주의자들은 군대의 활약에 그간 개혁안 거부를 한 것이 잘못되었다며 그간의 태도를 바꾸어갔고 비스마르크는 이를 파악하고 이 지점을 찌르고 들어가 의회를 한동안 자기 마음대로 굴려갔다. 이러한 일은 향후 통일까지 국정이 잘 운영되는 좋은 결과물도 낳았지만 동시에 자유주의가 잠시 멈추는 결과도 만들어버렸다.

뒤펠 요새 점령 이후에도 덴마크는 저항했으나 결국 1864년 8월, 양 공국의 모든 권리를 프로이센과 오스트리아에 넘기며 사실상 전쟁을 종결지었다. 이제 남은 것은 이 영토들을 어찌 통치하기로 합의를 보는 것에 있었다. 8월 23일, 비스마르크와 오스트리아 외무장관 레히베르크-로텐뢰벤Rechberg and Rothenlöwen이 그들의 국왕과 함께 비엔나에서 회담을 가졌다. 여기서 비스마르크는 당연히 양 공국 둘 다 프로이센의 것이라고 주장했고 레히베르크-로텐뢰벤은 이를 받아들이는 대신 향후 이탈리아 왕국에게 빼앗긴 롬바르디아 탈환을 할 때 프로이센이 자국을 도우라고 요구하였다. 프란츠 요제프 1세는 비스마르크의 양 공국 모두 점령에 거부감을 표했고 빌헬름 1세는 비스마르크에 조심스럽게 반대하며 대신 북독일 지역에서의 프로이센 군사 지휘권을 확실히 인정해 달라고 말하였다. 하지만 서로 이견이 좁혀지질 않아 회담은 파국에 치달았고 오스트리아는 양 공국을 독립시켜 독일 연방에 가입시키려고 하였다. 비스마르크가 기존 조건을 포기하려 하지 않은 덕택에 양국 사이에 전쟁의 분위기가 감돌게 되었다. 하지만 비스마르크는 자신만만했는데 오스트리아는 지금 경제 불황으로 2,700만 굴덴의 재정적자를 겪고 있는 반면 프로이센은 57~8년의 일시적 불황기를 제외하곤 계속 경제가 성장하여 장기 호황에 따라 정부의 추가 예산편성이 없어도 전쟁을 할 수 있는 상황이었는지라 자신의 목적을 포기하지 않았다. 전쟁의 원인이 된 아우구스텐부르크 대공에게는 양 공국 권리를 인정해 주는 대가로 모든 일, 특히나 군사적 문제는 무조건 프로이센과 사전협의를 거치라고 요구하였다. 물론 대공은 이를 거부하였다. 오스트리아는 1865년 3월에 연방의회를 통해 아우구스텐부르크 대공이 양 대공국의 위정자로 인정하는 바이에른과 작센의 방안을 올렸고 이를 통과시키며 프로이센을 압박하였다. 그러한 행동에 정말 전쟁 직전까지 가게 되나 국내 문제에 몰린 프란츠 요제프 1세가 먼저 타협을 제시함에 따라 극적으로 사태는 진정되었다.

1865년 8월 14일, 잘츠부르크 인근의 온천 휴양지 바트 가슈타인Bad Gastein에서 양국의 위정자들이 만나 의논하였고 결말을 지었다. 타협안에 따라 슐레스비히 대공국은 프로이센이, 홀슈타인 대공국은 오스트리아가 통치하는 것으로 하였다. 단 홀슈타인 남부 라우엔부르크 영지는 250만 탈러를 받고 프로이센에 양도하였고 프로이센은 슐레스비히로 오가기 위해 2개의 군사 도로를 통한 홀슈타인 통과권을 오스트리아로부터 인정받았다. 양국은 덴마크 전쟁 교훈에 따라 독일연방 직할 함대를 창설하기로 하였고 본부를 홀슈타인의 킬로 정하였다. 관리는 프로이센이 하고 항구를 확장하기로 하였다. 마지막으로 아우구스텐부르크 대공의 권리주장은 철저히 배제되었다. 이 가슈타인 협정은 프로이센에 일방적으로 유리한 조약이었다. 슐레스비히를 차지하고 라우엔부르크도 차지함으로써 홀슈타인을 사실상 무방비 상태로 만들었다. 향후 양국에 전쟁이 난다면 비엔나에서 상당히 멀리 떨어진 이곳을 지키는 것은 불가능했다. 협정 체결까지의 오스트리아와의 마찰을 보았을 때 비스마르크는 향후 형제전쟁을 직감했던 것으로 보인다. 다만 이 협정을 영국과 프랑스가 한동안 인정하지 않았다. 하지만 크림전쟁에서의 중립과 폴란드 봉기 지원 대한 호의로 러시아가 지지함에 따라 비스마르크는 우방국 러시아를 통해 합병에 대한 우려를 무의미하게 만들었다.

이로써 전쟁은 유리하게 종결되었으며 보수적 정책에 대한 지지 상승으로 국내의 헌법 투쟁은 이제 문제가 아니게 되었다. 비스마르크는 부르주아지 자유주의자들을 꾸준히 포섭하여 빌헬름 리프크네히프Wilhelm Liebknecht로 대표되는 급진파들의 민중운동을 억제하였고 통일까지 그 추세는 성공적으로 이어지게 되었다. 사람들은 비스마르크의 의견에 따라 통일을 위해 왕가 중심으로 뭉치는 데 찬성하였고 잠시 자유주의를 미루게 되었다. 놀라운 승리에 감격한 나머지 말이다. 이것은 통일에 집중하게 되어 단합된 힘이 영광의 승리를 가져다주나 앞서 언급한 대로 독일 제국의 복잡한 면모도 만들어주게 되었다.

형제 전쟁

가슈타인 협정 체결로 프로이센과 오스트리아는 조화로운 2강 체제를 일시적으로 출범시켰다. 그러나 비스마르크와 주변 각료들은 오스트리아와의 전쟁이 피하기 힘듦을 깨닫고 있었다. 애당초 둘 다 가슈타인 협정을 제대로 지킬 생각이 없었기 때문이었다. 오스트리아도 국내 문제로 잠시 물러난 것이지 이 일방적 조약을 인정할 생각 따윈 없었다. 고로 비스마르크는 다가올 형제간의 전쟁에 대비하며 프랑스와 이탈리아와의 외교에 집중하였다. 특히나 이탈리아가 프로이센이 프라하나 비엔나를 노릴 때 오스트리아의 옆구리를 쳐준다면 유리해질 것이 분명했었다. 먼저 비스마르크 수상은 1865년 10월, 비스케이Biscay만에 있는 휴양도시 비아리츠에 있는 나폴레옹 3세를 찾아갔다. 그는 최소한 프랑스의 중립을 얻고자 하였다. 비스마르크는 이곳에서 가슈타인 협정에 대한 프랑스의 양해를 구하고 동시에 곧 오스트리아와 자국의 전쟁이 있을 것이라 언급하였다. 이것에 나폴레옹 3세는 흥분한 반응을 보였다. 프랑스 국내 정치의 위기를 극복할 외교적 사안이라 판단했기 때문이다. 프로이센과 오스트리아가 장기전을 치른다면 그것을 기회로 벨기에를 넘어 라인란트까지 차지할 수 있다는 생각에서였다. 기록에 따라 다르지만 여기서 비스마르크는 최소 벨기에와 룩셈부르크, 크게 보자면 라인강과 프로이센 자를란트와 바이에른 팔츠를 둘러싼 모젤강 사이의 독일 서부 지대를 양도해 주기로 약속하였다. 물론 실제론 줄 생각 따윈 없었지만 독일 내 주도권 분쟁이 끝날 때까지 적어도 프랑스가 오스트리아와 손잡는 일만 없으면 되었다. 더불어 베네치아를 지키려는 오스트리아를 지원하지 않겠다고 말하였다. 당시 나폴레옹 3세는 프로이센이 베네치아 문제 때문에 로마에 관심이 있다고 봐서 그러한 우려를 불식시킨 것이다. 나폴레옹은 이러한 비스마르크의 제안에 흥분하고 바로 수락하며 중립을 약속했다. 사실 오스트리아도 후일 비밀회담을 통해 비슷한 약속을 하였는데 프랑스 황제 입장에서든 장기전만 되면 누가 이기든 이득인 상황이었기에 흔쾌히 수락한 것이었다.

그렇게 중립 약속을 받아낸 비스마르크는 기분 좋게 베를린으로 돌아왔다. 그리고 본격적으로 오스트리아에 대한 도발 행위를 시작했다. 65년 말엽부터 비스마르크는 일관되지 못한 오스트리아의 홀슈타인 정책을 빌미로 덴마크 전쟁으로 해방한 양 공국을 합병하겠다는 뜻을 노골적으로 비쳤다. 특히 홀슈타인에 대한 도발을 지속하였다. 이에 분노한 오스트리아는 함부르크 교외의 알토나Altona에서 프레데리크 아우구스텐보르크 대공을 지지하는 대중 집회를 후원하며 이 모임을 통해 프로이센이 협정을 깼다고 비난하였다. 비스마르크는 바로 베를린 주재 오스트리아 대사를 소환하여 아우구스텐보르크 대공의 양 공국 통치권을 인정하는 오스트리아의 뜻을 무조건 거부하겠다고 선언했다. 이에 역으로 오스트리아 대사는 홀슈타인을 차지하려는 프로이센의 뜻에 무조건 거부를 표하였다.

이러한 일로 2월 28일, 베를린의 추밀원은 이제 전쟁은 확정되었다고 판단하였고 비스마르크는 이제 이탈리아 왕국을 포섭하기 위해 비밀리에 피렌체로 특사로서 직접 달려갔다. 이탈리아로 간 가장 큰 이유는 참모총장 몰트케가 승리를 위하여 오스트리아에 양면 전선을 강요해야 한다고 조언했기 때문이었다. 비스마르크는 피렌체에서 이탈리아 수상 대리로 온 고보네Giuseppe Govone와 회담을 가졌고 승전 이후 오스트리아의 베네치아를 이탈리아 왕국에 양도해 줄 터이니 프로이센의 동맹으로서 오스트리아에 같이 맞서자고 권유하였다. 비스마르크는 이탈리아의 참전을 통해 나폴레옹의 중립을 확실히 끌어내고 (프랑스는 오스트리아가 베네치아를 상실하길 원하고 있으니) 이번 전쟁을 단순한 프로이센의 팽창을 위한 분쟁이 아닌 이탈리아 통일문제로 유럽 사람들이 인식하게 만들어 낭만주의적 감성을 통해 여론의 지지와 좋은 평가를 얻고자 하였다. 고토 회복을 원하는 이탈리아 정부는 이를 바로 수락했고 3개월 안에 전쟁이 나면 베네치아로 쳐들어가 그곳을 점거하기로 하였다. 1866년 4월 8일, 베를린에서 양국은 비밀동맹을 체결하였고 이제 3개월 안에 전쟁이 난다면 동맹으로서 함께 싸우기로 약속하였다. 여기서 프로이센은 이탈리아의 베네치아 원정의 대가로 1억 2천만 프랑의 보상금까지 주어 그들의 확실한 참전을 약속받았다. 다만 치명적인 문제가 있는 조약이었는데 독일연방 헌법 11조 3항에 따르면 회원국은 개별 연방 회원국의 안전을 해치는 조약을 맺으면 안 되는지라 들키면 매우 위험한 행동이었다.

여하튼 그렇게 동맹을 만든 비스마르크는 여기서 나아가 헝가리의 혁명 세력까지 끌어들이려고 했지만 그것까진 잘 이루진 못했다. 그래도 프랑스와 이탈리아의 협력을 얻었으니 남은 것은 영국과 러시아였다. 영국의 경우 가슈타인 협정을 처음엔 인정하지 않았으나 시간이 흐를수록 프로이센 정부와의 타협을 원하고 있어서 비스마르크는 딱히 건들지 않는 것으로 자연스러운 중립을 끌어냈다. 영국은 독일에 관한 관심보단 러시아에 관심을 두고 있었다. 러시아의 경우 폴란드 봉기를 도운 우호적인 시선, 크림 전쟁 이후 대내적으로 개혁 중인 바쁜 와중이었기에 자연스레 우호적인 중립을 지켜주었다. 러시아는 발칸 분쟁으로 오스트리아와 적대를 시작했고 영국과 위대한 게임The Great Game을 시작하고 있어서 프로이센과의 우호는 필수라고 여겨 비스마르크는 동쪽을 안심하게 되었다.

이렇듯 주변국에 대한 외교가 완료되자 비스마르크는 오스트리아와 전쟁 준비에 본격적으로 들어섰다. 일단 독일연방 내에 대부분의 국가가 프로이센에 가깝기보단 오스트리아에 가깝다는 것을 주목했다. 예컨대 이 시기 즈음에 바이에른에게 남부 독일에서의 군사적 주도권을 인정해 주겠다고 권유해도 프로이센의 편이 되는 것을 거부하였다. 따라서 연방 회원국들이 오스트리아를 도울 준비를 제대로 못 하게 이목을 집중시킬 필요가 있었다. 그래서 던져진 떡밥이 바로 '국민의회(보통선거에 기반한 직선제 안건)' 창설 안건으로 이 연방 개혁안에 독일 사람들의 이목이 쏠렸다. 물론 비스마르크의 도박사 같은 습성을 알고 있었던 사람들은 또 다른 술책이라 무시하기도 했지만 여파가 없던 것은 아니었다. 이것을 통해 비스마르크는 프로이센의 군사적 준비를 은근슬쩍 가리며 동시에 비스마르크에 여전히 대항하는 자유주의자들에 대한 여론을 약화하고자 하였다. 또한 자유주의적 부르주아지들과 소시민 계층에 속하는 사람들,

그리고 노동자 계층의 민중 지지도 얻어 정부의 정책을 순항시키려 하였다. 빌헬름 1세는 너무 혁명적인 수단이라고 우려했지만 비스마르크는 어차피 수단에 불과하다며 현실화 우려를 일축하며 자신의 국왕을 안심시켰다.

그런데 시간이 갈수록 비스마르크에 대한 독일 내 여론이 나빠져만 갔다. 왜냐하면 양측이 점점 군 동원에 돌입함으로써 그 소식이 결국 독일에 퍼졌고 사람들은 그 원인이 프로이센에 있다고 독일 여론이 판단했기 때문이었다. 실로 4월은 위기의 순간이었다. 프로이센과 오스트리아는 서로 동원령을 내릴 준비를 하며 전쟁 위기를 고조시켰다. 그래도 중간에 오스트리아 정부와 빌헬름 1세의 요구로 비스마르크가 한발 물러나며 잠시 군사적 위기의 긴장이 낮춰진 적이 있긴 했지만 이탈리아의 움직임으로 금세 다시금 위기가 고조되었다. 4월 21일, 베네치아에 이탈리아 왕국군이 근접하며 결국 오스트리아가 먼저 부분 동원령을 내리며 일촉즉발의 상황이 만들어졌다. 이에 빌헬름 1세도 군사동원령을 발령하자 상황은 전쟁 직전으로 몰렸고 비스마르크는 여론의 뭇매를 맞아버렸다. 예컨대 5월 8일 라이프치히에서 리프크네히트와 베벨August Bebel의 주도하에 5천여 명이 모인 민중 집회를 열었고 사람들은 프로이센의 정책을 비난하였다. 베벨은 5월 20일에 독일인 모두가 비스마르크를 신뢰하지 않는다고 다시금 열렬히 비난하였다. 그에 대한 방증인지 시간을 조금 돌려 5월 7일에 베를린에서 비스마르크에 대한 암살 시도가 있기도 하였다. 비스마르크는 옹호하던 프로이센 반동 보수파 게를라흐마저 그를 비판할 정도였다.

하지만 비스마르크는 이에 개의치 않고 여론에 시달리는 국왕을 달래며 오스트리아에 나름의 평화를 위한 해결안을 제시했다. 그 방안은 프랑크푸르트 암 마인의 강변 선을 경계로 각자의 군사적 주도권을 인정하든가 아니면 나폴레옹 3세가 주도하는 국제회의를 개최하자는 방안이었다. 하지만 오스트리아가 받아들이긴 무리였고 비스마르크도 일부러 그걸 알고 요구한 것이었다. 그러면서 연방 회원국들의 지지를 얻으려 했지만 그다지 성공적이지는 않았다. 1866년 5월 9일, 연방 회원국들은 프로이센에 동원령 설명을 요구하는 결의안을 통과시켰다. 이를 빌미로 오스트리아는 연방 문제로 일을 키우며 프로이센의 고립을 추구하였고 6월 1일, 연방의회를 통해 슐레스비히-홀슈타인 문제 해결을 촉구하였다. 비스마르크는 오스트리아가 양 공국을 아우구스텐부르크 대공에게 슬그머니 넘기려고 하자 반발했고 이것을 가슈타인 협정 위반이라고 주장했다. 그것을 근거로 프로이센군의 일부를 홀슈타인으로 진격시켰다. 6월 11일, 오스트리아는 연방의회에서 프로이센의 홀슈타인 점령을 비난하며 프로이센이야말로 가슈타인 협정을 위반했다고 주장하고 연방 회원국들에게 프로이센에 대항하는 연방군 동원을 결의하도록 하였다. 그러면서 프로이센을 배제한 통일국가 계획도 은근히 제시하였다. 연방 특별위원회는 오스트리아의 요구에 따라 연방집행권 발동을 결의하였고 이제 다툼의 성격은 연방 전쟁 형식으로 변화하였다. 이러한 위기 속에서 6월 14일, 연방의회에서 연방군 소집과 프로이센과의 외교 단절 안건이 올라왔고 여기서 바이에른, 작센, 하노버, 뷔르템베르크, 헤센 등등이 오스트리아를 지지하면서 안건이 통과되었다. 이에 프로이센 왕국은 6월 15일 연방 탈퇴를 선언하고 동시에 연방 회원국들에 새로운 프로이센이 주도하는 독일 국가로 들어오라고 요구했다. 작센, 하노버, 헤센-카셀에 프로이센의 개혁안에 동참하라고 최후통첩을 가했으며 이들이 사실상 거부하자 프로이센은 이들을 먼저 침공하는 것으로 전쟁이 발발하였다.

그렇게 1866년 6월 16일, 드디어 프로이센과 오스트리아의 전쟁, 형제 전쟁Deutsche Bruderkrieg이 시작된 것이다. 이 과정에서 빌헬름 1세는 프로이센이 악당처럼 비추어지는 것에 극한의 심리적 압박에 빠졌지만 몰트케와 룬의 꾸준한 설득, 그리고 비스마르크의 간곡한 조언으로 (사실상 말다툼) 싸우는 것으로 마음을 다잡았다. 비록 전체적인 전황은 전력의 차이로 불리한 형국이었지만 북부 독일 연방 회원국들의 (브라운슈바이크와 올덴부르크, 메클렌부르크-슈베린, 메클린베루크-슈트렐리츠, 함부르크 등등) 프로이센 왕국 지지와 6월 20일, 이탈리아가 약속대로 오스트리아에 선전포고함으로써 남부 독일의 적대로 인한 불리함이 어느 정도 상쇄되었다. 무엇보다 오스트리아도 독일연방 유지를 위해 프로이센의 몰락이 목표가 아닌 굴복 정도를 원하여 단기 결전을 원하였던 점도 프로이센군에 나름의 이점을 주었다. 서로가 단기 결전을 추구하니 몰트케 참모총장의 그림이 잘 그려질 가능성이 상승하였다. 그런 상태로 전쟁이 개시되었고 먼저 움직인 것은 프로이센군이었다. 프로이센은 먼저 빠르게 자신의 개혁안을 거부했던 작센과 하노버, 헤센-카셀을 정리하였다. 이 국가들은 개전 3일 만에 무너졌다. 보헤미아로 가는 길목에 있는 작센은 나름대로 항전했으나 헤르바르트 폰 비텐펠트Herwarth von Bittenfeld가 이끄는 엘베Elb군에 바로 박살 나며 6월 18일 드레스덴이 함락당했다. 다른 곳도 비슷했으며 유의미한 저항은 하노버 왕국 정도였다. 이들은 6월 27일, 고타 북쪽에 있는 랑겐잘차Langensalza에서 프로이센군을 상대로 승리를 거두며 저력을 보여주었다. 그러나 승리에도 불구하고 더 큰 피해와 보급 중단 사태, 그리고 계속 늘어나는 프로이센군의 병력으로 결국 2일 뒤 항복하여 하노버는 군정에 놓이게 되었다. 그렇게 주변을 정리하며 프로이센은 동시에 몰트케 참모총장의 큰 그림에 따라 보헤미아 방면으로 진격했다. 그런데 여기서 프로이센은 오스트리아를 지지하는 세력의 저항을 크게 받지 않았는데 어느 쪽을 지지하던 다들 느린 동원 속도와 중립을 지키고 싶은 욕구로 인해 생각보다 적극적으로 움직이지 않았기 때문이었다. 예컨대 바이에른의 경우 오스트리아를 지지했지만 동시에 자신들의 철도 이용권은 허가하지 않으면서 사실상 중립 스탠스를 취하고 있었다.

오스트리아와 프로이센은 6월 26일에 비텐펠트 장군이 이끄는 엘베군이 보헤미아 북서부 휘너바서Hühnerwasser에 도착함에 따라 처음으로 충돌하였다. 이때 몰트케 참모총장의 계획에 따라 프로이센군은 비텐펠트가 이끄는 약 4만 6천의 엘베군이 에르츠Erzgebirge산맥 우편의 보헤미아 북서 방면의 길목으로, 프리드리히 카를 왕자가 이끄는 약 9만 3천의 1군이 리젠Riesengebirge산맥 좌편의 보헤미아 북동 방면의 길목으로, 프리드리히 왕세자(훗날의 프리드리히 3세)가 이끄는 약 11만 5천의 2군이 리젠 산맥과 주데텐Sudeten산맥의 샛길로 움직여 보헤미아의 동쪽 방면으로 진격하기로 하였다. 몰트케 참모총장은 이러한 분산된 병력의 진군으로 기동성과 유연성을 추구하면서 적을 예상지점에서 포위하고자 하였다. 이러한 분진 공격은 보급을 더 원활하게 해주고 속도도 빠르게 해주었으나 각개격파의 위험성이 있었다. 이에 몰트케 참모총장은 최대한 전신을 활용하여 후방에서 지휘함에도 각 군의 움직임을 조화롭게 만들었고 한쪽이 공격당할 경우 근방의 아군이 적의 측면을 타격하도록 포지션을 취하는 것으로 만일의 사태에 대비하였다.

오스트리아는 기본적으로 보헤미아 방어전을 추구하며 프로이센 각 군이 오는 길목에서 적을 맞이했다. 앞서 말한 휘너바서에서 양군은 최초로 충돌했고 여기서는 오스트리아가 먼저 철수를 결정함에 따라 빠르게 프로이센군이 첫 승리를 가져갔다. 연이어 프로이센 1군이 포돌Podol에서 6월 27일 적과 충돌하였고 같은 날 2군은 나호트Nachod와 트라우테나우Trautenau에서 적과 충돌하였다. 이러한 국경 전투는 보헤미아로 들어가는 입구 지역에서 지속적으로 벌어졌다. 6월 28일에는 프리드리히 왕세자의 2군이 스칼리츠Skalitz와 뮌헨그레츠Münchengrätz에서 오스트리아와 충돌하였다. 6월 29일에는 보헤미아 안쪽에 어느 정도 진입하는 데 성공한 1군이 기친Gitschin에서 오스트리아와 작센 연합군과 충돌하였다. 이러한 일련의 국경 전투에서 프로이센군은 연이은 승리를 거머쥐며 놀라운 개혁의 성과를 보여주었다. 트라우테나우를 제외하고 모든 전투에서 승리하며 보헤미아 안으로 진입해 가는 충격을 적에게 선사한 것이었다. 여기서 이리 쉽게 돌파하는 데 성공한 것은 후술할 프로이센군이 택한 '화력 전술'이 오스트리아군이 그간 택해왔던 '충격 전술'을 크게 압도함으로써 5배에 가까운 피해를 입혔기 때문이었다. 이 과정에서 임무형 지휘도 성과를 보였다. 예컨대 1군을 이끌던 프리드리히 카를 왕자는 몰트케 참모총장의 명령으로 산맥을 힘들게 넘고 있던 2군의 일부 부대를 지원해야 했으나 무시하였다. 오히려 엘베군과 함께 눈앞의 오스트리아-작센 연합군을 격파하는 데 집중했고 적을 격파하는 데 성공하여 결과적으로 옳은 선택이 되었다. 이러한 프로이센군의 활약으로 적의 방어라인은 무너져갔다. 한편, 이즈음 이탈리아의 경우 6월 24일, 쿠스토차Custozza 전투에서 패배하며 베네치아를 점거하는 데에는 성공하지 못하고 있었으나 13만에 달하는 오스트리아 남부군단을 붙잡으며 나름대로 역할을 다하였다.

이리되자 지난 1859년의 이탈리아 전쟁에서 활약한 오스트리아의 북부군단 사령관 루트비히 폰 베네데크Ludwig von Benedek는 프로이센의 엘베군과 1군을 막던 자국 자신의 1군과 프로이센 2군을 막던 자신의 8군과 10군을 주력이 있는 쾨니히그레츠 방면으로 퇴각시켰다. 이러한 베네데크의 판단은 자국군이 큰 피해를 입어 재정비하기 위함도 있지만 주력을 함부로 움직이다가 역으로 당할 수 있다는 신중한 판단 때문이었다. 프로이센군의 빠른 움직임으로 오스트리아는 정확한 적의 수와 움직임을 제대로 파악하지 못하고 있어 베네데크의 신중한 판단은 그다지 틀린 것이 아니었다. 한편 이즈음 몰트케 참모총장은 프로이센군이 적 영토에 진입함에 따라 서서히 전신을 통한 통신이나 보급이 힘들어짐을 파악하고 있었다. 고로 자신도 베를린에서 전방으로 도착하여 직접 지휘를 통해 조기에 아군이 결집하지 않도록 조치하여 최대한 본래 계획을 유지하고자 노력하였다. 그렇게 몰트케 참모총장은 프로이센 병력들을 조심스럽게 목표한 결전 장소인 쾨니히그레츠Königgrätz로 향하게 하였다.

이곳 쾨니히그레츠는 비스트리츠Bistritz강을 전방에, 엘베강을 후방에 두고 있었고 그 사이의 지형은 고지대인지라 진지를 구축하고 적을 맞이하기 좋은 곳이었다. 사실 이 당시 몰트케 참모총장의 예측으로는 적은 엘베강을 후방이 아닌 전방에 두고 쾨니히그레츠 우편에서 프로이센을 맞이할 것으로 예측했다. 그래서 1군이 엘베강을 넘을 때 엘베군과 2군이 측후방을 치면서 포위할 생각이었다. 하지만 베네데크 장군은 몰트케 참모총장의 예상과 달리 엘베강을 배수진으로 두기로 결정하였다. 그는 엘베강 서쪽의 고지대에 진을 치고 프로이센을 맞이할 준비를 하였다. 이는 곧 프로이센의 정찰 기병대에 발견되었다. 몰트케 참모총장의 예상과는 조금 달랐지만 고지대의 적을 그대로 포위하는 것으로 작전은 속행되었다. 일단 몰트케 참모총장은 그 시점엔 22킬로미터 정도 떨어진 곳에 있는 프리드리히 왕세자의 2군에 최대한 빨리 전장으로 달려와 달라고 연락을 보냈다. 그리고 먼저 쾨니히그레츠의 전장에 도착한 엘베군과 1군에 포위망 형성을 위한 진형 구축과 고착 공격 실시를 명령하였다.

게오르크 블라이브트로이Georg Bleibtreu가 캔버스 유채화로 그린 「쾨니히그레츠 전투Die Schlacht von Koniggratz」, 1868년 작품, 독일 역사박물관 소장

이렇게 1866년 7월 3일 오전 7~8시경, 쾨니히그레츠 전투가 발발되었다. 프로이센의 병력은 22만 984명이었으며 오스트리아의 병력은 작센을 포함하여 23만 8천 명이었다. 전투 초반에는 비스트리츠강을 건너 적 중앙을 공격하려는 프로이센의 1군이 고지대에서 포격하는 오스트리아 포병대의 활약으로 맥없이 쓰러져 갔다. 강을 건넌 1군의 3사단, 4사단, 7사단, 8사단은 큰 피해를 받아 일단 뒤로 후퇴하기로 하였다. 이때 프란제키Eduard von Fransecky 장군이 이끌던 7사단은 강 건너 프로이센 전열의 좌측에 있던 숲인 슈비프발트Swiepwald로 후퇴하기로 하였다. 이를 본 오스트리아의 2군과 4군을 이끌던 툰Thun 장군과 페스테틱스Festetics 장군이 7사단을 괴멸시킬 기회로 보고 베네데크의 명령도 없이 숲으로 추격해 들어갔다. 그런데 여기서 7사단의 제2 마그데부르크 보병연대가 재빨리 참호를 구축하고 적을 맞이함으로써 역으로 큰 피해를 주기 시작했다. 오스트리아의 2군과 4군은 숲의 지형으로 포병의 지원을 크게 받지 못하고 도리어 엄청난 피해를 받았는데 이 과정에서 페스테틱스 장군이 중상을 입기도 하였다. 오스트리아 2군과 4군은 프로이센 1군 7사단에 나름 큰 피해를 주긴 했지만 괴멸시키진 못하고 역으로 엄청난 피해를 보면서 나중에 도착할 프로이센 2군이 날뛸 틈을 제공하고 말았다. 이러한 7사단의 활약에 마침 전장에 몰트케 참모총장과 함께 있었던 빌헬름 1세가 1군의 4사단과 8사단에 명령하여 7사단을 도우라고 지시하였다. 하지만 고지대의 포격이 워낙 강렬했는지라 두 사단은 피해만 입고 큰 도움을 주진 못하였다. 이즈음 프로이센 엘베군은 강을 건너 오스트리아 좌익을 치려고 움직이고 있었지만 아직 적에게 제대로 도달하지 못하고 있었다.

이렇듯 초반의 형국은 나름의 활약이 있었지만 프로이센에 불리했다. 적을 붙잡으려는 의도라고 해도 강을 건너 공격하는 것이 쉬운 일이 아니었으니 말이다. 이때 만여 명이 넘는 39개의 기병 대대를 지닌 오스트리아가 역으로 기병 공세를 가했다면 치명적이었을 것이다. 하지만 신중한 베네데크는 날씨가 습해 위험하다는 이유로 그러하질 않았다. 아마도 필자가 보기엔 이대로 고지대에서의 포격을 통해 적에게 큰 피해를 입히는 것이 안전하면서 더 좋은 길이라고 판단한 것으로 보인다. 일단 오스트리아 2군과 4군이 계속 7사단을 전멸시키려 했으나 프로이센 1군 8사단의 도움으로 격멸에는 실패하였다.

그런데 그렇게 진퇴양난을 거듭하던 사이인 오전 11시쯤, 프리드리히 왕세자가 이끄는 프로이센 2군이 하나둘 전장에 도착하였다. 먼저 도착한 프로이센 2군의 선봉 부대가 아군 7사단을 공격하며 측면에 빈틈을 보이던 오스트리아 2군과 4군을 향해 달려들었다. 오전 10시쯤 강을 건너 이젠 적의 좌익에 거의 도달한 프로이센 엘베군도 아군의 움직임에 발맞춰 적을 공격하였다. 이렇게 서서히 몰트케 참모총장이 원하던 포위망이 구축되어 갔다. 이 직전까지만 해도 빌헬름 1세는 패전하는 것이 아닌지 두려워했지만 몰트케 참모총장은 두려워하지 않고 침착하게 기존 작전을 유지했으며 그것이 드디어 빛을 발한 것이었다. 드디어 강렬한 공격을 시작한 비텐펠트가 이끄는 엘베군의 활약으로 적 좌익은 무너져 갔고 오후 1시 45분쯤이 되자 해당 방면에 있던 작센군이 먼저 후퇴를 결정하며 오스트리아 좌익 붕괴가 확실시되어 갔다. 그간 힘을 쓰지 못한 프로이센 포병대들도 아군 보병대 포위망을 통해 드디어 자리를 잡는 데 성공하자 지원 포격을 맹렬히 해대며 적에게 피해를 입히기 시작했다. 이러한 시점에 오스트리아에 결정적 타격을 입히는 순간이 오니 그것이 바로 빌헬름 힐러 폰 게르트링겐Wilhelm Hiller von Gaertringen이 이끄는 프로이센 제1 근위 사단의 공격이었다. 게르트링겐 장군은 자신의 병력을 이끌고 오스트리아 전열의 빈틈을 향해 진격했고 적 포병대에 근접하는 데 성공하였다. 그리고 도망갈 기회를 주지 않고 착검돌격을 통해 적 기마 포대 대부분을 파괴하는 데 성공하였다. 연이어 프로이센 2군의 활약으로 슈비프발트 방면의 오스트리아군이 무너졌고 프로이센 엘베군이 적 좌익 주요 거점을 점령하는 데 성공하자 슬슬 베네데크 오스트리아 북부군단 사령관은 패배를 직감하게 되었다. 그대로 나름대로 반격을 시도하나 실패함에 따라 결국 오후 4시경, 그는 후퇴를 결정하였고 아껴놨던 기병대를 전부 써서 후퇴 시간을 벌기로 하였다. 이에 39개의 오스트리아 기병 대대와 30개의 프로이센 기병 대대가 부딪혔고 보병의 지원을 받은 프로이센 기병대의 활약으로 오스트리아 기병대들은 큰 피해를 입게 되었다. 그래도 그들의 분전으로 시간은 벌게 되었고 포위망이 완전 형성되기 전에 빠져나오는 데 성공하였다. 다만 프로이센이 그냥 놔준 것은 아닌지라 포위망을 형성하여 최대한 많은 적을 붙잡았고 결국 4만에 가까운 사상자와 포로가 발생하였다. 이 중 9천이 포로였다. 프로이센은 9천여 명의 사상자가 발생하였다.

이렇게 쾨니히그레츠 전투는 프로이센의 대승으로 끝이 났다. 가히 최후의 고전적이면서도 결정적인 회전이었다. 대규모 육군을 분산시키고 신속히 기동하여 정면 고착과 동시에 측방 공격을 통해 적의 전력을 무력화하는 이 작전적 사고의 과정은 몰트케 참모총장의 작전 실행 능력과 뛰어난 임기응변을 통한 작전 수행 능력을 증명해 주었다. 이 소식은 바로 유럽 전역으로 퍼져 세상을 뒤흔들었다. 패배한 베네데크는 잔존군을 이끌고 올뮈츠로 후퇴하였다. 뒤따라 보헤미아 안으로 완전히 들어온 프로이센군은 7월 8일, 비텐펠트의 엘베군으로 프라하를 점령하였다. 곧이어 1군은 비엔나 방면으로, 2군은 올뮈츠 쪽으로 진격시키며 승리를 확정 지으려고 하였다. 이에 발맞춰 이탈리아도 다시금 고토를 향해 총공세를 실시하였다. 주세페 가리발디의 분전으로 7월 21일, 베체카Bezzecca에서 오스트리아를 격파함으로써 남부 전역에서도 프로이센의 동맹이 승기를 가져갔다. 거의 비슷한 시점에 프로이센 1군은 오스트리아 국경을 넘는 데 성공하였다. 이제 비엔나만 위협하면 전쟁은 끝날 것이었다. 7월 22일 비엔나로 가는 길목에 있는 블루메나우Blumenau에서 프란제키 장군이 이끄는 부대가 오스트리아군과 소규모 접전을 벌이며 승리하였다. 이제 비엔나까진 두 시간 거리가 남게 되었다. 이렇게 코앞까지 적이 오자 급박히 평화 협상이 벌어졌고 (사실 쾨니히그레츠 직후 오스트리아가 휴전 협상을 제의했으나 비스마르크가 좀 더 유리하게 가져가기 위해 거절한 바 있다.) 그날 바로 전쟁이 종결되게 되었다.

이로써 1866년 7월 22일, 7주 전쟁이나 보오전쟁Preußisch-Österreichischer Krieg이라고도 불릴 형제 전쟁이 프로이센의 승리로 마무리되었다. 이 엄청난 승리는 그 누구도 예상한 것이 아니었다. 나폴레옹 3세는 장기전을 예상하고 있다가 반전의 결과에 크게 당황했으며 다른 위정자들도 강국 오스트리아의 빠른 패전에 놀라움을 금치 못했다. 실로 당대 파리에서는 4 대 1의 확률로 오스트리아의 승리를 점치고 있었고 이는 다른 나라도 비슷하였다. 프리드리히 엥겔스는 몰트케가 중위진급시험에 떨어질 것이라며 (당대의 패전을 예상하는 비픔의 표현) 냉소하기도 하였다. 하지만 멋지게 승전하였다. 그 원인은 당연히 몰트케 참모총장의 놀라운 작전적 사고일 것이다. 그가 고안한 회전을 통한 포위섬멸이 그가 중시한 철도와 통신을 통해 잘 이루어진 덕이었다.

하지만 그것이 끝이 아니었다. 이번 전쟁에서 '돌격 전술Stoßtaktik'에 대항하여 고안한 '화력 전술Feuertaktik'과 새롭게 도입한 드라이제 소총Dreyse Zündgewehr이 뛰어난 활약을 보여주기도 한 덕이었다. 당시 프로이센 왕국은 유럽 열강 중 유일하게 후장식 소총을 도입하고 있었다. 바늘총Zündnadelgewehr이라고도 불리는 이 근대식 소총은 조그마한 원통형 약실에 발사체로 구성된 탄약통이 장전되어 있고 공이치기로 격발되는 형식의 무기였다. 이 소총의 장점은 기존의 무기보다 3~5배 빠른 장전 속도를 자랑한다는 것이었다. 굳이 전과 달리 꽂을대로 총구에 탄약과 총알을 투입하지 않는지라 전보다 더 간편하면서도 간단하게 장전하여 신속하고 유연하게 적에게 대처할 수 있었다. 당시엔 가스 문제로 안정성이 부족하다는 단점도 있었으나 (사거리도 당시 기준으론 오스트리아 전장총이 더 길었다.) 꾸준한 보완과 사격훈련으로 놀라운 정확도와 장전 속도를 보여줌에 따라 엄청난 화력을 선보여 주었다. 이는 곧 화력 전술과 결합되었다. 이것은 말 그대로 화력을 집중하여 퍼붓는 전술로 착검 돌격하는 적 보병을 상대로 유리한 위치에서 방어하며 연속 사격을 일 점에 퍼붓는 것이었다. 형제 전쟁 전까지만 해도 유럽의 전쟁은 기본적으로 포병이 화력을 담당하고 보병은 이차적인 의미를 가졌었다. 보병은 기본적으론 쟁탈지에서 적군을 몰아내는 역할에 집중되었기에 신속한 대규모 돌격 전술이 당시엔 당연한 것이었다. 이에 프로이센은 무기의 특성에 맞게 화력 전술이라는 맞춤형 전술을 가져온 것이었고 이를 통한 강력한 카운터 공격이 이번 전쟁에서 크나큰 활약을 보여준 것이었다. 또한 오스트리아의 하급 지휘관 숫자 부족과 복잡한 명령체계도 전투의 승리에 영향을 주었다.

여하튼 그렇게 프로이센은 전쟁에서 승리했고 이 소식은 유럽 전역에 금방 퍼지게 되었다. 이 소식에 비스마르크를 비난하던 무수한 목소리들은 금방 사라지게 되었다. 예컨대 프로테스탄트의 『할레 민중지Hallesche Volksblatt』는 쾨니히그레츠의 대승을 대서특필하며 프로이센의 도덕적, 정신적 우월성을 찬양하였고 7월 3일의 프로이센 주의회 선거에선 보수파가 136명이 당선되며 엄청난 성장세를 보여주었다. 그간 비스마르크에 대항하던 프로이센 자유주의자들은 베를린의 운터 덴 린덴 거리에서 벌어진 승전 기념행사에 엄청난 규모의 인파가 모인 것을 보고 다급히 비스마르크와의 화해를 추진하였다. 비스마르크는 이들을 자신의 세력에 포섭하며 헌법의 토대 위에 국가 통합을 이루겠다고 약속하였다. 실로 독일 제국 헌법의 내용은 진보적이었다. 물론 보수파 중에선 이에 반발하는 이들도 있었지만 이를 받아들이는 자유 보수파들은 비스마르크의 영도 아래 부르주아적 자유주의자들과 하나의 세력이 되어갔다.

비스마르크는 나폴레옹 3세의 중재하에 8월 23일, 프라하 평화조약을 체결하여 전쟁을 종결시켰다. 이 과정에서 나폴레옹은 최소한 룩셈부르크를 중재의 대가로 가져가려 하였고 빌헬름 1세는 오스트리아의 일부 영토를 뺏거나 비엔나에서 군사 퍼레이드를 벌이고자 했지만 비스마르크의 활약으로 그런 일은 벌어지진 않았다. 비스마르크는 오스트리아에게 굴욕감을 주기 싫었고 최대한 우방으로 끌어들이고자 그들을 자극하지 않았다. 그저 독일 내의 주도권만을 가져가길 원하였다. 오스트리아와의 합의에 따라 일단 프로이센 왕국은 마인main강을 경계로 하여 북부 독일에서 확실한 대가를 가져가기로 하였으며 오스트리아의 영토는 건들지 않기로 하였다. 다만 베네치아의 경우 이탈리아와의 약속에 따라 그들에게 양도되었다. 물론 그들이 지키려던 독일연방은 사라졌고 전쟁배상금으로 2천만 탈러를 프로이센에 주었지만 그 이상의 피해는 없었다. 다만 오스트리아를 제외한 독일 연방국들에겐 크나큰 징벌이 가해졌다. 대표적으로 하노버는 프로이센에 완전히 흡수 합병되었다. 그 외에도 슐레스비히-홀슈타인이나 나사우 공국, 헤센 선제후국, 프랑크푸르트 자유시가 프로이센에 합병되었다. 헤센 대공국의 경우 일부 영토가 프로이센에 상실되었으나 합병은 피하였고 프로이센 주도의 연방으로 합류하게 되었다. 합병되지 않은 나머지 북부 독일 국가들은 프로이센이 새롭게 만든 독일 국가연합인 22개국으로 이루어질 북독일연방Norddeutscher Bund에 가입하기로 결정되었다. 문제는 남부 독일의 바이에른, 바덴, 뷔르템베르크, 헤센-다름슈타트였는데 이들은 나폴레옹 3세의 중재로 자신들의 연합체를 구성하여 독립을 유지하기로 하였다. 다만 그 구상안은 현실화되진 않았고 남부 독일 4개국은 한동안 독립 국가로서 유럽에 홀로 살아가게 되었다. 대신 다들 프로이센에 배상금은 물었고 바이에른의 경우 3천만 굴덴을 프로이센에 배상하였다. 패전한 오스트리아는 다급히 내부 개혁에 들어갔고 이중체제Dualismus를 확립하기로 결정하였다. 1867년 3월 15일, 프란츠 요제프 1세는 제국의 이원화를 선언하였으며 헝가리 민족을 독일 민족과 같은 지배 민족으로 인정함으로써 대타협을 통해 제국의 안정을 추구하였다. 외교, 국방, 재정은 같이 처리하되 나머지는 별도로 각자가 맡은 구역을 통치하는 이중왕국이 탄생한 것이다.

이 전쟁으로 비스마르크는 막대한 이득을 거머쥐었다. 배상금을 통해 재정이 넉넉해져 의회와의 다툼에서 주도권도 잡기 유리해졌으며 단기 결전 성공으로 프랑스에게 큰 이익을 양보하지 않을 수 있었다. 아쉬운 점이 있다면 러시아가 비스마르크의 정통 선제후국 병합 소식에 분노했다는 것이지만 그것이 우방을 깨트릴 정도는 아니었다. 정말 위험한 것은 프랑스 여론이 뒤집혀 이제 프랑스와의 결전이 일어날 수도 있다는 것이었다. 하지만 비스마르크는 프랑스와의 결전을 직감하고 있었기에 북독일연방을 꾸리며 이젠 독일 최대의 적을 맞이할 준비를 하였다. 드디어 30년 전쟁과 나폴레옹 전쟁에서의 한이 풀리고 독일 통일의 순간이 온 것이었다.

드디어 다가온 프랑스와의 결전과 독일 제국의 창건

1867년 4월, 비스마르크는 북독일연방 헌법 초안을 북독일연방 제헌의회에 제출함으로써 본격적인 북독일연방의 시작을 알렸다. 그 내용은 기본적으로 과거의 독일연방을 북독일연방으로 대체하는 안건이었다. 남부 독일 4개국에 관해선 그들의 가입을 독려하는 수준으로 외교관계를 설정하였다. 새로운 연방은 보통선거로 실시되는 연방의회(제국의회)와 입법의 역할을 가진 연방 참의원이 주축이 되었으며 그 중간에 프로이센 국왕이 연방 의장을 맡아 모든 외교와 국방을 책임지기로 하였다. 자연스레 비스마르크가 연방의 수상으로 자동 임명되었고 프로이센이 새로운 연방의 많은 영토를 점유하고 인구 8할을 차지함에 따라 절대적 우위를 차지하였다. 연방 수상이 회의를 주재하는 참의원은 총 43개의 표로 구성되어 있었다. 북독일연방에 가입한 22개국의 국력에 비례한 것으로 이 중 17표를 프로이센이 행사함에 따라 사실상 연방은 프로이센의 것이 되었다. 연방의회의 경우 비스마르크가 자유주의자들을 회유함에 따라 보수주의를 어느 정도 억제할 의향으로 보통선거로 치러졌다. 보통, 직접, 비밀, 평등의 요소가 갖추어진 진보적 선거였다. 1867년

2월 12일 제헌 연방의회 선거가 벌어졌고 여기서 비스마르크를 지지하는 민족주의적 자유주의자들인 국민자유당Nationalliberale Partei이 80석을, 자유주의적 보수주의자들의 자유보수당Freikonservative Partei이 59석을, 비스마르크의 가장 적극적인 지지층인 구자유당Altliberale이 27석을 차지하며 큰 승리를 거두었다. 이에 반해 비스마르크에 대항했던 독일 진보당은 19석으로 크게 후퇴하였다. 하지만 연방의회의 권한은 제한적이었다. 특히나 비스마르크가 원하는 대로 쓰기 위해 박아놓은 군대 관련 재정인 '강제예산'의 경우 건드릴 수가 없었다. (군대의 수도 총인구 1%로 고정시켰다.) 예산 전체를 심의할 수도 없었고 아주 일부만 심의할 수 있었으며 그나마 3년에 1번씩이었다. 그래도 새로운 동맹인 국민자유당의 요구로 비스마르크는 이때부터 행정부 수반이 모든 법령에 책임지는, 이른바 수상의 책임정치를 실시하였다. (다만 수상을 해임할 권한은 오로지 황제에게 있었다.) 여하튼 대강 이렇게 구성된 북독일연방은 4월 16일에 완성된 헌법을 의회에 통과시켰고 7월 1일부터 효력을 발휘하여 정식으로 유럽에 등장하게 되었다. 그에 따라 비스마르크는 7월 14일 정식으로 연방수상에 임명되었다.

비스마르크는 전쟁의 여파로 국내 정치에서도 승리를 거두었다. 시간을 조금 돌려 1866년 7월 3일의 선거에서 보수주의 그룹은 28석에서 136석으로 매우 크게 증가하였다. 이에 반해 진보주의 그룹은 148석으로 급감하였다. 비스마르크는 이 두 그룹을 적당히 중재하며 1862년부터 3년간 의회 동의 없이 예산지출을 했던 부분에 대해 사후승인을 받고자 하였다. 곧 군비증강에 대한 정부 면책 동의안건인 사후승인법Indemnitätsgesetz이 1866년 8월 5일 제출되었고 이는 9월 3일 통과되었다. 이날 230 대 75로 가결되면서 프로이센의 진보 세력은 분열을 보여주었다. 비스마르크는 독일 진보당의 분열 속에서 우파 자유주의자들과 손을 잡았고 앞선 연방의회에서 큰 승리를 거둔 국민자유당을 1867년 6월 12일에 창당하였다. 그들은 프로이센의 상류층에서 중산층까지 포함된 경제적으로 성공한 사람들의 그룹으로 프로이센의 군사적 성공에 찬사를 보낸 사람들이었다. 그들은 면책 안건에 찬동하며 자유주의자들이 기존에 주장했던 '선자유 후통일'은 환상이라고 지적하였다.

이제 일부를 제외하곤 다들 프로이센을 중심으로 뭉쳐야 한다고 주장했고 비스마르크는 이러한 흐름을 이용해 비슷한 시기 창설된 자유 보수당도 포섭하며 자신의 세력을 늘렸다. 자유 보수당은 주로 귀족이나 고위 관리, 외교관, 슐레지엔이나 라인란트의 공장주들로 구성되었다. 이러한 독일 진보당의 후퇴는 타협을 부르게 되었고 오랜 기간 이어진 프로이센과 독일의 헌법 투쟁의 역사는 융커들과 부르주아지들의 동맹으로 '위에서의 혁명'이 승리하는 것으로 한동안의 마무리를 짓게 되었다. 적어도 비스마르크의 통치 말엽까진 이러한 분위기가 지속되었다. 융커들이 주도하는 자본주의적 사회발전 방식이 지배함에 따라 프랑스의 보나파르티즘Bonapartism과 유사한 특수한 지배 체제가 한동안 프로이센을 이끌게 되었다. 봉건주의를 근간에 두고 군대와 관료주의가 핵심이 되었지만, 외피는 민주주의의 가면을 쓰는 형식으로 사회적 모순성이 존재하였다. 하지만 그 모순을 수상은 자신에게 집중된 막대한 권력 토대로 각 세력의 이해관계를 조정하면서 동시에 억누르고 제어하여 누구에게도 정치권력을 주지 않음으로써 그 상반성을 완화시켜 버렸다. 융커들이나 부르주아지에게 의존하지 않으며 독자성을 유지해 수상 아래 하나로 이끌어지는 위로부터의 혁명구조를 성립한 것이다. 다만 이번 전쟁에서 군부의 활약이 대단했기에 그들 특유의 군사적 사고나 행동 방식, 고유한 권리는 어느 정도 인정해 주었다.

여하튼 정리하자면 비스마르크가 이끄는 프로이센 행정부는 왕국 내에서도, 연방 내에서도 인기를 바탕으로 압도적 승리를 거머쥐고 주도권을 차지한 것이다. 비스마르크는 여기서 더 욕심을 내서 남부 독일 국가들도 바로 차지하고자 하였다. 그는 먼저 연방수상청장에 그의 오른팔 델브뤼크Rudolph von Delbrück를 임명하고 새로운 연방을 위한 통일된 상법이나 형법의 구성을 명하고 상업 전담 고등법원을 세웠다. 또한 사전 인가 없는 자유로운 주식회사의 설립을 허가하였다. 이러한 것들은 거주 이전의 자유라든지 결혼이나 직업 선택의 자유, 구류 제한 철폐 등등의 자유주의적 원칙으로 구성된 상공업 조례가 밑바탕에 깔려있는 근대적 법 제도의 정비이며 동시에 위로부터의 혁명 그 자체인 조치였다. 노동자의 단결권도 동시에 다루어졌고 도량형이라든지 우편법도 통일되었다. 이러한 여러 진보적 조치는 델브뤼크에게 일임되었으며 비스마르크는 남부 독일 외교에 집중하였다.

비스마르크는 새로운 관세의회Zollparlament를 통해 그들이 상업적인 측면에서는 북독일연방에 참석할 수 있도록 구조를 형성했다. 관세의회는 북독일 의회 의원 297명과 남독일 의회 의원 85명으로 구성되었다. 다만 이것은 당장은 딱히 큰 실효성을 보이질 못했다. 여러 이유가 있었지만 근본적으로 프랑스가 프로이센을 새로운 라이벌로 여기며 견제와 훼방을 놓고 있었기 때문이었다. 따라서 프랑스와의 결전은 이 시점부터 예견된 일이었다. 다만 비스마르크는 20년 정도의 장기 계획을 세워 남부 독일과의 외교적 통합을 우선시하였고 다가올 미래도 모른 채 프랑스와의 결전은 훗날의 일로 생각하였다. 일단 비스마르크는 관세의회 추진과 더불어 남부 독일국가들과 1867년 3월, 비밀 상호방위조약을 체결하여 관계를 좀 더 단단히 구축하였다. 이 조약으로 남부 독일국가들은 프로이센의 군제를 따르며 최소 2년에서 3년의 복무제를 도입하였다. 하나 그의 의도와 달리 이 시점에선 남부 독일에서의 프로이센에 대한 여론은 그다지 좋질 않았다. 가톨릭 성직자들의 경우 합스부르크 가문과 가까웠던 영향으로 북독일연방과의 통합을 반대하는 목소리를 내었다.

그런데 이러한 와중 1867년의 봄에 프랑스와의 룩셈부르크 위기 Luxemburgkrise가 터지면서 상황은 비스마르크의 생각과 다르게 돌아가기 시작했다. 67년 3월, 프랑스 정부가 네덜란드 국왕 빌렘 3세Willem III에게 룩셈부르크를 팔아달라고 요청했는데 (네덜란드와 룩셈부르크는 당시 동군연합 상태였다.) 이에 빌렘 3세가 응한 일이 벌어진 것이다. 당대의 네덜란드 국왕은 호화스러운 삶을 즐기는 인물이었는지라 500만 굴덴을 준다면 프랑스에게 룩셈부르크를 양도할 것이라고 약속하였다. 이것은 프랑스도 예측하기 힘들었던 일로 그저 찔러본 것이 바로 결과물로 나온 것이었다. 당시 나폴레옹 3세와 프랑스 행정부는 지난 형제 전쟁에서 결과적으로 중립을 지켰음에도 이득을 챙기지 못한 것에 분노하고 있었다. 게다가 멕시코 전쟁의 실패로 정치적 입지가 하락하자 독일 방면에서 외교적 이득을 얻어 이 위기를 돌파하고자 하였다. 그 시도가 기분 좋게 바로 성공은 했으나 빌렘 3세의 조건부 요구로 인해 문제가 생겼다. 바로 프로이센 왕국이 이 사안에 동의해야 한다는 점이었다. 룩셈부르크 대공국은 형제 전쟁 당시 중립을 지켜 북독일연방으로 가입되진 않았지만 기존의 1815년 이후 생긴 독일연방 회원국이었기에 그 영향으로 연방 시질 국가방위를 위해 주둔했던 프로이센군이 여전히 룩셈부르크 요새에 주둔하고 있었다. 관세동맹 회원국이기도 하여 이곳에 대한 운명은 프로이센이 관여할 수밖에 없는 구조였다.

처음 비스마르크는 이 사태에 별다른 관심을 표명하지 않았다. 애당초 형제 전쟁이 마무리된 지 1년도 되지 않은 시점인지라 프랑스와의 마찰을 원하지 않았다. 하지만 독일 내에서 대대적인 항의가 일어나 연방 수상은 이 여론을 다룰 수밖에 없었다. 특히 국민자유당은 룩셈부르크 대공국을 북독일연방에 편입시켜 이곳을 외적으로부터 수호해야 한다고 주장하였다. 심지어 아직 여론이 프로이센에 호의적이지 않은 남부 독일에서도 프로이센을 도와 룩셈부르크를 독일의 영역으로 지켜야 한다는 의견이 활발히 튀어나왔다. 예컨대 건축왕으로 유명한 바이에른의 국왕 루트비히 2세Ludwig II는 프랑스와 프로이센이 전쟁이 난다면 프로이센을 지지하겠다고 밝혔다. 일단 비스마르크는 그러한 여론을 받아들이면서 프랑스와의 협상에 나섰다. 문제는 앞서 말했듯이 그에게 군사적 옵션은 부담스러웠다. 비스마르크는 당장 전쟁이 나면 외교적으로도 불리할 거라고 판단하고 있었다. 강국이 탄생하면 견제하는 것이 유럽의 전통이니 말이다. 그래서 비스마르크는 1867년 4월 1일의 북독일 연방의회에서 이 문제를 전 유럽적 차원의 문제이며 협상을 통해 해결하겠다고 말하기도 하였다. 그러면서 동시에 비스마르크는 이 위기 속에서 정치적 이득도 얻으려고 하였다. 이 위기를 주도하여 독일 민족주의의 지지를 받으며 그 열기 속에서 남부 독일국가들을 북독일연방에 하나둘 통합하고자 하였다. 다만 헤센-다름슈타트 대공의 반발이나 가톨릭 성직자의 지원을 받은 애국당Patriotenliga과 같은 남부 독일에서의 분파주의 흐름으로 당장은 외교적 통합은 그다지 성과를 보진 못하였다. 그래도 비스마르크는 명예와 신념을 갖춘 지도자 포지션을 가져가는 데 성공하여 민족주의 열기의 흐름을 적당히 등에 업는 것은 성공하였다.

비스마르크는 협상 끝에 프랑스에 유럽 열강들이 참여하는 국제회의를 제의하였다. 이는 쉽게 받아들여졌는데 나폴레옹 3세 입장에서도 외교적으로 프랑스를 지지하는 나라가 확실하지 않아 전쟁이 부담스러웠기 때문이었다. 게다가 국제회의 전 비스마르크가 프랑스를 우회적으로 압박할 의도로 남부 독일과의 비밀 군사조약을 공표하자 프랑스는 프로이센을 공격하는 것에 부담을 느꼈다. 따라서 양측의 합의로 1867년 5월 7일, 런던에서 국제회의가 열렸고 논의의 결과는 네덜란드의 룩셈부르크 보존이었다. 빌렘 3세가 그대로 동군연합을 유지하고 유럽 열강들이 항구적 중립을 보장해 주기로 하였다. 그리고 룩셈부르크에 주둔하고 있는 프로이센군은 요새를 파괴하고 철수하기로 하였다. 이것은 엄연히 비스마르크의 성공이요, 나폴레옹 3세의 패배였다. 결국 프랑스는 다시 한번 얻은 것이 없게 되었으니 말이다. 이러한 결과에 프랑스 행정부는 결국 프로이센과의 결투는 피할 수 없는 것으로 판단하고 같이 프로이센과 싸울 동맹을 찾는 데 노력하였다. 그 대상은 오스트리아-헝가리 이중제국과 이탈리아 왕국이었으며 협상 끝에 세 국가는 1869년 5월에 삼국동맹을 체결하였다. 그런데 이는 그다지 실속이 없는 결과물이었다. 오스트리아-헝가리의 경우 프로이센에 대한 복수심이 날로 떨어져 가고 있었다. 이젠 독일 지방보단 발칸 지역에 힘을 쏟고 있기 때문이었다. 게다가 민족주의가 거센 시점에서 프로이센과 다시 전쟁을 한다면 비스마르크가 민족 감정을 이용하여 오스트리아에게 큰 손해를 끼칠 것이 자명했던지라 이중제국은 전쟁은 무리라고 자체적으로 판단을 내리고 있었다. 이탈리아 왕국의 경우 마지막 남은 통일의 지역이 로마 교황청이었고 이곳을 프랑스 주둔군이 지켜주고 있어서 진정으로 협력을 바라는 것은 힘든 상태였다. 실로 1867년 11월 3일, 주세페 가리발디가 이끄는 의용군이 로마 교황청과 프랑스의 군대와 싸운 일은 향후 프랑스와 프로이센의 전쟁에서 이탈리아 왕국이 프랑스와 같은 편이 되긴 힘들 것이라는 사실을 보여주고 있었다.

그렇게 룩셈부르크 위기는 외견상 비스마르크의 승리로 마무리되었다. 프랑스는 외교적으로 딱히 얻은 것이 없었다. 자신을 지지할 진정한 동맹을 찾지도 못하였다. 러시아의 경우 프로이센을 유럽에서의 중요한 파트너로 보아 프랑스의 외교를 거부하였다. 하지만 비스마르크도 마냥 좋은 것은 아니었다. 남부 독일에서 민족주의가 들끓으면서도 북독일연방에 들어가는 것은 거부하는 분파주의도 열기가 드셌기 때문이었다. 사실상 북독일연방이 프로이센의 마음대로 돌아가자 자신들도 그리될 것에 큰 두려움을 느꼈기 때문이었다. 이러한 프로이센 지배권에 대한 반발은 비스마르크에게 남부 독일과의 외교적 통합이 상당히 힘들다는 것을 깨닫게 해주었다. 결국 이들을 통합하려면 강력한 외부요인, 즉 어떠한 정치적 사건이 있어야 한다고 비스마르크는 판단하였다. 그를 위해 적절히 이용할 정치적 위기를 원하였으며 그 변수를 이용하여 독일 통일을 이룩하고자 하였다.

그러한 와중에 사건이 터지니 바로 1868년 9월, 스페인 마드리드에서의 소요 사태로 이사벨라Isabella II 여왕이 추방되는 일이 발생한 것이었다. 스페인 의회는 입헌군주정을 채택하고 여러 국왕 후보자를 물색하는데 이 중 강력한 후보자가 바로 호엔촐레른-지크마링겐Hohenzollern-Sigmaringen 가문의 레오폴트 왕자였다. (포르투갈의 전대 국왕 페르난두 2세 Fernando II가 우선시되었으나 그가 거절하여 레오폴트 왕자에게 제의가 갔다.) 이 가문은 이름에서 알 수 있듯 프로이센 왕국 왕실 가문의 분가로 사실상 프로이센이 스페인 왕위를 차지하게 되는 일이었다. 이 가문은 이름에서 알 수 있듯 프로이센 왕국 왕실 가문의 분가로 사실상 프로이센이 스페인 왕위를 차지하게 되는 일이었다. 이에 프랑스 제2 제국은 프로이센이 과거 합스부르크처럼 포위 전략을 취하고 있다고 판단, 강력히 반발하며 스페인 왕위 문제는 프로이센과 프랑스의 새로운 정치적 위기로 급부상하게 되었다.

다만 이것이 바로 큰 일로 번진 것은 아니었다. 1869년 가을에 스페인 전권공사가 레오폴트 왕자와 호엔촐레른-지크마링겐 가문을 설득하기 위해 처음 독일에 왔을 때만 해도 이 사실을 아는 자는 그다지 없었다. 심지어 비스마르크도 모르고 있었다. 그러나 레오폴트 왕자의 관심 없는 태도로 인해 다시금 스페인 전권공사가 설득을 위해 재방문하자 비스마르크가 드디어 알게 되었다. 그는 이 사실을 알게 되자 호엔촐레른 분가의 당주 카를 안톤에게 어서 장남 레오폴트가 수락하도록 만들라고 적극적으로 종용하였다. 스페인에는 스파이를 보내 정치가들이 레오폴트 왕자를 지지하게끔 매수하기도 하였다. 빌헬름 1세는 호엔촐레른 본가의 지도자로서 외교적 어려움을 고려하여 (프랑스나 주변국이 개입할 것이 뻔했으니) 레오폴트 왕자의 즉위에 거부 의사를 표명했지만 비스마르크는 룬 장관과 몰트케 참모총장 등등 여러 인사들의 지지를 얻으며 이를 포기하지 않았다. 분가의 당주이자 레오폴트 왕자의 아버지인 카를 안톤마저 주저하며 반대 의사를 표명하였으나 비스마르크는 두 사람을 계속 설득하여 1870년 여름에 동의를 얻어내는 데 성공하였다. 결국 레오폴트 왕자는 얼마 후 스페인 왕위를 수락하게 되었다. 비스마르크는 스페인 왕위 문제에 알자마자 적극적으로 달려들었는데 남부 독일의 분리주의를 제어할 기회라고 보았기 때문이었다. 일이 잘 풀려서 왕위 계승이 된다면 프로이센의 위신 상승으로 분리주의를 제어하려 하였고 잘 안 풀린다면 들끓을 민족주의의 열기를 통일의 재료로 이용하여 남부 독일의 분리주의를 분쇄하고자 한 것이다.

이제 중요한 것은 프랑스의 반응이었다. 프랑스는 7월 2일에 이 소식이 파리에 전해짐에 따라 알게 되었고 7월 6일의 하원 연설을 통해 매우 거칠게 반응하였다. 상당히 빨리 알게 된 것인데 비스마르크의 의도는 아니었다. 시간을 조금 돌리자면 6월 21일, 레오폴트 왕자가 왕위 계승을 수락했고 그가 작성한 동의서를 수일 내에 베를린 주재 스페인 전권공사가 가지고 귀국하기로 하였다. 이것을 마드리드 정부에 알렸으나 문제는 이걸 암호 해독사가 잘못 해독하여 7월 중순에 귀국하는 걸로 파악하여 스페인 의회는 바로 국왕 추대를 하지 않고 잠시 의회를 휴회토록 하였다. 그러자 그사이 소문이 퍼지게 되었고 파리까지 이야기가 퍼진 것이었다. 만일 의회가 바로 행동하여 국왕 선포를 했다면 프랑스의 개입 여지는 없었을 것이다. 여하튼 그렇게 7월 6일, 새로운 외무장관이 된 변호사 출신 그라몽Agénor de Gramont이 하원에서 프랑스의 영광과 이익을 침해하는 이번 사태를 묵인할 수 없다고 상당히 거칠게 발언함에 따라 순식간에 양국의 외교 문제가 되었다. 그라몽은 프로이센에 대단히 적대적인 인물로 다시는 비스마르크에게 당하면 안 된다고 주장하며 프로이센과 남부 독일국가와의 군사동맹을 해체해 버리고 프로이센을 마인츠에서 후퇴시켜야 한다고 주장하던 인물이었다. 비스마르크는 그라몽의 그러한 태도를 역이용하여 외교적 승리를 거두어 프랑스가 독일 통일문제에 개입하는 것을 포기하게 만들려고 하였다. 아니면 전쟁을 유도하여 통일문제를 해결하려 하였다. 다만 이 시점에선 양측 다 전쟁이란 옵션을 택하려고 하진 않았다.

이 외교적 위기에서 좀 더 적극적으로 나온 것은 나폴레옹 3세였다. 근래 나폴레옹 3세의 정부는 외교적 실패를 반복하고 있어서 이번 기회에 벼랑 끝 전술을 통하여 프로이센을 압박, 포기하게 만듦으로써 외교적 승리를 거두어 자신에게 반대하는 여론을 박살 내고 싶었다. 나폴레옹 3세의 적극적인 태도에 7월 12일, 카를 안톤은 레오폴트 왕자의 왕위 계승을 철회하기로 하였다. 평화적 해결을 바라는 유럽 열강들의 의견에 호엔촐레른의 분가가 쉽게 물러난 것이었다. 갑작스러운 변화에 비스마르크는 겉으로는 태연한 척은 했지만, 대단한 실망감에 빠졌다. 밀고 당기는 것 없이, 아무런 소득 없이 사태가 바로 종료됐으니 말이다. 그런데 7월 13일의 일이 꺼져가던 불씨를 다시 피워버렸다. 나폴레옹 3세와 그라몽 외무장관은 이번 사태를 확실하게 마무리 짓기 위해 베를린 주재 프랑스 대사 베네데티Benedetti를 통해 빌헬름 1세에게 서신을 보내어 이번 사태에 대한 확답을 받고자 하였다. 또한 서신을 보내기 전 파리 주재 프로이센 대사를 불러 빌헬름 1세가 서신을 보낼 것을 동시에 요구하였다. 빌헬름 1세가 답장을 통해 스페인과의 비밀협상에 대해 프랑스에 사과하고 모욕을 줄 의도가 아니었음을 분명히 밝히라고 말이다. 파리 주재 프로이센 대사 베르터Werther는 이에 일단 거부했으나 베네데티는 예정대로 같은 날 엠스 온천Bad Ems에서 휴양 중인 빌헬름 1세를 방문하였다. 빌헬름 1세는 레오폴트의 왕위 포기에 만족한다고 말하며 호엔촐레른-지크마링겐 가문이 공식적으로 확인하면 바로 관련된 답장을 해주겠다고 말하였다. 다만 그라몽에 의한 추가 요구인 스페인 왕위 문제를 다시 거론하지 않겠다는 공식 보증에 대해선 공손하면서도 단호하게 거절하였다. 공식 보증 문제로 베네데티가 다시 빌헬름 1세를 방문하였으나 빌헬름 1세는 다시금 거절하였다. 여기서 베네데티가 스페인 왕위 문제를 거론하지 않겠다고 문서로 작성해 달라는 다소 무례한 요구를 하긴 했지만 프로이센 국왕이 단호히 거절하며 추가 요구에 관한 이야기를 바로 마무리 지었다.

이러한 일련의 과정은 외교의 범주에 있는 일이긴 했으나 다소 지나쳤다. 굳이 확답을 요구할 필요까진 없었으나 문서 작성을 요구한 것은 비스마르크가 역으로 이용하기 딱 좋은 재료가 되어주었다. 이 소식을 전해 들은 비스마르크는 우울한 기분을 던져내고 바로 프로이센 국왕과 프랑스 대사의 일을 조작하기 시작했다. 상황을 반전시켜 자신과 프로이센의 이득을 위해 본디 생각하지 않던 전쟁 유도라는 옵션을 고른 것이다. 수상의 판단으론 스페인 왕위가 날아간 지금 시점에서는 그 옵션만이 유일한 답으로 해석되었다. 고로 그는 프랑스를 유도하여 남부 독일 국가들에 통일되지 않으면 언제든 외적에게 시달릴 것이라는 메시지를 전하여 전쟁을 통한 통일을 이룩하고자 하였다. 그렇게 비스마르크는 이 일에 관한 전문을 공표하기 전 일부 단어나 문장을 간결하게 가다듬어 내용을 사실상 크게 반전시켜 공표하였다. 프랑스 정부가 조금 지나치게 나온 것은 사실이나 프로이센을 아주 우습게 보고 행동한 것처럼 꾸며 여론을 자극하고 명분을 얻어낸 것이다. 사실 엄밀히 따지면 문서가 위조되었다고 말할 정도로 바꾼 수준은 아니었다. 하지만 몇 개의 단어와 문장 변경이 프랑스가 아주 뻔뻔하게 행동한 것처럼 보여주었다. 즉 내용을 바꾼 것이라기보단 프랑스의 태도를 극적으로 수정한 것이었다.

이러한 수정된 내용은 영국 언론을 통해 공개되었고 양국은 발칵 뒤집혔다. 독일인들은 프랑스의 무례함에 분노하였고 프랑스 정부와 시민들은 자신들을 비난하는 말도 안 되는 소식에 역으로 분노하였다. 독일의 경우 남부 독일인조차 그라몽의 연설이나 빌헬름 1세에 대한 태도에 분노하며 하나 된 독일이 되어갔다. 프랑스의 경우 전권대사임에도 추가적 의논 없이 칼같이 거절한 행동은 충분히 문전박대로 보일 수 있는 행위였다. 이에 반해 나폴레옹 3세는 딱히 전쟁을 원하진 않았으나 프랑스 내 급진주의를 견제하고 싶었던 국수주의적 성향의 문필가와 의원들, 군 장성의 열렬한 의지로 전쟁이란 옵션을 택하고 말았다. 나폴레옹 3세의 전쟁 선택은 비스마르크의 '엠스 전보Emser Depesche'에 완벽하게 당한 결과라기보단 프랑스 군부의 확고한 자신감과 (병력이 프로이센보다 더 많고 질적 수준도 나쁘지 않았다.) 영국이나 독일의 성장으로 유럽의 국제질서에서 서서히 축소되어 가는 프랑스의 특권적 지위를 가만히 추락하게 두지 않겠다는 현실적인 이유에서였다. 프랑스가 당시 프로이센을 무조건 억눌러야 한다는 여론이 강했던 것은 그러지 않으면 프랑스가 2류 국가가 될 수도 있다는 현실적인 공포에서였다. 리슐리외가 왜 30년 전쟁을 통해 독일을 쪼갰는지를 생각해 보면 답은 간단히 나온다. 고로 새로운 외무장관 그라몽이 거친 연설을 했던 것은 그가 극단적인 사람이어서가 아니라 그럴 수밖에 없던 것에 가까운 것이라 볼 수 있다. 비스마르크가 그 것을 알고 전보를 고쳐 유도한 것이긴 하지만 일방적으로 당했다는 해석보단 알면서도 프랑스의 특권적 지위를 지키기 위해 선전포고를 감행했다는 것이 올바른 해석일 것이다.

여하튼 그렇게 1870년 7월 15일, 파리 정부는 전쟁을 결의하였고 19일에 공식적으로 프로이센 왕국에 선전포고함으로써 보불전쟁Deutsch-Französischer Krieg의 시작을 알렸다. 이 전쟁은 통상적인 세간의 인식과 다르게 프로이센보다 프랑스가 더 많은 인원을 동원한 전쟁이었다. 프로이센이 140만 명 정도 동원한 반면 프랑스는 160만 명을 동원하였다. 그저 전쟁 초엽에만 철도 계획 덕택에 프로이센이 더 많은 병력을 가지고 시작했던 것이다. 전쟁 초엽에는 프로이센이 대략 52만을, 프랑스가 대략 34만을 동원하였다. 사실 프랑스가 더 큰 강국임을 고려하면 (1860년대 기준으로 프로이센의 인구는 1,900만, 프랑스 인구는 3,500만이었다.) 당연한 사실이었고 역으로 프로이센은 재빨리 전쟁을 끝내지 않으면 불리해질 것이 자명한 전쟁이었다. 생각보다 불리한 이 전쟁에서 몰트케 참모총장은 빠른 승리를 위해 지난 형제 전쟁과 같은 대규모 회전을 추구하였다. 그래도 프로이센이 아주 불리한 것까지는 아니었는데 남부 독일 4개국이 프로이센의 동맹으로 참전하겠다고 선언한 덕분이었다. 처음엔 바덴 대공국을 제외하면 다들 주저하였지만 격렬한 내부 논의 끝에 민족주의 열기에 뛰어드는 것을 결정하였다. 예컨대 바이에른의 경우 프랑스의 승리도 프로이센의 승리도 마음에 들진 않았다. 하지만 독일 내 프로이센의 위상과 통일에 대한 국민들의 열기, 무엇보다 자국 외무부 장관이자 의회 의장 오토 폰 브라이-슈타인부르크Otto von Bray-Steinburg 백작의 설득으로 프로이센의 편으로 참전하기로 결정하였다. 브라이-슈타인부르크는 국왕에게 프로이센의 편에 서다가 프랑스에게 패배하면 그래도 프랑스는 바이에른의 독립적 지위까진 침해하지 않을 것이지만 프랑스의 편에 서다가 프로이센에게 패배할 경우 처분이 가혹할 것이라고 말했다. 루트비히 국왕은 이 말에 넘어갔다. 논리적으로 옳은 데다가 향후 통일 제국 안에서 최대한 많은 자주권을 노릴 수 있다는 또 다른 실리도 있었기 때문이었다. 고로 의회 표결 후 (101 대 47로 발행한 전쟁채권의 7할 승인, 단 전쟁 선포는 내각에 위임.) 7월 16일, 군대를 동원하여 프로이센을 돕기로 결정하였다. 그리고 유럽 열강의 경우 다들 중립을 지키기로 했는데 이는 비스마르크의 의도가 성공한 부분이었다. 다들 나폴레옹 3세의 구애에도 프랑스의 편들기를 거부하였다. 영국은 해외 식민지 경쟁에 대한 집중과 프랑스에 대한 불신으로 중립을 선언하였다. (비스마르크가 폭로한 프랑스의 1866년 형제 전쟁 당시 벨기에, 룩셈부르크 병합 시도도 중립 결정에 어느 정도 영향을 주었다. 그 여파로 영국은 8월에 양국과 이중 조약을 체결, 어느 한쪽이 벨기에를 침공한다면 군사적 개입을 할 것이라고 경고하며 중립을 택하였다.) 러시아의 경우 비스마르크의 외교로 인해 크림 전쟁 이후 설정된 흑해 비무장지대를 해제하기 위해 프로이센의 편을 들기로 하였다. 무엇보다 폴란드 억압 정책을 같이 하고 있는지라 프로이센을 배신할 이유가 없었다. 이탈리아는 프랑스의 로마 수비대 철수에도 통일을 위해 중립을 선언했다. 그나마 오스트리아가 조건부 승낙을 하였지만 그 조건은 생각보다 까다로웠다. 남부 독일국가들을 적으로 여기면 안 된다는 것이었는데 결국 이루어지지 않았다. 무엇보다 러시아의 프로이센을 돕는 외교적 압박으로 오스트리아는 사실상 중립을 택하였다. 덴마크와 벨기에도 중립을 선언함에 따라 프랑스는 외교적으로 고립되었다. 이제 남은 것은 프랑스와 독일의 정면 승부뿐이었다.

그렇게 전쟁이 시작되자 몰트케 참모총장은 이번 전쟁도 군을 3개의 야전군으로 편성하였다. 1군은 지난 형제 전쟁에서 공적을 세운 슈타인메츠Karl Friedrich von Steinmetz 장군이, 2군은 지난 전쟁들에서도 활약한 프리드리히 카를 왕자가, 3군은 훗날 빌헬름 1세를 이어 독일의 황제가 되는 프리드리히 빌헬름 왕세자가 맡기로 하였다. 3군은 프랑스와의 국경 근처인 팔츠에 집결하였고 1군과 2군은 로트링겐Lothringen 방면으로, 3군은 알자스Elsaß 방면으로 진격하기로 하였다. 전쟁 초엽을 기준으로 1군은 6만 5천의 병력을, 2군은 17만 4천의 병력을, 3군은 14만 1천의 병력을 동원하여 국경을 넘었다. 선전포고 시점 기준으로 16일 뒤에는 46만의 란트베어(향토방위군, 지방군)를 추가로 보내 최전선의 아군을 돕기로 하였다. 이에 프랑스는 국경을 넘으려는 적에 맞서 바젠François-Achille Bazaine 장군이 이끄는 로렌 야전군과 마크마옹Patrice de Mac-Mahon 장군이 이끄는 알자스 야전군을 편성하였다. 두 야전군이 해당 방면에서 막으며 후방의 캉호베르François Certain de Canrobert 원수가 이끄는 샬롱Châlons에 주둔한 기동근위대를 주축으로 구성된 예비대가 때에 따라 돕기로 하였다. 이렇게 구성된 프랑스군은 나폴레옹 3세의 현장 참여의 여파로 공식적으론 라인 야전군이란 하나의 군으로 통합되어 움직이게 되었다. 그런데 이러한 판단은 안 그래도 미숙한 프랑스군의 병력 집중과 이동에 악영향을 주었다. 병력을 이동시키기 위한 철도와 전신 등등 군 보조 서비스 분야에 종사하는 인력이 부족한 상태였다. 전선까지는 어떻게 해결한다고 해도 열차의 하역 물자를 수송할 마차가 부족하였는데 (말이 5만 1천5백 마리는 필요했으나 겨우 1만 7천 마리가 준비된 상태였다.) 이러한 순간 통합 편성을 하니 움직임은 더욱 더뎌졌다. 실로 7월 28일에 집결된 프랑스 선봉군 28만은 티옹빌에서 벨포르까지 320킬로미터 구간에 길고 가늘게 걸쳐져 펼쳐진 진형을 띄고 있었다. 지속적으로 하역에 발목이 잡힌 것이다. 이에 반해 프로이센 참모부는 철도 담당 부서를 통해 50여 개의 철도 노선을 민간과 협의하여 일일이 점검하며 열차 시간표를 철저히 배정하여 시대를 앞서는 면모를 보여주었다. 객차의 수량과 화물 선적장의 위치 등등 이동에 필요한 것을 철저히 준비하여 병력을 계획대로 움직였고 전쟁 도상 훈련을 시행했던 1867년 11월에 비해 동원 일자를 32일에서 20일로 줄이는 것에 성공하며 실전에서 더 재빠른 모습을 보여주었다. 8월 6일 기준으로 프랑스군이 겨우겨우 30만 명을 가늘고 길게 집결시키고 있을 때 프로이센군은 42만의 병력을 집결지에 신속히 이동시키는 데 성공하였다. (다만 프리드리히 빌헬름 왕세자의 3군 참모장 카를 레온하르트 폰 블루멘탈Karl Leonhard von Blumenthal 장군 부대에 포대와 물자 공급 문제가 생겼다. 그래서 공격은 8월 3일까지 연기되었고 그 덕에 첫 공격은 프랑스군에게 양보하게 되었다.) 이로써 프로이센군은 더 빨리 전선에 도착하여 일시적이지만 국경에서 적보다 더 많은 병력을 갖추게 되었다. 이러한 동원 차이가 초반 프로이센의 우위를 만들어주었다. 그래도 프랑스는 자신만만했는데 크림 전쟁과 2차 이탈리아 전쟁 등등 여러 전쟁을 통한 경험과 긴 사거리를 자랑하는 샤스포 소총Chassepotgewehr으로 비롯되는 타국에 비해 우월한 화력에 큰 신뢰를 부여하고 있기 때문이었다. (샤스포 소총은 사거리가 대략 1,500미터였고 드라이제 소총은 대략 600미터로 큰 차이가 있었다.) 고로 군사의 질적 수준에서 볼 땐 프로이센에 전혀 밀리는 군대가 아니었다. 예컨대 바젠과 마크마옹 장군은 해외 식민지 전쟁의 경력으로 그 수준이 높은 지휘관들이었기에 몰트게 참모총장이 만만하게 볼 상대가 전혀 아니었다.

먼저 공격에 나선 것은 프랑스군이었다. 프랑스 군부는 조기에 국경 전투에서 승리하여 베를린까지 진격하고자 하였다. 이것을 이룰 수만 있다면 북부 독일과 남부 독일을 차단하여 전쟁의 유리한 국면을 조성할 수 있었다. 1870년 8월 2일, 프랑스군은 프로이센의 자르브뤼켄Saarbrücken을 공격하여 점령하는 데 성공하였다. 그곳엔 고립된 일개 사단만이 존재하여 쉽게 격파할 수 있었다. 그러나 프랑스군은 얼마 안 가 이곳에서 후퇴하였다. 시간이 흐를수록 적의 병력이 거대함을 알았기에 역으로 당하지 않기 위해서 방어적 전략으로 입장을 바꾼 것이었다. 8월 4일, 알자스 북쪽의 바이센부르크Weißenburg를 3군이 침공하고 승리함으로써 본격적으로 프로이센의 공세가 시작되었다. 일단 프로이센군은 3군이 주공으로 1군이 적을 붙잡고 있는 동안 2군의 도움을 통해 3군이 전선을 돌아 전방의 프랑스군을 포위해서 잡아먹을 계획이었다. 8월 6일, 각각 로트링겐과 알자스의 스피체른Spichern과 뵈르트Wörth에서도 프로이센군이 승리함에 따라 프랑스군은 서서히 국경에서 밀리게 되었다. 이에 프랑스 군부는 적에게 당해주지 않기 위해 빠른 재정비를 위한 후퇴를 결정했는데 당장의 포위는 피했지만 이로써 프로이센 3군이 알자스의 산맥을 쉽게 넘게 만들어주었다. 일단 로렌 야전군은 메츠Metz로, 알자스 야전군은 낭시Nancy를 넘어 샬롱 방면으로 후퇴하였다. 이에 프로이센군은 순조롭게 8월 14일, 메츠 근방의 콜롱베Colombey까지 진격하여 해당 전투에서 승리하고 낭시를 점령하였다. 15일에는 알자스의 주요 도시 스트라스부르를 포위하여 사실상 점령하는 데 성공하였다. (스트라스부르는 9월 28일 점령되었다.) 프랑스군이 후방으로 후퇴하자 먼저 3군이 재빠르게 추격에 나섰다. 프로이센 3군은 낭시를 넘어 후퇴하는 적을 맹렬히 쫓아갔으며 낭시 왼편에 있는 툴Toul을 8월 16일에 포위하여 9월 23일에 점령하는 데 성공하였다. 2군은 1군과 3군의 사이로 이동하여 1군이 메츠의 전방을 맡는 동안 메츠를 우회하여 뒤에서 메츠 요새에 들어간 로렌 야전군을 포위하고자 하였다. 서서히 메츠 요새가 포위되어 가자, 이곳에 있던 바젠 장군은 베르됭Verdun 방면으로의 후퇴를 결정하였다. 하지만 프리드리히 카를 왕자가 이끄는 프로이센 2군의 제5 기병사단이 먼저 베르됭에 도착하였고 후퇴로는 차단되었다. 기병사단과 후속 부대들은 그대로 원형을 그리며 베르됭과 메츠 요새 사이 마스-라-투르Mars-la-Tour로 향하였고 이곳에서 탈출하려는 로렌 야전군이 8월 16일에 프로이센 2군에 패배함에 따라 바젠 장군의 군대는 탈출에 실패하였다. 다만 나폴레옹 3세는 안전히 빠져나왔는데 8월 12일에 먼저 샬롱 방면으로 탈출했기 때문이었다. 사실 마스-라-투르 전투에서 프랑스는 이길 수 있었다. 전투 초반에만 해도 기병사단만이 버티고 있었으니 말이다. 그러나 프로이센 제12 기병여단장 브레도프Adalbert von Bredow 장군의 영웅적인 돌격으로 프랑스군은 적의 주력이 이미 도착했다고 오판하였고 결국 패배까지 이르고 말았다. 브레도프 장군의 기병대는 엄청난 손실을 입었지만 돌격을 감행해 메츠 포위 성공이라는 위대한 전공을 세웠다. 이것은 독일 특유의 임무형 지휘 체계가 다시 한번 발현된 순간으로 프로이센의 전술이 프랑스를 압도하고 있음을 보여주는 영웅적 순간이었다. 그리고 여기서 멈추지 않고 완전히 포위망을 형성하고 로렌 야전군을 메츠 안에 가두기 위해 메츠의 왼편인 그라볼라트Gravelotte에서 8월 18일, 메츠로 프링스군을 몰아세우기 위한 진투가 벌이졌다. 그라볼라트 전투에서는 우회할 곳이 없어 초반에는 프로이센군이 고전하지만 프로이센 근위 군단과 작센 12군이 그라볼라트 북쪽 생 프리바Saint-Privat를 압박하고 뚫어내는 데 성공함으로써 결국 승리를 거머쥐었다. 이로써 로렌 야전군은 메츠 요새에 눌러앉게 되었다.

이제 남은 것은 샬롱으로 후퇴한 나폴레옹 3세와 마크마옹의 군단이었다. 훗날의 프리드리히 3세가 이끄는 3군은 서서히 샬롱 방면으로 다가가며 나폴레옹 3세를 노렸다. 여기서 나폴레옹 3세에게 남은 선택지는 완전히 파리로 후퇴하든가 포위된 로렌 야전군을 도우러 가든가였다. 몰트케 참모총장은 나폴레옹 3세의 야전군이 파리로 후퇴할 것으로 생각하여 메츠의 로렌 야전군과 달리 그들을 조기 포위하지 못한 것을 아쉬워하였다. 파리가 요새 도시임을 생각한다면 당연한 선택이었지만 인기 유지가 절실한 보나파르티즘은 메츠를 구원하는 선택을 내리게 하였다. 나폴레옹 3세는 사령부를 랭스Reims로 옮기고 스당Sedan 방면으로 우회하며 메츠로 향하기로 결정하였다. 수색대대로 활용하던 기병들을 통해 몰트케는 이 소식을 눈치챘으나 처음엔 믿지 않았다. 어리석은 판단이니 말이다. 그러나 이내 정보들이 속속히 들어와 확실시되자 몰트케 참모총장은 이러한 기회를 놓치지 않았다. 그래서 파리 방면으로 가던 3군에게 급히 연락하여 북쪽으로 향하도록 지시하였다. 동시에 메츠를 포위하던 병력의 일부를 떼어내어 왼쪽으로 진격시켜 새로운 포위망을 구축도록 하였다. 그렇게 메츠를 향해 우회하던 프랑스군과 급히 뒤쫓아간 프로이센군은 뫼즈강 부근인 누아르Nouart와 보몽Beaumont에서 연달아 8월 29~30일에 부딪히게 되었다. 이 전투들에서 프로이센군은 재빠른 판단과 놀라운 기습으로 마크마옹의 야전군에게 큰 피해를 주는 것에 성공하였다. 보몽 전투의 결과를 보자면 프로이센 4군과 바이에른 1군은 3천5백여 명 정도 손실을 본 반면 프랑스 5군은 5천7백여 명의 손실을 보게 되었다. 이로써 결국 마크마옹의 야전군은 프로이센군의 움직임으로 더 이상 메츠에 다가가기 힘들어졌다. 오히려 파리로 후퇴할 가능성마저 사라졌으며 남은 선택지는 벨기에 국경 근방에 있는 스당 요새로 후퇴뿐이었다. 결국 마크마옹의 야전군은 재빠르게 스당 요새로 후퇴하였다. 몰트케 참모총장은 3군을 재촉하여 이를 놓치지 않고 그대로 추격하였고 작센 왕세자가 이끄는 마스Maas군, 바이에른 지원군과 함께 스당을 포위하는 데 성공하였다. (벨기에 방면으로 도망갈 가능성도 있기에 독일군은 벨기에 정부에 프랑스군이 벨기에 남부로 도망간다면 바로 무장해제를 시켜야 한다고 전했으며 동시에 독일군이 프랑스군을 쫓기 위해 벨기에 영토로 진입할 권리가 있음을 통지했다.) 한편, 8월 31일 메츠 요새에 갇힌 바젠 장군은 이를 돌파하기 위해 분견대를 메츠 근방 누이스빌Noisseville로 보냈으나 이번 전쟁에 참가한 인사과장 에트빈 폰 만토이펠과 2군의 지휘관 프리드리히 카를 왕자의 활약으로 실패하게 되었다.

그렇게 몰트케 참모총장은 철도 계획을 통한 재빠른 초반 움직임과 시기적절한 임기응변을 통하여 원하던 목표인 초기에 동원된 프랑스의 30만에 가까운 핵심 주력부대를 마침내 포위에 성공하게 되었다. 이제 스당은 프로이센 3군 휘하의 4군단, 5군단, 11군단, 근위 군단과 작센의 12군단, 바이에른의 1군단, 2군단에 의해 완전히 포위되었다. 여기서 바이에른의 부대는 남쪽을 담당해 주었고 작센이 우측 일부를 담당해 주었으며 프로이센 3군은 최대한 빠르게 서쪽으로 달려가 포위를 완성시켰다. 그렇게 포위 후 본격적으로 공격에 들어갔는데 이렇게 1870년 9월 1일, 역사에 남을 스당 포위전이 개시되었다. 전투 개시는 새벽 4시경이었는데 몰트케 참모총장의 요청으로 바이에른 1군단이 스당 남동쪽에 있는 바제유Bazeilles 마을을 공격하는 것이 그 시작이었다. 이곳을 통해 프랑스군이 포위망 돌파를 시도하리라 생각했기 때문이었다. 그리고 조금 뒤 바제유의 북쪽에 있는 라 몽셀La Moncelle에도 공격을 가하는데 여기도 탈출 지점으로 추측했기 때문이었다. 여기서 마크마옹 장군은 어떻게든 적을 격퇴하려 하였다. 하지만 프로이센 포병대의 포격에 그만 큰 부상을 입고 지휘권을 오귀스트 뒤크로Auguste Ducrot 장군에게 넘겨주고 후방으로 옮겨졌다. 지휘권을 잡은 뒤크로는 서둘러 북쪽으로 후퇴를 명령하였다. 그러나 현장에 있던 이마누엘 드 빔펜Emanuel de Wimpffen 장군이 그 명령을 무효화하고 동쪽에서 다가오는 프로이센군을 막으라고 지시함으로써 혼란은 크게 증폭되었다. 프로이센군은 적의 혼란을 봐주지 않고 공격함으로써 큰 피해를 보게 해주었다. 프랑스군은 분전 끝에 일단 적을 밀어내는 데 성공하고 북쪽의 지본Givonne천川에 도달하는 데 성공하였다. 하지만 지본천 위의 고지대를 독일 연합군이 점거하고 프로이센 근위 군단과 바이에른군이 프랑스군을 양쪽에서 압박함에 따라 상황은 프랑스군에 점점 절망적으로 바뀌었다. 한편 그러는 동안 프로이센 5군단과 11군단이 북쪽으로 기동하여 스당 서쪽 방면을 완전히 포위하고 프랑스군을 스당 북쪽에 있는 가렌Garenne 숲으로 몰아세웠다. 이렇게 사방에서 두들겨 맞게 되자 프랑스군은 마지막 발악을 시도하였다. 프랑스 기병들이 어떻게든 포위망을 돌파하려 돌격하였다. 하지만 사방에 배치된 크루프 강철포로 무장한 프로이센 포병대의 놀라운 활약으로 모든 반격은 순식간에 집중포화로 분쇄되고 말았다. 빔펜 장군이 마지막 시도로 스당 요새와 바제유 사이에 있는 발랑Balan으로 긁어모은 병력을 돌진시켰으나 프로이센 포병대의 활약에 다시금 격퇴되었다. 프로이센 포병의 활약으로 피해가 누적되자 궤멸 직전에 몰린 프랑스군은 9월 2일 오전, 전투 개시 하루 만에 항복을 결정하고 백기를 들고 말았다. 그렇게 프랑스 황제와 2천4백 명의 장교, 39명의 장군, 8만 3천의 병력이 포로가 되었다. 곧 비스마르크는 황제와 협상에 들어섰고 9월 3일, 프랑스 황제가 황후에게 보낸 전보를 통해 파리에 이 소식이 전해지게 되었다. 이로써 비스마르크와 몰트케 참모총장, 룬 전쟁장관은 전쟁이 마무리되었다고 생각하였다.

그런데 여기서 엄청난 변수가 생기고 말았다. 프랑스의 시민들이 참혹한 패배에 분노하며 항전을 부르짖은 것이었다. 예컨대 프랑-티뢰르Francs-tireurs 부대와 같은 민간인들로 구성된 파르티잔 부대까지 형성되어 프로이센군에 저항하였다. 이 부대는 주로 호송행렬이나 철로와 같은 이동 인프라를 타격하여 프로이센군의 보급에 나름 피해를 주었다. 이러한 사실은 몰트케 참모총장에게 큰 충격을 주었는데 놀라운 작전적 승리에도 전쟁을 종결시킬 수 없는 일도 생길 수 있다는, 독일인으로서는 받아들이기 싫은 진실을 깨우치게 해주었기 때문이었다. 독일은 그 지정학적 위치로 전쟁이 발발하면 조기 종전이 필수였다. 그런데 이렇게 국민적 저항이 이어지니 충격이 아닐 수 없었다. 훗날 몰트케 참모총장은 자신이 쓴 전쟁사 서문에 다음과 같이 서술하며 변화된 시대의 전쟁 수행 방식에 대해 논하였다. 이는 후대의 참모부에 큰 영향을 주었다.

"왕실의 목적을 위해 일개 도시, 일정한 지대를 점령하기 위해, 직업 군인으로 구성된 소규모의 군대를 전장으로 내보내고 동계 진형을 구축하고 평화조약을 체결하는 시대는 이미 지났다. 현대 전쟁에서는 모든 국민이 무기를 들고 나서며 그들의 가족들은 이에 대해 고통을 느끼지 않을 것이다. 국가의 모든 자산이 투입되며 해가 바뀌어도 전투가 끊임없이 계속될 것이다."

몰트케 참모총장은 이 시기 벌써 국민 전쟁, 미래의 총력전을 예견한 것이었다. 이러한 사실은 기존의 전쟁 방식인 내각 전쟁Kabinettskrieg의 종결을 알리는 것이었고 이것은 독일 군부에 큰 충격을 주었다. 본래의 전쟁은 제한적인 목적으로 시행되며 대중이 참여하지 않는 형태였으나 이제 완전히 뒤바뀌게 된 것이었다. 이것은 향후 독일 참모부에 열띤 논의를 만들게 해주었다. 그래도 일단 이 시점에서는 전쟁이 이어져도 그리 오래 이어지진 않았다. 왜냐하면 주력이 이미 파괴되었으니 말이다. 파리 임시정부는 9월 4일에 바로 나폴레옹 3세를 공식 퇴위시키고 대규모 징집을 통해 항전을 이어가려 하였다. 하지만 9월 7일부터 시작된 몰트케 참모총장의 파리로의 진군으로 프랑스 국민방위정부는 바로 위기에 봉착하게 되었다. 9월 15일에는 빌헬름 1세의 사령부가 샤토티에리에 도착하였으며 17일엔 2군 예하 뫼즈군과 3군이 수도 파리를 포위해 갔다. 곧 파리와 오를레앙 구간의 철도가 차단되었고 20일이 되자 15만 프로이센군에 의해 파리가 완전히 포위되었다. 이로써 프랑스 임시정부는 불리한 처지에 놓이게 되었다. 이에 비스마르크의 프로이센 정부는 알자스-로트링겐을 양도하는 조건으로 평화조약을 요구하였다. 하나 공화정을 복구한 파리의 임시정부는 이를 거부하며 항전을 천명했다. 일단 프로이센군은 파리를 겹겹이 포위하였으며 파리 주변 도시들을 점령하여 함부로 프랑스의 지방군이 수도를 구원하지 못하도록 하였다. 예컨대 10월 10일, 오를레앙 근방의 아르테네Artenay에서 바이에른의 군단이 프랑스의 신규부대를 격파하며 오를레앙을 점령하는 데 성공하였다. 10월 27일, 메츠의 17만 로렌 야전군이 항복하자 만토이펠 휘하의 1군 일부가 북쪽으로 향하여 11월 27일에 프랑스군을 격파하고 아미앵을 점령하는 데 성공하였다.

파리에서 급하게 징집된 40만의 대병력과 지방에서 징집되어 올라오는 병력이 양쪽에서 수도를 해방하기 위해 노력했으나 11월 28일, 프랑스 후방에서 신설된 루아르 야전군은 수적 우위에도 질적인 차이로 인해 수도 남쪽 방면에 있는 보네라롤랑드Beaune-la-Rolande에서 패퇴하고 말았다. 12월 2일에도 오를레앙 북쪽에 있는 루이니-푸프리Loigny-Poupry에서도 패배함으로써 프랑스군의 수도해방작전은 사실상 실패를 맞이하였다. 12월 8일에도 오를레랑 남서쪽의 보정씨Beaugency에서 10만이 넘는 병력을 동원해서 싸웠는데도 프랑스 루아르 야전군은 패배하며 독일의 포위망을 뚫어내는 데 실패하였다. 이 뒤로도 전투가 이어지긴 하나 파리 서쪽 방면에 있는 르망Le Mans에서 1871년 1월 10일, 15만을 동원했지만 대략 7만의 프로이센군에 밀려 전략적으로 큰 패배를 하였고 1월 15일에 연이어 프랑스 동부군이 벨포르Belfort 근방의 리잔Lisaine에서 4만의 프로이센군에 다시금 15만 병력으로도 패배함으로써 사실상 전쟁의 막이 내렸다. 프랑스는 적보다 많은 병력을 동원하였지만 결국 프로이센이 점거한 지역들을 돌파하는 데 실패하고 말았다. 프로이센이 손쉽게 이긴 전투들은 아니었으나 결국 승리한 이유는 프랑스군의 주력이 이미 파괴되었기 때문이었다. 주력이 파괴된 이상 급하게 징집된 병력으로 싸워야 하나 이러한 병력으로는 프로이센의 정규군을 이기는 것이 사실상 불가능하였다.

이렇게 프로이센 왕국의 승리는 확정되었다. 그렇다면 승리의 요인은 무엇이었을까? 당연히 지난 파트들에서 언급된 프로이센 참모부의 뛰어남일 것이다. 그러나 여기에 추가하여 보불전쟁에서 활약한 것은 단연 크루프 강철포Krupp gun였다. 지난 전쟁에서 대포가 오스트리아에 비해 부족했던 것의 반성으로 나온 이 최첨단 무기는 프로이센 전쟁 기술의 금자탑이었다. 물론 기병 부대의 수색 부대화 같은 변경을 통한 빠른 정보 취득 같은 다른 세세한 변경들도 전쟁 승리에 기여하였으나 스당 전투에서 보듯 새로운 대포의 활약이 대단하였다. 이 후장식 대포는 6파운드(2.7kg)와 24파운드(10.8kg) 포탄을 사용하였고 기존의 대포보다 사격 속도와 정확성도 더 뛰어났다. 각각 기존 대포들보다 2배와 3배의 성능을 보여주었다. 게다가 폭발력도 어마어마하였다. 월등하게 정교한 강선을 사용한 포신으로 특히 사격 정확도가 다른 부분에 비해 더욱 뛰어났다. 이 크루프 강철포는 고정 포대 방식보단 포병단들을 통해 기마 포병 형식으로 작은 규모의 단위 부대로 움직였고 집중 포격이 필요할 때 뭉쳐 적에게 죽음을 선사하고, 다시 흩어져 다음 목표로 향하는 방식을 택하였다. 이러한 새로운 대포와 새로운 운용으로 놀라운 활약을 보여주었고 전쟁 승리에 가장 큰 기여를 하였다.

이제 남은 것은 파리 함락이었는데 여기서 북독일연방 수상 비스마르크와 몰트케 참모총장이 충돌하였다. 비스마르크는 열강들이 개입할 수도 있으니 (실로 그해 겨울 러시아 군함의 흑해 출입 문제로 국제회의가 열리자 비스마르크는 다급히 프랑스가 이 외교 회의에 참여하지 못하게 파리와 외부의 통신을 막았다. 잘못하면 프랑스가 외교 회의에서 발언하여 열강들이 프로이센이 바라지 않는 방향으로 분쟁 조정을 할 수도 있었기 때문이었다.) 단기간 징벌적인 파리 포격전을 통해 사기가 꺾인 적의 여론을 활용하여 바로 협상을 통해 빠른 전쟁 종결을 원하였다. 반대로 몰트케는 항복 유도를 위해선 지속적인 파리 봉쇄가 필요하다고 주장했다. 몰트케의 생각으론 파리가 가진 보급품은 6주 정도이니 10월 말이면 알아서 항복하리라고 보았다. 이 시기 둘의 불화는 훗날의 유명한 이야기이기는 하나 그다지 심하진 않았는데 훗날의 프리드리히 3세가 되는 프리드리히 빌헬름 왕세자가 둘을 적당히 중재하였기 때문이었다. 여하튼 둘의 의견은 충돌되었으나 곧 고민은 끝나게 되는데 파리 신정부도 슬슬 협상해야 할 시기임을 자각하고 있었기 때문이었다. 당시 파리는 70년 9월 20일부터 겨울을 나며 포위전을 감행하고 있었는데 항전의 대가는 참혹했다. 열기구를 통해 일부는 빠져나가는 데 성공했지만 난민과 병사 각각 20여만을 포함한 200만 명의 사람들이 굶주렸고 고양이나 개, 쥐, 동물원의 동물들 등등 보이는 대로 먹어 치우며 버텼지만 다들 아사 직전까지 몰리게 되었다. 게다가 땔감이 부족하여 얼어 죽거나 약품의 부족으로 천연두나 폐렴 환자가 속출하였으며 왕세자의 묵인하에 결국 12월 말엽부터 시작된 프로이센군의 파리 포격으로 툭하면 수많은 시민이 사망하며 파리는 시간이 흐를수록 절망감에 빠져갔다. 결국 1871년 1월 23일, 프랑스의 외무장관 쥘 파브르Jules Favre가 비스마르크에게 서한을 보내며 협상을 실시하였고 28일 휴전협정이 체결되며 전쟁이 끝났다. 다음 날 파리는 정식으로 함락되었으며 프로이센군의 점령하에 프랑스의 국민의회 선거가 실시되었다. 비스마르크가 주화파가 장악한 새로운 정부와 협상하길 원했기 때문이었다. 비록 3월 18일부터 5월 28일에 있었던 독일제국과 그에 협상하는 신정부에 반발하는 파리코뮌 사태La Commune de Paris가 있었지만 프랑스 신정부에 진압됨에 따라 협상에 큰 영향을 주진 못하였다. 프랑스의 새 선거에서 비스마르크의 추측대로 주화파가 승리하였고 아돌프 티에르Adolphe Thiers가 새로운 공화국의 대통령으로서 프로이센 정부와 협상에 나섰다.

프로이센은 협상을 통해 막대한 이득을 챙겼다. 먼저 50억 프랑Franc의 배상금을 얻어냈다. 이는 당시 프랑스 GNP의 1/4에 해당하는 비용으로 비스마르크는 한동안 프랑스를 옭아매기 위해 (배상금이 완납될 때까지 파리를 포함한 북부 요새들에 독일군이 주둔하기로 했다.) 나폴레옹 전쟁 당시의 피해까지 산정하여 요구하였다. 그다음으로는 군사적 요충지이자 경제적으로도 철광석과 석탄이 풍부해 중공업이 발달한 지역인 알자스-로트링겐을 양도받았다. 과거 신성로마제국의 고토로 독일인의 땅이었던 이곳은 이젠 160만에 달하는 프랑스인들도 살고 있었는데 이 중 5만 명이 국적을 유지하기 위해 프랑스로 떠났다고 한다. 그 외에도 전쟁포로나 국경 변화로 인한 철도 문제 같은 것을 협상하였으나 중요한 것은 앞선 두 가지였고 이로써 프랑스는 독일 통일문제에 더 이상 간섭하지 못하게 되었다. 이러한 내용을 1871년 5월 10일의 프랑크푸르트 조약Treaty of Frankfurt을 통해 비스마르크는 확정 지었고 승리의 기쁨과 함께 비스마르크는 이제 남부 독일 국가들과의 협의에 들어갔다.

일단 남부 독일 국가들은 비스마르크의 외교적 압력과 뜨거운 민족주의 열기, 강국에 소속되어야 안전하다는 현실적 이유로 북독일연방에 가입하는 것을 수락하였다. 이제 북독일연방은 그 이름을 독일 제국Deutsches Kaiserreich으로 변경하였고 연방 리더인 빌헬름 1세에게 카이저Kaiser라는 칭호를 수여하기로 하였다. 이러한 큰 틀에 남부 독일국가들은 동의하며 프로이센의 품 안으로 들어가는 데 동의하였다. 문제는 남부 독일 국가들이 그 안에서 나름의 자유를 추구한 터라 세부적인 합의를 요구하였고 여기서 비스마르크는 한동안 골머리를 앓게 되었다. 바이에른의 경우 과거 독일연방과 유사한 방식을 택하여 나름대로 독립성을 유지하고 싶어 하였다. 이러한 반응에 비스마르크는 북독일연방 체제, 즉 프로이센이 주도하는 독일 제국을 위해 처음엔 강하게 양보를 거절했으나 결국 적당한 타협을 하기로 서로 합의하였다. 바덴과 헤센은 11월 15일에, 바이에른은 23일에, 뷔르템베르크는 25일에 프로이센 왕국과 협상하여 새로운 독일 제국에 합류하기로 하였다. 이로써 제국 구성원들은 서로 동등하다는 기본 원칙이 확립되었고 합류한 남부 독일 국가들은 나름의 특권을 획득하였다. 예컨대 뷔르템베르크는 군복과 계급장을 자율적으로 정할 수 있었고 다른 독일 군대가 주둔하려 할 때 거부할 수 있는 권리가 주어졌다. 바이에른의 경우 독자적인 부대를 구성할 수도 있고 우편이나 철도 관리에도 자율권을 가지게 해주었다. 그리고 남부 독일 국가들은 원하는 대로 제국의회의 상설, 임시 기구들에 참여하여 발언권을 가질 수 있게 되었다. 예컨대 바이에른은 외교위원회의 의장을 차지하며 특별대우를 받았다.

새롭게 만들어진 제국 헌법의 경우 북독일연방의 헌법처럼 상당히 진보적인 내용으로 구성되었다. 이는 모두가 같은 독일이라는 원칙 아래 만들어진 것이었다. 예컨대 이제 제국의회의 권한은 강화되어 제국 헌법에 걸리는 것들은 전부 의회의 승인이 필요했으며 선전포고할 때나 최고 사령관이 집행권을 수행할 땐 의회의 동의가 있어야 했다. 새로운 헌법은 1871년 3월 3일의 통일 독일의 새 선거 이후인 4월 14일에 새롭게 시작된 제국의회의 동의를 받아 비준되었다. 시스템 자체는 북독일연방 때와 유사했다. 맨 위에 제국의 대표자 황제가 있고 양옆에 상원인 제국참사원Bundesrat과 하원인 제국의회가 헌법하에 존재하였다. 여기서 황제가 임면권을 가진 제국 총리는 참사원 의장을 겸임하였다. 상원은 회원국들이 파견한 대표들이 58명의 의원을 선출하였고 여기서 프로이센 왕국은 17표를 보유하여 사실상 상원을 차지하였다. 거부권 행사 기준이 14표였기 때문이었다. 하원은 비밀투표를 원칙으로 저번처럼 보통선거가 치러졌으며 25세 이상 남성들이 3년마다 397명의 의원을 선출하기로 하였다. 상원은 법률안을 발의하고 하원은 법률안을 통과시키거나 기각하는 역할을 맡았다. 기본적인 책임 구조는 총리는 황제에게만, 황제는 신에게만 책임지면 되어 비스마르크에 유리하게 구성되었지만 법률안과 예산안은 제국의회 동의가 필요하기에 왕권과 민권은 미묘한 균형을 이루었다.

여기까지 보면 나름대로 적당히 타협한 것으로 보이나 실상은 프로이센의 지배였다. 황제는 모든 법률 비준권을 가졌고 동시에 언제든지 의회를 해산할 권리가 있었다. 또한 바이에른이 나름의 군권을 가졌으나 어차피 전시에는 통수권이 제국 황제에게 이양되어 실리는 프로이센에 있었다. 제국 헌법은 당대 기준으로 매우 진보적이었으나 프로이센 왕국 내의 헌법은 그대로 3계급 투표제였기에 이중구조로 인해 사실상 프로이센의 지도자들이 제국을 지배하였다. 그리고 1871년 기준으로 독일 제국의 국가 행정 부서는 오로지 제국수상부Reichskanzlei와 외무부만 존재했었다. 나머지 부서는 상설기구화하지 않고 제국회원국들의 부서가 합의하여 진행하게 했으나 사실상 프로이센의 행정부가 이끌어갔다. 또 다른 이중구조를 만들어 프로이센이 지배한 것이다. 물론 필요성에 의해 제국 행정 부서는 하나둘 늘어나지만 (예컨대 제국 철도부는 1873년에, 제국 법무부의 경우 1877년에, 제국 재무부는 1879년에 신설되었다. 수상부는 1879년 내무부로 변경되었다.) 육군을 관할하는 제국 육군성만큼은 탄생하지 않았고 프로이센 전쟁부가 군권을 장악하며 제국을 지배하였다. 이러한 프로이센 왕국의 독일 제국 지배라는 동군연합과 같은 이중구조는 다시금 후술토록 하고 결론은 연합 국가 같은 중앙집권국가가 탄생한 것이었다.

이제 남은 것은 황제 명칭 문제와 제국선포식이었다. 빌헬름 1세는 제국 구성원들의 추대를 받는 형태인 독일국의 황제Kaiser von Deutschland라는 칭호를 얻고 싶었으나 동등 원칙에 따라 비스마르크의 설득으로 단순히 독일인의 대표자라는 의미인 독일 황제Deutscher Kaiser라는 칭호로 결정되었다. 이러한 결정에 빌헬름 1세는 의미 없는 명예직이라며 불만을 터트렸지만, 비스마르크의 애걸복걸로 결국 받아들이기로 하였다. 뒤로는 말만 황제고 제국의회 의장을 다르게 부르는 것뿐이라며 투덜댔지만 그는 비스마르크가 자신보다 독일에 필요하다고 느끼고 있어 참고 넘어갔다. 이러한 명칭 문제는 1870년 12월에 결정되었고 제국선포식은 1871년 1월 18일, 파리가 함락되기 직전인 시점에서 베르사유 궁전 본관 거울의 방에서 호화스럽게 개최하기로 확정되었다. 아직 전쟁 종결 전이지만 이때로 결정된 이유는 이날이 프로이센 왕국 건립 170주년이었기 때문이었다. 그래도 제국선포식 과정은 비스마르크의 배려로 빌헬름 1세의 입맛에 맞춰 진행되었다. 즉위를 위한 종교의식과 합창단의 영적인 노래 『이제 신께 감사드리자Nun danket alle Gott』 연주가 화려하게 진행되었고 잘 마무리되자 최고 연장자인 바덴 대공이 대표로 앞으로 걸어 나가 독일 황제 대신 '빌헬름 황제 만세'를 외쳐주었다. 나머지 사람들도 칼을 뽑아 들며 3번 화답하였다. 다만 정작 빌헬름 1세는 독일 황제로 부르기로 합의했다가 갑자기 저렇게 해주는 것에 기분이 상해 선포식 직후 비스마르크와 말도 안 했지만 얼마 안 가 화를 풀었다고 한다.

그렇게 독일 제국은 베르사유 거울의 방에서 탄생하였다. 4개의 왕국, 5개의 대공국, 5개의 공국, 7개의 후국, 3개의 자유시 등등 24개 국가와 2개의 제국 직할령(알자스, 로트링겐)으로 구성된 국가로 유럽에 새로운 강대국으로 등장하게 되었다. 이 제국은 시민국가이자 병영국가로 프랑스와의 반목과 오스트리아-헝가리와의 긴밀한 유대라는 요인을 가진 특수한 나라가 되었다. 자본과 산업의 발전, 1848년 혁명 같은 민중의 투쟁으로 독일은 자유로움을 가졌으나 동시에 전쟁의 영광으로 후술할 부르주아지들 사이의 군복 선호와 같은 병영문화가 생김으로써 군국에 대한 선호와 열망이 같이 생겨버렸다. 이러한 면모는 대단히 복잡하고 이해하기 어려운 사회를 만들었고 독일이라는 나라를 자유의 길로 갈 수 있게 했지만 동시에 언제든지 피가 흐르는 곳으로도 향하게 만들어버렸다.

제6장

독일 제국

얽히고설킨 여러 생각들

(1871~1914)

빌헬름 1세 시기의 정당들과 정치

1871년 1월 18일, 제국이 건국되었다. 신성로마제국에 이은 독일인들의 제2제국Zweites Reich이 탄생한 것이다. 이 제국은 훗날 단순히 군국주의 국가로 해석되나 틀린 말은 아니되 자세히 보면 상당히 다면적인 국가였다. 이는 건국 초창기 정치 상황을 보면 바로 알 수 있었다. 비스마르크가 온건 자유주의자와 한배를 탔기에 그저 군사문화로만 가득한 국가로 치부하기에는 무리가 있는 것이다. 실로 수상과 한배를 탄 국민자유당은 그와의 타협을 통해 최대한 자유 정책을 펴려 하였고 이러한 덕택에 독일은 우리의 인식과 달리 자유로움도 물씬 풍기던 나라였다. 물론 프로이센 보수주의도 존재했지만 엄연히 함께 존재하여 당대 독일은 자유와 보수가 동시에 존재하는 독특한 환경이었다. 1871년 3월의 제국 하원 선거 결과를 보면 더욱 그 사실을 잘 알 수 있다. 새로운 제국의 첫 선거는 수상과 타협한 국민자유당이 상당히 성공한 선거였다. 그들은 117석을 얻어 전체 의석의 3할 가까이 차지하였다. 하지만 보수주의 정당들도 뒤처지지 않았다. 가톨릭 중앙당Zentrumspartei과 보수당Konservative Partei은 각각 58석과 56석을 차지하며 건재함을 보여주었다. 자유 보수당의 경우 37석을 차지하였다. 또한 일시적으로 존재했던 정당이긴 하지만 보수적 자유주의 파벌인 제국 자유당Liberale Reichspartei이 33석을 차지하며 보수파들도 건재함을 해당 선거에서 입증하였다. 여기에 강경 자유주의였던 독일 진보당도 45석의 성과를 올려 정당의 다채로움을 더하였다. 자유주의도, 보수주의도 모두 보여준 선거였다. 그 외의 정당들도 있었지만 큰 세력은 아니었다. 다만 짚고 넘어가야 할 부분이 있다면 이 선거에서 비록 1석이지만 사회민주노동자당Sozialdemokratische Arbeiterpartei이 등장했다는 것이다. 베벨과 리프크네히트가 이끌던 당으로 훗날의 SPD, 그러니까 사민당의 전신인 당으로 독일 사회주의의 시작을 알린 것이었다. 이들은 노동자들의 지지로 서서히 그 세력이 커지게 된다.

이렇듯 제국의 첫 선거는 다채로움을 보여주며 독일 사회가 단순히 강경한 보수주의 국가가 아님을 입증하였다. 향후 선거들도 보면 그러한 면모는 더더욱 부각된다. 게다가 가면 갈수록 자유주의와 사회주의의 성장으로 독일 사회에 보수적 색채가 줄어들어 간 것을 보면 우리의 인식과 달리 독일 제국은 생각보다 상당히 진보적인 경향의 국가였음을 우린 알 수 있다. 실로 1912년에 가면 보수주의 정당들은 10명 중 1명에게만 득표를 얻을 정도로 지지세가 추락하였다. 자유주의 정당마저 사회주의 정당에 세력을 내어주던 것을 보면 역으로 독일 제국은 우리의 편견과 달리 상당히 민중에 친근한 나라였던 것이다. 비스마르크의 문화투쟁에 대항하며 생긴 가톨릭 중앙당도 시간이 흐를수록 세력을 사회주의 정당에 빼앗긴 것을 보면 더더욱 그러하다. 그렇다면 왜 우리의 인식은 독일 제국이라고 하면 상당히 보수적이고 군사적인 것일까? 보수당이라고 할지라도 자유 보수당의 경우 산업화의 흐름과 보수주의를 결합하려 하며 나름대로 타협적 모습을 보였는데도 말이다.

그것의 원인을 꼽자면 여러 가지가 있겠지만 아마 비스마르크의 통치 방식과 프로이센 왕국과 독일 제국의 동군연합 방식 때문일 것이다. 분명히 독일 사회는 가면 갈수록 진보적인 색채를 띠고 있었다. 엘베강 넘어 동쪽은 융커의 세가 강하긴 했지만 독일 사회 전체로 보자면 시간이 흐를수록 자유주의나 사회주의에 빠지게 되었다. 실제로 독일 사회민주당Sozialdemokratische Partei은 정치의 패러다임에 영향을 주며 계속 성장하였다. 1907년의 제국 하원 선거에서 최다 득표에도 불구하고 농촌 지역에 유리한 선거구 제도로 인해 제1당이 된 101석의 가톨릭 중앙당에 비해 43석만을 차지했지만 1912년의 선거에서는 다시금 최다 득표를, 그것도 압도적인 표 차이를 보이며 110석으로 제1당을 차지하며 독일의 진보적 흐름이 강함을 보여주었다. (사민당 약 425만 표, 2등인 중앙당은 198만 표였다.) 하지만 비스마르크가 구축한 법적 구조, 이른바 비스마르크 타협Bismarck compromise이라 불리는 체제가 소수의 엘리트가 이 나라를 이끌 최종 결정권을 가지게 하였다. 비스마르크가 원활한 통치를 위해 국민자유당을 버리고 보수당과 다시 손잡은 일은 사실상 앞으로의 독일이 황제나 총리, 그들의 측근 같은 소수 특권층이 자기 마음대로 나라를 이끌 것임을 보여주는 사건이었다.

1871년 선거 직후, 국민자유당은 비스마르크 밑에서 최대한 자유 정책을 펴려 하였다. 그들과 수상의 동거는 78년까지 이어지나 마무리는 좋지 못하였다. 처음 이들이 경제적 자유주의 원칙에 따라 추구했던 것들엔 수상은 웃으며 받아주었다. 표준적인 민법전과 형법전이나 표준화된 통화와 도량형, 은행 제도, 인프라 네트워크, 자유로운 이동 같은 것들은 국가 경제성장에 도움이 되었기 때문이었다. 건국 이후 1890년까지 철도망이 두 배로 늘며 통합된 시스템 구축은 강한 독일에 이바지하였다. 그러나 국민자유당은 동시에 자유의 원칙에 따라 이제 군사 예산을 강제예산이 아닌 의회의 동의가 필요함을 주장하였다. 비스마르크가 형제 전쟁 이후 군사 개혁 자금을 소급 적용하여 합법화했을 때 향후엔 의회에 재비준을 요청하겠다고 발언한 것이 큰 명분이 되었다. 하지만 비스마르크가 군사 예산만큼은 독자적으로 운영하고 싶어 보불전쟁을 핑계로 이리저리 미루자 국민자유당은 강하게 나왔다. 이에 수상은 의회를 해산하고 재선거하겠다고 으름장을 내놓자 국민자유당은 7년법Septennat이라는 타협안을 통해 협상하고자 하였다. 이 법안은 7년의 유예를 주는 것으로 그 이후에는 의회 승인을 받으라는 것이었다. 비스마르크는 어떻게든 군대 예산을 강제예산으로 편성하려 시도했으나 결국 타협안을 받아들였다. 그는 이 굴욕에 분노했고 적당한 기회를 얻어 바로 새로운 동맹을 만들었다. 여기엔 단순한 감정이 아닌 크게 3가지 합리적 이유가 있었는데 1873년의 불황으로 경제적 자유주의에서 보호무역으로 변해야 한다는 의견, 78년 선거로 국민자유당이 의석수가 줄어들어 보수정당과 연합의 필요성이 생겼다는 이유, 마지막으로 사민당의 성장으로 사회주의에 옹호적인 자유주의와의 결별 필요성 때문이었다. 그렇게 수상은 오랜 동맹을 버렸고 그 과정에서 노련한 달변과 정치적 술책으로 기존의 동맹을 분열시켰다. 국민자유당은 수상의 전향에 두 세력으로 분열되었고 그래도 타협하지 말아야 한다는 세력의 경우 진보당에 합류하다가 후일 독일급진당Deutschradikale Partei을 세우며 수상과 각을 세웠다. 비스마르크는 보수당의 후신인 독일보수당 Deutschkonservative Partei과 손을 잡으며 의회주의와 자유주의를 최대한 탄압하였다. 물론 제국 헌법이 보통선거인지라 민주적으로 선출된 의회의 힘을 추락시키는 것은 결국 실패했으나 (독일보수당의 경우 80~90년대는 의회의 15% 가까이 꾸준히 의석을 얻었으나 그 이후 의석수가 서서히 줄어들게 된다.) 독일의 자유주의는 '한동안' 어려움에 봉착하게 되었고 비스마르크는 그사이 보나파르티즘과 유사한 자신의 일인 체제를 구축하여 독일이 분명 자유주의가 넘치는 국가임에도 독재정과 비슷하게 만들어 버렸다. 그러니 훗날의 인식이 그렇게 된 것으로 필자는 생각한다.

그럼, 비스마르크는 어떻게 정국을 운영했을까? 그의 보나파르티즘은 어땠을까? 간단히 보자면 그는 전통적 요소와 근대적 요소를 결합하고 균형을 이룸으로써 자신의 카리스마를 유지하는 방식을 택했다. 급속한 산업화와 근대화의 결과들을 카이사르와 같은 태도로 엄청난 권위 아래에 종속시켰다. 그는 자신이 원하는 바가 있으면 회유와 압박을 총동원하길 주저하지 않았으며 제국의회를 최대한 통제했다. 강박에 가까울 정도로 공무원들과 고위 관료들의 업무를 점검하였고 자신이 맡고 있는 것을 위임하기 꺼렸다. 빌헬름 1세의 부탁은 울음과 사임 협박으로 막았으며 법률 통과가 마음대로 안 되면 막무가내로 몰아치곤 하였다. 그는 법률을 소시지 같다고 하였는데 이는 그가 헌법을 대하는 태도를 엿볼 수 있는 말이었다. 실로 수상이 가진 법률안 거부권을 종종 쓰며 입법을 마음대로 하곤 하였다. 비스마르크는 보호관세 구축을 통해 보수주의적 결집정책을 추구하였고 향후 제국 정책의 보수성을 확립시켰다. 정리하자면 그는 부르주아지들의 성숙을 방해하며 권위주의적 관헌 국가를 만든 것이다. 이것이 독일 하면 자유로움이 떠오르지 않고 강력한 보수주의가 떠오르는 이유일 것이다.

다만 그가 만든 것들이 무조건 나쁘기만 한 것은 아니었다. 예컨대 수상이라는 피라미드를 중심으로 만든 효율적인 관료 체제는 독일 제국의 관리계급이 업무를 효율적으로 처리하게끔 했다. 행정절차는 계산성과 합리성을 완벽하게 추구하려는 목표 관념을 가지고 움직였고 관할 영역의 명확한 구분, 모든 수직적 결합의 제도화, 하위 직능인과 관리인들의 확고한 상명하복의 계서제 등등을 통해 조직기능을 합리적으로 계획하고 통제하였다. 이러한 고도의 전문적이고 분업화되는 관료제의 특성은 독일 사회에 영향을 미쳐 독일 하면 떠오르는 특유의 효율성에 이바지하였다. 그가 권위주의적 지배구조를 통해 독일의 민주화를 막아버린 것은 사실이나 동시에 안정적 국정운영을 통하여 평화적 외교기조를 이끌어 간 것은 부정하기 힘들다. 그의 퇴임 이후 독일 제국의 향방이 삐거덕거린 것을 생각해 보자. 필자가 보기엔 지정학적 불리함에서 오는 독일의 생존을 위해 모순적인 구조를 구축하여 독재를 통해 중립의 기조를 유지하고자 한 것으로 보인다. 정리하자면 그러한 수상의 태도 덕택에 독일은 자유와 민주의 흐름에도 불구하고 권위주의와 군사문화의 그림자를 동시에 가지게 되었다.

그런데 여기서 의문이 있다면 분명 자유와 진보의 흐름이 제국의 선거에서 계속 승리해 갔다는 것이다. 분명히 여론은 이기고 선거도 이기는데 왜 독일을 가리는 그림자들을 치우기 힘들었던 것일까? 그 이유는 앞서 언급한 독일 제국의 이중구조, 프로이센 왕국의 독일 제국 동군연합 방식 때문일 것이다. 그것은 건국 세대 당시의 국민자유당과 중앙당의 강성함, 빌헬름 2세 시기의 사민당의 강성함에도 보수주의가 나라를 장악하게 해주었다. 결론부터 말하면 프로이센 보수주의는 프로이센의 3계급 투표제와 프로이센 관료 기구의 거대함을 통해 꾸준히 살아남았다. 분명 독일의 1871년 헌법은 진보적이었다. 제국은 프로이센 아래 뭉친 것이 아닌 독일 구성국들의 연합이며 모두가 동등하기에 구성국 대표들은 제국 상원에 모여 법안을 규정한다고 공표하였다. 실로 각종 상임위원회가 존재하여 다양한 분야를 같이 합의하게끔 만들어 헌법상으론 독일 제국은 독일 구성국들의 동등한 모임과 같은 곳이었다. 하지만 이것은 헌법 자체의 틀이 그러하다는 것일 뿐 실상은 달랐다. 아무리 제국 선거가 직접, 비밀의 성격을 지닌 보통선거라고 해도 제국의 6할을 차지하는 프로이센의 선거는 공개, 간접의 성격을 지닌 투표였기 때문이다.

프로이센은 1848년 혁명 이후 반동 쿠데타로 다듬어진 3계급 투표제를 고스란히 유지하였고 이는 1918년까지 이어졌다. 유권자가 선거인단을 선출하면 선거인단이 다시 의원을 선출하는 방식이었기에 마음만 먹으면 조작이 충분히 가능한 선거 시스템이었다. 분명 만토이펠 수상의 시기만 하더라도 나름대로 진보적인 것이었지만 이제 보통선거의 시대에는 뒤처진 유물이었다. 고로 수정을 가해야 하지만 비스마르크는 이것을 악의적으로 보수당의 입맛에 맞게 바꿔 나갔다. 프로이센의 지주들과 관료층, 보수당 의원들은 자신들의 단단한 네트워크를 구성하며 비스마르크의 의도에 따라 선거구를 입맛대로 요리하였다. 선거구 획정을 보수파에 유리하게 하거나 비등한 후보가 있을 시 투표소를 임의로 옮기며 선거구를 보수에, 보수를 지지하는 농촌에 유리하게끔 뜯어고쳤다. 사실상의 농촌 로비가 뿌리내렸고 이제 3계급 투표 시스템은 시골에서 보수파의 영향력을 유지하는 보수의 닻이 되었다. 이에 사람들은 프로이센 투표제를 혐오하기 시작했다. 예컨대 1898년 제국 선거 투표율은 약 68%였지만 비슷한 시기인 1893년 프로이센 총선 투표율은 약 15%에 불과했다. 이러한 결과는 역으로 엘베강 동부의 보수 세력이 프로이센 주의회를 장악하게 해주었다. 1913년을 기준으로 보수당 의원 147명 중 124명이 구프로이센 지역 출신이었다. 제국 영토의 65%가, 인구의 62%가 프로이센인 것을 고려하면 나라의 절반 이상이 보수의 발판이었던 셈이다.

게다가 거대한 프로이센 관료 기구의 크기는 프로이센 체제의 독보적 위치를 점하게 해주었다. 비록 산업화의 흐름으로 인해 필요성이 부각되며 각종 행정 부서가 제국행정부에 생기긴 하지만 1914년까지도 프로이센 관료 기구가 제국 관료 기구보다 크기가 더욱 컸었다. 그렇기에 제국 행정 부서들이 생겨났음에도 프로이센 행정조직과의 협력은 필수였고 그에 따라 사실상 프로이센 행정부들이 나라를 다스렸다. 군부의 경우 제국 헌법 61조와 63조(황제를 겸하는 프로이센 국왕이 독일 제국 최고사령관이라는 조항)를 통해 대놓고 프로이센 전쟁부가 관할하였으며 제국 육군성의 경우 끝내 생기지 않고 프로이센 전쟁부가 군권을 관장하였다. 아무리 구성국들이 독자적 군대를 가질 수 있다고 해도 전쟁이 나면 지휘권은 황제와 프로이센 군부에 있었고 61조에 따라 제국은 프로이센 군법을 도입해야만 하였다. 제국 행정 부서들의 수장이 엄밀히 따지면 장관들이 아닌 차관Staatssekretär이었음을 보면 그저 수상의 들러리에 불과했다. 7년법을 투쟁하여 얻은 의회마저 전체 예산을 심의하지 못하였기에 비스마르크의 수상에 대한 권력 집중과 프로이센의 지배로 독일 제국은 프로이센 보수주의가 이끌어가게 되었다. 그래서 자유와 진보의 흐름에도 정책은 보수적이었던 것이다.

그래도 엘베강 서쪽 너머는 확실히 자유주의의 흐름이 지배하였다. 독일보수당은 왕관과 군대에 기반을 둔 정치적 권위주의를 추구했고 자유보다 계급을, 산업보다 농촌을 아름답게 보았지만, 그러한 방식은 근대화와 산업화의 흐름에 맞지 않았다. 건국 시점에만 해도 절반의 노동자가 농촌에 있기에 보수주의는 잘 유지되었으나 10년 만에 노동자들의 상당수가 제조업과 같은 산업 분야로 이동했고 1907년이 되면 3/4의 노동자들이 산업 분야에 종사함에 따라 분위기는 자유주의와 사회주의로 이동해 갔다. 화이트칼라 직종들도 건국 시점에선 2% 미만이었으나 1907년엔 6% 정도로 성장하며 중산층 형성에 이바지하였고 그들은 진보적인 정치 문화를 선호하였다. 따라서 사람들은 점점 국민자유당의 자유주의를 지지하거나 사회민주당의 임금과 노동조건의 개혁을 지지하였다. 특히 신문의 소비로 1890년대부터 사민당은 루르 산업지대를 기반으로 큰 성장을 하였다. 그들은 분명히 탄압받았고 처음엔 극빈층에 가까운 노동자들의 지지만 받았으나 개혁의 필요성으로 전반적인 민중의 지지를 얻는 데 성공하였다. 그러다 보니 자연스럽게 부르주아와 융커 귀족 엘리트들의 정치 문화와 민중의 정치 문화는 갈라지게 되었다. 90년대의 게르하르트 하우프트만Gerhart Hauptmann의 『직조공Die Weber』 연극 소동이나 98년 베를린 공식 전람회에 거부당한 발터 라이스티코Walter Leistikow의 풍경화 『그루네발트제Grunewaldsee』가 대표적인 사례라 할 수 있다. 직조공 연극은 1844년 직조공 봉기에 영감을 얻은 희곡으로 철저한 자연주의의 언어로 구성되었으며 풍경화 그루네발트제는 베를린 교외 숲의 호수 풍경을 어두운 분위기로 담아 당대의 감수성을 긴드는 작품이었다. 이런 민중문화는 지배층의 단압에도 저항과 문화직 모더니즘을 이어갔고 결국 엘베강 서쪽의 분위기를 자유롭게 하는 데 크게 이바지하였다.

이 시기 특이한 점은 반교권주의에 대항한 가톨릭 중앙당 정도일 것이다. 프로이센은 신교 국가였지만 통합된 독일 지역들, 특히 남부 지역은 가톨릭의 세력이 강했기에 비스마르크는 이를 제어하려 하였고 이에 반발한 세력이 바로 중앙당이었다. 이들은 가톨릭 세력의 이익을 대변하는 집단이었고 그렇기에 자유나 보수의 어느 쪽에도 속하였다고 보긴 힘들었다. 중앙당은 한동안 강력한 영향력을 보여주었지만 산업 계열 노동자들의 지지를 사민당에게 빼앗김에 따라 차츰 세력이 초창기에 비해선 줄어들게 되었다.

정리하자면 이렇듯 독일 제국은 그저 보수주의만이 아닌 자유주의나 사회주의, 가톨릭 등등 여러 가지 다채로움이 있는 국가였다. 그 속에서 사회민주당이 가장 성공적으로 성장함에 따라 독일의 진보성을 보여주었다. 다만 비스마르크가 프로이센에 힘을 집중하고 그 꼭대기에서 수상의 권력을 휘둘렀기에 잘 보이진 않게 되었다. 수상은 집중된 권력을 통해 가톨릭이나 사회주의자들과 투쟁하며 자신의 비전을 이룩하고자 하였다. 안정적 국정운영을 위한 숙명적 투쟁은 여러 가지 결과를 불러일으켰다. 그 성공과 실패, 독일의 이득과 손해는 제국을 더욱 다면적인 세상으로 만들어주었다.

수상의 문화투쟁

비스마르크 수상은 제국이 하나로 통합되길 원했다. 그래서 여러 가지 정책을 폈는데 가장 큰 국내 정책이 바로 문화투쟁Kulturkampf과 사회보장제도일 것이다. 사회보장제는 후술토록 하고 먼저 가톨릭과의 문화투쟁을 알아보도록 하자. 이 투쟁은 건국 직후부터 벌어진 비스마르크의 숙원사업이었다. 왜 비스마르크는 가톨릭을 타깃으로 잡은 것일까? 그것은 간단히 말하자면 산업화와 근대화의 흐름에 따라 세속주의를 확고히 하여 나라의 분열을 막고자 한 것이었다. 이제 통일된 국가에 분열의 틈은 있어서는 안 되는 것은 자명한 사실이었고 비스마르크는 형제 전쟁 이후 남부 독일에서 가톨릭 세력들이 프로이센에 반대하였다는 사실을 잊지 않고 있었다. 예컨대 1869년 당시 바이에른에서 정부가 친프로이센 정책을 펴자, 성직자들이 보여 수십만 명의 반대 청원을 모은 적이 있었다. 당시 가톨릭은 점점 로마 중심으로 구조를 짜며 세속주의에 저항해 갔기에 자유주의자와 비스마르크 입장에선 국가의 발전을 위해 반드시 제압해야 할 대상이었다. 진보와 합리성, 과학 발전의 추구와 성직자들의 권리 유지는 충돌될 수밖에 없는 요소였다. 당대의 교황 비오 9세

Pius IX는 1864년에 교황 무오류설Papal infallibility을 주장하며 교회 지상주의와 교황 중심 정책을 피력하였다. 비오 9세는 무오류설을 통해 교황이 신앙과 윤리에 대해 논한다면 교황의 말이 정답이고 신자들은 이에 따라야 하며 세속권력자들은 함부로 간섭하면 안 된다고 천명하였다. 이것은 1차 바티칸 공의회First Vatican Ecumenical Council를 통해 교리적으로 정의되었다. 또한 교황은 무오류설을 주장하면서 동시에 오류Syllabus of Errors표로 만들어 자유주의와 민족주의, 정교분리를 비판했다.

이 사조에 맞춰 독일 가톨릭 신자들은 통일 독일에 맞설 정치조직을 구성하였고 이것이 중앙당이었다. 독일에서의 오스트리아 축출로 이제 독일 내에서 37%만이 가톨릭인 이상 그들을 대변할 조직이 필요하였다. 로마의 영향으로 중앙당은 비스마르크의 지도를 거부하며 가톨릭 교의를 강조하고 사회에 이를 적용해야 함을 주장하였다. 그들은 자유방임적 자본주의 체제를 비난했고 사회적 가톨릭주의를 주장하며 빈부격차를 비판하였다. 노동 개선을 부르짖으며 사실상의 혁명적 관점을 통해 반국가적 태도를 취하자 1차 바티칸 공의회까지만 해도 종교에 간섭하길 주저했던 비스마르크는 본격적으로 가톨릭에 대한 탄압을 실시하였다. 무엇보다 240만 명에 달하는 폴란드인들에 대한 독일어 사용 장려를 가톨릭 성직자들이 폴란드어 사용을 독려하며 방해하자 더 이상 두고 보긴 힘들었었다. (비스마르크는 가톨릭교회 네트워크가 폴란드 민족주의와 강하게 연결되어 있다고 판단하고 있었다.)

비스마르크는 일단 1871년 7월 8일, 프로이센 문화부 내의 가톨릭 부서를 폐쇄해 버리고 학교들을 교회와 협력하지 않고 국가가 직접 통제하게끔 조치를 취했다. 국가 주도교육과 집단적 교육을 통해 가톨릭의 영향력을 없애려 한 것이다. 예컨대 공립학교에서 종교적 가르침은 필수 교과였지만 이제 그러한 교육은 사라졌다. 비스마르크는 국가에 충성하지 않는 가톨릭 성직자와 신자들을 제국의 적이라고 인식하며 1871년 12월에 교단 조항Kanzelparagraph을 시행하였다. 이 조치는 종교 관련자들이 국가에 정치적 비판을 가하는 것을 금지하는 것이었다. 1872년 3월에는 학교 감사법을 신설하여 가톨릭 학교와 사립학교에 대한 감사와 사찰로 그들을 통제하였다. 그해 여름에는 예수회 교도들을 독일에서 추방하는 법안을 만들고 통과시켰다. 200여 명의 예수회 교도들이 교황의 충성스러운 대리인이었음을 고려하자면 독일 남부에서 교황의 영향력을 제거하려는 속셈이었다.

그리고 탄압의 결정판은 1873년 5월 11일의 '5월법Maigesetze'이었다. 이것은 반교권주의를 표방하던 당시 교육부 장관 아달베르트 팔크Adalbert Falk의 주도하에 생긴 법으로 이제 성직자들은 독일의 대학에서 정식 학위를 취득해야 했고 (여기서 중요한 점은 이제 사제 서품을 받기 위해선 신학대학에서 독일의 철학, 역사, 문학을 공부하고 해당 시험에 통과해야만 했다는 것이다.) 성직자 임명을 정부에 신고해야만 하였다. 이에 따라 성직자 문제를 다룰 왕실 법원이 신설되었으며 공립학교에는 속인 감찰관이 감시를 위해 배치되었다. 또한 이제 출생이나 사망, 결혼과 같은 신고를 교회가 아닌 반드시 행정 당국에 하게끔 바꾸었다. 이러한 일련의 조치로 종교에 대한 국가 통제를 확립하였다. 75년에는 여러 반국가적이라 여겨지는 종교적 규정을 강제로 폐지시키고 종교 단체에 대한 지원금까지 없애버리며 압박을 이어갔다. 이러한 조치에 강한 반발로 1천4백여 개의 사제 자리가 공석이 되었다. 정부는 새로 선출하려 했지만 주민들은 성직자들과 함께 거센 반발을 일으켜 큰 소득을 보지 못하였다. 프로테스탄트도 이에 함께 반발하는 지경에 이르자 이에 대한 결과로 1874년 7월 13일, 비스마르크 수상에 대한 암살 시도가 벌어지나 수상은 역으로 이를 빌미로 중앙당을 더욱 탄압하였다. 그러면서 동년에 의무적인 법률혼을 제도화하였고 1년 후 독일 전역으로 확대시켰다. 이러한 조치들에 성직자들은 복종을 거부하였으며 주교들은 자발적으로 감옥에 들어갔고 중앙당 의원들은 비스마르크를 미치광이라고 쏘아붙였다. 교황은 대놓고 이 법률은 무시되어야 한다고 주장하였다. 이 5월 법안이 신교도들에게도 적용되었기에 반발은 독일 전역에서 일어났다. 하지만 비스마르크는 물러서질 않았다. 계속 몰아붙였다. 1878년을 기준으로 1천8백 명이 넘는 사제들이 감금되거나 망명하였으며 1천6백만 마르크의 종교 재산이 압류되었다. 중앙당은 선거를 거듭할수록 의석수를 늘려갔고 (74년에는 91석을 차지하며 147석의 국민자유당에 이은 제2당이 되었다.) 대표였던 빈트호르스트Ludwig Windthorst는 비스마르크에 대한 개인적 혐오감을 노골적으로 드러내며 사사건건 충돌하였다. 비록 중앙당이 로마의 의견을 받아들여 중앙정부의 세속화에 반발한 것은 사실이나 지나친 탄압으로 모든 독일 국민들이 비스마르크를 증오하기에 이르렀다.

결국 비오 9세가 사망한 1878년을 기점으로 화해가 시작되었다. (정확히는 76년부터 양측의 합의가 물밑에서 시작되었다.) 때마침 나오던 보호관세 이야기를 통해 비스마르크는 국민자유당을 버리고 보수당과 힘을 합치려 하고 있었는데 여기에 새 교황 레오 13세Leo XIII가 마르크스주의에 우려를 표하며 비스마르크와의 화해를 받아들였다. 중앙당도 비스마르크와의 동맹 대열에 참가함으로써 다 같이 사회주의에 맞서기로 하였으며 합의를 통해 예수회 금지령이나 민간 결혼에 대한 법률 정도를 제외하고 가톨릭 탄압 관련 법률안을 전부 없애기로 하였다. 자연스레 5월법을 발의한 팔크 교육부 장관은 해임되었으며 1882년엔 단절된 교황청과의 외교관계가 복원되었다. 이 화해의 상징으로 비스마르크는 개신교도 최초로 교황에게 그리스도 훈장Christusorden mit Brilanten을 받았게 되었다.

이렇게 결국 문화투쟁은 실패로 종결되었으나 완전한 실패라고 보긴 힘들었다. 비록 가톨릭 세력들이 독일 제국 멸망까지 국가에 대한 적극적 협력은 꺼렸지만 그래도 중앙정부의 지지 세력이 되긴 하였다. 초기 이들이 중앙과 따로 놀려고 작정했던 것을 생각하면 무시하기 힘든 성과였다. 아이러니하게도 문화투쟁의 여파로 신도들이 결집함에 따라 중앙당은 1912년까지 거대한 세력을 유지하였으며 중앙정부의 집권에 기여하게 되었다. 또한 결혼이나 교육 같은 중요한 사회적 부문에서 세속화도 점차 이루어졌다. 이 문화투쟁으로 종교는 이제 서서히 사적인 영역으로 변모하였다. 따라서 결국 자유주의자들이 종교인들에게 승리를 거둔 것은 자명한 사실이었으며 이제 독일은 근대적 세속국가로 거듭나게 되었다.

수상의 사회주의와의 투쟁

가톨릭교도들과 화해를 한 이상 이제 목표는 사회주의자들이었다. 사회주의자들이 제1당이 되는 것은 훗날의 일이나 세력이 급속도로 커졌기에 두고는 볼 수 없는 일이었다. 예컨대 건국 당시 사민당 지지자의 수는 10만 명 정도에 불과했으나 6년 만에 약 50만에 가까운 지지자를 확보하며 성큼성큼 성장해 가고 있었다. 아직은 고작 12석 정도에 불과한 소수정당이었지만 잠재 성장력은 엄청난 정치 세력이었다. 그렇게 된 가장 큰 이유는 1873년에 프랑스 정부가 배상금을 완납하면서 동시에 경제 호황이 멈추었기 때문이었다. 그전까지만 해도 1872년 베벨과 리프크네히트가 반역죄로 2년 형을 받으며 성장에 제동이 걸리고 있었으나 남은 70년대의 경제위기로 인해 노동자들은 고통스러운 삶을 대변해 줄 세력을 지지하며 사회주의를 받아들이기 시작했다. 이러한 변화와 성장에 발맞춰 기존의 독일 사회민주노동자당은 페르디난트 라살레Ferdinand Lassalle가 이끄는 전국 독일 노동자협회Allgemeiner Deutscher Arbeiterverein와 힘을 합쳐 사민당의 전신인 1875년에 독일 사회주의노동자당Sozialistische Arbeiterpartei Deutschlands을 창당하였다. 이들은 후술할 비스마르크의 탄압으로 잠시 공식 활동을 멈추나 90년에 다시금 부활하여 지금의 사회민주당으로 이름을 바꾸고 활동을 이어갔다. 비스마르크의 통치 시점으로 돌아와 현황을 보자면 아직은 세력이 작긴 했으나 1877~8년을 기준으로 마르크스주의와 연계된 노동조합원이 기존의 2만 5천에서 4만 7천으로 늘어나며 거듭된 성장세를 보이고 있었기에 수상은 이들을 제어하고 싶어 하였다. 그럴 수밖에 없던 것이 1875년의 사민당 강령을 보면 합법적인 모든 수단을 동원하여 자본주의를 전복시키겠다고 선언하고 있었으며 실로 사회주의자들은 비스마르크와 그가 이룬 독일 체제를 부정하고 있었다.

이제 선제적 조치가 필요한 시점이었다. 그것이 바로 반사회주의법Sozialistengesetz과 일련의 사회보장제도Sozialgesetzgebung였다. 비스마르크는 이러한 창과 방패를 마련하기 위해 빌미를 찾기 시작했고 얼마 안 가 대형 사건이 터지게 되며 수상은 탄압을 실시하게 되었다. 그 대형 사건이 바로 1878년 5월 11일과 6월 2일의 황제 암살미수 사건이었다. 먼저 5월 11일의 상황을 보자면 당시 81세의 고령이던 빌헬름 황제는 그의 딸 루이제 공주Luise von Preußen와 함께 무개차를 타고 베를린의 운터 덴 린덴을 지나는 행사를 하고 있었다. 황제와 공주는 환호하는 시민들에게 웃음과 손을 흔들며 화답하고 있었는데 이 기쁜 행사에 불청객이 끼어들어 왔다. 그는 막스 회델Max Hödel이란 인물로 배관공을 직업으로 가진 라이프치히 출신의 전 사민당 당원이었다. 해당 시점에서 그는 무정부주의 가치관으로 물의를 빚어 당을 나간 상태였는데 평소 황실에 적대적이었는지 리볼버를 들고 베를린을 방문한 상태였다. 그는 자신의 신념을 실행에 옮겼고 황제를 향해 두 발의 총격을 가하였다. 그러나 두 발 모두 빗나갔고 그는 현장에서 바로 제압당하고 체포되었다. 빌헬름 1세는 지금도 이미지가 좋은 황제로 당대에도 사랑받던 황제이기에 대중의 반응은 분노로 뒤덮였다. 그래도 당시 국민자유당은 한 인물의 돌발 행동으로 사회주의자를 다 탄압할 수 없다고 반응하였으나 (당연하지만 막스 회델은 사형을 선고받았다.) 곧바로 6월 2일, 다시금 사건이 터지고 말았다. 그날 불굴의 의지를 지닌 빌헬름 1세는 다시 운터 덴 린덴을 방문하여 사람들의 환호를 받고 있었다. 황제는 이럴 때일수록 대중 앞에 서야 한다고 생각하며 사람들의 호응에 화사한 대응을 해주고 있었다. 그런데 이런 생각을 노린 사람이 있었으니 바로 카를 노빌링Karl Nobiling 박사였다. 그는 거리의 한 아파트에 들어가 자리를 잡고 황제가 시각에서 보이는 것을 기다렸다. 그리고 포착되자 창문 아래로 보이는 황제를 향해 2연발식 산탄총을 격발하였다. 이번엔 총알 몇 개가 황제의 가슴과 하체에 명중하였으며 (다행히 황제는 피켈하우베Pickelhaube, 프로이센식 철모 덕에 치명상은 입지 않아 생존하였다.) 만족한 암살범은 즉시 권총으로 자살을 시도했다. 얼마 후 그는 숨을 거두게 되는데 이번에도 범인은 무정부주의 성향을 지닌 인물이었다. 비록 사민당과의 연관은 적지만 비스마르크는 범인의 성향을 빌미 삼아 제국의회로 달려가 당장 빌헬름 황제를 지키지 못한 도덕적 책임을 지라고 의회에 요구했다. 수상은 당장 의회를 해산시킬 것이라고 겁박했고 여론에 져버린 의회는 불과 1년 전에 정기선거가 있었지만 수상의 요구에 따라 새로운 선거를 치르기로 하였다. 이 7월 30일의 선거에서 사민당과 국민자유당은 참패하여 의석수가 도합 34석이 줄어들어 버렸다.

그렇게 결국 새로운 의회에서 다수를 차지한 비스마르크와 독일보수당이 요구하는 사회주의 탄압법, 소위 10월 법안이 1878년 10월 21일에 통과되었다. 엄청난 여론의 분노로 397명의 의원 중 221명이 찬성하였다. 중앙당이나 진보당, 사회민주당 등등 반대 정당들도 있었지만 대부분 여론을 무시하지 못했던 것이다. 이 법안에 따라 이제 사회주의자들이나 사회민주주의자들, 공산주의자들은 모조리 탄압받게 되었다. 언론이나 출판 활동은 당연히 금지되었고 노동조합마저 철폐시켰다. 원칙적으로 사회주의 활동 그 자체가 불법이 된 것이다. 이 법은 일단 한시적으로 2년만 시행하기로 했으나 1890년까지 꾸준히 갱신되었다. 그나마 다행인 것은 수상이 민중의 투표권마저 제어하려 들었으나 사민당에 대한 투표권만큼은 의원들의 반대로 부결되었다는 것이다. 하지만 엄청난 여론을 등에 업고 있었는지라 비스마르크는 이 법안을 빌미로 사민당을 적극 탄압하였으며 사회주의자들은 결국 경찰의 연행을 피해 지하로 숨어들어 가거나 해외로 도피하였다. 이 당시 체포된 사람만 1천5백 명이 넘었으며 결국 사민당은 정당 활동이 금지되었다. 하지만 정당 자체만 없어졌을 뿐 무소속으로 나가는 것은 법적으로 막지 못하여 리프크네히트 같은 사람들은 원내 진출에 성공하여 저항을 이어갔다. 비스마르크는 최대한 사회주의자를 탄압하려 애를 썼지만, 조직의 와해 자체까지는 성공하진 못하였다. 마치 문화투쟁 때처럼 말이다. 그래도 사회주의에 엄청난 위기가 다가온 것은 부정하기 힘든 사실이었다. 1890년에 사회주의 탄압법이 폐지될 때까지 사민당은 35석과 백만 표의 지지를 얻는 데는 성공했으나 천여 종의 정기, 비정기 간행물이 금지당하거나 수백 명의 사람들이 강제 추방을 당하며 온전한 활동을 하지 못하게 되었다.

비스마르크는 계속 사회주의자를 탄압하면서 동시에 당근을 주기로 결정하였다. 그래야 넘어온 인기를 그대로 유지할 수 있다고 판단하였기 때문이다. 게다가 개인적 연민도 결정적이었다. 그는 기독교인으로서 빈곤한 사람은 당연히 도와야 한다는 종교적 의무감이 있는 사람이었고 노동자들을 도와 그들을 사회주의로부터 지키고 싶어 하였다. 게다가 당시 공업지대의 노동자들이 혹독한 노동으로 체력이 떨어져 군복무를 할 수 없는 수준이라고 보고를 받자 그는 큰 충격에 빠지며 가부장적 보수주의의 기치 아래 사회보장제도를 도입할 것을 천명하였다. 그렇게 1881년 11월, 수상은 의회에 나가 황제의 교서를 낭독하며 노동자들을 국가적 차원에서 보호하고 부양할 제도를 만들 것이라고 밝혔다. 이러한 사회개혁 선언은 폭넓은 지지를 얻었으며 자유보수당 같은 구체제 인사들도 찬동하였다. 다만 최종 표결에선 사민당과 진보당은 반대했는데 수상의 의도를 거부한 것으로 보인다. 사민당 파괴가 목적이니 당연하였다. (그런데 이상하게 다른 중앙당이나 보수정당들도 찬성했는데 정작 독일보수당은 반대했다. 필자의 판단으론 너무 혁명적으로 보여서 그런 듯하다.)

먼저 1883년, 수상은 최대 13주의 병가를 제공하고 질병 치료비와 부상 수당을 지급하는 세계 최초의 건강보험인 『질병보호법Krankenversicherung』을 제정하였다. 그리고 질병 금고를 갖춘 협동조합도 설치하여 300만 명에 달하는 노동자와 가족들이 의료혜택을 받게 하였다. 1884년 6월에는 고용주가 자금을 부담하는 형태의 『국가산재보호법Unfallversicherung(노동재해보호법)』을 제정하였다. 이로써 산업재해 발생 시 노동자들은 치료비 전액을 받게 되었고 사망 시 유가족들이 연금을 받을 수 있게 되었다. 마지막으로 1889년 6월에 통상적으로 사회보장제도 그 자체라고 불리는 『노령 및 장애에 관한 보험법Alters und

Invalidenversicherung』을 제정하여 70세 이상 노인과 주로 폐 질환을 지닌 중증 장애인들에게 연간 소득 2천 마르크를 지급하기로 하였다. 다만 이러한 복지 혜택들은 막대한 자금이 필요하기에 의회의 동의가 필수였다. 의회는 89년의 법안만 보조금을 국가에서 주기로 하고 나머지는 기본적으로 노동자와 고용주가 보험을 통해 동시에 자금을 부담하도록 하였다.

다만 노동자들은 이것을 일종의 자선, 어찌 보면 위선이라고 생각하였기에 비스마르크가 바라던 사회주의로의 민심 이탈 방지는 결국 실패하게 되었다. 사민당에 대한 인기는 계속 성장했고 1890년에는 140만의 지지자를 모으는 데 성공하게 되었다. 자유주의자들의 경우 좌파들은 입법 반대를 하며 수상의 의도를 분쇄하고자 노력하였다. 실로 비스마르크 정부는 노동자를 챙겨주면서도 파업권은 인정하려 들지 않았기에 그런 반응은 아주 틀린 것이 아니었다. 사회주의자들은 비스마르크가 주는 뇌물로 여겼다. 하지만 노동자들이 사회보장제도를 통해 질병이나 사고로부터 보호조치를 받게 됨으로써 복지국가로 가는 길이 열린 것은 부정하기 힘든 대단한 업적이었다. 그렇기에 1888년 마르크스의 사망 이후 독일 사회민주당은 조금씩 다른 길을 걷기 시작했다. 정치혁명을 통한 자본주의 파괴보단 자본주의 체제하에 내부 개혁을 통한 노동자들의 삶의 개선이 가능하다고 보기 시작한 것이다. 이는 새로운 강령인 1891년의 에르푸르트 강령Erfurter Parteitag에 잘 표현되었다. 여기서 사민당은 양성평등과 보통선거권, 8시간 노동과 근로자 보호를 천명함과 동시에 정치혁명보단 노동자의 삶을 개선하는 것에 집중할 것을 주장하였다. 결국 비스마르크의 행동이 독일 마르크스주의에 변화를 가져다준 것이다. 1895년 엥겔스 사후 베른슈타인은 본격적으로 기존의 마르크스주의를 수정할 것을 주장했고 1899년 『사회주의의 전제조건과 사회민주주의의 과제Die Voraussetzungen des Sozialismus und die Aufgaben der Sozialdemokratie』라는 책을 통해 폭력적 혁명보단 무산계급의 행동, 보통선거를 통한 사회개혁을 주장하였다. 이는 로자 룩셈부르크Rosa Luxemburg 같은 급진적 마르크스주의자들에게 엄청난 비난을 받게 되지만 프롤레타리아가 다수가 되어 부르주아지들을 탄압하는 것은 타락한 자본가의 억압과 다를 바가 없다는 주장은 사람들에게 먹혀들어 사민당의 주류 사상이 되어갔다. 정치적 평등으로 의견 개진을 통한 경제적 평등을 이루는 구조는 점진적이었지만 확실히 민중의 삶을 변화시켜 갔으며 이는 역설적으로 비스마르크의 정책으로 입증되었다. 그렇기에 비스마르크의 복지정책과 사민당의 변화는 부정하기 힘든 역사의 업적을 남긴 것이라 봐도 무방했다.

그렇게 비스마르크는 나름대로 성공을 거두었다. 비록 크나큰 저항에 비스마르크가 원하던 탄압법은 1890년에 폐지되었지만, 구축된 사회보장제도가 노동자들을 기존의 정치사회 질서에 들어오게끔 해주었다. 아이러니하게도 퇴행적인 정치체제하에서 복지국가의 기틀이 마련된 것이다. 이러한 업적은 향후 독일이 아름다운 복지국가로 거듭나는 데 큰 영향을 주었으며 비스마르크의 부정하기 힘든 업적이 되어주었다.

비스마르크 시대의 산업 발전과 경제 상황

1871년 건국 직후 독일의 경제는 그야말로 호황이었다. 그럴 수밖에 없는 것이 조건이 너무 좋아졌기 때문이었다. 그간 독일은 분열되었으나 하나 됨으로써 넓은 국토와 많은 인구를 가짐에 따라 유럽 대륙에서도 손에 꼽히는 시장을 가지게 되었다. 게다가 지리적으로도 북으로는 해상무역을 할 수 있는 바다가 있었고 대륙의 중앙에 있어 여러 국가와 교역하기도 좋았으며 라인강이나 다뉴브강, 엘베강 같은 수심 깊은 여러 강이 국토를 지나가 경제 네트워크를 구축하기에 안성맞춤이었다. 통일된 제국은 자신들의 이러한 조건을 잘 알고 있었기에 바로 내부의 인프라를 연결하고 확장하며 건축 호황을 누리기 시작했다. 이 인프라 구축에는 프랑스에게 받은 배상금 50억 프랑이 큰 도움이 되어 경제는 더욱 드높이 상승하였다. 사방에는 우아한 주택과 웅장한 건축물들이 지어졌으며 크고 기나긴 철도가 깔리기 시작하여 사방에 필요한 인력과 물품을 수송해 갔다. 1880년 기준으로 연간 4만 3천 명의 승객을 수송하며 그 규모가 프랑스를 압도할 정도였다. 이 과정에서 산업의 중심지인 루르 지대가 급성장했고 무역항인 브레멘과 함부르크와의 급행 노선이 놓이며 독일의 경제는 빠르게 기존 열강을 따라잡았다. 이 과정에서 농촌이 소외당하기는 했지만, 많은 사람들이 도시로 모여 산업노동자가 되면서 독일의 산업은 그야말로 폭풍 성장하게 되었다. 예컨대 선철의 경우 1870년에서 2년 만에 생산량이 61%나 증가하였다. 그런데 수요는 무려 111%가 증가하며 만들면 계속 팔리는 진풍경으로 경제의 성장을 견인하였다. 이 과정에서 선철은 가격이 90%나 상승했으며 자연스레 시장의 규모도 급격히 커졌다. 초과이윤은 미칠 듯이 쌓여갔고 독일 산업계는 그것을 다시 산업에 투자하면서 엄청난 선순환 속에 초창기 호황을 누렸다.

아우구스트 폰 빌레August von Wille가 그린 「독일 산업화 시기의 도시 바르멘Barmen」, 1870년 작품

하지만 비스마르크의 오른팔인 자유시장주의자 델브뤼크가 이끄는 독일의 경제는 얼마 안 가 작동을 멈추게 되었다. 배상금을 금방 갚아 자금이 떨어지게 된 것도 있었지만 미진한 금융 거래 규제로 대규모 민간자금이 들어온 금융계가 그야말로 거품이 오르다 못해 포화상태를 못 이기고 결국 터져버리자, 그간 50%가 넘게 급등하던 주가가 급락하기 시작한 것이었다. 이러한 1873년 베를린 대공황으로 한동안 독일의 경제는 그 힘을 잃게 되었다. 물론 80년대에 다시 회복하나 몇 년의 대공황은 노동자의 삶을 빈곤하게 만들었다. 그래서 앞서 서술되었듯 사민당이 엄청난 인기를 끈 것이다. 좀 더 자세히 보자면 당시 각 계층은 생활 수준이 엄청나게 차이가 났었다. 예컨대 개업 변호사의 경우 3만 4천 마르크Mark의 연봉을 올렸으나 초등학교 교사는 1천6백 마르크를 연봉으로 올렸고 평범한 기계공의 경우 고작 연봉이 270마르크였다. 당시 빵 한 덩이가 36페니히Pfennig(100페니히=1마르크)였음을 생각하면 기계공은 하루 노동의 1/3을 빵 하나에 투자해야 하는, 그야말로 하루 벌고 하루 사는 인생이었다. 하류 계층들은 호황의 대가를 하나도 받지 못했던 것이다. 그런데 이런 상황에서 임금이 절반에서 심하게는 70%가 삭감되자 그들은 굶주릴 수밖에 없었다. 중산층의 경우 하류층보단 상황이 괜찮았지만 실물자산 부족으로 그들도 허덕였으며 오로지 상류층들만이 재산을 축적하였다. 그래도 여전한 대량 상품생산으로 물가도 함께 절반 가까이 하락하긴 했다. 하지만 구매력 저하로 공급과잉이 버티질 못하고 악성 재고가 축적됨에 따라 경제가 악순환으로 흘러갔다.

그 결과 사회주의가 전반적으로 독일 사회에 퍼지자 비스마르크는 서서히 특단의 조치가 필요한 시점임을 자각해 갔다. 먼저 수상은 1876년 자신의 오른팔인 델브뤼크 장관을 해임하였다. 그리고 독일 경제계 각 분야의 의견을 수렴하여 보호무역주의로의 전환을 결정하였다. 왜냐하면 경제하락으로 산업계의 경우 외국과의 기술 경쟁이 힘에 부쳤으며 농업계의 경우 남북전쟁 이후 농산물을 대량 생산해 가는 미국의 여파로 너무 값싼 농산물에 의해 가격경쟁력이 엄청나게 뒤처져 가고 있었기 때문이었다. 직물업이나 다른 분야도 힘들었지만 특히나 융커들이 이끄는 농업계가 힘에 부치자 비스마르크 정부는 거부할 수 없는 흐름임을 깨달았다. 여러 단체의 로비도 전환에 영향을 주었는데 예컨대 철강과 직물업 계열의 연합조직인 독일 산업가 중앙협회Zentralverband deutscher industrieller가 1876년에 설립되어 정계를 설득하자 결국 비스마르크 정부는 이를 받아들이게 되었다.

그렇게 1879년 6월, 관세법이 통과되어 이제 톤당 10마르크의 세금이 부여되었다. 전체적으로는 철강과 직물 계열은 비교적 관세를 낮게 책정하고 농산품에 대해서는 높게 관세를 책정하여 국내의 상품을 우선적으로 소비하게끔 경제 상황을 구축하였다. 산업의 대표 부문인 선철의 경우 수입품에 17% 이상의 가격 인상을 책정했고 수입 밀에는 톤당 70마르크의 세금이 붙여졌다. 그렇게 경제는 겨우 안정되어 가나 이 과정에서 금융계가 큰 타격을 입었으며 수많은 은행이 문을 닫게 되었다. 그래도 다행인 것은 주가의 폭락이 은행의 중앙 집중화를 일으켜 이제 도이체방크Deutsche Bank나 드레스드너방크Dresdner Bank, 다름슈태터방크Darmstädter Bank, 산업무역은행으로도 알려짐, 디스콘토-게젤샤프트Disconto-Gesellschaft 등등 4개의 주요 은행으로 독일의 금융계가 정리되어 질서를 갖추게 되었다.

이러한 보호무역 조치로 내수시장이 활성화되어 가며 몰락해 가던 농업과 산업 분야들이 서서히 회복되어 갔다. 다만 몇 가지 문제가 있었다. 일단 회복 속도가 당장 나오질 않고 95년 전까진 일시적 호황과 침체를 반복함에 따라 많은 이들이 경제적 어려움을 견디지 못하고 아메리카 대륙으로 이민을 갔다는 것이다. 다행히 경제가 완전히 회복된 이후 1895년부터 1913년까지 기나긴 호황기로 독일은 엄청나게 성장하며 인구도 1890년에는 4천9백2십만, 1913년에는 6천7백만에 도달하게 되지만 1873년부터 95년까지 무려 200만에 가까운 사람들이 신대륙으로 떠났다. 그다음의 문제는 새로운 관세법이 경공업 분야에는 손해를 끼쳤다는 것이다. 공산품 관세가 중공업에는 도움을 주었지만 경공업에는 나쁜 영향을 끼친 이유는 관세법 조치가 경제적 조치의 의미도 있었지만, 비스마르크가 구축한 프로이센 지배 질서를 유지하기 위함도 있었다. 즉 농업 위기로부터 융커를 지키기 위해 조정한 측면도 있어서 일부가 버려진 것이다. 경공업이나 완제품 영역에서의 관세는 향후 호황기에도 별 도움이 되질 않았다. 융커 계급의 지배를 위해 지켰던 농업 분야는 혁신에도 불구하고 규모가 산업 분야에 밀린 것은 수상의 판단을 아쉽게 만들었다. 예컨대 순수 투자액만 비교해도 그렇다. 1885년을 기준으로 농업 분야에는 115억 마르크가 들어갔지만 산업 분야에는 375억 마르크가 들어갔으며 종사자 비율도 1890년이 되자 9백6십만 대 천만으로 역전당하게 되었다.

그래도 신산업 계열로의 투자가 새로운 호황기를 창출하기 시작했다. 전기나 화학, 기계공학 같은 분야에서의 성과가 철광이나 철도 산업을 제치며 새로운 산업 발전을 주도해 갔다. 따라서 투자액도 신산업으로 몰렸는데 예컨대 철도에 대한 투자액은 70년대에 25%에 달했지만 89년이 되면 5.7%로 줄어들게 된다. 그렇게 독일의 새로운 산업 분야는 경제회복의 주역이 되어갔다. 예컨대 기계류 수출의 경우 건국 직후와 1913년을 비교하면 6배나 증가하였다. 여기에 더해 세계 최초 자동차 발명은 독일 산업계를 견인하였다. 카를 벤츠Karl Benz가 최초의 내연기관 자동차를 발명하여 지금도 유명한 독일 자동차 업계를 만들어 갔다. 지멘스Siemens와 아에게AEG, Allgemeine Elektricitäts-Gesellschaft 같은 기업들이 등장하며 산업회사와 도시 전체에 안정적으로 전기를 공급하여 이러한 발전을 도움과 동시에 자신들도 성장하였으며 바스프BASF, Badische Anilin & Soda Fabrik와 바이엘Bayer 같은 기업들이 나타나 화학 분야 시장을 선점하는 데 성공하며 독일 경제의 주춧돌이 되어주었다. 전기와 화학 같은 분야는 고도의 전문화된 작업이 요구되었으며 뛰어난 혁신이 필요했는데 후술할 독일의 교육을 통해 만들어진 우수한 산업 인력들이 이 문제를 해결해 줌으로써 독일 산업은 시간이 흐를수록 특유의 품질과 높은 가격에도 판매되는 경쟁력을 갖추게 되었다. 당대 독일은 후발주자로 식민지가 그다지 없었는데 그런 요인이 오히려 국내 산업에 대한 투자로 이어져 경쟁력을 갖추게 해주었다. 융커를 중심으로 한 농업계도 혁신을 통해 1913년까지 밀의 생산을 50% 이상 늘리는 데 성공하며 독일 경제에 나름 크게 이바지하였다. 특히나 화학 발전을 통한 우수한 비료들 덕택에 돼지 사육의 경우 7백만 마리에서 2천5백만 마리로 증가하며 경제의 규모 증가에 이바지하였다.

다만 이러한 경제 급성장은 비스마르크의 퇴임 이후부터 본격적으로 시작되었기에 빌헬름 2세 파트에서 다시 다루도록 하자. 확실한 것은 그의 임기에 있던 조세, 재정, 교역, 교육 등등 여러 정책이 발전을 도왔고 결국 꽃을 피운 것이라 볼 수 있다. 예컨대 건국과 함께 조세의 경우 이제 수입을 등급으로 나누어 그에 따라 부과하였으며 1893년부턴 수입이 900마르크 이상인 자진 신고자에게 세율을 0.6~4%로 다양하게 부과하였다. 이러한 일반 수입세는 조세국가와 복지국가의 전제조건을 갖추게 해주어 정책 추진에 이바지하였다. 다만 이러한 일률적 과세는 토지 귀족인 융커들에게 조세부담 경감이라는 이득을 주었다. 또한 관세법에 따른 간접세, 관세수입의 증가는 일반 국민의 부담으로 돌아왔다. 이 막대한 이득이 재정에 도움이 되고 군비 지출로 강군을 만들게 해주었지만 훗날의 각종 간접세와 소비세 신설로 시민들의 소득분배는 불평등해져 갔다. 이 과정에서 지배계층인 융커들이 큰 이득을 보았는데 비스마르크 수상이 보수파와 다시 손을 잡고 프로이센의 지배를 위한 구조를 굳히기 위해 융커들의 편의를 봐준 것으로 보인다.

여하튼 수상은 여러 조치로 가까스로 공황에 빠진 독일의 경제를 회복세로 돌렸다. 이 과정에서 성장한 산업들은 빌헬름 2세의 치세에 엄청난 잠재력의 성과를 보여주게 되었다.

만족하는 제국

독일 통일 이후 비스마르크의 외교 정책은 올곧게 하나로 향했다. 바로 최대한 전쟁을 피하는 것으로 말이다. 평화를 유지하는 것이 독일의 이득이라고 수상은 판단했기에 그는 누누이 주변에 "현재 영역에 독일 제국은 만족한다. Das Deutsche Reich war saturiert."라고 말하고 다녔다. 비스마르크는 평화유지를 위해 국제회담을 주도하는 것을 선호하였으며 군부의 예방전쟁Präventivkrieg 요구에 대해서는 철저히 거부하는 태도를 보였다. (다만 군사력이 갖추어져야지 발언권도 강해지며 상대도 함부로 싸움을 걸지 않으리라는 판단에 국방력 투자는 지속적으로 이어졌다.) 그는 다툼보단 국제회담을 통해 각종 분쟁, 특히 식민지 쟁탈 같은 사안을 조율하면서 열강들의 미움을 피하고 사랑을 받는 것을 추구하였다. 자연스럽게 식민지 확장을 자제함에 따라 독일이 현재에 만족하며 지금만을 원한다는 기조를 통해 프랑스를 제외한 모두와의 친선을 달성하는 데 성공하였다. 그럼으로써 건국 이후 20년은 독일이 외교를 주도하였으며 자연스레 이 시기를 비스마르크 시대Ära von Bismarck라고 훗날 부르게 되었다.

비스마르크의 외교 전략은 기본적으로 프랑스를 고립시키는 것이었다. 알자스-로트링겐을 제국으로 회수한 이상 적대를 피하긴 힘들었다. 그렇다면 나머지와 전부 친해져서 프랑스의 선택지를 없애 평화를 유지하는 것이 답이라고 수상은 생각했다. 따라서 영국과 친선을 맺으며 오스트리아-헝가리 이중제국과 러시아 제국, 이탈리아 왕국과 동맹을 추진하며 유럽 안정의 보루를 만들고자 하였다. 이에 따라 비스마르크는 식민지 확장을 최대한 자제하였는데 영국의 의심을 최대한 피하기 위함이었다. 당시 영국은 새롭게 유럽에 등장한 강국이 자신들의 라이벌이 될지 유심히 지켜보고 있었다. 물론 사업가의 요구로 인해 독일 제국도 1884년부터 식민지 사업에 뛰어들긴 하지만 비스마르크 수상이 식민지에 큰 흥미를 느끼지 못해 새로운 영토 획득이 많지는 않았다. 비스마르크 시기 얻은 독일의 식민지는 크게 3곳으로 현재의 나미비아와 토고가 있는 독일령 남서아프리카, 현재의 탄자니아와 르완다, 부룬디가 있는 독일령 동아프리카, 남태평양의 뉴기니 제도와 사모아를 독일령 태평양 보호령으로 확보하였다. 이 식민지들을 1884~5년에 얻었고 대략적인 총면적은 2,661,015제곱킬로미터로 영국의 식민지와 비교하면 1/10 정도에 불과했다. 그렇기에 수상은 식민경쟁에서 영국을 이기는 것은 불가능이라 보았으며 적당한 수준에서 확장을 자제하였다. 후발주자로서 덤비기보단 적당한 수준에서 만족함으로써 평화를 얻어간 것이다. (다만 국내의 보수주의 유지를 위해 입헌 민주정인 영국과는 다투지 않되 의도적인 거리감을 두었다. 친선과 동맹 그 사이를 노린 것으로 판단된다.)

따라서 수상은 식민경쟁보단 유럽에서의 동맹 체결에 힘을 쏟아부었다. 그로 인한 첫 번째 주요 성과가 바로 1873년 10월 22일의 삼제협정Dreikaiserabkommen이었다. 독일과 이중제국, 러시아가 체결한 협정으로 협정국이 제4국의 침공을 받을 시 상호협조를 하겠다는 내용의 조약이있다. 이 조약의 진정한 목적은 무너진 유럽 협조 체제를 회복시켜 유럽의 평화를 확고히 하고 전쟁 가능성을 없애는 동시에 프랑스를 견제하는 것이었다. 수상은 국내에서 프로이센의 지배, 융커의 권위주의를 유지하고자 하였기에 권위주의에 알맞은 오스트리아나 러시아가 안성맞춤인 동맹이라고 판단하였다. 비스마르크는 유럽 대륙에서의 권위주의 체제를 유지하고 민주주의인 프랑스를 고립시키며 열강들 사이의 분쟁을 독일이 '정직한 중개자Ehrlicher Makler'가 됨으로써 유럽의 평화를 조정하는 그림을 그리고자 하였다. 문제는 이중제국과 러시아의 관계를 조정하는 것이 쉬운 일이 아니었다는 것이다. 둘은 발칸에서 충돌할 조짐을 보이고 있었다. 게다가 두 국가는 생각보다 국내 문제에 힘을 쏟느라 독일과의 협조보다는 자신에게 유리한 방향만을 추구하려 들곤 하였다. 또한 독일도 국내 정책의 영향으로 1879년 러시아 곡물이 독일 시장에서 배제되자 러시아는 이에 분노하며 관계가 일시적으로 냉각되기도 하였다. 따라서 체결된 동맹은 생각보다 불안정했다. 예컨대 1875년에 있던 독일과 프랑스의 전쟁 위기 당시 프랑스가 다급히 영국과 러시아에 도움을 요청한 적이 있었다. 여기서 러시아는 약화된 프랑스의 국제적 위상을 올려 독일을 적당히 견제할 필요성을 느끼며 도움 요청을 수락하였다. 이는 자국의 이익을 위해 언제든 동맹 체제가 무너질 수 있음을 보여주는 사건이었다. 그나마 다행인 것은 이 사태의 교훈으로 비스마르크의 독일은 외교적 운신을 조심하며 유럽 협조 체제 복원과 평화 유지에 집중했다는 것이었다. 그것이 독일의 이득이니 말이다.

그렇게 불안정한 삼제협정은 얼마 뒤의 동방 위기로 결국 붕괴되었다.

1875년의 불가리아 소요 사태로 오스만이 지배하는 발칸 지방에 분란이 생기자 이에 러시아가 개입하려 했는데 여기서 영국과 이중제국이 러시아에 태클을 걸었기 때문이었다. 본디 러시아는 반오스만 동맹을 구축하며 이중제국과 영토 분배를 합의 보고 1877년 4월에 오스만과 전쟁을 실시하였다. 그런데 정작 1878년 3월, 러시아가 오스만과 협정을 맺어 오스만의 모든 유럽 영토를 강탈하자 영국과 이중제국이 러시아가 일방적으로 이득을 챙긴다며 반발하였다. 여기서 독일 제국은 중간에 끼어 모호한 입장이 되었으나 비스마르크가 이 사태를 정직한 중개자가 될 완벽한 기회로 여기며 1878년 6월 13일부터 7월 13일까지의 베를린 회담Berliner Kongress을 개최하였다. 비스마르크는 이 회의를 주도하며 동유럽, 특히 발칸의 안정을 추구하였으나 각기 다른 입장을 고려하는 것은 쉬운 일이 아니었다. 여기서 독일은 어떠한 영토도 원하지 않는다며 각국의 불신을 없애고 유럽의 균형을 추구한 것은 좋았으나 철저한 중립을 택한 덕에 러시아의 분노를 사버리게 되었다. 원하던 열강들의 옹호적인 태도는 얻었으나 정작 가장 중요한 동맹의 분노를 산 것이었다. 러시아는 독일이 그들을 도울 것이라 기대하고 있었다. 이 회담으로 영국은 키프로스를 획득하였고 오스트리아-헝가리 이중제국은 보스니아-헤르체고비나를 획득하였다. 세르비아, 몬테네그로, 루마니아가 독립 국가가 되었으며 러시아는 이 회담으로 오스만에게 얻은 영토의 일부(불가리아 남부 자치구인 동부 루멜리아Ostrumelien과 마케도니아, 오스만에 반환)를 상실하게 되었다. 불가리아의 경우 자치권을 가지되 오스만에게 조세를 받치는 공국이 되었다.

베를린 회담으로 러시아와 독일의 관계는 급속 냉각되었다. 앞서 언급된 1879년의 전염병 발생을 명분으로 한 러시아산 육류 및 곡물 관세는 여기서 한 번 더 충격을 가하였다. 그해 8월 15일 러시아 황제는 빌헬름 1세에게 소위 '따귀편지Ohrfeigebrief'를 보내 일련의 사태에 분노를 표하였다. 이에 비스마르크는 일단 러시아를 놔두고 이중제국과의 2국 동맹 체제를 구축하기로 하였다. 수상은 어차피 러시아는 독일의 편으로 올 것이라는 확신을 지니고 있었기 때문이었다. 이는 양국의 왕실 간의 우호 관계도 있지만 러시아의 선택지가 독일 말고는 그다지 없다는 현실 때문이었다. 비스마르크는 러시아가 다시 다가오면 그때 해결하기로 하고 1879년 10월 7일, 오스트리아-헝가리와의 2국 동맹Zweibund을 체결하였다. (다만 러시아에게 체결 소식을 알려 그들의 양해를 구하는 방식을 택했는데 빌헬름 1세의 의중과 비엔나 정부의 러시아와의 관계 개선 의도가 있었기 때문이었다.) 이 2국 동맹에는 3년 뒤 1882년 이탈리아 왕국이 합류함으로써 (튀니지를 보호국화한 프랑스에게 충격받은 덕택이었다.) 삼국동맹으로 확장되었다.

그러는 동안 러시아는 영국과의 대립 때문에 결국 독일과의 관계를 회복하려고 하였다. 이를 파악한 비스마르크 수상은 1880년 4월, 영국에서 이중제국에 적대적인 자유당의 집권을 빌미로 러시아에게 접근하여 두 국가의 화합을 주선하는 협상을 시작하였다. 그렇게 1881년 6월 18일, 삼제협정을 갱신하는 것에 성공하였다. 그 내용은 이전과 유사하게 제4국이 협정국을 공격하면 나머지는 호의적인 중립을 지키기로 하였다. 이 협정을 통해 일단 러시아는 이중제국의 보스니아-헤르체고비나 획득을 인정하였고 발칸에서의 충돌 가능성을 줄여 전쟁 위협을 감소시켰다. 그런데 삼국동맹과 삼제협정의 유지가 가면 갈수록 힘들어졌는데 범슬라브주의의 확장과 미수복 이탈리아 문제로 인한 이중제국과 이탈리아의 대립 때문이었다. 일단 비스마르크는 삼국동맹에 루마니아까지 포함하는 확대된 안전보장 체제를 구축하고 1887년에 체결된 영국-이탈리아-이중제국의 프랑스와 러시아를 노린 지중해협정(지중해 세력 현상 유지 약속)을 주선하면서 유럽 세력균형을 통해 평화를 이어가고자 노력하였다.

하지만 비스마르크의 여러 외교적 성과에도 불구하고 발칸에서의 이중제국과 러시아 충돌은 꾸준히 발생하여 삼제협정의 붕괴를 다시금 불러일으켰다. 예컨대 1885년 9월에 있던 동부 루멜리아 사태는 양국의 관계를 악화시켰다. 이곳은 지난 베를린 회담으로 오스만 영토로 남았으나 봉기가 일어나 불가리아로 통합되려 하였다. 이에 러시아는 반대했으나 이중제국은 찬성하였다. 이 사태에 결국 동유럽의 두 국가는 사이가 더욱 악화되었다. 이러한 일들이 누적되자 결국 러시아는 1887년, 삼제협정을 탈퇴하였다. 그렇게 삼제협정이 다시금 붕괴하자 비스마르크는 러시아가 프랑스에게 붙을 수도 있다는 생각에 빠르게 움직였다. 이제 삼국동맹으로 독일의 안전망을 유지하되 러시아와는 독자적 조약을 체결하여 여전히 독일의 보호망으로써 작동하게끔 만들기로 하였다.

무엇보다 1886년부터 프랑스의 국방장관 조르주 불랑제Georges Boulanger가 독일에 대한 복수를 강하게 외치고 있었던지라 양면 전선의 악몽에서 벗어나려면 러시아와의 새로운 조약은 필수였다. 프랑스와 러시아의 화해를 차단하려는 절박한 노력의 산물이기도 했던 것이다. 그렇게 1887년 6월 18일, 독일과 러시아는 재보장조약Rückversicherungsvertrag을 체결하였다. 내용은 두 국가 중 어느 국가가 제3국과 전쟁을 하면 다른 국가는 중립을 지키기로 한다는 것이었다. 만일 이중제국과 러시아가 전쟁한다면 독일은 중립을 지킬 예정이었다. 그런데 이것은 2국 동맹에서 맺은 것과 정면으로 충돌하는 면이 있었다. 그 당시 이중제국이 러시아의 침공을 받으면 돕기로 약속했기 때문이었다. 따라서 재보장조약은 비밀조약으로 체결되었다.

삼국동맹, 지중해협정, 러시아와의 비밀조약 등등 비스마르크가 구성한 여러 조약이 유럽의 평화를 위해 거미줄처럼 서로 얽히고설키게 되었다. 문제는 이렇게 복원한 유럽 협조 체제는 복잡하게 뒤엉켜있어서 언제든 무너지기 쉬웠었다. 비스마르크는 보수주의 성향의 제국들이 같은 권위주의 체제를 유지하기 위해 뭉칠 것으로 전망했지만 그렇게 잘 흘러가진 않았다. 오히려 역으로 각자의 국내 정책이 외교에 영향을 주어 모순적인 행동을 보여줄 때도 많았다. 비스마르크가 국내의 보수주의 유지를 위해 권위주의적 국가와 손을 잡는 것을 선호한 것을 보았을 때 역으로 국내의 향방에 의해 동맹이 깨질 수도 있었다. 그래도 그가 수상으로 있을 때는 어떻게든 유지가 되었다. 독일이 욕심부리지 않는 태도를 유지하며 열강들의 우호를 사는 데 적당히 성공한 데다가 수상의 전략적 유능함으로 여러 조약이 꾸준히 체결되었기 때문이었다. 그 덕에 그는 현실 정치가로서 명성을 얻긴 하였으나 도저히 발칸에서의 충돌 가능성은 어찌할 수 있는 것이 아니었다. 이중제국과 러시아 둘 다 발칸을 원했으니 말이다. 그래도 수상은 앞선 새로운 삼제협정 때처럼 서로 양보와 인정을 하게 하여 어떻게든 이 위태로운 평행선을 유지하려 했으나 새로운 황제가 힘든 것을 벗어던짐으로써 파국이 일어나게 되었다.

세 황제의 해: 빌헬름 2세의 등장과 철혈 수상의 퇴임

1888년 3월 9일, 향년 90세의 나이로 모두의 사랑을 받던 건국 황제 빌헬름 1세가 사망하였다. 그에 따라 황태자 프리드리히 빌헬름이 56세의 나이로 프리드리히 3세Friedrich III로서 즉위하였다. 본디 새로운 제국이 창건되었으니 '1세'로 부르는 게 맞으나 비스마르크 수상이 이 제국이 프로이센 왕국의 연장선상임을 알리자고 권하여 '3세'로 칭하기로 정해졌다. 그는 지난 통일전쟁에 전부 참전한 전쟁영웅으로 국운이 걸린 전투 속에서 카리스마와 리더십을 보여주었으며 동시에 인도주의적 처사를 보여주어 모두의 찬사를 받은 바가 있던 사람이었다. 즉 능력이 검증된 사람이었고 다들 그가 즉위하면 독일을 바른길로 이끌 것이라고 기대하였다. 특히나 그는 자유주의적 면모가 강한 사람이었기에 수상의 탄압에 신음하던 자유주의자들은 그의 즉위를 열렬히 반겼다. 새로운 황제의 뛰어난 능력과 소신은 사실상 정적인 비스마르크도 인정할 정도였다. 그는 황태자의 자유주의적 태도, 특히 영국 의회 체제에 대한 옹호에 처음에는 우려를 표하였으나 자신의 아들 헤르베르트Herbert von Bismarck를 통해 친교를 맺으며 같이 독일을 이끌어갈 준비를 하였다. 이에 프리드리히 3세는 일단 수상을 인정하되 수상의 권력이 제한될 필요가 있다고 보았다. 빌헬름 1세가 비스마르크를 인정하여 기본적으로 그에게 위임한 덕에 그의 권한이 너무 강해졌기 때문이었다. 따라서 새 황제는 즉위 후 의회를 영국식으로 고칠 준비를 하며 (기본적으론 영국처럼 내각이 국가를 운영하게끔) 동시에 제국수상부의 권한을 축소하려 시도하였다. 그를 통해 이제 황제만이 아니라 의회도 수상을 해임시킬 수 있게 만들려고 하였는데 이러한 자유주의 정책은 결국 이루어지지 않았다.

왜냐하면 그의 통치가 고작 99일 만에 끝났기 때문이었다. 그는 당시로썬 불치병이던 후두암을 앓고 있었으며 이것은 즉위하기 얼마 전인 1887년 11월 12의 왕실 공식 발표로 모두가 아는 사실이었다. 그렇기에 새 황제 프리드리히 3세는 황태자 시절부터 자신이 조국을 위해 봉사하지 못할 것이라는 사실에 울분을 토하기도 하였다. 그래도 포기할 순 없었기에 새 황제는 자유주의 정책을 추진하려 하면서 즉위 직전인 2월 8일에 관련 수술을 진행하였으나 집도의의 실수로 오히려 병은 더욱 악화되었다. 그러한 덕택에 새 황제는 즉위하여 업무를 수행할 때 말을 못하고 보좌진들과의 의사소통을 필담으로 하였다. 그래도 최대한 성실히 업무를 보았고 그간 비스마르크에 붙어 국내 정치판에서 많은 해악을 자랑하던 (정확히는 비스마르크의 명령에 따라 융커와 농촌에 유리하게 선거판을 구성하곤 했다.) 로베르트 폰 푸트카머Robert von Puttkamer 내무장관을 해임하며 자신의 자유주의적 의지를 천명하였다. 그리고 빅토리아 여왕의 딸인 자신의 아내 빅토리아 황후를 자신과 함께 대등하게 전면에 내세워 제국에 새로운 시대가 왔음도 보여주었다. 그러나 후두암은 갈수록 악화되었고 5월이 되자 프리드리히 3세는 너무나 큰 고통에 자신은 아직 죽을 수 없다며 한탄하였다고 한다. 그는 독일에 봉사하고 싶어 했으며 독일의 미래를 걱정하였다.

그러나 결국 새로운 황제는 자유주의의 맛을 아주 조금 보여주고 바로 사망해 버리고 말았다. 그날이 1888년 6월 15일로 독일 진보세력의 눈물이 흐르는 날이었다. 너무 짧은 통치 기간에 그가 추진하려던 정책은 전부 정지되었으며 이제 제국의 향방은 그의 아들인 빌헬름 2세Wilhelm II에게 달리게 되었다. 그의 모후인 빅토리아 황후가 아들을 옆에서 도우며 부군의 뜻을 이으려고 했으나 29살의 젊은 새 황제는 모친이 옹호한 영국 주치의가 부황을 죽였다고 판단하여 어머니를 밀어내 버렸다. 실제로 영국 주치의들이 처음에 오진하는 바람에 수술이 아닌 요양을 하여 수술을 굉장히 늦게 하였기에 빌헬름 2세는 그런 오해를 할 만하였다. 물론 우리의 기대와 다르게 프리드리히 3세가 권위주의적 체제를 유지했을 수도 모른다. 빌헬름 1세에게 대했던 태도는 그런 주장에 신빙성을 더해준다. 하지만 짧은 통치기임에도 수상의 권한을 줄이고 그에게 책임을 묻게 만들려는 행동은 그가 권위주의보단 자유주의에 가까운 인물임을 말해주고 있었다. 실제로 프리드리히 3세는 자유주의 운동과 강한 유대를 맺기도 하였다. 그런 데다가 전쟁 경험도 있으니 훌륭한 황제의 재목을 갖춘, 그야말로 문무겸전의 황제가 될 가능성이 컸으나 결국 바로 사망하여 모든 추측을 의미 없게 만들어버렸다. 정말로 자유주의 황제가 될 생각이었다고 해도 그에 대해 상상하는 것은 의미가 없었다. 바로 사망했으니 말이다.

그렇다면 중요한 것은 젊은 나이에 즉위하여 오랜 기간 제국을 이끌어갈 차기 황제였다. 빌헬름 2세는 어떤 사람이었을까? 그는 자신의 할아버지인 빌헬름 1세를 존경하는 보수주의자였으면서도 완전히 다른 인물이었다. 빌헬름 1세는 가부장적이면서도 검소한 사람이었다. 그는 고무타이어가 달린 마차가 사치라며 피할 정도였다. 비용 문제로 베를린 황궁에 더운물이 나오는 목욕시설도 설치하지 않았던 사람이었다. 그에 반해 빌헬름 2세는 요란하였고 사치스러웠다. 그는 대중 앞에 나서는 것을 즐겼기에 외모에 대단한 신경을 썼었으며 치장하는 것에 돈을 아끼지 않았다. 황후의 외모에도 집착하여 특이한 보석이나 사치스러운 모자, 매우 비싸며 아름다운 옷들을 입도록 하였다. 젊은 새 황제는 항상 사진사를 옆에 붙이고 다니며 자신의 근엄하고 진지한 모습을 찍도록 하였다. 대중에게 좀 더 멋지게 보이길 원하였으며 그는 새로 등장한 미디어라는 것에 뛰어난 감각을 보이며 대중의 사랑을 통해 제국을 통치하고자 하였다. 이런 성향 덕택에 그는 연설을 자주 하고 다녔는데 예컨대 1897년 1월부터 1902년 12월까지 6년간 독일의 도시 123곳을 방문하며 적어도 233번의 연설을 하였다. 그의 연설은 대부분 즉흥적이었으며 남성성과 진취성을 추구하였다. 그는 스스로를 국가의 화신이라 여겼으며 (스스로가 신성로마제국의 위대한 황제 프리드리히 바르바로사의 환생으로 여겨지길 바라고 있었다.) 대중에 멋진 모습만 보여주길 원하였다. 경박스러웠지만 지적이면서도 세련되고 자신감 넘치는 태도에 민중들은 우리의 생각보다 그를 사랑했다. 물론 지식인 계층이나 그의 연설을 직접 듣진 못하고 신문으로 보는 사람들은 이상하게 여겼지만 (특히나 언론들의 조롱을 자주 받았다.) 그를 직접 본 사람들이나 일반 시민들은 빌헬름 2세의 말에 감동하곤 하였다. 그는 괴팍한 면이 있긴 했지만 진정으로 독일을 사랑했기에 모두에게 사랑받기를 추구했으며 그것은 좋은 결과를 만들기도 하였다.

예컨대 1911년에 설립된 카이저 빌헬름 학회Kaiser-Wilhelm-Gesellschaft(훗날의 막스 플랑크 협회Max-Planck-Gesellschaft)의 경우 그가 더 나은 독일을 위해 기술 혁신이 필요하다고 여겨 만든 단체였다. 그는 수많은 과학 프로젝트를 후원하며 독일의 국력에 크게 이바지하였다.

반면 그는 때때로 이상한 행동을 보여주기도 하였다. 지나치고 과한 자신감에 해도 안 될 말을 자주 하곤 하였다. 예컨대 라인 공업지대에 방문하여 자신이 제국의 유일한 지도자라고 말했는데 틀린 말은 아니나 제국 헌법의 원칙상 일단 회원국 모두 동등했기에 이 말은 바이에른 같은 주요 구성국을 화나게 하였다. 또한 유명한 신체적 약점, 상대적으로 작은 왼팔에 대한 콤플렉스로 신체적 흠결을 지우고자 너무 과하게 남자다운 행동을 하려 했으며 그러한 태도는 독일의 군국주의를 더욱 부추기곤 하였다.

즉 새로운 황제는 독일 특유의 혁신을 통한 자신감과 진보성을 가진 인물임과 동시에 독일의 위험한 군사성도 가진 인물이었던 것이다. 실제로 그는 영국과 러시아 사이의 체제를 추구하였다. 다만 훗날의 독일 군국주의의 잘못을 이 인물에게만 뒤집어씌우긴 힘들다고 필자는 생각한다. 왜냐하면 그는 자기 생각대로 나라를 다스리지 못했기 때문이었다. 초기에 그의 구상은 비스마르크를 밀어내고 황제와 총리의 역할을 하나로 합쳐 나라를 운영하는 것이었다. 제국 헌법을 존중하기보단 국가는 황제가 이끌고 필요한 지식과 의견은 소위 카마릴라Camarilla라고 불리는 개인 측근들에게 도움을 받을 생각이었다. 대표적으로 필립 추 오일렌부르크Philipp zu Eulenburg 백작이나 훗날 총리가 되는 베른하르트 폰 뷜로Bernhard von Bülow 같은 인물이 있었다. 그런데 측근들이 보기에도 그의 행동은 지나칠 때가 많았다. 특히 제국 외무성은 황제의 의견을 거의 무시하였기에 제국 위기의 잘못을 빌헬름 2세에게만 돌리긴 힘들다고 보인다.

여하튼 그런 그가 제국의 3대 황제로 1888년 6월 15일에 즉위하였다. 이 당시 비스마르크는 자기주장이 강한 젊은 황제가 우려스러웠지만 그래도 자신의 연임은 보장된 것으로 생각하였다. 실제로 빌헬름 2세도 한동안은 비스마르크의 도움을 받고자 하였다. 하지만 두 사람의 동거는 오래가지 못하였다. 서서히 서로를 존중하기보단 다른 의견을 내기 시작했기 때문이었다. 그것이 본격화된 것이 1889년 5월 3일부터 진행된 광부들의 파업 사태였다. 루르 지방과 자르 지방, 작센, 니더슐레지엔 지방에서 14만 명에 달하는 광부들이 과격한 파업을 하였다. 비스마르크 수상은 자본가들을 옹호했지만, 새로운 황제는 민중의 사랑을 원하며 노동자들을 지지하였다. 이 당시 빌헬름 2세는 스스로 가난한 계층의 왕이 되겠다고 말하기도 하였다. 젊은 새 황제는 1890년 1월 24일, 노동자들을 위한 각료회의를 소집했는데 이에 비스마르크는 강력히 이의를 제기하였다. 그러나 빌헬름 2세는 현재의 사회주의 세력은 빈민에 대한 독일의 무관심이 만든 결과라고 주장했고 파업 종료를 위해 일요일 노동 금지와 미성년자, 여성들의 야간 노동을 금지해야 한다고 말하였다. 그러면서 이때까지 유지되었던 반사회주의 법안을 전면 개정할 것을 요구했으나 비스마르크는 탄압법을 어떻게든 유지하려고 애를 썼다.

이러한 사회주의에 대한 태도 차이로 둘은 사이가 망가져 버렸다. 이런 분위기를 읽은 제국의회는 1월 25일 탄압법 연장을 거부하였으며 젊은 새 황제는 2월 4일 노동 여건 개선을 위한 구체적인 방안을 마련하겠다는 칙령을 반포하였다. 이에 비스마르크는 시행될 새 선거에 희망을 걸었다. 하지만 2월 20일의 제국의회 선거에서 사민당은 크게 세력을 늘렸고 비스마르크를 지지하던 보수당과 국민자유당은 의석을 많이 상실하게 되었다. 이 결과에 수상은 큰 실망을 하였고 젊은 새 황제는 들뜬 기분을 숨기지 못하고 3월 5일의 연설에서 하층민 복지를 위한 정책 입안에 노력을 다할 것을 천명했다. 그러면서 반대파를 숙청하겠다고 말했는데 이것은 수상을 저격한 발언이었다. 비스마르크는 어떻게든 자신의 권력을 유지하려 했으나 여러 시도는 성공하지 못하였다. 예컨대 1852년 각료 칙령을 이유로 수상의 동의하에 장관을 임명해야 한다고 빌헬름 2세에게 주장하였다. 그러나 젊은 새 황제는 그것을 거부하였다. 이에 나름대로 돌파구를 찾고자 3월 12일, 중앙당 당수를 찾아가 보수당과 중앙당의 연합을 제의하였지만 결국 거부당했다. 정치적 몰락을 함께할 수 없다는 중앙당의 판단 때문이었다. 이에 보수주의자들은 황제에게 충성하기로 태도를 바꾸었고 민족 자유주의자들은 황제에게 비스마르크의 후임으로 발더제Alfred von Waldersee를 추천하며 그와 결별을 선언하였다.

결국 3월 15일, 비스마르크는 외무부로 와서 황제를 알현하라는 연락을 받게 되었다. 황제와의 독대에서 수상은 자신을 최대한 변호했으나 젊은 새 황제는 각료 칙령이나 중앙당 당수와의 회견에 대해 질책하였으며 제국은 이제 황제의 뜻을 따라야 함을 분명히 하였다. 새 황제는 1852년 각료 칙령에 대한 수정 요구를 하며 자기 뜻대로 하지 않으면 사직하라고 요구하였다. 비스마르크는 결국 3월 18일 사직서를 냈고 20일에 황제가 이를 수락하였다. 후임으로는 모범적인 군인이었던 카프리비가 임명되었다. 그렇게 황제와의 다툼 끝에 한 시대가 끝이 났다. 그래도 젊은 새 황제와 독일 사회는 이 당시 인기가 없어진 수상이 이 나라를 위해 공헌한 바가 있음을 인정했기에 마지막 예우를 다하였다. 비스마르크가 그의 고향 프리드리히스루Friedrichsruh로 떠나는 기차역에서 수많은 이들이 그에게 손수건을 흔들거나 꽃을 던져주었다. 새로운 수상 카프리비와 고위 관료들이 역에 모여 마지막 인사를 하였으며 악수하며 서로의 이별을 고하였다. 역에는 독일 국가가 널리 울려 퍼지며 한 시대의 종언을 알렸다.

그의 사임에 많은 유럽 정부와 일간지들이 우려를 표하였는데 그가 유럽의 평화를 유지해 온 것은 부정하기 힘든 사실이었기 때문이었다. 예컨대 『타임스Times』는 3월 19일에 유감과 두려움을 표하며 평화에 이바지한 그의 퇴장에 대해 공포를 느낀다고 의견을 밝혔다. 프랑스 언론마저 그의 퇴장에 우려를 표했고 『토론 저널Journal des Debats』은 비스마르크 수상이 권력의 정점을 지키는 독일정치야말로 세계평화를 위한 보장이라고 말하였다. 『르탕Le Temps』은 수상 비스마르크가 끔찍한 전쟁을 막은 걸출한 인물이었다고 평하기도 하였다. 실로 비스마르크가 그러한 인물이었음을 고려하자면 안타까운 일이었다. 독일을 개혁할 프리드리히 3세의 죽음과 철혈 수상의 퇴임은 분명 독일의 비극이었다. 하지만 다들 수상의 유럽 협조 체제 복원을 통한 평화 계획을 이해하지 못하였고 그 큰 그림을 알아주지 못하여 결국 그를 버리는 선택을 하였다. 향후 외교 부문에서도 말하겠지만 빌헬름 2세는 이제 주변의 지지를 받으며 독일의 이득을 추구하겠다고 확장정책을 펼치게 된다. 이것은 독일의 비극이었다. 젊은 새 황제는 자신에 대한 시민들의 애정을 기반으로 제왕

적 허세를 이어갔는데 이것은 건국의 영웅들이 우려하던 것이었다. 특히나 몰트케 참모총장은 향후의 대전이 총력전이 될 것임을 직감하며 전쟁을 자극하는 호전적인 새 정부의 태도에 비판을 가하였다. 그는 사망 직전인 1890년, 노구를 이끌고 제국의회로 나가 연설을 하였는데 여기서 군국주의를 비판하며 향후 평화를 기원하였다.

"당신들이 원하는 대로 전쟁이 벌어진다면 그 범위가 어마어마할 것이고 끝이 보이지 않을 것이오!"

다음 해 그는 사망하였다. 제국의 평화를 기원하면서. 하지만 그의 예측은 불운하게도 맞아떨어지게 되었다. 왜냐하면 비스마르크의 독단적이긴 했지만 평화를 추구하던 정책을 뒤 세대들은 소득 없는 행위로 보았기 때문이었다. 그 판단이 독일의 향후 반세기를 그르치게 만들었다.

빌헬름 2세 시기의 정당과 정치

비스마르크의 후임으로 황제에게 충성을 다할 것으로 보이는 군인 출신 레오 폰 카프리비Leo von Caprivi가 임명되었다. 그는 빌헬름 2세의 측근 중 하나로 황제가 보기에는 충실히 자신의 명령을 이행할 사람으로 보였다. 하지만 생각보다 그는 진보적인 시각을 내놓으며 독일정치의 화해와 자유주의 바람을 이끌어갔다. 그렇다면 왜 빌헬름 2세의 충신이자 모범적인 프로이센 장교였던 그가 왜 보수적 견해보단 이런 선택을 했을까? 필자의 생각엔 당시 피하기 힘든 흐름을 최대한 제어하려는 노력으로 보인다. 당시 정당들을 보자. 여전히 독일은 보수주의, 자유주의, 가톨릭, 그리고 사민주의 그룹으로 구성되어 있었다. 그런데 독일의 산업화와 도시화로 유권자들이 점점 좌클릭을 선호하기 시작했다. 독일 사회민주당은 노동자들의 지지를 받으며 급성장하였고 자연스레 타 그룹은 힘을 잃어갔다. 예컨대 독일보수당은 1890년엔 73석이었지만 1912년에는 45석으로 줄어들었다. 보수주의 그룹 전체가 지지율이 10% 수준으로 낮아졌으며 이런 흐름은 자유주의 그룹도 유사하였다. 가톨릭 그룹의 중앙당은 어느 정도 버틸 수 있었으나 가톨릭 노동자들의 지지도 서서히 왼쪽으로 이동해 갔다. 보수주의 그룹은 반유대주의 정당을 내세우며 발악했지만 일시적이었을 뿐 비스마르크 통치 기간 말엽의 경제 혼란으로 세력의 감소를 막을 수 없었다. 그래도 프로이센 3계급 투표제 덕에 제국의회 선거와 달리 프로이센 주의회에선 보수주의 그룹이 승리함으로써 자신들의 발판 자체가 날아가지는 않았다. 하나 그야말로 비정상적으로 살아있는 것일 뿐 독일 전역을 사민당이 휩쓰는 것은 시간문제였다.

사민당은 시간이 흐를수록 성장했다. 1890년에 35석을 차지했으나 22년 후에는 110명을 차지하였다. 그런데 앞서 언급한 베른슈타인과 같은 수정주의자와 로자 룩셈부르크와 같은 반수정주의자들 간의 다툼으로 당은 분열할 위기에 처하고 있었다. 그래서 당의 연장자이자 원로인 아우구스트 베벨의 중재로 에르푸르트 강령을 통해 (계급투쟁과 같은 마르크스주의 노선을 채택, 베른슈타인도 초안 작성에 참여하여 8시간 노동제 추진과 같은 실용주의가 혼합됨.) 화해했으나 진정으로 합쳐진 것이라 보긴 힘들었으며, 결국 자신들의 인기를 제대로 활용하고 있지 못하고 있었다.

그러한 흐름 속에서 카프리비는 총리가 되었다. 마침, 비슷한 시기 1890년 제국의회 선거가 있었고 3계급 투표제와 농촌에 유리한 선거구 시스템으로 사민당은 득표수가 1등이었음에도 (1,427,300표. 약 20%의 유권자의 지지를 얻었다.) 의석수는 10% 정도만 차지할 수 있었다. 새 총리는 불합리한 투표제로 안심하기보단 그들의 성장을 제어해야만 하였다. 따라서 먼저 아직은 완전히 폐지되지 않은 반사회주의법을 얼마 안 가 완전히 폐지하고 중앙당의 폴란드 분파와 타협하며 (독일어를 쓰는 아이가 적거나 없다면 폴란드어를 학교에서 써도 되도록) 중앙정부와 각 세력의 화해를 통해 지지를 얻고자 하였다. 그리고 1891년부터 여러 사회개혁 조치를 실시하여 노동자들이 정부를 지지하길 추구하였다. 이제 일요일은 휴일로 만들었고 13세 미만 아동은 노동이 금지되었다. 여성은 일주일에 최대 11시간만 일하게 하였는데 여성 노동력을 값싸게 착취하는 것을 막으려는 것이었다. 그리고 비스마르크가 추구하던 총리의 독단보다는 협력과 토론을 추구하며 실용적인 총리가 되길 추구하였다. 그가 보기엔 이젠 지난 시대와 결별하고 화합을 해야지 독일 보수와 정부가 살아남을 것으로 판단한 것이다. 그의 밀실정치 타파와 대화의 장 구성은 순진해 보이지만 필요한 조치들이었다. 예컨대 연방 각료와 프로이센 각료가 서로 자주 만나 대화를 통해 정책을 조율하는 것은 프로이센의 지배를 억누르는 효과가 있었다. 그는 어느 정당을 지지하기보단 폭넓게 사귀는 것을 원했고 타협을 통해 제국의 문제점, 이중구조로 인해 생기는 모순점들을 해결하고자 하였다. 또한 그는 프로이센 3계급 투표제의 변화도 추구하였는데 이것은 결론부터 말하면 아쉽게도 그다지 성공하지 못하였다. 카프리비 총리는 프로이센 투표제가 세금과 연동 되어있음을 고려하여 선거구를 지역District 단위가 아닌 지구Precint 단위로 바꾸어 부유한 유권자들이 중간단계로 떨어지거나 가난한 지역에서 비교적 돈이 있는 사람이 1계급으로 상승하여 3계급의 범주를 최대한 무마시키려 하였다. 그러나 여전히 지역 차원으로 구분 할당하는 것이 이루어져 이는 의미가 없게 되었다.

여하튼 그렇게 비스마르크와는 또 다른 새로운 길을 추구했으나 황제를 주축으로 한 제국의 시스템이 그것을 쉽게 허락하지 않았다. 빌헬름 2세는 대중의 사랑을 미치도록 구애하면서도 측근들을 통해 정치를 하였다. 정직한 조언가보다 아첨꾼을 택했다. 자신이 원하는 정치를 하기 위해서 말이다. 그런 황제가 군민 업무를 총괄하는 추밀원과 제국 총리, 장관, 프로이센의 총리와 장관에 대한 임명권을 가지고 있었고 의회 권위주의를 추구하였다. 따라서 새로운 총리가 좌파와 타협하면서 우파도 살피고 황제의 기분까지 관리하는 것은 대단히 힘든 일이었다. 결국 모든 것을 제대로 관리하는 것에 실패하였으며 역으로 크나큰 반발을 받게 되었다. 사회주의자들의 경우 자유가 허락되자 역으로 파업을 더욱 강하게 하였으며 공장주와 산업가들은 반유대주의자들이나 지주동맹Bund der Landwirte 같은 여러 원외 단체를 지원하며 매우 과격하게 행동했다. 이 단체들은 후원이나 보수적 여론을 등에 업고 위험한 반대를 주장했으며 카프리비는 이런 것을 제대로 제어하지 못하였다.

이러한 여파로 여러 분야에서 파괴적인 결과물이 나와 버렸다. 외정의 경우 후술하겠지만 러시아와의 외교 관계가 재보장조약 연장 거절로 냉랭하게 얼어붙었고 내정은 관세법 인하 조치로 엄청난 혼란에 휩싸였다. 특히 1892년 겨울에 카프리비가 이중제국이나 이탈리아, 벨기에와 맺은 무역 협상들에 지주동맹은 엄청난 압력을 가하였다. 그들은 농민의 보호관세를 주장했고 급성장하며 1914년에는 30만 명의 회원을 거느리게 되었다. 그나마 다행인 것은 독일 산업계 경우 지주동맹의 라이벌격인 한자동맹Hansabund이 자유무역을 지지하고 프로이센 투표제 개헌을 요구하면서 압박이 크게 있진 않았다. 카프리비는 1894년까지 유럽 소국들과 관세를 인하하는 자유무역을 추구했는데 독일 내 식량 가격 상승을 제어하기 위함이었고 이때까진 황제의 지지를 잃지 않아 어떻게든 관세법을 밀어붙이기는 하였다. 하지만 보수파의 격렬한 반대에 1893년부터 카프리비 총리는 종말에 다가갔다. 그는 군대에 관한 법안도 신설하였는데 의무 복무 기간을 3년에서 2년으로 단축하고 대신 상비군을 8만 4천 명 증원하기로 하였다. 이에 제국의회가 반발하자 해산하고 재선거를 했으나 군부의 악의적이고 조직적인 방해로 총리는 선거에서 패배하였다. 그 틈을 타 사민당이 또다시 선거에서 승리하였고 슬슬 사민당에 염증을 느끼던 황제는 총리에 대한 지지를 포기해 버렸다. 이에 황제의 측근과 왕실 고문들도 총리를 압박하자 새로운 세상을 열고 싶었던 총리는 각종 압박에 결국 포기해 버렸다.

즉 비스마르크도 제어하기 힘든 독일 내부의 정치적 어려움으로 인해 화합을 추구했던, 어찌 보면 독일에 새로운 길을 보여줄 수도 있던 총리가 4년 만에 사임한 것이었다. 그는 1894년 10월에 사임했고 독일정치의 화해는 그렇게 끝이 났다.

사실 누구라도 포기했을 것이다. 사회주의자는 사회주의자 나름대로, 가톨릭은 그들 나름대로, 보수주의자와 자유주의자들도 자기 이해관계를 계속 추구했기 때문이다. 특히 여러 로비 단체가 독일의 정치를 원외에서 흔들었다. 앞서 언급한 농민들의 이권을 주장한 지주동맹들은 제외하고도 여러 단체가 있었는데 빌헬름 2세 통치기를 통틀어 보자면 해군협회Flottenverein나 식민협회Kolonialgesellschaft 같은 단체들이 원외에서 정책들을 흔들곤 하였다. 해군협회의 경우 해군력 증강을 위한 안건 도입을 주장하며 민족주의를 통해 정치에 영향력을 행사했다. 식민협회의 경우 가장 경제적으로 거대했던 원외 단체로 해군협회와 함께 제국주의 가치를 표방하며 독일의 군사적 팽창과 식민지 획득을 주장하였다. 식민협회는 '양지에 있는 자리'에 대한 당시 독일의 갈망을 공공연하게 찬양하며 군국주의를 부추겼다. 이러한 원외 단체들은 생각보다 큰 세력을 모았고 (해군협회는 설립 후 몇 년 만에 10만의 회원을 모을 정도였다.) 범게르만 협회Alldeutscher Verein 같은 유사 단체와 힘을 합쳐 정부가 정책을 고르는 것을 흔들어 놓았다. 범게르만 협회를 주도하던 하인리히 클라스는 1912년에 필명으로 자신이 황제라면 이렇게 했을 것이라는 팸플릿을 발행하며 민주주의와 유대인을 억압하라고 주장했다. 이러한 원외 단체들의 흔들기에 독일 정부는 완전히 휩쓸리진 않았지만 여론의 요동을 받을 수밖에 없었다. 이러한 정치와 경제 방면의 공격적 결합으로 인한 움직임은 근본적으로 사민당과 노동조합의 성장 때문이었다. 실로 이 시기 사회주의 노동운동 세력의 성장은 엄청났다. 1890년에는 조합원의 수가 27만 8천 명이었지만 1914년에는 210만 명으로 증가했다. 1890년 사회주의 운동가들은 일반위원회Generalkommission라는 새로운 통합 조직을 결성하여 조합원 간의 협력을 추구하였다. 다만 앞서 언급했듯 이러한 원외 단체가 주장하는 대로 정책이 입안되는 것은 아니었다. 그러나 이들이 생각보다 세력이 컸던 탓인지 아니면 빌헬름 2세의 자신만만한 생각에서 나온 과대망상과 같은 의견에서인지 황제와 참모들은 은근히 보수적 원외 단체의 의견에 동조하고 있었다.

결국 카프리비 총리는 이러한 정치적 쌍방 공세에 나가떨어진 것이다. 그런데 좌우 대립을 봉합하면서 독단적 권력을 추구하는 황제도 관리할 새로운 총리를 찾는 것은 쉽지 않은 일이었다. 그러면서도 독일인들이 좌우 막론하고 추구하는 국가적 자부심, 아마도 비스마르크와 카프리비의 실패 원인인 패권국가 사이에서의 어중간한 입장보단 당당한 태도를 보여야 하는 국내 정치의 여론이 새로운 총리의 난이도를 더더욱 높였다. 그렇기에 신중하게 골라야 했으나 결국 선정된 사람은 75세의 바이에른 귀족인 클로트비히 추 호엔로헤-실링스퓌르스트Chlodwig zu Hohenlohe-Schillingsfürst였다. 호엔로헤 후작은 황제의 먼 인척으로 황권을 확대하고 싶어 했던 빌헬름 2세의 욕구에 어울리는 사람이라 선정되었다. 하지만 그는 너무 고령이었고 바이에른 정치에 몰두한 삶 덕에 제국 총리에 적합한 인물이 아니었다. 총리로서 활동할 정치 자금도 딱히 없었다. (이것은 빌헬름 2세가 연봉 12만 마르크를 추가로 주는 것으로 해결하였다.) 그럼에도 선정된 이유는 당시 제국의회의 여러 분파를 아우를 수 있는 절충적인 후보가 딱히 없었기 때문이었다. 따라서 황제와 측근들은 호엔로헤 후작을 황제의 최측근 베른하르트 폰 뷜로가 전면에 나서기 전까지 '밀짚 인형'으로 적합한 인물이라고 보아 가교 역할로 그를 선정한 것이었다.

하지만 오판한 것이 있다면 새로운 총리는 생각보다 상당히 진보적인 인사였다는 것이다. 그래서 호엔로헤 후작은 사실상 빌헬름 2세의 측근정치를 반대하는 태도를 보이고 있었다. 일단 새로운 총리가 먼저 다루어야 하는 정치 주제는 새로운 반사회주의법이었다. 당시 빌헬름 2세는 대중의 사랑을 받길 원했으나 계속 대항하는 사회주의자들에게 서서히 염증을 느끼고 있었고 탄압이란 카드를 다시 꺼내고자 하였다. 따라서 새로운 법안을 통해 무정부주의자들의 정치 활동을 제한하는 법을 신설하려 했는데 사실상 사민당을 저격하는 것이었다. 이 법안은 일단 빌헬름 2세의 강력한 의지로 통과되었다. 하지만 제국의회 의원들이 이 법안의 의도를 눈치채고 1895년에 해당 법안을 폐기해 버리자 황제는 크나큰 분노에 휩싸였다. 의회의 결단에 빌헬름 2세는 계엄령을 선포하려 했으나 호엔로헤 총리는 이에 강하게 반대하였다. 잘못하면 내전이고 그러다가 프랑스와 러시아가 개입할 수도 있다는 논리로 말이다. 평소에는 과대 망상적 행동을 하지만 현실의 공포가 보이면 고개를 숙이던 인물인 빌헬름 2세는 바로 이성을 되찾았으나 이 일로 두 사람의 사이는 본격적으로 멀어져 갔다. 새 총리가 예상보다 강단 있는 인물임이 드러났기 때문이었다. (무엇보다 두 사람의 견해 차이가 확실했다. 사민당을 반정부적으로 보이는 것은 유사했으나 호엔로헤 총리는 폭력적인 탄압은 단연코 거부하였다.) 호엔로헤 총리는 군사법원에 대한 개혁 카드를 꺼내 들며 더더욱 황제와 측근들과 거리가 멀어져 갔다. 총리는 군사법원을 공공원칙에 따라 좀 더 민법에 가깝게 바꾸길 원하였다. 당시 프로이센 군사재판의 경우 전통적인 가치를 추구하여 비밀리에 실시하는 것으로 하였는데 이 때문에 피고인은 출석도 하지 못하고 기소에 대응하기도 힘들어했다. 고로 피고인이 재판에 출석하여 대응할 권리를 부여코자 한 것이다. 총리는 개혁론자들의 지지를 받아 황제와 측근들과 충돌했고 1896년에 다툼은 절정에 이르렀다. 하지만 그저 가교 역할로 세워졌던 총리가 황제와 측근들을 이기기는 힘들었다. 결국 1898년의 제국 황제의 법률 서명으로 이 분쟁은 황제의 승리로 마무리되었다. 호엔로헤 총리의 추진력을 뒷받침해 줄 세력이 미비했기 때문이었다. 결국 이 과정을 통해 그는 황제의 신임을 잃었으며 1900년에 그간 그림자 속에서 활동했던 뷜로가 전면에 나서자 사임하고 말았다.

그럼에도 호엔로헤 총리는 많은 유산을 낳았다. (생각보다 총리를 오래 한 덕택이었다. 후임 총리 뷜로가 전면에 나서는 것을 최대한 미룬 것과 더불어 황제가 노골적으로 해고했다간 정치적 위기에 직면할 것이라 걱정하여 그는 6년이나 재임하였다.) 예컨대 군사법원 개혁의 경우 하위단계에서만큼은 군부의 독립된 권한을 가지지 못하게 하는 것엔 성공하였다. 군사재판의 개혁된 법령을 가져 비밀재판의 시대에 종믹을 알린 깃이다. 특히나 마지막 개혁의 결과물인 1899년 호엔로헤법Lex Hohenlohe으로 정당 간의 연합을 사실상 가로막고 있던 1850년대의 법률안을 폐지한 것도 큰 성과였다. 이로써 제한 없이 정치 세력들 간의 연합이 성사되게 되었으며 이에 관한 정부의 통제는 사라지게 되었다. 고로 야권은 더 단단히 뭉칠 수 있었고 독일의 자유가 조금이나마 더 발전하게 되었다. 다만 아쉬운 것은 나름대로 진보적 노력을 다하긴 했으나 당시 독일 사회가 추종하던 거대한 흐름이던 세계 정치, 그에 따른 해군 정책을 적절히 막지 못했다는 것이었다. 물론 은퇴할 나이의 그에게 많은 것을 바라는 것 또한 이상한 일이며 훗날의 일은 대부분 황제와 측근들의 탓이라 볼 수 있다.

황제의 측근들은 리벤베르크 서클Liebenberg Circle이라고도 불렸다. 최측근 중 하나인 필립 추 오일렌부르크의 영지 이름을 딴 것이었다. 필립 추 오일렌부르크가 황제에게 높은 영향력을 끼쳤으나 역시 필두는 베른하르트 폰 뷜로였다. 그는 1897년 외무부 장관으로 임명되며 본격적으로 활동했고 황제를 세련된 매너와 영리한 처세술로 사로잡은 사람이었다. 그는 호엔로헤 후작과 상의하여 처음부터 총리의 막후에서 활동하고자 하였다. 그가 황제의 기대에 부응하기 위해 먼저 한 일 중 가장 큰 것은 아마도 1897년 알프레드 폰 티르피츠Alfred von Tirpitz 제독을 제국 해군청Reichsmarineamt 참모총장으로 임명한 일일 것이다. 강력한 해군 정책을 통해 빌헬름 2세와 공유하던 세계로 뻗어나가는 독일 제국을 꿈꾸었다. 그러면서도 신중한 외교 정책을 통해 양지바른 곳을 획득하고자 하는 인물이었다. 다만 황제가 보기에 진보적 총리가 역할을 다하자

1900년 10월에 총리가 되어 전면에 등장하였다. 이러한 측근들의 등용은 오일렌부르크의 추천 덕이었고 빌헬름 2세는 이제 자신이 완전히 정국을 장악하는, 일인 정치의 순간이 왔다고 기뻐하였다. 그러나 그의 상상과 다르게 뷜로와 오일렌부르크 같은 측근들이 황제에게 충성했음에도 불구하고 독일 시민들이 선출한 제국의회와 의원들의 반발로 완전히 나라를 마음대로 움직이는 것은 불가능에 가까웠다. 때때로 산업가나 융커들도 독립적으로 움직였기에 더더욱 그러하였다. 그렇기에 새로운 황제는 모두의 민심을 사기 위해 후술할 외교 부문인 세계정책을 더욱 강력하게 추진하였고 이는 독일의 비극이 되었다.

여하튼 그렇게 뷜로가 총리로 등장하였다. 빌헬름 2세의 "나의 비스마르크가 될 것이다."라는 기대와 함께 말이다. 51세의 뷜로는 분명 걸출한 능력의 소유자였지만 황제의 욕구를 채워줄 정도는 아니었다. 그가 부족한 인물이라기보단 목표가 너무 높았기 때문이었다. 국내의 정치 분열을 잠재우면서도 황제의 입맛을 채우면서 외교를 안정적으로 꾸려가는 것은 너무 힘든 일이었다. 그러면서도 식민지 획득을 위한 적극적인 세계정책을 펴야 하니 이루기 힘든 일이었다. 게다가 황제는 프로이센의 전제주의를 유지하기 위해 핵심 직책에 보수주의자들을 꾸준히 임명하며 자유주의자와 사회주의자들의 적대를 스스로 사고 있었다. 여기서 멈추지 않고 관세 문제나 재정난에 의한 세제 문제도 다루어야 하니 뷜로의 길은 매우 험난했다. 일단 뷜로는 성장해 가는 사민당을 적당히 억제하면서 대통합 정치를 통해 세계정책에 대한 지지를 끌어내고자 하였다. 이에 사민당은 좌파 자유주의자와 연합하며 선거에서 승리를 거두는 것으로 뷜로 총리를 괴롭혔다. 다만 이 시기 사민당은 정치를 통한 개혁 추구로 방향을 바꾸었기에 뷜로가 추구하던 세계정치가 아주 큰 타격을 입은 것은 아니었다. 어떠한 면에서는 그의 방향이 합리적으로 순항하였다. 문젠 세계정치에 대한 지지 부족보단 자금 부족이 더 뷜로 총리를 괴롭혔다. 이 당시 해군력 증강과 복지비용으로 인해 제국의 공공부채는 꾸준히 상승했으며 1907년에는 50억 마르크까지 증가할 정도였다. 그래서 뷜로 총리는 1902년의 신설 관세법을 통하여 수입을 늘리고 관세 부문에 여러 정당이 참가하게 하여 전면적 지지를 얻고자 하였다. 그런데 여기서 중앙당이 수입의 일부를 과부나 고아 지원 기금 같은 사회사업에 쓰겠다고 한 것을 수락한 덕택에 생각보다 재정수입이 크게 늘지 않았다. 게다가 관세는 결국 국내 식량 가격을 상승시켰기에 뷜로는 1903년 선거에서 참패를 당하게 되었다.

이로써 사민당은 더욱 약진하였다. 이에 뷜로 총리를 위기를 극복하고자 다시 건들기 힘든 관세보단 이번엔 세금 문제를 건드렸다. 그는 1906년에 누진 상속세를 포함한 재정 개혁 프로그램을 시행하였다. 이것은 광범위한 지지를 일으켰고 그해 말 식료품 가격이 하락하자 이 기회를 노린 뷜로 총리는 의회 해산하고 바로 재선거를 열었다. 여기서 사민당의 의석수가 절반으로 하락하였고 뷜로는 이 과정에서 여러 정당의 합의를 얻는 데 성공하여 드디어 공식적인 대연정, 훗날 뷜로 블록이라 불리는 정당 연합을 꾸리는 데 성공하였다. 보수당과 자유당은 세계정책이란 목표 아래 하나로 뭉친 것이었다. (물론 보수당은 폴란드인 지주 소유권을 손쉽게 박탈하는 법률을 얻는다든지 자유당은 여성의 정치 단체 회원 가입 허용 법률을 얻는다든지 거래가 있긴 했다.) 하지만 세금 문제는 다시금 수면 위로 상승하였고 1909년 추가 재정 개혁 검토는 연정의 붕괴를 일으켰다. 이것은 피하기 힘든 것이었는데 1908년이 되자 연방 예산의 균형을 맞추기 위해 추가로 향후 수십 년간 매년 5억 마르크 정도는 더 필요하다는 분석이 나왔기 때문이었다. 고로 뷜로는 등록세를 신설하여 3억 마르크를, 새로운 소비세와 간접세로 1억 마르크를, 새로운 제국 상속세로 1억 마르크를 증세하려 하였고 상속세를 제외한 두 안건이 의회에서 통과되었다. 이 과정에서 보수당과 자유당이 분열함으로써 블록은 무너졌고 뷜로는 의회 통제권을 상실하였다. 빌헬름 2세는 이에 실망하며 후술될 외교 사태(1차 모로코 위기)와 더불어 예산 3건 모두 통과되지 못함을 빌미 삼아 그를 해임하였으며 뷜로는 쓸쓸히 1909년 7월 13일 사임하였다. 외교 부문에서 서술할 것이기에 세계정치에 대해 깊게 말하진 않았지만 그 목표가 엄청난 해군 예산을 강요하였고 그것이 결국 그의 몰락을 가져다준 것이었다. 게다가 외교도 예상외로 신통치 않았으니 어찌 보면 그의 능력 바깥의 일을 하려다 망한 것에 가까웠다.

그의 후임 총리로 임명된 사람은 테오발트 폰 베트만홀베크Theobald von Bethmann Hollweg였다. 그도 뷜로 총리에 못지않게 높은 난이도를 가지고 시작한 총리였는데 약진하는 사민당과 타협하면서도 세계정책으로 인해 혼란해진 외교 상황을 진정시켜야만 하였다. 그래도 나은 것이 있다면 뷜로 총리와 달리 황제의 영향력이 1907년과 1908년의 스캔들로 급격히 줄어들었다는 것이었다. 그 스캔들을 간략히 말하자면 1907년의 경우 황제의 외교 정책을 비판했던 막시말리안 하르덴이라는 기자가 황제와 측근들의 평화 기조를 무너트리기 위해 그들이 동성애적 관계라고 폭로한 사건이었다. 이는 사실은 아니었으나 황제는 적절히 대응하지 못하고 2년간 5건의 법정 소송을 하며 사건에 불을 지폈다. 결국 오일렌부르크 추문 사건이라 불리는 이 일로 황제는 최측근이던 그와 여러 주변인과의 관계를 청산하며 자신의 수족을 어이없게 잘라버렸다. 당시에는 동성애가 형법 175조상 불법이었고 이미지가 굉장히 안 좋았기에 도덕적 실추를 면하기 위해 몸부림치다 벌어진 결과였다. 1908년의 사건은 빌헬름 2세와 영국 일간지 데일리 텔레그래프와의 인터뷰로 인한 것으로 본디 내용이 뷜로 총리의 사전검열을 받아야 했으나 총리와 홍보담당관의 휴가로 인해 여과 없이 내용이 유출되어 모두가 발칵 뒤집힌 사건이었다. 그 내용은 괴상망측하여 폭발적인 반향을 일으켰는데 인터뷰에서 황제는 영국인들이 3월 번식기를 맞이한 토끼처럼 미쳤다고 발언하거나 자신의 전략적 아이디어 덕에 영국이 보어전쟁에서 승리했다는 둥 도무지 이해하기 힘든 말들 내뱉었다. 또한 아시아 정책이 영국이 아닌 일본을 노린 것이라고 둘러대거나 남아프리카에서 프랑스-러시아 동맹에 대항해 영국의 이익을 지켰다는 등 이해하기 힘든 발언으로 영국인은 물론 독일인들도 강렬한 충격과 황제에 대한 반감을 품게 되었다. 이 일은 뷜로의 사임에 영향을 주었으며 연이은 사건들에 측근들은 사임하고 자신은 정치적으로 고립되자 빌헬름 2세는 극심한 신경 쇠약에 빠져버렸다. 이러한 일들로 인해 빌헬름 2세는 결국 1910년 여름까지 정치 전면에서 퇴장하였고 그 이후에는 매우 점잖은 행동을 보였으나 매우 조심스럽게 행동한 나머지 황제의 부재를 만들어버렸다. 그러한 권력의 공백 속에서 프로이센 공무원 출신인 베트만홀베크가 총리의 자리에 오른 것이었다.

사실 베트만홀베크는 그다지 총리가 되고 싶지 않았다. 자신의 능력으로 극복할 정도로 독일의 상황이 쉬운 것이 아니었기 때문이었다. 독일의 외교는 노력했지만 서서히 붕괴되고 있었다. 하지만 맡게 된 이상 바로 개혁에 돌입했다. 일단 뷜로 블록을 재건하기 위해 프로이센 3계급 투표제를 건드렸다. 사실 뷜로 총리도 꺼내든 카드였으나 일전 무산된 바 있던 것을 다시 꺼낸 것이었다. 꺼내 든 이유는 사민당의 성장으로 그들의 파업과 시위를 억누르기 위해서는 사회정치적 개혁을 할 수밖에 없다는 판단에서였다. 농촌과 보수 지역에 가중치를 주는 프로이센의 선거제 덕에 여전히 보수파들이 프로이센에서 일정 의석수와 지배력을 지녔지만 계속 득표수보다 적은 권리를 주면 자칫 내전이 벌어질 수도 있었다. 무엇보다 군비증강으로 인해 자금을 확보하려면 사민당과의 타협은 필수였다. 그래서 1910년 베트만홀베크는 3계급 투표제를 완전히 폐지하는 법안을 상정하였다. 그러면서도 보수주의자를 달래 다시금 대통합의 시대를 열고자 하였다. 하지만 이에 보수주의자와 자유주의자들은 동의하지 않았다. 결국 최종 합의는 결렬되었으며 독일보수당과 민족자유당, 중앙당은 꾸준히 선거제 개혁을 반대하였다. 이후로도 그러하여 1918년까지 결국 프로이센은 불합리한 선거제를 유지하게 되었다. 이러한 여파로 노동자들은 더욱 사민당을 지지하였고 1912년 선거는 사민당의 압승으로 끝이 났다. 드디어 사민당은 불합리한 비대칭 선거제에도 110석을 얻으며 1당이 되었다. 이에 보수파는 더더욱 강하게 개혁에 반대하였고 결국 베트만홀베크의 국내 타협 정책은 실패하고 말았다. '모든 전쟁을 끝낼 전쟁'이 나기까지 사민당과 보수당은 화해하지 않았으며 그들이 겨우 화합하는 순간은 전쟁 이후가 되었다. 전쟁 수행을 다 같이 해야 하니 말이다. 하지만 그러한 결과는 독일에 불운을 안겼고 베트만홀베크의 외정, 마지막 평화 시도에도 불안한 영향을 끼쳤다. 물론 베트만홀베크의 국내에서의 노력이 항상 실패한 것은 아니었다. 예컨대 제국 직할령이었던 알지스-로트링겐에 1911년 3월 자체 헌법을 부여하고 양원제 시스템을 구축해 주어 그들도 제국의 보통선거 안으로 들어오게 만들었다. 좀 더 직할령을 민법에 맞는 곳으로 만든 것이다.

총리의 노력이 잘되지 않은 원인은 무엇일까? 당연히 국내의 분열, 사회주의와 보수주의의 갈등 때문일 것이다. 그렇다면 그 핵심 원인은 무엇일까? 바로 프로이센의 3계급 투표제에 있었다. 이 투표제가 만드는 프로이센-독일의 이중구조가 시간이 흐를수록 제국에 모순을 만들어버렸다. 하지만 엘베강 넘어 동쪽의 융커들은 자신들의 프로이센 지배를 놓고 싶어 하지 않았고 결국 선거제 개혁은 제국 시절 내내 이루어지지 않았다. 하지만 붙들고 있는다고 해도 마냥 보수파가 유리한 것은 아니었다. 그저 미라와 같은 상태로 버티고 서있을 뿐이었으니 말이다. 그렇다고 사민당이 정국을 주도하게 둔 것도 아니니 제국은 체제의 불합리로 병들어 갔다. 본디 비스마르크가 이렇게 조성한 것은 프로이센을 중심으로 제국이 뭉치길 원한 것이었으나 시간이 지나 사민당이 성장하면서 역으로 제국의 지배권을 둘러싼 혼란과 갈등이 조성되었다. 아무리 지주동맹 같은 이들이 프로이센 농업부를 장악한다 한들 제국의회가 보수파가 원하는 것을 통과시켜 주지 않았다. 정치적 혼란만 가중되었으나 보수파들은 자신들의 프로이센 통제권을 포기하지 않았다. 고로 유일한 해법은 선거제 개혁이었다. 어차피 통제권을 유지하려 해도 제국의회가 먹힌 이상 제대로 작동되지 않았다. 뷜로와 베트만홀베크 총리는 정치적 근대화의 시계를 돌릴 수 없음을 자각하고 나름대로 개혁을 추진하나 결국엔 실패했다. 그 결과 프로이센의 지배 집단과 독일의 여론 간의 간극은 꾸준히 벌어졌으며 프로이센과 독일의 연결 관계는 파탄이 나게 되었다. 이러한 구조가 결국 비스마르크 수상 사임 이후의 파탄을 만든 것이라고 봐도 무방할 것이다. 이러한 정치구조를 역대 총리들은 결집정책을 통해 통합 정치로 극복하려고 했지만 정당들은 하나도 잘 뭉치질 못하였다. 총리들은 어떻게든 사회정책을 펴서 사민당의 지지를 정부로 끌어당기려 했지만 그것도 실패하였다. 전쟁 전 마지막 총리 베트만홀베크는 의회의 민주화로 이 사태를 해결하려 했지만 물거품이 되었고 이러한 혼란이 외교의 혼란도 가중시켜 버렸다. 결국 엄청난 경제 성장에도 불구하고 정치의 혼란이 제국을 엉뚱한 길로 보내버리게 된 것이다.

다만 그렇다 할지라도 독일이란 나라는 꾸준히 성장하고 있었으며 분명히 입헌을 근간으로 한 개혁의 흐름은 막을 수 있는 것이 아니었다. 보수파가 반발함에도 꾸준히 여러 작은 개혁들이 통과되고 있었다. 독일은 러시아에서 점점 영국에 가까운 나라로 변모하고 있었다. 프로이센 선거제 유지도 사민당 1당 등극으로 이제 위태로운 처지였다. 여기에 영국이 삼국협상에 들어갔음에도 여전히 중립적 태도를 취하고 있어서 아직은 평화의 가능성도 충만했다. 시간이 해결해 줄 수 있었다. 하지만 동시에 유럽 동방의 어려움이 제국을 흔들고 있었다. 이제 빌헬름 2세 시절의 외교로 넘어가 보자.

더 원하는 제국

빌헬름 2세는 자신이 정국의 주도권을 차지하면서 외교 정책으로 세계정책Weltpolitik을 채택하였다. 이 세계정책은 비스마르크의 외교와 정반대의 것이었다. 카프리비 총리까지는 기존의 정책이 어느 정도 유지가 되었지만 호엔로헤 후작의 시기부터, 정확히는 베른하르트 폰 뷜로가 외무부 장관이 되면서 총리의 뒤에서 암약하기 시작하는 순간부터 독일 제국은 기존의 정책을 완전히 수정하여 군대, 특히 해군을 주축으로 한 식민지 확장정책을 추진하였다. 그렇다면 왜 그랬을까? 결론부터 말하면 비스마르크의 외교가 낳은 복잡성과 내적 모순에 새로운 위정자들은 기존의 외교 질서가 유지 불가능하다고 판단하였기 때문이었다. 고로 대안을 찾기 시작했고 그 대안은 다른 제국들처럼 외교를 하는 것이었다. 이제 힘든 중재자의 역할을 벗어던지고 '양지바른 곳'을 추구하기로 하였다. 물론 비스마르크의 큰 그림이 향후 독일에 이득이 됨이 후세의 드러났기에 어리석어 보이나 그 당시 시점에서는 충분히 그럴 만하였다. 비스마르크의 외교 체제가 상당히 난이도가 있었으니 말이다. 분명 이득이 되는 방향이긴 했지만 비스마르크조차도 높은 난이도에 흔들리지 않는 단단한 외교 체제 구축에는 실패하였다. 비스마르크의 노력에도 오히려 마치 '회반죽과 헝겊'으로 만든 뼈대 같은 체제가 구축되어 버렸다. 불안정한 외줄타기를 통해 간신히 유지가 되고 있던 상태인 것이었다. 그렇기에 언제든지 깨지기 쉬운 외교 체제였다. 예컨대 1885년 동부 루멜리아 사태를 다시 보자면 베를린 정부는 평소처럼 중재하려 했지만 오히려 러시아 언론들의 엄청난 비난을 받아야 하였다. 아무런 이득을 가져가지 않는데 이런 반응이 오는 것은 내부 여론을 악화시켰고 후속 정부가 반대 방향을 추구하는 결과물을 만들었다. 당시 여론을 살펴보자면 비스마르크의 반대자들은 독일이 러시아로부터 오스트리아를 지키고, 오스트리아로부터 러시아를 지키는 이런 짓을 왜 하냐고 주장했는데 실로 당대 어떠한 강대국도 그런 역할을 하지 않았음을 생각하자면 여론에 의한 정책 변경은 당연한 수순이었다. 당대 어떤 국가도 외교의 장에서 자기 체급보다 약한 펀치를 휘두르는 나라는 없었고 오로지 비스마르크의 독일만 그러했다는 점은 유권자들에게 지금은 무력한 국가이며 어서 바꾸어야 한다는 생각을 주입시켜 버렸다.

그렇기에 카프리비가 비스마르크의 뜻을 따르는 방향을 택했음에도 1890년 봄, 러시아와의 재보장조약이 연장되지 않은 것이다. 불안정 정책을 바꾸고 새로운 시대로 전환해야 한다는 의견을 비스마르크를 제외하곤 다들 가지고 있었다. 이젠 이득이 보이질 않는 중재자 역할을 유지하는 것은 불가능하였다. 다만 카프리비 총리는 비스마르크의 뜻을 따랐기에 완전한 변경보단 점진적 변화를 추구했다. 고로 카프리비는 식민지 방향보다는 여전히 대륙에 독일의 야망을 집중시켰다. 예컨대 자본가와 군부가 식민지 확장을 위한 해군력 증강을 요구하자 카프리비는 역으로 해군 참모총장직을 내던지며 이에 반대하였다. 그렇게 카프리비 총리는 확장정책을 억제하며 새로운 선택지를 고르니 바로 영국과의 친선이었다. 물론 비스마르크도 영국과의 우호를 추구했으니 아주 달라진 것은 아니었으나 점점 더 힘들어져 가는 러시아와의 외교가 반대급부로 좀 더 영국과 친해지는 선택지를 고르게 만들었다. 예컨대 1887년 11월, 비스마르크 임기 말기에 독일 정부는 베를린 주식시장에서 러시아 유가증권의 교환을 사실상 금지시켰다. 그 원인은 러시아의 곡물에 대한 관세로 거슬러 올라가는데 독일의 농민 보호 정책과 러시아의 근대화 자본 마련을 위한 공격적 곡물 수출이 충돌했기 때문이었다. 따라서 비스마르크 정부는 러시아와의 외교에서 주도권을 가지기 위해 그러한 급진적인 처방을 내렸지만 러시아가 대안으로 파리를 택함으로써 비스마르크가 짜놓은 체제의 유지는 더더욱 난이도가 상승하였다. 재보장조약이란 임시변통이 두 나라의 관계를 완전히 파탄 나는 것을 막아주었지만 카프리비가 보기에는 그저 임시변통이었다. 그렇기에 영국이란 대안을 통해 프랑스와 러시아를 적절히 억누를 필요가 있다고 판단하였다. 실로 영국으로서도 명예로운 고립이 점점 힘들어져 갔고 해양 제국 유지를 위해서 대륙 국가와의 동맹 체결이 필요하였다. 그렇게 영국과 독일의 접촉이 일어났고 대표적인 성공 사례가 바로 1890년 7월 1일의 헬골란트-잔지바르Heligoland-Zanzibar 조약이었다. 독일 본토와 가까운 북해의 섬인 헬골란트와 독일령 동아프리카의 여러 영토를 교환하자는 내용이었으며 이로써 영국은 아프리카의 빅토리아 호수까지 철도를 부설할 영토를 얻었고 잔지바르 보호령을 설치하는 데 성공하였다. 비스마르크에 의해 애매하던 두 나라의 관계는 이 조약으로 부드러운 분위기가 정점에 이르게 되었다. 그러면서 이중제국과의 유대를 강화하며 영국-독일-이중제국이라는 새로운 라인을 구축하려 하였다.

하지만 카프리비의 의도는 삐걱댔다. 새로운 노선이 그가 처음부터 의도한 것이라기보다는 비스마르크의 것을 바꿀 수밖에 없다는 결정에서 나온 좌고우면의 결과였기 때문이었다. 그래서 이탈리아가 북아프리카의 식민지 획득을 위해 프랑스와 접촉하고 러시아가 대안으로써 적극적으로 파리에 향할 때, 그 빠른 변화에 카프리비는 당황할 수밖에 없었다. 그래서 카프리비 총리는 일단 제국의회의 농민 세력의 압박을 물리치고 1894년 러시아와 통상조약을 체결하였다. 이로써 일단 러시아를 진정시킬 순 있었다. 그러나 재보장조약은 스스로 없앴으며 변화하는 대륙의 외교가 독일 정부를 불안에 떨게 했기에 결국 카프리비는 군사적 중립 정책을 택하였다. 영국과 친선을 계속 추구하고 다른 나라와도 나쁘지 않은 관계를 이어가되 강력한 동맹의 지원이 없어도 버틸 수 있게 군사적 자립책을 택한 것이다. 1893년 군사법안을 통과시키며 상비군 병력을 10년 전에 비해 15만이 증가한 55만 2천 명으로 만들었고 자연스레 군비를 증강시켰다. 1886년과 비교하면 무려 두 배에 달했다. 이러한 판단은 두려움에서 나온 결과지면 결국 독일의 군국주의를 부추겼고 확장정책의 기반을 만들어버렸다.

그래도 영국과의 관계만 계속 증진한다면 독일이 불안한 상태로 빠지는 것은 회피할 수 있을 것이었다. 하나 카프리비의 퇴임과 뷜로의 등장, 영국의 모호한 태도가 독일을 확장정책으로 향하게 하였다. 영국과의 관계가 잘 이어 나가다가 결국 뷜로의 등장으로 파탄 나게 되는데 영국이 내민 조건을 독일이, 독일 사회가 받아들이기 상당히 힘들었기 때문이었다. 영국이 원하던 독일은 그저 대륙에 만족하고 해외식민지는 원하지 않는 것이었다. 극단적으로 말하면 모든 해외영토나 해외에 대한 각종 투자를 포기해야만 영국을 만족시킬 수 있었다. 당시 독일 자본가뿐만 아니라 독일 국민들이 양지바른 곳을 요구한 것을 고려하면 이 두 가지 요소를 적절히 배합하는 것은 대단히 힘든 일이었다. 예컨대 오스만 술탄의 요청으로 아나톨리아 철도의 지선을 바그다드 방향으로 부설하는 공사를 독일철도협회가 맡자 영국 정부는 독일이 자금을 대는 것을 자신들의 영역을 함부로 침범하는 아주 그릇된 행동이라고 비난하였다. 영국의 입장에선 자기들의 이익은 필수적이었지만 독일이 해외에서 행동하는 것은 그저 사치라고 보았기에 독일이 유럽 밖으로 나가는 것을 포기하지 않는 한 동맹은 요원해 보였다. 영국은 향후에도 사사건건 자신들의 이익을 위해 독일 정부가 양보할 것을 요구했고 독일은 완전한 양보와 자국 이익 수호를 위한 대항을 양자택일로 강요받게 되었다. 그것이 최고조로 달한 것이 1894년에서 95년까지 있었던 트란스발Transvaal 위기였다. 트란스발은 남아프리카에 위치한 공화국으로 영국의 케이프 식민지와 인접한 곳이었다. 당시 트란스발의 독립은 국제적으로 공인된 상황이었고 영국도 이를 인정했으나 1880년대에 트란스발에 거대한 금광이 발견되자 영국은 인접국 병합을 꾀하였다. 그런데 트란스발 경제에 독일 정착민들이 크게 기여하고 있었으며 실로 트란스발에 투자된 외국 자본의 1/5을 독일인이 소유했기에 베를린 정부는 트란스발 공화국의 독립 유지를 찬성할 수밖에 없었다. 양측의 언론을 격분하며 사태가 악화되었으나 베를린 정부가 한발 물러서는 것으로 마무리되었다. 그 과정에서 얻은 타협안이 있었지만 알맹이는 전혀 없었다. 오히려 남아프리카에 대한 권리를 포기하게 되었다. 기존의 독일 외교가 결국 실패한 것이었다. 이러한 결과는 이제 호엔로헤 후작 뒤에 있다가 1897년에 본격적으로 등장한 뷜로에 의해 해군과 식민지를 중심으로 하는 확장정책으로 변경하는 근본적인 배경이 되었다.

그렇다면 뷜로의 외무부 장관 취임 후 독일은 어떠한 외교를 실시했을까? 그것은 그가 1897년 12월 6일 제국의회에서 한 연설을 보면 알 수 있다.

"풍요롭고 유망한 미래가 있는 이 땅에서, 다른 국가와의 경쟁에 독일이 뛰어들지 않는 것은 애당초 바람직하다고 생각하지 않습니다.

(중략)

이제 그런 시대는 막을 내렸습니다. 해운, 무역 및 산업의 이익을 촉진하고 융성하게 하는 것이 우리의 최우선 과제입니다. 요약하자면 우리는 그 누구도 우리의 그늘에 두고자 원치 않으나, 태양이 비치는 곳에 우리의 자리를 내어달라고 요구해야 합니다."

이 연설을 통해 뷜로는 내부 권력을 교체하는 동시에 식민지를 향한 독일의 야망을 숨기지 않고 토로하였다. 이제 영국이나 다른 열강의 눈치를 보며 영토 확보를 주저하면 안 된다고 본 것인데 가만히 있다가는 세계 무대에서 보통 국가로 전락해 버린다는 위기감의 발로였다. 당시는 누구나 식민지 확보를 위해 날뛰던 시대니 말이다. 상대적으로 유럽 열강 사이에서 소국인 벨기에가 콩고를 얻기 위해 발악했던 모습은 당시의 시대상을 보여 주는 것이었다. 뷜로는 당시의 시대적 요구에 독일도 응해야 하며 동시에 그래야만 영국과의 동맹도 가능하다고 판단하였다. 그의 관점에서 프랑스와 러시아가 가까워지는 이때 영국에게 선택지는 독일뿐이라고 판단한 것이다. 하지만 훗날 드러나는 사실이긴 하다만 (따라서 뷜로의 입장에선 억울하겠지만) 영국이 바라던 것은 비스마르크의 '만족하는 제국'이었음을 고려하면 그가 선택한 해군 증강 정책은 대단히 위험한 판단이었다. 그래서 그가 강력히 추진한 중국 진출은 곧 영국과의 관계 악화를 불러일으켰다. '더 원하는 제국'은 동아시아에 독일의 해군기지를 마련하기 위해 자오저우만Jiaozhou Bay을 임차하는 방안을 검토하였고 1898년 3월 6일, 중국 정부와 조차지 계약을 체결하였다. 이곳이 현재 칭다오인 키아오초우Kiautschou, 독일령 교주만으로 철도 건설과 재원 개발의 가능성도 높은 곳이었다. 고로 독일 정부와 언론은 만족하였지만 독일 군함이 아시아의 해외영토로 다다르기 위해 영국과 프랑스의 해안선을 지나 해협을 통과하는 일은 두 국가의 심기를 대단히 건드는 일이었다. 그러나 독일은 개의치 않았다. 계속 양지바른 곳을 추구하였으며 1900년 3월에는 영국과 미국의 충돌에 자신들도 끼어들어 협상을 통해 사모아의 동북부를 획득하는 데 성공하였다. 그렇게 독일령 사모아를 설치하였으며 노력 끝에 얻은 식민지들을 유지하기 위해 독일의 해군력을 크게 늘리기로 결정하였다.

그런 독일 제국의 해군 증강 정책은 후세에 많은 비난을 받았다. 현대를 살아가는 우리 입장에선 그들의 선택이 어리석어 보이나 사실 알고 보면 이것은 당대 최고 유행을 따른 것에 가까웠다. 그 당시의 흐름을 살펴보자면 미국 해군 제독 출신 앨프리드 셰이어 머핸Alfred Thayer Mahan의 『해양력이 역사에 미치는 영향The Influence of Sea Power upon History』이라는 책이 1895년에 출간되어 전 세계에 해군주의 붐을 일어나고 있었다. 해당 도서에 따르면 해군력이 기반을 둔 문명이 그러지 않은 문명을 이기는 것은 당연한 수순이라고 주장했으며 이 논리에 다른 나라 사람들도 많은 동의를 표하고 있었다. 고로 뷜로를 비롯한 독일 수뇌부들이 대함대에 대한 페티시를 가지고 있는 것은 무리가 아니었다. 애당초 다들 그러한 시대였다. 특히나 빌헬름 2세가 머핸의 열성 독자로 전함과 순양함으로 이루어진 대함대를 구축하는 것에 적극적 지지를 표했기에 해군 증강은 자연스러운 수순이었다. 그저 문제는 티르피츠의 주장을 따라 전함을 중심으로 한 대규모 함대를 만들 것인지 프리드리히 홀만Friedrich von Hollmann 제독을 중심으로 한 고속 순양함을 중심으로 함대를 조성할지 정도였다. 결국 티르피츠 제독의 방안이 선택되었으며 1898년 3월 제국의회는 새로운 해군 법안을 통과시켰다. 영국이 독일이 함대를 가지기 전에는 은근히 거만한 외교를 떨었음을 볼 때 (일례로 1897년 3월, 트란스발 문제로 영국 대사가 독일 대사 대행을 만나는데 여기서 영국이 함부르크와 브레멘을 봉쇄하여 독일의 통상을 궤멸시킬 수도 있음을 언급하면서 독일에게 해군 증강의 명분을 주었다.) 후대의 인식과 다르게 당연한 조치였다. 티르피츠 제독이 해군 증강을 주장하기 전, 1890년대를 기준으로 이탈리아나 미국이 독일보다 더 큰 함대를 가지고 있음을 생각해 보자면 함대 구축을 비난하는 것은 무리가 있어 보인다.

문제는 해군 정책보단 식민지 정책에 엄청난 비용이 들어갔음에도 불구하고 비스마르크 시절보다 딱히 식민지를 얻은 곳이 없다는 점이었다. 오히려 얻은 것은 없는데 영국의 눈초리만 받게 되었다. 티르피츠 제독은 독일의 전함 척수를 40척으로 늘려 영국 해군력의 2/3까지 독일 해군력을 증강하여 '억지함대Risikoflotte'를 통해 영국과의 동맹을 노려보자고 주장하였다. 영국이 무시하기 힘들 정도로 늘린다면 화해의 제스처를 취하리라 본 것이었다. 어리석어 보이지만 해군은 엄청난 자금이 드는 사업이었기에 영국도 계속 독일을 따돌리기 위해 전함을 늘리기보단 타협할 것이라는 나름 합리적 이유에서였다. 그러나 해군 경쟁에서 영국이 압도적인 승리를 하였기에 티르피츠 제독의 의도는 성공하지 못하였다. 1898년부터 1905년까지 독일은 전함이 13척에서 16척으로 증가하였지만 영국은 무려 29척에서 44척으로 증가하였다. 따라서 영국 정부는 독일 해군을 그다지 신경 쓰지 않았고 오히려 프랑스와 러시아에 집중하고 있었다. 그럼에도 독일 정부는 러시아와 영국의 관계를 고려하여 아직은 영국과의 친선 기회, 나아가 동맹의 기회가 남아있다고 판단하였다. 그리 틀린 판단도 아닌 것이 러시아가 재보장조약 파기 이후인 1892년에 프랑스와 동맹을 체결했지만 그 내용은 기본적으로 영국을 겨냥하고 있었으며 독일의 경우 러시아의 요청으로 중립으로 묶어두고자 하였었다. 따라서 그레이트 게임The Great Game이 완전히 종식되기 전엔 분명 기회가 있었긴 하였다.

하지만 영국의 생각은 달랐기에 결국 파탄으로 흘러가게 되었다. 왜냐하면 경제 부문에서도 말하겠지만 독일의 경제가 날로 성장하고 있었기 때문이었다. 즉 해군보단 독일이란 나라 자체의 성장에 영국이 경계하여 독일이 어떤 태도를 취하던 이제 러시아보다 독일을 견제해야 한다고 생각한 영국이 협상의 여지를 주지 않았다. 이를 눈치채지 못한 것이 뷜로를 비롯한 독일 수뇌부의 진정한 판단 미스였던 것이다. 예컨대 1862년의 독일연방이 차지하는 세계 산업생산량은 대략 5%로 세계 5위였다. 이 당시 영국은 대략 20%로 1등이었다. 그러나 1880~1900쯤 독일 제국이 미국과 영국에 이어 3등이 되더니 1913년에는 영국을 제치며 2등이 되었다. 이러한 사실들은 독일이 어떤 노력을 해도 영국이 불안해하는 것을 막지 못하는, 아이러니하게도 자신의 성장이 자신의 계획을 방해하는 결과를 만들었다. 결국 양국의 협상은 불발되고 영국은 1904년 프랑스와 우호조약을 체결하게 되었다. 1907년에는 러시아와 우호조약을 체결하였다. 1912년까지 영국과 독일 간의 협상이 꾸준히 이어지게 되나 결국 좋은 결과는 만들지 못하게 되었다.

이렇게 외교적으로 고립되자 역으로 티르피츠 제독은 계속 해군을 증강시키는 '위험 전략Risk Theory'을 택해야만 독일의 안전을 보장할 수 있다며 제국의회를 설득하였고 매년 전함 3척을 추가 건조하는 내용의 제2차 해군 법안이 통과되었다. 영국이 드레드노트Dreadnought급의 전함을 연구하자 제3차 해군 법안을 통과시켜 매년 2척의 드레드노트와 1척의 장갑순양함을 건조하기로 하였다. 문제는 종전보다 35%나 추가 예산을 편성해야 했는데 이것은 1차 모로코 위기를 통한 국내 여론으로 합의를 끌어낼 수 있었다. (1906년에는 3차 해군 법안을, 1908년에는 4차 해군 법안을 통과시키며 꾸준히 해군을 증강시키나 예산 문제로 결국 뷜로는 사임하게 되었다.)

독일이 외교적 고립을 돌파하고자 추진했던 1905년 1차 모로코 사태의 움직임이 해군 증강 예산을 통과시킨 것인데 그렇다면 왜 독일은 모로코에 개입했던 것일까? 당시 비스마르크의 그림이 무너짐에 따라 유럽 협조 체제가 다시금 붕괴하고 동맹 블록의 시대가 열림으로써 오스만은 자연스레 그 흐름 속에서 추락하고 있었다. 더 이상 유럽 열강들은 권력의 공백을 막기 위해 완충재로써 오스만을 지켜주지 않았고 (후술하겠지만 이것이 유럽의 최대 실수였고 결국 대전쟁을 부르는 근본 원인이 되었다.) 이에 따라 오스만은 유럽에서 서서히 후퇴하게 되었다. 그렇게 생긴 권력의 공백에 열강들은 신속하게 움직였고 외교적 위기가 주기적으로 발생하게 되는데 여기서 독일은 그것을 기회 삼아 프랑스가 만들려는 포위망에서 탈출하려 했던 것이다. 하지만 결론부터 말하면 뷜로의 모험은 실패하였다. 모로코의 탕헤르를 빌헬름 2세가 깜짝 방문하여 흐름을 독일로 가져온 것은 좋았으나 1881년 조약을 바탕으로 국제회의를 열자고 주장한 것을 프랑스가 역이용했기 때문이었다. 프랑스의 외무장관 델카세Théophile Delcassé의 활약 덕택인데 1904년 영불협정을 근거 삼아 영국을 회유하였으며 러시아는 차관으로 회유, 이탈리아와 스페인도 각종 대가로 꼬드기는 데 성공함으로써 알헤시라스 회의Algeciras Conference에서 각국이 프랑스를 지지하게끔 만들었다. 이로써 독일의 외교는 실패하였다. 그래도 아직 유럽 평화의 기회는 분명히 존재했다. 스톨리핀Pyotr Stolypin 다음으로 러시아의 각료평의회 의장이 된 재무장관 코콥초프Vladimir Kokovtsov나 폴 캉봉Paul Cambon 같은 프랑스의 온건파들이 독일과 화해를 추진하고 있었다. 이러한 흐름도 분명 존재했기에 이를 잘 이용한다면 독일은 외교적 고립에서 벗어나고 유럽도 평화를 이어갈 수 있었다.

하지만 1911년의 2차 모로코 사태, 아가다르Agadir 위기와 동년 이탈리아 왕국의 리비아 침공으로 독일과 유럽은 막다른 길을 향해 달려가기 시작하였다. 전자의 경우 먼저 간략하게 알아보자. 1차 모로코 위기 이후 독일과 프랑스는 적당한 합의에 성공하며 일시적으로 평화적 분위기를 조성하였다. 1909년 프랑스-독일 합의를 통해 모로코에 대해 정치적으로는 프랑스가 독점하되 경제적으로는 독일도 접근하는 것을 승인하였다. 하지만 1911년 4월, 모로코에서 술탄에 저항하는 반란이 일어나자 이를 빌미로 프랑스가 군사개입을 하면서 합의는 붕괴되었다. 합의안에 따르면 일방적으로 한 세력이 모로코에 병력을 파견해서는 안 됐다. 이를 좋은 기회로 본 독일이 그 적절한 명분을 이용하여 자신들도 모로코 사태에 개입하기 시작하였다. 독일은 판터호SMS Panther를 자국인 보호를 주장하며 아가디르 항구로 보내 정박시키며 독일의 권리를 주장하였다. 두 나라는 즉각 충돌 위기에 휩싸였다. 하지만 매파였던 프랑스 외무부 장관 모리스 에르베트Maurice Herbette와 다르게 1911년에 갓 프랑스 수상이 되었던 조제프 카요Joseph-Marie-Auguste Caillau는 평화를 바라던 온건파였다. 그렇기에 이 문제를 해결하기 위해 독일 제국 외무장관 알프레트 폰 키데를렌-베히터Alfred von Kiderlen-Wächter를 몰래 만나 대화를 통해 해결하려 하였다. 이에 키데를린은 모로코에서 독일의 이익을 일방적으로 빼앗기지 않는 대가로 프랑스령 콩고의 일부를 할양해 줄 것을 요구하였다. 카요 수상은 프랑스가 모로코를 가져가는 대가로 이를 수락하며 1911년 11월 4일, 프랑스-독일 조약을 통해 합의가 확정되었다. 이로써 저번과 달리 독일은 콩고의 일부를 차지하면서 나름대로 이득을 얻는 데 성공하였다. 이렇게만 보면 아름답게 끝난 것 같으니 별다른 문제가 없어 보이지만 하필이면 프랑스 수상과 독일 외무장관이 비밀 합의를 했다는 것이 큰 문제가 되었다. 분명 나름대로 평화를 추구한 결과물이었지만 그것을 빌미 삼아 프랑스에서는 카요 수상이 내각을 우회하여 적국과 밀담했다며 그를 비난하였고 독일에서는 민족주의 여론이 모로코를 포기하고 얻은 대가가 너무 작다고 자국 외무장관을 비난해 댔다. 결국 평화적 합의에도 불구하고 양측은 다시금 서로에 대한 비난 여론에 휩싸여 버렸다. 결국 카요 수상은 취임 7개월 만에 실각하였다. 이러한 과정은 당시 프랑스 매파에게 나쁜 교훈을 안겨주는데 2차 모로코 위기 동안 독일이 갈팡질팡하는 모습을 어느 정도 보였기에 강하게 나가면 독일이 양보한다는 생각을 가지게 된 것이었다. 당시 독일은 전쟁 위기 고조로 인하여 일시적으로 금융위기가 왔는데 이로 인해 진지한 상황이 오면 매우 현실적으로 변하는 빌헬름 2세의 판단으로 협상에 들어간 바가 있었다. 게다가 영국의 지원사격으로 강경파들은 더욱 힘을 얻게 되었다. 영국의 경우 처음에는 자유당 내각이 책임이 프랑스에 있다고 보아 모호한 태도를 보였지만 강경파인 외무장관 에드워드 그레이Edward Grey의 활약으로 프랑스-독일 전쟁이 발발한다면 영국이 프랑스의 동맹으로 개입하겠다고 선언하였다. 그리고 영불협정의 군사적 협력을 강화하겠다고 하였는데 (이후 프랑스와의 해군협정을 통해 독일이 프랑스 해안을 공격하면 영국 해군이 도와 프랑스 해안을 지키기로 합의하였다.) 이는 프랑스 매파들의 강경한 태도를 부추겼고 결국 고립에 다시금 빠진 독일로 하여금 군비증강에 집착하게 만들었다.

그렇게 유럽 갈등의 핵심인 프랑스와 독일의 관계가 다시 삐거덕대기 시작했다. 그래도 다들 무조건 전쟁을 원하는 것은 아니었다. 특히나 민간 정부와 군부, 그리고 전통적 권리를 지닌 군주 간의 의견이 달랐기에 언제든 상황은 변할 수 있었다. 책임의 모호성이 전쟁의 위험성을 키웠지만 다른 한편 아직은 가능성을 열어둘 수 있게 해주었다. 그런데 동부 위기가 유럽 열강 간의 그나마 느슨하게 연결되었던 협력 체제를 완전히 붕괴시켰다. 오스만이 유럽에서 후퇴함에 따라 균형은 붕괴되었고 그에 따라 이중제국과 러시아의 충돌이 점점 가시화되었다. 일단 충돌 위기에 양국은 1908년 발칸 문제에 대해 합의 보았으나 이중제국의 보스니아 병합으로 양국의 관계는 냉랭해졌다. 두 국가는 밀실 합의로 각각 보스니아와 콘스탄티노플 해협 통제권을 가져갔지만 이 시기 미쳐 날뛰는 민족주의 여론이 그것을 용인하지 못하였던 것이다. 결국 권력의 공백에 대한 합의가 제대로 이루어지지 못하였고 오스만은 점점 의미 없는 사망 상태로 나아가게 되었다.

이러한 때에 오스만에 완전한 사망선고가 내려지니 그것이 바로 1911년 이탈리아가 리비아를 침공한 것이었다. 이탈리아 왕국은 프랑스와 합의하여 모로코를 인정하는 대신 리비아에 대한 권리를 가져갔다. 그런데 이탈리아 스스로도 자신들이 리비아를 공격하고 차지하면 오스만은 완전히 무너지고 발칸이 아수라장이 되어 그곳을 둘러싼 열강들의 전략적 경쟁과 정치적 고려 등으로 전쟁의 불씨가 자라날 것을 잘 알고 있었다. 하지만 이탈리아 외무장관 산 줄리아노Marchese di San Giuliano는 삼국협상의 지지하에 자국의 이익을 위해 리비아를 침공하였다. 이에 오스만은 저항했으나 결국 무너졌고 로잔 조약을 통해 이탈리아는 리비아를 가져가는 데 성공하였다. 이탈리아의 승리로 자연스레 유럽 열강들은 오스만의 남은 발칸 영토에 대해 건들기 시작하였으며 결국 뒤이은 1912~13년의 1차 발칸 전쟁으로 오스만은 유럽에서 수도와 그 주변부를 제외하고 퇴출당하게 되어버렸다. 독일은 여기서 최대한 오스만의 영토적 통일성을 유지하는 데 애를 썼으나 베트만홀베크의 노력에도 불구하고 다른 열강들이 유럽 협조 체제를 무시함으로써 발칸에 권력의 공백이 생겨나버렸다. 이탈리아의 리비아 침공과 뒤이은 발칸 전쟁으로 인한 발칸 국가들의 독립은 엄청난 여파를 만들었다. 오스만이라는 힘이 유지하던 것이 빠짐에 따라 생긴 지정학적 공백이 이중제국과 러시아의 충돌을 만들었으며 유럽 협조 체제 붕괴로 인한 동맹 블록의 시대(삼국협상 대 이국동맹과 오스만)로 인해 서로가 가지는 지정학적 위치와 균형, 특히나 오스트리아-헝가리가 가진 중부 유럽에서의 가치를 무시함에 따라 언제든 전쟁이 날 가능성을 완벽히 만들어버렸다.

베트만홀베크 총리는 이 과정에서 여러 번 데랑트Détente를 시도하고 외교적 고립에서 벗어나기 위해 비스마르크의 교훈을 복구시키려 애썼다. 하지만 오스만의 위병이 되어 발칸의 불확실성을 없애려는 노력은 모조리 실패하였다. (1903년 베를린-바그다드 철도 계획이 오스만과의 친선의 시작점이었다.) 베트만홀베크 총리는 영국과 러시아와 대화를 시도하였으나 별 소득이 없었는데 어찌 보면 당연한 일이었다. 영국은 베트만홀베크의 해군 증강 포기선언에도 이젠 영국이 협상을 통해 가져갈 것이 없으니 독일에 호응하지 않았다. 러시아는 터키 해협에 대한 권리를 절대 포기하지 못했기에 1913~4년의 바그다드 철도 위기와 리만 폰 잔더스Liman von Sanders 위기(오스만의 요청으로 파견된 독일 군사고문단에 러시아가 독일의 영향력이 터키에서 늘어난다며 반발한 사건)에서 독일에 강경히 대응하였다. 여러 노력에도 발칸의 불확실성에 점점 더 독일과 이중제국은 빨려 들어가게 되어버린 것이었다.

그렇게 유럽 협조 체제 붕괴 이후 조성된 동맹 블록 체제가 서로의 지정학적 균형과 가치를 무시함으로써 독일과 유럽은 전쟁의 위험 속으로 성큼성큼 다가가게 되었다. 예컨대 오스만이 리비아 전쟁 당시 영국에 도움을 요청했음에도 영국이 기존의 오스만 보호, 비엔나 체제 이래로 내려오던 세력균형이란 가치를 포기함에 따라 그나마 유지되었던 유럽 협조 체제는 박살이 나고 독일의 외교는 실패했으며 유럽 전쟁의 위기는 커져갔다. 각국의 평화를 바라는 온건파는 실각되었고 어느 나라나 강경파가 주류를 차지하게 되었다. 하지만 그럼에도 불구하고 여전히 독일에게 기회가 있었다. 영국이 점점 근대화에 성공하는 러시아에 대해 경각심을 가지며 독일과 화해를 준비하고 있었으며 프랑스가 만든 러시아와의 군사동맹도 러시아가 러일전쟁의 피해를 복구하고 자립의 수준에 다가가자 점점 그 시한이 끝나가고 있었기 때문이었다. 베트만홀베크의 노력이 그간 실패하여 이중제국을 제외하면 여전히 친구가 없는 상황이었지만 분명 조금 더 노력하면 극복할 수 있었다.

하지만 다가오는 새로운 위기, 7월 위기가 그 노력을 제대로 방해하였다. 그 위기, 사라예보에서의 비극은 다음 장에서 다루도록 하고 이제 빌헬름 2세 시기의 경제로 넘어가도록 하자.

빌헬름 2세 자신감,
독일의 놀라운 경제발전

외교는 삐거덕댔으나 경제는 놀라운 만큼 성공을 거두었다. 그렇기에 독일 정부와 시민들은 제국에 걸맞은 위상을 주장하며 식민지 확장정책을 추진한 것이었다. 그렇다면 이 시기에 독일은 얼마나 고공 성장한 것일까? 먼저 간단하게 생산량과 투자액을 살펴보자. 산업과 수공업 생산량의 경우 1873년에서 1894년까지 266억 마르크에서 454억 마르크로 늘어났다. 그런데 빌헬름 통치기에 본격적으로 접어든 1895년부터 1913년까지 489억 마르크에서 1천억 마르크로 증가하였다. 투자액의 경우 비스마르크의 통치가 끝나던 1890년에 산업과 농업에 각각 340억, 115억 마르크였으나 1900년에는 각각 545억, 90억 마르크로 증감하였다. 산업의 성장에 따라 도시화와 인구 증가가 이루어졌으며 1890년에 4천9백2십만이었던 전체 인구가 1913년엔 6천7백만 명으로 늘어났다. 그렇게 늘어난 인구가 도시화에 따라 도시로 몰렸고 수많은 이들이 공장에 고용되었다. 그렇게 갈수록 농촌에서 도시로 사람들이 이주하였고 자연스레 산업노동자의 수가 증가하고 농촌 인구와 농업 종사자 비율이 감소하였다. 예컨대 건국 시점인 1871년에는 인구의 64%가 농촌에 있었지만 1910년에는 40%만 농촌에 거주하였다. 24%가 대도시나 중소도시로 이주한 것이며 그에 따라 산업이나 운송업, 상업, 은행업, 보험업 등등 각종 산업에 종사하는 수가 1900년엔 1천3십만에서 1910년에 이르면 1천3백만으로 증가하였다. 그 결과 자연스레 농업의 국내 총생산 기여분이 하락하였다. 1885년에서 89년까지 37%였던 것이 빌헬름 2세 통치 말엽에는 25%로 하락하였다. 물론 독일 농업계도 비스마르크 부문에서 언급했듯 나름대로 활약을 보여주나 산업계가 강력한 리드를 하게 된 것이었다.

그렇게 사람이 몰려 비중이 커진 산업계가 엄청난 생산력을 보여주었고 그렇게 나온 제품들이 국내외로 소화됨으로써 지속적인 경제 성장을 보여주었다. 가히 빌헬름 2세 시기 독일의 경제는 1901~2년과 1908~9년의 일시적인 시기를 제외하곤 꾸준히 성장하였다. 그 증거로 독일 경제의 총부가가치가 빌헬름 2세 시기에 75%나 증가하였고 국내에서 전부 소화되지 못한 물품들이 무역을 통해 팔리면서 수출 규모가 대폭 늘어나 큰 경제적 이익을 성취하였다. 이 당시 무역량의 증가는 가히 폭발적이었고 1889년부터 1910년 사이 제국의 수출량은 81%나 증가하였다. 정확한 수출 규모를 보자면 1880년 기준으로 29억 마르크였던 것이 1913년 101억 마르크로 치솟았었다. 사라예보 사건 직전인 1914년 초엽을 기준으로 함부르크 항구를 통과하는 상품의 총가치는 안트베르펜과 뉴욕에 이어 세계 3위였는데 이 기록이 독일의 산업과 조선업, 해상 운송업이 엄청나게 발달했음을 보여주고 있었다. (조선업의 경우 세계 생산량의 1/10에 도달할 정도로 성장하였다. 육상운송의 경우 1905년 기준 철도 길이가 56,739km에 도달하며 통일 시점의 배로 증가함에 따라 육상 역시 놀라운 성장세를 보여주었다. 같은 시기 프랑스가 39,607km였다.) 당시 석탄 생산량이 1900년에서 13년까지 1억 4천2백6십5만 톤에서 2억 7천7백2십3만 톤으로 늘었고 선철 생산량은 같은 시기 7백5십5만 톤에서 1천6백7십6만 톤으로 증가했는데 이러한 과잉생산을 대외무역으로 해결함으로써 전례 없는 성장을 보여준 것이었다.(철도, 석탄, 선철 자료 출처 노먼 데이비스Norman Davies의 『유럽Europe A History』) 그에 따라 그 나라의 경제력을 보여주는 지수인 GDP를 구매력지수인 PPP로 기준하여 보았을 때 독일은 건국 시점엔 714억 달러로 (1990년대 미국 달러 기준) 영국의 1,001억 달러에 비해 크게 밀렸지만 1913년을 기준으론 2,373억이 되어 영국의 2,246억을 넘어서며 유럽 제일의 실질적 경제 대국이 되었다.

그 놀라운 성장에는 기술 혁신과 노동생산성의 증가가 기반이 되어주고 있었다. 독일의 중공업과 신산업은 황제의 후원을 받으며 실용성 있는 대규모 산업으로 성장하였다. 특히 아에게와 지멘스가 독일을 대표하는 전기회사로 급성장하며 신기술로 만들어진 가전 사업을 양분하였다. 예컨대 1890년에 독일 전기산업의 총생산량은 4천5백만 마르크였으나 교류발전기 발명 같은 혁신으로 1895년에는 1억 5천5백만 마르크로, 1898년에는 대략 2억 2천9백만 마르크로 증가하게 되었다. 화학 산업도 바이엘과 바스프를 중심으로 라인 지방에서 급성장했는데 이러한 신산업들의 성장에는 막스 플랑크 같은 뛰어난 물리학자가 참여했던 카이저 빌헬름 학회 같은 여러 연구기관의 활약 덕분이었다. 황제는 이러한 연구기관들에 막대한 자금을 지원하였으며 베르너 폰 지멘스Werner Siemens 같은 뛰어난 발명가들이 (예컨대 그와 지멘스 회사는 1880년에 엘리베이터를 개발하였다.) 산업을 이끄는 여러 혁신적인 개발로 신산업을 통한 독일 경제의 호황기를 만들어주었다. 그러면서 노동생산성의 증가가 독일의 경제를 더욱 꽃피우게 하였다. 독일인들은 1872년에 주 72시간을 노동했지만 1914년에는 주 57시간을 노동하였다. 근무시간을 줄이고 평균수명이 늘어남에 따라 국내시장의 크기를 더욱 키웠다.

그렇게 엄청난 성장을 거듭한 독일은 곧 고도로 발달된 자본주의 체제를 가지며 순식간에 자본 수입국에서 자본 투자국으로 변모하였다. 이 시기 독일은 해외에 350억 마르크를 투자하였고 그로 인해 연 18억 마르크의 수입을 올리며 강력한 금융 국가가 되었다. 세계 3위의 채권국으로 성장해 벌어들인 수익으로 해외 투자에 성공해 짭짤한 이득을 올렸다.

그런데 분명 경제는 고공 성장하는데 사람들, 평범한 노동자들의 삶은 그다지 나아지지 않았다. 이 당시 복지가 미비한, 극단적으로 자유방임을 추구하던 자본주의 국가들이 다들 비슷하긴 했지만 독일의 경우 좀 더 심하였다. 1890년부터 1914년 사이 서유럽 노동자들의 실질 임금이 4% 정도 상승하였는데 독일의 경우 고작 1%에 그쳤다. 독일 노동자들은 분명 경제에 이바지함에도 경제적 성과에서 심각한 불평등을 돌려받은 것이었다. 그러면서도 노동조건은 가혹하였다. 분명 독일 국민 전체 소득의 크기는 약 180억 마르크에서 500억 마르크로 증가했지만 세분화해서 파악하면 하류층들의 소득은 그다지 증가하질 않았다. 특히 농촌이 더욱 어려웠는데 그래도 모든 분야가 성장한 반면 농업의 경우 1875~9년에는 연간 3,720만 마르크가 평균 수입이었지만 1895~9년이 되면 연간 2,160만 마르크로 수입이 감소하였다. 그렇다고 산업노동자라 해서 특별히 좋을 것도 없었던 것이 분명 도시화로 빌헬름 2세 말엽에는 1/3의 노동자가 산업계에 종사했지만 1900년에는 산업노동자들이 국민소득에서 차지하는 비율이 55%로 감소하며 후퇴한 삶을 보여주었다. 그렇게 힘들지만 또 국가를 위해 세금을 내야 했기에 평범한 이들의 삶은 가혹하였다. 예컨대 건국 시점에서 약 40만이던 군대가 1914년이 되면 86만 4천 명의 상비군으로 증가하였다. 이에 따라 군사 지출이 건국 시점과 1913년을 비교하면 대략 360%나 증가하였는데 1인 담세액으로 보자면 1875년 약 9.8마르크였던 것이 1913년 32.9 마르크로 급상승하였다. 그러한 재정 증가는 고스란히 납세자의 부담으로 다가왔으며 경제적 착취로 노동자들의 삶은 빈궁하였다. 그렇기에 사민당의 세력이 계속 불어난 것이었다.

그래도 독일 노동자들의 절대적 임금 자체는 늘어나 삶이 조금씩 증진되고 있긴 하였다. 1890년의 연평균 임금이 711마르크 정도였지만 1913년에 이르면 1,163마르크로 늘어났다. 가혹하긴 하였으나 복지제도도 서서히 발전함에 따라 희망이 없는 것은 아니었다. 문제는 황제와 정부 수뇌부들이 좌우로 갈리는 여론을 진정시키기 위해 국가 통합의 수단으로 민족주의와 확장주의를 부르짖었다는 것이다. 그것이 전쟁을 부르기 시작했으며 잘나가던 국가의 경제와 그래도 나아질 희망이 있던 시민들의 삶을 박살 내려 하고 있었다. 그래도 희망이 있다면 전쟁 전 마지막 총리 베트만홀베크가 평화를 위한 노력을 다하고 있는 것이었다. 하지만 세르비아 극단주의 세력이 일으킨 7월 위기가 독일의 아름답게 성장하던 경제를 파괴해 버렸다.

독일로 만들라

독일 제국의 민족 구성에 대해 잘 모르는 이들은 간혹 제국을 독일인만의 국가로 오해하곤 한다. 하지만 이미 프로이센 왕국 시절부터 독일은 엄연히 다민족국가였다. 대표적으로 폴란드인과 유대인들, 그리고 통일 과정에서 포함된 슐레스비히의 덴마크인과 알자스-로트링겐의 프랑스인들이 있었다. 그 외에는 리투아니아인과 슬라브족의 일파인 마주르인들도 소수나마 존재하였다. 가장 큰 인구수는 단연 폴란드인으로 1918년을 기준으로 인구의 10%가 그들이었다. 물론 본토인인 독일인이 제일 많아 독일어가 가장 높은 위상을 차지했고 공적으로도 법률적으로도 독일어가 공식 언어였지만 독일에 속하는 여러 민족의 수가 아주 적은 것은 아니었기에 그들을 무시할 수 없었다. 그렇다면 독일 제국은 이들에게 어떤 결정을 내렸을까. 기본적으로 프로이센 왕국의 외국인 정책은 관용과 탄압이었다. 그런데 1830~40년대에 있었던 폴란드인들의 민족 봉기가 수뇌부의 생각을 바꾸어 놓았다. 이젠 적극적으로 탄압을 해야 하며 그들을 독일화Germanisierung해야 할 필요가 있다고 판단하였다. 다만 바로 탄압이 시작된 것은 아니었다. 오토 폰 만토이펠 수상은 독일화가 있어야 한다고 느끼면서도 강하게 추진하지는 않았다. 진정으로 강력하세 독일화를 추진한 시점은 통일 이후인 비스마르크 시절부터였다. 통일 과정에서 친프랑스 성향의 폴란드인들이 동부 지역에서 소요 사태를 일으킨 일로 비스마르크는 탄압적 조치가 이젠 필요하다고 느꼈다. 이 소요 사태는 생각보다 규모가 커서 질서유지를 위해 예비군까지 동원되었는데 이번 일이 벌어지게 여론을 주도한 세력이 폴란드 성직자인지라 탄압 조치는 자연스레 문화투쟁으로도 번지기도 하였다.

일단 독일화를 위해 가장 먼저, 그리고 가장 강력하게 취해진 조치는 바로 독일어를 쓰게 만드는 것이었다. 1872~3년 베를린에서 포고된 왕령을 통해 동부 지역의 학교에서는 독일어만 쓰고 그 이외 언어는 쓰지 못하도록 하였다. 1876년에는 모든 프로이센 정부 기관과 정치단체에 독일어만을 유일한 언어로 쓰게 하였으며 1885년에는 아예 완전한 귀화까지 유도하며 귀화하지 않은 폴란드인과 유대인 3만 2천여 명을 추방하는 포고령을 내렸다. 이어 1886년 폴란드 정주금지법을 제정하여 무조건 독일인이 되기를 강요하였다. 이런 조치들은 대단히 문제가 많은 행정령이었는데 법적으로 그들이 잘못한 것이 있는 게 아니었기 때문이었다. 예외적으로 리투아니아인과 마주리인들은 자신의 언어를 쓰게 허용해 주었지만 두 민족 정도를 제외하면 상대적으로 온건책을 쓴 알자스-로트링겐 제국직할령에서도 1873년 독일어를 공식 교육어로 채택함으로써 전역에 독일어를 강요하였다. 1888년에는 슐레스비히 북부 지역에도 독일어를 유일 언어로 강요했다.

이런 정책을 강요했던 것이 가능했던 것은 그들을 기본적으로 같은 국민으로 취급하기보단 일종의 식민지인으로 여겼기 때문이었다. 특히 소수민족 중 최고인구를 자랑하는 폴란드에 대해서 그러하였다. 비스마르크는 1886년 포젠에 왕립 프로이센 식민위원회를 설립하고 황폐한 폴란드인의 땅을 매입하고 분할한 다음 이주를 원하는 독일인 농부에게 나누어주었다. 그러면서 폴란드인들의 땅을 마음껏 독일인이 매매하게끔 해주었는데 적지 않은 인구를 자랑하는 폴란드 공동체를 파괴하고 도시화로 줄어드는 독일 농민들을 보존하기 위함이었다. 하지만 토지를 지닌 폴란드인 귀족들을 중심으로 한 저항 덕택에 그러한 시도는 그다지 성공하지 못하였다. 토지를 빼앗아 주도권을 가져오고 독일어만 쓰게 만들어 서서히 동화시키려 하였지만 폴란드인들은 독일인들보다 더 많은 인구성장을 보이며 철저히 저항하였다. 게다가 독일 농민 이주 정책이 효과를 크게 보지 못해 역으로 만들어진 정책에 의해 동부 독일인 토지가 폴란드인들에게 넘어갈 정도가 되자 아예 1908년이 되면 몰수법을 통과하여 폴란드인의 기반을 강제로 가져오려 하였다. 하지만 이러한 명백한 위헌적 조치는 빛을 발하지 못하였다. 1912년 10월부터 시행되나 극렬한 반대로 결국 무산되었다. 언어정책도 이와 유사하였다. 1906~7년에 있던 폴란드인들의 대규모 학교 파업으로 결국 폴란드인이 기존에 60% 이상이었던 곳은 폴란드어도 공용으로 쓰게끔 허락해 주었다. 그리고 추방령도 실효성이 없었는데 뷜로 총리는 1887년에 폴란드 지역에서 폴란드인들을 대규모로 추방할 것이라고 선언했지만 동부 지역의 농업지대에서 노동하는 이들을 추방할 용기는 없었다. 이렇듯 큰 실효성을 보지 못하고 반발에 타협함으로써 독일어와 독일의 생활방식을 적당히 쓰게끔 유도하는 것에서 마무리되었다.

하지만 문서상이라고는 해도 토지를 민족별로 재할당하려는 의도는 향후 독일의 도덕적 타락을 불러일으켰다. 당장은 큰 문제가 없었고 결국 소수민족과 타협하여 물러났지만 그 과정에서 나온 개념들은 훗날 나치가 실행하려 했던 레벤스라움, 생활공간Lebensraum이라는 이론에 영향을 주게 된 것이다. 나치의 폭력에 양식을 제공해 버린 것인데 이렇게 된 이유는 기존의 프로이센 왕국의 통치 방식인 "모든 국민에게 햇빛을 골고루 나눠준다."라는 원칙을 수정하여 그 햇빛을 독일인에게만 비추려고 했던 탓이었다. 이로써 독일에 서서히 극단적인 민족주의가 자라나기 시작하였다.

이러한 독일화 과정에서 가장 큰 탄압을 받은 민족은 단연코 유대인이었다. 폴란드인들의 경우 완전하진 않지만 그래도 투쟁 끝에 권리를 지켜냈으나 유대인이 입은 타격은 상당했다. 왜냐하면 비스마르크가 국내 보수 정치의 명맥을 최대한 유지하기 위해 공공의 적으로 유대인을 설정했기 때문이었다. 동화정책에 따라 독일인으로 변모하지 않은 유대인들에게는 매우 가혹한 조치들이 이어졌다. 예컨대 유대인들은 공직에 나아가는 것이 크게 제한받았다. 진출했다고 해도 승진에 큰 제한을 받았는데 대표적으로 프로이센 왕국군에서 유대인이 예비역 장교 지위로 진급한 사례가 전무할 정도였다. 특히 아무리 우수한 성적을 거두어도 유대인은 사법부에서 특정 직급 이상 오르지 못하였다. 극히 일부를 제외하면 유대인들은 고위공직자가 되지 못하였다. 제국 헌법에 따르면 종교에 의한 차별은 엄연히 불법이었으나 비스마르크가 선거를 위해 주도한 반유대주의 운동으로 사회 전반적으로 유대인들에 대한 차별이 극심해졌다. 1890년에는 유대인들이 기독교식 성姓을 채택하는 것을 아예 막아버릴 정도였다. 민족주의라는 정치 논리가 근대 국가의 정치적 논리를 누른 것이었다. 다만 그렇다고 완전히 유대인들의 삶이 무너진 것은 아니었다. 정치권이 반유대주의 여론을 항상 받아줄 순 없었고 선거를 거듭함에 따라 반유대주의 정치 파벌들이 가진 세력이 줄어듦으로써 독일 정부는 반유대주의 범죄들을 적당히 제압하였다. 1900년에 서부 프로이센의 소도시 코니츠에서 유대인 정육점을 향해 독일인들의 반유대주의 폭동이 있었는데 정육점 주인이 인신 공양을 한다는 터무니없는 주장에 프로이센 재판관들은 폭동의 주범들을 붙잡아 처벌하였다. 시간이 지날수록 유대인에 대한 억압적 요구는 점점 사그라졌고 많은 유대인이 제국의 종말까지 프로이센 정부의 여러 공공 생활에 종사하였다. 장관이나 프로이센 주의회 상원의원이 된 유대인들도 있었다. 다만 반유대주의 열풍은 흔적을 남겨 마치 극단적이던 추방령처럼 훗날의 파시즘에 영향을 주었다.

결론적으로 제국 정부는 외국인들을 강력히 탄압했으나 결국 적당한 수순에서 (물론 독일인 입장에서) 타협하고 마무리 지으며 안 하는 것과 다를 바 없는 정책을 시행해 버린 것이 되었다. 하지만 이 과정에서 중요한 것은 제국 정부가 헌법 조문을 강력하게 지키기 않고 은근슬쩍 넘기려는 태도를 보여주었다는 것이었다. 이것은 자유와 평등을 지켜야 할 국가조직이 민족주의의 수단으로 전락하는 배경을 만들었다. 제국 시절까지는 그래도 정치 논리와 민족 논리가 공존했으나 훗날의 전쟁으로 인한 대참사가 민족 논리가 모든 것을 압살해 버리게 해주었다. 그래도 제국 시절까진 분명 회색지대이기에 기회가 있었다. 무슨 특별한 일만 일어나지 않는다면 서서히 프로이센-독일 이중체제가 무너짐으로써 헌법이 제 기능을 할 예정이었다. 하지만 7월 위기가 갑자기 모든 것을 뒤흔들었다.

총참모부,
다모클레스의 검

독일 제국 시절 총참모부의 머릿속은 항상 예방전쟁Präventivschlag 이론으로 가득 차 있었다. 물론 전쟁을 안 하는 것이 가장 좋으나 날이 갈수록 높아지는 양면 전쟁의 위험으로부터 탈출하기 위해서는 먼저 싸움을 걸어 유리한 고지를 차지하는 것이 유일한 해답이라고 생각했기 때문이었다. 비스마르크의 경우 1871년 11월 4일, 제국의회에서 프리드리히 대왕이 7년 전쟁 당시 선제공격을 한 것을 예로 들며 유럽의 정중앙에 있는 독일은 공격에 취약하기에 선제공격을 통한 방위가 상당히 유용하다고 주장하였다. 다만 비스마르크는 전쟁을 최대한 회피하였기에 전쟁 가능성이 높던 1875년, 1887년, 1890년에 군부가 예방전쟁을 주장했지만 끝끝내 받아들이지 않았다. 전쟁의 위험이 있을 때마다 군부는 독일 포위망 형성을 두려워하며 선제타격을 주장했었는데 그러한 주장의 경향은 시간이 지날수록 심해졌다. 비스마르크 통치 시절까진 그래도 프랑스 고립화 정책이 잘 이어졌으나 빌헬름 2세 시기에 접어들면 외교가 개판이 됨에 따라 정말로 포위망이 형성되어 갔기 때문이었다. 그렇기에 위대한 참모총장 헬무트 폰 몰트케의 조카이자 소위 소少몰트케라고도 불리는 헬무트 요하네스 루트비히 폰 몰트케Helmuth Johannes Ludwig von Moltke는 (4대 참모총장. 삼촌이 초대이며 2대와 3대는 각각 발더제와 슐리펜 장군이다.) 툭 하면 예방전쟁을 주장했다. 총참모부는 전략적 딜레마를 해결하기 위해 정부의 외교적 노력에 희망을 걸었다. 하지만 그것이 이루어지지 않을 경우 오로지 해답은 먼저 공격하는 것뿐이라 여겼기에 거의 매년 전쟁 수행을 해야 한다고 주장했지만 다행히 1914년까지 제국 정부는 그러한 요구를 받아들이지 않았다. 제국 정부, 특히 베트만홀베크 총리가 이끄는 내각은 외교에 희망을 걸었기에 꾸준히 군부의 요구를 거부하였고 정부의 태도를 신뢰하지 못한 총참모부는 끊임없이 전시를 대비한 작전계획을 세우고 다듬는 것으로 제국의 안녕을 자신들 나름대로 추구하였다.

그렇게 역대 참모총장들이 나름대로 전시 상황에 움직일 계획서를 작성하였고 가장 유명한 것은 단연 슐리펜 계획Schliffen-Plann일 것이다. 먼저 프랑스를 단기간에 끝내고 그다음 러시아를 끝내겠다는 계획으로 일단 프랑스 방면으로 강력한 부대와 병력을 부여하고 소수의 부대로 러시아를 막다가 프랑스를 함락시키면 다 같이 러시아로 공격하겠다는 계획이었다. 두 전선에서 싸우기보단 한 전선에 거의 모든 힘을 부여하여 최대한 빠르게 한쪽 전선을 마무리 짓고 다른 전선으로 가겠다는 것으로 나름대로 단일 전선처럼 싸워 전쟁을 유리하게 끌고 가겠다는 계획이었다.

물론 이런 계획은 다소 위험한 생각이었다. 하나 공세적 기동전을 통한 우위 확보는 독일의 입장에선 침략당하기 전 할 수 있는 최선의 대안이었다. 이러한 계획에 대해 비판적인 사람들은 훗날 독소전 개전의 명분을 주었다고 비난하지만 1807년 나폴레옹 전쟁 당시 영국이 코펜하겐을 선제공격하여 프랑스의 해군력 증강을 미리 막은 일을 고려하자면 당대 유럽이 다들 택하던 옵션 중 하나인지라 선제공격 계획 자체를 비난하는 것은 필자가 보기엔 무리가 있어 보인다.

그렇다면 역대 참모총장들은 어떻게 계획을 세웠을까? 일단 제국의 초대 참모총장인 헬무트 폰 몰트케의 생각을 살펴보자. 그는 1879년 10월 10일, 2국 동맹 체결 당시 황제 빌헬름 1세에게 프랑스와 러시아의 동맹에 대해 경고한 적이 있었다. 그의 생각으론 프랑스와의 단독전쟁은 걱정할 것이 아니었다. 이제 독일의 국력이 프랑스를 앞서고 있으니 말이다. 그러나 프랑스가 러시아와 접촉하여 양면 전선이 일어날 경우 그것은 독일의 재앙이 될 것이라고 경고하였다. 따라서 그는 혹시 모를 양면 전선에 대비하여 프랑스와 오스트리아, 혹은 프랑스와 러시아 동맹과 전쟁 시 작전계획을 수립하기 시작했다. 이때부터 기본적인 구조가 확립되었는데 먼저 한쪽에 최대의 전투력을 집중하고 끝낸 다음 다른 한쪽에 전부 퍼붓는 방식을 채택했다. 한쪽에 최대한 공격할 때 나머지 한쪽은 빈약하나 가진 것으로 최대한 다른 한쪽이 끝낼 때까지 버틴다는 구조로 공세와 수세를 동시에 벌이는 작전이었다. 세부적인 내용은 다르지만 이러한 구조 자체는 꾸준히 유지되었다. 일단 몰트케 참모총장의 경우 러시아의 빨라지는 동원 능력과 프랑스의 확충되어 가는 요새 시설을 보며 러시아를 먼저 끝내는 계획을 세웠다. 그는 오스트리아의 도움을 받으며 프랑스 방면에서는 1/4의 병력으로 공세적 기동방어를 해야 한다고 주장하였다. 그러면서 폴란드 방면에서 러시아 주력군을 섬멸하되 드넓은 본토까지 들어가기보단 러시아군이 괴멸되었다고 판단하면 바로 프랑스 방면으로 달려가는 것으로 계획을 정하였다. 이러한 계획은 1888년에 차기 참모총장인 알프레드 폰 발더제Alfred von Waldersee와 공동 입안한 새로운 작전계획에서도 유지가 되었다. 다음 참모총장들도 공세 대상을 프랑스로 변경하였을 뿐 기본적으로 어느 한쪽을 공세하고 다른 한쪽은 수세하는 것을 기본 교리로 채택하였다. 다만 몰트케 참모총장은 보불전쟁의 교훈으로 결정적 회전, 예컨대 폴란드에서 이기고 프랑스 방면으로 달려와 여기서도 승리한다고 해도 즉시 전쟁이 종결되진 않을 것이라고 보았다. 그저 최선을 다하여 전략적 공세와 전술적 방어를 당시 각국의 군사 발전을 고려하며 계속 뜯어고칠 뿐이었다. 이 과정에서 그는 기동성을 중시하였는데 예나 지금이나 방어자가 공격자보다 유리하기에 방어의 우위를 넘기는 방법은 오직 적절한 기동을 통한 기습과 임기응변뿐이라고 보았기 때문이었다. 하지만 결정적 회전을 통한 작전계획은 국민 전쟁의 시대에 접어들며 속전속결을 보장할 수 없었으며 앞서 말했듯 몰트케 참모총장도 알았기에 독일 총참모부는 이 딜레마를 어떻게든 해결하였으나 시대의 변화로 그것은 불가능하였다.

그렇게 이 지점에서 독일 군부의 문제가 발생하니 속전속결해야 독일을 구원할 수 있다는 명제를 포기할 수 없었던 독일 총참모부는 결국 아이러니하게도 국민 전쟁의 교훈을 무시하기로 하였다. 위기로부터 독일을 구해야 한다는 의무감이 결과를 정해버린 탓에 새로운 시대의 진실을 의도적으로 무시하는 결과를 만든 것이었다. 그렇기에 독일 총참모부는 시간이 흐를수록 단순히 수적 열세하에서 최종적인 승리를 거둘 작전에만 신경 썼으며 군사적 문제와 결부된 정치적 측면은 보려 하지 않았다. 그저 기계적으로 작전을 짰으며 그 덕에 훗날 세계를 상대로 혼자 싸우는 것이 가능한 독일을 만들었지만 대단하기만 할 뿐 그뿐일, 거기서 그

쳐버리는 군대를 만들어버렸다. 다만 총참모부를 비난하기엔 전략과 정치적 사고를 하는 기관은 엄연히 군사내국이나 전쟁부였었나. 따라서 당시 총참모부의 입장은 그들이 생각하는 최악의 시나리오인 소모 전쟁에 대한 가능성은 최종적으론 위정자들이 해결할 문제라고 인식하고 있었다. (그래서 시간이 흐를수록 제발 외교를 잘하길 빌었다고 한다.) 고로 총참모부는 군사적 대비계획에만 몰두하는 것에 그치는 것이 스스로 당연하다고 느꼈다. 다만 그러한 태도는 유리된 사고방식을 도출시켰고 훗날 7월 위기 당시 세계가 전쟁의 폭풍으로 휘말리게 되는 데 기여하게 되었다.

여하튼 양면 전선의 위험이 날로 증가함에 따라 신속한 섬멸전을 통한 적국의 군사력 무력화 작전은 꾸준히 개편되어 가며 유지되었다. 그것의 절정이 슐리펜 계획으로 1891년에 발더제 참모총장의 뒤를 이어 총참모장이 된 알프레트 폰 슐리펜Alfred von Schlieffen 장군이 세운 것이었다. 여기서 전술했듯 그는 기존의 러시아 공세를 바꾸어 프랑스 공세로 바꾸었는데 갈수록 러시아의 동원 능력이 철도망 보완으로 좋아짐에 따라 동부에서 조기 섬멸은 힘들다고 보았기 때문이었다. 이제 러시아군은 섬멸당할 것 같으면 드넓은 후방으로 빠르게 후퇴가 가능하였다. 그래서 반대급부로 프랑스에 대한 공세가 중요해졌으며 우리가 아는 슐리펜 계획이 그렇게 수립되었다. 그런데 여기서 중요한 것은 1904년에 접어들며 슐리펜 계획을 더욱 크게 변경하여 벨기에와 네덜란드를 넘는 것을 계획에 집어넣었다는 것이었다. 기존에는 프랑스의 공세를 기본 설정으로 정하고 포위전을 꾸몄지만 프랑스의 대규모 요새 방어선 구축으로 인해 이를 회피할 필요가 있었다. 프랑스를 조기에 끝내기 위해선 프랑스와 독일 국경에 세워진 요새들을 피할 필요가 있었고 그것을 우회하려면 중립국들을 건드는 수밖에 없던 것이었다. 그는 재임 중 네 차례에 걸쳐 작전계획을 변경하였는데 변경할 때마다 요새 방어시설을 우려하여 처음에는 베르됭 북부의 시설만 피하려다가 결국 전부 피하기로 정하였다. 이에 대해 위험천만한 생각이라고 총참모부 내에서도 말이 나왔지만 이미 앞서 말했듯 독일을 구하기 위해 결론을 정했던 이들은 적절한 대안을 찾지 못하였다. 따라서 필자의 판단으론 이미 결론을 정했기에 더더욱 순수하게 군사적 요인에 슐리펜은 집착한 것으로 보이며 정치적 결정은 배제하고 군사만능주의에 따라 우회기동을 채택한 것으로 여겨진다. 그러다 보니 슐리펜의 작전은 어찌 보면 대단히 단순하였다. 양면 전선을 두 개의 순차적인 단일 정면 전쟁으로 인식하여 유럽 중앙에 위치한 독일의 이점을 활용한 내선 전략과 철도망 활용으로 일시적으로 국지적 우세를 달성하여 차례대로 두 방면에서 적을 섬멸하고자 하였다. 두 전선을 단일 전선처럼 여길 수 있게 매우 신속하면서도 섬멸을 통해 격멸, 그러니까 확실히 어느 한쪽 정도는 재빠르게 무력화하는 것을 추구했는데 이러다 보니 독일 총참모부는 시간이 흐를수록 시간적인 압박에 시달리게 되었다. 왜냐하면 갈수록 러시아의 동원 능력이 향상되어 가고 있었기 때문이었다. 아무리 빠르게 프랑스를 섬멸하려 해도 그전에 러시아가 국경을 넘을 가능성이 커져만 갔다. 하지만 역으로 그럴수록 슐리펜은 소모 전쟁으로 흐르는 것을 막기 위해 공세를 통한 속전속결을 자신의 작전 핵심으로 여겼으며 이러한 생각은 향후 독일의 작전적 사고에 큰 영향을 주게 되었다.

이러한 정해진 결과로 인한 무리한 사고 속에서 전쟁 전 마지막 참모총장으로 소 몰트케가 1906년에 취임하였다. 그는 기본적으로 슐리펜의 계획이 문제가 있다고 보았기에 후대의 인식과 다르게 나름대로 많은 노력을 다한 사람이었다. 실제로 그는 취임하지미지 일부러 전임자와 거리를 두며 조언도 구하지 않았다고 한다. 다른 길을 찾기 위한 것으로 보인다. 문제는 그럼에도 양면 전선이 프랑스-러시아 동맹으로 기정사실이 된 현실상 계획의 근본적인 구조를 바꾸긴 힘들다는 것이었다. 대안이 없었기에 그 또한 프랑스를 대규모 포위 작전으로 제압 후 러시아를 공격한다는 입장을 유지하였다. 다만 차이점이 있다면 그는 슐리펜과 달리 장기전을 염두에 두었다는 것이었다. 앞선 전임자들이 장기전을, 소모 전쟁을 끔찍하게 생각하며 회피하였지만 소 몰트케는 전쟁이 일어난다면 장기간의 국민 전쟁이 벌어질 가능성이 크다고 보았다. 따라서 네덜란드 공격계획은 제외하여 벨기에만 넘고 네덜란드를 해외무역 창구로, 보급품 조달 지역으로 설정하였다. 다만 이것 때문에 벨기에의 리에주 요새를 우회하기 힘들어져 요새를 점령하느라 향후 전쟁 당시 엄청난 차질을 빚게 되었다. 러시아의 동원 전에 프랑스를 섬멸해야 하는 시간적 압박을 더욱 힘들게 만들었으니 말이다. 따라서 후세에 그를 사람들이 낮게 평가하지만 국민 전쟁은 피하기 힘든 분명한 사실이었기에 어쩔 수 없는 판단이라 필자는 생각한다. 또한 소 몰트케 참모총장이 러시아의 군사력 강화로 동프로이센 방면에 전투력을 증강시킨 결정을 사람들이 많은 비난을 가하는데 이것도 너무한 비난이라 생각된다. 이 당시 러일전쟁의 여파를 우리의 생각과 달리 프랑스의 차관을 통해서 상당히 빠르게 회복하였기 때문에 그걸 무시한다는 것이 오히려 이상했기 때문이었다. 진정한 문제는 이해가 안 가는 것은 아니지만 전임자가 중시한 '강력한 우익'이 약화됨에 따라 스스로 장기전을 부르는 결과를 만들었다는 것이다.

그래도 동부로의 대규모 이동은 힘들다는 판단에 그렇게 큰 변경은 이루어지진 않았고 1914년 8월을 기준으로 독일 육군의 7/8이 프랑스 방면으로, 1/8이 러시아 방면으로 전개되었다. 소 몰트케 총참모장은 그저 앞선 전임자들과 같이 자신에게 주어진 상황을 최대한 개선할 뿐이었다. 예컨대 그는 내선 전략을 최대한 활용하기 위해 철도 계획을 엄청나게 다듬었다. 언제든 내선을 통해, 독일의 영토를 가로지르며 신속히 병력을 좌우로 이동시킬 준비를 하였다. 결국 전임자들이 만든 틀을 크게 부수진 않은 것인데 전임자들도 그도 생각의 차이는 있을지언정 최대한 신속하게 승리해야 한다는 결론을 부정하기 힘들었기 때문이었다. 그렇기에 중립국 벨기에를 친다는 것에 아무도 이의를 제기하지 않은 것이다. 그 누구도 독일이 대규모 양면 전선의 장기전을, 그 소모전을 이길 수 있다고 생각하지 않았다. 무조건 조기 결전을 해야 한다는 전제하에 작전 수행을 위해 무엇이든 해야 한다는 믿음이 당시 총참모부에 팽배하게 자리 잡고 있었다. 정치적인 면을 제외하고 군사적으로만 보았을 때는 그것은 옳은 말이었다. 하나 전쟁은 정치의 연장선이기에 양면 전선의 공포감에서 나온 행동이 이해가 안 되는 것은 아니나 아주 그릇된 행동이었다.

이렇게 된 원인에는 총참모부의 폐쇄성이 가장 큰 요인이었다. 당시 제국 내에 존재했던 각자의 관할 영역을 중시하던 관료주의의 영향으로 총참모부는 오로지 작전계획 수립에만 전념하였고 그러면서 타 부서와 대화와 합력을 거의 하지 않았다. 그저 상대방의 일은 상대방이 알아서 할 것이라 생각했고 역으로 누구도 자신의 일에 간섭하는 것을 거부했다. 그 과정에서 자연스레 정치 우위에 대한 생각은 옅어졌다. 결국 그 누구보다 엘리트 집단인 그들은 정해진 결과를 무조건 이루어야 한다는 유리된 사고로 인해서 중립국 침공이라는 극단적인 방법을 택하게 되었다. 사실 이것이 위험하다는 것은 스스로도 매우 잘 알고 있었다. 하지만 악화되는 국제정세로 인해 슬기로운 승리에 대한 해법보단 비상탈출구가 필요하다는 생각에 총참모부는 극단적인 방책을 세웠고 그에 따라 초기의 섬멸 작전에 대한 구상에 집착하여 전쟁 종결에 관한 생각을 하지 못하게 되었다. 상식적으로 국민 전쟁의 면모를 무시하거나 중립국을 공격하는 결정은 전쟁 과정과 향후 협상을 대단히 힘들게 만들 것임이 지대한 사실이었으나 일단 이 위기에서 벗어나야 한다는 생각이 극단적인 사고를 부른 것이다. 그에 따라 향후 전쟁은 그렇게 무서워하던 방향으로 더욱 빨려 들어가게 되었다.

그렇게 결국 총참모부는 자기실현적 예언의 길로 접어들게 되었다. 하지만 이미 그렇게 정해진 이상 이제 답은 자신을 갈고닦는 것뿐이었다. 실로 제국 시절이 긴 것은 아니지만 나름대로 변화가 있었긴 하였다. 먼저 더 좋은 방안을 마련하기 위해 규모를 확장하였다. 많은 인재가 더 나은 결과를 만든다는 것은 당연한 이치였다. 고로 건국 직후인 1871년에 총참모부의 규모는 135명이었으나 몰트케 참모총장이 퇴임할 1888년에는 239명으로 증가하였다. 그러면서 1/3을 평민 출신으로 채우는 데 더 나은 결과를 얻기 위한 개방의 결과물이었다. 조직 자체에도 개선이 있었는데 예컨대 1872년 참모부에 장교단 교육시설인 육군대학교가 배속되었으며 1875년엔 인사업무를 총괄한 참모부장 직할 중앙과가 조직되기도 하였다. 그리고 삼각법과 지형학 분과를 토지측량과에 통합시키며 효율성도 추구하였다. 1883년에는 발더제 참모총장의 의지로 참모총장이 전쟁장관에게 통보할 필요 없이 황제에게 상시 상주할 권한을 획득하였다. 그리고 발더제는 시대의 변화에 발맞추어 참모부에 홍보 사무소를 만들기도 하였다. 발더제의 총참모부를 위한 변화 추구는 크게 두 가지였는데 하나는 군의 병력을 늘리고 기관총이나 전화기 같은 것을 도입하여 무장 수준을 현대화하는 것과 효율적인 참모부를 위한 조직개편이었다. 그는 존재하던 여러 과를 3명의 참모차장 아래 통합시켰다. 제1차장은 철도나 조직, 동원 계획, 무기 상황 같은 것들을 담당하였으며 제2차장은 교육, 요새, 지도 업무 같은 것을 담당하였다. 제3차장은 서부와 동부 전장, 영국과 프랑스부터 러시아까지 제국 사방을 어찌 대처해야 할지를 담당하였다. 그 외엔 참모총장 직속으로 인사 담당인 중앙과와 전쟁사 연구과, 토지측량 부서를 배속하였다. 그러면서 참모부의 절반을 평민 출신으로 채웠다. (다만 아직 해군에 대한 준비가 미비하여 제국 해사사무소가 독립하되 독자적 해군참모부 설립은 1899년에야 이루어졌다.)

그렇게 이어지다 슐리펜 참모총장의 시기에 다시금 참모부는 조직을 개편하였다. 1896년, 참모총장 대리인 병참부장과 4명의 참모차장이 생기게 되었다. 큰 틀에선 크게 다를 바가 없으나 중요한 점이 있다면 제1차장의 소속인 기본적으로 제국(독일)을 담당하는 2과가 전시에 작전을 담당하게 됐다는 것이다. 전쟁 준비에 대한 협조 요구, 동원 준비요청, 물자 수송 등을 총괄하여 독일 제국군의 작전적 사고를 책임지게 되었다. 다음 참모총장 시기인 소 몰트케의 시대에도 개편은 있었으나 큰 틀에서는 역시 같았다. 시대에 맞게 필요한 부서를 만들어 크기를 확장시켰다. 그렇게 전쟁 전 소 몰트케의 참모부는 1명의 병참부장과 5명의 참모차장, 1개의 중앙과와 15개의 전문과, 1개의 정보 업무부서로 구성되었다. 각 참모차장의 새로운 과들은 내연기관 같은 새로운 기술이나 각국의 요새 문제 같은 새로운 문제들에 따라 필요로 생기고 각 차장에게 배속되었다. (정확히 살펴보자면 1913년 기준 총참모장 아래 제1, 제2, 제3, 제4, 제5 참모차장과 지형분석차장, 정보 수집 및 분석을 하는 제III b과장, 기동을 담당하는 제6과장, 총 8개 부서장이 직할로 있었다. 인원, 편제, 행정 업무를 담당하는 독립적인 총무과를 고려하면 사실상 9개 부서장이 총참모장 아래 있었다. 다시 제1 참모차장 아래 작전을 지휘하는 가장 핵심인 제2과, 군 수송과 이동 계획을 수립하는 제1a과, 외국 요새를 분석하는 제4과, 철도과가 존재했다. 제2 참모차장 아래엔 영국과 프랑스 방면 계획을 담당하는 제3과, 이탈리아와 스위스, 네덜란드, 벨기에, 이베리아반도, 미국, 자국 식민지 방면 계획을 담당하는 제9과가 존재했다. 제3 참모차장 아래엔 작전 연구를 담당하는 제5과, 전쟁대학과 장군 참모들의 보직을 관리하는 제8과가 존재했다. 제4 참모차장 아래엔 러시아, 북부 유럽, 동아시아와 아나톨리아 방면을 담당하는 제1과, 이중제국과 발칸반도 방면을 담당하는 제10과가 존재했다. 제5 참모차장 아래엔 전쟁사 연구 제1과와 제2과가 존재했는데 각각 근대 전쟁과 고대 전쟁을 연구했으며 기록보관소와 도서관 부서도 존재했다. 마지막으로 지형분석차장 아래 삼각측량과, 지형측량과, 지도제작과, 사진측량과, 식민지 관리과가 존재했다. 1914년 기준으로 참모부 직속 장교는 총 113명이었으며 이 중 69명이 평민이었다.)

여하튼 총참모부는 그렇게 조금씩 시대의 변화에 따라 변모하여 기회를 노렸다. 물론 예방전쟁의 사상 아래서 대비한 것이라 아쉬운 면모가 분명히 있으나 그래도 아직 독일엔 운이 남아있었다. 바로 러시아가 성장함에 따라 영국이 그들을 경계하고 있었던 것이다. 고로 영국의 경계, 러시아의 프랑스 발칸 개시 작전에 대한 흥미 하락으로 슐리펜 계획은 굳이 필요하지 않을 수도 있었다. 하지만 7월 위기로 총참모부는 자신이 생각하던 가장 끔찍한 형태로 미래를 맞이하게 되었다.

제국을 위한 교육

여러 문제가 있었지만 독일인들의 두 번째 제국이 강성했음은 부정하기 힘든 사실이다. 그렇다면 그들이 잘나갔던 근본적인 이유는 무엇일까? 필자는 교육에 있다고 본다. 우수한 인력들이 산업현장에도 전쟁 수행에도 큰 도움을 주었다. 그럴 수 있던 이유는 당시 독일은 인문적 교육도 중시했지만 실업교육을 특히나 중시했기 때문이었다. 물론 상반된 이 두 가지 요소가 잘 융합되기만 한 것은 아니었다. 그래서 당시 독일은 직업 전문 교육에 좀 더 가중치를 두었으며 제국 시절 대학은 근대적 학문의 장이라기보단 전문적 기술인이나 연구자를 양성하는 기관에 가까웠다. 과거 훔볼트의 교육관에서 멀어진 것은 안타까운 사실이나 근대화에 필요한 인재들을 양성하는 데 성공함으로써 독일은 눈부신 경제발전을 통해 부국강병을 이룩할 수 있었다. 그렇다면 당시 독일은 어떻게 기술인들을 양성했을까?

그 시작을 보자면 먼저 통일 전인 1850년대부터 있었던 일련의 세계박람회를 언급해야만 한다. 예컨대 1851년 런던 세계박람회나 1855년 파리 세계박람회로 500~600만의 관람객들이 새로운 기계와 산업 제품들을 구경하였는데 여기서 독일 산업계는 자신들이 뒤처져 있다는 사실에 큰 충격을 받았다. 실로 당시 있었던 박람회에서 독일의 제품은 악평을 받았다. 고로 자연스럽게 정부나 민간도 기술교육에 대해 논의를 시작하였다. 뒤처진 광산이나 제철산업을 발전시키고자 관련 산업인력을 육성하는 기관을 세우려 하였으며 먼저 만들어진 것이 공예박물관과 부속 교육기관이었다. 예컨대 1866~7년에 베를린에 세워진 독일 실업박물관과 베를린 독일 공예박물관 수업 기관이 그러한 여파로 세워졌었다. 해당 수업 기관은 1868년 1월부터 수업을 시작하였으며 230명의 학생을 받고 세계박람회의 여파에 따라 공예와 예술 산업의 다양한 여러 기술을 익히도록 학생들을 훈련시켰다. 교사들은 그러한 기술을 가르칠 수 있게 건축가나 화가, 조각가, 기술자 등등 여러 분야의 사람들로 이루어졌다. 1872년을 기준으로 해당 학교는 건축 기술자용 제도 수업, 기계 제도 수업, 묘사 기하학 수업, 석고 모형에 따라 제도 및 그리기 수업, 형상 제도 및 해부학 수업, 꽃 제도와 꽃 그리기 수업, 가구와 그릇, 용기, 기구 구성 수업, 기본 및 장식(오나멘트) 수업, 평평한 2차원 장식 구성 수업 등등으로 이루어졌다. 이러한 실업박물관은 왕가의 후원으로 점점 더 많은 인원을 받아들였고 해외의 유명 학교 커리큘럼을 그대로 가져오기보단 독일의 현황에 맞는 실습수업을 위주로 하여 빠르게 발전하였다. 이러한 공예박물관과 부속학교의 성공으로 공예와 디자인에 관한 관심이 증대되었다. 단순히 실용적일 뿐만 아니라 대중의 관심을 끌 수 있는 미적인 부분도 챙기는 수업 과정으로 산업 분야에 미적 실용성을 갖추게 하였다. 그리고 박람회의 영향으로 독일 각 지역에서 지방 실업 전시회, 여러 학교 전시회가 열렸고 서로가 만든 것을 평가하고 비교하며 결과물

검토를 통해 교육 방법을 계속 개선해 갔다. 하지만 이러한 독일 사람들의 노력에도 통일 직후에 있었던 1873년 비엔나 세계박람회나 1876년 필라델피아 박람회, 1878년 파리 박람회에서 여전히 독일의 제품은 좋은 평가를 받지 못하였다.

따라서 통일 이후 독일 정부와 기업들은 이원화 제도라고도 불리는 산학협력 교육체제를 마련하기 시작하였다. 일단 통일 전인 1869년 6월, 북독일연방 영업령Gewerbeordnung für den Norddeutschen Bund을 통하여 프로이센 왕국은 실업학교 활성화를 위해 18세 이하의 직인과 도제는 실업학교로서 기능하는 보습학교(보통 주말에 다니는 실업교육기관 전 단계의 기초교육기관)에 의무적으로 다닐 것을 제도화하였다. 학교 출석은 각 지방에 맞게 설정하게끔 하였으며 공장주나 장인들은 어린 노동자들이 주말에는 교육받도록 의무적으로 시간을 내주어야 하였다. 후속으로 1874년 장관령(실업 보습학교 설립에 대한 기본 원칙)을 통해 각 기술 분야의 교육과정에 관한 내용(직업별 훈련 수준 같은 것)을 정비함과 동시에 실업학교에 보조금을 주는 정책을 실시하여 실업학교와 보습학교의 수를 늘려갔다. 예컨대 1882년에 출석 의무학교의 수는 335개 정도였지만 1905~6년이 되면 1,301개로 늘어났다. 학생 수도 약 3만 2천 명에서 약 20만 명으로 늘어남에 따라 산업계에 필요한 기술인 인력이 확충되게 되었다. 교재를 마음껏 마련하고 교보재도 살 수 있게 해주는 이런 보조금 정책에 따라 여러 산업인력 양성기관이 생겨났는데 대표적으로 국가가 주도한 프로이센-헤센 철도Preußisch-Hessische Bahn 기관이 있었다. 이곳에서 철도 인력들이 양성되었고 여러 대기업과 채용 계약을 맺어 일종의 롤모델이 되자 다른 산업 분야에도 전문적인 실업교육기관이 생겨나기 시작하였다. 그러한 중등 실업교육기관의 커리큘럼은 수공업자나 각종 동업조합의 기술인들이 기존의 것을 현실에 맞게 개량하는 것으로 이루어졌다. 현장 사람들이 주도하는 실습 교육이 대세가 되었고 자연스레 수공업자 조직들은 영향력을 가지게 되어 영업자유령 이후로 사라진 도제 훈련교육권이 1897년 수공업자 보호법을 통해 부활하게 되었다. 그렇다고 과거 준프트 시절로 돌아간 것은 아니며 부활한 도제 방식은 학교Schule와 작업장Werkstatt의 상호 연관성을 구축하여 전문적 실습 훈련을 체계적으로 갖추게끔 도움을 주는 방식으로 만들어졌다. 따라서 아무나 가르치는 것은 아니었고 1908년 소자격증명제도Kleiner Befähigungsnachweis를 통해 장인 시험을 통과한 이들만 영업권을 획득하여 전문가가 됨으로써 과거 선대들의 영광을 누릴 수 있었다. 이렇게 기술인들이 직접 교육을 시작하면서 점차 산업계에 안정적 인재 공급을 위하여 과정이 어느 정도 규격화되어 갔는데 그렇게 직업교육을 규격화하기 위한 기관이 1908년에 세워진 독일기술학교제도위원회DATSCH, Deutscher Ausschuß für Technisches Schulwesen였다. 이를 통해 교과과정이나 훈련 방법이 각 분야에 따라 일원화되었다.

이러한 전문 실습 과정 도입으로 학습 작업장이 늘어났으며 기업도 이런 흐름에 동참하였다. 예컨대 전기회사였던 뉘른베르크의 슈커르트Schuckert사가 최초로 1890년에 자사 내에 학습 작업장을 설치하였다. 기업마다 그 내용은 다르지만 통상 일정 견습 기간 동안 도제 훈련을 받게 하고 그동안은 훈련비를 주며 원하는 정도로 발전하지 못하면 계약을 취소하는 방식을 택하였다. 지금의 기술교육원 같은 방식이 1890년대의 독일에서 나타나기 시작한 것이다. 유명한 전기회사인 아에게의 경우

1896년부터 교육생 제도를 시작하였다. 그들은 조금 늦게 시작했지만 체계적이고 전문적이며 위험부담을 안고 대규모 훈련장을 갖추어 다른 회사의 모범이 되었다. 물론 기업 자체적으로도 우수한 기계공을 얻음으로써 실리도 챙겼다. 통상적으로 1년의 통합수업과 3~4년의 실습수업을 진행하였으며 (당연히 교육생들은 주말에 보습학교를 가서 또 배움을 익혔다.) 그 과정에서 장학금도 주었다. 훈련은 마이스터Meister라고도 불리는 장인들과 근무조장이라고도 부르는 직공장Vorarbeiter들이 담당했고 당연히 전문자격은 갖춘 이들이었다. 유명한 지멘스도 당연히 이러한 자체 교육과정을 지닌 자사 훈련기관을 갖추었으며 그것이 바로 1906년 11월에 세운 지멘스-할스케 작업학교Werkschule von Siemens & Halske였다. 이러한 방식은 국가 주도로 만든 것과 유사하게 전통적인 수공업 방식을 새로운 산업자본주의가 만든 기업문화에 적절히 융합시킨 것이었다.

따라서 정리하자면 산업계에 필요한 각종 전문교육기관을 설치하여 레알슐레를 확충하는 방면으로 개편하여 중등교육 제도를 재정비한 것이다. 그런데 여기에 실무 위주의 수공업 교육을 전문적으로 부활시켜 첨가하는 것으로 독일 특유의 전문성을 마련하게 되었다. 또한 박람회 영향으로 디자인도 신경 쓰는 미적 실용성을 추구하는 제품을 만드는 공업 국가가 되었다. 그리고 국가도 기업도 전문적 실습 교육을 실시하고 이원화를 통해 서로 도움을 주는 방식으로 협력을 통해 더욱 큰 시너지를 노렸다. 이는 나름대로 성공하여 각 부문에 맞는 기술인재들을 양성하여 기업들의 수요를 맞추어 주었다. 이에 따라 대학도 연구기관으로 변모하였는데, 어느 정도 훔볼트 교육관이 유지가 된 것으로 연구의 자유를 통해 각종 산업의 실마리를 헤쳐 나가는 데 기여하였다. 특히 화학과의 연구 성과, 졸업생들의 기여가 화학 산업에 큰 도움을 주었다. 공과대학을 확대하면서 광범위한 응용 연구를 통해 신기술을 만들고 산업 분야에 적용함에 따라 기술자들이 갖추어야 할 새로운 무기를 선사하였다. 그에 따라 독일 제국 당시 대학들은 국가 산업을 주도하는 연구기관으로써 독점적 지위를 획득하였다. 인문학보단 자연과학을 좀 더 집중적으로 가르치고 연구한 것인데 이러한 흐름은 당대 저명한 의학자로 1893년 베를린 대학 총장에 취임한 루돌프 비어초프Rudolf Virchow가 총장 취임 연설에서 자연과학 시대로 결정적 이행을 해야 한다고 말한 것에 잘 드러나 있다고 볼 수 있다.

다만 이러한 산업화에 맞춘 기술 연구와 교육은 인문학 추구와 거리를 둠으로써 사회적 획일화를 부르게 되었다. 인간을 만드는 교육에서 유리되기 시작한 것이다. 따라서 1913년, 저명한 교육학자인 에두아르트 슈프랑어Eduard Spranger는 직업전문대학에서 학문의 대학으로, 원래 대학이 지녔던 가치를 복구해야 한다고 주장하였다. 다만 그의 생각은 바로 받아들여지진 않았고 제국 시절의 대학은 국가중심주의에 영향을 받은 기관으로 남게 되었다. 비로소 변모하는 순간은 제국과 병영 문화가 완전히 몰락하는 현대 시대에 접어들어서나 가능하게 되었다.

제국 치하의 사람들: 권위와 군국주의, 그리고 자유와 사회주의의 흐름

제국의 사회는 어떠한 문화를 가지고 있었을까? 결론부터 말하면 자유주의와 병영주의가 혼재하는 사회였다. 권위와 계급을 중시하며 군대 문화에 대한 선망을 가진 보수적 분위기와 자유로움과 평등함을 바라는 진보적 분위기가 공존하는 사회였다. 전반적으로 제국 초창기에는 위대한 승리로 인해 보수적 분위기가 컸었고 후기로 갈수록 서민들의 삶 때문에 저항 예술 사조와 같은 흐름이 생기며 진보적 분위기가 컸었다. 고로 독일 제국에서의 삶은 통상적 인식과는 다르게 생각보다 다채로웠다. 어찌 보면 어느 곳으로도 향할 수 있는, 가능성 충만한 곳이었다.

먼저 초창기부터 살펴보자. 처음엔 분명 독일 사회는 군국주의에 대한 열망이 컸었다. 당연히 열광적인 승리를 통한 통일을 이룩했기 때문이었다. 따라서 군과 군의 체제나 문화에 대한 선망이 한동안 사회를 집어삼켰다. 예컨대 건국 직후 부유한 사업가들의 취미는 바로 군복을 입는 것이었다. 통일 전만 해도 정장이 당연한 복장이었지만 명예 군인 직함을 사거나 예비군 부대에 편입하여 군복을 획득하고 입고 돌아다니는 문화가 생겼다. 결혼식에서도 군복을 입는 걸 자랑스러워하는 문화가 생겨날 정도였다. 헤어스타일이나 관습도 융커 귀족들을 따라 하곤 했는데 부르주아지들은 군사 분야에 종사하는 귀족들을 부러워하면서 그들의 작위를 구매하거나 결혼을 통해 'Von'이라는 칭호를 획득하곤 하였다. 이렇듯 윗물들이 군대를 선망하자 자연스레 평범한 사람들도 군에 대한 선망에 동참하였다. 그럼으로써 군인들은 이제 거의 모든 행사에 참가하게 되었고 행사를 통해 자신만의 아름다움을 뽐내곤 하였다. 군사 퍼레이드나 군악대 행진, 기동훈련을 대중에 보여줌으로써 인정을 받으려 하였고 대중은 그러한 군대의 각지고 멋진 모습에 열망을 표하였다. 누구나 군복을 입고 사진 찍기를 원했으며 가난한 이들에게 군복을 입은 그림과 사진을 남기는 것은 대단한 자랑이자 자신의 유일한 가보가 되어주었다.

이렇듯 군에 대한 열망으로 누구나 군복을 휴일에도 입는 문화가 정착되자 사람들 사이에는 일종의 신민 심성이 생겨났다. 예컨대 국가에 복종하는 것을 미덕으로 여기며 국가의 자의적 행위에 웬만하면 수동적으로 따르는 문화가 생겨났다. 거리에 장교를 만나면 먼저 모자를 벗고 인사하며 길을 비켜주는 것을 당연히 여기게 되었다. 마치 군인처럼 국가에 충성하고 따르려는 권위적 문화가 자리 잡은 것이었다. 그러한 열망으로 당시 사람들에게 프로이센 예비역 장교는 최고의 인기를 누렸으며 누구나 예비역이 되고 싶어 하였다. 그래서 당대 참전용사들로 이루어진 군인클럽이 대단한 인기를 누렸고 그에 따라 갈수록 회원 수가 늘어나 1913년이 되면서 대표적인 참전용사들의 모임이었던 키프호이저 연맹Kyffhäuserbund은 무려 290만 명의 회원을 모을 수 있었다. 매년 스당 전투의 승전 기념일인 9월 5일이 되면 다들 승전했던 것을 축하하며 자신이 받은 훈장을 뽐내곤 하였다.

물론 이것은 이른바 승전과 통일로 인한 현상이었기에 1873년 경제 위기가 오자 자연스레 자유주의에 대한 열망이 복구되었다. 앞서 서술되었듯 이때부터 사람들이 사회주의에 빠지게 되었고 그에 따라 차츰 병영 문화에 대한 저항이 생겨났다. 산업화와 도시화로 인해 국가는 분명 발전했으나 사람들은 그 혜택을 제대로 받지 못함으로써 영광스러운 조국에 대한 마음도 있지만 한편으로는 불평등한 사회에 대한 환멸을 지기도 하였다. 예컨대 도시화로 1871년 기준으로 약 91만이던 베를린의 인구가 비스마르크 임기 말인 1890년에는 약 190만 명으로 상승하였다. 하지만 급속히 늘어난 인구에 비해 인프라는 부족했고 수많은 이들이 미츠카제리네Mietskaserne라고 불리는 베를린 임대주택에 살게 되었다. 이 주택은 늘어난 인구에 빠르게 대처하기 위해 신속히 지을 것과 저비용을 추구하여 만들어졌는데 공용 공간이 부족하고 환기가 잘되지 않아 위생적으로 나빠지기 쉬운 형태의 집이었다. 따라서 이 열악한 생활에 사람들은 불행에 빠졌고 사회주의가 퍼져나가게 되었다.

하지만 그렇다고 해도, 분명히 제국 후반기에는 자유와 사회주의가 분위기를 잡긴 했지만 그럼에도 제국의 멸망까지 군에 대한 열망은 살아남았다. 권위에 복종하고 리더를 따라가며 자신의 자리에서 최선을 다하는 문화는 생존하였는데 이러한 사회적 군국주의는 비스마르크와 같은 보수파 정치 지도자들의 작품이기도 하였다. 먼저 군대 복무를 통해 시민들이 보수적 단결 의식을 갖추게 하였다. 계급이나 종교, 출신에 영향을 받지 않고 동등하게 복무하고 복종하는 경험을 통해 근면함과 정직성, 정확성, 약속 같은 것에 대해 철저히 준수하는 마음을 갖추게 함으로써 집단의식과 애국심, 질서 유지에 대한 당연한 마음을 자리 잡게 하였다. 질서, 규율, 안정을 더 끌리게 하는 의식이 군대 복무와 군대에 대한 애정으로 자라났던 것이다. 하지만 이것은 기반 구축 정도이며 중요한 것은 심리적 보상 급부를 제공하는 것으로 독일에 대한 충성과 보수당에 대한 인기를 유지하려 하였다. 그렇게 나온 것이 제국주의와 민족주의였던 것이다. 지배계층이나 부르주아지 계층과 민족 전체를 동일시하는 개념을 구축하여 국가의 외적 성공이 자신의 가치가 상승한 것처럼 인식하게끔 유도하였다. 독일의 엘리트들은 최대한 확장정책을 추구하며 국가의 위신을 상승시키려 하였고 성과가 생기면 그를 통해 경제적 불만을 잠재워버렸다. 그러한 국가의 시민들을 하나로 인식하게 만드는 민족주의를 통해 군대는 제국의 멸망까지 그 정도의 차이만 있을 뿐 낭만적 관점의 대상이 되었다. 형제적 전우애 문화를 통해 대중들은 군을 낭만적으로 바라보았다.

이러한 군에 대한 낭만적 시선, 그 선망을 잘 보여주는 사례가 바로 쾨페닉Köpenick 사건이었다. 그것은 프리드리히 빌헬름 보이크트Friedrich Wilhelm Voigt라는 실직한 구두 수선공이 보여준 사기 사건으로 간략히 말하자면 군인인 척하고 돈을 갈취하여 도망간 사건이었다. 그는 장교복을 구매하여 현직 장교인 것처럼 굴었고 그걸 믿은 시민들은 그의 말에 순순히 응하였다. 심지어 돈을 몰수하겠다는 요구에도 영수증까지 첨부하며 4천 마르크를 줄 정도였다. 이는 군인에 대한 이미지가 독일 사회에서 압도적으로 좋았기에 가능한 사기로 군복을 입은 사람에 대한 독일 민중의 복종과 존경을 잘 보여주는 사례라 볼 수 있다. (물론 범인은 얼마 안 가 잡혔고 징역 4년에 처해졌다.) 이렇듯 독일 사회는 전반적으로 집단의식과 군에 대한 열망이 강렬하였다. 특히나 의무복무 후 제대군인으로 이루어진 민간단체들이 정부의 정책, 반유대주의나 반사회주의에 호응하며 보수적 분위기를 유지해 주었다.

작자 미상의 1906년에 나온 쾨페닉 사건 풍자화 엽서

하지만 아무리 군에 대한 선망을 부추겨도 독일인들은 기본적으로 평화를 사랑하는 사람들이었다. 예컨대 1911년 8월 20일, 열강들의 벼랑 끝 외교 정책을 비판하는 평화 집회가 베를린에서 벌어졌는데 무려 10만 명이 운집하였다. 9월 3일에는 더 많이 모여 25만의 군중이 평화를 외쳤다. 제국 후반기로 접어들며 시민들은 자유와 평화, 사회적 평등을 사랑하게 되었고 우리의 인식과 달리 전쟁하는 것에 열광적이지 않았다. 전쟁 직전인 1914년 7월 말에도 대대적인 평화 집회를 벌이며 군을 존경하지만 동시에 평화를 사랑함으로써 군국주의에 반대하는 분위기를 갈수록 확연히 보여주었다. 이러한 후반기 흐름의 대표적인 사례가 바로

청년들이 주도하는 저항운동이었다. 1901년 슈판다우 출신 대학생 카를 피셔Karl Fischer가 반더포겔Wandervögel이라는 조직을 만들었다. 이 조직은 '배낭을 멘 도보 여행자'라는 뜻을 가졌으며 물질만능주의와 권위주의에 대항하였다. 도보 여행하며 육체 활동을 통해 자신들의 뜻을 사방에 퍼트렸고 자연스러운 복장과 존칭보단 평칭을 사용하는 호칭을 통한 자연스러운 평등을 추구하였다. 반더포겔은 독일 전역으로 급속히 퍼졌고 당시 청년운동을 주도하였다. 반더포겔의 성공으로 각종 청년단체가 생겨났으며 이러한 단체들은 군국주의에 대항하며 이상적인 사회를 부르짖었다. 그러한 청년운동은 1913년 10월에 헤센 주에 있는 호어 마이스너Hoher Meißner의 산꼭대기에서 벌어진 축제로 절정에 달했고 수천 명의 사람들이 참가하였다. 물론 부르주아 청년단체와 프롤레타리아 청년단체와의 간극 같은 모순으로 큰 성과까진 이어지지 못했지만, 확연히 자유로운 저항 사조가 독일 사회에 구축되어 갔다. 사람들은 예술이나 문학, 신문 같은 정보매체를 통해 정치적 풍자와 폭로를 통해 자유로움을 만끽하였으며 동시에 독일의 보수적 분위기에 저항하였다. 특히 소설이 전성기를 맞이하였는데 1890년에는 1,731종이 출판되었지만 1909년이 되면 4,297종이 출판되며 엄청나게 세를 불렸다. 그렇게 나온 순수문학이나 통속문학의 도서들은 기득권층의 가치와 자유와 평화, 평등을 사랑하는 세력의 갈등을 반영하였다. 작가들은 주로 도시의 문제에 집중하였으며 그러한 덕택에 도시의 건강하지 못한 서민들의 삶을 비판하는 글들이 많이 쏟아져 나왔다. 그러면서 몇몇 작가들을 중심으로 군에 대한 비판적인 글들도 나왔었다. 대표적으로 작가 프랑크 베데킨트Frank Wedekind는 군대의 성적 억압과 비인간화를 비판하였다. 독일 군사훈련의 잔혹함과 분별없음, 장교들의 오만함을 지적하였으며 기존에 기득권이 만들어놓은 가치들을 비판하였다. 빌헬름 2세나 부르주아지들은 자신들의 취향에 맞는, 이른바 영웅적이면서도 감성적인 리얼리즘을 추구하는 작품을 공식 예술로 후원하여 대중의 자유로운 흐름에 맞서려 했지만 시민들은 자신들만의 예술을 추구하며 위정자의 의도로부터 저항하였다. 비록 상류층과 괴리된 측면도 있지만 자신의 자유를 추구하는 예술 흐름이 독일 사회에 형성되었다. 예컨대 독일의 젊은 화가나 조각가들은 공식 예술 아카데미의 선정 기준을 거부하며 베를린 분리파를 형성하였으며 이는 화가 막스 리버만Max Liebermann이 이끌었다. 그들은 프랑스 인상주의나 표현주의에 영향받아 자신들만의 예술 작품을 만들었고 기성세대의 질서를 어지럽히는 것을 추구하였다.

이렇듯 제국 후반기로 갈수록 자유와 평등에 관한 생각이 확고히 퍼져나갔다. 사람들은 여전히 군인에 대한 존중은 깊었으나 동시에 일방적으로 따르는 것은 서서히 거부하였다. 그렇기에 사민당은 세력을 거듭 키울 수 있었으며 1912년엔 이윽고 최대 정당이 된 것이다. 그렇게 자유와 사회주의는 엘베강 서쪽 너머에서 자꾸만 증식되어 갔다. 조금만 더 시간이 주어진다면 독일의 군국주의 사조는 완전히 박살 날 수가 있었다. 하지만 갑작스러운 7월 위기가 모든 것을 망쳤다. 베트만홀베크 총리의 노력도, 민중들의 저항 의식도 물거품으로 만들었다. 결국 대규모 전쟁으로 군국주의는 괴팍한 형태로 부활하게 되었다.

하지만 그렇다 할지라도 자신이 원하는 대로 말하고 행동하고 싶은 사람들의 본능은 막을 수 있는 것이 아니었다. 자유란 곧 인간의 본능이었다. 그렇기에 보수적 위신정책을 펴내어도 사람들은 시간이 지날수록 사회주의를 통해 사회의 불평등한 모습을 지적해 갔고 사민당이 세력을 키운 것이었다. 민주주의란 마을 수 있는 흐름이 아닌 것이다. 그저 잠시의 비극으로 미루어진 것일 뿐 민주화의 흐름은 필연이었으며 그것은 폐허에서 부활할 때 증명이 되었다.

제7장

모든 전쟁을 끝낼 전쟁

(1914~1918)

누구도 원하지 않았던 전쟁

전쟁은 누구 때문에 일어난 것일까? 독일 때문인가? 아니면 러시아? 아니면 오스트리아나 세르비아? 그것도 아니면 유럽의 공동책임일까? 물론 사람들은 기본적으로 패전국 독일을 비난하나 그렇게 단순하게 보기에는 힘들다고 필자는 생각한다. 결론부터 말하자면 기존의 질서를 무시하고 서로에게 양보를 모르던 유럽의 새로운 정치 풍토가 불안정한 토대를 만들었고 결국 그 위에서 발생한 갑작스러운 사고가 모두를 전쟁으로 이끈 것이라 볼 수 있다. 즉 공동책임이되 그러면서도 공동책임이라 보기 힘든, 그 누구도 원하지 않았던 전쟁이었다. 조금 더 자세히 들여다보자면 프랑스가 독일을 견제하기 위해, 단독으로 독일과 맞서는 것을 우려하여 만든 '발칸 개시 시나리오'에 오스트리아와 세르비아 사이의 사건이 갑작스러운 기폭제가 된 것이다. 그렇다고 이들 국가의 탓이라는 것은 아니다. 다들 최악을 상정하고 대비한 것이고 사건이 발생하자 계획대로 한 것뿐이다. 독일도 슐리펜 계획을 그렇게 구상한 것이며 러시아도 동원 일정을 다듬어 갔지만 마냥 전쟁을 원한 것은 아니었다. 그저 다들 걱정 끝에 구상한 것이 서로의 발화점이 되어버린 것이었다. 그렇기에 유일한 해답은 각국의 균형 속에서 이루어지는 대화뿐이었으나 유럽 협조 체제의 붕괴가 그것을 막은 것이 결정적인 원인이라 볼 수 있겠다.

그렇다면 먼저 사건의 중심이었던 오스트리아와 세르비아의 관계를 점검해 보자. 왜 평화와 화합을 바라던 이중제국의 황태자는 암살당한 것일까? 사실 처음부터 두 국가가 사이가 나쁜 것이 아니었다. 이중제국은 세르비아와의 친선을 통해 발칸의 안정을 도모하였고 세르비아 왕국의 오브레노비치 왕가 2대 국왕 알렉산드르 1세Aleksandar Obrenović의 치세까지는 두 국가는 원만한 관계를 유지하고 있었다. 하지만 알렉산드르 1세의 입헌주의를 거부하는 철권정치로 오브레노비치 왕가가 추진하던 이중제국과의 친선 외교는 인기가 저조하였다. 그의 정치적 반대파들은 알렉산드르 1세가 오스트리아에 종속되어 가고 있다고 여겼으며 그것은 아주 틀린 이야기는 아니었다. 이중제국은 세르비아의 보호국화를 은근슬쩍 추진하고 있었으니 말이다. 여기에 평판이 매우 나쁜 과부 드라가 마신Draga Mašin과 결혼하여 더욱 밉상이 되니 세르비아인들은 그를 축출코자 하였다. 결국 1903년 6월 11일, 국왕은 암살단에 의해 시해되었으며 왕가는 과거 오스만 제국을 상대로 독립운동을 했었던 카라조르제비치Karađorđević 왕가로 교체되었다. 그 과정에서 니콜라 파시치Nikola Pašić가 이끄는 인민급진당People's Radical Party이 집권하였으며 이들은 세르비아 영토회복주의를 천명하여 기존의 외교 정책을 수정하였다. 이로써 이중제국과 세르비아의 관계는 파탄 나기 시작하였다.

암살 사건 직후 외무장관직을 맡다가 1904년 12월부터 총리로 재등극한 파시치는 급진당과 함께 세르비아 영토회복주의를 천명했는데 이것은 국가의 생존을 위해 과거의 세르비아의 영역을 전부 회복하겠다는 민족주의적 사고 때문이었다. 이것이 1914년까지 그들의 외교의 근간이었는데 문제는 세르비아의 국력이 주변국에 비해, 특히 이중제국에 비해 미약했다는 것이 큰 흠이었다. 따라서 그들은 정정당당한 수법보다 비밀 네트워크를 구축하고 각종 음모를 통해 구舊세르비아 영토에 온갖 분란을 일으키는 것으로 고토를 회복하고자 하였다. 정식 군대가 아닌 열렬한 민족주의자로 이루어진 분견대가 발칸 각국을 떠돌았고 온갖 위험한 행동을 일삼았다. 분견대는 봉기를 유도하며 온갖 분란을 일으켰고 세르비아 정부는 봉기가 일어나면 그것을 빌미로 야금야금 영토를 회복하려 하였다. 소국의 입장에선 나름 괜찮은 아이디어였으나 문제는 공식적인 행동이 아니었는지라 파견된 인원들은 점점 정부의 제어로부터 멀어져 갔다는 것이었다. 그렇게 파견된 인원들은 점점 과격해졌으며 자기 마음대로 움직이니 그러한 대표주자가 바로 코드네임 아피스Apis(본명은 드라구틴 디미트리예비치Dragutin Dimitrijević며 세르비아 참모부 장교 출신이다.)였다. 그는 훗날 7월 위기를 일으키는 극단적 민족주의 단체 '단결 혹은 죽음Unification or Death(흑수단黑手團이라고도 불림. 1908년 보스니아 병합 사태 이후 이에 반발하며 생긴 조직이다.)'을 만들고 발칸에 온갖 분쟁을 유도하였다.

그렇다면 세르비아가 굳이 이렇게까지 한 이유는 무엇일까? 극단적 단체들을 방임하고 오히려 사실상 부추기기도 했는데 그러한 이유는 무엇일까? 바로 주적으로 설정된 오스트리아의 놀라운 개혁 때문이라 볼 수 있다. 아이러니하게도 모든 구성원에게 동등한 권리를 나누어 주려 하였던 프란츠 페르디난트Franz Ferdinand von Österreich 황태자의 군주국 개혁 프로그램이 세르비아 민족주의 세력을 무섭게 만들어 버린 것이었다. 만일, 이 계획이 성사된다면 이중제국 아래의 세르비아인들은 굳이 세르비아 왕국으로 복귀하려 하지 않을 것이 분명하였다. 따라서 이 문제를 해결해야 하는데 결국 소국 세르비아가 택할 수단은 비겁한 음모뿐이었다. 물론 훗날의 7월 위기가 세르비아 정부가 의도한 것은 아니었으나 그들의 고토회복주의가 그러한 결과를 만든 것은 부정하기 힘든 사실이었다. 파시치 정부는 아피스를 비롯한 민족주의 세력을 적당히 제어하려 하였으나 영토회복주의 네트워크는 역으로 정부를 집어삼켰다. 이것은 파시치 정부가 무능하기보다는 민족적 과업이라는 대의에 정계의 좌우가 모두 동의하고 있었기 때문이었다. 이중제국 정부는 1908년 보스니아 병합 사태 이후 1912년에 외무장관으로 취임한 베르히톨트Leopold von Berchtold 백작을 필두로 나름대로 세르비아와 화해를 추진하며 이 관계를 재조정하려고 노력하였다. 그러면서 흑수단과 같은 조직을 제어하려 하였으나 세르비아 정부가 그다지 협조적이지 않으면서 양국은 관계가 나아지지 않았다. 흑수단과 같은 극렬민족주의단체에 대한 재판이 지지부진하자 결국 이중제국도 극단적 옵션을 선호하게 되었다. 예컨대 1913년 2차 발칸전쟁 당시 최후통첩을 통해 세르비아를 상대로 알바니아를 차지하는 바가 있었다. 하지만 이는 이중제국에게 강력한 수단이 좋은 결과를 부른다는 잘못된 교훈을 선사해 주었다.

이렇게 두 국가는 목적을 위해 대화보다는 비정상적인 수단을 선호하게 되며 사이가 갈수록 멀어져 갔다. 이런 식으로 양국의 공조가 무너져 갔고 발칸에 얽힌 국가들도 이러한 현상을 따라가면서 그 연쇄작용으로 유럽 협조 체제는 붕괴하여 갔다. 그 결과가 오스만의 붕괴와 발칸전쟁으로 인한 유럽 권력의 공백으로 구축된 양극체제의 성립인 것이다. 그렇게 비스마르크가 구성해 놓은 프랑스 고립과 다각화된 동맹체제는 파괴되었다. 이런 흐름 속에서 프랑스는 러시아와 손을 잡았다. 빌헬름 2세의 외교 부문에서 보았듯 프랑스는 고립된 안보딜레마를 해결하기 위해 독일에게 양면 전선을 강요하였다.

그리고 그것을 유지하기 위한 수단이 바로 프랑스의 '발칸 개시 시나리오'였다. 이것은 1912년 새로운 프랑스 수상이 된 푸앙카레Raymond Poincaré의 작품으로 기존의 프랑스-러시아 협정의 내용을 살짝 변경한 것이었다. 간략하게 서술하자면 그 내용은 오스트리아의 군사적 행동에 대응할 방침을 수정한 것으로 (정확히는 협정의 2조를 변경한 것으로 기존엔 러시아가 침공당해야 발동했지만 이젠 오스트리아가 군사행동을 벌이기만 하면 합의하에 움직이는 것으로 바뀌었다.) 세르비아 보호에 중점을 두고 있었다. 만일 이중제국이 프랑스가 차관을 통해 포섭한 세르비아를 건든다면 양국이 공동으로 대응하기로 하였다. 그를 통해 프랑스가 원하던 것은 독일의 병력이 조금이라도 더 동부로 가는 것이었다. 양면 전선이 제대로 펼쳐져야 전시에 프랑스가 독일을 상대할 수 있다는 판단하에서였다. 고로 전쟁이 발발한다면 단독전쟁이 아닌 공동전쟁으로 만들기 위해 발칸에 자기들 나름의 안전장치를 심은 것이었다. 무조건 전쟁을 원한 것은 아니었으나 전쟁 발발 시 러시아도 반드시 참전하게 하려는 술수였는데 이것이 훗날의 화를 부른 것이었다. 프랑스는 해당 협정 직후 러시아에 3년 복무제를 요구하고 꾸준한 차관을 통해 그들의 군사 개혁을 도우며 독일을 상대로 발생할 전쟁에서의 승전 가능성을 최대한 끌어올렸다. 1911년 아가디르 위기 이후 양극체제가 더욱 심화함에 따라 이러한 흐름은 더욱 강화되었다.

그래도 당대 외교가가 평화를 무시하기만 했던 것은 아니었다. 엄연히 데탕트 시도가 이어지고 있었다. 하지만 외교의 불확실성이 오히려 협조체제의 붕괴를 가속했다. 왜냐하면 당시는 입헌과 군주제가 교묘히 겹치던 시기인지라 현대 정부와 달리 책임 소재가 애매모호했기 때문이었다. 사실 그러한 모호함을 잡아줄 사람이 바로 군주였으나 정작 그 군주들이 애매한 스탠스를 자주 취하였다. 그러면서 여러 정치 파벌이나 민간 정부와 군부가 대립함에 따라 외교의 유동성이 확장되었다. 예컨대 모로코 위기 당시 영국의 자유당 내각과 그레이 외무장관은 의견이 달라 프랑스와 독일을 당혹하게 한 적이 있었다. 영국 내부의 의견이 합쳐지지 않아 그들의 외교가 갈팡질팡한 것이다. 게다가 여론의 움직임도 신경 써야 했다. 예컨대 1912년 11월 러시아의 사조노프Sergey Sazonov 외무장관은 독일의 대사 푸르탈레스Friedrich von Pourtalès에게 여론 때문에 오스트리아에 맞서 세르비아의 이해관계를 지킬 수밖에 없다고 언급한 바 있었다. 이렇듯 정치인들도 가늠하기 어려운 심성 구조의 변화로 인해 이제 국제질서의 본질은 점점 위험한 불확실성으로 향해갔다. 그에 따라 갈팡질팡하는 각국의 외교로 협조란 사실상 의미 없는 단어가 되어갔다. 이러한 흐름 속에서 리비아 전쟁과 발칸전쟁으로 오스만이 붕괴함에 따라 지정학적 균형이 파괴됨으로써 양극체제는 확고해졌다. 여기에 러일전쟁이 추가로 영향을 끼쳤다. 러시아는 본디 발칸과 아시아를 둘 다 바라보았지만 아시아에서의 패배로 인해 시선이 발칸으로 고정됨에 따라 카이저 빌헬름 2세와 차르 니콜라이 2세의 회동에도 해협 통제권에 대한 집착을 놓지 못하였다. 생존을 위한 프랑스의 독일에 대한 방비책과 러시아의 해협진출이 발칸에 고정되며 베트만홀베크 총리의 외교적 노력은 실패해 갔다. 그렇게 유럽의 협조는 파괴되어 갔다.

그럼에도 불구하고 베트만홀베크가 이끄는 독일에는 아직 희망이 있었다. 러시아의 부흥으로 인한 영국의 태도 변화가 생겨났기 때문이었다. 초기에는 아무리 베트만홀베크 정부가 해군 경쟁을 포기할 테니 협상하자 해도 듣지 않았다. 협상을 타결해도 얻는 이득도 없었고 러시아와의 친교가 더 이득이 크다고 생각했기 때문이었다. 그러나 러시아가 개혁을 통해 국력을 회복하며 독자노선을 서서히 타기 시작함에 따라 영국은 태도를 고치기 시작했다. 1907년의 영러협상은 시간이 흐를수록 준수되지 않았고 이에 따라 분노한 영국 외무부는 러시아를 견제하기 위한 독일이란 선택지를 고려하기 시작했다. 실로 1912년, 러시아가 무력으로 페르시아 북부를 침탈하고 페르시아와 인도 접경지에 군사철도를 부설하려 하자 영국은 위기의식을 느끼고 있었다. 그 직후인 1912~3년에는 러시아가 몽골과 티베트에서 군사 활동을 재개함으로써 영국의 신경을 제대로 건드렸다. 동투르키스탄까지 밀고 들어간 덕분이었는데 그곳이 스리나가르의 영국 수비대가 있는 곳에서 겨우 240km만 떨어진 곳이었던 데다가 요새 진지까지 구축했기 때문이었다. 이러한 러시아의 행보로 영국 외무부는 1914년 3월 27일에 유럽 정국에 새로운 동맹 조합이 목격될 것이고, 그 가능성이 높다고 밝히기도 하였다. 그러한 여파로 반독 성향의 그레이 외무장관의 주변인들이 친독으로 돌아서기 시작했는데 대표적으로 그의 개인비서였던 윌리엄 티렐William Tyrrell이 그러하였다. 윌리엄 티렐은 이제 반독 정책이 아닌 독일과의 화해를 추진해야 한다고 주장하였다.

고로 시간만 있다면 반전이 벌어질 것이고 무너진 협조 체제도 복구가 가능할 수 있었다. 영국이 협상국에서 돌아서서 최소한 중립으로 복귀한다면 동맹 블록 체제의 시대는 흔들릴 수 있었다. 1914년 시점에서 오스만에 이어 이중제국의 자국 근거리 이해관계에 대한 방어적 권리를 무시당하기 시작했는데 이것이 조정될 수 있었다. 모로코 위기 이래로 여러 외교적 위기로 인해 프랑스와 독일의 세력은 서로의 지정학적 균형과 가치를 무시했는데 이것이 중재될 가능성이 있었다. 러시아도 자신들의 급부상으로 인해 프랑스가 원하던 발칸 개시 시나리오에 흥미를 잃어가고 있어서 더더욱 그러하였다. 푸앙카레의 계획은 러시아의 회복세 때문에 엄연히 시간제한이 있는 계획이었다. 시간이 흐를수록 프랑스의 차관에 의존할 필요가 없어지니 말이다. 분명 양극체제의 형성은 유럽의 비극이었으나 동시에 단기적인 현상이었다. 하지만 당대 유럽 외교의 불확실성이, 예컨대 영국 관찰자들이 코콥초프와 같은 온건파들이 강경파들을 잘 제어할 것이라고 보았으나 실제론 반대였던 것 같은 상황들이 꾸준히 헛발질을 유도하였고 결국 갑작스러운 사고가 모두를 집어삼키게 되었다.

사라예보 사건과 7월 위기

1914년 6월 28일, 세계가 기억할 참극이 벌어졌다. 오스트리아 합중국 계획을 추진하던 이중제국의 황태자가 부인과 함께 무뢰한에게 암살당한 것이다. 이 엄청난 사태로 그간 독일 민간 정부가 추구했던 유럽의 평화는 완전히 박살 나게 되었다. 사라예보 사건 전까지 베트만홀베크 총리는 독일의 이익을 포기하면서까지 유럽 평화를 구축하려 하였다. 예방전쟁 이론을 무시하며 양면 전선을 피하기 위해선 그 방법뿐이라 여겼기 때문이었다. 예컨대 1910년대 들어서 생긴 바그다드 철도 위기에서 베트만홀베크 총리의 정부가 보였던 태도를 보면 그런 기조를 파악할 수 있었다. 본디 독일은 아나톨리아 기반 시설, 특히 철도에 투자하여 이익을 창출하려 했는데 이것에 영국과 러시아가 반발하였다. 앙카라에서 바그다드를 거쳐 페르시아만의 바스라까지의 철도 공사가 독일의 뜻대로 되면 영국의 식민지 무역과 러시아의 터키 해협 통제에 방해될 것으로 여겨졌기 때문이었다. 따라서 바그다드 철도를 둘러싼 갈등이 일어났으나 독일 정부가 1914년 2월과 6월에 영국과 프랑스에 양보함으로써 사태는 평화적으로 마무리되었다. 바스라와 페르시아만 사이의 구간 통제권을 넘겨준 것인데 이로써 독일이 처음 추구하던 막대한 이익이 사라졌지만 동시에 분쟁 가능성도 없어졌다. 이렇듯 베드민홀베크가 이끄는 정부는 국제 위기가 발생하면 뒤로 물러나며 데탕트 시도를 이어갔다. 그리고 점점 영국이 그것에 호의적으로 반응하면서 반가운 미래가 다가오는 듯하였다.

그런데 사라예보에서 일어난 충격적 사건이 모든 것을 뒤흔들었다. 훗날 사라예보 사건Attentat von Sarajevo이라 불릴 이 사태는 갑작스러운 변화를 유럽에 선사하였다. 황태자 암살로 인하여 오스트리아는 세르비아에 최후통첩을 날렸고 러시아가 세르비아를 비호하며 국경 인근에 동원령을 내림으로써 양측은 돌아올 수 없는 강을 건너게 되었다. 그런데 결론부터 말하면 이 사태가 이리 커질 이유는 없었다. 예컨대 오스트리아가 초반에 강경히 대처했더라면 유럽 전체로 사건이 번지진 않았을 것이다. 그런데 사건 초기부터 운적인 요소가 모두를 망쳤다. 황태자는 살 수 있었음에도 온갖 불운이 겹쳐 사망했고 이중제국을 단호히 지지해야 할 동맹국 독일은 하필 그 시기가 휴가철이라서 동맹의 부름에 늦게 응답하여 세르비아가 날뛸 여지를 주었다. 솔직히 이 사태를 돌이켜 본다면 필자가 보기엔 운만 좋았다면 초기에 적절한 대응을 함으로써 오스트리아와 세르비아의 분쟁 정도에서 끝났을 것이다. 하지만 여지 있는 느린 대처와 태도로 그 틈 속에서 외교의 불확실성이 커지며 사태는 참극으로 번져갔다.

그렇다면 얼마나 황태자 부부는 얼마나 운이 없던 것일까? 비극의 그날, 사라예보 사건을 핵심만 짚어보자. 1914년 6월 28일, 오스트리아-헝가리 이중제국의 황태자 부부는 보스니아-헤르고체비나 공동 통치령의 사라예보에 방문하였다. 부부의 방문목적은 기본적으론 사라예보에서 벌어질 군사 퍼레이드에 참여하는 것이었다. 그런데 이날은 세르비아 민족에게 중요한 날로 과거 튀르크 인들에게 정복당한 날이면서 동시에 최근의 발칸전쟁으로 다시 해방된 날이기도 하였다. 따라서 날 선 반응을 얻을 수도 있었지만 의외로 그러지 않았다. 사람들은 대공 부부를 반갑게 맞이하였는데 보스니아 합병 이후 이중제국이 해당 공동 통치령에 많은 투자를 한 덕택이었다. 대공 부부는 환대에 감복하며 여러 일정을 소화하였는데 희한하게도 여러 곳을 들르면서도 경호 대비책을 거의 마련하지 않았다. 필자가 생각건대 경호의 실수도 있지만 대공은 향후 합중국 계획을 위해서라도 거주민들에게 좋은 이미지를 남기고 싶었던 것으로 보인다. 하지만 대공 부부의 의도는 순수하되 상당히 위험한 행동이었다. 이른바 흑수단으로 비롯되는 세르비아 민족주의자들이 대공 부부를 노리고 있었으니 말이다. 모두가 합중국 계획을 찬동하는 것이 아닌 이상 대공 부부는 경호를 철저히 해야만 했다. 그러나 프란츠 페르디난트 대공은 부부의 결혼기념일을 의미 있게 보내기 위해 자신의 자유주의적 성향을 더욱 뽐내기로 하였다. 오히려 반대로 즉흥적으로 사라예보 시장을 방문하며 사람들 사이로 들어가 화합에 대한 자신의 마음을 뽐내었다.

하지만 경호에 대한 미비는 많은 불안 요소를 만들었다. 위험천만한 순간이 계속 이어졌다. 여기서 한 사람만 나쁜 마음을 먹으면 대공 부부는 바로 위험해질 게 분명했고 실로 암살단은 대공 부부를 향해 서서히 다가가고 있었다. 경호가 제대로 되어야 함에도 현지 장교들의 실수로 인해 경호 인력들은 대공 부부의 곁이 아닌 철도역에서 대기 중이었는지라 정말 한순간에 모든 것이 끝날 수 있었다. 결국 걱정은 현실이 되었다. 대공 부부가 다음 장소로 이동하는 그 순간 첫 번째 암살 시도가 벌어졌다. 그래도 정말 다행히도 운전사가 날아오는 폭탄을 보고 가속페달을 밟아 피하는 데 성공해서 암살은 실패로 돌아갔다. 그런데 경호도 제대로 안 되어있는 상황에서 이런 일이 벌어지면 당연히 안전한 곳으로 피신해야 함에도 대공 부부는 그러지 않았다. 오히려 프란츠 페르디난트 대공은 당당하게 다음 일정을 소화하기로 선언하였다. 예정대로 시청에 방문하고 박물관도 구경한 다음 추가로 이 암살 시도로 다친 사람들을 병원 방문을 통해 위문하겠다고 선언했다. 당연히 주변에서는 만류했지만 선하고 곧은 결정을 이어가겠다는 의지는 꺾을 수 없었다. 결국 대공 부부의 고집대로 되었다. 하지만 대공 부부의 운은 방금 암살 시도에 다 써버렸는지 운전사가 실수하였다. 바뀐 경로로 가지 않고 기존의 경로로 이동한 것이었다. 사실 이것은 운전사에게 계획 변경을 제대로 알려주지 않은 탓이었다. 그래서 동행 중이던 보스니아 총독 포티오레크Oskar Potiorek가 운전사에게 다급히 이렇게 말했다고 한다.

"길을 잘못 들었네! 아펠 강둑길로 가기로 했다네!"

그 말에 따라 운전사는 페달에서 발을 떼고 천천히 핸들을 돌렸다. 서서히 차의 방향을 바꾸었는데 이는 굉장히 오래 걸렸다. 왜냐하면 당시에는 아직 후진기어가 발명되지 않았는지라 유턴하려면 일일이 움직이는 것 말고는 답이 없었기 때문이었다. 그런데 하필 그러는 순간, 암살단이 대공 부부를 포착했다. 기존 계획 변경을 운전사에게 알려주었다면 일어나지 않았을 순간이었다. 보스니아계 세르비아 청년인 가브릴로 프린치프Gavrilo Princip는 자신의 눈앞에 보이는 대공 부부를 포착하고 바로 직사거리로 다가가 둘을 향해 권총을 발사하였다. 그렇게 그날 오전 11시, 대공 부부는 그 자리에서 즉사하였다. 경호만 제대로 했다면, 경로만 제대로 알려주었다면, 아니 그냥 바로 비엔나로 돌아갔다면 일어나지 않았을 일이었다.

이것이 사라예보 사건의 간략한 개요이며 직후 관련 당사국끼리의 대처에 관한 7월 동안의 이야기가 바로 7월 위기July Crisis였다. 이 사태에 당사국 오스트리아는 매우 큰 분노를 표출하였다. 온건파이던 베르히톨트 외무장관도 강경 대응을 주장할 정도였다. 헝가리 수상이자 제국 공동 수상 티서Tisza István는 너무 위험하다고 말리긴 했지만 이중제국 안에서의 대세는 강경 대응이었다. 당연한 것이 이 사건만 보면 오스트리아는 엄연히 피해자였다. 이에 세르비아는 초반에는 바짝 쫀 반응을 보여주었다. 오스트리아의 눈치를 살피며 6주간의 국가 애도 기간을 선포하였다. 세르비아 정부는 아피스가 이끄는 '단결 혹은 죽음'의 극단적 조치에 한동안 혼란스러워하였다. 그러나 기본적으로 세르비아인들은 대大세르비아에 강한 공감을 하고 있었기에 수뇌부도 언론도 서서히 태도를 바꾸어갔다. 얼마 지나지 않아 애도 기간을 은근슬쩍 8일로 줄이더니 언론을 통해 비엔나 정부가 증거를 조작하고 있다며 비아냥거리기 시작했다. 그러면서 평소처럼 흑수단과 자신들의 연결점을 부정하며 역으로 세르비아의 방어권을 주장하였다. 이는 정말 분노할 만한 것이었으나 그들의 민족주의 활동이 냉혹한 국제질서 속에서 나름대로 자주권을 지키기 위한 행동임을 고려하면 어쩌면 정해진 행동을 한 것에 가까웠다. 하지만 그 선택은 이중제국의 크나큰 분노를 일으켰다. 예컨대 세르비아의 경찰청장에게 보스니아에 들어온 암살단원 중 하나인 치가노비치Milan

Ciganović의 신병을 요구했지만 경찰청장은 모르쇠로 일관하였다. 그에 따라 오스트리아는 분노하며 대회보다 강경한 조치를 취해야 함을 느끼고 있었다.

문제는 이중제국 핵심 의사결정자들은 합의하에 군사행동을 벌이기로 결정하긴 했어도 동원까지 오랜 시간이 걸린다는 것이었다. 무려 16일 넘게 걸릴 예정이며 (국내 투자로 인해 군비 증강을 다른 열강에 비해 많이 못 했기 때문이었다.) 헝가리의 반발도 있었다. 따라서 일단 동맹의 도움이 필요하다는 판단하에 독일 제국에 백지 수표를 먼저 요청하기로 하였다. 오스트리아 수뇌부는 헝가리의 티서 수상을 설득하면서 외무장관 베르히톨트의 비서실장 호요스Alexander Hoyos를 베를린으로 보내 빠른 답을 얻고자 하였다. 그렇게 오스트리아가 바쁘게 움직일 때 유럽 각국은 사라예보 사건에 경악스러워하였다. 암살에 대한 비판 성명을 다들 내놓았다. 당연하게도 대부분 다들 군주국이었고 일국의 황태자가 대낮에 암살당했으니 흑수단을 비난하는 것이 당연하였다. 그런데 문제는 동맹 블록 체제가 형성되었는지라 프랑스-러시아 동맹은 막무가내로 세르비아를 옹호했다는 것이다. 그들은 암살이 비도덕적임을 인정하면서도 흑수단과 세르비아 정부의 연관성을 부정했다. 예컨대 러시아는 세르비아에게 대항 서사를 만들어주기 위해 오스트리아에게 온갖 비난을 날리고 있었다. 보스니아-헤르체고비니아의 남슬라브인들이 한목소리로 다들 합스부르크의 폭정을 증오한다고 주장했으며 이곳의 크로아티아인들이 세르비아 민족을 탄압한다고 주장하였다. 그러나 당시 오스트리아 외교관들이 지적하였듯 그들도 슬라브 계통 민족임을 고려한다면 앞뒤가 안 맞는 주장이었다. 하지만 양극체제는 말도 안 되는 상황을 계속 추구하게 만들어버렸다. 러시아가 세르비아를 지키기 위해, 발칸에서 범슬라브주의가 범게르만주의에 밀리지 않기 위해 억지 주장을 하고 오스트리아도 이에 맞서자 상황은 빠르게 악화되어 갔다. 그나마 루마니아의 여론 정도가 합중국 정책의 진의를 떠올리며 프란츠 페르디난트 대공의 죽음에 비통함을 표할 뿐이었다. 중립에 가까웠던 영국도 이를 어느 정도 거들긴 했는데 영국의 『타임즈』는 오스트리아가 음모의 전모를 철저히 수사해야 하며 세르비아에 그들의 영토회복주의 사상을 억압하란 요구를 하는 것이 당연하다 주장했다. 자유당 내각의 주류인 유럽 불간섭주의자 파벌들이 사건을 객관적으로 바라보고자 한 노력 덕택이었다.

이런 순간 가장 중요한 것은 오스트리아의 도움을 요청받은 독일 제국의 대응이었다. 당연히 베트만홀베크 총리는 전쟁에 반대하고 있었다. 카이저 빌헬름 2세도 전쟁 위기에 정신을 차리며 최대한 막자는 의견을 피력하고 있었다. 카이저나 독일 정부나 최소한 분쟁의 국지화, 그러니까 오스트리아와 세르비아의 전쟁 수준에서 끝내고자 하였다. 그리고 그걸 러시아도 원할 것으로 판단하고 있었는데 이것은 독일의 예방전쟁 이론 덕택이었다. 예방전쟁의 근거인, 러시아의 부상을 고려하자면 역으로 러시아는 나중에 전쟁하는 게 이득이니 말만 강경하고 지금은 나서지 않을 것이라고 판단한 것이었다. 따라서 독일 수뇌부는 호요스에게 백지수표를 건네며 대신 빠른 대처를 요구하였다. (이렇게 백지 수표를 주곤 수뇌부들은 휴가를 떠났다. 왜냐? 당연히 전쟁이 나더라도 국지전에서 끝날 것이라는 확신 덕택이었다….) 하지만 이 합리적인 판단은 동시에 어리석은 판단이기도 하였다. 러시아로선 국력이 더 차오르고 전쟁에 나서는 것이 좋긴 했으나 동시에 지금 오스트리아의 정당한 입장을 인정해 줄 이유도 없었기 때문이었다. 협조 체제의 붕괴가 지정학적 균형을 없애버린 지 오래니 말이다.

그래도 오스트리아가 조기에 세르비아를 공격했더라면 열강들은 개입하기 힘들었을 것이다. 명분도 확실하니 조기에 끝내면 됐을 문제였다. 그러나 헝가리 티서 수상의 반발과 이중제국의 동원 계획 차질로 (수확기에 병력들은 휴가를 받고 고향을 돕는 제도가 있었고 딱 지금이 수확기였다. 병력이 복귀하려면 시간이 걸렸다.) 바로 움직이질 못하였다. 따라서 세르비아 침공은 최후통첩 이후에 하기로 정해지며 일단 세르비아에 최후통첩이 가해졌다. 최후통첩의 내용은 기본적으로 사라예보 사건 관련자들을 체포하고 처벌하라는 것이었으며 단순히 세르비아 정부에 맡기는 것이 아니라 이중제국 정부가 직접 대표단을 보내 같이 수사하고 감시하겠다는 내용이었다. 10가지 요구안 중 7항의 경우 아피스와 가까운 사이인 보야 탄코시치Voja Tankosić 소령과 일전에 요구했던 치가노비치를 지체 없이 체포할 것을 요구하고 있었다. 하지만 세르비아는 가볍게 무시하는데 자신들의 주권을 침해한다고 여겼기 때문이었다. 애당초 오스트리아도 그들이 받아들일 것을 생각하지 않았다.

고로 이중제국의 최후통첩은 사실상 변수가 없는 행동이었다. 변수가 생긴다면 그들을 주시하고 있는 주변국의 움직임에 따라 생길 터였다. 따라서 세르비아를 비호하고 있는 프랑스와 러시아의 태도가 좀 더 중요했다. 먼저 프랑스 정부는 러시아가 발칸을 포기하지 못하는 태도를 보며 지금이 발칸 개시 시나리오의 적기임을 느끼고 있었다. 다만 명분이 밀리기에 먼저 군을 움직이는 것은 삼가며 오스트리아의 세르비아 침공을 주시하고 있었다. 그래야 영국을 설득할 수 있으니 말이다. 러시아도 이에 공감하고 있었으며 영국이 중립을 포기하길 원하였다. 최후통첩쯤 러시아는 내부 각료평의회를 통해 독일의 예측과 달리 강경책으로 그대로 밀고 가는 것으로 정했기에 영국의 반응이 중요하게 되었다. 러시아는 여기서 오스트리아에게 밀린다면 세르비아가 이중제국의 보호국이 되고 발칸에서 러시아가 밀려날 것이라 우려하고 있었다. 물론 가장 좋은 것은 오스트리아가 강한 대응을 포기하는 것이었다. 따라서 러시아는 7월 24일, 후속 회의를 통해 비공식적인 부분 동원을 통해 이중제국에 일종의 무력시위를 가하였다. (공식적인 부분 동원은 7월 29일)

하지만 이런 흐름은 역으로 일촉즉발의 상황을 조성함으로써 국지화 전략을 추구하던 독일을 놀라게 하였다. 따라서 휴가에서 복귀한 베트만 홀베크 총리는 오스트리아에 빠른 행동을 독촉하면서 평화를 위한 마지막 데탕트 시도를 행하였다. 그것 중 가장 유명한 것이 바로 윌리Willy와 니키Nicky의 전보 사건이었다. 윌리와 니키는 카이저와 차르의 애칭으로 서로를 부르던 말이었다. 영국 빅토리아 여왕의 영향으로 둘은 팔촌지간이었는데 카이저는 이 인연을 활용하여 차르를 설득하고 전쟁을 일어나지 않게 하려 하였다. 각료평의회와 달리 차르는 전쟁에 반대하고 있어서 카이저의 손을 바로 잡았다. 그런데 이제 아무리 전제정이라고 해도 입헌주의의 시대에 접어든 이상 황제 혼자서 어떻게 할 수 있는 것은 아닌지라 이 데탕트 시도는 결국 무산되었다. 따라서 결국 독일도, 프랑스와 러시아도 영국의 태도가 중요해졌다. 일단 영국의 자유당 내각은 불간섭 여론이 높아 상황은 독일에 좀 더 유리하였다. 게다가 1914년 5월 21일, 아일랜드 자치를 허가하는 법안으로 인해 얼스터 문제가 발생함에 따라 영국은 외부에 간섭하기 힘든 상태였다. (자유당 내각은 하원 통과 후 상원을 우회하여 국왕의 재가를 통한 의회법 권한을 이용해 통과시켰는데 이에 아일랜드 북부의 개신교도로 이루어진 연합론자들이 대거 반발하고 있는 상태였다.) 거의 내전에 가까운 상황에 도달하여 7월 위기 내내 영국은 자국 내부를 달래고 있었는지라 독일은 좋은 기회를 가져갈 수 있었다. 그레이 외무장관은 외롭게 대륙 개입을 주장했지만 역으로 그러다가 러시아가 대륙을 차지하면 어찌할 것이라는 반발을 얻음에 따라 상황은 불개입에 가까워지는 듯하였다. 심지어 이 당시 영국은 설사 독일이 자신들이 독립을 보장하는 벨기에를 독일이 건들더라도 쳡보대로 아르덴 지방 위주로 지나간다면 상관없다는 뜻을 펼 정도였다. 안트베르펜과 스헬데강 하구같이 영국의 경제 이익이 맞물려 있는 곳만 아니면 괜찮다는 것이었는데 이 정도로 당시 영국 내부 상황은 불간섭에 초점을 두고 있었다.

그런데 7월 24일, 생각보다 빠르게 얼스터 문제가 마무리됨에 따라 상황이 급변하기 시작했다. 대강 상황이 마무리되자 그레이 외무장관은 해당 분쟁에 거리가 있는 열강 4개국의 중재(영국, 프랑스, 이탈리아, 독일)로 이번 일을 중재해 보자고 주장하였다. 하나 말이 안 되는 소리였는데 당사자인 러시아가 제외된 게 성사될 리가 없기 때문이었다. 이런 행동을 한 이유는 필자가 보기엔 그레이 외무장관이 세르비아의 점령지 학살을 알고 있음에도 삼국 협상의 대의를 위해 무시하고 있었음을 고려해 볼 때 어차피 실패할, 시간만 끄는 중재 시도였던 것으로 보인다. 일단 반대파를 설득하는 제스처였던 것이다. 그렇기에 그는 7월 30일 독일의 베트만홀베크 총리가 프랑스와 전쟁이 난다면 프랑스 영토를 뺏는 일은 없을 것이라며 중립을 요청했을 때 거부했던 것을 보아 그는 자국이 삼국협상의 편에서 참전을 원했던 것으로 보인다. 그래도 아직은 국회의장 존 몰리John Morley를 중심으로 하는 온건파가 더 세력이 커서 독일에 기회가 없는 것은 아니었다. 그러나 7월 29일 해군장관 처칠Winston Churchill이 함대 예비 동원에 대해 내각의 승인을 받는 것에 성공하면서 점점 개입파의 세력이 늘어나기 시작했다. 8월 1일에 온건파들의 내각이 파병을 반대하는 결정을 하며 아직은 균형추가 무너지지 않는 듯하였으나 8월 2일, 상황이 완전히 반전되었다. 만일 독일 함대가 프랑스 해안을 타격하기 위해 북해나 영불 해협을 지난다면 영국 함대가 프랑스의 해안을 지켜주기로 결정이 난 것이었다. 이로써 영국은 사실상 프랑스의 편에 참전하게 되었다. 이리된 원인은 독일이 벨기에를 넘어야 하니 사전협력을 받기 위해 영국에 미리 고지한 덕택인데 이걸 캐치한 그레이 외무장관이 독일을 침략자로 규정해 벨기에를 수호해야 한다고 한 주장이 먹혔기 때문이었다. (8월 3일에는 영불협정 내용을 언급하며 프랑스 해안을 지키기로 했으니 당연히 그래야 한다는 도덕론을 내세웠고 여기서 개입파가 완전히 승리하게 된다.) 명분론에서 밀린 온건파들은 결국 여론의 압박에 져버렸고 존 몰리는 사임하였다.

이렇게 영국이 넘어가는 도중 러시아가 7월 30일, 총동원령을 발동하니 독일의 국지화 전략은 결국 실패하게 되었다. 본디 차르는 전쟁을 원하지 않았으나 각료들의 설득으로 결국 넘어간 것이었다. 대표적인 이유로는 첩보로 얻은 정보 때문이었는데 오스트리아의 병력이 일전 얻은 1913년 전쟁 계획에 비해 더 많았기 때문이었다. 러시아는 이를 이중제국이 먼저 동원령을 내렸다고 오해하였는데 사실은 세르비아를 높이 평가한 이중제국이 일전보다 상시 병력을 증강시킨 것뿐 동원령을 내린 것은 아니었다. 하지만 선수를 놓치면 안 된다는 생각이 총동원령을 내리게 만들었고 러시아의 이 결정과 영국의 태도 변화에 경악한 베트만홀베크 총리는 결국 전쟁이 다가오고 있음을 인정하게 되었다. 그에 따라 군부의 조언에 따라 '전쟁 위급상황 선포'가 군 전체에 하달되었다. 전쟁 직전 준비 상황이 도래한 것이다. 베트만홀베크 총리는 바로 사회민주당을 찾아가 전시에는 협력해 줄 것을 요청했으며 이것이 수락되자 바로 러시아에 어서 총동원령을 해체하라고 요구하였다. 군이 움직이기 시작하면 서로 물리기 굉장히 힘들어지니 말이다. 하지만 이미 7월 28일에 오스트리아가 이미 세르비아에 선전포고한 이상 발칸을 포기할 수 없었던 러시아는 이를 거부하였고 결국 독일 정부는 슐리펜 계획을 발동시키기로 결정하였다.

그렇게 오스트리아가 세르비아에 (7월 28일), 러시아가 오스트리아에 (7월 30일 총동원령, 다만 선전포고 전 군사행동), 독일이 러시아와 프랑스에 (각각 8월 1일과 3일) 선전포고를 이어 하면서 모든 전쟁을 끝낼 전쟁이, 참혹한 대전이 시작되었다. (영국은 독일이 벨기에를 넘자 8월 4일 독일에 선전포고하였다.) 이렇게 결국 굳이 안 해도 될 전쟁이 막을 올렸다. 그렇다면 이번 전쟁은 왜 일어났던 것일까? 돌이켜 정리하자면 바로 정책의 불확실성과 모호함 때문이었다. 필자도 포함하여 사서들은 가볍게 다루기 위해 영국, 러시아, 독일, 프랑스 등등 의사결정권자들이 뭉뚱그려 표현되지만, 같은 나라의 지도부라 할지라도 각각 생각이 틀렸고 불협화음이 있었다. 그런 와중에 생기는 책임소재와 결정권의 모호함으로 설사 타국의 첩자라 할지라도 정확히 상대국의 의중을 파악하기 힘들었다. 그러한 모호함이란 어두움 속에서 유럽의 결정권자들은 걸어갔고 결국 전쟁이란 것에 부딪힌 것이다. 그 덕에 1914년에 가까워질수록 동맹 간의 협의가 모호해지고 상대국에 대한 인정은 사라져 갔다. 이 일련의 과정에서 중부 유럽의 버팀목 역할을 하던 오스트리아가 그 위치를 무시당함에 따라 프랑스-러시아 동맹이 발칸화되어 갔다. 서로 간의 협조와 견제의 적절한 밸런스가 무너짐에 따라 붕괴하는 국가들이 생겨났고 그렇게 나타난 권력의 빈틈으로 모두가 서서히 빨려 들어갔다. 돌이켜 보면 잘 협상하면 되는 일 아니냐고 반문할 수 있다. 하지만 예컨대 오스트리아가 어떻게 손을 건넨들 세르비아가 변할 수는 없었다. 그들의 영토회복주의는 더 이상 정부가 통제할 수 있는 것이 아니었으니 말이다. 온갖 변수들이 너무 복잡하게 얽힌 탓에 누구의 탓을 할 수 없는, 그야말로 다들 수렁에 빨려드는 시대였다. 훗날 1960년대를 전후로 한 미국과 소련의 지도자들과 달리 이 시점에서는 다들 대재앙을 예측하기 힘들었다. 왜냐하면 미국 소련 경쟁 당시에는 핵전쟁의 의미가 직관적으로 보였지만 세계대전을 경험하지 않은 당시 위정자들은 사태가 최악으로 흐를지 아무도 몰랐다. 오히려 단기전에 대한 기대가 장기전의 두려움을 삼키고 있었다. 다들 크리스마스 전까지 전쟁이 끝날 것이라고 착각했다. 다들 각자만의 꿈, 각자가 노리는 이권에만 매몰되어 곧 세상에 닥칠 공포의 실체를 깨닫지 못했다. 이러한 실수들이 결국 대규모 전쟁을 불렀다. 돌이켜 보면 당시 유럽의 위정자가 함께 열심히 지옥으로 가는 문을 열어버린 것이다.

그렇게, 그렇게 세계대전이 막을 올렸다. 분명 막기는 어려웠겠지만 돌이켜 보면 분명 피할 수 있던 전쟁이었다. 왜냐? 누구도 처음부터 무조건 전쟁으로 가겠다고 확정 짓고 있던 이는 없었으니 말이다. 하지만 의사결정권자들의 불협화음이 충돌의 결정을 만듦으로써 피하는 것에는 결국 실패하고 말았다.

60일 안에 해결하라!

슐리펜 계획이 발동되었다. 이렇게 된 이상 독일 정부의 목표는 단기간에 프랑스를 조기 탈락시키는 것에 있었다. 이것은 상당히 힘든 작업이었으나 다행히도 전쟁 발발 시점의 독일군은 사기가 드높은 상태였다. 개전 직후의 빌헬름 2세의 '독일 민족에게 고함An das deutsche Volk'이란 연설은 생각보다 대단한 호응을 얻었다. 8월 1일부터 3일까지 베를린이나 바이에른의 뮌헨 같은 곳의 광장에 사람들은 몰렸고 카이저나 정치 지도자들이 격앙된 연설을 하며 민중의 지지를 얻고자 하였다. 그리고 민중은 그 의도에 적극적으로 화답해 주었다. 당시 독일 내부의 여론은 자신들을 피해자라고 여겼으며 (독일은 이 사태가 오스트리아와 러시아가 막무가내로 움직인 탓이라고 여겼다.) 이렇게 된 이상 뭉쳐야 한다는 애국주의 흐름이 강렬하게 튀어나왔다. 물론 그간 제국에서 벌어졌던 흐름에 따라 평화시위도 많이 벌어지긴 하였다. 그런데 동시에 그간의 계급 갈등이나 정치적 지형의 차이로 인한 갈등이 충격적인 '8월의 경험Augusterlebnis'을 통해서 동지애, 소속감, 도전적 민족주의(갈등을 멈추고 위기에 봉착한 조국에 봉사하여 스스로를 증명해 기회를 얻자는 사상)로 변모되며 대부분의 국민이 순간적으로 하나 되었다. 고로 일시적이지만 빌헬름 2세와 베트만홀베크 총리의 정권은 만장일치에 가까운 지지를 얻으며 전쟁 수행에 돌입할 수 있었다. 이러한 열광 속에서 슐리펜 계획이 발동되었다.

작전이 시작되자 대략 150만에 달하는 독일 서부군은 재빠르게 목표 지점으로 이동하였다. 총 7개의 야전군이 서부에 배치되었으며 이 중 주력은 벨기에를 통과하는 3개의 군이었다. 대략 전체 군을 파악해 보자면 1, 2, 3군이 벨기에에, 4군이 룩셈부르크에, 5, 6, 7군이 알자스-로트링겐 방면에 위치하였다. 먼저 벨기에 접경지대 방면에 있는 부대부터 위에서 아래로 순서대로 살펴보자면 클루크Alexander von Kluck 장군이 이끄는 1군이 약 32만 명을 이끌고 국경을 넘고 있었으며 뷜로우Karl von Bülow 장군이 이끄는 2군이 약 26만으로 그 아래에서 국경을 넘고 있었다. 하우젠Max von Hausen 장군이 이끄는 3군이 아르덴 숲 방면에서 약 18만의 병력을 이끌고 국경을 건너갔다. 룩셈부르크 방면은 제4군이 담당으로 뷔르템베르크 왕세자 알브레히트Albrecht, Duke of Württemberg가 약 18만의 병력을 이끌고 국경을 건넜다. 마지막으로 알자스-로트링겐 방면은 5, 6, 7군으로 구성되어 있었고 각각 빌헬름Wilhelm von Preußen 황태자와 루프레히트Rupprecht von Bayern 바이에른 왕세자, 그리고 헤링겐Josias von Heeringen 장군이 맡았다. 병력은 각각 약 20만, 22만, 15만 명이었다. 이것은 초기 예비군까지 동원된 숫자며 이에 대항한 프랑스군도 상비군에 1차 동원예비군까지 동원하여 110만에 가까운 병력을 소집해 독일에 맞대응하였다.

일단 독일 서부군은 국경을 넘으며 전체적으로 서쪽으로 진격하되 일정 지점을 넘으면 주력을 남쪽으로 진격시켜 감싸듯 적의 주력을 포위하려고 하였다. 그것이 슐리펜이 기획한 강력한 우익이 할 역할이니 말이다. 그런데 그렇게 파리로 향하려면 일단 벨기에를 넘어야 했다. 강의 협곡을 통해 리에주Liège와 나뮈르Namur를 지나야 했는데 이곳은 생각보다 협소하여 대군이 이동하기 힘들었다. 게다가 이곳 뫼즈Meuse강의 벨기에 요새들은 유럽에서 가장 현대적이라고 명성을 떨치고 있었다. 따라서 쉽게 점령하긴 힘든 곳이었으나 슐리펜 계획을 위해선 조기에 리에주 요새를 점령할 필요가 있었다. 물론 가장 좋은 것은 벨기에가 지나가는 것을 용인해 주는 것이었으나 전쟁 직전 있었던 교섭에서 실패함으로써 (영국과의 마찰도 피하고자 독일은 지나가는 대가를 지급하고 피해가 발생한다면 보상토록 해주겠다고 했으나 8월 3일, 벨기에 정부는 독일의 최후통첩을 거부하였다. 정상적인 국가면 자국에 외국군을 받아들이는 게 이상한 것이니 당연한 결과였다.) 그것은 물 건너간 상태였다. 그래도 리에주 요새는 단단해도 벨기에군 자체의 실력은 독일군에 미치지 못하였다. 좁은 길을 뚫을 역할의 6개의 여단으로 구성된 특별기동대가 먼저 리에주를 향해 출발하였고 도시까지 무사히 길을 만드는 데 성공하였다. 그 과정에서 14여단장이 사망하며 큰 피해를 보기도 했지만 후속으로 사령관직을 맡은 연락장교 에리히 루덴도르프Erich Ludendorff의 활약으로 승리의 발판을 쥐게 되었다. 루덴도르프는 과감하게 움직였고 항복을 요구하며 시가전을 벌이자 리에주를 책임지던 제라르 르망Gérard Leman은 리에주 주변에 원형으로 구축된 요새들의 서쪽에 있는 롱생Loncin 요새로 피신하였다. 이로써 루덴도르프는 허장성세가 통해 리에주 시가지를 단 3일 만에 점령하였다. 그러나 리에주의 요새들이 건재했기에 루덴도르프는 다급히 요청하여 뷜로우 장군으로부터 강력한 괴물같이 거대한 곡사포를 가져와 8월 12일부터 차례차례 요새들에 포격을 가하였다. 이 엄청난 포격에 결국 8월 16일, 모든 리에주의 요새들은 처절히 파괴되며 항복하였다. 순식간에 리에주가 함락되자 루덴도르프는 독일의 영웅으로 급부상하였다. 초반 계획의 어려움이 요새를 조기에 점령하는 것을 생각하면 대단한 성과였다. 재빠르게 시가지를 점령하고 대포를 가져와 포격함으로써 해결한 것이었다. 독일군은 연이어 나뮈르의 요새를 격파하였으며 벨기에군은 일단 안트베르펜 방면으로 퇴각하였다. 프랑스군은 독일군이 본격적으로 벨기에를 넘자 자신들의 17계획Plan XVII에 따라 독일에 대한 공세를 가하였다. 프랑스군은 일시적으로 로트링겐의 뮐루즈Mulhouse를 차지하며 알자스-로트링겐에 대한 공세를 나름 성공시켰으나 8개의 군단으로 구성된 독일 6군과 7군의 반격으로 얼마 안 가 저지되었다. 프랑스군 총사령관 조제프 조프르Joseph Joffre는 독일군이 벨기에를 통과하려 하자 일단 벨기에 방면으로 군을 돌리기 시작했다. 해당 시점 독일의 우익은 벨기에의 주요 지점을 향해 달려가고 있었는데 1군은 브뤼셀로, 2군은 나뮈르로, 3군은 남쪽의 디낭Dinant으로 향하고 있었다.

8월 18일, 벨기에군은 브뤼셀을 포기하고 안트베르펜으로 철수했으며 20일에 독일 1군이 브뤼셀에 무혈입성하게 되었다. 23일엔 순탄하게 2군이 나뮈르를 점령하였다. 디낭은 24일 무렵 함락되었다. 슐리펜 계획은 이때까진 거의 그대로 진행되고 있었다. (다만 루덴도르프의 활약에도 벨기에군이 강력히 저항함에 따라 계획이 이틀 정도 늦춰지고 있었다. 이에 따라 독일군은 벨기에가 자신의 계획을 저지하지 못하게 강력한 보복을 가하며 진군했고 이 살육전을 벨기에 강간Rape of Belgium이라고 부른다.) 하나 영국이 참전하였고 프랑스의 요청에 따라 일단 6개의 상비군 사단을 프랑스 북부의 모뵈주Maubeuge에 파병합으로써 독일 서부군은 더욱 재빠르게 움직일 필요가 생기게 되었다. 다만 재빠르게 움직이되 영국이 침진했으니 참모부는 1군과 2군, 3군이 서로 긴밀히 협조하며 움직이라고 하였으나 클루크 장군과 뷜로우 장군의 불협화음으로 1군은 초기 계획보다 남쪽인, 바로 파리로 향하는 직진이라 볼 수 있는 벨기에 남부의 몽스Mons로 향하였다. 2군은 상브르Sambre강 방면으로 향했으며 3군은 올라오는 프랑스 5군의 뒤를 노리며 벨기에와 프랑스 국경 사이로 움직였다. 상브르강 전투와 몽스 전투에서 독일군은 프랑스와 영국을 상대로 연이은 승리를 거머쥐었지만 3군의 신중한 태도로 프랑스 5군을 포위하는 것에는 실패하였다. 이 전투의 시점이 8월 21~23일로 일련의 국경전투로 연합군은 벨기에에서 밀려나게 되었다. 다만 조프르 총사령관이 빠르게 17계획을 접고 벨기에로 군을 돌리고 있었고 러시아가 프로이센으로 진격함으로써 안심할 단계는 아니었다. 더욱 계획대로 빠르게 우익이 파리를 향해 달릴 필요가 있었다.

1군은 프랑스 북부의 르카토Le Cateau에서 영국군을 격파하고 아미앵 방면으로 진격하였고 2군은 기즈Guise 방면으로 달려갔다. 그 외 각각의 야전군들도 각자의 방향에서 프랑스로 움직였다. 이 과정에서 프랑스는 뒤로 군을 물리며 전선을 재정비하였고 이 과정을 대퇴각이라 불렀다. 하지만 국경전투에서 계속 패배한 것은 아니었다. 프랑스의 프랑셰 데스페레Franchet d'Espèrey 장군이 새로운 5군 사령관으로 취임하여 기즈에서 독일군을 저지하는 데 성공하였다. 이로써 독일의 계획표를 잠시 멈추어버렸다. 2군의 뷜로우는 1군에 도움을 요청하였고 아미앵으로 향하던 1군은 8월 31일, 2군을 도우며 남쪽으로 방향을 틀었다. (원래대로라면 파리의 서쪽으로 가면서 도시를 포위해야 했다.) 그렇게 1군과 2군은 마른Marne 강으로 향하게 되는데 돌이켜 보면 이것은 실수였다. 1군의 측면이 프랑스 6군에게 노출되기 시작했으니 말이다. 게다가 러시아군이 무섭다고 소 몰트케 참모총장이 병력의 일부를 동쪽으로 보내면서 강력한 우익의 의미가 퇴색되었다. 9월 초를 기점으로 연합군은 36개 사단을 배치했지만 적 섬멸의 역할을 맡은 독일군의 1~5군은 도합 30개 사단이 되지 않았다. (아직 완전히 점령 안 된 후방의 벨기에 지역에 병력이 묶이기도 하며 더욱 불리하기도 하였다. 안트베르펜의 경우 10월 10일에 함락되었다.)

고로 연이은 국경전투의 승리는 점점 빛이 바랬고 마른에서의 전투는 생각보다 어렵게 되었다. 그래도 파리까지는 이제 30마일 남았고 여기까진 거의 계획대로 날짜라 흘러가고 있어서 마른강을 중심으로 그려진 프랑스의 방어 라인을 뚫는다면 전쟁을 조기에 종결시킬 수 있었다. 그렇게 독일의 우익이 대부분 참여한 마른강 전투가 9월 5일부터 개시되었다. 클루크의 1군과 뷜로우의 2군이 주축이 되며 마른강을 타격했는데 1군이 앞서 서술했듯 프랑스 6군에 측면이 노출된 상황이었고 프랑스는 이걸 놓치지 않고 클루크 장군의 측면을 공격하였다. 이에 1군은 재빠르게 방향 전환을 실시하였다. 이는 어려운 작업이었지만 클루크 장군은 생각보다 유능한 인물로 이를 수행하는 데 성공하였고 자신의 측면을 타격하는 적 6군에 적절한 대응을 하는 것에 성공하였다. 그런데 질서 있는 고난이도의 움직임을 보여준 것은 좋으나 그로 인해 2군과의 틈이 상당히 벌려지게 되었다. 이를 연합군이 놓칠 리 없기 때문에 총참모장 대리로 전선에 나와 있는 최고사령부 정보과장 헨치Richard Hentsch 중령은 일단 후퇴하여 재정비해야 한다고 판단하였다. 총참모장 대리의 명령에 따라 독일군의 우익은 뒤로 물러났는데 그의 결정이 있기 전까진 일단 전투에서 승기를 잡고 있었기에 훗날 상당한 논란거리가 되었다. (차라리 각자 병력을 나누어 들어오려는 틈으로 재빠르게 보내라든지 말이다. 다만 당시 적의 병력이나 움직임에 대한 현장 정보가 너무 적어서 어쩔 수 없는 판단에 가까웠다.) 그래도 중령이라 할지라도 현장 권한이 우선되는 독일군 특성상 그 판단은 결국 받아들여졌고 독일군은 마른강에서 후퇴하게 되었다. 고로 일단 7군에서 보내지는 지원군을 받고 다시금 공격하기로 최종 결정되었다. 문젠 방어 문제로 50km 뒤인 엔Aisne강 라인까지 후퇴하게 되었는데 지금까지의 전투로 독일군은 전체적으로 상당히 소모되고 완전히 지쳐버린 상태라 재편 후 공격이 생각처럼 쉽지는 않다는 것이었다. 돌이켜 보면 국경전투의 연승으로 사기가 드높았을 때 어떻게든 적을 밀어버려야 했다. 따라서 마른강 전투는 사실상 서부전선이 분기점이 되어버렸다. 예컨대 뷜로우의 2군은 26만에서 15만 정도로 줄어든 상태였다. 그나마 다행인 것은 추격해서 독일 1, 2군의 틈을 노리던 연합군의 공격이 7군의 지원군 도착으로 헨치 중령의 의도에 따라 막히긴 했다는 것이었다.

그렇게 9월 14일, 독일군 1군과 2군이 엔강에 도착해 자리를 잡음으로써 사실상 참호전이 시작되었다. 독일군의 우익이 추격해 오는 영국군을 막기 위해 열심히 참호를 판 것이 그 시작이었다. 그리고 같은 날 소 몰트케는 슐리펜 초기 계획 실패의 책임을 지고 해임되었다. 지휘권은 전쟁장관 에리히 폰 팔켄하인Erich von Falkenhayn에게 넘어갔으며 그가 새로운 참모총장이 되었다. 엔강에서의 전투는 28일까지 지속되는데, 처음에 독일군은 원래 의도대로 재편 후 다시 나가려 하였으며 연합군은 이 기회로 역으로 공세를 하려 했다. 그런데 고지대를 이용하며 갈수록 형성되는 참호가 서로의 공세를 방해하였다. 그렇다면 남은 수는 프랑스 전역의 왼편, 아직 양측의 군대가 자리를 잡지 않은 영불해협 방면의 프랑스 북부 영토로 기동하는 것뿐이었다. 조프르도 팔켄하인도 선수를 치기 위해 최대한 반격하며 군대가 아직 없는 영역으로 병력을 움직였는데 이에 따라 자연스럽게 엔강에서 바다까지의 서로 무방비한 측면을 찾는 수색전이 벌어졌다. 그로 인해 바다로의 경주Race to the Sea가 펼쳐졌으며 자연스레 프랑스 북부 전체에 서로의 참호가 형성되어 버렸다. 팔켄하인은 프랑스 북부를 뚫기 위해 맹공격을 가했으나 부분적으로만 성공했을 뿐 제대로 적을 분쇄하지 못하였다. 마지막 기회는 마지막 서부전선의 벌어진 틈이라 할 수 있는 벨기에 남부의 이프르Ypres였으나 10월 19일부터 11월 22일까지 벌어진 이곳의 전투에서 양측 다 별다른 성과를 거두지 못함으로써 참호는 벨기에 해안에서 스위스까지 조성되어 버렸다. 벌어진 틈이 완전히 닫힘으로써 소모전이 시작되어 버렸다. 이로써 한동안 서부전선은 서로 막대한 피해만 보는 지옥으로 변모하게 되었다. 이는 그토록 독일이 피하고 싶은 양면 전선의 시작을 알리는 신호였다.

그래도 동부전선에서의 소식이 그나마 독일을 안심시켜 주었다. 한창 슐리펜 계획이 실시될 무렵 러시아군이 예상보다 빠르게 동프로이센에 도달했는데 그것을 서부전선에서 급히 동부전선으로 파견된 에리히 루덴도르프 참모장과 아직은 일개 작전참모였던 막스 호프만Max Hoffmann 중령의 활약으로 현재 폴란드 올슈친Olsztyn 근방에서 물리쳤기 때문이었다. 이것을 훗날 탄넨베르크Tannenberg 전투라고 불렀는데 이 놀라운 전투의 성과로 독일은 한숨 돌리게 되었다. 그 내용을 살펴보자면 먼저 전투는 8월 17일부터 9월 2일까지 지속되었다. 병력은 독일군은 15만 명, 러시아는 35만 명으로 상당한 차이가 있었다. 이곳의 독일군은 8군으로 힌덴부르크Paul von Hindenburg와 루덴도르프 장군이 도착하기 전에는 프리트비츠Maximilian von Prittwitz 장군이 8군 사령관이었다. 러시아군은 1군과 2군이 참전했으며 각각 렌넨캄프Paul von Rennenkampff와 삼조노프Alexander Samsonow 장군이 지휘하였다. 전투는 동프로이센의 동쪽 스탈루푀넨에서 시작되었다. 러시아군은 이곳을 통해 동프로이센으로 들어오려 했으며 독일 8군은 러시아 1군을 스탈루푀넨Stallupönen에서 보기 좋게 격퇴하였다. 하지만 신중한 성격이었던 프리트비츠는 비스와Vistula강까지의 후퇴를 고려하며 일단 군을 굼비넨Gumbinnen까지 철수시켰다. 그리고 여차하면 여기서도 군을 물릴 생각이었다. 그 덕에 러시아군은 패배에도 굼비넨까지 무난히 진군하는 데 성공하였다. 그런데 8군 소속 1군단장 프랑수아Hermann von François는 신중한 태도의 상관에 반발하며 단독행동에 나섰다. 바로 러시아와 교전하여 동프로이센을 무조건 지키기로 한 것이었다. 이렇게 굼비넨 전투가 시작되었고 초기에는 독일군이 나름대로 우세하였다. 하지만 초반에는 이겨가도 서서히 전투의 방향 추는 러시아로 옮겨졌다. 더 많은 병력에다가 렌넨캄프가 포병을 적절히 배치함으로써 포격에 도리어 당한 것이었다. 따라서 러시아가 동쪽에서 우위를 가져가자 프리트비츠는 비스와강까지 전면 후퇴를 결정하였다. 이는 나쁜 선택은 아니었는데 상관에 반항하는 8군 병력이 동프로이센을 지키겠다고 저항하자 러시아의 2군이 독일 8군을 포위하기 위해 단치히 방면으로 우회를 시도하고 있었기 때문이었다. 하지만 이 결정은 독일 수뇌부의 분노를 샀고 8월 21일에 그는 해임되었다. 대신 리에주의 영웅 루덴도르프가 구원투수로 발령받게 되었다.

하지만 프리트비츠의 후퇴 결정이 이상한 것이 아니었던 만큼 구원투수가 도착했을 때는 전황은 불리한 상태였다. 병력의 차이로 어디서든 밀리고 있었으며 러시아 1군은 동쪽에서, 2군은 남쪽에서 동프로이센을 위협하고 있었다. 그런데 루덴도르프와 막스 호프만은 독일의 지형을 활용하여 놀라운 작전을 고안했다. (정확힌 루덴도르프가 호프만의 작전안을 높게 평가하여 기존에 자신이 만든 작전안을 폐기하고 호프만의 것을 채택하였다.) 동프로이센에는 마주리안 호수Masurische Seenplatte라는 큰 지형물이 있어서 들어오는 입구가 동쪽의 굼비넨과 남쪽의 알렌슈타인Allenstein, 현재의 올슈친 두 방면이 대표적이었는데 현재 러시아는 이곳을 노리고 있다는 것을 역이용하여 각개격파에 나서기로 하였다. 마주리안 호수가 중간에 껴있는 이상 제때 서로 돕기는 힘든 점을 이용한 것이었다. 고로 1기병사단으로 러시아 1군을 최대한 마크하는 동안 독일 8군의 1군단이나 17군단, 예비 군단을 재빠르게 러시아 2군이 있는 곳으로 보내기로 하였다. 그리고 8군의 주력을 알렌슈타인과 탄넨베르크 방면에 배치하여 말발굽과 같은 포위망을 형성, 이곳으로 무방비하게 달려오는 러시아 2군을 섬멸 후 다시 올라와 러시아 1군을 박살 내기로 하였다.

그런데 이것은 상당히 위험한 계획으로 1기병사단 혼자서 5개의 군단으로 이루어진 러시아 1군을 막는다는 것은 도박에 가까웠다. 게다가 러시아 2군이 있는 곳으로 재빠르게 기동하는 것도 말처럼 쉬운 것이 아니었다. 특히 포병은 이동에 시간이 걸릴 터였다. 그런데 결과는 오히려 더 좋았다. 1군단의 느린 도착으로 인해 러시아군이 적이 후퇴하고 있다고 오판한 것이었다. 그래서 더욱 무방비하게 통신과 보급의 한계를 무시하며 안쪽으로 들어왔고 이것을 독일의 항공정찰부대가 잘 포착함에 따라 루덴도르프는 대응을 더욱 잘할 수 있게 되었다. 그에 따라 포위망은 더욱 먹음직스럽게 형성되었으며 8군의 주력은 자리를 잡은 직후 바로 공격에 나서 적에게 강렬한 타격을 가하는 데 성공하였다. 8월 27일, 독일 8군은 러시아 2군의 좌익으로 집중포화를 퍼부었으며 그로 인해 무너진 전선에 따라 재빠르게 움직여 러시아의 폴란드와의 연결선을 차단하는 데 성공하였다. 여기에 행운이 또 겹치니 러시아 1군도 적의 움직임을 오판하여 자신들의 2군을 도우려 남진하지 않은 것이었다. 그러한 덕택에 8월 29일 독일 8군은 러시아 2군을 완전히 포위하는 데 성공하였다. 삼조노프 장군은 퇴각을 명령했지만 돌파구가 없는 이상 오히려 피해만 커졌고 15만의 병력 중 10만 명이 결국 항복해 버렸다. 이에 비해 독일군은 만여 명의 피해만 보았다. 이로써 루덴도르프의 8군은 기분 좋게 첫 승리를 가져갔고 이제 러시아 1군을 향해 급하게 북쪽으로 기동하였다. 일주일 정도 걸렸으며 이때 소 몰트케가 보낸 2개의 군단이 동부에 도착하여 병력을 더욱 갖추게 되었다.

한편 렌넨캄프는 삼조노프의 소식을 듣고 병력을 적당히 뒤로 물렸다. 이에 루덴도르프는 러시아 1군도 먹어 치우기 위해 전면 압박해 가면서 2개의 군단을 우회 기동하여 측면타격을 통한 포위를 노렸다. 프랑수아 장군의 1군단이 우회 기동의 역할을 맡았는데 4일 만에 120km를 달리며 적을 위협하였다. 그리고 러시아 1군의 우측을 어느 정도 감싸는 데 성공하였는데 렌넨캄프는 이제 자신들이 불리하다는 것을 깨닫고 전면 후퇴를 명령하였다. 결국 렌넨캄프의 빠른 결정으로 동프로이센 북동 방면에서는 완전한 포위에는 실패하게 되었다. 그러나 후퇴하는 적을 봐줄 리는 없기에 강렬히 추격하였고 그 과정에서 어느 정도 포위섬멸에 성공함으로써 적에게 4만 5천의 포로와 10만 명의 사상자를 생기게 해주었다. 이렇게 루덴도르프와 막스 호프만 중령의 활약으로 동프로이센에서 러시아군은 완전히 격퇴되었고 독일은 자랑스러운 승리로 안도의 한숨을 내쉴 수 있게 되었다. 본디 탄넨베르크에서 조금 떨어진 곳에서 벌어진 전투지만 루덴도르프의 요청으로 과거 독일 기사단국의 복수라는 의미에서 (과거 이곳에서 기사단국은 폴란드에게 패배하여 굴복하게 된 바가 있었다.) 탄넨베르크 전투라고 명명되었다.

그렇게 러시아는 독일에서 패퇴하였다. 하지만 동시에 전개된 남부 전선인 갈리치아Galicia 방면에서는 이중제국을 상대로 나름의 성과를 거두었다. 조기에 진압당하지 않은 세르비아의 활약과 이중제국 참모총장 콘라트 회첸도르프Conrad von Hötzendorf의 실책 덕택이었다. 러시아군은 자신들의 남쪽에서 벌어진 렘베르크Lemberg 전투에서 승리하면서 갈리치아 전역의 주도권을 챙겼다. 그에 따라 러시아는 이중제국의 동쪽에 있는 갈리치아 동부와 부코비나Bukovina 북부를 차지하게 되었다. 이중제국은 이 과정에서 정예 병력을 잃으며 큰 손실을 보게 되었고 이곳이 평야 지대이기 때문에 카르파티아산맥으로 자연스레 밀려나게 되었다. 이중제국은 일단 렘베르크 왼편에 있는 프셰미실Przemyśl의 요새에서 버티며 공방전을 벌였으나 반년의 투쟁 끝에 도시는 결국 함락되었다. 이렇게 이중제국이 밀리자 독일 동부군은 탄넨베르크 전투의 효과가 사라지는 것을 우려하여 다급히 1개의 야전군을 추가로 편성하였다. 그렇게 추가된 독일 9군은 슐레지엔에 집결, 바르샤바를 압박하여 무너지는 형제국을 돕기로 하였다. 하지만 러시아의 발 빠른 대처, 특히 압도적인 수에 9군의 공세는 금세 멈출 수밖에 없었다. 이 시점에 바르샤바에서 프셰미실까지 전개된 러시아군의 사단 수는 55개였지만 독일 동부군은 13개, 이중제국 동부군은 31개뿐이었다. 고로 9군을 맡은 루덴도르프는 슐레지엔 근방까지 후퇴하였다.

연이은 승전에 사기가 오른 러시아는 다시금 독일의 동부를 노렸으나 새롭게 9군 사령관이 된 마켄젠August von Mackensen의 활약으로 우치Łódź에서 러시아 2군과 5군이 돈좌됨으로써 러시아의 독일 재진출은 좌절되었다. 고로 다시 이중제국 방면을 노렸는데 그렇게 시작된 카르파티아 전역(1915년 1월 23일~4월 24일)에서 양측은 엄청난 손실을 입게 되었다. 기록에 따라 다르지만, 양측은 서로 100만에 가까운 사상자를 입었으며 그리 큰 희생을 만든 것치곤 서로 얻은 건 별로 없었다. 러시아군은 산맥을 넘어 헝가리 평원으로 들어가고자 했으나 일시적으로만 그랬을 뿐 적의 반격에 사실상 원점으로 돌아갔다. 이중제국군의 경우 반격하며 아직 버티고 있던 프셰미실 요새를 구원하려 애썼으나 피해만 크게 입을 뿐 적의 전선을 돌파하는 데는 실패하였다. (프셰미실은 결국 1915년 3월 22일 항복하였다.) 그래도 전투의 결과 자체는 러시아의 승리였다. 전술적인 측면에서 적에게 크나큰 피해를 입혔기 때문이었다. 이 전투의 여파로 이중제국은 이제 혼자서 동부전선을 감당하기 힘들어졌으며 독일군에 의존하게 되었다. 그나마 다행인 것은 겨울의 산맥 전투로 인해 서로의 소모가 심해서 전선이 소강상태에 이르렀다는 것이다. 드넓은 동부 지형의 특성상 참호 라인이 형성된 것은 아니었지만 한동안 전선은 교착상태에 빠졌다.

이로써 서부와 동부, 양옆에서의 전투가 모두 교착상태에 빠짐에 따라 독일의 슐리펜 계획을 사실상 실패하게 되었다. 그토록 피하고 싶던 양면 전선과 소모전으로 돌입하게 된 것이다. 물론 독일은 포기하지 않고 이런저런 시도를 하고 나름의 성과도 거두나 걱정했던 길로 들어섬으로써 독일은 재앙의 길을 걷게 되었다.

참호전의 수렁과 군부의 폭주

1914년에서 1915년으로 넘어가는 겨울 동안의 전투로 인해 양측의 군세는 완전히 소모되어 버렸다. 서부도 동부도 교착상태에 빠졌다. 서부전선의 경우 기나긴 참호 라인이 구축됨으로써 앞으로 기나긴 소모전을 예고하였다. 서부에 비하면 동부전선은 드넓은 지형 특성상 도저히 돌파가 안 될 정도는 아니었지만 엄청난 병력으로 구축된 서로의 진형이 변화를 부정하고 있었다. 이렇게 소모전은 확정되었으나 그렇다고 손 놓고 있을 순 없었다. 어떻게든 상황은 타개되어야 했다. 그렇기에 택해진 수단 중 대표적인 것이 독가스였다. 그러면서 참호로 구축된 방어 라인을 돌파하기 위한 돌격대Sturmtruppen가 신설되었고 이것도 나름 효과를 보았다. 하지만 근본적으로 참호 안의 적 병력을 몰살시킬 수단은 전차의 등장 전까진 당시로썬 마땅치가 않았다. 고로 일단 가장 두려워했던 대상이었던 영국에 대해 협상을 끌어내기 위해 독일은 잠수함을 애용하는 것으로 위기를 극복하고자 하였다. 비행선을 이용한 전략폭격도 이루어지긴 했으나 비행기를 통한 작전은 아직까진 유용한 시대가 아니었다. 물론 잠수함도 당시로썬 실험적인 무기였으나 개전 초기 고작 20척이었던 유보트가 이내 큰 활약을 하면서 영국에 대한 압박 수단으로 발전하였다. 초반에는 단순 초계의 역할로 쓰였으나 U-9 잠수함이 영국의 장갑순양함 3척을 쓰러트리는 엄청난 성과를 거두자 단순 초계를 넘어 영국의 해역을 잠그는 역할을 맡게 되었다. 독일의 잠수함들은 1914년 겨울 동안 적의 상선 19척, 총 43,000톤에 달하는 피해를 주었고 1915년 5월까지 추가로 123척을 격침시켰다. 독일의 신무기에 희망을 본 군부는 잠수함을 통한 무제한잠수함작전을 통해 영국을 괴사시켜 전쟁의 승리를 가져가려 하였다. (다만 5월 7일에 미국 함선 루시타니아호가 유보트에게 침몰당하는 일이 생겨 사과와 배상 후 무제한적인 파괴는 하지 않고 제한적으로 실시했다.) 물론 연합군도 대응을 시작하나 한동안은 독일의 효자가 생긴 것이다. 다만 이에 반해 독가스는 애매한 효자였는데 풍향에 따라 아군을 덮칠 수도 있었기 때문이었다. 하지만 서술했듯 전차의 등장 전에는 마땅한 수단이 없었는지라 독일이 먼저 쓰기 시작하자 연합군도 사용했고 결국 전장은 염소가스로 인한 비극의 장소가 되어버렸다. 서로 돌파도 제대로 못 하면서 한 번에 수십만 명을 떼죽음으로 모는 무기로 인해 참호전은 더욱 지독한 소모전이자 살육전으로 변모되어 갔다. 여기에 더해 엄폐를 위한 참호가 각 전선에 따라 더욱 다양하면서도 체계적으로 변모하면서 거미줄처럼 전선에 전선을 구축하고 미로처럼 복제되자 서부전선은 완전히 고착화되면서 의미 없이, 아무런 전진도 이루지 못하고 서로 떼죽음을 당하는 아비규환의 장소가 되어버렸다. 아무리 참호를 부순다고 해도 얼마 안 가 그 위에 다시 만든 새로운 참호가 서로의 앞을 막을 뿐이었다. 예컨대 독가스를 처음 사용한 1915년 4월의 2차 이프르 전투나 프랑스의 반격인 5월의 2차 아르투아Artois 전투에서도 유의미한 전선의 변화는 없었고 고작 몇 킬로미터의 변화가 있었을 뿐이었다.

그래도 동부에서는 유의미한 전선의 변화가 있었다. 바로 1915년 5월에 개시된 고를리체-타르누프Gorlice-Tarnów 전투에서 독일과 동맹국이 승리한 덕이었다. 이 전투의 승리로 이중제국에 대한 러시아의 압박이 크게 완화되었다. 이중제국에 보내진 새롭게 편성된 11군의 활약으로 빼앗겼던 프셰미실을, 더 나아가 렘베르크까지 되찾았다. 이는 11군의 참모장은 한스 폰 젝트Hans von Seeckt의 활약 덕택이었으며 러시아군의 포탄 부족 현상 때문이기도 하였다. 물론 독일도 포탄이 여유로운 것은 아니었으나 선택과 집중이 유효하게 먹혔다. 이 성과에 루덴도르프는 바르샤바를 포위하며 폴란드 돌출부를 제거하려고 하였다. 다만 팔켄하인 총참모장은 이에 부정적이었는데 서부에서 병력을 빼 오기 힘드니 결국 이중제국군을 믿어야 하는데 약화된 그들을 믿으며 대규모 포위를 하는 것은 말이 안 된다고 여겼기 때문이었다. 그래도 동부의 참호는 서부처럼 촘촘하지 않았기도 했고 동부파의 설득으로 끝내 결정되었다. 그런데 예상외의 성과를 거두는데 루덴도르프의 뛰어난 작전 덕이기도 했다만 러시아군의 대비가 부족했기 때문이었다. 형성한 참호는 생각보다 엉성했고 여전히 포탄은 부족했다. 그래서 5월 1일의 예비 포격에 러시아 전선은 시작하자마자 초토화되었으며 독일의 보병들은 순식간에 러시아가 설치한 참호의 2선과 3선을 돌파하며 작전을 성공시켰다. 이러한 활약에 러시아군은 순식간에 바르샤바를 넘어 비아위스토크Białystok와 브레스토-리토프스크Brest-Litovsk가 돌파당했으며 9월 초에는 빌나Vilna까지 내주게 되었다. 한 달 반 만에 독일 동부군은 500km를 진격했고 점령하는 데 성공하였다. 이 과정에서 러시아는 75만 명의 포로, 실종자와 사망자까지 포함하면 100만이 넘은 전력 손실을 입게 되었다. 이 대패에 기존 총사령관이던 니콜라예비치Nicholas Nikolaevich 장군은 해임되었고 이제 최전선은 차르 니콜라이 2세가 직접 담당하게 되었다. 루덴도르프는 대승에 고무되어 이대로 꾸준한 기동 포위를 통해 동부전선을 끝내려 하였으나 팔켄하인 총참모장은 적당한 수준에서 1915년의 동부전역을 마무리 짓고자 하였다. 이에 루덴도르프는 최고사령부가 무능하다며 비아냥거렸지만 폴란드 돌출부가 사라짐으로써 러시아의 전선이 1천 마일에서 6백 마일로 줄어든 덕에 러시아의 방어력은 생각보다 줄어들지 않았다. 잃은 것도 기본적으론 폴란드지 러시아 본토도 아니었기 때문에 엄청난 손실에도 추가 예비군 동원으로 전력을 복구할 수 있었다. 고로 이번만큼은 팔켄하인의 점진적 공격 추구 판단이 옳았다.

1915년의 독일군의 전역은 대략 이러하였다. 서부는 피해만 보았지만 동부에선 나름대로 성과를 거두었다. 그 외에는 식민지에서의 전투인데 독일 식민지는 개전하자마자 별다른 저항도 못 하고 빼앗겨 버렸다. 전력은 본국에 집중되어 있으니 말이다. 그런데 독일령 동아프리카에서만은 독일 식민군이 큰 활약을 보여주었다. 바로 명장 파울 폰 레토-포어베크Paul von Lettow-Vorbeck의 뛰어난 지휘 덕이었다. 그는 수적 열세에도 8배가 넘는 적을 상대로 1914년 11월 2일, 탕가Tanga 전투에서 승리를 거두면서 영국군을 지독하게 괴롭혔다. 그의 지연전과 게릴라전에 영국은 생각보다 많은 병력을 동아프리카로 보내야 했고 그 덕에 그만큼 독일 본국은 전쟁을 좀 더 유리하게 가져갈 수 있었다. 그의 활약은 대단히 놀라울 수준인데 그는 전황이 불리해짐에도 동아프리카에서 1918년까지 성공적으로 영국을 괴롭혔다. 레토-포어베크는 인도양에서 통상파괴전을 벌이며 명성을 드높였던 경순항함 SMS 엠덴과 더불어 당시 독일 제국군이 해외에서 거둔 대표적인 성공 사례였다. (여기에 독일의 전황에 도움을 준 동맹의 활약을 추가하자면 당연히 갈리폴리Gallipoli 전투인데 처칠 해군장관의 오판으로 연합군은 독일-오스만 동맹군에 큰 피해를 입었다. 이로써 오스만의 본토는 전후에도 안전할 정도였다.)

사진작가 오스카 텔그만Oscar Tellgmann이 찍은 「서부전선 참호 속의 제11 예비 후사르 연대원German cavalry of the 11th Reserve Hussar Regiment in a trench」, 1916년 작품, 독일 연방 기록 보관소 소장

다만 뛰어난 인재들이 활약한다 한들 여전히 전체적인 전황은 좋지 않았다. 우려하던 양면 전선으로 인한 소모전을 지속 중이었으니 말이다.

특히 1916년에 접어들자 서부전선의 소모전은 가히 엄청났었다. 연합군이 샹티이Chantilly에 모여 모든 전선에서 대규모 공세를 가하기로 했는데 이 결정이 대규모 전투를 부른 것이었다. 특히나 샹티이에서 소모 전략이 채택됨에 따라 전쟁은 더욱 비극으로 향하게 되었다. 여기에 1915년 5월 이탈리아 왕국이 삼국동맹을 이탈하고 연합국으로 참전함에 따라 그 규모는 더욱 커졌다. 동맹국 입장에서 그나마 다행인 것은 이탈리아 왕국의 초기 계획, 순식간에 비엔나로 가겠다는 야망은 이손초Isonzo에서 이중제국이 여러 번 전술적 승리를 거둠으로써 사라졌다는 것이었다. 또한 1915년 9월 불가리아의 참전으로 세르비아 전역이 종료됨에 따라 전체적인 부담이 그래도 낮아지긴 하였다. 이러한 상황에서 팔켄하인은 연합군의 공세 준비에 나름대로 적극적으로 대처했다. 다만 판단은 조금 이상했는데 이 시점의 그는 동부전선이 사실상 종료된 것으로 간주하였다. 러시아의 회복력을 얕잡아 보고 굴복되었다고 여긴 것이었다. (완전히 방심했다기보단 광활한 러시아의 대지로 들어가는 것은 무리가 있다는 판단도 컸다. 특히 우크라이나로 진입하려면 중립국 루마니아를 지나야 해서 부담이 컸다.) 그래서 그는 프랑스 방면에 집중하여 다가오는 공세를 꺾고 아직까진 어느 정도 제한적이던 유보트 전략을 더욱 적극적으로 변경하며 영국을 괴사시키려 하였다. (다만 완전히 무제한 작전을 펼치는 것은 이 시점에선 거부당했다.) 팔켄하인은 독일도 힘들지만 프랑스도 한계상태라고 여겼는지라 결정적인 지점에서 제한적 공격을 통해 적에게 출혈을 강요하여 전쟁을 최대한 빠르게 마무리하려고 하였다. (다만 팔켄하인도 소모 전략을 하려 했다는 의도는 존 키건의 저서에서 가져온 의견이나 최근 학설에 의하면 베르됭을 미끼로 삼아 대규모 카운터펀치를 날리려 했다는 의견도 있다.) 그렇게 그는 여러 전투지점을 염두에

두었고 결정된 전장은 바로 베르됭Verdun이었다. 적이 움직이기 전 이곳을 먼저 독일 5군이 공격을 개시하면서 1916년 2월 21일, 역사에 남을 전투가 일어났다. 초반에는 독일의 기습과 준비해 둔 압도적인 포격으로 베르됭의 여러 현대적 요새를 점령해 가는 데 성공하였다. 그런데 팔켄하인이 신중하게 예비대를 투입하려 했는지라 결정적 타격의 시간이 늦추어졌고 그사이 프랑스가 중포를 모으고 보급로를 확충해 가며 반격의 발판을 구축하였다. 이것을 지휘했던 자는 바로 그 유명한 페탱Philippe Pétain 장군으로 그의 지휘하에 프랑스군은 대대적인 포격전과 고지전, 주요 거점 쟁탈전을 벌이며 전투의 방향 추를 돌려놓았다. 이로써 전투는 순식간에 장기전의 양상으로 바뀌게 되었다. 팔켄하인의 생각과 다르게 아군을 적군보다 적게 희생시키겠다는 전제가 붕괴한 것이었다. 게다가 4월 무렵의 악천후로 인해 전투는 점점 더 수렁에 빠지게 되었다. 서로의 엄청난 포격에 병사들이 전진도 제대로 못 하고 죽는 것이 반복되자 이 끔찍한 소모전에 5군 사령관이던 빌헬름 황태자는 후퇴를 건의할 정도였다. 하지만 참모장들의 만류로 전투는 속행되었다. 독일군은 전선을 돌파하기 위해 더욱 독한 가스인 포스겐phosgene 가스를 살포했고 연합군도 따라 함에 따라 전장은 엄청난 지옥으로 변모하였다. 프랑스는 이에 맞서 열차포까지 동원하며 포격전을 벎임으로써 서로 간의 병력 소모는 더욱 극심해졌다. 슬슬 공세를 포기해야 했으나 팔켄하인은 주저하였다. 그러다가 7월 1일, 연합군이 준비하던 공세가 드디어 솜에서 벌어지자 (베르됭 전투의 영향으로 프랑스 도움 목적이 추가되었다.) 팔켄하인 총참모장은 베르됭 공세를 멈춤으로써 사실상 소득 없이 전투가 종료되었다. 전투 자체는 12월까지 이어지나 이제 서부전선의 주전장은 솜Somme으로 옮겨졌다.

하지만 솜 전투도 결론부터 말하자면 극심한 소모전의 양상을 보여주었다. 베르됭에서 양측은 도합 70만의 사상자를 가지게 되었는데 솜에선 더 큰 피해를 보게 되었다. 기록에 따라 조금 다르지만 여기선 도합 100만이 넘는 병사들이 목숨을 잃거나 부상을 입었다. 그것도 별다른 성과도 없이 말이다. 이 전투는 프랑스보단 영국이 주도했는데 독일이 베르됭을 공세함에 따라 프랑스가 그쪽으로 병력을 투입했기 때문이었다. 따라서 자연스레 영국 원정군 사령관 더글라스 헤이그Douglas Haig가 작전을 주도하였고 일주일간의 공격 전 포격을 실시한 후 전투를 개시하였다. 그의 작전은 팔켄하인이 베르됭에서 벌인 소모 전략과 유사하였지만 참호 라인을 사수하며 소모전을 벌이기보단 적진을 깨트리는 수법을 쓰며 전진하였다. 초반에는 베르됭의 독일처럼 신나게 전진했지만 이내 기관총과 같은 신무기의 활약으로 순식간에 병력은 소모되어 갔다. 게다가 포격을 열심히 해대도 깊숙하게, 그러면서도 콘크리트로 지은 참호는 생각보다 잘 부서지지 않아 연합군은 열심히 적의 입속으로 들어가는 형국을 띄게 되었다. 그에 따라 솜에서도 베르됭과 같은 지옥도가 펼쳐졌다. 연합군 지도자들은 당연히 소모전에서 벗어나기 위해 이런저런 방법을 짜내었지만 그다지 효과는 없었다. 결국 병사들은 양측의 바보 같은, 아무런 의미도 없는 돌격전에 무수히 떨어지는 포탄을 맞으며 죽어갔다. 그나마 의미 있던 수단은 최초로 등장한 '전차Tank'라는 새로운 형태의 장갑차였다. 영국이 최초로 개발하였으며 1916년 2월 처음으로 개발에 성공하여 (전차명 MK1) 150대를 전장에 투입하였다. 비록 대부분 구덩이에 빠지면서 제대로 된 가동에 실패했지만 9개 정도가 진지를 돌파하는 성과를 거두었다. 하지만 초기형인지라 아주 우수한 활약은 보이지 못했으며 결국 솜 전투는 계속 포격과 기관총, 참호로 인한 소모전으로 흘러갔다. 그러나 연합군은 적에게 소모를 강요해야 한다는 생각에 전투를 멈추지 않았다. 그렇게 무의미한 시간이 흘러갔으며 10월부터 전선에 큰 변화가 없자 11월이 돼서야 공세가 멈추었다. 이 전투로 독일군은 대략 60만 명을(적어도 44만), 프랑스군은 대략 19만 4천 명을, 영국군은 대략 41만 9천 명의 사상자를 내며 덧없는 군사적 비극이 무엇인지를 증명하였다. 이 공세로 전진한 길이가 고작 9.66km임을 생각해 본다면 하지 말아야 했던 전투였다.

분명히 베르됭과 솜, 두 전투는 연합군에도 독일에도 큰 비극이었다. 그래도 연합군이 좀 더 상황이 괜찮았다. 한창 서부에서 두 전투로 막장으로 달릴 때 이탈리아와 동부전선에서 연합군이 큰 성과를 거두었으니 말이다. 먼저 간략하게 이탈리아 쪽을 짚고 동부로 넘어가 보자. 1916년 5월, 아시아고Asiago 고원에서 양측은 크게 부딪혔다. 선제공격한 측은 이중제국이었다. 이중제국은 빠르게 이탈리아의 영토를 점거하였다. 그런데 이탈리아의 반격에 그만 도리어 당하고 말았다. 최종적으로 이중제국은 공격개시선까지 밀려났고 이탈리아는 전술적 승리를 거두었다. 이 전투의 여파로 이중제국은 당장 영토를 크게 잃은 것은 아니었으나 전력이 하락하여 독일의 부담을 한층 더 키워버리게 되었다.

이런 상황 속에서 1916년 6월 4일, 러시아의 브루실로프Brussilow 공세가 개시되었다. 연합군의 요청에 따라 베르됭-솜 전투에 발맞춰 동부전선에 대대적인 압박에 들어간 것이었다. 엄밀히 따지면 브루실로프 공세는 알렉세이 브루실로프 장군이 맡은 남부에 해당하는 것이었고 북부에서도 공세가 가해졌지만 이곳에선 성과가 처참했었다. 이에 반해 명장이었던 브루실로프가 맡은 이 공세는 엄청난 성과를 거두었다. 그는 동부전선의 남쪽에 전면적인 타격을 가하였다. 자신이 담당한 구역의 모든 곳에 공세를 퍼부은 것이다. 남쪽을 맡고 있던 이중제국군은 모든 면에서 쳐들어오자 적의 주력이 어느 곳인지 파악되지 않아 전술적 실책을 여러 번 거듭하게 되었다. 브루실로프는 전면 타격을 가하면서 먼저 무너지는 곳에 화력을 집중했고 결국 이중제국군은 순식간에 붕괴되어 갔다. 이탈리아 방면으로 군사를 빼서 화력이 부족했던 탓도 있었다. 특히나 이중제국의 4군은 8할이나 병력이 소모되었다. (그중 6할은 탈영이나 포로였다.) 이에 독일 동부군은 다급히 이중제국을 돕기 위해 움직였다. 독일군은 무너지는 전선 사이사이로 파고들어 자리를 잡았다. 독일의 구원과 러시아의 물자 부족 현상으로 전선은 많이 밀렸지만 겨우겨우 진정되었다. 여기에 브루실로프보다 북쪽을 맡은 알렉세이 에베르트Aleksei Evert 장군의 실책으로 해당 방면의 공격이 독일에 쉽게 막히면서 균형추가 서서히 동맹국으로 넘어오기 시작하였다. 브루실로프는 본국의 지원을 받으며 추가적인 공세를 하나 힌덴부르크와 루덴도르프의 분전으로 코벨Kovel을 사수하였다. (그래도 브루실로프는 전선에서 띠 모양으로 100km에 달하는 영토를 되찾으며 독일에 큰 피해를 주었다.) 이렇게 겨우 사태가 진정되는 듯하나 8월에 루마니아가 연합국으로 참전하는 것을 결정하면서 다시금 전선에 요동이 쳐졌다. 그런데 마켄젠 장군의 활약으로 루마니아가 1달 만에 격파당하는 일이 벌어졌다. 루마니아는 31만 명을 잃었으며 국토 대부분을 상실하게 되었다. 그나마 다행인 건 가장 중요한 플로에스티Ploiești 유전이 영국군 폭파조의 활약으로 부서져서 그건 독일이 쓰지 못했다는 것 정도였다. 이렇게 루마니아의 참전은 러시아에 도움이 될 듯했으나 빠르게 징리됨으로써 러시아가 감당해야 할 전선만 늘어나게 되었다. 고로 차르는 루마니아 방면으로 병력을 보내면서 브루실로프의 공세에 정지를 명령했고 이로써 러시아의 서부 공세는 멈추게 되었다. 비록 도중에 멈추긴 하였으나 동맹군에 70만의 사상자를 입히고 상당한 영토를 탈환함으로써 브루실로프는 러시아의 영웅이 되었다. 아쉬운 점은 러시아군의 피해도 만만치 않아 100만에 달하는 사상자가 나왔다는 것이었지만 독일이 베르됭과 솜에서 엄청난 손실을 입음에 따라 큰 손해까지는 아니게 되었다. 그것이 장기 소모전의 특징이니 말이다.

이로써 1916년은 독일로서는 큰 이득 없이 막대한 손해를 입은 해로 마무리하게 되었다. 해군도 나름대로 발악했으나 1916년 5월, 전함들의 대전인 유틀란트Jutland 해전을 벌였음에도 성과를 올리는 데 실패하여 결국 전황에 영향을 주지 못하였다. 물론 전술적 성과를 거두긴 했으나 영국이 더 피해가 크다고 할지라도 독일도 피해가 적지 않았고 무엇보다 이 전투 이후 독일해군은 연안수역을 벗어나는 것을 이루지 못하면서 사실상 실패에 가까웠다. 따라서 해군은 이제 잠수함의 통상파괴전에만 몰두하기로 했기에 전황은 어두우면 어두웠지 밝지 못하였다. 이렇게 전황이 밝지 못하자 결국 기존의 총참모장인 팔켄하인은 해임당하고 말았다. 정확히는 루마니아 점령 전인 8월 29일에 물러났으며 차기 총참모장은 동부에서 꾸준한 활약을 보여주고 있는 힌덴부르크 장군이 되었다. 루덴도르프는 병참감이 되어 그를 보좌하였다.

그렇게 군부의 중심이 된 힌덴부르크와 루덴도르프는 그 어깨가 상당히 무거웠다. 왜냐하면 1916년은 독일에게 있어서 본격적인 순무의 겨울Steckrübenwinter(국내 식량 생산 부족으로 먹을 것이 대단히 부족해진 사태)이 시작된 시점이었으니 말이다. 1915년까진 그래도 독일 국내 상황이 나쁘진 않았다. 전사자도 1914년엔 24만 1천 명, 1915년에는 43만 4천 명으로 감당이 가능한 수준이었다. 여기까진 벨기에와 북부 프랑스, 폴란드 등등 여러 곳을 차지하기도 했으니 나름의 성과로 국민의 결의도 강하였다. 하지만 1916년은 무려 100만 명 이상 전사하였으며 봉쇄로 인한 궁핍으로 사람들이 영양실조에 걸리기 시작하면서 상황은 대단히 악화되어 갔다. 예컨대 후방 여성 사망률의 경우 1916년 전까진 11.5%였으나 1917년이 되면 30.4%로 증가하게 되었다. 이렇게 국내가 궁핍해져 가는 상황인지라 두 사람은 반드시 1917년에는 성과를 올려야만 하였다. 따라서 두 사람이 이끄는 군부는 먼저 자신의 입맛에 맞는 정부를 구성하려고 하였다. 사실 국가에 충성해야 할 군부가 가져야 할 자세는 아니었으나 필자의 생각으론 힌덴부르크와 루덴도르프는 기존의 질서를 따르다가는 패배의 길로 갈 것이라고 생각한 모양이다. 예컨대 1915년 1월 11일, 힌덴부르크는 자신의 생각대로 동부의 러시아군 궤멸을 위해 팔켄하인의 해임을 요구했었다. 안 들어주면 자신이 사임하겠다면서 말이다. 계급주의가 확실한 프로이센군의 전통을 생각하자면 막무가내의, 말도 안 되는 일이었다. 전례가 없는 일이라 받아들여지진 않지만 결국 힌덴부르크와 루덴도르프는 계속 카이저를 압박하여 자신들이 군부를 차지하는 것에 성공하였다. 카이저에게 충성해야 할 자들이 카이저를 뒤흔드는 행동은 프로이센군 역사상 있었던 적이 없는 일이었는데 힌덴부르크가 왕당파 성향이 상당히 강하여 삶의 마지막 순간 카이저를 외쳤음을 고려하자면 필자가 보기엔 반역의 생각이 아니라 자신만이 이 전쟁을 제대로 마무리할 수 있다고 판단한 것으로 보인다.

하지만 그렇다고 베트만홀베크 내각까지 흔든 것은 그야말로 군부의 폭주요, 해서는 안 되는 시대의 역행이었다. 당시 전시 독일은 총리의 행정부와 제국의회, 그리고 전쟁을 수행하던 군부가 서로 의견을 조율하며 국가를 운영하였다. 그 외 각 당파에 따른 알력 집단들도 존재했으며 베트만홀베크 총리는 이들의 균형을 추구하며 국정을 운영하고 있었다. 물론 가면 갈수록 당파 간 의견을 조율하는 것에는 높은 난이도에 실패해 갔으나 전시 채권을 통과시키고 프로이센 선거제 개혁을 (보통선거권에 최대한 가까운 형식으로) 추진하며 총리는 나름대로 전쟁 중의 기회를 노리고 있었다. 그러면서 적당한 수준에서 평화조약을 체결하려 하였는데 이에 두 사람이 이끄는 군부는 대단히 반발했다. 전후 권위주의를 유지하기 위해서라도 베트만홀베크가 다시 추진하는 선거제 개혁은 막아야 했으며 전쟁 목표도 즉각적이고 무조건적인 평화가 아닌 군사적 목표를 획득하여 배상 같은 것을 통해 승자의 자리를 가져야 한다고 생각하였다. 따라서 이번에도 카이저를 흔들었으나 이번에는 빌헬름 2세답지 않게 버텼고 베트만홀베크도 물러서지 않고 1917년 7월 11일 선거제 개혁을 예정대로 발표하였다. 이에 두 사람은 황제에게 사임하겠다고 협박하였다. 이것은 군부가 일방적으로 총리의 고유 권한과 정치적 위상을 침해하는 짓으로 유례없는 행동이었다. 하지만 전시에 커져 버린 군국주의의 흐름이 그것을 용인해 버렸다. 힌덴부르크 조각상이 곳곳에 들어설 정도로 전쟁은 독일 사회가 가졌던 특유의 자유주의 흐름을 희석시켰고 강력한 지도자가 이 전쟁을 마무리해 주길 바라고 있었다.

결국 베트만홀베크 총리는 7월 31일을 마지막으로 사임하였으며 후임으로는 힌덴부르크와 루덴도르프의 꼭두각시인 게오르크 미하엘리스Georg Michaelis가 되었다. 그는 식량 배급에는 전문가였지만 전국적 차원의 정치를 해본 인물이 아닌지라 대단히 잘못된 인사였으나 군부는 이제 사실상 정부를 장악하고 있었다. 정부를 장악한 정부는 전쟁 수행을 위해 물가와 임금, 생산수준을 통제하였으며 자유로운 노조 운동을 제한하였다.(1916년 7월 군부의 요구에 따라 제정된 애국부역법Vaterländisches Hilfsdienstgesetz에 따른 것) 자신들의 목표를 위한 선전을 위해 독일조국당Deutsche Vaterlandspartei을 창당하기도 하였으며 대놓고 힌덴부르크 개인에 대한 숭배를 조장하였다. 이러한 군부의 폭주에 노동자들은 파업으로 대응하였고 사민당과 중앙당, 진보당이 연합하여 1917년 7월 제국의회에 즉각적인 평화 협상을 위한 결의안을 통과시켰다. 물론 실현 불가능한 안건이었지만 군부가 한 발짝 물러서는 정도는 만들었다. 군부를 주도하던 육군 최고사령부는 미하일리스를 해임하고 78세의 중앙당 인사인 게오르크 폰 헤르틀링Georg von Hertling을 총리로 임명했다. 하지만 의회의 진보 파벌과 군부의 보수 파벌은 이미 적대적 관계가 형성되었는지라 새 총리가 할 수 있는 것은 그다지 없었다. 그러나 헤르틀링은 생각보다 깨어있던 인물로 선거제 개혁을 다시금 추진하여 국가를 봉합하려 했으나 보수파들이 장악한 프로이센 주의회에서 법안이 부결되면서 군부의 폭주로 인한 국내 갈등은 지속되게 되었다. 군부는 국내 개혁 요구에 아랑곳하지 않고 전시경제를 굴리면서 전쟁 수행에 모든 것을 퍼부었다. 전면전을 위해 국민 생활 전반에 개입한 것인데 그야말로 폭거였다. 힌덴부르크와 루덴도르프는 1916년 8월에 1917년 봄이 되기까지 소화기는 100%, 포탄과 기관총은 300% 생산량을 증가시키라고 산업계에 요구하였다. 그에 따라 전쟁국Kriegsamt(전쟁 초엽엔 프로이센 전쟁부가 창설한 전쟁조달부Kriegsrohstoffabteilung에서 전시경세를 담당했다.)이 창실되었고 온갖 독재적 결정이 이어졌다. 만일 노동자가 파업한다면 그들을 붙잡아 최전선으로 보내버리면서 사실상 군부독재 체제를 성립시켰다. 하지만 전쟁 수행 비용이 전쟁 초엽의 매일 3,600만 마르크에서 전쟁 말엽 기준으로 1억 3,600만 마르크로 미친 듯이 뛰었기에 아무리 체계적으로 통제를 하여도, 여성들을 산업 전선에 동참시켜도 가면 갈수록 국내의 상황은 악화되었다.

하지만 힌덴부르크와 루덴도르프는 러시아를 패배시킴으로써 자신들의 전쟁 목표의 최대치, 연합국에 '승자의 평화'를 부과하는 것이 가능하다고 보았고 군부독재를 통해 독일을 더더욱 수렁으로 이끌어갔다. 베트만홀베크 총리가 마련하려던 조건 없는 평화가 그나마 유일한 희망이었음을 고려한다면 분명 군부의 폭주는 독일의 비극이었음이 분명하였다.

레닌을 통한 발악과 제국 최후의 공세

1917년 3월, 군부는 블라디미르 레닌Vladimir Lenin과 협상하여 그를 러시아로 보냈다. 동부전선을 끝내기 위해서였다. 군부의 판단으론 동부전선을 먼저 끝낼 수 있다고 여겼으며 그렇게만 된다면 양면 전선은 끝나니 프랑스와의 마지막 싸움을 통해 승리의 길이 비추어질 수 있다고 생각하였다. 군부가 러시아를 먼저 끝낸다는 판단을 내릴 정도로 당시 러시아의 상황은 심각하였다. 후술할 1917년의 서부전선 니벨 공세에도 프랑스의 경우 경제 기능이 무너질 정도로 내부 상황이 나쁘진 않았다. 하지만 러시아는 그간의 누적된 전쟁 피해로 경제가 완전히 망가진 상태였다. 경제는 붕괴되었고 거의 모든 물자는 대단히 부족했다. 1917년 초엽을 기준으로 연료와 식량이 부족하여 배급에 들어갔고 제국 수도 페트로그라드의 창고는 거의 텅텅 비어 있을 정도였다. 비축분이라고는 고작 며칠 분이 전부였다. 이렇게 된 가장 큰 이유는 빠른 전쟁물자 생산을 위해 평소보다 두 배나 많은 인원을 고용하고 고임금을 책정하였는데 그 여파로 인플레이션이 급증한 탓이었다. 그런 상황에서 러시아 경제 자체의 미숙함으로 농업경제가 파탄 나고 먹을 것이 부족해지자 각 도시의 공급 상황은 가히 처참할 수준으로 떨어지고 있었다. 이런 배경 속에서 1917년 2월, 물지 부족으로 배급이 도중에 중단되었다. 사람들은 물질적 궁핍에 대해 분노하며 항의 시위를 나섰다. 러시아 정부는 이를 진압하려 하였으나 수도의 수비대들은 이를 용인하지 못하였다. 수비대들은 오히려 2월 28일, 사실상 혁명으로 전환되어 가던 시위에 동참하였고 같이 민중의 요구를 부르짖었다. 충성심 높던 기존의 병력들이 전선에서 소모되어 간 덕에 젊은 병사들이 민중에 온정적이었기 때문이었다. 전선에 있던 니콜라이 2세는 다급히 수도로 돌아가며 군대에 총탄을 발포하라며 강력히 진압을 요구했지만 명령을 내려도 병사들은 허공으로 총을 쏘며 반항하였다. 결국 군은 차르의 명령이 이행될 수 없음을 보고하였다. 차르는 병력들이 계속 시위대로 거취를 옮긴다는 이야기에 지금이 제정 러시아의 마지막 순간임을 느꼈다. 따라서 그는 3월 2일에 퇴위를 선언하였다.

그런데 니콜라이 2세가 지명한 그의 동생 미하일 대공은 황위 계승을 거부하였다. 국내 상황이 완전히 혁명 분위기로 넘어감에 따라 자신의 신변이 걱정되었기 때문이었다. 이 결정으로 제정 러시아는 완전히 붕괴되었고 따라서 의회를 중심으로 임시정부가 만들어졌다. 이러한 순간 레닌은 독일 정부와 협의하여 러시아로 귀환하였다. 루덴도르프는 레닌의 귀환이 러시아의 전쟁 수행 능력을 흔들 기회로 보았다. 따라서 레닌의 요구에 따라 봉인 열차에 태워 그를 신속하게 러시아로 복귀시켰다. 하지만 레닌이 귀환하자마자 정권을 잡은 것은 아니었다. 임시정부는 각 정파 간의 합의 끝에 의회민주주의를 지향하며 사회주의자에게도 지지를 받던 온건파인 알렉산드르 케렌스키Alexander Kerensky를 총리로 선출했기 때문이었다. (정확히는 먼저 법무부 장관과 국방부 장관이 되었으며 총리 임기는 7월 21일부터였다.) 그는 새로운 의회 체제의 유지를 위하여 연합국의 부응에 응해야 한다고 주장했으며 계속 전쟁 수행을 해야 한다고 주장하였다. 따라서 총리는 브루실로프 장군에게 명령하여 새로운 공세를 준비하였다. 이에 레닌은 매우 강력하게 반발하였다. 레닌과 급진 사회주의자들, 소위 볼셰비키Bolsheviks들은 빠른 종전을 원하고 있었으니 말이다. 왜냐하면 그들의 지지층인 도시민들이 전쟁을 더 이상 원하지 않았기 때문이었다. 노동자들은 빨리 상황이 안정되기 위해 전쟁을 마무리 짓길 원했으며 레닌은 '4월 테제April Theses'라는 연설을 통해 종전을 언급하였다. 레닌은 트로츠키의 지지를 받으며 왕성하게 정치활동을 이어갔는데 일설에 의하면 활동 자금이 독일 총참모부라는 이야기가 있다. 그의 활동이 독일의 동부 종전에 도움을 주니 말이다. 그렇다고 할지라도 레닌의 목적은 애당초 사회주의 혁명이었기에 독일과의 연관성을 빼고도 종전 활동은 지극히 당연하였다.

따라서 케렌스키는 과격파들의 목소리를 없애버리기 위해서라도 전장의 승리를 원하니 그것이 1917년 7월 1일부터 시작된 '케렌스키 공세'였다. 브루실로프는 자신이 활약했던 남부 방면에서 치고 들어가 최소한 렘베르크까지 다시 빼앗을 목적으로 7군과 8군, 11군을 전진시켰다. 그 공격에 이중제국군이 속수무책으로 무너지며 초반에는 좋은 성과를 보였다. 그런데 문제는 그것이 끝이었다는 것이다. 당시 혁명적 분위기로 인해 병사들이 장교의 명령을 툭하면 무시한지라 사실상 제대로 된 진격은 불가능하였다. 따라서 고작 며칠 만에 진격은 봉쇄당했고 7월 20일이 되자 오히려 역으로 후퇴하는 상황에 이르게 되었다. 비슷한 시기 브루실로프는 북부 전선에 공격을 명령했지만 6개 사단 중 2개 사단만 이에 응하면서 사실상 군은 명령을 이행하는 것에 거부함을 보여주었다. 케렌스키는 적극적인 전쟁 수행 의지가 있었던 코르닐로프Lavr Kornilov 장군으로 사령관을 교체했지만 그래도 딱히 변하는 것은 없었다. 오히려 적이 무너지고 있음을 눈치챈 독일의 역공세에 지난 후퇴 속에서도 지켰던 이중제국의 일부 영토를 전부 탈환당할 정도였다. 독일 군부는 이제 공세를 하면 러시아를 전선에서 이탈시킬 수 있다고 판단, 돌격대 전술의 창시자로 유명한 후티어Oskar von Hutier 장군의 8군을 동원하여 발트의 리가를 공격해 9월 3일에 점령하는 데 성공하였다. 추가로 해군을 동원하여 근방의 섬들도 전부 점령하니 러시아 전선 붕괴의 시작이었다. 특히나 북부 방면이 흔들어진 것은 러시아 임시정부에 대단한 위협으로 다가왔는데 이쪽의 병사들이 볼셰비키의 영향으로 대단히 전쟁 수행 의지가 떨어졌기 때문이었다. 따라서 코르닐로프는 반독일 전쟁 수행을 위해 볼셰비키와 전쟁을 할 의도로 군대를 이끌고 수도로 향하였다. 이에 케렌스키는 어서 전선으로 돌아가라 했지만 코르닐로프는 무시하였다. 그런데 볼셰비키들이 전철을 장악하고 있었기에 수도로 가는 행동은 대단히 흐지부지해졌고 결국 코르닐로프의 쿠데타는 별다른 성과 없이 실패하게 되었다. 애당초 자기 휘하의 부대라 할지라도 사기가 대단히 낮았었다. 그만큼 경제 붕괴로 인한 내부 혼란이 러시아 전역을 뒤덮고 있었다. 이러한 순간 레닌은 지금이 무장봉기의 때임을 자각하였다. 케렌스키가 코르닐로프를 해임하면서 고위 장교들의 지지를 잃고 온건파 좌파의 지지도 상실해 권위와 실권 모두 없어진 상태였으니 말이다. 고로 지금이 봉기의 적기였기에 1917년 10월 25일, 레닌의 붉은 수비대는 쿠데타를 일으켜 수도의 주요 지점을 장악하였다. 다음 날 레닌은 새로운 정부를 구성하였고 그렇게 만들어진 인민위원회는 토지의 국유화를 선언하는 동시에 강화를 주장하였다. 연합국은 이에 반발했지만 레닌은 아랑곳하지 않고 독일 지도부와 만나 평화 협상 체결에 나섰다.

그렇게 양국은 1918년 3월 3일, 브레스트-리토프스크에 만났으며 강화조약을 체결하였다. 내용은 생각보다 간단했는데 독일은 10월 혁명을 통해 만들어진 소비에트 러시아에게 3가지를 요구하였다. 하나는 한동안 동부의 안전을 위해 볼셰비키의 당군인 적위대를 해체할 것, 둘은 독일에 60억 마르크의 배상금을 지불할 것, 셋은 폴란드, 우크라이나, 발트 3국, 벨라루스, 캅카스, 핀란드를 양도할 것이었다. 병력 한계상 핀란드와 캅카스까지 가져가진 못했으나 제정 러시아가 서진해 온 영역 모두를 넘기라는 말이었다. 매우 가혹한 조치였으나 협상권을 가진 트로츠키가 시간을 질질 끌며 독일 본토 노동자들의 혁명을 유도했기에 이에 반발한 독일 군부가 병력을 동진시킨 결과물이기도 하였다. 예컨대 1918년 2월 17일, 독일 동부군은 질질 끄는 협상을 일시적으로 파기하고 동진을 실시하는 데 한 주 동안 아무런 저항도 받지 않았다. 소비에트 러시아의 군사력이 전쟁의 여파로 형편없었기 때문이었다. 그 덕에 150일 마일을 순식간에 진군하고 차지하는 데 성공하였다. 이에 놀란 레닌은 무조건 독일의 요구를 들어주라 트로츠키에게 명령했고 결국 파격적인 협상이 체결되었다. 물론 레닌이 바보인 것은 아니고 독일이 서부전선을 끝낸 것이 아닌지라 어차피 이 조약은 얼마 안 가 무효화될 것이라고 보았기 때문이었다. 여하튼 독일 정부는 적당한 완충지대와 동유럽 관할 중후자를 택하였고 이로 인해 220만 제곱킬로미터의 영토를 얻게 되었다.

이렇게 군부가 바라던 대로 동부전선은 종결되었고 점령부대만 남기고 전부 서쪽으로 군을 돌리게 되었다. (다만 동부 영도가 너무 광활해서 100만에 가깝게 남겼는지라 아주 많이 이동하진 못하였다.)

그럼 이제 서부전선만 남게 된 것인데 1917년부터 다시 살펴보도록 하자. 앞서 언급한 니벨 공세가 바로 이 시점에 있었다. 지난 베르됭 전투에서 활약한 로버트 니벨Robert Nivelle 장군이 계획한 안건으로 당시 러시아가 무너지기 일보 직전이었으며 내부에 염전 사상이 퍼지고 있었기에 적극적인 공격 계획안이 나오게 되니 그게 바로 서부전선에 총공세를 가하는 니벨 공세였다. 이것이 작년 솜에서 벌어진 대공세와 다른 면모가 있다면 적극적인 포병 전술을 활용하는 것이었는데 대규모 포격 후 이동 탄막 사격을 통한 보병의 돌진으로 적의 방어선을 재빠르게 통과하겠다는 것이었다. 여기서 포인트는 보병이 탄막과 근접하게 움직이는 노련함이었는데 사실 아무 색다른 전술은 아니었다. 독일의 후티어 전술과 유사한 것으로 사실상 작년부터 독일이 사용하고 자신들도 사용한 것을 조금 개량한 것에 가까웠다. 그러한 전술을 전선 전역에 가하는데 먼저 전역의 왼편인 아라스Arras 방면에서 조공을 가하고 그 후 엔강 라인에서 3개의 야전군이 주축이 된 주공을 가하여 볼록하게 나와 있던 독일 점령지역을 대규모 기동포위 하겠다는 야심 찬 작전이었다. 그런데 힌덴부르크의 명령으로 볼록하던 독일의 전선이 최대한 일직선으로 정리를 위해 왼편에서 어느 정도 후퇴하면서 니벨 공세의 전제가 달라졌다. 힌덴부르크는 누아용Noyon 방면에서 군을 후퇴, 뒤로 물러서 새로운 참호 라인인 '힌덴부르크 선Hindenburg-Linie'을 만들고 그곳에서 적을 맞이하려 하였다. 사실 선이 줄어든 만큼 남은 병력을 주공이 가해질 엔강 방면으로 돌린다거나 공격할 지점을 수정했으면 좋았을 테지만 공세 시점을 뒤로 물리면 위험하다고 판단한 니벨은 그대로 공세를 가하는 것으로 결정하였다. 고로 그는 엄청난 화력을 위해 대포와 포탄을 죄다 긁어모았는데 야포의 경우 2,879문을 모으고 포탄을 무려 268만 7천 발을 준비하였다. 종류별 포문들을 전부 합치면 5,500문에 1,100만 발이나 되었다. 그리고 공세의 시작은 4월 16일로 확정하였다. 독일군 전선을 흔들기 위해 전투 전 예비 포격은 3월 20일부터 개시되었으며 보름간 270만 발을 퍼부었다. 공세의 첫 시작은 상당히 좋았다. 2차 아라스 전투에서 영국군이 대단한 활약을 보여주며 일거에 4km를 진격하는 데 성공했으니 말이다. 그런데 중요한 니벨이 맡은 엔강 방면의 주공, 프랑스의 공격은 영 애매하였다. 작전대로라면 48시간 이내 독일군의 방어 라인을 돌파해야 했지만 그다지 제대로 돌파하지 못하고 있었다. 전선의 여러 곳을 차지하긴 했지만 목표를 이룰 정돈 아니었다. 그럴 수밖에 없는 것이 힌덴부르크가 만든 참호선을 우회하기보단 기습을 통해 일거에 점령하려다 보니 방어력이 단단한 곳을 대놓고 공격한 측면이 컸기 때문이었다. 또한 프리츠 폰 로스베르크Fritz von Loßberg 대령이 고안한 독일의 '종심방어' 계획으로 독일의 주 병력은 포 사정거리 밖에서 예비부대로 전개되어 있었기에 독일군은 가공할 포격에도 생각보다 큰 피해를 보지 않았었다. 게다가 빠르게 점령하려는 독일의 1선의 경우 사실상 텅 빈 미끼에 가까웠고 2선에 가야 독일군의 기관총 사수가 적을 기다리고 있었다. 결국 이러한 지연 전략에 프랑스군은 피해만 누적되었으나 니벨은 실패 시 사임하겠다고 선언한 상태였는지라 공격을 지속하였다. 프랑스 정치인들도 그의 승리를 바라며 일단 니벨을 지지했는데 전쟁을 조기에 종결시키지 못하면 프랑스에서도 혁명이 일어날 거란 우려 때문이었다. 그러나 피해만 키지자 결국 5월 15일, 니벨은 총사령관에서 해임되었다. 해임의 가장 큰 이유는 잘못된 공세로 인해 짧은 순간이었음에도 무려 18만 7천 명의 사상자가 나오자 4월 중순부터 대규모 항명 사태가 벌어졌기 때문이었다. 따라서 해임과 공세 중단은 지극히 당연하였다.

이렇게 독일은 프랑스의 잘못된 공세로 러시아 항복까지의 시간을 버는 듯하였다. 그러나 위기가 계속 찾아오니 바로 드디어 미국이 참전한 것이었다. 그 이유는 루시타니아호 사건 이후 통상파괴전만 벌이던 잠수함들이 군부의 명령에 따라 1917년 2월 1일부터 무제한 작전으로 돌입한 덕택이었다. 따라서 다시 미국의 함선들이 침몰당하니 미국은 이에 대단히 분노하였다. 여기에 추가로 멕시코에게 독일 측이 미국에 뺏긴 고토를 돌려주겠다고 꼬드긴 치머만 전보Zimmermann-Depesche 사건이 3월 1일에 터지니 양국의 관계는 급락, 결국 4월 6일 미국인 독일에 정식으로 선전포고하였다. 사실 무제한 잠수함 작전이 미국을 부를 수도 있다는 것을 군부도 알았지만 독일의 전쟁 수행 능력이 연합군보다 빠르게 줄어들고 있다는 사실이 돌이킬 수 없는 결과를 만들어버렸다. 당시 해군 참모총장 헤닝 폰 홀첸도르프Henning von Holtzendorff 제독은 월간 60만 톤만 침몰시키면 5달 안에 영국은 아사할 것이라 주장했고 그대로만 된다면 전쟁이 유리하게 종결될 것이라는 희망에 힌덴부르크와 루덴도르프가 승인한 것이었다. 실로 4월에만 86만 톤이 침몰당하여 영국은 스스로 패배 직전임을 인정할 정도였다. 하지만 미국의 함선도 침몰하자 결국 잠자던 거인이 일어나고 말았다.

이러한 위기 속에서 더욱 독일을 힘들게 만드는 일이 터지니 그것이

바로 7월 31일 개시된 3차 이프르 전투, 이른바 파스샹달Passchendaele 전투였다. 결론부터 말하면 솜 전투에 맞먹는 엄청난 소모전으로 독일의 상황을 더욱 빈곤하게 만들어주었다. 적어도 양측은 서로 25만의 사상자를 얻었으며 이 전투로 독일의 전력은 더욱 줄어들게 되었다. 영국군의 목적이 독일군의 전력 소모였음을 생각한다면 파스샹달 마을도 탈환하고 목적도 이룬 전투긴 했으나 영국군도 그 피해가 막심하였다. 이렇게 된 이유는 이 지대가 배수가 잘 안되는 무른 땅이었는지라 쌍방 포격에 완전히 진흙탕이 되어버린 탓이 컸었다. 진격이 제대로 안 되니 저격수의 공격이나 포격에 아무것도 못 하고 죽는 것이 다반사였다. 여기에 독일군이 적극적인 방어를 위해 일시적으로 종심방어 전략을 수정하여 병력을 전방 방어선으로 보내니 양측의 피해는 더욱 커져버렸다. 위기에 위기가 겹쳐버렸다.

그나마 다행인 것은 1917년 10월의 카포레토Caporetto 전투에서 동맹국이 이탈리아를 상대로 큰 승리를 차지하여 적어도 이탈리아 전선은 안전하다는 것이었다. 그리고 이 시기 즈음 볼셰비키와의 협상이 시작되어 이윽고 동부전선이 종료되니 이제 서부전선만 어떻게 끝내면 될 터였다. 많은 고비가 있었지만 1918년에 접어들어 이제 서부전선만 남게 되었고 서로 피폐해진 상황인지라 미국이 본격적으로 오기 전에 최후의 공세를 가하고 그것이 성공한다면 독일엔 희망이 있다고 군부는 판단하였다. 그렇게 1917년 겨울부터 1918년의 최후의 공세, 루덴도르프 공세가 준비되었다. 하지만 루덴도르프의 이러한 총력전 조치는 국내의 많은 반발을 불러일으켰다. 그나마 있는 국내 물자를 전부 공세에 투자하기로 했기 때문이었다. 그 덕에 1916년까진 어느 정도 전쟁에 협력했던 의원들도 이젠 대부분 루덴도르프에게 반발하였다. 극좌파인 스파르타쿠스단Liga von Spartakus의 경우 아예 무장봉기를 통한 혁명을 준비할 정도였다. 극좌파들은 대규모 파업을 하며 평화를 요구하였고 이에 온건파들도 호응하였다. 1917년 7월 6일, 중앙당의 마티아 에르츠베르거Matthias Erzberger는 제국의회에서 연합국과 화해해야 하며 평화를 위해선 그들에게 양보할 건 양보해야 한다고 주장하였다. 이러한 조건 없는 평화 결의안은 7월 19일 212대 126으로 통과되었으나 7월 31일 베트만홀베크가 해임되면서 큰 진전을 보이는 것에는 실패하였다. 군부는 적극적으로 평화를 원하는 목소리를 짓밟으며 독일의 성과 있는 승리를 노렸고 결국 최후의 공세는 예정대로 실시되었다.

공세의 시작은 1918년 3월 21일이었다. 루덴도르프가 참모장들과 벨기에 몽스에서 회의할 때 적어도 2월이나 3월에는 공세를 해야 한다고 주장한 것이 이행된 것이다. 미국이 오기 전에 끝내야 하는 절박함이 있었다. 병력은 총 192개의 사단이 서부전선에 배치되었으며 항공기는 3,670대, 포는 1만 4천 문, 전차는 100여 대를 보유한 상태로 시작하였다. 동부에는 치안 유지를 위해 40개의 보병사단과 3개의 기병사단만 남겼다. 이에 비해 영국과 프랑스의 연합군은 178개 사단으로 병력상으론 우위였지만 항공기는 4천500백 대, 포는 1만 8천5백 문, 전차는 800대로 비축물자는 연합군이 우위에 있었다. 미국의 물자도 오니 소모전으로 간다면 필패였다. 따라서 강력한 일격으로 한 번에 전략적 성과를 거두어야 했다. 따라서 검토 끝에 루덴도르프의 안건인 미하엘 작전Unternehmen Michael이 첫 번째 공세안으로 채택되었다. 이 작전의 기본은 생각보다 단순하였다. 서부전선의 중앙에 해당하는 생캉탱Saint-

Quentin 방면에서 솜강을 따라 해안으로 진격하여 영국과 프랑스 주력을 분리, 그 후 분리된 북부 전선의 영국군을 포위 섬멸하여 전략적 우위에 서자는 것이었다. 따라서 잔존하던 독일의 정예를 서부전선의 중앙부로 보냈으며 그곳을 맡고 있던 2군과 17군, 18군에 각각 명성을 드높이던 마르비츠Georg von der Marwitz 장군과 벨로Otto von Below 장군, 그리고 후티어 장군을 사령관으로 임명하였다. 다들 러시아를 상대로 전과를 올린 인물들이었다. 이들은 새로운 돌파 전술을 채용하였는데 먼저 돌격대들이 참호의 측면을 돌파하면 일반보병대들이 참호의 중앙부에 돌진하게 하였다. 그러면 돌격대가 일반보병대의 측후방을 맡아줌으로써 적의 반격으로부터 주공을 안전하면서도 자유롭게 해주는 방식을 택하였다. 그러면서 양익에서 적의 주력을 친다면 적은 큰 혼란에 빠져 무너질 것이라 생각하였다.

그렇게 3월 21일, 준비가 끝난 독일군은 먼저 적에게 혼란을 주기 위해 모든 전선에 예비 포격을 가하고 혼란을 틈타 주력을 영국의 5군이 있는 서부전선의 중앙부로 돌진시켰다. 초반엔 대단히 성공적이었다. 때마침 있었던 연합군의 병력 재배치로 5군이 담당할 구역이 늘어나 전선의 틈이 있었던 데다가 리가 전투에서 활약했던 포병 장교 게오르크 브루흐뮐러Georg Bruchmüller의 포격 전술이 돌파 전술과 잘 어우러져 높은 전과를 올렸기 때문이었다. 먼저 본격적 전투 전에 장기간 포격하고 그 후 짧은 시간 동안 산발적 포격을 일정 패턴 없이 가한 뒤 적이 혼란에 빠지면 연료, 탄약집적소 같은 주요 지점에 정확한 집중 포격을 가하는 전술로 독일군은 초엽에 많은 이득을 챙겨갔다. 여기에 작전 2~3일 차에 있었던 폭격기의 활약으로 전과가 확대되자 루덴도르프는 기존의 전술을 조금 수정하여 주공의 아랫부분인 18군을 더욱 적극적으로 활용하기로 결정하였다. 계속 해안으로 달리기보단 솜강의 아랫부분에서도 주공을 확대하여 올라오는 프랑스의 병력도 쳐버리기로 한 것이다.

그런데 시간이 흐를수록 진격 속도는 늘어져 갔다. 슬슬 보급의 한계가 다가온 것이었다. 그래도 작전 6일 차까진 적 포로 10만을 붙잡고 많은 영역을 확보하면서 상황이 나쁘진 않았다. 하지만 서서히 뚫리지 않게 되었는데 연합군이 합의 끝에 지휘 체계를 하나로 잡으면서 능동적 대처에 성공해 갔기 때문이었다. 3월 26일, 영국과 프랑스는 합의 끝에 연합군 총사령관직을 신설했으며 그 직위는 프랑스의 페르디낭 포슈Ferdinand Foch 장군이 맡기로 하였다. 포슈는 병력을 최대한 충원하며 적극적으로 독일의 공세를 막았다. 이 시점에서 루덴도르프의 공세는 그의 욕심으로 크게 3갈래로 나뉜 상태였는데 어느 갈래도 충원되는 적의 병력을 돌파하기엔 충분하지 않았다. 게다가 조바심으로 그날그날의 상황에 대응하여 돌파를 시도하고 있어서 더욱 효과를 보지 못하였다. 차라리 처음 생각대로 해안으로 돌진해야만 했었다. 루덴도르프는 작전 9일 차에 후티어의 18군에 병력을 몰아주어 돌파를 추구했지만 실패하였고 15일 차인 4월 4일에 다시금 아미앵 방면으로 병력을 몰아 돌파하려 했지만 이 또한 실패하였다. 돌파가 제대로 안 되자 일단 루덴도르프는 공세를 중단하고 미하엘 작전을 종료시켰다.

하지만 여기서 포기할 순 없었다. 루덴도르프는 북부의 6군을 동원하여 3일간 게오르게테Georgette 작전을 실시하였다. 안개의 도움을 받아 은밀한 기동으로 플란데런Vlaanderen 방면의 영국군을 타격하려 하였다. 하지만 반격에 막히자 시선을 프랑스가 있는 남부 방면으로 돌렸다.

엔강 방면을 노렸으며 포 6천 문과 200만 발을 준비해 5월 27일, 3번째 작전인 블뤼허-요르크 작전Blücher-Yorck을 실시하였다. 포격에 맞추어 7군 병력이 능선을 넘었는데 초엽엔 대단한 성과를 거두었다. 3일 만에 엔강을 넘어 마른강 근방까지 도달했으며 얼마 안 가 수아송Soissons과 샤토티에리Château-Thierry까지 진출하였다. 이로써 파리까지 56마일까지 도달하게 되었다. 하지만 마른강에서 막히자 루덴도르프는 6월 9일, 18군을 남하시켜 적의 예비대를 남쪽으로 끌어내린 뒤 해안 방면이나 파리 방면으로 다시 도전해 보려고 하는 4번째 작전인 그나이제나우 작전을 실시하였다. 하지만 이틀 만에 18군의 콩피에뉴 돌파는 좌절되었다.

분명 초반에는 나름대로 새로운 전술로 성공했지만 독일군의 공세는 계속 좌절되어 갔다. 6월이 되자 50만에 달하는 병력이 쓰러짐으로써 소모가 막대해져 갔다. 이에 반해 미군이 서서히 도착하고 물자가 넘쳐 연합군은 보급 난에 허덕이는 독일군에 비해 풍요를 누리고 있었다. 이는 곧 사실상 패전을 의미하였다. 그러나 루덴도르프는 포기할 수 없었다. 7군이 만들 돌출부로 파리가 코앞이었는지라 한 번 더 작전을 실시하고자 하였다. 그것이 5번째이자 마지막 작전 평화의 의미를 지닌 프리덴슈트름Friedensturm 공세였다. 미군이 본격적으로 도착했던 7월 15일 개시되었으며 랭스 방면으로 마른강을 차지하고 파리로 달려갈 계획을 실시하였다. 여기서 잔존 병력인 52개 사단을 전부 투입했으나 이 시기 제공권을 빼앗겨 적의 항공정찰에 흐름이 전부 읽혀 버렸는지라 초반의 성공 이후론 처절히 실패하였다. 결국 19일이 되자 적의 반격에 사실상 전투는 끝났고 독일군은 후퇴를 실시하였다. 애당초 성공하기 힘들었던 것이 이젠 미군도 도착하여 연합군의 병력과 보급 수준이 압도적이었기 때문이었다. 그에 반해 독일은 여러 번의 공세가 실패하여 모든 것이 부족한 상황이었다. 굶주린 군대가 이길 리 없었고 이젠 다들 독일이 패배했다는 사실을 깨닫고 있었다. 전차만 해도 독일은 170대가 전부였지만 연합군은 천여 대가 넘어간 상황이었다.

이렇게 독일의 공세들이 모두 좌초되자 연합군은 승리의 종지부를 찍기 위해 최후의 대공세를 펼치기로 하였다. 그것이 '100일 공세'로 8월 8일, 아미앵 방면에서 먼저 시작되었다. 영국과 캐나다, 호주군의 공격에 독일군은 맥없이 쓰러져 갔다. 연합군은 하루 만에 8km를 진격했으며 독일군은 연이은 실패와 보급 부족으로 사기가 대단히 낮아져 항복을 거듭하였다. 초기 4만 5천의 피해 중 3만이 항복한 병력이었다. 로스베르크 장군은 루덴도르프에게 최소한 힌덴부르크 선으로 후퇴를 건의했지만 루덴도르프는 확보한 영역이 아까워 이를 주저하였다. 뒤늦게 방어 라인으로 후퇴를 결정했지만 늦은 결정으로 그사이 큰 피해를 보았다. 9월 12일에는 생미엘Saint-Mihiel에서 미군의 독자 공격이 큰 성공을 거두면서 더더욱 전선은 빠르게 붕괴되어 갔다. 그래도 힌덴부르크 선에 틀어박히면 방어가 가능할 것이라고 생각했지만 9월 26일부터 실시된 100일 공세의 하이라이트인 모든 전선에서의 대공세가 시작되자 이제 독일군은 모두 항복만이 답임을 깨달았다. 모든 전선이 빠르게 무너졌으며 훗날 루덴도르프는 9월 28일을 자신의 가장 암울한 날이라고 회고하였다.

이러한 상황 속에서 9월 29일, 불가리아가 항복하고 10월 30일엔 오스만이 협정을 체결하고 항복하였으며 11월 3일에는 이중제국이 평화

조약을 맺자 독일 제국도 연합국에 평화를 청하게 되었다. 이젠 도저히 전투가 불가능하였다. 국내의 상황도 급박하였는데 중앙당부터 사민당까지 모든 인사들이 황제와 군사독재에 반발하며 빠른 평화를 요구하고 있었다. 이에 카이저는 10월 3일, 자유주의자면서도 귀족이자 군인인 (모두의 절충이 가능한) 막스 폰 바덴Maximilian von Baden을 총리로 임명하여 그들의 요구를 수용하였다. 또한 10월 말 루덴도르프가 사임하였으며 카이저는 각종 개혁 요구를 받아들여 선거제 개혁안이 포함된 '10월 개혁'을 실시하기로 하였다. 그러면서 총리는 미국 대통령 우드로 윌슨Woodrow Wilson과 협상에 나섰는데 윌슨은 제정폐지와 민주화를 요구하면서 강경하게 나왔다. 당장 카이저는 퇴위할 것이며 민주 정부하고만 교섭할 것이라고 말이다. 동시에 획득 영토 포기(프랑스는 알자스-로트링겐도 포기하라고 요구했다.)와 함대 철폐를 요구하였다. 카이저와 군부는 이에 반발했으나 별다른 도리는 없었다. 독일 국민들이 더 이상의 전쟁을 원하지 않았으니 말이다. 그래도 독일 수뇌부는 조금이라도 유리한 협정을 하고 싶어 해서 전투를 좀 더 끌었으나 10월 24일의 해군 작전명령(그 내용은 영국 함대와 최후의 항전을 하라는 것이었다.)은 장병들의 거대한 반발을 사버리고 말았다. 11월 3일, 킬 항구에서 사실상 반란인 대규모 항명 사태가 벌어지자 제국의회는 11월 9일 오후 2시에 카이저의 퇴위를 발표하며 사태를 진정시키려 하였다. 카이저는 분노했으나 킬 항구를 넘어 사회주의자들의 난동이 제국 전역으로 번져 빌헬름 2세는 결국 제위를 포기할 수밖에 없었다. 카이저는 마지막 발악으로 루덴도르프의 후임이자 제국 마지막 총참모장 그뢰너Wilhelm Groener에게 깃발의 맹세를 언급했으나 그뢰너는 차갑게 답하였다.

"명령을 어기느니 차라리 죽겠다던 연대 깃발에 대한 맹세는 어찌 되었는가?"

"폐하, 오늘날 깃발의 맹세는 그저 하나의 낱말일 뿐입니다."

그렇게 호엔촐레른 왕가는 종말을 맞이하게 되었다. 빌헬름 2세는 이제 모든 것이 끝임을 깨닫곤 10일 새벽에 국경을 넘어 네덜란드로 망명을 가버렸다. 이로 인해 자연스럽게 독일은 민주 공화정으로 교체되었다. 조금 시간을 돌려 11월 9일, 바덴 총리는 이제 제국이 끝임을 알았기에 균형 있는 온건파에게 총리직을 넘겨주기로 하였다. 그가 바로 마지막 총리인 사민당의 프리드리히 에베르트Friedrich Ebert였다. 그렇게 제국 최후의 총리가 된 에베르트는 연합군과의 협상을 위해 민주화 과정을 빠르게 거쳤고 본격적으로 협상에 들어갔다. 연합국과 새로운 독일 공화국은 11월11일, 콩피에뉴에서 만났으며 곧 정전 조약을 체결하였다. (평화협정인 후속 조약 베르사유 평화조약은 1919년 6월 28일.) 이로써 드디어 기나긴 전쟁이 공식적으로 마무리되었다.

그러나 비록 드디어 평화를 맞이하긴 했지만 전쟁으로 독일은 엄청난 피해를 보게 되었다. 군부가 약속한 영광 따윈 없었고 오히려 600만에 달하는 사상자가 독일 사회를 강하게 짓눌렀다. 막대한 부채와 베르사유 조약으로 인한 배상금이 독일을 완전히 파괴하였다. 그나마 다행인 것은 10월 26일의 개혁안을 통해 드디어 악법이던 프로이센 3계급 투표제가 사라졌다는 것이었다. 하지만 그것은 구체제의 파산으로 인한 결과물이었기에 체감하기도 전에 엄청난 고통이 독일 사회를 부서트렸고 그 고통 속에서 악마가 떠오르게 되었다.

마지막 희망은 베르사유 조약이 온건해야 한다는 것이었지만 독일의 입장에선 매우 가혹하였다. 식민지와 알자스-로트링겐 반환까진 괜찮았으나 폴란드에게 서프로이센과 포젠, 슐레지엔 남부 일부를, 덴마크에겐 슐레스비히 북부를, 벨기에에겐 오이펜-말메디Eupen-Malmedy를, 리투아니아에게 메멜을, 체코-슬로바키아에게 슐레지엔의 훌친Hultschin을 넘기라는 것은 독일인들에겐 납득하기 어려웠다. 참전하지도 않은 이들에게 땅을 넘기는 것은 치욕이라 여겨졌으며 군의 수를 제한하고 잠수함이나 전차, 항공기 등등을 가지지 말라 하는 것은 모욕으로 여겨졌다. 단치히와 자르를 국제연맹 감독하에 넘기는 것도 불쾌하였는데 1,320억 마르크를 금 기준으로 20년 안에 배상하면서도 전범 800여 명을 넘기라는 요구에 대단한 불쾌감을 독일 국민들은 느꼈다. 이번 전쟁을 독일이 일으킨 것도 아니었으니 말이다. 이 치욕에 11월의 혁명 당시 제국의회 발코니에서 민주공화국이 세워졌음을 알렸던 당시 정부 수반 샤이데만Philipp Scheidemann은 서명을 거부하고 사임하기도 하였다.

물론 사람들에 따라 가혹한 것이 아니라는 의견도 있지만 확실한 것은 전례 없는 경우임은 분명하였다. 기존의 유럽 외교가 기본적으로 균형임을 생각해 보자. 나폴레옹 전쟁 이후에 프랑스는 본국 영토를 상실하지 않았었다. 하지만 협조 체제의 원칙이 깨짐에 따라 독일 국민들은 분노에 빠졌고 결국 악마가 분노를 양식 삼아 자라나게 되었다.

그래도 희망이 있다면 비록 패전으로 인해 실패로 끝난 제국이지만, 그 제국이 남긴 유산을 얼마나 후대가 잘 활용하는 것에 따라 아직은 자유와 평화의 길이 남아있다는 것이었다. 비스마르크의 개혁, 그리고 빌헬름 2세와 카프리비 총리가 구축한 노동법 등등으로 제국은 기업가의 힘이 국가의 모든 계층을 존중할 필요가 있다는 원칙하에 프로이센의 지배를 구축하였다. 고로 멸망 후에도 프로이센 지역에는 공공부문의 복지를 통한 사회문제 해결의 바탕이 남아있었다. 제국 시절 100만에 가까운 관리들이 각종 분야에서 사람들을 고용하여 노동과 복지를 주었었다. 지배를 위해 했었던 그러한 행동들이 분명 향후 독일을 극단의 길로 흐르는 것을 막아줄 수 있을 터였다.

하지만 악마가, 독일을 집어삼킨 '히틀러'라는 악마가 독일이 정상적으로 가는 것을 철저히 막아버렸다.

제8장

바이마르 공화국의 흥망과 나치의 탄생

군국주의의 독주

(1918~1939)

혁명과 반혁명

대전쟁에서의 패배는 독일인에게 깊은 상처를 남겼다. 그렇기에 바이마르 공화국Weimarer Republik의 초기 4년은 엄청난 혼란 속에서 나라가 운영될 수밖에 없었다. 사민당 출신인 초대 대통령 프리드리히 에베르트의 여러 노력에도 나라는 피폐함 그 자체였다. 전후의 경제적 붕괴로 인해 사람들의 삶은 가혹하였고 이 와중에 나라는 극좌와 극우로 분열되어 혼란함이 가중되었다. 이렇게 나라가 개판 난 결정적인 원인은 당연히 베르사유 조약에 있었다. 물론 후대의 사가에 따라 베르사유 조약에 대한 평가가 갈리는 것은 사실이다. 하지만 필자의 생각으론 적어도 독일인에게는 가혹했던 것이 사실이었다. 프랑스나 연합국의 입장에서는 부족할지는 몰라도 독일이라는 나라를 파괴하기엔 충분하였다. 이 조약이 매우 부당하다고 보긴 힘들지만 나치Nazi가 비집고 들어올 공간을 만들어주었다는 사실은 부정하긴 힘들다. 그렇기에 조약 내용이 독일 본토에 전해지자 독일인들은 분노하였다. 일부 사람들은 독일 동부에서 싸움을 이어가야 한다고 주장했다. 물론 그러한 비현실적인 생각은 받아들여지지 않았으나 좌든 우든 독일인이라면 이 조약을 매우 부당하며 모욕적으로 느꼈다. 앞서 서술했듯 독일인들이 독단적으로 일으킨 전쟁이 아니었기 때문이었다. 독일인들만의 책임이 아닌 제국주의 국가 간의 전쟁임에도 온갖 제약이 담긴 조약에 독일인들은 분노를 표출하였다. 그렇기에 좌파들은 이 조약을 체결한 보수우파들을 비난하였고 보수우파들은 체면을 살리기 위해 정전협정을 요청했던 사실을 일부러 망각하고 배후에서 중상을 당한 결과라며, 분명히 이기고 있었는데 내부의 적에게 당한 결과라며 아우성쳤다.

따라서 에베르트 대통령과 샤이데만 총리의 초대 사민당 내각은 시작부터 붕괴하였다. 샤이데만은 이 조약에 분노하며 얼마 후 스스로 사임하였는데 취임한 지 고작 4달 만이었다. 안 그래도 전후 경제 사정과 좌우 분열로 나라가 극심히 혼란스러운데 조약마저 가혹하자 그는 꿈에 그리던 민주공화정을 스스로 바로잡는 것은 어렵다고 판단, 후임에게 자리를 넘기며 물러났다. 샤이데만의 뒤를 이은 바이마르 공화국의 2대 총리는 사민당의 노조 지도자인 구스타프 바우어Gustav Bauer였다. 노동부 장관이었던 그는 중앙당과의 연정을 통해 가까스로 새로운 내각을 안정시키는 데 성공하였다. 그리고 베르사유 조약에 대해 논하였는데 결론은 거부하기 힘드니 받아들이자는 쪽으로 방향을 돌렸다. 패전했는데 일방적으로 버틸 수는 없는 노릇이었다. 따라서 의회를 설득, 근소한 차이로 조약 승인을 통과시켰다. 의회는 이 굴욕적인 조약에 침통한 분위기를 띄웠지만 바우어 총리는 이 조약 승인이 스스로를 지키는 것을 포기하는 것이 아니며 명예를 포기하는 일이 아니라고 의원들을 위로하였다. 하지만 무방비한 상태에서 어쩔 수는 없다는 논리는 독일인의 마음을 치유해주긴 부족했다. 독일인들의 입장에선 분명히 새로운 조약과 체제는 가혹하고 위선적이었다. 그렇기에 조약은 체결되었지만 이것을 체결한 정부에 대한 지지도는 급락하였다. 군사적 제약을 건 것도 그렇지만 경제적으로도 제약을 거는 조약 내용이 독일인들에게 위선으로 느껴졌으니 말이다. 예컨대 우드로 윌슨의 국제연맹 구상은 도덕성을 강조하였지만 조약을 통해 독일에게 25년까지 연합국 수입품에 관세를 붙이지 못하게 하거나 배상 없이 독일의 특허나 상표를 연합국 일원들에게 넘기도록 하는 일방적인 조치는 사실상 괴롭힘과 착취에 가까웠다. 고로 독일인들에겐 위선적으로 느껴질 수밖에 없었다. 전쟁을 억제하겠다는 새로운 국제질서가 목표 달성을 위해 독일의 경쟁우위를 추락시키는 방향으로 일을 진행했기에 자연스레 연합국으로 인한 변경점인 민주주의 체제에 대해서도 독일인들은 큰 신용을 보이질 못하였다.

그래서 그런지 독일의 좌우 파벌들은 새로운 체제를 인정하기보단 자신들이 정국을 장악하고자 하였다. 먼저 행동에 나선 것은 좌파들이었다. 시간을 전쟁 직후로 돌려보자. 스파르타쿠스단을 필두로 움직이는 급진 사민당원과 공산주의자들은 전쟁이 종결되자 바로 행동에 나섰다. 일단 킬 항구를 시작으로 각 지역에 평의회를 설치하여 독일판 소비에트를 목표로 달렸다. 그렇게 각지에 설치된 노동자-병사 평의회는 각지의 관과 군을 설득하여 임시 조치긴 하지만 이원 정부를 꾸리는 데 성공하였다. 이는 기존의 민간 행정당국이 자기 일을 계속할 수 있게 돕는 대가로 각지의 혼란과 약탈을 최대한 제어하였고 그에 따라 혁명적 권위를 제도화할 모델 구축에 나름대로 성공한 것이었다. 노동자들과 병사들의 강력한 지지가 있었기에 가능한 일이었다. 이들은 제헌의회가 있기 전까지 독일의 대부분 지역을 무혈로 차지하였다. 이에 에베르트 대통령의 사민당은 그들을 이끄는 사민당의 분파인 독일 독립사민당Unabhängige Sozialdemokratische Partei Deutschlands과 협상, 6인 세제의 인민내표평의회Rat der Volksbeauftragten를 구축하여 연정 형태의 임시 정부를 구성하였다. 그를 토대로 샤이데만 초대 총리가 독일 공화국의 수립을 선언하였다. 하지만 카를 리프크네히트나 로자 룩셈부르크 같은 극좌 공산주의자들은 이를 인정하지 않았고 동시에 독일 사회주의 공화국 건국을 선포하였다. 잘못하면 나라가 결딴날 상황에 이르렀다. 이에 에베르트와 사민당은 바이마르 공화국 헌법을 준비하면서 동시에 여러 조치들을 취하였다. 그중 가장 중요한 결단은 에베르트 대통령이 제국의 마지막 참모총장이었던 육군 최고사령부의 그뢰너 장군과 접촉하여 협상을 체결했다는 것이었다. 그뢰너에게 육군 최고사령부가 국내 질서를 담당하는 역할을 맡는 대신 의회에 대한 불간섭을 해줄 것을 요구하였다. 그리고 이것이 승낙됨에 따라 평의회가 가진 권위와 활동력은 감소하게 되었다. 이것이 군국주의로 가는 길을 열었다고 후세에 비난을 받지만 베를린에 치안을 담당할 신뢰할 만한 세력이 전무했다는 것을 생각하면 그뢰너와의 제휴는 필수였다. 이러한 안전장치를 토대로 에베르트의 사민당은 인민대표평의회를 통해 조기 선거를 제안하였다. 1918년 12월, 이를 검토한 전국위원회는 사민당의 설득에 넘어가 조기 선거를 결정하였다. 이에 구舊제국 인사 공무원에 대한 조치를 주장하며 제헌의회까진 좀 더 긴 시간을 원하던 독립사민당은 혼란함에 빠져버렸다. 몇몇 독립사민당 의원들은 사퇴까지 했다. 그래도 대부분은 임시 정부와의 연대를 포기하지 않았다. 그러나 독립사민당 내의 과격분자들은 제국 시절 공무원, 군인에 대한 물갈이를 하지 않고 기존 질서와 적절한 타협한 사민당에 분노하며 제2의 혁명을 해야 한다고 주장하였다.

그러한 분위기 속에서 독립사민당 내부에서 존재하던 스파르타쿠스단은 독립을 실시, 12월 30일 독일 공산당 창립대회를 열어 로자 룩셈부르크와 카를 리프크네히트를 주축으로 제헌의회 선거를 보이콧하고 독자적인 공산정부 수립에 본격적으로 착수하기로 결정하였다. 그리고 동시에 인민대표평의회를 전복하기 위해 움직였는데 이것이 1919년 1월 5일부터 15일까지 이어진 스파르타쿠스 봉기Spartakusaufstand다. 수천 명의 무장 세력이 베를린을 포함한 독일 주요 도시에서 임시 정부 무력화를 위한 움직임을 벌였는데 이 사태를 스파르타쿠스 주간이라고도 부른다. 하지만 이들의 봉기는 곧바로 실패하였다. 에베르트 대통령과 연대한 정규군과 우익 자원병으로 구성된 자유군단Freikorps이라는 민병대들의 신속하고도 잔혹한 조치로 성공 가능성이 빠르게 사라져 버렸기 때문이었다. 이렇게 독일 좌파의 혁명은 손쉽게 사라졌으며 로자 룩셈부르크와 카를 리프크네히트는 진압 과정에서 사망하게 되었다.

그렇게 좌파 혁명을 진압한 임시 정부는 1919년 선거를 통해 제헌의회를 구성, 바이마르 헌법을 공포하면서 새로운 공화국의 시작을 알렸다. 하지만 후술할 바이마르 공화국 헌법의 장점에도 사람들은 그다지 새로운 정부를 좋게 바라보지 않았다. 전후 경제적 혼란과 1919년 6월에 최종 승인한 베르사유 조약 때문이었다. 그래서 이번에는 우파들이 나섰다. 새 정부 수립 이후에도 우파들은 지속적으로 소요 사태를 일으키며 새로운 정부를 인정하지 않았는데 그 절정이 바로 1920년 3월의 카프-뤼트비츠 폭동Kapp-Lüttwitz Putsch이었다. 동프로이센 농업부 출신 정치인 볼프강 카프Wolfgang Kapp와 베를린 지역 국가방위군Reichswehr

사령관 발터 폰 뤼트비츠Walther von Lüttwitz가 주도한 쿠데타로 1918년 10월 혁명의 결과물을 모두 지우고 군사독재를 통해 어설픈 민주주의와 루르 지역을 중심으로 다시 봉기를 일으키는 공산주의자들을 전부 박멸시켜야 한다고 주장하였다. 이들은 전후 부족해진 군사력을 채울 용도로 정부에게 재정적 지원을 받던 의용군을 중심으로 세력을 키웠는데 실제로 베를린 장악 당시 뤼트비츠 휘하의 정규군과 더불어 의용군인 에르하르트 여단Ehrhardt Brigade이 수도 장악에 이바지하였다. 하지만 카프와 뤼트비츠는 어처구니없게 빠르게 몰락하고 마는데 정치를 너무 아마추어처럼 했기 때문이었다. 카프가 스스로 총리를, 뤼트비츠가 스스로 국방부 장관을 참칭하는 것까진 좋았으나 막돼먹은 움직임에 베를린의 노동자들과 공무원들은 파업과 명령 이행 거부로 이들에게 저항하였다. 그런데 쿠데타를 한 것치곤 이러한 반발을 그다지 컨트롤하지 못하였고 결국 5일 만에 붕괴되고 말았다. 쿠데타 주모자 둘은 빠르게 망명하였고 바이마르 정부는 신속히 회복되었다. 다만 이 사태에 대한 책임으로 얼마 안 가 바우어 총리는 자리에서 물러나게 되었다.

이렇게 혁명과 반혁명 시도는 한 번씩 무너져버렸다. 그렇다면 이제 바이마르 공화국은 비로소 위험 요소를 제거하고 성공의 길로 나가게 됐을까? 결론부터 말하자면 아니었다. 공화국 초엽의 쿠데타 시도 실패에도 공산당과 우익 분자들의 행동은 멈출 줄을 몰랐다. 공산주의자들은 노동자들이 많은 서부 지역을 중심으로 봉기를 이어갔고 의용단을 중심으로 자라난 우익들은 꾸준히 정권 장악을 시도하였다. 이 중에선 성공 사례도 있었는데 바이에른에서의 경우가 그러하였다. 엄밀히 따지면 왕정주의자의 권력 찬탈이 성공한 것이었는데 뮌헨 지구의 국가방위 사령관 아르놀트 폰 묄Arnold von Möhl이 민주적으로 선출된 권력을 무너트리고 구스타프 폰 카르Gustav von Kahr라는 사람을 바이에른의 리더로 불법적으로 정하였다. 카르는 왕정복고를 위하여 베를린의 민주주의 정부를 부정하였으며 목적 달성을 위해 바이에른의 토착 극우 그룹과도 접촉하였는데 이 중엔 나치도 있었다. 이러한 국가 내부의 흐름에 공화국 정부는 1922년 6월, 공화국 수호법Republikschutzgesetz이라는 법안을 통과시켜 (보다 직접적인 원인은 극우의 발터 라테나우 재건부 장관 암살 때문이었다.) 극단적인 움직임을 막으려고 하였다.

하지만 경제적 혼란으로 인한 여파 덕분에 이런 조치들은 제대로 먹히질 않았다. 특히나 배상금 조달 문제로 인한 화폐가치 폭락은 더더욱 독일 사회를 혼란스럽게 만들었다. 독일 공화국의 마르크화는 1921년엔 1달러당 75마르크였지만 1922년이 되자 400마르크로 폭락하였다. 이러한 와중 1923년 1월 11일, 바이마르 정부의 배상금 유예 요청이 거부되고 프랑스와 벨기에가 일으킨 루르 사태Ruhrbesetzung가 발생하자 더더욱 독일의 상황은 악화되었다. 프랑스 정부가 물자로라도 배상금을 받기 위해 군사를 움직여 루르 공업지대를 강제로 점령하자 그 덕에 마르크화는 더더욱 폭락해 버렸다. 바이마르 정부도 생각이 없던 것은 아니었는지라 재건부 장관 발터 라테나우Walther Rathenau가 추진하던 이행정책Erfüllungspolitik을 통하여 현금 지불보단 노동자 파견으로 적절한 배상을 하려 했지만 프랑스 정부가 이런 독일의 대응에 그다지 호응하지 않았던 것이다. 결국 프랑스 정부의 강제 점령 및 물자 갈취와 독일 정부의 총파업을 유도하는 소극적 저항으로 화폐는 말 그대로 종이 쪼가리가 되었다. 1923년을 보자면 연초에는 달러당 1만 8천 마르크였지만 11월이 되면 4조 2천억 마르크까지 치솟아 버렸다. 이렇게 되자 사람들은 돈이 아무리 많아도, 열심히 일해도 밀가루 1파운드도 사기 힘든 지경에 이르렀고 그로 인한 불만으로 좌우 양극단 세력은 더더욱 활개를 치게 되었다. 여기서 바이마르 정부가 소신 있는 행보를 꾸준히 보였으면 모르겠으나 독일 경제가 완전히 마비되자 결국 소극적 저항을 포기함으로써 국민의 민주주의 정부에 대한 여론은 차갑게 식어버리게 되었다.

물론 당시 바이마르 정부가 무능한 것만은 아니었다. 예컨대 1992년 4월, 소비에트 러시아와의 라팔로Rapallo 조약을 통해 외교적 고립에서 어느 정도 벗어나기도 하였다. 상호 부채를 탕감하며 정식으로 수교하고 상거래를 복원시킨 조약으로 완전히 유럽에서 혼자였던 것에선 벗어난 것이었다. 그리고 루르 사태의 경우 영국과 미국의 중재를 통해 1924년 4월, 도스안Dawes Plan을 받는 것에 성공, 배상금을 줄이고 미국으로부터 차관을 받는 데 성공하였다. 루르 사태 종결 직후 새 내각인 구스타프 슈트레제만Gustav Stresemann 내각은 렌텐마르크Rentenmark 임시 채권 발행하여 초인플레이션을 단숨에 해결하기도 하였다. 이는 당시 국가통화위원으로 임명된 얄마르 샤흐트Hjalmar Schacht의 활약 덕분이었다. 우선 렌텐방크라는 모기지 은행을 설치하고 돈의 효력을 지니는 임시 채권을 발행하였다. 그리고 그렇게 발행된 렌텐마르크를 이용하여 1조 마르크를 1렌텐마르크로 교체하면서 기존의 마르크화를 대체, 달러당 4.2마르크라는 전쟁 전 가치를 고정함으로써 인플레이션을 안정시켰다. 렌텐마르크는 기본적으로 농업과 산업 자산에 대한 융자금으로 지탱되었다. 융자금 압류는 힘든 조치기에 인플레이션을 안정시키면서도 독일 국민들의 심리적 안정감을 추구했던 것이다. 무엇보다 제헌의회를 통해 바이마르 헌법을 수립하면서 의미 있는 민주주의 정착에도 나름 성공하기도 하였다. 기본적으로 7년 임기의 대통령과 4년 임기의 의원들을 가졌으며 주 정부보단 연방정부의 권리를 우선시하여 그간 독일 지방이 가졌던 분리주의를 나름 진정시켰다. 보통선거권과 비례대표제를 도입하여 행정부가 선출된 권력에 제어를 받게 해 드디어 완전한 민주적 선거제를 갖추었으며 시민권과 개인 재산권에 대한 보호가 확실해짐으로써 권위적이던 제국 시절과 작별 할 수 있게 되었다.

다만 프랑스가 독일 정부의 외교적 노력에도 끊임없이 독일을 의심했기에 외교의 장에선 항상 독일은 굴욕적으로 굴 수밖에 없었다. 그래서인지 나름의 성과에도 국민들은 바이마르 정부의 내각들에 신뢰를 표하지 못하였다. 비록 루르 사태의 결말은 도스안으로 나쁘진 않았지만 루르 사태 동안 독일 정부는 무력하게 프랑스에 대응하며 국민의 불만을 사버렸다. 특히 1923년 9월 26일, 새롭게 등장한 슈트레제만 내각이 국가비상사태를 선언하고 배상금 지불을 할 것이라고 사실상 항복을 선언하자 국민들의 정부에 대한 신뢰는 땅에 떨어져 버렸다. (슈트레제만은 루르 사태의 후폭풍들을 제대로 제어하지 못하여 103일 만에 총리에서 물러나게 되었다. 다만 외무장관직을 맡아 사망까지 7년간 나름의 역할을 계속 수행하였다.) 라인 지방의 주민들 경우 아예 정부를 신뢰하지 못하겠다며 아헨을 중심으로 라인 공화국 건국을 선언하기도 하였다. (물론 1년 만에 다시 바이마르 정부에 통합된다.) 좌우 극단 세력들은 이러한 국민들의 반응에 호응하며 더욱 활개를 쳤고 그로 인해 나라는 계속 분열로 달리게 되었다. 물론 24년부터는 경제가 안정되어 그런 분위기는 점점 가라앉게 되지만 불신의 토대가 생겨버린 것은 그 누구도 부정하기 힘든 사실이었다. 결국 독일 국민들은 새롭게 등장한 의회민주주의에 대해 신뢰를 갖지 못하게 된 것이었다. 따라서 이후 바이마르 공화국의 경제성장에도 여전히 극단적인 세력들은 인기를 나름대로 유지할 수 있었다. 그런 상태에서 1929년 10월, 세계적인 경제 대공황The Great Depression이 찾아오자 바이마르 공화국에 대한 불신은 다시금 수면 위로 올라왔으며 바이마르 공화국은 그 혼란을 막지 못하고 얼마 안 가 파탄 나게 되어버렸다.

뮌헨 맥주홀 폭동과 바이마르의 흥망

1923년 11월 8일, 비록 금방 실패해 버렸지만 루르 사태의 바이마르 정부 무능을 명분으로 삼은 국가 전복 시도가 바이에른의 주도 뮌헨에서 발생하였다. 그것이 바로 그 유명한 뮌헨 맥주홀 폭동München-Bürgerbräu-Putsch이며 **아돌프 히틀러**Adolf Hitler라는 인물이 전국적인 스타가 된 결정적인 사건이었다. 물론 엄밀히 따지면 폭동 이후 재판에서의 활약 덕이었지만 (사실상 자신의 연설 공간으로 활용하였다.) 분명한 것은 폭동과 재판, 일련의 과정을 통해 아돌프 히틀러라는 인물은 독일에서 손꼽을 정도로 영향력 있는 사람이 되었다는 것이다. 유죄판결을 받게 되어 한동안 그가 속한 국가사회주의 독일 노동자당Nationalsozialistische Deutsche Arbeiterpartei은 지리멸렬했지만 히틀러는 6개월 만에 가석방을 받고 나와 화려하게 자신의 조직을 부활시키면서 정계에서 무시하기 힘든 영향력을 갖추게 되었다. 대공황 전까진 히틀러의 나치당이 아주 큰 인기를 지닌 것은 아니었으나 (독자적으로 원내에 입성한 것이 1928년 선거로 12석으로 시작했다.) 과격한 발언과 행동으로 독일인의 마음을 긁어주어 훗날의 기반은 충분히 다지는 데 성공하였다.

그렇다면 나치당은 어떻게 독일인의 마음을 샀을까? 일단 나치의 시작은 1919년 9월의 어느 날이었다. 그 당시 히틀러는 훈장까지 받은 지난 대전의 참전자로 군 축소에도 군에 남아 여러 임무에 종사하는 나름대로 인정받던 군인이었다. 그는 바이에른 뮌헨의 육군에 복무했고 정치부 정보과의 임무도 맡았는데 그렇게 수행하던 일 중 하나가 바로 당시 엄청나게 많이 난립하던 여러 정치단체를 조사하는 일이었다. 당시 바이에른 육군은 사회주의 정당으로 보이는 노동자당들을 조사하라고 했으며 히틀러는 그 과정에서 안톤 드렉슬러Anton Drexler가 창당한 독일 노동자당에 대해 감시를 시작했다. 그런데 모든 것엔 동감하는 것은 아니었으나 부르주아를 혐오하며 노동자의 편의를 도모하면서도 민족주의 발언을 하는 드렉슬러의 발언에 히틀러는 동감해 버렸고 오히려 감시가 아니라 그들의 정당에 가입을 해버리고 말았다. 그렇게 노동자당에 가입한 히틀러는 기존의 정당원들과 함께 강령을 새로이 만드는데 여기서 대독일주의를 주장하면서도 궁핍한 하층민들을 위한 사회주의적 표어를 남발하며 당시로썬 새로운 스타일인, '국가사회주의'를 창안하였다. 안톤 드렉슬러에 의해 당의 선전을 맡은 히틀러는 처음부터 당원들의 신뢰를 얻은 것은 아니었다. 때론 과격하고 급진적이었다. 게다가 당시 바이에른의 분리주의에도 히틀러는 동감을 표시하지 않았기에 나름의 부딪힘도 있었다. 그러나 히틀러는 금방 자신의 연설 능력을 뽐내며 대중의 인기를 빨아들이기 시작했다. 독일 노동자당은 금세 히틀러의 색채로 덮여갔는데 예컨대 당명이 1920년 4월에 우리가 아는 독일 국가사회주의 노동자당으로 바뀐다든지 히틀러가 고안한 하켄크로이츠Hakenkreuz를 당의 상징으로 쓴다든지 하며 사실상 자신의 당으로 바꾸어버렸다. 히틀러의 급속 성장에 원래 당의 주인이던 안톤 드렉슬러는 그를 비난하는 팸플릿을 뿌려 히틀러의 당 장악을 막아보려 했지만 고소-고발전 끝에 결국 패배하여 사실상 당에서 물러나 버렸다. 그 과정에서 1921년 7월을 전후로 하여 '지도자 원리Führerprinzip'가 확립됨에 따라 히틀러는 나치당의 리더가 되는 데 성공하였다.

여기서 지도자 원리는 히틀러가 나치당을 장악하고 이끄는 데 큰 도움을 주었다. 그의 인기 요인의 근간이었기 때문이었다. 히틀러는 당대 사회에 많은 불만이 있었고 그것을 지적하며 큰 인기를 품었지만 문제는 이것저것 죄다 건드렸던지라 모순된 발언을 상당히 많이 했었다. 그렇기에 당대 지식인들은 그를 미치광이 취급했고 (물론 미치광이가 맞다!) 상식적으로 생각해 보면 크게 될 위인이 아님이 당연했으나 그는 스스로를 운명에 선택받은 지도자임을 부각시키면서 이를 극복해 갔다. 노동자들같이 힘없고 가난한 이들의 지지를 받기 위한 원민중적 사고관과 그의 반마르크스주의적 사고관은 분명히 앞뒤가 다른 이야기였다. 그는 볼셰비즘을 혐오하면서도 가난한 이들의 고통을 챙겨줘야 한다면서 볼셰비즘적 이야기를 하기도 하였다. 히틀러는 기본적으로 민족주의적, 범게르만적, 원민중적, 반유대주의적, 반마르크스주의적, 반자유주의적 세계관을 구축하여 인기를 꾸렸는데 이러한 요인들은 어느 정도 상충된 사상들이었다. 하지만 이러한 상반되고 모순적이면서도 모호한 유토피아 세계관을 히틀러는 자신의 카리스마로 묶어버렸다. 반동적이면서도 혁명적인 이야기를 하는데 그러한 괴리를 자신이 지난 대전에서 경험한 '성城안의 평화(1차 대전 당시 빌헬름 2세의 호소로 각 계층이 전쟁 수행에 다 같이 동참한 일을 말한다. 예컨대 노조는 파업을 자제했다.)' 같은 현상으로 추구하는 것으로 통합해 버렸다. 그렇기에 이런저런 이야기를 하느라 모호해진 강령은 오히려 많은 사람들에게 유연함과 개방성으로 받아들여져 더 큰 인기를 누리게 해주었다. 주로 노동자나 농민들이 나치를 사랑했지만, 부르주아들도 민족주의나 반자유주의적 메시지에 히틀러를 지지하였다. 나치는 분명히 우리가 아는 대로 포괄적인 민족운동을 벌이며 전체주의적인 사고관을 가졌지만 사회적 면모도 보이며 경제위기에 타격받은 공장 노동자들을 감쌌었다. 이러한 간극을 애국적 태도와 자신의 카리스마로 메우면서 자신과 나치당을 무시무시한 세력으로 키우는 데 성공하였다.

그렇게 나치를 장악한 히틀러는 언론을 담당할 기관지와 무력을 담당할 준군사조직을 가지는 것으로 나치의 세력 확장을 도모했다. 전자가 『민족의 파수꾼Völkischer Beobachter』이며 후자가 에른스트 룀Ernst Röhm이 이끌었던 SA돌격대Sturmabteilung였다. 둘 다 만든 것 자체는 20년이었으며 돌격대의 경우 21년 10월에 정식으로 이름과 역할을 부여받았고 민족의 파수꾼은 23년 초엽에 일간지로 재편성되며 본격적으로 히틀러의 복음을 전달하는 역할을 담당했다. 이로써 히틀러가 연설하고 일간지가 퍼트리며 반대파들은 돌격대가 무력으로 탄압함으로써 나치는 바이에른에서 강력한 정당으로 재탄생되었다. 이 시기에 루돌프 헤스Rudolf Heß나 헤르만 괴링Hermann Göring 같은 나치의 주요 인사들이 입당하며 (파울 요제프 괴벨스Paul Joseph Goebbels의 경우 폭동 이후에 입당했다.) 히틀러의 충복이 되었는데 이러한 인재 발탁은 부족한 히틀러의 지식적 측면을 보강해 주었다.

이렇게 나치당이 커가는 과정에서 루르 사태가 벌어졌고 히틀러는 이것을 빌미로 정부를 전복, 바이마르 공화국을 치워버리고 자신과 나치당이 나라를 이끌어야 한다고 판단하였다. 하지만 아직은 바이에른을 벗어나면 큰 정당은 아니었기에 히틀러는 베니토 무솔리니Benito Mussolini의 로마 진군을 벤치마킹하여 바이에른 보수주의자들의 협력을 끌어내는 것으로 성공하고자 하였다. 하지만 히틀러의 생각과 달리 카르나 로소Otto von Lossow, 자이서Hans Ritter von Seisser 같은 보수 인사들은 그에게 협조하지 않았다. 잠시 가담하다가 지지를 철회했는데 그 이유는 국가방위군 사령관 한스 폰 제크트 장군이 나치에 가담하는 것을 반대했기 때문이었다. 이리되자 히틀러와 그에 동조하며 폭동에 참가한 지난 대전의 영웅 루덴도르프 장군은 닭 쫓던 개가 지붕 쳐다보는 신세가 되어버렸다. 결국 앞서 말했든 맥주홀 폭동은 맥없이 실패하였다. 그런데 재판을 통해 히틀러는 기사회생에 성공하였다. 주심 판사 게오르크 나이하르트Georg Neithardt가 나치의 사상에 동조했기 때문이었다. 히틀러는 무능한 정부에 대한 국민적 방어권을 주장했는데 이에 주심 판사는 그러한 피고들의 애국적 동기를 인정한다고 미미한 처벌을 내려버렸다. 특히나 히틀러가 재판장에서 잠시 자신에게 가담했던 카르나 보수 인사들에 대해 왜 같은 반역죄로 처벌하지 않느냐고 주장하자 다들 말문이 막힌 덕에 오히려 스스로를 용기 있는 지도자로 포장하는 데 성공하였다. 이로써 그는 맥주홀 폭동의 대실패에도 전국적인 입지를 가진 용기 있는 애국자이자 영웅이 되어버렸다.

작자 미상의 「맥주홀 폭동 당시 참가했던 나치 당원 사진 Soldaten bei der Verhaftung von Stadträten」, 독일 연방 기록 보관소 소장

물론 히틀러는 유죄를 선고받긴 하였다. 하지만 가석방이 가능한 5년 형이었기에 아주 큰 타격은 입지 않았다. 그는 감옥에서 자신의 사상이 담긴 저서인 『나의 투쟁Mein Kampf』을 서술하고 바로 6개월 뒤 감옥을 나와 당의 재건 작업에 착수했다. 그리고 그것은 놀랍게도 빠르게 성공하였다. 초반에야 재판의 영향으로 연설도 제대로 하기 힘들었지만 위기를 기회 삼아 당의 조직을 개편하여 자신에게 충성하는 효율적인 관료 체제를 구축하는 데 성공하였다. 그리고 히틀러청소년단Hitlerjugend이나 국가사회주의 여성동맹NS-Frauenschaft, 나치 문화동맹Kampfbund für deutsche Kultur 같은 각 계층을 포섭하는 여러 하부조직을 만들어 세력 확장을 도모하였으며 그에 따라 당원들이 점차 증가했다. 25년 말에

는 2만 7천 명의 당원들이 있었지만 28년에는 10만 8천 명으로 늘어났다. 또한 개인 경호대인 통칭 SS라고 불리는 친위대Schutzstaffel를 25년에 창설하여 독재를 더욱 확립하였다.

다만, 히틀러의 나치당이 대공황 전까지는 완전한 주류 정당은 아니었다. 나름의 인기가 있었지만 1928년 선거에서 12석을 차지하는 정도에 그치고 있었다. 그들의 성장을 보수우파 그룹이 은근히 돕고 있었지만 바이마르 공화국의 경제성장으로 가장 큰 세력은 여전히 사민당과 중앙당이었다. 게다가 때마침 바뀐 대통령도 중도적인 사람이라 바이마르 공화국이 의회민주주의를 유지하는 데 도움을 주었다. 1925년 봄 프리드리히 에베르트 대통령의 사망으로 새로운 대선이 열렸는데 여기서 나치당 후보 루덴도르프는 크나큰 참패를 하였으며 승리한 사람은 지난 대전의 영웅이자 보수적 융커면서 군주주의자인 76세의 퇴역 원수 파울 폰 힌덴부르크였다. 그는 공화주의 헌법을 지킬 것이라고 진심으로 맹세했고 새롭게 등장한 중도 보수 내각은 최대 정당인 사민당과 협조하며 바이마르의 20년대의 전성기를 이끌었다.

실로 24년부터 29년까지의 바이마르 공화국은 경제적 성공으로 안정적이었다. 그에 따라 사회문화적으로도 전후 충격에서 회복을 이어가고 있었다. 일단 바이마르 정부는 렌텐마르크를 퇴장시키고 라이히스마르크Reichsmark를 영구적 국가화폐로 지정하며 화폐개혁에 나섰다. 그리고 신용거래를 상당히 제한하고 이자율을 다른 나라들보다 높게 유지한 새로운 라이히스방크의 얄마르 샤흐트 총재의 결단으로 경제적 안정성을 추구했고 나름의 성공을 거두었다. 당시 렌텐마르크는 놀라운 성과를 보였지만 전쟁으로 금은 보유고가 바닥난 독일로서는 유지하기 힘들기에 실질 기반으로 미국 달러 같은 경화를 보유해야 했고 따라서 외치 투자를 적극적으로 받기 위해 독일의 신용을 올릴 필요가 있었다. 그래서 앞선 경제 조치를 취하였고 동시에 새로운 배상 협상에도 들어갔다. 협상은 나름 결과가 좋았는데 도스안에 의해 해외투자가 들어왔기 때문이었다. 2억 달러에 달하는 초기 대출은 독일의 숨통을 틔우게 해주었다. 다만 배상의 의지를 확고히 보여준 대가인지라 바이마르 정부는 고금리와 강력한 긴축재정 프로그램을 가동했고 그에 따라 투자는 들어왔지만 많은 공무원이 실직자가 되어버렸다. 프로이센 연방주의 경우 1년 만에 1만 4천5백 명의 교사들이 해임당하기도 하였다. 해임당하지 않은 공무원들은 임금 삭감을 당해야만 하였다. 그래도 해외투자 덕에 독일 경제에 활력이 돌았다. 1924년부터 30년까지 외국 채권자들이 49억 달러를 투자했으며 그 덕에 바이마르 공화국은 안정적인 통화와 좋은 신용 등급을 가지게 되었다. 자연스레 산업 생산은 늘어났으며 지수로 보자면 전쟁 전인 1913년이 100이라면 114 정도로 경제 수준이 올라오게 되었다.

그렇게 경제가 호전되자 바이마르 시대의 문화는 융성하게 변모하였다. 물론 지난 대전의 영향으로 문화적 비관주의도 분명히 존재했지만 절충주의 속에서 자라나는 특유의 표현주의 작품들이나 네오리얼리즘, 세련미 넘치는 정치적 계몽주의는 예술적 창의성을 분출시켰다. 교육과 예술에 대한 공공지출이 늘어난 덕분이었다. 모더니즘의 영향으로 감정적이고 낭만적인 분위기가 흘러나왔는데 특히 건축의 경우 예술학교 바우하우스Bauhaus에서 추구한 기능주의에 대한 영향으로 미학적 르네상스가 열리기도 하였다.

외교에서도 바이마르는 안정적인 결과물을 만들었다. 외무장관 슈트레제만은 가혹한 베르사유 조약을 수정하기 위해 로카르노Locarno 조약을 1925년 10월에 체결하는데 이로써 독일은 국제사회로 재편입되었다. 서부 국경선을 인정하며 라인란트 비무장지대를 준수하는 대가로 국제연맹에 가입할 수 있게 되었고 점령군과 독일 군비를 감시하는 연합국 통제위원회도 철수하게 되었다. 무엇보다 해당 조약을 통해 프랑스와 독일은 상호 전쟁을 금한다는 내용으로 평화의 길을 구축하였다. 또한 서부 국경의 인정 대가로 상실한 동부 영토에 대해선 향후 국제중재재판을 통해 다시금 논의하도록 하여 동부를 되찾을 기회도 마련하였다. 슈트레제만은 여기에 그치지 않고 1926년 4월에는 소비에트 러시아와 베를린 조약을 체결하여 라팔로 조약을 재확인하고 동방과의 우호도 다시금 다잡으니 바이마르 공화국은 국민들에게 평화의 시대가 가능함을 인지시켜 주었다. 여기서 새로운 베를린 조약은 생각보다 더 중요했는데 슈트레제만은 반전주의지만 방어를 위한 국방력을 재구축하고 싶어 서서히 재무장을 준비하고 있었던지라 소비에트와의 협력을 통해 남몰래 군사 테스트를 해볼 수 있었고 이는 훗날 독일에 도움을 주었다. (아쉽게도 나치가 써먹어 버리지만.)

이렇듯 총체적으로 보자면 바이마르 공화국 나름의 성과로 아직까진, 적어도 20년대에는 나치와 같은 세력들이 아주 큰 인기를 가지고 있던 것은 아니었다. 엄연히 사민당이 주류였다. 그러나 달리 생각하자면 역으로 나치 같은 원민중적 정당들이 적당한 수준을 유지했다는 것은 분명히 바이마르 시절에 불안 요소가 있다는 증거였다. 예컨대 경제 수준은 분명 올라왔지만 강력한 긴축재정 정책의 여파로 중산층과 농민들은 큰 타격을 받아 불만이 많은 상태였다. 경제는 호전되었으나 여전히 실업률은 낮지 않았고 최소 6%대를 유지하고 있었다. 그러한 영향으로 공화국에 대해 여전히 불신하는 사람들이 많았으며 이런 분위기 속에서 여러 단일 이슈 정당들이 난립하여 바이마르의 안정에 찬물을 끼얹었다. 연합국 국가들도 바보는 아니었고 너무 독일을 압박하면 사람들이 극단적이게 된다고 생각하여 1929년 6월, 도스안의 후속이라 볼 수 있는 영 플랜 Young Plan을 통해 배상금을 줄여주었으나 그럼에도 공화주의에 대한 국민들의 지지는 생각보다 미약하였다. 고로 결론을 말하자면 20년대 중후반의 바이마르는 안정되어 보이지만 동시에 불안한 상태였다. 따라서 시간이 좀 더 필요했다. 불안하지만 이대로 적당히 순항한다면 사람들은 극단주의에 눈을 돌리지 않을 것이었다. 그런데 갑작스럽게 열린 대공황이란 초대형 사건이 바이마르를 덮침에 따라 해외 투자액이 독일 시장을 급격히 빠져나갔고 결국 나치가 독일을 차지하는 길이 열리고 말았다.

수권법,
바이마르의 종말

1929년 말, 미국발 세계 경제 대공황이 터졌다. 이는 독일에 엄청난 충격을 선사했다. 상승하던 생산과 소비가 가파르게 하락함에 따라 엄청난 실업자들이 생겨났으니 말이다. 고작 1년 만에 실업자 수는 190만 명에서 310만 명으로 늘어났고 실업수당 프로그램은 급속도로 적자를 맞이하게 되었다. 이러한 경제 여파에 엎친 데 덮친 격 거대한 재앙이 독일을 덮치기 대략 3주 전인 1929년 10월 3일, 온건하게 나라를 이끌며 정치-경제적 안정을 추구했던 구스타프 슈트레제만 외무장관이 사망하고 대공황의 여파로 나치를 막으려 했던 사민당의 헤르만 뮐러Hermann Müller 총리가 1930년 3월에 실업자에 대한 공적기금 형성 실패에 대한 책임을 지고 물러나자 히틀러는 최고의 기회를 잡을 수 있게 되었다. 집권 여당인 사민당이 혼란스러운 동안 히틀러는 희망을 잃고 좌절에 빠진 사람들에게 다시금 자신을 어필하였다. 그는 스스로를 나라를 구할 영웅이라는 선지자 연극을 과감히 시도했고 절망에 빠진 사람들은 그 감정을 완벽히 이용당하여 히틀러의 출셋길을 열어주게 되었다. 무엇보다 헤르만 뮐러 다음으로 대공황이 절정인 시점에 등장한 하인리히 브뤼닝Heinrich Brüning이 이끄는 새로운 내각이 히틀러에게 의도치 않게 날개를 달아줌으로써 더더욱 히틀러는 힘을 얻었고 이제 변방이 아닌 주류 정치인으로 발돋움하였다. 힌덴부르크와 한배를 탄 신보수주의자들은 자신들의 목표를 위해 강력한 지지기반이 필요했는데 하인리히 브뤼닝이 추구한 긴축재정, 예산삭감, 임금억제정책으로 인기가 없자 나치의 인기를 이용하고자 하였다. 본디 보수우파들은 공산당과 사민당을 견제하기 위해 나치즘을 좋게 보아도 가까이할 생각까진 없었으나 권위주의 체제 확립을 위한 재료로 하필이면 나치를 써먹으려 한 것이다. 브뤼닝 다음으로 보수우파를 이끈 프란츠 폰 파펜 총리Franz von Papen도 쿠르트 폰 슐라이허 총리Kurt von Schleicher도 나치를 이용하거나 견제하려 하다가 역으로 당함으로써 히틀러가 힘을 가지게 되는 결정적인 원인을 제공하였다.

헤르만 뮐러와 히틀러, 이 사이의 3명의 총리가 사실상 바이마르를 몰락시킨 것이 흔한 이 시대의 결론이라 볼 수 있다. 특히나 파펜 총리가 나머지 둘과 달리 아예 직접적으로 손을 잡으며 나치의 집권에 큰 일조를 하였다. 그래도 전반적으로 보았을 때 신보수주의 그룹이 추구한 것은 나치 세력을 이용하는 것이었고 브뤼닝의 경우 상당히 유능한 인물이기에 자신의 계획을 이루리라고 보였다. 실로 브뤼닝 총리는 연방의회 조세무역위원회 위원장을 수년간 맡아 완벽히 수행하면서 능력을 입증한 바 있는 사람이었다. 그저 뮐러 내각 이후로 사민당 시절과 달리 보수우파 그룹은 다수의 지지를 확보하지 못했기에 나치의 인기가 필요했을 뿐이었다. 물론 사민당과의 협조도 아주 불가능한 루트는 아니었다. 20년대 중반에는 일시적으로 두 세력이 손을 붙잡으려고도 하였다. 그런데

1928년의 선거에서 사민당이 승리하고 동년에 루르 철강 분규 사태로 사민당이 노조를 지지하면서 두 관계는 연결되지 못하였다. 고로 브뤼닝 입장에선 이용할 수단이 나치당만이 남은 상태였다. 하지만 나치를 신뢰하지 않은 브뤼닝 총리는 처음엔 그들과 접촉하지 않고 비상대권을 남발하는 것으로 국정을 독재적으로 운영하였다. 하지만 이 부담스러운 정치적 행보는 곧 한계에 도달했고 힌덴부르크의 동의하에 의회 해산 후 재선거를 통해 일발 역전을 노리게 되었다.

그렇게 1930년 9월, 총선이 다시금 열리나 보수우파 그룹은 그다지 성공적이지 못하였다. 오히려 나치당과 공산당만 의석수를 크게 늘리게 되었다. 나치당의 경우 107석을 차지하여 단숨에 제2당이 되었다. 재선거가 도리어 나치의 확장 발판이 된 셈이었다. 그만큼 대공황의 여파는 가혹하였으며 이제 남은 것은 나치당과의 협상뿐이었다. 그러나 여전히 브뤼닝은 일단은 자기 생각대로 밀고 가기로 하였다. 하지만 그것은 좋은 선택이 아니었다. 나치당이 꾸준히 보수우파 정당들과 사민당의 사이를 이간질했기에 그가 이런저런 정책을 시행해도 제대로 작동이 되질 않았으니 말이다. 나치당은 자신에 동조하는 알프레트 후겐베르크Alfred Hugenberg의 민족인민당Deutschnationale Volkspartei과 함께 사민당을 공격하고 동시에 브뤼닝 내각을 흔들었다. 그런 불안정한 국정 상태에서 32년이 되자 실업자가 620만으로 대폭 늘어났고 독일의 산업 경쟁력은 크게 추락하였다. 브뤼닝 내각은 국가 경쟁력 유지를 위해 민간 분야에 압력을 가하여 임금과 가격 모두 10%를 삭감하도록 하였는데 이는 필요한 극약처방이긴 해도 인기가 저조할 수밖에 없었다. 그의 나름대론 애국적 결단이었겠지만 일시적으로 중세적 인두세까지 부활시키면서 균형예산을 추구하려다가 도리어 자신의 지지기반인 동부 프로이센 지주들에게도 반감을 사버리며 나치의 세력을 더더욱 크게 만들어줘 버렸다. (예컨대 나치당은 조직 개편 때 '농업정책기구'라는 독립기구를 통해 지주동맹을 잠식하며 브뤼닝의 지지기반을 지속적으로 훔쳐갔다. 여기에 멈추지 않고 30년 총선 승리 이후 꾸준히 기업가의 지지마저 가져갔다. 나치당은 선거 후 3년간 수백만 마르크의 후원금을 받아내며 성장했다. 이렇듯 나치는 브뤼닝이 흘린 빈틈을 지속적으로 파고들고 있었다.) 물론 동부 융커들에 대한 지원을 하지 않은 것은 아니나 만족을 시켜 줄 정도는 아니었기에 브뤼닝 내각은 필요하지만, 인기 없는 정책으로 기반이 흔들리게 되었다.

이런 상황에서 사실상 유일한 지지기반인 힌덴부르크 대통령의 임기마저 32년 4월에 종료될 예정이자 하인리히 브뤼닝은 그 전에 결국 히틀러와의 협상이란 카드를 고르기로 하였다. 하지만 히틀러는 고집스럽게도 총리 자리를 요구하였기에 협상은 틀어지고 말았다. 본디 브뤼닝은 히틀러와 협상하고 공산당을 제외한 나머지 정당들도 설득하여 최종적으로는 호엔촐레른 왕가를 복위시켜 자신이 바라던 권위주의의 끝, 왕정복고를 통한 과거의 엘리트 체제를 부활시키려고 하였다. 하지만 기반 없는 큰 그림은 히틀러의 동조를 얻지 못하였다. 결국 히틀러는 대선 단독출마를 결정하였다. 그럼에도 대선은 브뤼닝이 바라던 힌덴부르크가 승리하였다. 온건 중도그룹이 공산당의 에른스트 텔만Ernst Thälmann 후보를 경계했던 결과 덕택이었다. 그러나 힌덴부르크 대통령이 브뤼닝에 대한 신임을 포기하면서 브뤼닝 내각은 붕괴하였다. 다음 총리는 프란츠 폰 파펜으로 내정되었는데 이는 힌덴부르크 대통령이 동부 귀족들에게 브뤼닝에 대한 해임을 요구받았던 것(동부에서 브뤼닝의 보상금 정책에 '농업 볼셰비키'라고 큰 비난을 가하였다.)과 슐라이허가 브뤼닝을 제거하기 위해 꾸준히 음모와 음해를 가했던 것이 큰 영향을 주었다.

이로써 파펜과 슐라이허가 등장함으로써 공화국은 붕괴의 첫 단계를 밟게 되었다. 브뤼닝 내각이 분명 성공보단 실패에 가까웠지만 여러 좋은 시도를 하고 있었고 일부는 분명 성공하기 직전에 가까웠다. 내부적으로는 삭감의 삭감이었지만 외부적으론 베르사유 조약 재협상을 통한 군비 확장과 배상금 취소에 접근하는 데 나름대로 성공하고 있었기에 그의 실각은 사실상 바이마르 공화국의 마지막 희망이 사라지는 셈이 되었다. 협상이 그대로 안정적으로 마무리되었으면 나치가 날뛸 틈이 사라졌을 수도 있었다. 하지만 슐라이허가 브뤼닝의 통치에 실망하고 자신이 조종할 수 있다고 여긴 파펜을 총리로 올리기 위해 브뤼닝과 그뢰너를 공격하면서 신보수는 망가져 버렸다. 슐라이허가 나치와 손잡고 그뢰너를 축출하고 뒤이어 브뤼닝을 끌어내라며 의도치 않게 바이마르 정부 몰락의 길을 열어버렸다. 이 과정에서 슐라이허는 나치에게 협력의 대가로 그뢰너가 추진했던 돌격대의 군 입대 금지를 풀어주었고 (그뢰너가 군에서의 나치 금지를 한 이유는 나치의 선전이 군에 스며드는 것은 나치의 권력 추구라고 보았고 이는 정확히 본 것이었다.) 이로써 나치가 더욱 활개 칠 공간을 주게 되었다. 물론 슐라이허가 아무 생각이 없던 것은 아니었다. 그는 나름대로 나치를 이용하려 했다. 자신은 브뤼닝과 다르게 성공할 수 있다고 여겼다. 그는 히틀러에게 부총리 자리를 주어 나치를 정부에 끌어들이고 모든 책임을 역으로 들어온 나치에게 넘기려 하였다. 그런데 문제는 히틀러가 총리 자리를 꾸준히 요구하면서 슐라이허의 브뤼닝 이후 계획이 틀어졌다는 것이었다. 그래서 슐라이허는 슈트라서Gregor Straßer와 같은 타협적 나치라도 정부에 끌어들이려 했으나 오히려 히틀러와 정적이 되고 말았다.

여하튼 그러한 음모 속에 힌덴부르크는 1932년 6월, 브뤼닝을 대신해 슐라이허와 히틀러의 추천을 받은 프란츠 폰 파펜을 차기 총리로 지명하였다. 차기 총리는 히틀러의 요구대로 재선거를 추진했고 돌격대 금지령을 완전히 해체하였다. (공산당의 준군사조직은 계속 금지, 비단 군대 관련뿐만 아니라 정치 폭력배를 바이마르 정부가 일절 금지했으나 나치의 요구로 완전히 돌아오게 되었다.) 이러한 조치들은 나치의 세력을 키우는 데 일조하였다. 물론 국방장관이 된 슐라이허가 자신의 사람들을 채워 넣었기에 '남작 내각'이라고도 불렸다. 하지만 파펜은 꼭두각시를 넘어 안정적인 국정인 국정운영을 원하였고 히틀러의 요구를 받아들이며 사민당을 탄압하였다. 그리고 그 절정이 프로이센 쿠데타Preußenschlag였다. 명분은 돌격대들이 공산당원들과 자주 충돌을 벌이며 쌍방 피해가 사회로 번져가고 있던 것이었다. 바로 파펜이 총리가 된 6월의 경우 프로이센 주에서 쌍방 간 461건의 충돌이 있었고 80여 명이 사망하였다. 절정은 7월 17일이며 돌격대와 공산당원이 베를린에서 충돌해 서로 17명이 죽었다. 이를 빌미로 파펜은 공공질서를 위한다는 명목하에 사민당이 주류였던 프로이센 주 정부를 정지시켜 버렸다. 후일 재개하긴 하지만 그때는 이미 사민당의 힘이 사라진 상태였다. 이로써 실질적으로 바이마르 공화국의 수명은 종료되었다. 이로 인해 파펜은 훗날 큰 비난을 받았지만 같은 중앙당 총리였던 브뤼닝에 대한 배신행위로 지지기반이 사실상 슐라이허를 제외하면 없는 상태였던지라 나치와 협력한 것으로 보인다. (파펜은 본디 브뤼닝을 지지했으나 편을 바꾸며 슐라이허의 후원 아래 총리가 되었다.) 하지만 이 정도로는 히틀러는 만족할 수 없었다. 브뤼닝과 달리 자신에게 협조적인 파펜이 있을 때 재선거를 통해 모든 것을 차지하려 들었다. 고로 파펜과 슐라이허의 잘못된 생각, 적당히 양보하면 자신들의 정치 파트너가 될 것이라는 생각을 역이용하여 어서 재선거를 급히 요구했고 파펜은 바보 같게 이를 수락했다. 그렇게 1932년 7월 31일의 새 선거에서 나치당은 대공황의 여파와 유대인 혐오 감정을 적극 이용하여 230석을 차지, 일전에 비해 두 배로 몸집을 키우는 데 성공하였다. 이에 반해 나치를 막아야 할 사민당은 133석에 그쳤다. 그렇게 나치당이 제1당이 되었으며 당시 원내대표였던 헤르만 괴링이 연방의회 의장으로 선출되었다. 파펜과 슐라이허는 엘베강 동쪽 지주들과 재계의 지지가 있었고 후겐베르크와도 나쁘지 않은 관계를 유지하고 있어서 1당만 내어주지 않으면 충분히 나치를 컨트롤하는 것도 가능했다. 하지만 나치는 결국 제1당이 되었고 히틀러는 이러한 국민적 기반을 이용하여 파펜에게 공손했던 태도를 돌변, 당당하게 이것저것 요구해 대기 시작했다.

온갖 요구 중에 가장 강렬한 것은 바로 자신의 총리 임명이었다. 히틀러는 자신의 지지도를 어필하며 프로이센 주 총리 자리나 프로이센 내무장관, 연방 법무장관, 경제장관 국민계몽선전부 신설 (신설되면 괴벨스가 장관이 될 예정이었다.) 등등 다른 것도 많이 요구했지만 총리직을 가장 강력히 요구하였다. 하지만 히틀러를 평소 무시했던 힌덴부르크가 이를 강력히 반대했고 히틀러의 돌변에 파펜도 일단 반대의견을 표명하였다. 파펜은 나치당과의 허니문이 급속히 종료되자 다시금 재선거라는 도박 수를 꺼내 들었다. 이것은 어느 정도 먹혀 나치가 1당은 유지했지만, 의석수는 줄어드는 효과를 만들었다. 11월 6일의 선거에서 나치당은 의석수가

196석으로 줄어버렸다. 공산당은 저번 선거에 비해 89석에서 100석이 되었고 사민당의 경우 121석으로 줄이버렸다. 파펜은 나치의 성장세가 꺾인 결과에 나름 만족하며 히틀러와 재협상을 벌였다. 그러나 히틀러는 계속 총리 자리를 원하며 비협조적이었다. 이에 파펜은 힌덴부르크에게 나치당이 장악한 연방의회를 해산하고 헌법을 일시적으로 정지시키는 한시적 군사독재를 해야 한다고 어필했다.

하지만 슐라이허가 파펜의 의견에 반대하며 자신이 직접 나서 헌정상의 교착 상태를 돌파하겠다고 대통령에게 어필함으로써 파펜은 역으로 총리 자리를 상실하게 되었다. 후원자의 배신으로 대통령의 신임을 바로 상실해 버린 것이었다. 힌덴부르크는 나름대로 눈물로 파펜을 떠나보내며 그를 달랬지만 11월 17일, 반년도 안 되어서 파펜은 정치적 동반자에 의해 총리 인생이 끝나버렸다. 물론 슐라이허 입장에선 독일 전역으로 풀려난 돌격대들이 폭동을 일으키면 국가방위군의 적은 수로는 막기 힘들다는 현실적 이유에서였지만 여하튼 파펜은 이 행동에 슐라이허에게 크나큰 보복심을 가지게 되었다.

그러나 슐라이허 총리라고 나치당을 컨트롤할 수 있는 것은 아니었다. 이미 나치당은 프로이센 주를 서서히 잠식하며 국내 최대 세력으로 성장하고 있었고 신보수주의자의 지지기반보다 더 큰 지지를 얻고 있었다. 그래서 앞서 서술했듯 슈트라서를 꼬드겨 나치를 분열시키려고 했지만 오히려 실패하여 히틀러의 공분을 사버렸다. 슐라이허는 기업가들에게 세금 감면 혜택을 제시하고 노동자들에겐 공공사업 확대를 언급하며 나름대로 지지기반을 확충하려 했지만 역부족이었다. 이제 히틀러는 슐라이허에게도 자신의 총리 자리를 요구하기 위해 움직이기 시작했다. 하지만 슐라이허를 흔들기는 어렵지 않아도 결국 힌덴부르크가 자신을 용납해야 총리직에 오르는 것이 가능했다. 이때 히틀러에게 큰 행운이 들어왔다. 배신당한 파펜이 쾰른에서 괴벨스와 만나 자신에게 협력의 의사를 표한 것이었다. 파펜은 바로 대통령의 아들인 오스카Oskar를 만났고 그를 설득하였다. 파펜은 히틀러를 꾸준히 찬양해 댔는데 그의 언변이 통했는지 오스카는 히틀러를 좋게 보기 시작했고 이러한 자신의 의견을 아버지에게도 전달하였다. 아들의 말에 힌덴부르크는 마음을 움직였고 다급해진 슐라이허는 대통령에게 긴급명령권 하달을 요구하였지만 결국 거부당해 버렸다. 파펜처럼 군사 독재정을 요구했지만 힌덴부르크는 슐라이허의 말을 거절하며 의회 과반의 지지를 얻어야 할 것을 역으로 언급했다. 이에 슐라이허는 자신의 시간이 끝남을 직감하고 사직서를 제출, 1933년 1월 28일에 아주 짧은 총리 임기를 종료하였다.

그렇게 힌덴부르크의 변심으로 1933년 1월 30일, 히틀러는 이윽고 원하던 총리의 자리에 오르는 것에 성공하였다. 그가 바이마르의 마지막 총리이며 그의 취임은 바이마르의 종말을 뜻하는 것과 다를 것이 없었다. 단순히 총리의 자리만 차지한 것이 아니라 나라의 가장 큰 부분인 프로이센 주도 이 시기 즈음 완전히 장악해 버렸기 때문이었다. 프로이센 쿠데타 이후 프로이센 주는 사실상 무주공산이 되었고 이곳을 나치당은 장악하기 시작했다. 그러다 33년 2월에 접어들어 괴링의 활약으로 프로이센 내무부와 경찰의 인사 개편을 통해 전부 나치 범벅으로 만드는 것에 성공하였다. 물론 이에 항거하는 정치인들이 있었으나 히틀러는 2월 4일 긴급명령권을 통해 정적들의 입을 틀어막아 버렸다. 히틀러의 명령으로 사민당과 공산당의 집회는 금지되어 버렸다. 그러나 폭력적인 행동으로, 돌격대를 동원한다고 모든 것을 얻긴 힘들었다. 그런데 이런 순간 다시금 나치에게 그들의 입장에서 행운이 벌어졌다. 바로 2월 27일 국가 의회 의사당에 방화 사건이 벌어진 것이었다. 범인은 마리뉘스 판데르뤼버Marinus van der Lubbe라는 네덜란드 출신 전직 공산당원으로 그는 단독 범행임을 주장했다. (그는 정신에 문제가 있는 사람으로 평소 공공건물을 불태우겠다고 떠들던 사람이었는데 돌격대가 우연히 이를 듣고 방화를 유도한 것으로 보인다.) 하지만 나치는 그의 주장을 무시하고 공산당원임을 적극적으로 이용, 공산당이 독일을 불태우려 했다고 온갖 선전을 시행하였다. 이 사태는 나치에게 정말 큰 도움을 주었는데 32년 말엽부터 나치당의 지지가 정점을 찍고 서서히 내려오고 있었기 때문이었다. 히틀러는 바로 내무부 회의를 통해 긴급명령을 선포했으며 힌덴부르크 대통령의 서명을 받아 일시적으로 경찰국가를 형성하였다. 2월 28일 내려진 내무부 긴급명령은 상당히 자의적으로 해석할 수 있게끔 반포되었으며 4조와 6조의 내용을 통해 3월 15일까지 나치는 7,784명의 독일 공산당원을 체포하며 사실상 공산당을 완전히 금지해 버리는 데 성공하였다. 빌헬름 피크Wilhelm Pieck 같은 명망 있는 공산당원 일부는 해외 도주에 성공하기도 했지만 대부분 붙잡히며 성장하던 독일 공산당은 방화 사건을 빌미로 이렇게 급속도로 몰락의 길을 걷게 되었다. 그렇게 붙잡힌 공산당원들은 친위대가 운영하는 수용소에 갇히게 되었다. 본디 평소 같으면 이러한 폭력 사태는 용인받기 힘들었으나 공산당을 혐오하던 보수정당들의 지지를 받으며 히틀러는 완벽하게 정적들을 제거하는 데 성공하였다. 비단 공산당원뿐만 아니라 아나키스트들이나 사민주의자들도 긴급명령을 빌미로 최대한 제거하면서 내각의 요직들을 나치가 가져오는 데 성공하였다.

결국 보수우파들의 또 한 번의 나치 용인에 히틀러가 완전히 커진 것인데 이렇게 된 것엔 파펜의 착각이 컸었다. 이 당시 파펜은 협력의 대가로 부총리직과 프로이센 총감직을 맡았는데 차관급 인사들에 나치 요인들을 제한하는 데 성공하면서 (내각 출범 직후 시점으로 나치는 내각에 총리와 내무부 장관 빌헬름 프리크Wilhelm Frick, 프로이센 내무부 장관 괴링을 포함에 3명뿐이었다.) 자신이 새로운 권력이 될 수 있다고 생각하였다. 하지만 프로이센 주 정부를 해산하고 연방에 흡수하는 것으로 나치를 조종하려 했던 파펜의 생각은 괴링의 활약으로 제대로 진행되지 않았다. 무엇보다 자신이 인선한 국방장관 베르너 폰 블롬베르크Werner von Blomberg가 히틀러의 설득에 넘어가 나치를 지지했기 때문에 히틀러에 대한 견제는 먹히지 않았으며 결정적으로 방화 사건으로 히틀러의 재선거 요구를 거부할 수 없었다. 잘못하다간 돌격대에 의해 자신도 제거될 수 있다고 여긴 것이었다. 결국 1933년 3월 5일, 선거가 치러졌고 히틀러는 나치를 지지하는 '흑백적 투쟁전선Harzburger Front(민족인민당)'을 포함하여 아슬아슬하지만 과반을 차지하는 데 성공함으로써 결국 권력을 완전히 차지하게 되었다. 마지막 공화국 선거에서 나치는 44%의 지지를 얻고 288석을 차지했으며 나치를 지지하는 후겐베르크의 민족인민당은 52석을 차지하였다. 도합 340석으로 과반을 넘어 국정을 원활하게 움직일 수 있게 되었다.

그런데 확보한 의석수가 2/3까진 되지 않아 히틀러의 마지막 단계를 실행하기엔 부족하였다. 히틀러의 진정한 목적은 고작 총리 따위가 아니었다. 단순한 집권이 아닌 나치당의 확고한 영구집권이었다. 독일이 자신과 나치의 통제하에 놓여야만 그간 히틀러 자신이 원하던 다시금 위대해진 독일이 가능하다고 생각하고 있었다. 그렇기에 히틀러는 선거에 이긴 직후 바로 일체화Gleich-schaltung 작업에 들어갔다. 먼저 독일 공화국의 연방주의적 성격을 없애고 중앙정부의 통제를 강화하는 조치를 취하였다. 히틀러의 베를린 정부가 독일을 완전히 장악하기 위해 보조 경찰을 프로이센 주 이외에서도 허용하였고 돌격대들은 합법적으로 시청이나 신문사 편집국, 노조 사무실, 은행, 법원 등등 여러 시설을 장악하여 폭력을 휘두르고 사실상 테러를 통해 자신의 말을 따르게 하였다. 그렇게 온갖 압박을 가하여 각 지역 정부의 요직을 나치로 채워갔다. 그러면서 동시에 선거 직후 첫 내각회의를 통해 '인민계몽선전부Reichsministerium für Volksaufklärung und Propaganda'를 신설, 선전장관으로 괴벨스를 임명하여 사람들이 나치의 구호를 받아들이게끔 행정조치를 취하였다. 파펜은 돌격대가 외국인마저 테러하는 것에 걱정을 표했으나 히틀러는 이를 깔끔하게 무시하고 국내 권력 장악에 집중하였다.

하지만 이런 조치들에도 나치당이 국내를 완전히 장악하기엔 부족하였다. 결국 의석수를 확보해 원하는 법을 통과시켜야 최종적으로 계획이 완수되었기 때문이었다. 고로 사민당은 탄압하고 보수우파 그룹과 힌덴부르크 대통령에게 마지막 아부를 하기 위한 작전에 들어갔다. 1933년 3월 21일, 나치당은 새로운 국가의회 개원식을 포츠담의 수비대 교회Garnisonkiche에서 벌였다. 이곳은 프리드리히 대왕과 역대 호엔촐레른 왕들이 묻혀있어 제국의 영광이 서린 곳이자 동시에 힌덴부르크가 젊은 시절 보오전쟁 승리 직후 처음으로 방문한 추억이 있는 곳이었다. 여기서 나치 지도부는 자신들이 프로이센과 독일의 위대한 역사적 전통과 하나 됨을 어필하였고 히틀러는 힌덴부르크 원수 앞에 예를 다하며 머리를 숙였다. 이날은 비스마르크가 세운 독일 제국의 첫 제국의회 개원 날과 동일하기에 늙은 원수를 감동시키기에 충분하였다. 마켄젠 원수를 비롯한 제정 시절 당시 장군들이 그 당시 복장을 입고 참석하여 힌덴부르크의 마음을 더욱 고양시켜 주었다. 여기서 히틀러는 연설을 통해 카이저 시절을 좋게 언급하며 힌덴부르크에게 온갖 아부를 다 하였다. 보수우파들과 나치당의, 구세대와 신세대의 화합을 언급하며 새 시대를 열어야 한다고 주장하였다.

물론 단순히 이 축제로 보수우파의 마음을 완전히 산 것은 아니었다. 애당초 완전히 살 필요도 없었다. 이미 국가의사당 화재 사건으로 인한 긴급명령 발동과 일체화 작업으로 중앙정부와 각 주의 정부에서 나치가 대부분의 권력을 차지하고 있었다. 사민당과 공산당은 긴급명령으로 사실상 붕괴된 상황이었으며 중앙당과 부르주아지 정당들도 일체화 조치에 밀려 고위직에서 대부분 물러난 상태였다. 이미 사민당이든 보수우파 그룹이든 조직적인 투쟁을 할 기반 자체가 무너진 상태였다. 포츠담에서의 행사는 그저 사전 국민 여론 작업에 가까웠고 힌덴부르크가 대놓고 반대하지 않게 다독이는 작업에 불과하였다. 이미 보수우파 그룹은 나치와 타협하여 적당한 수준에서 마무리하길 원하고 있었다.

그렇게 이틀 후인 1933년 3월 23일, 베를린의 크롤 오페라하우스(Kroll Opera House, 의사당 화재 사건 이후 한동안 의회 건물로 쓰임)에서 의회가 열렸고 나치의 마지막 권력 작업인 수권법Ermächtigungsgesetz, 이른바 '전권위임법'이라고도 불리는 '민족과 국가의 위난을 제거하기 위한 법률안Gesetz zur Behebung der Not von Volk und Reich'이 상정되었다. 이 내용의 법안은 간단히 말하면 예산통제권과 외국과의 조약 승인권, 개헌 발의를 포함한 입법권을 행정부인 내각에 위임한다는 것이었다. 이 법안의 가장 심각한 점은 법률이 총리에 의해 입안되는데 그 범위가 총리의 자의적 판단에 따라 헌법을 벗어날 수 있다고 언급한 것이었다. 말 그대로 의회의 모든 권한을 히틀러의 중앙정부에 넘기겠다는 것으로 말도 안 되는 조치였으나 이제 히틀러에게 저항할 세력은 전무하였다. 물론 나치가 2/3를 확보한 것은 아니었다. 하지만 국가권력을 장악한 나치는 돌격대와 친위대를 동원하여 크롤 오페라하우스를 미리 봉쇄하는 일종의 무력시위로 자신들에게 저항하면 어찌 될 것임을 사전에 보여주었다. 동시에 공산당은 참석하지 못하게 하고 사민당도 일부 의원은 구금하여 참가하지 못하게 해 의결을 유리하게 만들었다. 남은 것은 중앙당과 바이에른 인민당의(각각 74석, 18석) 협조였는데 히틀러는 가톨릭교회에 대한 선린관계 구축을 언급하여 그들을 설득하는 데 성공하였다. 물론 지키지 않을 약속이었지만 바티칸과의 정교 협약과 가톨릭 미션스쿨 보존을 약속하여 그들을 침묵시키는 데 성공하였다. 또한 중앙당 당수에게 대통령의 거부권을 존중하겠다고도 말했다. 물론 이 역시 지킬 생각은 딱히 없었다.

결국 의결은 나치가 원하는 대로 흘러갔다. 사민당의 마지막 저항에도 찬성 441표, 반대 84표로 통과되었다. 반대표는 전부 사민당이었고 수권법 제정 이후 사민당은 완전히 지하조직으로 전락하였다. 예컨대 사회민주당 당수 오토 벨스Otto Wels는 바로 국적이 박탈당하고 강제 추방당하는 탄압을 받게 되었다. 결국 이렇게 바이마르 공화국의 민주주의는 합법적으로 붕괴되었다. 물론 돌격대의 난동도 분명 있었지만 나치당은 합법적 권력 탈취에 집착하여 의결 자체는 불법적이지 않았다. 표결은 분명 요식행위였으나 의회가 헌법상의 권한을 히틀러에게 넘겨줌으로써 민주주의는 종말을 맞이하게 되었다. 그렇게 수권법으로 독일은 완전히 나치의 것이 되었다. 수권법 이후 여러 조치가 이어 취해졌고 그로 인해 각 주 정부는 그나마 버티고 있던 권한마저 나치에게 넘기게 되었다. 예컨대 4월 7일, 모든 주에 국가주총감Reichsstatthalter이란 자리가 신설되었는데 이들은 지방정부와 의회를 해체하고 법관들을 새롭게 뽑을 권한과 임무가 주어졌다. 그러면서 총리가 정한 전반적인 방침대로 일을 수행할 것을 요구받았는데 이로써 지방정부는 중앙에 완전히 귀속되게 되었다. 나치당은 그렇게 나라 전역을 장악했으며 마지막 권력 장악 조치로 나치당을 제외한 정당들에 대한 탄압 작업에 들어갔다. 나치당을 유일한 합법 정당으로 만들기 위함이었다. 먼저 사민당의 경우 그들이 프라하로 망명하여 투쟁 활동에 들어가자 이를 빌미로 6월 23일 국내 활동 전면 금지 조치를 취하였다. 국가인민당과 중앙당도 나름대로 정당 금지에 저항해 보려 했으나 결국 완전히 토사구팽 당해버렸다. 후겐베르크는 힌덴부르크에게 의지해 보려 했으나 실패했고 중앙당은 약속을 배신당하고 7월에 정당히 해체되었다. 이 과정에서 히틀러는 국내 저항 세력 분열의 목적으로 브뤼닝에게 연정 참여를 유도했으나 이용당할 것을 눈치챈 브뤼닝은 바로 망명해 버렸다. 그렇게 1933년 7월 14일 나치당은 유일 합법 정당이 되었고 정당 창당 금지법이 통과되어 이제 나치를 막을 자는 없어지게 되었다.

이제 히틀러에게 있어서 남은 작업은 나치 내부의 불안 요소를 치우는 것이었다. 독일을 완전히 장악했으니 이제 나치당이 히틀러의 수족이 되어야 한다고 생각했다. 고로 가장 큰 불안 요소인 돌격대를 해체하기로 하였다. 이 당시 에른스트 룀은 제2의 혁명을 주장하고 있었는데 실로 나치가 나라를 장악했지만 실업 문제나 군비 문제, 돌격대와 군대 간

협의 문제로 나치가 해결해야 할 것이 많은 상태였다. 룀은 이를 급진적으로 해결하자고 주장했고 (노동자들의 지지를 얻기 위한 룀의 사회주의적 메시지에 대해 히틀러를 지지하던 자본가들이 우려를 표하던 게 문제가 되었다.) 그 과정에서 돌격대를 독립적인 권력 기구로 만들고자 하였다. 이러한 주장은 히틀러의 눈 밖에 나기 충분하였다. 룀의 입장에선 평범하게 당직과 공직을 맡기보단 그대로 특수한 위치에 있고 싶었던 것이었겠지만 돌격대의 수가 무려 200만에 달하는 시점에서 그런 판단은 사실상 스스로의 죽음을 부르는 행동이었다. (수권법 이후 후겐베르크의 철모단 50만 명이 추가로 가입하여 최종적으로 그 수가 무려 250만에 달했다.) 일단 괴링이 보조 경찰에 대한 명령권을 국가에 귀속시키며 돌격대의 일방적인 행동에 제동을 걸었다. 또한 프로이센 내무부를 통해 돌격대 예산을 삭감하고 1933년 8월 15일에는 프로이센 주의 보조 경찰을 아예 해체하기도 하였다. 일주일 뒤 중앙검찰국을 신설하여 돌격대와 친위대의 범죄를 조사토록 해 돌격대 해체 작업의 기반을 마련하였다. 하지만 에른스트 룀은 여전히 돌격대가 담당하던 포괄적인 감시와 통제 역할 유지를 원하였고 괴벨스나 다른 나치 고위공직자들이 말하던 돌격대의 국가 통합에 반대하였다.

결국 룀의 돌격대가 히틀러가 원하는 국가에 대한 통합을 거부하자 히틀러는 강압적인 수단을 선택하였다. 그것이 바로 1934년 6월 30일부터 7월 2일까지 있었던 장검의 밤Nacht der langen Messer이다. 히틀러는 친위대와 육군을 동원하여 룀을 포함한 돌격대 간부들을 체포하고 구금하라고 명령하였다. 친위대가 사전에 미리 돌격대의 범죄를 조사하고 그들에 대한 비난 여론을 구축한 덕에 일은 일사천리로 진행되었다. 육군도 강력하게 협조하여 생각보다 정리 작업은 더욱 쉽게 진행되었는데 엄청난 규모의 돌격대가 육군에 편입되지 않으려 하던 태도가 큰 반감을 샀기 때문이었다. 이 사태를 예견하지 못한 룀은 바로 붙잡혔고 히틀러는 그와의 우정을 고려하여 권총 자살을 권유하였다. 하지만 룀은 거부했고 결국 돌격대 장교에 의해 사살당하고 말했다. 이로써 돌격대는 해체 과정을 밟게 되었다. 수백 명의 돌격대 간부들이 체포당하고 수용소로 끌려갔으며 많은 이들이 피살당하였다. 하지만 히틀러는 장검의 밤을 통해 돌격대뿐만 아니라 정치적 반대파들도 전부 제거하고자 하였다. 예컨대 전임 총리 슐라이허가 이 당시 죽임을 당하였다. 나치당 내에서 좌파 역할을 하던 슈트라서도 제거당했으며 뮌헨 맥주홀 폭동 당시 자신을 배신했던 카르도 이 기회에 죽여 버렸다. 정확히 장검의 밤 당시 얼마나 많은 이들이 죽었는지는 불분명하다. 훗날 1957년에 있었던 뮌헨 재판에선 그 수를 천명 이상으로 잡기도 하였다. 확실한 것은 히틀러는 이 기회에 자신의 반대파들을 전부 죽여버렸고 이로써 독일은 히틀러 개인의 것이 되어버렸다는 것이다. 장검의 밤 이후 각 지역의 돌격대 특무위원들은 해체되었으며 친위대가 그 권한을 이양받았다. 그러면서 나치의 관료화 작업이 이어졌는데 이는 1933년 9월부터 히틀러에 의해 일어난 조치였다. 히틀러는 당을 국가와 결합시켜 지도자 절대주의를 완성하려고 하였으며 동년 11월의 통합법으로 나치와 독일을 하나로 만들었다. 나치를 자신에게 순종하는 대중기관으로 변모시킨 것이었다. 그런 작업을 통해 꼭대기에 자신을 위치시키며 지도자가 모든 것을 장악하게끔 만들었다. 이제 남은 것은 대통령 자리였으나 1934년 8월 2일, 힌덴부르크가 때마침 사망하면서 자연스럽게 뜻이 이루어지게 되었다. 나치는 내각회의를 통해 총리직과 대통령직의 결합하는 법안을 통과시켜 히틀러를 총통으로 만들어주었다. 이로써 히틀러는 국가수반의 권한과 최고사령관 권한을 넘겨받았으며 독재권을 드디어 완전히 확립시키는 데 성공하였다. 이렇게 히틀러의 독재가 본격적으로 시작하게 되었다. 이 당시 히틀러의 나이가 불과 45세로 그의 앞으로의 행보를 생각하면 끔찍하기 그지없는 일이었다. 하지만 나치를 막아야 했던 사민당과 공산당은 너무나도 쉽게 탄압당했고 신보수주의자들은 의회민주주의 파괴, 재무장, 베르사유 체제 종결, 경제 부흥 같은 포인트에서 나치와 한배를 탐으로써 악마를 오히려 방관하고 말았다. 그렇게 공화국은 종말을 맞이하고 말았다.

나치의 베르사유 체제 종식 선언

독재를 확립한 나치의 가장 중요한 당면 목표는 공공사업을 통한 실업 축소와 재무장이었다. 그 외에도 여러 목표가 존재했으나 확실한 것은 무조건 성과를 내야 했다는 것이다. 이 시기를 기준으로 600만에 달하는 실업자가 존재했기에 국민의 삶을 증진시키지 않으면 나치 정권의 존속은 위험할 수밖에 없었다. 나치가 폭거 끝에 집권한 것은 사실이나 뮌헨 폭동 이후 일단은 합법적 루트로 집권했기에 국민의 지지를 기반으로 정권을 차지한 것인지라 지지를 상실하면 유지하기가 힘들었다. 애당초 독일인들이 나치에 열광한 이유가 나치당이 온갖 독일의 문제를 무능한 바이마르 정부와 달리 반드시 해결하겠다고 의지를 천명했기 때문이었다. 힘든 독일인의 삶을 개선하겠다는 말에 지지가 뒤따른 것이라 이것이 이루어지지 않으면 그날로 정권은 붕괴될 터였다. 그렇기에 후술하겠지만 나치는 유럽 전역에서 약탈한 것으로 국민들에게 대대적인 복지를 하여 전쟁 중에도 좋은 삶을 영위하도록 해준 것이었다. 고로 어서 실업문제를 해결해야 했고 나치당은 대대적인 공공사업 추진에 들어갔다.

일단 히틀러와 나치는 처음에는 가격과 임금, 통화를 통제하는 파펜,

슐라이허의 정책을 그대로 유임했다. 그러다가 1933년 6월 1일, '라인하르트 계획'을 기점으로 대대적인 공공사업에 들어갔는데 제1 목표는 당연히 실업 축소였다. 해당 계획은 10억 마르크의 고용 채권을 발행하여 고속도로나 수로, 공공건물, 주택단지 재개발 같은 인프라 재구축 사업을 통해 최대한 많은 이를 고용하여 빈곤한 생활에서 국민들을 해방시키겠다는 프로젝트였다. 또한 경제 선순환을 위해 앞으로 국내기업이 독일제 공구 같은 국내산 물품을 사용한다면 조세감면 혜택을 부여하겠다고 선언하였다. 물론 자본가들은 국가사회주의적 발상에 반발심을 보였으나 히틀러는 고속도로에 이용될 자동차 산업에 대한 세금 감면 같은 것들을 자본가들에게 제시하면서 나치 정부에 대한 지지를 끌어냈다. 그러면서 히틀러는 전례 없는 군비 증강을 강행했는데 향후 독일군의 부활과 고용 창출을 동시에 이루고자 했기 때문이었다. 그러한 덕택에 1933년 이전에 공공투자에서 군비가 차지하는 비율은 23%에 정도였으나 1938년에는 74%에 달할 정도로 상승하였다. 그렇게 아우토반Autobahn 건설과 같은 대대적 공공사업과 군대 확장과 군비 증강으로 인한 급격한 독일 국방군 부활로 사람들은 다방면에 취직하였고 그러한 정책의 효과로 실업자 수는 드라마틱하게 떨어지게 되었다. 1933년 1월엔 분명 600만에 달하는 실업자가 있었지만 그해 말에는 400만으로 떨어지게 되었다. 다만 이러한 적자재정을 통한 공공사업과 재무장 사업은 엄청난 돈이 소요될 수밖에 없었다. 고로 히틀러는 라이히스방크 총재 한스 루터Hans Luther를 압박하여 돈 들어올 구석을 만들라고 강요하였다. 루터 총재는 무에서 유를 창조하라는 지도자의 발언에 난색을 표하였다. 이에 히틀러는 그에게 사퇴를 강요하였고 후임으로 전에 라이히스방크 총재를 해본 적이 있는 얄마르 샤흐트를 다시 불러 해결책을 요구하였다.

이에 샤흐트는 형식상 개인회사에서 발행되는 경기부양 펀드를 만듦으로써 신묘하게 이 억지를 해결하였다. 그는 1933년에 금속공학연구회Metallurgische Forschungsgesellschaft라는 유령회사를 하나 만들었는데 이 회사는 방위산업 분야의 회사들에 정부 계약을 주는 중간 통로에 가까운 곳이었다. 이 회사는 회사의 앞머리를 따 메포MEFO사라고도 하였다. 정부는 메포사를 통해 계약이 체결되면 메포사가 보장하는 채권을 선지불하였고 이때 발생한 어음, 이른바 메포 어음이라 불리는 계약 관련 어음을 라이히스방크가 보장함으로써 어느 독일의 은행이건 마르크화로 어음을 환전토록 보장해 주었다. 그러면서 메포 어음을 라이히스방크가 재할인Rediscount할 수 있도록 필요분을 메포사가 인수하는, 이른바 돌려막기 형식의 경제를 구축하였다. 사실 이런 체제는 장기간 유지하기 힘들었으나 샤흐트의 생각은 독일 경제의 잠재력이 충분하므로 신용의 나사를 조금만 느슨하게 한다면 인플레이션이 발생하지 않을 것이며 향후 경제가 성장한다면 그때는 정상적인 경제체제로 점진적으로 전환하면 괜찮다는 것이었다.

이러한 샤흐트의 '신계획Neuer Plan'으로 한동안 독일 경제는 원하는 자금을 확보하며 부흥의 길로 들어서게 되었다. 다만 실업률 자체는 꾸준히 하락했으나 아주 순탄하기만 한 것은 아니었다. 히틀러와 나치당이 자급자족과 재무장을 동시에 목표로 걸어버린 덕택에 경제의 틀이 꼬이기도 했기 때문이었다. 그러한 조치는 원자재 수입과 완성품 수출이라는 독일 경제의 기존 틀과는 맞지 않았고 그 덕에 안 그래도 부족한 외화가 더욱 부족해져 버리기도 하였다. 예컨대 나치 정부가 독일 농업을 보호하기 위해 국가농업생산자단Reichsnährstand이란 단체를 설립하여 가격과 수입을 통제한 것이 외환위기를 심화시키기도 하였다. 따라서 샤흐트 총재는 1933년 12월, 외환관리청을 신설하여 외국 채권자에 대한 이자 지급을 줄이는 것으로 이를 회피하였다. 이러한 조치는 일시적인 위기에서 벗어나게 해주었지만 소비재 산업 같은 수출 의존적 사업들에 악영향을 주게 되었다.

그래도 1936년까진 순탄하게 경제가 흘러갔다. 3년 만에 실업자 수는 160만 명까지 감소하였다. 물론 여전히 많은 수였긴 하였으나 메포 어음을 통한 경제 성장으로 독일 산업지수가 1929년이 100이라면 1938년에는 125로 증가하며 순탄한 길로 들어섰음은 확실하였다. 샤흐트 총재는 1935년 경제부 장관으로도 임명되었는데 그가 재임 시절 보여주었던 가장 눈에 띄는 활약은 국제무역 붕괴를 방지한 것이었다. 자급자족을 추구하다 보니 경화 위기가 찾아왔으나 부족한 경화를 일종의 회계청산협정을 통해 해결하였고 (경화가 아닌 미국 달러 같은 두 당사국의 화폐로 거래하고 후일 청산하는 방식) 주로 동유럽과 남미 국가와의 국제무역 협약으로 원자재 수입을 유지하였다.

나치 정부는 서서히 경제가 궤도에 오르자 때가 왔음을 직감하고 프랑스와 영국에 군비 평등을 일방적으로 요구하기 시작했다. 1935년 3월 16일, 평시 육군을 대략 50만인 36개 사단으로 확충하는 재무장 법안을 통과시키면서 일방적으로 베르사유 조약의 족쇄를 벗어던졌다. 이 당시 독일은 자르를 반환받고(35년 2월) 로카르노 조약에 대한 재비준을 논의 중이었던지라 프랑스와 영국으로부터 오스트리아 독립을 존중하고 로카르노 조약에 대해 지지하라고 경고받았다. 하지만 히틀러는 4월 11일에 결성된 영국-프랑스-이탈리아의 스트레사Stresa 전선이 취약함을 깨닫고 이를 무시하며 재무장과 연합국 분열책에 박차를 가하였다. 나치 독일은 일단 자신들은 서부 국경을 인정하고 오스트리아를 노리지 않으며 평화를 사랑한다고 주장하였다. 일전 나치 독일은 국제체제의 부당함을 주장하며 1933년 10월 4일, 국제연맹을 탈퇴한 바가 있었다. 하나 그러면서도 평화의 이미지와 반공 십자군의 면모를 차지하기 위해 폴란드와의 10년간의 불가침 조약을 1934년 2월에 맺은 바도 있었다. 이러한 일련의 과정을 이용하여 나치 정부는 자신들은 로카르노 조약을 준수할 마음이 언제든지 있다며 대신 베르사유 조약만 폐기해 달라고 요구하였다. 그러면 국제연맹에 복귀하고 유럽의 집단안보 체제에 기여할 것이라고 말이다. 이 당시 소련은 유럽 국가들의 두려움의 대상이었기에 독일의 반공주의 챔피언 이미지 구축은 나름 쏠쏠한 효과를 보았다. 그러면서 히틀러는 영국과 프랑스에 항공협정과 군비축소 조약을 체결하자면서 유화책을 던졌고 그 결과물이 35년 6월 18일의 영-독 해군 조약이었다. 그 내용은 간단히 말하자면 독일해군의 비중은 영국 해군의 35%로 제한한다는 것이었다. 지난 대전에서 독일 제국 해군은 나름대로 활약을 보였고 영국은 독일해군의 재무장을 경계하고 있었다. 사실 해군까지 투자할 돈이 독일에 없음을 고려하자면 오히려 영국이 손해인 조약이었다. 실로 나치 독일은 전쟁 발발 시점까지 겨우 20%도 도달하지 못했기 때문이었다. 하지만 나치를 너무 강하게 압박하면 외교적으로 소련만이 좋아질 것이라고 판단한 영국은 해당 조약을 체결했고 그로 인해 독일은 합법적으로 해군 재무장을 할 수 있게 되었다. 나치는 이 조약으로 인해 사실상 재무장이 전면적으로 인정받았다는 명분을 세울 수 있었으며 이러한 영국의 조치에 프랑스와 이탈리아는 큰 충격을 받았다.

특히나 무솔리니의 이탈리아 왕국이 그러했는데 독일이 사실상 재무장을 허락받자 그간 원하던 에티오피아를 35년 10월에 침공하는 결정을 강행하였다. 독일의 재무장도 봐주는데 자신도 허용될 것이라는 판단에서였다. 그러나 영국은 소극적이긴 하지만 바로 제재를 가하였고 이로 인해 이탈리아 왕국은 분노하며 스트레사 전선에서 이탈해 버리고 말았다. 이렇게 되자 히틀러는 은근슬쩍 재무장은 용인받으면서도 이탈리아 왕국에게 다가가 외교적 고립에서도 피하는 좋은 결과를 얻게 되었다. 프랑스는 이러한 국제 질서의 변화에 두려워하며 비슷한 시기인 35년 5월, 소련과 상호원조조약을 추진하였다. 그리고 1936년 초엽에 프랑스 의회가 불소 협약을 비준하였다. 이에 히틀러는 오히려 불소협약을 빌미로 징병제 재도입을 정당화하였으며 라인란트의 재주둔Rheinlandbesetzung을 준비하였다. 베르사유 조약으로 인해 라인란트 지방에 독일군은 주둔하면 안 됐으나 히틀러는 불소 협약이 독일 국가안보를 위협한다며 재주둔의 명분이 있음을 강력히 주장하였다. 히틀러는 블롬베르크에게 라인란트에 기습적으로 병력을 보내라고 명령하였다. 이에 군부는 난색을 표하였다. 프랑스가 반격이라도 하면 아직 재무장이 거의 안 된 독일군은 무너질 것이 뻔했기 때문이었다. 하지만 히틀러는 1936년 3월 2일, 다시금 블롬베르크에게 명령했고 3월 7일 새벽, 소규모의 독일군이 라인강을 넘어 비무장지대로 향하였다. 프랑스군은 이 소식을 뒤늦게 알았고 적의 병력도 과다하게 예측하여 결국 아무런 대응을 하질 못하였다. 히틀러는 무난하게 재주둔에 성공하고 비무장지대를 보장한 로카르노 조약에 대해 비난 성명을 발표하였다. 그러면서 베르사유 조약과 볼셰비키의 위협에 관해 연설하였는데 이 시기 국방부 장관 블롬베르크는 프랑스가 반격하지 않을까 노심초사하였다. 그러나 영국의 보수당 총리 스탠리 볼드윈Stanley Baldwin이 프랑스를 설득하여 그가 걱정하던 위기는 없었다. 영국은 프랑스에게 군사적 충돌은 소련에게만 이득이라고 설득했고 결국 나치 독일은 라인란트 재주둔을 인정받았다. 히틀러는 영국과 이탈리아의 중재를 받으며 벨기에와 프랑스와의 25년 불가침 조약을 체결하였으며 국제연맹 복귀 의사도 밝히며 외교적 이득을 챙겼다.

라인란트 재주둔 사태는 히틀러에게 큰 힘이 되어주었다. 국내적으로도 대단한 인기를 얻었고 어느 정도 히틀러를 불신하던 군부를 복종시키게 되는 배경을 만들어주었기 때문이었다. 히틀러는 운명이 자신에게 들어오고 있다고 확신하며 여기서 멈추지 않았다. 그는 바로 오스트리아와 이탈리아에 접촉을 시도하였다. 먼저 오스트리아를 독일로 복귀시킬 조약을 체결하였다. 그것이 1936년 7월 11일의 오스트리아-독일 협정이었는데 여기서 일단 오스트리아의 독립을 존중해 주는 대가로 외교 정책에서 늘 '독일인'의 국가임을 인정하라고 요구하였다. 그리고 나치 정치범들을 풀어달라고 요구했다. 1934년 7월, 나치가 오스트리아를 차지하기 위해 돌푸스Engelbert Dollfuß 총리 암살을 꾸민 적이 있었는데 그때 총리만 암살에 성공하고 체제 전복엔 실패했는지라 오스트리아 나치 지부가 제재당하고 있었다. 이들을 풀어달라고 오스트리아 슈슈니크Kurt Schuschnigg 총리에게 요구했고 젊은 오스트리아 총리는 이를 수락하며 자신의 나라에 트로이 목마를 풀게 되었다. 이로써 훗날 병합의 기반이 마련되었다. 히틀러와 나치는 뒤이어 이탈리아에게 접촉했는데 시기상 적절하였다. 당시 이탈리아는 에티오피아 침공과 스페인 내전 개입으로 영국 프랑스와의 관계가 악화되고 있었다. 따라서 나치 독일은 이탈리아와 한편에 서기 위해 (새로운 무기들도 실험할 겸) 1936년 7월 17일에 프란시스코 프랑코Francisco Franco의 군사 반란으로 일어난 내전에 개입하였다. 그리고 이탈리아와 함께 프랑코에게 지원하였는데 그 액수가 5억 마르크에 달하였다. 이탈리아에 비하면 적은 비용이었으나 항공기, 전차, 기술자, 콘도르 군단을 보내 나름대로 쏠쏠한 경험치를 획득하였다. 그렇게 사실상 같은 편으로 싸우면서 외교적 접촉을 이어갔으며 36년 10월 21일, 베를린에서의 비밀회담을 통해 사실상 추축Axis 조약을 체결하는 데 성공하였다. 물론 공식적인 독일과 이탈리아의 군사동맹 조약은 훗날의 일본도 포함한 1940년 9월 27일의 삼국동맹조약이지만 이때부터 무솔리니를 통해 추축이 언급되면서 두 국가는 사실상 동맹이 되었다. 다음 년인 37년 9월 28일에는 무솔리니가 알프스를 넘어 공식적으로 베를린을 방문하면서 더욱 사이가 돈독해졌다. 여기에 그치지 않고 37년 11월에는 이탈리아가 나치 독일이 주도하는 방공 협정에 가입하면서 사실상의 동맹 체제를 더욱 굳건히 하였다. (반코민테른 협정의 시작은 36년 11월이었으며 나치와 일본이 맺은 것이 그 시작이었다.)

이렇게 나치가 외교적 고립에서 탈피하자 벨기에는 영국-프랑스와의 동맹보단 중립이 안전하다고 여겨 37년 4월, 로카르노 조약 탈퇴와 중립을 선언하였다. 영불은 일단 이를 받아들였는데 이 사건은 훗날 독일의 침공을 돕는 결과를 만들게 되었다. 이러한 외교의 변화에 영국의 체임벌린Neville Chamberlain 총리는 핼리팩스Edward Wood경을 독일로 보내 회담을 통해 독일의 의중을 파악하려고 하였다. 그러나 37년 11월의 영-독 회담은 사실 별 성과가 없었다. 확언된 것이 없었기 때문이었다. 그런데 나치 독일은 의외의 성과를 얻었는데 이 회담을 통해 무력행사를 하지 않을 것이라는 이미지를 영국에 심어주었기 때문이었다. 핼리팩스는 본국으로 돌아가 외무부에 히틀러는 전쟁을 원하는 타입이 아니며 모험을 즐기는 사람이 아니라고 보고하였다. 그의 시선에선 히틀러는 합리적인 사람으로 보였던 것이다. 이것은 향후 전쟁 전까지 나치 독일의 외교를 돕는 결과를 만들어주었다.

이렇게 군비 증강부터 외교적 고립 탈피까지, 히틀러의 노림수는 승승장구하였다. 이러한 분위기는 전쟁 전까지 이어질 예정이었다. 그렇기에 독일 국민들은 히틀러에게 열광적인 지지를 보냈고 나치 독일은 순항하게 되었다. 문제가 있다면 36년에 접어들어 다시금 경제적 위기에 봉착했다는 것이었다. 36년 초엽 라이히스방크는 8천8백만 마르크에 달하는 경화만 가지고 있어 원자재 수입이 막힐 지경에 이르게 되었다. 사실 샤흐트의 신계획은 전체적으로 문제가 없으나 히틀러와 나치가 전쟁이 가능한 국가를 위해 자급자족과 재무장을 무리하게 추진한 덕에 잘못하면 외환위기에 떨어질 지경에 이르렀다. 따라서 괴링은 군수를 그대로 강화하면서도 공업 원료를 자급자족하기 위해 국내 채굴기업들을 지원해야 한다고 주장하였다. 예컨대 스웨덴에서 수입하는 철광석이 싸긴 하지만 니더작센에서 독일산 철광석도 캐내어 자급자족을 이루자는 것이었다. 그런데 이런 계획은 엄청난 정부자금이 드는 데다가 동시에 인플레이션을 일으키기 충분하였다. 게다가 독일의 수출경쟁력도 하락시켜 샤흐트가 원하던 정상적인 경제체제로의 전환을 가로막는 행동이었다. 고로 샤흐트는 절대 반대를 외쳤지만 히틀러가 원하던 독일은 언제든지 전쟁이 가능하며 동시에 자급 경제가 가능한 나라였기에 경제의 키를 괴링에게 맡겨버렸다. 그렇게 샤흐트는 라이히스방크 총재와 경제부 장관에서 물러났고 헤르만 괴링이 새로운 계획인 '4개년 계획Vierjahresplan'의 담당자로 임명되었다. 4개년 계획이란 민간경제와 시장경제의 골조 자체는 유지하면서도 국가적 생산 프로그램을 통해 군수에 필요한 원자재를 확보하는 계획이었다. 예컨대 인공 고무와 석탄액화 석유 같은 합성 대용물 생산기술을 개발하여 비록 고비용이지만 수입 없이 물자 부족을 최대한 해결토록 하였다. 사실상 오로지 전쟁을 위한 것으로 이로써 나치 독일은 본인들이 원하든 원하지 않던 전쟁으로 가는 길을 열어버렸다. 다만 그럼에도 나치 수뇌부가 4개년 계획을 강행한 이유는 이 조치가 전쟁을 대비하면서도 자급자족을 통해 부족한 경화를 소모시키지 않아 줄 것이라고 기대하였기 때문이었다. 그런데 실질적으로 그다지 경화 소모는 개선되지 않았다. 세수가 서서히 개선되었으나 그것은 대공황이 완화된 덕이었다. 그래도 메포 어음 돌려막기 한계가 찾아오고 있어서 변화 자체는 어쩔 수 없긴 하였다. 중요한 것은 나치 독일이 국민의 지지를 유지하기 위해 재무장을 포기하지 못했다는 것이고 그로 인해 강행된 4개년 계획이 약탈경제를 불러일으켰다는 것이다. 이러한 계획으로 한동안 독일 경제는 다시 순항하나 소모적인 계획이었기에 결국 금이 계속 부족해졌고, 이는 결국 정복 야욕을 자연스럽게 불러일으키게 되었다.

약탈경제의 서막:
안슐루스와 뮌헨 협정

나치 독일은 정권 유지를 위해 국민의 지지가 필수였다. 따라서 자신들의 배를 채워줄 무언가가 필요했다. 사실 욕심을 버리면 됐으나 히틀러에겐 그것은 불가능한 선택지였다. 따라서 독일의 제물이 필요했고 그 첫 타깃이 오스트리아였다. 다만 한 가지 장애물이 있었다. 그것은 바로 아직 재무장이 완전하지 않다며 주변국 침공 계획 수립을 거부하는 군부였다. 고로 히틀러는 정계에 이어 군부도 나치화가 필요함을 느꼈다. 그렇기에 타깃이 된 사람이 국방부 장관 베르너 폰 블롬베르크와 육군 총사령부 사령관 베르너 폰 프리치Werner von Fritsch였다. 이들은 기본적으로 체코 침공 계획을 반대하였고 괴링의 공군강화와 친위대 확장을 거부하고 있었다. 고로 괴링과 힘러는 국방군 지도자들을 처리하기 위한 증거들을 수집하였다. 그리고 얼마 후 국방군의 두 지도자는 실각하게 되는데 그 이유는 생트집에 가까웠다. 블롬베르크는 부인이 알고 보니 포르노 사진을 찍어 파는 창녀라는 근거로 해임했는데 히틀러와 괴링이 결혼식 증인으로 나섰던 것을 고려하면 웬만하면 넘어가야 할 사안이었다. 그래도 블롬베르크는 트집 잡을 거리라도 있었지만 프리치는 없었기에 나치는 그가 동성애를 한다는 거짓 주장을 펼쳤고 프리치는 후일 명예법원을 통해 누명을 벗지만 히틀러가 그의 복귀를 거부하면서 완전히 군부에서 축출되었다. 히틀러는 그렇게 38년 2월의 블롬베르크-프리치 스캔들을 통해 국방군 숙청에 성공하였다. 히틀러는 군대에 대한 보다 직접적인 권한을 얻기 위해 국방부를 국방군최고사령부Oberkommando der Wehrmacht, OKW로 개편하였고 수장으로 무능력하지만 자신에게 절대적으로 충성하던 빌헬름 카이텔Wilhelm Keitel 장군을 임명하였다. 새로운 사령부의 참모장엔 유능한 나치 군인인 알프레드 요들Alfred Jodl이 임명되었으며 수많은 국방군 장교가 개편 과정에서 실각되었고 발터 폰 브라우히치Walther von Brauchitsch 같은 나치 장교들이 그 빈자리를 채웠다. 그리고 얼마 후 체코 침공에 부정적이던 육군 참모본부장 루트비히 베크Ludwig Beck도 해임함으로써 국방군 나치화를 완성하였다. (베크는 양심적 독일 군인으로 훗날 히틀러 암살 작전에 참가했다가 목숨을 잃는다.) 베크의 자리엔 유능한 참모인 프란츠 할더Franz Halder가 임명되었다.

이렇게 군부가 함락됨으로써 독일 국내는 더욱 나치의 요새가 되었다. 그나마 남은 곳은 기독교인데 나치는 로마의 영향을 받는 가톨릭에겐 강경하게, 북독일의 전통적인 개신교에겐 온건하게 대하는 것으로 나치에 저항하지 않도록 하였다. 나치는 기독교의 보편적 성격과 제도적 독립성을 혐오하고 탄압했으나 동시에 자신들이 고안한 게르만 기독교Deutsche Christen를 후원하여 나치즘과 기독교(주로 개신교)가 결합하여 자신의 지지기반이 되길 추구하였다. 물론 나치와 종교의 합치는 성공하진 못했으나 히틀러가 강한 탄압보단 적당한 타협을 추구하여 교회의 도덕적 힘이 나치를 방해하는 선은 적당히 막는 데 성공하였다. 예컨대 독일 개신교 성직자들은 훗날 나치가 정신질환자들을 상대로 끔찍한 짓을 저지른다는 것은 파악했으나 제대로 된 저항을 하지는 못하였다.

이러한 준비 작업이 끝났으니 이제 오스트리아 합병 준비가 중요해졌다. 히틀러는 1938년 2월 12일, 슈슈니크 총리와 베르히테스가덴Berchtesgaden에서 회담을 가졌다. 여기서 히틀러는 오스트리아 나치당 정당 금지 해제와 수감된 나치당원 석방, 나치 인사인 변호사 자이스-잉크바르트Seyß-Inquart 박사를 내무장관으로 임명할 것을 요구하였다. 동시에 나치 인사인 글라이제-호르슈테나우Glaise-Horstenau도 국방장관으로 임명하고 양국 장교들이 체계적으로 교류할 것도 요구하였는데 이러한 조건들은 사실상 나치 독일에 복속되라는 것이나 다름이 없었다. 슈슈니크 총리는 이러한 요구에 우려를 표했으나 끝내 굴복하고 말았다. 물론 저항의 의지가 없던 것은 아니었다. 독일과 친하게 지내더라도, 그는 나라까지 넘기고 싶어 하던 정치인은 아니었기 때문이었다. 고로 히틀러의 요구를 우회적으로 돌파하기 위해 주민투표라는 강수를 두었다. 그러면서 이번 투표의 연령층을 25세로 높였는데 나치 지지세가 강한 청년층을 배제하기 위함이었다. 이러한 술수에 히틀러는 당장 주민투표를 멈추고 슈슈니크 총리는 사임하라는 최후통첩을 가하였다. 동시에 국방부최고사령부에 명령해 오스트리아 침공을 준비하도록 하였다. 히틀러가 군사행동을 준비하자 슈슈니크 총리는 무솔리니에게 다급히 전화를 걸었다. 하지만 받질 않았는데 사전에 히틀러가 무솔리니와 오스트리아에 대해 이미 논의를 끝냈기 때문이었다. 이탈리아의 남티롤Südtirol(본디 오스트리아 대공국의 영토였다.)을 문제시하지 않는 대가로 오스트리아는 독일의 것이 될 예정이었다. 남은 것은 영국과 프랑스의 반응이었으나 체임벌린 총리의 유화책으로 별다른 간섭은 하질 않았다. 오히려 체임벌린 총리는 소비에트 러시아가 국제연맹에 독일 안선을 올리는 것을 거부하며 나치의 손을 들어주었다. 결국 슈슈니크는 최후통첩을 받아들였으며 나치의 편이었던 자이스-잉크바르트가 정권을 이양받게 되었다. 그리고 3월 12일, 새로운 오스트리아 정부의 요구에 따라 독일군은 법과 질서를 유지한다는 명분으로 오스트리아로 진군하였다. 이 당시 독일군은 재무장 중이었기에 준비가 미흡하여 기동부대의 3할만 제대로 진입하는 데 성공하였으나 무난히 저항 없이 오스트리아를 점거하는 데 성공하였다. 히틀러는 3월 14일 의기양양하게 비엔나에 입성하였고 자신의 침략 행위를 정당화하기 위해 괴벨스의 선전부를 통하여 독일로의 귀속을 묻는 진짜 국민투표를 감행할 것을 선언하였다. 다만 실제론 형식에 가까운 위조된 선거였다. 찬반 여론이 생각보다 상당히 팽팽했기 때문이었다. 그럼에도 나름 많은 지지를 받은 것은 사실인데 이제 오스트리아가 소국이 되었기에 설사 나치 독일이라고 해도 통합을 이루어야만 더 나은 삶이 온다는 것이 당대 오스트리아인들의 공통된 생각이었기 때문이었다. 그렇게 4월 10일, 나치당의 감독하에 통합 여부를 묻는 선거가 치러졌고 97% 압도적 결과가 나오며 드디어 독일은 꿈에 그리던 대독일을 형성하게 되었다. 이것이 훗날 안슐루스Anschluss라고 불리게 되는 38년의 대사건이었다. 나치 독일은 이 병합을 통해 오스트리아가 보유하던 상당한 금 보유액을 획득하여 일시적으로 경화 부족 문제를 해결하게 되었다. 그리고 일전 철광석 같은 원자재 자급자족을 위해 세운 헤르만 괴링 국가공업Reichswerke Hermann Göring에 오스트리아의 중공업 회사들을 흡수하면서 부족한 산업 역량을 확충하였다. 이로써 나치는 수탈의 맛을 알아버렸고 훔쳐 먹은 것이 고갈되기 전에 바로 다음 타깃을 노리기로 결정하였다.

그러한 다음 타깃은 바로 체코슬로바키아였다. 그들의 영토는 이제 독일의 영역에 둘러싸여 있었기에 공격해 들어가기 안성맞춤인 상황이었다. 히틀러는 체코슬로바키아의 외곽지역인 주데텐란트Sudetenland에 300만에 달하는 독일인들이 거주하기 때문에 이들이 독일로 귀속될 필요가 있음을 주장하였다. 당시 나치 독일은 외견상 큰 성장을 거두고 있었기에 체코슬로바키아의 주데텐독일당Sudetendeutsche Partei은 나치에 호응하며 자신들은 히틀러의 말처럼 독일로 돌아가야 한다고 주장하였다. 히틀러는 이들과 접촉하여 폭력적인 정치 행동을 벌이도록 유도하였다. (정확히는 35년부터 독일 외무부를 통해 활동 자금을 지원하면서 그들을 조종했다.) 체코 정부는 일단 이를 최대한 억누르며 나치 독일 정부에 대응하였다. 체코는 영국과 프랑스를 믿으며 독일에 항거를 해본 것인데 이것은 크나큰 착각이었다. 1924년 프랑스와 군사동맹을 맺었지만 프랑스도 영국도 그들을 수호하기보단 오히려 양보를 강요하였다. 이번에도 외교적으로 유리하자 히틀러는 아예 5월을 기점으로 체코 침공 작전인 녹색 작전Fall Grün을 준비하나 군부의 만류로 그것은 이루어지지 않았다. 하지만 그렇다고 포기할 생각은 없었기에 1938년 9월 6일부터 12일까지 이어진 뉘른베르크 연례 전당대회에서 체코 정부를 강하게 압박하며 독일인의 영역을 어서 내놓으라고 대대적으로 협박 같은 공언을 내뱉었다. 히틀러는 체코가 소비에트의 후원을 받고 있기 때문에 주데텐의 독일인들은 자결권이 주어져야 한다고 주장하였다. 그러면서 만일 체코가 독일인의 영역을 포기하지 않는다면 반드시 자신의 손으로 해결하겠다며 사실상의 선전포고를 해대자 유럽 각국은 이를 새로운 대전쟁의 시작으로 받아들여 엄청난 공포감에 휩싸이게 되었다.

고로 체임벌린이 독일에 방문하여 9월 15일, 베르히테스가덴에서 영-독 회담이 벌어지게 되었다. 여기서 히틀러는 체임벌린에게 이 모든 것이 평화를 위한 일이요, 영국과의 관계를 좋게 유지하기 위함이라고 장광설을 내뱉었다. 체임벌린은 히틀러의 말솜씨에 넘어갔는지 그것을 인정하고 오히려 주데텐의 독일 복귀를 인정하겠다고 의견을 밝혔다. 아마도 당시 독일의 여론이 상당히 강경했음을 고려하면 히틀러의 무력 수단 포기는 체임벌린에게 자제심이 분명히 존재하는 정치 지도자로 비추어진 것으로 보인다. 고로 체임벌린은 적당히 독일의 편을 들면 좋게 마무리될 것으로 판단하였고 그렇게 체코슬로바키아의 운명이 결정되었다. 다만 체임벌린의 생각과 달리 이 당시 히틀러는 체코가 계속 거부한다면 결국 무력을 쓸 생각이었다. 녹색 작전의 버튼이 아직 살아있던 것이었다. 그러나 결국 그 옵션은 선택되지 않았는데 영국과 프랑스가 합의하여 체코를 버렸기 때문이었다. 체코 정부는 동맹국들이 자신을 버리자 결국 9월 21일, 영국과 프랑스의 요구를 받아들여 주데텐을 포기하기로 결정하였다. 이제 남은 것은 어떻게 주데텐을 이양하는 것이었는데 히틀러는 바로 군사적으로 접수하길 원하였다. 이것에 대해 논의하는 과정에서 전쟁 위기가 있었으나 무솔리니의 중재로 9월 29일, 뮌헨의 나치당 건물에서 독일, 이탈리아, 영국, 프랑스 간 정상회담을 열기로 결정하였다.

그런데 어처구니없게도 정작 당사자인 체코는 회담에서 제외되었다. 체임벌린은 참석시켜야 한다고 했지만 히틀러의 억지 요구에 체코 대표는 옆방에서 대기하고 연합국 인사들이 말을 대신 전해주는 방식을 택하기로 하였다. 회담 끝에 무솔리니의 타협안으로 평화를 지키자고 결정되었다. 말이 좋아 무솔리니의 안건이지 히틀러가 원하는 대로였으며 결국 주데텐란트을 독일이 예정보다 조금 늦게 (10월 10일 점령으로) 가져가는 것으로 결정되었다. 대신 4개국은 체코의 독립을 보장하기로 하였다. 그리고 체임벌린의 요구대로 공동 성명서를 내기로 하였는데 그 내용은 영-독 평화를 유지하고 나아가 유럽 평화를 지킬 것을 선언하자는 것이었다. 히틀러는 체임벌린이 원하는 대로 친필 서약서를 작성하여 더 이상 영토 야욕을 벌이지 않겠다고 약속하였다. 물론 지킬 생각 따윈 없었으나 체임벌린은 아직까진 히틀러를 정상적인 지도자로 보아서 빼도 박도 못할 증거를 가져왔다고 좋아하였다. 그는 이 친필 선언서를 국민들에게 보여주며 이것이 '우리 시대의 평화Peace for our time'라는, 지금 보면 정말 바보 같은 행동을 모두의 앞에서 기쁘게 보여주었다.

이것이 훗날 뮌헨 협정Münchner Abkommen이라 불리는 사건이며 이 회담의 결과로 나치 독일은 체코슬로바키아의 대부분 국력을 훔치는 데 성공하였다. 석탄의 66%, 갈탄의 80%, 시멘트의 80%, 철강의 70%, 전력의 70%, 화학제품의 86% 등등 상당한 산업기반을 가져왔으며 1만 1천 제곱킬로미터의 영토와 360만에 달하는 인구를 확보하였다. 이것은 나치 독일에게 있어서 크나큰 성공이었다. 만일 녹색 작전을 감행했다면 분명 나치 정권은 붕괴했을 것이다. 당시 아직 독일군 회복이 완성되지 않아서 체코의 방어 라인을 돌파하는 것은 쉽지 않았을 것이다. 그래서 군부는 나름의 숙청을 당했음에도 한스 오스터Hans Oster 장군을 주축으로 히틀러를 몰아낼 계획을 세우기도 하였다. 이것이 9월의 음모Septemberverschwörung로 정말 전쟁이 날 거 같으면 히틀러를 죽일 계획이었는데 실행되지 않았다. 영국과 프랑스가 체코를 버린 덕분에 말이다. 연합국들은 평화를 지켰다고 좋아했다. 하지만 그 대가로 국제연맹의 회원국을 비회원국에게 팔아넘기는 추태를 보였고 그렇게 얻은 평화는 결코 길지 않았다.

앞서 말했듯 히틀러는 약속을 지킬 의향이 전혀 없었기 때문이었다. 그는 독일은 더 이상 영토를 노리지 않겠다고 공표하면서도 체코의 나머지 부분을 노렸다. 스스로도 아는 독일군의 부족한 면모를 채우기 위해선 체코의 공업을 완전히 흡수할 생각이 있었기 때문이었다. 그래서 협정이 체결된 지 열흘도 안 되어 빌헬름 카이텔에게 체코 전역을 점령할 계획을 세우라고 명령하였다. 그리고 동시에 리투아니아에게 넘어간 메멜도 되찾을 것을 검토하였다. (메멜은 리투나이나에게 요구하여 39년 3월에 되찾는다.) 히틀러는 일단 체코의 모든 영역을 병합하기로 했으며 슬로바키아는 분리하여 괴뢰국으로 삼을 것으로 결정하였다. 결국 1939년 3월 15일, 독일군이 프라하로 진군했으며 체코는 저항도 제대로 못 하고 무력하게 병합되어 버리고 말았다. 이틀 뒤 체임벌린은 약속이 깨지자 격노하였고 영국의 언론은 드디어 히틀러를 미치광이로 묘사하기 시작하였다. 하지만 히틀러는 무시하고 3월 31일, 프라하에 입성하여 체코슬로바키아 전역을 차지하는 데 성공하였다. 그렇게 새롭게 흡수된 체코의 남은 영역은 뵈멘-메렌 보호령Protektorat Böhmen und Mähren으로 명명되었으며 총독부가 세워졌다. 초대 총독엔 전 외무부 장관 콘스탄틴 폰 노이라트Konstantin von Neurath가 임명되었다. 뮌헨 협정을 체결하고 불과 5개월 만의 일이었다. 나치 독일은 이번에도 점령 직후 각종 광산이나 제조 기업들을 독일의 국가기업에 흡수하면서 수탈의 이득을 누리게 되었다. 예컨대 대표적으로 유럽의 가장 오래된 자동차 회사이자 수준 높은 전차를 생산하던 스코다SKODA사를 바로 흡수해 독일군의 부족한 면모를 상당히 채워버렸다. 여기서 가져온 대표적인 전차가 LT vz. 38이며 조금 뒤에 있을 프랑스 침공 당시 나치가 동원한 10개의 기갑 사단 중 3개를 체코제로 채워주어 나치가 날뛰는 큰 배경이 되었다.

이렇게 또 한 번, 나치는 외교적 승리를 맛보았다. 다만 문제가 있다면 이젠 연합국이 나치를 봐주지 않을 마음을 가지게 됐다는 것이었다. 그로 인해 나치는 서서히 곤경에 맞닥뜨리게 되었다. 하지만 히틀러는 어차피 유럽을 차지할 욕망을 가지고 있었기에 크나큰 신경을 쓰지 않았고 또 한 번 다음 타깃을 설정하니 그 나라는 바로 폴란드였다.

부활한 독일군

폴란드와의 단치히 회랑 분쟁을 다루기 전에 먼저 독일군의 재무장에 대해 알아보도록 하자. 독일 국방군이 부족한 상황에서 개전했음에도 상당한 활약을 보여준 것은 나치기에 칭찬하긴 어려우나 현재의 우리가 참조할 만한 사항임은 분명해 보인다. 그렇다면 독일군은 지난 전쟁에서 어떠한 교훈을 얻었을까? 결론부터 말하자면 소모전을 피해야 한다는 것이었다. 그러면 어떻게? 바로 압도적인 화력과 기동전으로 적의 주력을 파괴하는 것으로 초기에 결판을 내야 했다. 이러한 작전적 사고는 사실 이전과 다를 바가 없는 것이었다. 그러니 사실 독일군이 궁극적으로 변화했다고는 하기가 어렵다. 그러나 여기에 추가된 것이 있다면 항공기, 전차와 같은 신기술의 발전으로 전제조건인 압도적인 화력과 기동이 이제 가능하다는 것이었다. 특히 전차와 트럭의 발전으로 기동이 다시금 화력을 압도하는 시대가 도래함에 따라 지난 시대의 생각들이 실현이 가능해졌다는 것이 크나큰 전환점이었다. 조금은 망상에 가까웠던 작전적 사고가, 기동과 포위 그리고 섬멸의 삼박자가 이제 가능한 시대가 열리게 되었다.

고로 독일군은 지난 대전의 패배에도 독일 특유의 '작전적 사고'가 틀리지 않았다고 믿었으며 이제 필요한 것은 그러한 생각을 실현할 현실의 밑바탕이었다. 하지만 패전의 대가로 10만으로 축소되고 참모부와 전쟁부를 강제로 폐지당한 독일군은 당장 무엇을 할 수가 없었다. 그러나 젝트나 그뢰너같이 전후 살아남은 유능한 군인들의 노력으로 새로운 국방부에 군무국과 병무국이 설치되어 나름의 개편을 노려볼 수 있게 되었다. 여기서 병무국Truppenamt이 중요하였는데 이들이 참모부를 대체하는 조직이었기 때문이었다. 병무국은 5개의 중요한 부서로 이루어져 있었는데 T1부서는 진군 문제를, T2부서는 군의 조직 문제를, T3부서는 외국군 분석을, T4부서는 훈련 관련 제반 업무를, T7부서는 철도 관련 업무를 담당하였다. 이들은 소비에트와의 협정을 통해 베르사유 조약을 남몰래 우회하며 독일군의 부활을 준비하였다. 다만 눈 가리고 아웅 형식은 한계가 있을 수밖에 없었고 전면적인 재무장이 필요하였다. 그런데 이것을 누군가가 해결해 주니 바로 히틀러의 국가사회주의자들이었다. 나치는 집권하여 군부에 전면적 재무장을 명령하였다. 베르사유 조약 철폐의 여파로 재건된 참모부는 (병무국이 1935년 6월 1일에 재건된 육군 참모부로 재편되었다. 바이마르 시절 국방부의 경우 1935년 3월의 국방법을 통해 제국 시절 같은 전쟁부로 재편되었다. 부활한 참모부는 초기엔 8개의 과로 구성되었다. 토지 측량 및 전쟁사 연구과 같은 전통적인 부서와 새로운 기술이나 보급, 수송을 담당하는 새로운 부서들로 구성되어 복합적으로 재건되었다.) 각종 계획을 수립하고 군을 확충하면서 다시금 다가올 전쟁을 준비하였다.

그리고 이 과정에서 작전적 사고를 더욱 용이하게 이루기 위해 돌파와 기습의 개념이 중요해졌는데 그 흐름 속에서 작전의 성공을 이끌 '기계화부대'가 주목받기 시작했다. 이러한 전차의 중요성을 주장한 인물이 있으니 바로 하인츠 구데리안Heinz Guderian 장군이었다. 그는 1927년, 『기동 부대Bewegliche Truppenkörper』라는 기고문을 통해 전차의 필요성을 처음 언급하였으며 1937년, 『전차를 주목하라!Achtung-Panzer!』라는 저서를 통해 새로운 기갑병과의 역할과 작전술을 이야기하였다. 그는 여러 저작들을 통해 속전속결의 작전적 독트린을 현실화시킬 수단은 전차라고 주장하였다. 다만 육군청장 프롬Fromm 같은 전통주의자들은 보병중심의 전술을 주장하며 처음부터 완전히 받아들여진 것은 아니었다. 그래도 훗날 기갑병과 장성이 되는 발터 네링Walther Nehring이나 발터 슈판넨크렙스Walter Spannenkrebs 같은 장군들이 구데리안의 의견을 도우면서 점점 기갑을 통한 새로운 사상이 독일군을 지배하게 되었다. 전차를 이용한 돌파 부대의 전술적 공격이 작전적 결전으로 확대되어야 하며 여기서 화력의 집중과 기동을 통해 최대한 기습적으로 승리를 쟁취해야 한다고 주장하였다. 여기서 중요한 것은 전차만 돌진할 것이 아니라 공군과 공병, 포병, 차량화 보병부대가 지원하여 빠른 돌파를 이루어야 하며 돌파되면 기갑부대와 예하 사단이 적의 측후방으로 진출하여 포위 작전을 펼쳐야 한다는 것이 주된 논리였다. 이것을 부활한 참모부의 유능한 장성 루트비히 베크가 보강하면서 독일군의 중심 작전으로 자리 잡게 되었다. 여기서 베크는 기갑 사단만 중요하게 여길 것이 아니라 뒤따라갈 보병사단의 움직임도 중요하게 여겼으며 전과확대를 위해 기갑과 보병이 함께 움직여야 한다고 정리하였다. 그렇게 1936년 1월, 베크 장군의 주도하에 48개의 전차대대 창설이 추진되었다.

그런데 국방군의 재건이 순탄하기만 한 것은 아니었다. 블롬베르크 원수의 의도에 따라 전문적이면서도 독립적인 기구가 되어야 할 국방군은 히틀러의 개입으로 독립성이 침해당하게 됐다. 그렇다고 국방부를 대체하여 등장한 빌헬름 카이텔의 국방군총사령부가 독일 국방군을 총괄하여 통합성을 유지한 것도 아니었다. 베르사유 조약 철폐 직후 육해공 각 군은 각자의 참모부를 가졌으며 블롬베르크는 중앙참모부 역할을 할 부처 신설을 통해 이들을 통제하려 하였다. 하지만 블롬베르크-프리치 사건으로 블롬베르크의 의도는 아웃되었고 그 자리를 국방부를 재편한 국방군총사령부가 차지했으나 명칭과 달리 각 군을 통합 지휘하지 않았다. 기본적으로 히틀러가 부여한 임무에 한하여 움직였다. (다만 무장친위대나 군사경찰의 경우 국방군최고사령부의 지휘를 받았다.) 물론 국방군총사령부의 지휘 본부 예하 작전참모국, 이른바 국토방위부Abteilung landesverteidigung라고 불리는 부서가 실질적으로 전군을 작전적-전략적으로 통합 지휘를 했으나 그렇다고 완전한 총참모부가 되진 못하였다. 그래서 육군 최고사령부가 전군의 지휘권을 가지려 했으나 히틀러에 의해 거부되었고 국토방위부장 알프레드 요들이 히틀러에게 직접 보고 및 건의의 권한을 지니게 되었다. 다만 각 군이 국토방위부를 인정하지 않아 전시에는 육군 최고사령부가 사실상 전쟁을 총괄하였는데 이러한 상부 지휘 구조의 난립은 사실 히틀러가 의도한 것이었다. 서로가 견제하게끔 유도하여 권력의 총구가 자신을 노리지 않게 한 것이었다.

이러한 국방군의 면모는 전시에 복합적인 면모를 일으켰다. 그래도 히틀러는 자신에게 대항하지 않는다면 개편을 방해하지 않았고 그 덕에 좋은 결과물도 있었다. 육군 참모부의 경우 39년을 기준으로 5명의 참모차장과 12개의 과로 구성되며 자신의 역할을 확장하고 있었다. (제1참모부가 지휘와 병참을, 제2참모부가 교육 및 행정을, 제3참모부가 편제와 기술을, 제4참모부가 외국군 분석을, 제5참모부가 전쟁분석과 전쟁사 연구를 담당했다.) 이때 브라우히치 장군의 제안으로 실전경험을 최대한 살리기 위해 각 병과에 맞는 별도의 병과 장군을 임명하였다. 따라서 독일 국방군은 보병, 기갑, 포병, 통신, 산악, 공병 등등 각 부문에 전문성을 지닌 장성을 임명하여 더 효과적으로 전투를 수행토록 하였다. 이것은 다른 나라에서도 볼 수 없는 완전히 새로운 것이었다. 그러면서 국법이나 정당과 정치, 종교와 훈육 등등 특수한 분야들을 담당할 특별업무 장군직도 신설하고 임명하여 더욱 전문성을 확보하였다.

그러면서 제병합동의 논리에 따라 기갑과 보병을 도울 공군이 성장을 거듭하였다. 헤르만 괴링에 의해 탄생한 국방군의 공군, 루프트바페Luftwaffe는 스페인 내전을 통해 경험치를 쌓으면서 정예화에 성공해 육군의 든든한 지원군이 되어주었다. 예컨대 슈밤 대형Schwarm formation(전투기 2기로 이루어진 분대를 구성하고 기본적으로 두 개의 분대가 각기 다른 고도에서 일정 간격을 두고 비행하며 서로의 사각지대를 사주경계 해주는 대형)이란 것을 내전에서의 경험을 통해 창안하여 전쟁 초엽 대단한 전과를 올리는 데 성공하였다. 그러면서 효과적인 지상군 지원을 위하여 공군 장교를 지원할 해당 육군부대에 미리 파견하여 항공기를 통제하는 데 도움을 주는 방식을 채택하여 기갑부대의 활약에 결정적인 공헌을 하였다. 다만 히틀러의 요구에 따라 최대한 빨리 군사력을 갖추어야 했기에 전략폭격기에 대한 연구가 미진하여 훗날 영국 항공전에서의 참패 원인을 지금부터 만들기도 하였다.

여하튼 이렇게 히틀러의 요구에 따라 독일군은 과거의 모습으로 재탄생되었다. 다만 체코 합병 당시 히틀러에게 반항할 준비를 할 정도로 아직은 완전한 준비가 된 것은 아니었다. 특히나 해군이 그러하였는데 에리히 레더Erich Raeder 제독의 생각대로라면 완료 시점은 1945년이었다. 그런데 이젠 폴란드 침공 준비를 하라고 명령하니 난감할 노릇이었다. 그래서 군부는 다시금 쿠데타를 해야 할지 고민에 빠져버렸다. 히틀러의 딸랑이 빌헬름 카이텔이 1939년 4월 3일, 폴란드 침공 지시를 수령하였지만 전체적으로 군부는 이 침공에 동의하지 않았다. 그러나 뮌헨 협정에서의 승리가 히틀러에 대한 지지를 너무나도 공고히 해버렸기에 아무도 대들 생각을 못했고 결국 독일과 참모부의 파국으로 가는 길이 열리고 말았다.

회랑 갈등을 통한 갑작스러운 전쟁으로의 길

히틀러는 쉬지 않고 바로 다음 타깃을 찾았다. 그 타깃은 바로 폴란드였다. 히틀러는 폴란드에게 한 가지 제안을 하였다. 먼저 독일인들이 많이 거주하는 단치히 자유시를 독일에 반환할 것, 그리고 본토와 분리된 동부 프로이센을 위한 연결 통로로서, 고속도로와 철도 부설권과 통제권을 달라는 것이었다. 대가로는 10년의 불가침 조약을 20년으로 연장하고 같이 소비에트에 대항하는 동맹을 맺어 쌍방의 안전을 도모하자는 것이었다. 하지만 폴란드는 이러한 조건을 받아들일 생각이 없었다. 오히려 1939년 3월 25일, 단치히 방면으로 군대를 조심스레 배치하면서 사실상 수용을 거부하였다. 그리고 3월 28일에는 독일 대사를 불러서 단치히에 대해 물러서질 않을 것을 대놓고 언급하였다. 폴란드는 다른 국가들과 달리 처음부터 독일에 당당히 대항한 것이다. 그러한 자신감에는 나름의 근거가 있었다. 독일에 유화적이던 체임벌린 총리가 체코 완전 병합에 분노하며 태도를 고친 덕에 폴란드의 독립을 보장했기 때문이었다. 프랑스도 이를 거들었기에 폴란드는 두 강국을 믿으며 독일에 도전했던 것이다.

이러한 폴란드의 반응에 히틀러는 엄청난 분노에 휩싸였다. 특히나 체임벌린 영국 총리의 폴란드 독립 보장 소식에 독재자는 눈이 돌아가 버리고 말았다. 그러한 분노 속에서 히틀러는 4월 3일, 극비리로 군부에 폴란드 침공 작전을 준비하라는 명령을 내리니 그것이 바로 작전명 백색상황Fall Weiß이었다. 이에 따라 국방군최고사령부는 폴란드를 기습 공격하여 단번에 주력을 파괴할 계획을 수립하였고 나치 수뇌부는 모든 준비를 적어도 39년 8월 말까지 마치라고 주문하였다. 그러면서 외부적으로는 폴란드의 뒤를 봐주고 있는 영국을 비난하며 평화의 상징인 영-독 해군 조약을 재설정할 것이라고 협박하였으며 폴란드에겐 그들이 단치히 회랑 문제로 평화를 위협한다고 주장하였다. 이러한 분위기에 폴란드는 영국과의 정식적인 상호원조조약을 체결하기 위해 노력하였고 멀리서 관망하던 미국의 루즈벨트Franklin D. Roosevelt 대통령은 히틀러에게 주변 유럽국을 침략하지 않겠다고 약속해 달라고 호소하였다. 이제 과거와 달리 서방 민주 국가들이 히틀러의 행동을 봐줄 의도가 없었던 것이었다. 다만 여기서 영국의 치명적인 실수가 있었는데 바로 볼셰비즘에 대한 혐오감을 줄이지 못했다는 것이었다. 이 당시 연합국들은 독일에 호통을 쳐도 큰 개입은 하지 못하였다. 그 이유는 대공황의 여파로 인해 여전히 재군비가 완료되지 못했기 때문이었다. 따라서 동부에서 나치에 맞서 싸워 줄 세력이 필요했으며 그것이 소비에트가 되어야 했으나 체임벌린은 소련과의 협력을 주저하였다. 이에 대한 여파로 나치에 대항하여 서방 국가와 동맹을 맺어야 한다고 주장하던 소비에트 연방 외무인민위원 리트비노프Maxim Litvinov가 5월 3일에 해임되었다. 소비에트 연방 지도자 이오시프 스탈린Joseph Stalin은 믿기 힘든 서방 민주 국가들보단 차라리 나치와 타협하는 것이 더 좋겠다고 판단하였다. 나치 독일 정부는 이것을 놓치지 않고 재빠르게 파고들었다. 5월 20일, 독일 대사 슐렌부크르Friedrich-Werner von der Schulenburg와 소비에트 연방의 차기 외무인민위원 몰토로프Vyacheslav Molotov는 모스크바에서 회담을 가졌다. 이러한 양국의 접촉은 곧 폴란드의 대단한 불행이 되었다. 히틀러는 여기에 멈추지 않고 5월 22일에 이탈리아와 강철 조약Stahlpakt이라는 상호원조조약을 체결하며 자신들의 외교적 지위를 한층 더 상승시켰다.

이러한 소식이 영국에도 흘러가자 영국은 다급히 소련과 회담을 통해 밸런스를 조절하고자 하였다. 히틀러는 두 국가가 접촉한다는 이야기에 슐렌부르크를 다시 보내 독일은 소련을 침공할 의사가 없음을 밝혔다. 이제 중요한 것은 스탈린의 결정이었는데 스탈린은 기존의 생각대로 나치와의 타협을 선택하였다. 당시 스탈린의 생각으론 영국과 프랑스가 자신과 타협하는 척하면서 결국 뮌헨에서처럼 나치와 타협할 것이라고 판단하였다. 서방을 믿어 낙동강 오리알이 되느니 차라리 나치와 전략적 제휴하는 것이 나을 것이라고 생각한 것이다. 실로 당시 영국이 재무장이 미진하여 소비에트를 일종의 방패막이, 희생양으로 삼으려는 판단을 한 것을 고려할 때 아주 틀린 판단은 아니었다. 이로써 나치 독일과 소비에트 연방은 새로운 조약을 위한 물밑 협상에 들어갔다. 그러한 협상의 결과가 바로 1939년 8월 23일의 독소 불가침 조약, 이른바 몰토로프-레벤트로프 조약Molotov-Ribbentrop Pact이었다. 이 조약을 통해 양국은 10년간의 불가침을 맺고 경제협력을 통한 상호 이익 증진 갖기로 합의하였다. 겉으로 보기엔 평범했으나 중요한 것은 동시에 이루어진 밀약의 내용이었다. 양측은 향후 전쟁이 발발하면 폴란드를 동서로 분할할 것을 합의하였다. 그리고 동유럽 전체적으로 두 국가가 어떻게 나누어 차지할 지 정하였는데 예컨대 발트 3국 중 에스토니아와 라트비아를 소련이, 리투아니아는 독일이 차지하기로 하였다. 다만 실제론 발트 3국 전부 소련이 가져갔고 대신 폴란드 영토를 좀 더 양보하는 것으로 마무리 지었다. 그리고 전시에 서로 필요한 물자를 교환하기로 하였는데 이로써 나치 독일은 전시에 부족해질 자원에 대한 수급처를 마련하는 데 성공하였다.

이렇게 되자 히틀러는 매우 자신만만해져 버렸다. 자신이 유리한 고지를 차지했다고 판단하며 영국과의 마지막 협상에 나섰다. 단치히와 회랑지대를 독일로 가져오게끔 돕는 대가로 영-독 상호조약을 체결하고 폴란드의 새로운 국경을 인정하며 같이 수호하자고 제의를 보냈다. 하지만 이런 막무가내가 제대로 이루어질 리 없었다. 일단 영국은 독일과 폴란드의 협상을 최대한 중재해 보는 것으로 위기를 넘기려 했지만 제대로 된 합의는 결국 나오지 못하였다. 무솔리니도 여기에 끼어들어 평화를 유지하려 했으나 일은 성사되지 않았다. 확답이 나오지 않았음에도 히틀러는 영국이 군사적 개입을 하지 않을 것을 생각하고 있었다. 왜냐하면 이번 폴란드 회랑 건은 뮌헨 때와 유사한 사건이라고 생각했기 때문이었다. 고로 히틀러는 더욱 당당히 폴란드에게 어서 회랑지대를 내놓으라고 압박을 가하였다. 그러다가 8월 25일, 참다못한 영국이 공식적으로 폴란드에 대한 독립 보장을 선언하자 히틀러는 잠시 머뭇거렸다. 하지만 영국의 공식 선언 직후에 있었던 며칠간의 회담이 지지부진해지자 히틀러는 영국의 전쟁 수행 의지가 낮다고 판단하였다. 확고하게 독일을 압박하지 않은 탓이었다. 게다가 당시 영국과 프랑스의 동원 능력이 낮아 개입한다고 해도 그들이 오기 전에 폴란드를 끝낼 수 있다고 히틀러는 확신하였다. 그렇게 된다면 자신이 더 유리하게 협상할 수 있을 것이라고 생각한 것이다. 따라서 서부에는 44개 사단만 두고 (프랑스의 명목상 100사단을 막기 위해) 전 병력을 폴란드 방면으로 집중하였다. 그리고 다시금 폴란드를 압박했으나 폴란드가 끝끝내 거부하자 히틀러는 8월 31일, 군부에 9월 1일에 폴란드를 침공하라고 명령하였다.

그렇게 1939년 9월 1일 새벽, 독일 국방군의 폴란드 침공으로 다시금 유럽에 전쟁이 발발하게 되었다. 명분은 폴란드가 먼저 슐레지엔의 글라이비츠를 공격했다는 것인데 이것은 친위대의 조작이었다. 9월 3일, 영국과 프랑스가 독일에 당장 폴란드에서 철수하라고 최후통첩을 가하였다. 이에 히틀러는 놀란 반응을 보였으나 받아들이진 않았다. 이미 포메른에서 출발한 4군과 동프로이센에서 출발한 3군이 단치히 회랑을 차지하고 있었기 때문이었다. 즉 이미 국경을 넘은 이상 엎질러진 물이었던 것이다. 결국 하루 뒤 영국과 프랑스가 대독 선전포고를 하면서 전쟁은 세계 대전으로 번지게 되었다. 이러한 히틀러의 결정은 엄연히 침략적이었다. 우발적인 지난 대전과 다르게 엄연히 일방적으로 폴란드의 안보를 위협하였으며 결국 그 오만한 선택이 전쟁을 부르고 말았다.

제9장

결국 다시 일어난 세계 대전

(1939~1945)

백색 상황과 황색 상황

1939년 8월 26일 동원령이 공포되었다. 그리고 9월 1일, 독일 국방군이 폴란드를 기습 침공하면서 다시금 세계 대전이 발발하게 되었다. 독일군은 파죽지세로 바르샤바를 향해 진격하였고 두 국가의 병력 차이와 질적 수준 차이로 독일군의 작전인 백색 상황은 순탄하게 진행되었다. 다만 생각 외로 독일 국민들의 사기는 높지 않았는데 잘못하면 또 한 번 순무의 겨울이 오는 것이 아닌지 걱정했기 때문이었다. 하지만 그렇다고 전쟁 수행에 적극적인 동참을 하지 않은 것은 아니었다. 히틀러의 연기와 (전쟁 직전 독일 주재 영국대사 헨더슨Nevile Henderson에게 부탁해 런던으로 달려가 평화를 주선해 달라고 요청하며 독일인들에게 우리가 피해자임을 호소하는 거짓 연기를 한 바 있다. 당시 독일인들은 히틀러의 꾸며낸 호소를 진실이라 믿었다.) 나치 선전부의 세뇌와도 같은 홍보 덕택이기도 하지만 당시 독일인들이 이번 전쟁을 지난 대전의 반복이라 보았기 때문이었다. 따라서 전쟁의 연쇄를 끊기 위해서, 다음 세대엔 전쟁이 없기 위해서는 반드시 이번 대전에서 이겨야만 한다고 독일인들은 생각하였다. 그런 독일인들의 마음이 인기 없는 전쟁의 시작에 적극적인 동참이라는 아이러니한 결과물을 만들었다.

실로 전쟁 직후만 해도 군이 영국과 프랑스와 싸워야 하냐는 여론이 많았지만 이미 벌어진 전쟁이라는 사실이 독일 국민들이 히틀러를 몰아내는 길을 막아버렸다.

고로 이제 독일의 입장에선 반드시 이번 전쟁은 이겨야만 하였다. 일단 초반의 분위기는 순항 그 자체였다. 갑작스러운 기습 공격으로 9월 1일에 이미 폴란드 공군이 시작부터 박살 난 덕분이었다. 게다가 폴란드군 자체가 기갑화가 마무리가 되지 않아서 지상 지원을 자유롭게 받는 독일 국방군의 전차를 막기가 대단히 힘들었다. 무엇보다 폴란드군은 침공 시점 기준으로 동원도 아직 마무리된 상태가 아니었다. 따라서 독일 국방군은 무난하게 국경지대의 적을 물리치고 9월 3일에 단치히 회랑을 돌파하여 본토와 동프로이센을 연결하는 데 성공하였다. 9월 7일에는 남방에서의 공격이 성공하여 적의 수도 바르샤바에서 36마일 이내까지 진격하는 데 성공하였다. 폴란드군은 기병까지 총동원하며 저항했지만 그저 시간벌기에 불과하였다. 물론 분전이 어느 정도의 성과를 부르기도 하였다. 예컨대 남방에서 작전하던 독일 국방군 8군과 10군이 측면에 있던 폴란드 포즈난 방면군의 후방공격으로 어느 정도 뒤로 밀려나기도 했으니 말이다. 하지만 그러한 저항은 오래가지 못했다. 포즈난 방면군은 금세 역공세로 9월 19일, 10만의 병력이 거의 포로로 잡히는 실패를 맛보게 되었다. 다른 방면도 마찬가지였다. 결국 포즈난 방면군이 무너지기 이틀 전인 9월 17일, 바르샤바는 독일 국방군에 의해 포위되고 말았다. 국방군은 빠르게 끝내기 위해 도시에 대대적인 폭격을 가하였고 끝내 9월 27일, 폴란드는 항복하고 말았다. 한 달도 되지 않아 무너진 것이었다. 이렇게 빨리 무너진 것에는 소련의 도움이 컸었다. 9월 17

일, 독소 불가침 조약의 비밀 협정에 따라 폴란드를 나누기 위해 소련이 폴란드 동쪽에서 공세를 가했기 때문이었다. 독일군도 오는데 소련군까지 막아낼 힘은 당연히 폴란드군엔 없었다. 그렇게 독일 국방군은 단 1만 3,981명의 사상자만 내며 폴란드 점령에 성공하였다.

이렇게 빠르게 폴란드 방면의 백색 상황이 종료되자 히틀러는 의기양양하게 10월 6일, 국가 의회 연설을 통해 자국 군대를 치하하고 동시에 영국과 프랑스에 평화를 제의하였다. 히틀러는 자신은 영국과 프랑스의 영토에는 관심 없다고 말하며 평화 회담을 제안했으나 히틀러의 사기행각에 그간 놀아났던 영국과 프랑스는 일언지하에 그 말을 거절하였다. 오히려 연합국은 겨울 전쟁Winter War으로 소련에 대항하는 핀란드를 지원하며 북유럽을 양보하지 않겠다는 의지를 보였다. 이에 히틀러는 독일의 전시경제를 지탱해 주는 스웨덴의 철광석 수입이 위협받고 나아가 노르웨이의 중립이 상실될 수 있다고 판단, 그나마 재건된 해군을 통해 스칸디나비아를 차지할 생각을 품게 되었다. 비록 해군이 재건 중 전쟁이 터졌지만 노르웨이를 차지한다면 그들의 항구를 이용하여 잠수함을 통해 영국을 노리는 통상파괴전이 수월하게 수행될 수 있었다. 그렇다면 적을 굶겨 협상을 노리는 것도 불가능이 아니었다. 고로 히틀러는 덴마크 침공계획을 승인하면서 동시에 노르웨이 침공도 지시하니 그것이 바로 1940년 4월에 개시된 베저위붕 작전Unternehmen Weserübung이었다. 그러면서 동시에 프랑스 침공 작전도 준비하는데 이것이 프란츠 할더 참모장의 황색 상황Fall Gelb이었다. 물론 조금 뒤 수정되긴 하지만 그 내용은 기본적으론 슐리펜 계획의 재탕이었다. 히틀러는 어서 프랑스도 점령해야 한다고 주장하며 벨기에를 넘어 우회하면 된다고 주장하였는데 이에 장성들은 기겁하며 반대하였다. 당시 국방군 장성들은 2년 내로 프랑스를 상대하는 것은 무리라며 판단하고 있었다. 그만큼 국방군의 상황은 겉으로 보이는 것에 비해 아직 완전히 강성해진 상태는 아니었다. 고로 국방군은 이런저런 이유를 대며 39년 겨울 동안 29차례나 히틀러의 공격 지시를 연기하였다. 하지만 히틀러는 자신의 생각을 굽힐 의향이 없었기에 국방군은 고민에 빠졌다. 히틀러를 만족시킬 묘안을 찾을지 아니면 암살할지 말이다.

일단 나치 정부와 독일 국방군은 기본적인 조치를 먼저 취하며 영국과 프랑스에 대항하였다. 가장 시급한 조치는 바로 배급 시스템의 안정적인 구축이었다. 국경지대의 마을들을 소개하여 피란민들을 안쪽으로 들여보내면서 동시에 기존 국민과 피란민들을 혼란에 빠지지 않게 적절한 배급을 할 필요가 있었다. 순무의 겨울을 다시 겪는다면 제국의 몰락처럼 나치 정부도 몰락할 수밖에 없었다. 고로 나치 정부는 배급 카드를 나누어주고 물자의 흐름을 통제하였는데 문제는 국내에 부족한 것들이었다. 예컨대 구두 생산에 필수적인 가죽의 경우 독일 국내에 부족하여 평시 외국의 수입에 의존하고 있었다. 먹을 것인 육류도 북미에서 수입하여 물자가 줄어들자 결국 나치는 최대한 줄여 쓰는 것으로 대응하였다. 그래도 전쟁 첫해에는 국민들이 정부의 조치에 협조하였기에 민간 소비가 11% 줄어드는 것으로, 식단을 단조롭게 하는 것으로 겨우겨우 넘기는 것에 나름 성공하였다. 하지만 이것이 영원할 순 없었다. 국민들은 협조는 하지만 동시에 불만을 품었고 어떤 이들은 부족하다고 아우성을 치기도 하였다. 전쟁 초엽 나치 정부는 주로 군수산업에 종사하는 중重노동자에게 가장 많은 배급을 하였는데 당시 하루 4,200칼로리를 중노동자들은 부여받았다. 평범한 노동자들은 2,400칼로리에 해당하는 양을 배급받았는데 이는 당시 독일인들의 통상적인 하루 평균 칼로리인 2,750에는 모자라는 양이었다. 따라서 다수의 국민이 서서히 불만을 호소하였다. 하지만 전쟁으로 인해 전시체제가 가동됨에 따라 일요노동이 일시적으로 의무화되어 중노동자들이 오히려 체중이 감소하고 있는 것을 볼 때 나치는 나름대로 합리적인 대우를 하고 있던 것이라 불만에 대응할 방법이 없었다. 따라서 빠르게 승리하는 것 말곤 답이 없는 상태인지라 나치 독일 정부는 불안함에 빠졌고 더더욱 국방군에게 어서 승리할 비책을 마련하여 적들을 분쇄하라고 명령하였다.

이러한 상태에서 먼저 1940년 4월, 스칸디나비아 전역이 발발하였다. 먼저 노르웨이로 갈 길목이 필요하여 독일 국방군은 4월 9일 새벽에 덴마크 국경을 넘었다. 국방군은 국경을 넘는 동시에 수도 코펜하겐에 폭격을 가했는데 덴마크군의 무장 상태는 독일에 비해 매우 허약했기에 몇 시간 만에 바로 항복하고 말았다. 그렇게 국방군이 덴마크를 차지하는 시각 동시에 해군과 상륙부대는 노르웨이의 수도 오슬로Oslo와 노르웨이의 주요 항구 도시에 기습상륙을 감행하였다. 노르웨이군은 나름대로 독일 전쟁해군Kriegsmarine의 순양함 블뤼허호를 격침하며 저항했지만 힘의 차이는 지대하여 소국으로선 대국의 군대를 막기엔 역부족이었다. 고로 영국과 프랑스의 도움이 필수적이었는데 때마침 4월 18일과 23일, 트론헤임Trondheim의 해안에 영국과 프랑스의 연합군 1만 2천 명이 상륙하여 노르웨이를 돕기 위해 움직였다. 그리고 4월 23일에 구드브란드스달Gudbrandsdal에서 독일군과 부딪히는데 이 최초의 접전에서 국방군이 적을 물리치는 데 성공하였다. 결국 연합군 상륙부대는 5월 3

일, 남소스Namsos 방면으로 물러나게 되었다. 하지만 육지에서와 달리 바다에서는 압도적인 영국 해군의 활약으로 독일 전쟁해군은 추가 병력 수송에 난항을 겪고 있었다. 4월 10일과 13일에 있었던 나르비크 해전 Schlacht um Narvik으로 전쟁해군은 막대한 피해를 입게 되었다. 영국의 항공모함 글로리어스를 침몰시키는 성과도 거두긴 했으나 순양함 3척과 구축함 10척이 침몰하며 분전에도 전략적으로 큰 손실을 입게 되었다. 연합군 해군은 항공모함 1척, 순양함 2척, 구축함 9척을 잃었는데 갓 재건된 전쟁해군이 나름대로 성과를 올린 것은 확실했으나 문제는 그나마 가지고 있던 것을 죄다 잃어버렸다는 것이었다. 하지만 연합군은 노르웨이에서 물러날 수밖에 없었는데 독일 국방군의 5월 10일 프랑스 침공으로 주력군을 차출할 수 없었기 때문이었다. 고로 육지에선 패배했지만 해전의 승리로 아직 끝은 아님에도 연합군은 병력을 본토 방위를 위해 철수시켰다. 그렇게 적이 물러난 덕에 국방군은 무난하게 노르웨이를 점령하는 데 성공하였다. 이미 노르웨이 왕실은 4월 10일에 항복을 선언하고 망명을 간 상태인지라 나치 정부는 현지의 파시스트인 비드쿤 크비슬링Vidkun Quisling의 협조를 받으며 협력 정부를 구성하였다. 그렇게 4월 24일, 민정 통치기관인 노르웨이 국가판무관부Reichskommissariat Norwegen가 성립되었다. (다만 덴마크의 경우 바로 항복하여 협조하였기에 국가판무관부가 아닌 보호령이 되었다.)

결국 연합군의 빠른 포기로 베저위붕 작전이 순탄하게 성공한 것인데 사실 연합군은 그럴 수밖에 없었다. 국방군 수뇌부에서 새롭게 채택된 작전이 놀라운 모습을 보여주었기 때문이었다. 그것이 황색 상황이 조금 수정된, 이른바 낫질 작전Sickle cut(후일 처칠이 붙인 명칭이고 정확히는 만슈타인 계획)이며 입안자는 서부 방면 A집단군 참모장 에리히 폰 만슈타인 Erich von Manstein 장군이었다. 그의 적의 허를 찌르는 작전 과정은 훗날 '전격전Blitzkrieg'이라고도 불리게 되는데 사실 당한 연합국이 과대평가한 것이지만 독일 특유의 기동전이 있었음은 부정하기 힘들다. 그렇다면 낫질 작전은 과연 무엇인가? 간단히 말하자면 굴을 하나 더 파자는 것이었다. 일단 서부에 3개의 집단군을 형성하는데 A집단군은 아르덴 방면에, B집단군은 네덜란드 방면에, C집단군은 마지노선 방면에 배치하고자 하였다. 그리고 B집단군이 네덜란드 방면으로 슐리펜 계획처럼 움직이고 C집단군이 마지노선에서 적의 시선을 끄는 동안 A집단군이 10개의 기갑사단을 중심으로 빠르게 아르덴 숲을 지나 벨기에 방면에 있는 적의 주력 후방으로 침투하여 거대한 포위망을 구축하자는 것이었다. 후방 돌파에 성공 후 A집단군이 B집단군과 함께 연합국 주력을 포위 섬멸한다면 전쟁은 아주 간단하게 끝낼 수 있다는 논리였다. 이 구상을 전해 받은 히틀러는 이 작전이 최고의 묘안이라 극찬하였고 최고지도자의 의중에 따라 5월 10일 새벽, 준비가 끝난 대로 독일 국방군 서부 집단군들은 작전을 개시하였다.

그렇게 국방군 서부 집단군은 네덜란드와 벨기에, 룩셈부르크를 한 번에 공격해 들어갔다. 다만 처음부터 일이 잘 풀린 것은 아니었다. 일부 기갑부대는 프랑스 기갑부대에 잠시 밀려나기도 하였다. 게다가 벨기에가 자신들의 우안에 구축해 둔 요새 라인에 대한 폭격은 생각보다 큰 성과를 얻지 못하였다. 그럼에도 독일 국방군은 서서히 돌파를 이룩해 가는 데 공수부대의 활약이 컸던 덕이었다. 공수부대의 활약으로 작전 첫날 벨기에의 주요 요새를 함락시키는 데 성공하였는데 이로써 벨드베첼트Veldwezelt와 브로엔호벤Vroenhoven의 중요한 교량을 획득함으로써 기갑사단이 벨기에의 중앙부로 진격할 길이 열리게 되었다. 그러한 덕택에 딜Dyle강을 향한 연합군의 부대 전개는 역으로 독일 국방군에게 측면을 노출해 주는 결과를 만들었다. 국방군은 벨기에군을 측면 포위하면서 프랑스 국경과 뫼즈강을 향해 진격하였다. 연합군은 이에 마땅히 대응해야 했으나 벨기에 방면에 대한 재배치 계획이 3주짜리 계획이었기에 갑작스럽게 대응하기 힘들었다. 게다가 연합군 공군이 아르덴 숲이 아닌 다른 곳을 주시하고 있어서 독일 기갑 선봉 부대에 대한 정보도 미흡하였다. 고로 적절한 대응을 하지 못하였고 A집단군은 이 기회를 놓치지 않고 진격을 거듭하였다. 하지만 그렇다고 프랑스군도 바보가 아니었던지라 5월 11일, 자신의 2군을 최대한 집결시켜 뫼즈강을 넘으려는 적에 맞섰다. 그런데 여기서 독일의 루프트바페가 대단한 활약을 보여주었다. 5월 13일, 폭격기를 무려 3,940회 출격시키며 융단폭격을 가하였고 나름 충격적인 피해를 주는 데 성공하였다. 물론 포좌나 벙커들을 전부 박살 내진 못했지만 심리적 충격으로 그들의 대응을 늦추는 데는 성공하였다. 그런 덕에 기갑부대는 무난하게 도강을 시도했고 곧 건너갈 길 하나를 찾는 데 성공하였다. 프랑스군은 도강을 막으려고 최대한 반격했으나 이내 구데리안 기갑부대의 대응으로 물러나고 말았다. 그렇게 독일 A집단군 기갑부대는 뫼즈강을 넘어 스당으로 향했고 이 소식에 프랑스군은 공황에 빠지고 말았다. 특히나 제7기갑사단 사단장 에르빈 롬멜 Erwin Rommel의 활약으로 도강 후 사흘 동안 독일 기갑 선봉 부대가 무려 100km 넘게 프랑스를 향해 진격해 상브르강을 건너자 연합군의 사기는 땅바닥에 떨어지고 말았다. 후방이 독일 국방군에게 무방비 상태로 노출되어 버렸기 때문이었다. 지나치게 빠른 진격에 히틀러와 국방군 수뇌부는 5월 17일, 진격을 멈추라고 했지만 최전선 장군들은 이를 무시하고 공군의 근접 지원을 받으며 독립적인 타격부대로서 적의 후방부대를 꾸준히 분쇄하며 최대한 안쪽으로 파고들어 갔다. 그러면서 기존 계획에 따라 북서 방면으로 방향을 돌리면서 벨기에 방면에 있던 연합군 주력부대의 측면으로 파고들어 갔다. 연합군은 이 상태를 놔둘 수 없었기에 5월 21일, 아라스에서 모든 전차를 쥐어짜 달려오는 롬멜의 기갑부대를 공격하였다. 이 공격에 롬멜은 대단히 놀라며 당시 연합군이 가진 힘을 고평가하였다. 하지만 그것은 괜한 우려였다. 더 이상 연합군엔 여력이 없었는데 이미 20일 구데리안 장군의 병력이 솜강 어귀의 아브빌Abbeville에 도달하여 낫질 계획의 의도대로 사실상 연합군을 두 쪽으로 쪼개버리는 데 성공하였기 때문이었다. 그 과정에서 많은 연합군 후방부대가 사기를 잃어 도망치거나 항복해 버려서 연합군은 빠른 대응을 하기가 힘들었고 이는 국방군의 대단한 행운이 되었다.

결국 낫질 계획이 성공하여 연합군 주력이 포위 위기에 처하자 영국의 수상 처칠은 결단을 내리게 되었다. 다이나모Dynamo 작전을 통해 항구 도시 됭케르크Dunkirk에 잔존 병력을 모아 본토로 후퇴를 결정한 것이었다. 이 계획은 무난히 성공하는데 히틀러가 아라스 역공에 우려를 표하며 다시금 정지 명령을 내렸기 때문이었다. 그 명령에 최전선 기갑부대 장군들도 5월 26일까진 재정비와 후속 보병부대의 도착을 기다리기 위해 멈추었고 그 시간이 영국 원정군을 살리게 되었다. 하지만 영국군은 살아남았을지언정 나머지는 그러하지 못하였다. 결국 벨기에군은 5월 27일에 항복을 해버렸으며 고립된 60개 사단의 프랑스군은 5월 28일, 아브빌을 돌파하여 포위 섬멸당하는 것을 피하려 했지만 실패하고 말았다. 결국 포위된 프랑스의 주력부대는 서서히 파괴되어 갔다. 그렇게 낫질 계획을 성공시킨 국방군은 6월 9일, 엔강 방면으로의 공격을 개시하였다. 이에 6월 10일 프랑스 정부는 파리를 비무장 도시로 선언하고 다급히 수도를 떠났다. 주력부대 파괴로 프랑스 북부는 무방비 상태가 되었고 6월 14일, 무난하게 독일 국방군은 파리에 입성하게 되었다. 그다음 날엔 국방군 제7군 보병사단이 라인강 너머 스트라스부르를 장악하며 사실상 마지노 라인을 무력화시켰다. 이에 6월 18일 페탱 원수가 이끄는 프랑스 신정부가 나치 독일에 휴전을 요청하였다. 사실상 프랑스 전역이 종결된 것이었다. 그렇게 6월 21일, 콩피에뉴에서 협정이 체결되는데 아직 영국과의 전쟁은 종결되지 않아 파리를 포함한 프랑스 북부와 서부의 대서양에 접하는 지역을 독일이 전쟁 종결까지 통치하기로 하였다. 그리고 프랑스 육군은 10만으로 제한당하고 '점령 비용'은 프랑스 예산에서 충당하기로 하였다. 대단히 굴욕적이지만 페텡 원수는 도주한 정부를 대신하여 치욕을 참는 것이 자신의 숙명이라 생각하며 이 조건들을 받아들였다.

비록 영국이 남긴 했지만 이로써 서부 전선은 일단락되었다. 프랑스까지 집어삼킨 독일은 프랑스의 막대한 자원을 손에 넣으며 (이로써 전시배급 문제도 해결되었다.) 진정한 군사 강국으로 발돋움하게 되었다. 이제 국력은 영국을 뛰어넘게 되었고 영국은 단독으로 독일을 무너트릴 힘이 없기에 섬을 지키며 외로운 싸움을 이어 나가게 되었다. 그렇게 작전 개시 6주 만에 독일 국방군은 승리를 거머쥐게 되었다. 이 결과에 따라 히틀러는 독일 국민들의 열광적인 지지를 얻게 되었고 그를 의심하던 군 장성들도 히틀러를 추종하기 시작했다. 그렇다면 어찌 이렇게 쉽게 프랑스가 무너진 것일까? 우리의 오해와 달리 당시 프랑스군은 분명히 독일군보다 강했다. 전차의 품질과 수만 보더라도 그러하였다. 예컨대 당시 국방군의 4호 전차는 나쁘지 않았으나 포의 화력이 분명히 프랑스 전차에 비해 뒤처진 상태였다. 전차의 숫자는 2,400대로 프랑스의 3,000대에 비해 밀렸었다. 하지만 두 가지 요소가 독일 기갑부대의 맹렬한 진격을 도와주었다. 하나는 무전기의 존재고 하나는 독일 항공기의 놀라운 활약이었다. 다른 국가와 달리 구데리안의 아이디어로 독일 전차들은 '무전기'를 달고 있어서 빠른 대응이 가능하였다. (여기서 휴대용 암호 생성기 에니그마Die Enigma가 놀라운 활약을 보여주었다. 다만 앨런 튜링의 활약으로 42년을 기점으론 효과를 보진 못하였다.) 이는 신속한 전개를 가능케 해주었다. 그리고 연합군과 달리 다양한 기종이 아니라 메서슈미트Messerschmitt 109기와 융커스Junkers 87기의 성능에 집중한 독일 공군은 가공할 지상 방공능력을 보여주며 기갑부대의 진격을 도왔다. (물론 하인켈Heinkel이나 도르니에Dornier 같은 다양한 폭격기들이 있었으나 중요한 것은 메서슈미트의 개조에 집중하여 공중우세 전투기가 확립되었다는 것이다.) 독일 기갑부대는 공군의 근접 지원 덕택에 독립적인 타격부대로서 적의 후방을 교란하는 데 성공했다. 구데리안은 지상군과 공군의 연락망을 구축하여 기갑부대가 요청하면 바로 급강하 폭격기가 신속하게 적의 진지를 파괴하고 뒤이어 기갑부대가 적의 후방을 파고들어 가는 전술을 만듦으로써 국방군의 승리에 지대한 공헌을 하였다. 이렇듯 공군의 활약과 전차의 적절한 활용이 승리를 만든 것이었다.

다만 불행한 점이 있다면 하필이면 국방군이 충성하고 승리를 만들어준 정부가 나치 정부였다는 것이며 이는 전쟁을 더욱 참혹하게 만들어주었다. 여하튼 그렇게 다시 일어난 세계 대전의 1막이 독일 국방군의 승리로 종결되었다.

영국 항공전과 사막의 여우, 그리고…

승리한 히틀러는 의기양양하게 처칠에게 평화협정을 제의하였다. 그러나 7월 14일, 처칠은 영국 혼자서라도 나치에 맞설 것임을 선언하며 그 제의를 거절하였다. 나치에 대항하는 저항의 불씨를 꺼트리지 않은, 정말 위대한 판단을 내린 것이다. 하지만 히틀러는 그 판단에 코웃음 쳤다. 서유럽을 장악한 독일을 상대로 영국이 이길 리 없었으니 말이다. 일단 히틀러는 군부에 영국 침공을 준비하라고 명령하였다. 침공이 개시된다면 주력이 될 공군에게는 최종적으로 8월 1일, 영국 공습의 명령을 내렸다. 그런데 그 전날엔 육군에게 소련 침공 준비를 지시했는데 이는 당시 히틀러가 영국과 소련, 두 가지 침공 루트를 고려하고 있었기 때문이었다. 당시 히틀러는 영국의 경우 바다로 가로막혀 있기에 공군이 활약해도 넘어가기 힘들 것으로 생각하였다. 그렇다면 영국의 잠재적 동맹국을 박살 낸다면 자연스레 화평을 해오리라고 생각하였다. 서유럽에 이어 동유럽마저 장악한다면 천하의 미국이라도 유럽에 상륙하는 것은 불가능할 것이 분명하였으니 말이다. 그런데 그런 고민을 할 시점에서 괴링의 자신감이 영국 침공의 판단에 영향을 주었다. 공군을 지도하던 헤르만 괴링은 공군으로 충분히 부족한 해군력을 메울 수 있다고 주장하였다. 그의 주장에 히틀러는 노르웨이부터 서부 프랑스의 해안까지 공군기지를 건설하고 영국을 침공하라고 명령하였다.

그렇게 1940년 8월 13일, 본격적으로 영국 공습 작전이 시작되었다. 독일 공군들은 지도자의 명령에 따라 적의 공군기지를 우선으로 타격하였고 우수한 공중우세의 힘으로 초반에는 큰 성과를 거두었다. 8월 19일의 독일 공군 보고서에 의하면 독일 항공기가 174대가 피해를 입을 동안 영국 항공기는 624대가 격추되었다고 한다. 그 성과를 보고 받자 나치 수뇌부는 그날 저녁부턴 항공 산업 공장들을 위주로 공격에 나서라고 명령하였다. 산업기반을 부수라는 명령은 점차 런던과 같은 대규모 도시들에 대한 폭격을 하게 만들었다. 그리고 그러한 폭격들은 영국에 나름 큰 피해를 주었다. 그런데 서서히 독일 공군은 공중우세를 잡고도 서서히 교착상태에 빠져버리게 되었다. 왜냐하면 급조된 해안가의 공군기지에서 50마일에서 100마일을 날아와서 싸워야 하는 독일 공군에 비해 영국 공군은 바로바로 하늘에 투입이 될 수 있기 때문이었다. 당시 메서슈미트 109의 항속거리가 125마일 정도인 것을 고려하자면 독일 공군은 자기 힘을 발휘하기 힘들었다. 게다가 당시 영국 공군은 전투기에 비해 승무원이 부족할 정도로 독일 공군에 비해 전투기 여유분이 많았기 때문에 빼앗긴 공중우세를 점점 되돌릴 수 있었다. 영국의 경우 스핏파이어Spitfire와 허리케인 전투기를 각각 600대씩 유지가 가능했지만 이에 대항할 메서슈미트 전투기는 800대를 유지하기 힘들었다. 여기에 독일 공군은 공격자 입장이라 폭격기에도 비중을 두어야 하니 더더욱 우세를 계속 점하는 것을 힘에 부쳤다. 그래도 8월 24일부터 9월 6일의 피해를 보자면 영국 항공기는 290대의 피해, 독일 항공기는 380대지만 절반만이 전투기임을 고려할 때 9월 초의 전투까진 상황이 독일에 나쁘진 않았다. 하지만 9월 15일, 런던을 노리는 200여 대의 독일 항공기가 60대의 피해를 입고 극적인 패배를 당하며 상황은 역전되기 시작하였다. 결국 9월 17일, 히틀러는 적의 저항 의지를 부수기는 힘들다고 판단하여 영국 상륙작전인 바다사자 작전Unternehmen Seelöwe을 무기한 연기하기로 결정하였다. 물론 그 이후로도 대서양을 중심으로 공군과 잠수함의 전투는 지속되었다. 8월과 9월의 피해만 보자면 독일 공군 전투기 손실은 668대, 영국 공군 전투기 손실은 832대로 오히려 영국의 피해가 컸었다. 그러나 레이더를 통한 기술혁신으로 영국 공군이 완전히 억눌려지지 않았고 결국 상륙의 발판은 만들어지지 않았다. 오히려 많은 공군 에이스를 상실하며 나치는 사실상 패전의 길을 열어버리고 말았다.

하지만 여전히 나치가 유리한 것은 사실이었다. 나치 독일의 영국에 대한 공군 압박은 한발 물러났지만 잠수함을 통한 영국 본토 공격을 개시하며 적에게 무시하지 못할 압박을 가하였다. 카를 되니츠Karl Dönitz가 이끄는 전쟁해군의 잠수함 부대는 프랑스의 대서양 연안 항구를 차지하자 영국으로 가는 모든 호송선단을 타격할 수 있게 되었다. 되니츠는 이리떼 전술Wolfsrudel(잠수함들이 '떼'를 이루고 하나의 사슬처럼 일정 간격을 두면서 배치되어 있다가 해안기지의 무선 지령을 받으면 호송선단이 있는 곳으로 달려가 한 번에 공조 습격을 하는 방식)을 구축하여 영국의 숨통을 적어도 1943년 중반까지 제대로 조여 버렸다. 이에 영국은 잠수함 탐지에 능해질 때까지 간신히 대서양의 보급로를 부분적으로 보호하는 것으로 버텨나갔다. 잠수함의 활약은 정말 대단했는데 41년의 경우 150만 톤을, 42년의 경우 3개월 만에 125만 톤을 침몰시켰다. 당시 영국의 새로 건조되는 함선의 톤수가 100만 톤이 안 되는 것을 생각하면 영국은 그야말로 굶어 죽기 직전으로 몰리고 있었다.

이런 불리함 속에서 영국은 이집트마저 위협받게 되었다. 이탈리아 왕국군의 요청에 따라 1941년 2월 12일, 훗날 사막의 여우Wüstenfuchs라고 불릴 에르빈 롬멜 장군이 이끄는 아프리카 군단이 트리폴리에 도착한 것이었다. 이탈리아 왕국군은 나치 독일이 프랑스에서 승리를 거두자 1940년 6월 10일, 프랑스에 선전포고하며 일부 영토를 갈취하는 데 성공하였다. 그러나 무솔리니는 이것에 만족하지 않고 8월에는 북아프리카 전역을 벌이며 이집트를 빼앗으려 하였고 10월에는 그리스를 침공하며 자신도 유럽의 강국이 되고자 하였다. 그러나 북아프리카 전선은 웨이벌Wavell 장군의 역돌격에 막혀버렸고 그리스 침공도 지지부진하자 무솔리니는 히틀러에 구원을 요청하였다. 1940년 11월 11일에는 이탈리아 남부 항구 타란토Taranto가 공습을 당하며 막대한 피해를 입는 추태를 보이자 보다 못한 히틀러는 페타르 2세Petar II의 친서방 정부가 세워진 유고슬라비아 왕국을 침공할 준비를 하며 (보라 미르코비치Bora mirkovic 장군의 쿠데타로 친추축 정부를 이끌던 파블레Pavle 섭정공이 축출당하고 기존의 국왕이던 페타르 2세가 실권 없는 얼굴마담으로 세워졌다.) 각지에 최대한 빨리 지원군을 급파하게 되었다. (결국 유고슬라비아와 그리스는 1941년 4월 6일의 독일 국방군 침공으로 유고의 경우 11일 만에, 그리스의 경우 그해 6월에 점령되었다.) 그렇게 이집트 방면에 사막의 여우가 도착한 것이었다.

롬멜 장군은 트리폴리에 도착하고 40일 만인 1941년 3월 24일, 바로 영국군에 대한 공세를 시작하였다. 사막전은 처음이었고 아직 물자가 전부 도착한 것은 아니나 스당 돌파 당시의 맛을 알아버린 롬멜은 적에게 기습을 가하기로 하였다. 롬멜은 영국군이 이탈리아군을 공격하면서 빌어진 틈을 놓치지 않았고 방어가 취약한 부분을 중심으로 강렬한 공세를 가하였다. 4월 3일, 롬멜의 사막군단은 벵가지Benghazi를 점령하였으며 11일에는 웨이벌의 공세가 시작된 시점까지 밀고 들어가는 데 성공하였다. 그리고 얼마 안 가 호주군 9사단이 지키고 있던 토브룩Tobruk 요새까지 역으로 포위하는 데 성공하였다. 물론 부족한 보급 상황에서 밀고 들어간 것이라 상당히 위태로웠지만 이탈리아의 영역으로 들어온 영국군을 밀어내는 데는 성공하였다. 이에 웨이벌 장군은 암호명 싸움 도끼 작전을 입안, 롬멜의 사막군단을 몰아내려고 했지만 독일 88밀리미터 대전차포의 활약과 적절한 기갑부대의 역공세로 오히려 패퇴하고 말았다. 이에 따라 7월 5일, 영국군 이집트 방면 사령관은 클로드 오킨렉Claude Auchinleck 장군으로 교체되었으며 롬멜은 위태롭긴 하지만 일단 이탈리아 왕국군을 일차적으로 구원하는 데 성공하였다.

하지만 롬멜의 보급은 아슬아슬했기에 새로운 사령관인 오킨렉 장군은 이를 노려 포위된 토브룩 요새를 구원하고자 하였다. 41년 11월 18일, 거의 700대에 달하는 전차를 준비하여 물량으로 롬멜을 몰아세우는 십자군 전사Crusader 작전이 시작되었다. 독일과 이탈리아의 아프리카 병력은 400여 대의 전차를 가지고 있었기에 롬멜은 불리하였다. 이에 롬멜은 후퇴했지만 역으로 적의 보급선이 길어지자 바로 역공세를 가하였고 42년 1월 말엽, 양쪽 군대는 가잘라Gazala에서 멈추게 되었다. 그곳은 영국군이 이번 작전을 통해 빼앗은 영역의 절반 정도로 후퇴한 지점이었다. 하지만 휴지기는 길지 않았다. 재정비를 좀 더 빨리 마친 롬멜이 5월 27일 선수를 쳤고 가잘라 전투가 벌어졌다. 여기서 롬멜은 직접 영국군 진지선 안으로 치고 들어가는 모험을 감행하였는데 이 무모한 행동이 성공하며 가잘라 전투에서 승리를 거두었다. 이로써 영국군은 리비아에서 패퇴하게 되었으며 6월 21일에 드디어 토브룩 요새가 롬멜의 손에 떨어지게 되었다. 다만 무모하였기에 생각보다 독일 아프리카 군단의 희생은 컸었다. 그래도 토브룩에서 많은 보급품을 취하여 여유가 생긴 롬멜은 바로 알렉산드리아를 노려보기로 결정하였다. 그렇게 1차 엘 알라메인El Alamein 전투가 벌어진 것인데 롬멜은 주변의 만류를 들었으나 끝내 고집을 피웠다. 왜냐하면 독일 본토에서 리비아까진 거리가 너무 멀어 시간이 흐를수록 보급의 차이로 불리해질 것이 뻔했기 때문이었다. 게다가 영국 지중해 해군이 트리폴리 항구로 향하는 호송선단을 꾸준히 파괴하고 있어서 시간을 끈다는 것은 곧 자살 행위에 가까웠다. 하나 7월에 벌어진 엘 알라메인 전투에서 롬멜은 지형적 불리함으로 독일 특유의 우회기동을 하지 못해 결국 실패하고 말았다. 영국군은 큰 피해를 보았지만 끝내 이집트 수호에 성공하였고 이러한 결과로 북아프리카 전역은 점점 국방군 아프리카 군단에 불리하게 돌아가기 시작하였다.

아마 필자가 보기에 롬멜에게 보급이 충분하고 병력이 본토에서 좀 더 왔다면 결과는 달라졌을 것으로 보인다. 그렇다면 히틀러는 왜 충분한 지원을 못 했던 것일까? 후대의 인식과 달리 최대한 아프리카 군단에 지원을 해준 히틀러지만 새로운 전역으로 도움을 주는 것에 한계가 있었기 때문이었다. 그 새로운 전역이 바로 동부 전역으로 엄청난 규모로 인해 아프리카 전역은 후순위로 밀려났다. 이 전역이 열린 이유는 바로 영국 항공전의 실패 때문이었다. 영국 침공이 실패로 마무리되자 히틀러는 영국을 협상 테이블로 데려오기 위해 처음에 고려했던 소련 침공이란 카드를 골라버렸다. 무엇보다 소련은 독일과의 이면 합의에 따라 발트 3국을 강점하고 루마니아의 베사라비아 지역을 강탈하며 영역을 확장하였는데 히틀러와 나치 독일에게 이것은 생각보다 큰 위협으로 느껴졌다. 왜냐하면 물론 합의에 따른 결과긴 하지만 국경의 변화가 전략적으로 소련에게 진출이 유리하게끔 조성되어 안보적으로 불리해져 버렸기 때문이었다. 국력의 차이도 고려했을 때 공산주의자들이 영원히 믿을 만한 세력이 아니라고 생각했던 히틀러는 격차가 좁을 지금, 먼저 공격하는 것이 최선이라고 판단했다. 결국 1940년 9월 15일, 로스베르크Fritz von Loßberg가 소련 침공 계획안 '프리츠'을 제출하면서 사실상 동부 전역이 결정되었다. 그렇게 롬멜은 후순위로 밀려난 것이었다.

다만 반대가 없던 것은 아니었다. 마치 나폴레옹이 1812년에 그러하였듯 구데리안과 만슈타인 장군은 러시아의 광활한 영역이 국방군의 활약을 죄다 무용지물로 만들어버릴 것이라고 우려하였다. 에리히 레더 제독의 경우 지브롤터를 점령하는 펠릭스Felix 계획을 내면서 아직은 양면 전선을 개시할 때가 아니라고 주장하였다. 게다가 병력의 차이를 보면 국력 차이를 쉽게 극복 가능한지도 의문이었다. 당시 육군 최고사령부 산하 첩보 부서 동방특이군Fremde Heere Ost이 첩보 결과를 히틀러에게 보고하였는데 틀린 정보임에도 소련군은 독일 국방군에 비해 더 많은 전력을 보유하고 있었다. 실제로는 전차가 2만 4천여 대가 있었지만 잘못된 정보에서도 만여 대를 자랑했으며 이에 비해 독일은 3,500대의 전차만이 있었을 뿐이었다. 후일 돌격포Sturmgeschütz의 생산으로 나름 격차를 줄이긴 했으나 심각한 수준이었다. 게다가 첩보 결과에 의하면 소련은 능히 200개의 사단을 만들어낼 수 있다고 보고되었고 실제론 그보다 더 많은 사단을 동원하였다. 그럼에도 히틀러는 독일 국방군의 수준을 과신하며 독일의 120개 사단이면 충분하다고 자신만만하였다. 고로 1940년 9월 6일, B집단군의 기갑사단 6개를 동부로 재배치하는 것을 시작으로 동부 침공 준비에 박차를 가하기 시작하였다. 그래도 소련이 부담스러웠던 것은 사실인지라 히틀러는 리벤트로프를 통해 몰로토프와 독소 동맹에 관해 논의하라고 동시에 명하기도 하였다. 그러나 소련은 그 제안에 구미를 당겨 하지 않았으며 12월에 접어들자 히틀러는 최종적으로 소련 침공을 확정 지었다. 필자의 판단으론 유대 볼셰비즘에 관한 이야기, 튜턴의 후예로서 동방을 개척하고 레벤스라움을 이루어야 한다는 이야기가 많지만 결국엔 유럽 대륙에서의 위험 요소를 제거함으로써 영국을 압박하려는 것이 가장 큰 판단 요인으로 보인다.

여하튼 그렇게 게르만 민족으로서 미개한 슬라브 민족을 밀어내야 한다는 독일만의 십자군 논리가 구축됨에 따라 계획 날짜에 맞춰 차츰 병력이 동방으로 이동되었다. 1941년 6월까지 영국에 대한 폭격을 이행했기에 소련은 아직 독일이 자신을 노리지 않을 것이라고 판단하였다. 대숙청의 여파로 싸움을 자제하려는 판단도 컸었다. 결국 소련은 방비를 크게 하지 않았고 그러한 상태에서 1941년 6월 22일, 인류 역사상 유례가 없는 전쟁이 발발하게 되었다.

지상 최대, 최악의 전쟁

1941년 6월 22일 새벽 4시, 바르바로사 작전Unternehmen Barbarossa에 따라 180개의 보병사단, 12개의 차량화사단, 20개의 기갑사단이 전차 3,350대와 대포 7,200문, 항공기 4,389기(이 중 전투기 2,270기)를 동원하여 북부, 중부, 남부, 3개의 집단군으로 구성되어 소련 국경을 넘기 시작했다. 그 규모는 함께 동부 전역에 참여한 동맹군들도 포함하면 (예컨대 루마니아는 개전 시점에 14개 사단을 보냈고 이탈리아도 수 개의 사단을 동부로 보내주었다. 헝가리나 슬로바키아 등등 여러 추축국 병력이 속속히 도착할 예정이었다.) 400만에 가까운 병력이었다. 당시 독일 국방군 규모가 500만으로 불어났음을 고려하자면 대부분의 병력이 투하된 엄청난 작전이었다. 게다가 단순히 병력만 많은 것이 아닌 것이 폴란드 침공부터 노르웨이, 프랑스, 유고, 그리스와 크레타에서 많은 경험을 쌓으며 뭇 병사들이 정예병으로 거듭난 상태였기 때문에 질적으로도 우위에 있었다. 이 전역들에서 전사자와 행방불명자가 폴란드에선 1만 7천 명, 북유럽에선 3,700명, 프랑스와 베네룩스에선 4만 5천 명, 유고슬라비아에선 고작 151명이었고 그리스와 크레타 공수전에선 5천 명 정도였기에 병력 징집의 여유도 충분하였다. 즉 병력도 충만한데 경험도 많으니 소련의 입장에선 엄청난 충격이 가해지는 침공이었다. 그에 비해 소련 연방의 군대는 스탈린이 자신의 정치적 우위를 위해 무수한 붉은 군대 장성들을 죽여서 그 수준이 많이 하락한 상태였다. 예컨대 1938년 가을을 기준으로 붉은 군대 원수 5명 중 3명이 숙청당했고 사단장의 경우 195명 중에서 무려 110명이 숙청당하였다. 이러니 국방군에 비해 연방군은 경험이 일천할 수밖에 없었다. 이 과정에서 붉은 나폴레옹이라 불리던 적백내전의 영웅 미하일 투하쳅스키Mikhail Tukhachevsky의 숙청으로 여단급 이상에서 전차부대를 도입하는 것을 뒤늦게 함으로써 더욱 그 수준 차이는 자명하였다. 겨울 전쟁 이후로 다급히 투하쳅스키의 생각대로 대규모 기갑부대를 다시 창설토록 했지만 침공 시점에선 국방군에 비해 노하우가 밀릴 수밖에 없었다. 이러한 현상은 공해군 가릴 것 없이 있어서 영국 항공전에서 많은 에이스를 상실한 독일 공군은 새로 훈련시킨 신병들로도 소련 공군을 일방적으로 농락하면서 다시 경험을 쌓을 수 있었다. 그래도 침공 시점의 소련 연방은 독일 첩보부의 예상과 달리 엄청나게 많은 병력, 50개의 기갑사단과 25개의 기계화사단, 230개의 보병사단을 지니고 있어서 국방군이 아주 만만하게 볼 상대는 아니었다. 여기에 독일 전차들과 달리 우수한 품질을 자랑하던 T-34 전차는 잘 사용만 한다면 국방군에게 역으로 되돌려 줄 수도 있었다.

이러한 상태에서 6월 22일 새벽에 국방군이 기습 침공을 가하였다. 빌헬름 리터 폰 레프 Wilhelm Ritter von Leeb 장군이 이끄는 북부집단군은 레닌그라드를 향해서, 페도어 폰 보크Fedor von Bock 장군이 이끄는 중부집단군은 모스크바를 향해서, 게르트 폰 룬트슈테트Gerd von Rundstedt

장군이 이끄는 남부집단군은 키예프를 향해 돌진을 개시하였다. 스탈린은 독일의 침공에 처음엔 영국의 이간질이라며 사실을 부정하였다. 대숙청의 여파와 겨울 전쟁에서의 추태를 고려하면 지금은 전쟁하면 안 된다고 여긴 것으로 보인다. 그래서인지 독일의 병력이 움직임에도 오히려 연방군은 국방군을 자극하지 말라고 명령하였지만 이제 대놓고 국경을 넘자 더 이상 부정하긴 힘들었다. 고로 뒤늦긴 했지만 동원 명령을 내림으로써 연방군은 독일의 침공에 대응하기 시작했다. 하지만 늦은 대응은 참극을 불렀다. 예컨대 소련 공군들은 이륙하기도 전에 독일 공군들에게 1,200여 기나 파괴되곤 하였다. 중부집단군 제2항공군의 경우 6월 22일 공중에선 210대를 파괴했으나 지상에선 무려 528대를 파괴하였다. 국방군은 기습의 성과를 유지하고 연방군에게 기회를 주지 않고 파죽지세로 진격을 거듭하였다. 그러면서 나치 선전부는 자국군의 사기를 올리기 위해 이번 전쟁이 게르만 민족공동체를 수호하기 위한 유대 볼셰비즘에 대항하는 20세기의 십자군 전쟁임을 선언하였다. 높은 사기와 우수한 병력 덕에 국방군은 어느 침공 루트든 적을 쉽게 격파하며 앞으로 나갔다. 게다가 프리퍄트 늪지대Pripet Marshes 정도를 제외하곤 국방군의 침공 루트에 천연 장애물은 없었기에 모스크바를 향한 첫 질주는 순항을 타게 되었다. 여기서 돌파와 포위섬멸 역할을 맡은 기갑부대가 큰 활약을 보였다. 예컨대 중부집단군의 구데리안의 제2기갑집단과 헤르만 호트Hermann Hoth의 제3기갑집단이 벨로루시의 여러 연방군을 손쉽게 포위를 통해 쪼개 먹으며 연방군 전력 약화에 이바지하였다. 두 기갑부대는 순식간에 1939년에 완공한 스탈린 라인Stalin Line을 돌파, 작전 개시 하루 만에 브레스트-리토프스크의 요새를 포위하는 데도 성공하며 적의 퇴로를 막아버렸다. 이렇듯 기갑 선봉 부대들은 적에게 여유를 주지 않고 그들을 강력하게 타격하는 동시에 우회기동을 하여 적의 퇴로를 막아버리며 적의 병력을 하나둘 집어삼켰다. 그러면서 당장 돌파하기 힘든 요새는 적당히 비켜 나가며 보병부대에 뒤를 맡기며 극복하니 국방군은 여러 경험을 통해 일방적으로 연방군을 농락하였다.

이렇게 중부집단군은 작전 개시 4일 만에 브레스트-리토프스크에 이어 뱌우아시토크Białystok와 볼코비스크Wołkowysk에서 도합 12개의 사단을 포위하는 데 성공하였으며 6월 29일에는 민스크 방면에서 15개의 다른 연방군 사단을 집어삼켰다. 7월 9일, 민스크 포위망의 연방군 고립부대에게 항복을 받은 국방군은 모스크바로 가는 길을 열기 위해 스몰렌스크Smolensk로 향하는데 돌격하는 그 속도가 매우 빨라 개전 18일 만에 무려 500km를 돌파하였다. 스몰렌스크가 위험해지자 연방군은 병력을 집중, 7월 10일에 5개 군을 동원하여 스몰렌스크를 지키기 위한 맹렬히 저항을 시작하였다. 하지만 두 기갑집단의 활약으로 도시는 7월 초엽부터 포위되어 갔으며 27일에는 연방군은 더 이상의 탈출에 실패하고 완전히 갇히게 되었다. 포위된 이후에도 저항하였지만 결국 8월 5일 잔존 31만의 병력이 (연방군 15군, 19군, 20군) 국방군에 항복하면서 주요 거점인 스몰렌스크가 나치 독일에 넘어가게 되었다. 이 전투에서 연방군은 최소 1,300대의 전차를 상실했으나 그에 비해 구데리안과 호트의 기갑집단은 고작 200여 대의 전차만 손실을 보며 대승을 거두었다. 그리고 전차 3,200대와 대포 3,100문을 노획하여 적에게 엄청난 손실을 입힘과 더불어 짜릿한 보급을 취하게 되었다.

그렇게 스몰렌스크가 중부집단군의 활약으로 넘어가고 있을 때 북부

집단군은 7월 30일, 리투아니아를 점령하고 드비나Dvina강까지 진출하였다. 그들의 기갑 선봉 부대인 에리히 회프너Erich Hoepner 장군의 제4기갑집단은 먼저 출발하여 열흘 뒤 루가Luga강까지 진출하는 데 성공했는데, 이곳은 레닌그라드에서 고작 60마일 떨어진 곳이었다. 그런데 북부집단군은 중부집단군과 달리 극적인 전과는 다소 적었다. 하지만 손쉽게 돌파하여 레닌그라드 앞까지 오는 데 성공했는데 이는 연방군의 수준 낮은 실력 덕분이었다. 예컨대 작전 개시 직후 대략 나흘간 리투아니아 라세이냐이Raseiniai에서 벌어진 전투에서 국방군의 4기갑집단과 16군, 18군이 연방군의 3기계화군단과 12기계화군단을 제대로 농락하였다. 기갑의 수준이 기술적으로 밀림에도 전술적 유연성과 공군의 지원을 통해 적군을 포위하였고 결국 손쉽게 리투아니아를 차지하게 되었다.

다만 북부와 중부의 활약에 비해 남부집단군의 진격 속도는 다소 느렸다. 룬트슈테트 장군이 이끄는 전위는 프레미실Przemyśl 요새를 제압하며 국경을 손쉽게 넘는 데 성공하긴 했지만 얼마 안 가 연방군 미하일 키르포노스Mikhail Kirponos 장군이 이끄는 남서부전선군의 저항에 부딪혔기 때문이었다. 이들은 6개의 기계화군단을 보유했으며 T-34 전차의 비율이 높았다. 이에 맞서는 에발트 폰 클라이스트Ewald von Kleist가 이끄는 제1기갑집단은 한동안 남서부전선군의 저항에 제대로 돌파하지 못하였다. 그러나 공군의 도움과 지속적인 돌파 시도로 7월 초엽 연방군의 전선에 구멍이 나기 시작했다. 클라이스트의 1기갑집단과 17군이 이 기회를 놓치지 않고 키예프를 향해 남방으로 우회기동을 실시하였는데 연방군은 이 움직임을 오판하여 오히려 길을 열어주고 말았다. 결국 연방군은 국방군의 기동에 제대로 당하게 되어 키예프로 가는 길인 우크라이나 서부 우만Uman에서 포위되고 말았다. 전투 끝에 연방군은 8월 8일, 이곳에서 30만의 병력을 잃으며 국방군 남부집단군에게 키예프로 가는 길을 열어주고 말았다. 다만 연방군의 남서부군은 다른 곳과 달리 수준이 괜찮았기에 1기갑집단의 피해도 적지 않았다. 따라서 여기서 히틀러와 국방군 최고사령부는 모스크바를 향해 계속 달릴지 키예프를 먼저 차지할지 양자택일을 강요받았다. 여기서 히틀러는 7월 19일 최고지도자 명령 33호와 23일 보충명령을 통해 중부집단군의 기갑집단을 차출하여 레닌그라드와 키예프 점령을 돕게 하였다. 일단 모스크바 방면은 멈추고 다른 전선에 집중하고자 한 것이다. 그런데 제2기갑집단을 이끌던 구데리안 장군은 모스크바로 바로 가야 한다고 반발하였다. 할더나 보크, 육군 최고사령관 브라우히치도 마찬가지였다. 이에 히틀러는 결정을 주저하며 무려 19일의 시간 동안 최종 결정을 내리지 못하며 연방군에게 숨고를 시간을 주고 말았다. 하지만 8월 18일, 최종적으로 남방의 흑토지대를 먼저 차지하기로 결정하였다. 이에 따라 구데리안 기갑집단군은 연방군 13군, 40군, 21군을 연이어 격파하며 키예프를 향해 내려갔다. 그리고 9월 16일, 키예프 동쪽 100마일 지점의 로흐비차Lokhvytsia에서 클리이스트의 기갑집단과 만나는 데 성공하며 이윽고 키예프 포위에 성공하였다. 그렇게 중부집단군과 남부집단군은 제2, 제4 항공군의 도움을 받으며 키예프를 맹공했고 결국 9월 26일 항복을 받아내는 데 성공하였다. 여기서 국방군은 무려 66만 5천 명의 포로를 붙잡았으며(전차 1,300대 노획) 5개의 군과 50개의 사단을 괴멸시키는 대단한 전술적 성과를 이루었다. 이로써 우크라이나는 나치 독일에게 완전히 넘어가게 되었다. 특히나 9월 29일 에리히 폰 만슈타인 장군의 11군이 크림반도에 도달하면서 남부 방면은 완전히 안정화되었다.

그렇다면 남은 국방군 과제는 레닌그라드와 모스크바였다. 일단 레닌그라드는 북부집단군을 이끄는 레프의 명령에 따라 8월 8일부터 본격적인 공방전이 시작되었다. 하지만 레닌그라드는 단번에 제압되지 않았는데 크게 3가지 이유가 있었다. 하나는 모스크바를 우선시하는 히틀러의 명령으로 4기갑집단의 병력이 차출되어 레닌그라드를 뚫고 들어갈 공격력이 부족했다는 것, 둘은 레닌그라드의 연방군 사령부가 인민들을 총동원해 토루 620마일, 대전차호 400마일, 철조망 370마일, 토치카 5,000개로 구성된 동심원 형태의 방어 라인을 구축했다는 점, 셋으론 옆에서 도와줘야 할 핀란드의 군대가 자신들이 주장하던 영토까지만 진격하고 더 이상 움직이지 않으며 비협조적으로 나옴에 따라 예상대로 일이 흘러가지 않았다는 것이다. 고로 레닌그라드 공방전은 자연스레 장기전 양상으로 흘러갔다. 그래도 순탄하게 모스크바만 차지한다면 레닌그라드는 조금 늦게 차지해도 될 터였다. 그런데 10월 6일, 구데리안의 보고에 따르면 첫눈이 러시아 땅에서 내리기 시작했다. 그 덕에 길은 진창이 되었고 모스크바로 가는 속도가 약간 늦춰졌다. 이 불길한 소식이 히틀러에겐 불운이, 스탈린에겐 천운이 되어주었다. 하지만 스탈린은 모스크바를 수호할 수 있을지 매우 불안해하였는데 유럽 러시아에 남은 연방군 잔여 병력이 90개 사단으로 구성된 80만 명으로 (전차 770대, 항공기 364대) 줄어든 상태였기 때문이었다. 물론 다급히 동원 중이었고 늘어날 예정이었지만 모스크바로 달려오는 국방군 중부집단군이 14개 기갑사단과 8개의 차량화사단을 포함한 80개 사단으로 (항공기 1,400대) 병력과 질에서 밀리는 형국인지라 불안할 수밖에 없었다. 그래도 10월 10일, 새로운 연방군 서부전선군 사령관으로 임명된 게오르기 주코프Georgy Zhukov 장군이 모스크바 방위를 호언장담하며 스탈린을 안심시켰다. 그는 연방군 예비 병력을 총동원하였으며 이때부터 소련 특유의 동원 능력이 발휘되어 엄청난 병력과 물자가 시베리아를 건너 모스크바에 당도하기 시작하였다. 이에 반해 국방군은 모스크바 공략에 많은 병력을 투하하긴 했으나 돌파를 담당할 기갑집단들의 전차 병력이 개전 초기에 비해 6~70%로 줄어들며 구데리안과 호트, 회프너 장군은 기갑 선봉 부대가 최종 목표 지점까지 돌파할지 걱정하고 있었다. 연방군의 손실에 비할 바는 아니지만 동부전선 개막 이후 국방군도 50만에 달하는 피해를 입었는지라 아주 여유로운 상태는 분명 아니었다.

이렇게 상황이 점점 나쁘게 흘러가고 있지만 그럼에도 불구하고 히틀러는 모스크바 점령을 확신하며 마지막 공세인 태풍 작전Unternehmen Teifun을 지시하였다. 작전은 9월 30일부터 개시되었으며 본격적인 전선 돌파는 10월 11일부터 시작되었다. 10월까지의 작전은 상당히 순탄히 진행되었다. 국방군이 모스크바 30km 앞까지 도달하는 데 성공한 것이다. 이러한 초반의 연이은 승리는 스탈린의 간담을 서늘케 하였다. 하지만 스탈린은 계속 전선이 밀림에도 모스크바에 남기로 결의하였다. 이로써 연방군이 완전히 무너지는 것은 막을 수 있었다. 그러나 11월 16일이 되면서 남쪽에서 올라오는 구데리안이 이끄는 제2기갑집단이 모스크바 남부의 툴라Tula에 도착하였고 북쪽과 중부에서 올라오는 제3, 제4기갑집단이 모스크바의 북쪽에 있는 칼리닌Kalinin까지 도착하며 서서히 모스크바 포위망이 형성되어 갔다. 그런데 이때부터 본격적으로 국방군에게 문제가 발생하였다. 동계 장비 준비가 미흡했기 때문이었다. 겨울이 오기 전에 끝낸다는 자신감이 화를 부른 것이었다. 게다가 그간 지속된 손실 중 보급 차량 상실이 심각하여 추기 보급도 힘들었다. 바르바로사 작전 개시 시점에서 50만 대였던 것이 무려 42만 5천 대나 파괴되거나 손상된 상황이었다. 고로 12월 첫째 주가 되자 최후의 공세를 가해 모스크바를 차지해야 함에도 최전선의 장군들은 일선 보병들의 추위를 달래며 앞으로 나아가지 못하게 되었다. 이렇게 공세가 둔화되자 12월 5일, 구데리안이 정지명령을 내리던 그때 주코프는 본격적으로 반격에 들어갔다. 12월 9일, 연방군의 13군, 14군이 구데리안의 2기갑집단을 공격하고 연방군 10군과 15군이 귄터 폰 클루게Günther Von Kluge의 국방군 4군을 제2기갑집단으로부터 떼어내는 데 성공하며 모스크바로 향하는 접근로를 지키는 데 성공하였다. 그리고 모스크바 전선 전역에서 동원한 병력으로 국방군에 타격을 가하자 국방군 최전선 지휘관들은 지금은 물러날 때임을 자각하였다. 히틀러는 무조건 전선을 사수하라고 했지만 12월 말엽이 되자 적의 반격으로 모스크바 점령지 대부분을 탈환당하였고 최전선 지휘관들은 어서 후퇴해야 한다고 주장하였다. 히틀러는 이에 분노하며 중부집단군 사령관을 페도어 폰 보크 장군에서 클루게 장군으로 교체하는 등 인사 개편을 단행했으나 이미 밀리고 있는 전선의 상황을 부정하긴 힘들었고 결국 12월 16일 후퇴를 승인하였다.

이로써 41년의 전투가 끝이 났다. 41년 안에 끝내버리겠다는 나치의 야망은 이렇게 자신들의 오만으로 인한 자충수로 무너지게 되었다. 결국 나폴레옹의 전철을 따라가기 시작한 것이다. 하지만 주코프의 반격 작전으로 모든 전선에서 밀려난 국방군이었지만 발트에서 벨로루시, 우크라이나에 달하는 광활한 영토를 여전히 보유함으로써 연방군이 완전히 위기에서 벗어난 것은 아니었다. 산업기반을 우랄로 이송하는 데 성공했지만 (무려 1,523개의 공장을 뜯어 동쪽으로 이송하였다. 이 중 455개의 공장이 우랄산맥에 배치되었다.) 다른 곳은 몰라도 우크라이나를 탈환하지 않는다면 곧 먹을 것이 부족해질 게 분명하였다. 그런데 1941년 12월 7일, 일본 대본영이 미합중국의 진주만을 기습 공습함으로써 소비에트 연방으로선 기적이 다가왔다. 미국이 대일 선전포고를 하면서 유럽의 전선에도 참가하기로 결정했기 때문이었다. 물론 선전포고는 나치 독일이 먼저 미국에 했지만 히틀러가 그러한 이유는 루즈벨트의 성향상 어차피 안 해도 미국이 언젠간 했을 것이 분명했기 때문이었다. 이미 영국의 항전에 대서양의 섬들을 대가로 구축함들을 주고 있었음을 생각해 보자. 고로 미국은 무기 대여법을 통해 소비에트 연방에 엄청난 물자를 퍼붓기로 하였고 이것은 국방군이 연방군을 이기기 힘들게 만들어주었다. 예컨대 전쟁이 끝나갈 시점 연방군은 66만 5천 대의 자동차를 운송수단으로 보유하고 있었는데 이 중 42만 7천 대가 서방 국가의 랜드리스였고 대부분이 미제였음을 생각해 본다면 그 가공할 공업력으로 이제 국방군의 승리는 멀어졌다고 해도 과언이 아니었다.

그래도 독일도 나름의 저력이 있는 국가였다. 1942년 2월, 알베르트 슈페어Albert Speer가 새로운 군수 및 전시생산부Reichsministerium für Rüstung und Kriegsproduktion 장관으로 임명되면서 독일은 제대로 된 전쟁물자 생산에 박차를 가하였다. (그전까진 히틀러의 엄명으로 나치당 지지 유지를 위해 민간인들의 생활 수준에 영향을 주지 않는 수준으로만 군비를 증강하고 있었다.) 그리고 그 계획은 순탄하게 성공하여 공업 생산에서 군비가 차지하는 비율은 41년 기준 16%에서 42년엔 22%, 43년엔 31%, 44년엔 40%로 증가하였다. (생산량이 한창 공습당하던 1944년 9월에 최고조에 달하였다.) 슈페이는 프리츠 토드Fritz Todt 전직 군수 징관과 함께 당시 군수품 경쟁으로 난립하던 회사들의 불필요한 다툼과 여러 당과 군 장교들에 의한 정치적 개입을 제거하고 중앙집권화된 통제 정책을 시행함으로써 효율적인 생산을 달성하였다.

따라서 42년까지는 아직 모른다고 해도 과언이 아니었고 고로 국방군의 다음 선택이 중요해졌다. 그렇다면 국방군은 이제 어디를 노렸는가? 히틀러는 육군참모총장 프란츠 할더와 의논 끝에 4월 5일, 최고지도자 명령 41호를 전군에 내렸다. 그 명령의 작전명은 청색 작전Fall Blau으로 목표는 스탈린그라드와 소련 석유공업의 중심지인 바쿠baku였다. 이미 국방군이 소련의 석탄 생산의 64%, 곡물 생산의 47%, 알루미늄 생산의 60%, 강철과 선철, 압연의 2/3를 빼앗았기 때문에 기름마저 가져간다면 확실히 연방군을 망하게 할 수 있었다. (당시 국방군은 연료 보급의 상당 부분을 동맹국 루마니아의 플로이에슈티Ploiești 유전에 의존하고 있었다. 고로 연료 상황이 아주 여유롭진 않았는데 바쿠 유전을 손에 얻는다면 부족분을 완전히 채우는 것이 가능하였기에 당시로썬 매력적인 선택지가 되었다.) 고로 그전까지의 소강기엔 병력을 최대한 보충하고 (42년 3월 말 기준 독일 동방군 95%가 전투 불능 상태였기에 가용자원들은 먼저 남부집단군에 보내졌다. 남부집단군 68개 사단 중 48개 사단이 재편성에 성공했고 나머지는 부분적으로 재구성되었다.) 5월 8일, 만슈타인 장군이 크림의 케르치Kertsch반도를 공격해 들어가는 것으로 작전을 개시하였다.

작전의 서두를 열 만슈타인의 부대가 먼저 점령해야 할 곳은 바로 세바스토폴 요새와 케르치반도였다. 이곳을 빠르게 제압하고 남부집단군의 공세에 호응하며 캅카스 지역으로 나아갈 필요가 있었다. 그런데 연방군도 바보가 아닌지라 하르코프Kharkov를 5월 12일에 대대적으로 타격하며 국방군의 계획을 방해하려 들었다. 하지만 제1기갑집단을 이끄는 클라이스트와 프리드리히 파울루스Friedrich Paulus가 이끄는 정예 6군의 활약으로 5월 22일, 역으로 포위망을 형성하여 연방군을 집어삼키는 데 성공하였다. 이 놀라운 역포위 작전에 연방군은 두 배에 달하는 병력을 동원했음에도 (대략 76만) 23만 9천 명에 달하는 포로와 전차 1,240대 손실이라는 참극을 만들어버렸다. 그에 비해 국방군의 사상자는 2만에 불과하였다. 국방군의 연방군 소탕은 6월 초까지 이어졌으며 6월 28일에 종결되었다. 이렇게 되자 청색 작전은 힘을 얻어 더욱 본격적으로 움직이기 시작하였다. 7월 4일, 드디어 만슈타인의 부대가 열차포를 동원하며 세바스토폴 요새를 점령하는 데 성공하였고 이번 작전의 중심인 국방군 6군은 도네츠Donets강을 건너 돈Don강을 휘감아 볼가Wolga강에 이르며 스탈린그라드를 향해 달리기 시작하였다. 이 과정은 생각보다 순탄했는데 스탈린이 모스크바 근방에 형성된 르제프Rzhev 돌출부를 우려하여 예비 병력을 남부에 크게 두지 않은 덕분이었다. 르제프 돌출부가 모스크바에서 멀지 않은 곳에 형성되어 스탈린은 편집증적으로 이곳을 43년 초엽까지 타격하였는데 발터 모델Walter Model 장군의 놀라운 활약으로 210만 대군을 70만 명으로 100만이 넘게 갈아버리면서 간접적으로 청색 작전의 순항을 도왔다. 특히나 42년 10월부터 대략 두 달간 이어진 주코프 장군의 대규모 포위를 노리는 화성 작전Operation Mars을 발터 모델 장군이 단 4만 명의 피해만 보며 적에게 사상자 33만 명과 정예 기갑사단 6개 상실(전차 손실 1,852대)이라는 피해를 주어 유례없는 방어전의 승리로 청색 작전은 그 부담을 덜 수 있게 되었다. 적이

들어오는 곳을 포병과 공군으로, 역으로 쳐버리는 발터 모델 특유의 방어 작전이 제대로 가동된 덕이었다. 고로 남부집단군 예하 A집단군과 B집단군은 유유히 도네츠와 돈강 사이를 지나 캅카스와 스탈린그라드로 향할 수 있었다. 7월 8일부터 15일까지 전에 비해 적지만 9만의 포로를 잡으며 남부집단군은 연방군에게 나름대로 타격을 가하였으며 7월 말엽에는 A집단군이 로스토프Rostov를 넘어 캅카스에 진입하는 데 성공하였다. A집단군은 8월 9일에 마이코프Maykop 유전을 점령하면서 작전의 첫 목표를 취하는 데 성공하였고 6군이 속한 B집단군은 스탈린그라드 근방까지 도달하였다가 재정비 이후 호트의 제4기갑집단의 도움을 받으며 8월 21일, 본격적으로 스탈린그라드Stalingrad 전투에 돌입하였다. 국방군 6군은 도시 진입에 앞서 먼저 제8항공군단에 요청하여 도시에 대대적인 폭격을 가하였다. 루프트바페의 놀라운 활약으로 8월 23일, 얼마 지나지도 않고 도시의 대부분은 파괴되었다. 그 덕에 6군은 볼가강 기슭을 따라 폐허가 된 도시로 유유히 진입할 수 있게 되었다. 스탈린은 자신의 이름이 명명된 도시를 지키기 위해 최대한 애썼으나 6군은 숙련된 시가전 솜씨를 보이며 연방군으로부터 도시의 공장들을 하나하나 점령해 갔다. 이에 스탈린은 정치지도위원의 권한을 제한하는 '단일 지휘권'을 전선의 지휘관들에게 부여하고 주코프 장군을 불러 스탈린그라드 전역을 총괄하게 했으나 9월까지의 전투 주도권은 국방군이 가져가 버렸다. 하지만 순탄하게 보일지는 몰라도 보급로로부터 300마일이나 떨어진 곳에서 싸우고 있다는 점과 통상적으로 4~5개의 보병사단과 1~2개의 기갑사단으로 이루어진 6군의 전위도 도시를 점령하며 그 힘이 상당히 빠지고 있다는 것이 국방군에게 차츰 불리한 점으로 다가왔다. 그래도 재정비 후 10월 4일부터 재개된 공격에서도 여전히 국방군이 주도권을 쥐고 있었다. 연방군은 도시의 중요한 부분인 '붉은 10월 공장'을 결국 빼앗겨 버렸고 도시의 대부분을 국방군에게 내주게 되어버렸다. 국방군 제4기갑집단이 도시 남부의 볼가강에 도달하면서 도시를 에워싸자 연방군은 위기에 봉착하게 되었다. 이대로 간다면 스탈린그라드의 함락은 기정사실이었다.

하지만 연방이 낳은 천재인 주코프 장군은 오히려 이런 상황을 반기고 있었다. 그는 도시의 대부분이 점령당하자 역으로 도시에 강력한 국방군을 묶고 스탈린그라드 외곽 양옆 전선에서 국방군을 보조하고 있던 루마니아, 헝가리, 이탈리아군을 타격하여 대대적인 국방군 6군 포위 작전을 펼치고자 하였다. 대단한 솜씨를 보여주고 있는 국방군에 비해 넓은 전선을 채우기 위해 온 추축국 동맹군들은 그 실력이 연방군에겐 미치지 못하였던 것을 노린 것이었다. 이것이 천왕성 작전Operation Uranus이며 작전은 11월 19일에 개시되었다. 도시 외곽 서쪽에 배치된 5개 보병군과 2개 기갑군으로 이루어진 남서부 전선군과 돈 전선군이 먼저 루마니아군을 치고 나갔으며 도시의 남쪽에 배치된 1개의 기갑군과 3개의 보병군으로 이루어진 스탈린그라드 전선군이 그다음 날 반대 방향에서 추축국 동맹군을 공격하며 도시를 역으로 포위해 갔다. 그리고 고작 3일 만인 11월 23일, 양 포위망은 루마니아 3군과 4군을 궤멸시키며 성공적으로 국방군 6군을 아주 간단하게 포위하는 데 성공하였다. (국방군 제4기갑집단은 포위망에서 가까스로 퇴각하였다.) 이로써 33만에 달하는 B집단군의 대부분 병력이 순식간에 고립되고 말자 히틀러는 이들을 구원하기 위한 작전을 군부에 요구하였다. 이때 헤르만 괴링이 지난 1942년 1월, 레닌그라드 근교 데먄스크Demjansk에서 10만으로 50만을 물리쳤던 경이적인 방어전을 언급하며 자신의 공군이 일단 고립된 6군에 보급을 확실히 하겠다며 호언장담하였다. 청색 작전이 시작되기 전 연방군은 북서부 전선도 타격했는데 그 당시 육군 제2군단이 적의 공격으로 고립되어 보급이 막혀 질식할 뻔했으나 공중보급으로 그들을 구원한 바가 있었기 때문이었다. 히틀러는 괴링의 생각을 받아들이며 만슈타인 장군에게 제4기갑집단과 함께 스탈린그라드의 6군을 구원할 작전을 실행하라고 명령하였다. 그것이 겨울 폭풍 작전Unnternehmen Wintergewitter이었는데 사실 성공 가능성은 처음부터 낮았다. 일단 겨울 폭풍 작전에 동원된 것은 루마니아 3, 4군과 국방군 6군과 제4기갑집단이었는데 6군은 호응하기로 했지만 굶주린 채 갇힌 상태였고 루마니아군은 복구가 되질 않은 상태였다. 제4기갑집단도 예하 제6사단, 17사단, 23사단 정도만 제대로 가동이 가능하여 뚫어내기란 사실 불가능에 가까웠다. 다른 군을 동원하기엔 이 당시 전선이 너무 넓어져 빼 올 수가 없었다. 애당초 상대적으로 허약한 루마니아군이 스탈린그라드의 양익을 맡은 이유가 전선이 너무 넓어졌었기 때문이었다. 여기에 더하여 괴링의 공중보급도 결국 실패했는데 필요한 양은 하루당 680톤이었지만 실제론 300톤도 겨우 보냈기 때문이었다. 어느 나라든 당시 공군 기술력 한계상 애당초 불가능한 이야기였다. 데먄스크의 경우 하루 265톤이어서 가능했던 것이었다. 결국 12월 12일에 개시된 작전은 6군의 50km 반경까진 도달하는 것엔 성공했지만 곧 한계에 부딪혀 24일에 중단되었다.

돌이켜 보면 히틀러가 6군에 계속 자리를 사수하라, 구원을 기다리라고 하지 않고 탈출을 시도하라고 했으면 아마 6군의 전멸은 없었을지도 모른다. 하지만 이성적인 히틀러는 존재하지 않기에 43년 1월이 되자 6군은 고립과 보급 부족으로 파탄 상태에 이르게 되었다. 1월 8일, 연방군은 이를 알고 파울루스 장군에게 항복을 권고하였다. 이 권고에 일단 파울루스는 거부하고 버텼다. 그러나 1월 말이 되면서 완전한 한계 상태에 이르게 되었으며 항복하지 않을 수가 없었다. 1월 30일, 히틀러는 파울루스를 국방군 원수로 임명하며 사실상 그에게 자살을 종용하였다. 선전부의 괴벨스는 테르모필레 전투에 비유하며 장렬히 싸우다 죽을 것을 권하였다. 이러한 본국의 대응에 파울루스는 오히려 분노하였다. 그는 자살을 거부하고 결국 남은 장병이라도 살리기 위해 같은 날 연방군에 항복을 결정하였다. 히틀러는 이 소식에 분노했으나 파울루스 장군의 용기 있는 결단으로 남은 11만 명의 목숨을 구하게 되었다. 이로써 히틀러의 소련 정복 야망은 사실상 무너지게 되었다. 국방군에게 그나마 다행인 소식은 캅카스을 점령하던 A집단군이 소식을 듣고 재빠르게 후퇴, 천왕성 작전 이후 형성되어 가던 포위망으로부터 탈출에 성공했다는 것이었다.

하지만 정예 6군의 상실은 국방군에게 대단히 뼈아팠다. 이로써 연방군과 국방군의 실력 차이는 상당히 좁혀졌으니 말이다. 그런데 숫자는 연방군이 훨씬 많으니 패전은 이제 사실상 정해진 것이나 다름없었다. 그나마 희망적인 루트가 있다면 발터 모델 같은 방어전의 대가를 중심으로 발트에서 우크라이나까지 점령지를 굳게 지키는 것뿐이었다. 더 이상의 공세는 절대 불가하였다. 그런데 지도자원리에 따라 꾸준히 업적을 이루며 지지율을 유지해야 했던 나치의 특성이 그것을 방해하였다. 히틀러는 실패에도 스탈린과 달리 꾸준히 군사 분야에 개입하였고 그것은 큰 화를 부르게 되었다.

이러한 때에 엎친 데 덮친 격, 국방군은 아프리카에서도 후퇴하게 되었다. 1942년 11월 8일에 벌어진 미국과 영국의 횃불작전Operation Torch을 통해 북아프리카에서 독일 아프리카 군단이 패퇴하게 된 것이었다. 시간을 조금 돌려 42년 8월, 비록 1차 엘 알라메인 전투에서 롬멜이 원하는 바를 이루진 못하였으나 여전히 국방군 아프리카 군단은 영국의 이집트에 큰 위협을 주고 있었다. 따라서 처칠은 42년 8월 13일, 오킨렉 장군을 해임하고 버나드 로 몽고메리Bernard Law Montgomery 장군을 새로운 영국 북아프리카 전선 사령관으로 임명하였다. 몽고메리는 더 많은 병력만이 롬멜을 제압할 수 있다며 방어적으로 일관하였고 롬멜은 이대로 가다간 답이 없다고 여겨 8월 31일에 알람 할파Alam el Halfa에서 국지적인 공세를 가하며 최후의 공세를 행하였다. 하지만 몽고메리는 진지를 강화하며 방어로 일관하였고 결국 9월 2일, 롬멜은 더 이상의 공세는 의미 없다고 여겨 전차 50대의 손실을 본 채 본진으로 후퇴하였다. 이로써 몽고메리의 위상은 올라갔고 그는 롬멜을 완전히 제압할 정도로 병력이 모일 때까지 수세로 일관하였다. 그리고 이윽고 1942년 10월 23일, 전차 1,030대와 대포 900문, 항공기 530대로 국방군 아프리카 군단보다 배로 많은 병력을 확충하자 엘 알라메인에서 대대적인 공세를 가하였다. 이 당시 롬멜은 신경성 위장병 때문에 잠시 본국에 치료를 위해 귀국한 상태였는데 다급히 북아프리카로 돌아왔으나 이미 결판이 난 상황이었다. 다수의 병력에 답이 없었기 때문이었다. 고로 2차 엘 알라메인 전투는 싱겁게 국방군의 패전으로 종결되었고 롬멜의 군단은 튀니지를 향해 후퇴하였다. 그곳에서 지원군과 합류하여 좀 더 저항하긴 했지만 횃불 작전의 규모로 인해 롬멜은 답이 없는 상황에 이르게 되었다. 따라서 1943년 3월, 그는 히틀러의 명령에 따라 귀국하였고 독일과 이탈리아의 아프리카 군단은 튀니지 전투 치르며 최대한 저항했지만 결국 5월 13일 항복하게 되었다. 그로 인해 추축국은 아프리카를 상실하게 되었으며 군인 27만 5천 명을 포로로 잃게 되었다. 이는 당시까지의 연합군 최대의 승전보였다.

이렇게 1942년은 동부와 아프리카의 패배 소식으로 추축국에게 안 좋게 종결되었다. 그래도 만슈타인 장군이 이끄는 국방군이 3차 하르코프 공방전에서 승리함에 따라 독일은 나름 한숨을 내쉴 수 있었다. 1943년 1월 12일, 아직 스탈린그라드 전투가 끝나기도 전에 스탈린은 고토를 회복하기 위한 공세를 명령하였다. 이제 연방군이 국방군을 이길 수 있다는 판단하에서였다. 연방군은 국방군의 남부 방면에 대공세를 가하였고 쿠르스크와 하르코프, 파블로그라드Pavlohrad를 2월 중순에 일시적으로 회복하는 데 성공하였다. 연방군은 낙관적으로 판단하며 전과를 더욱 확대하려고 하였다. 그러나 히틀러와 면담하고 작전권을 얻어낸 만슈타인 장군의 계획으로 일은 틀어지게 되었다. 제1기갑집단과 제4기갑집단을 재정비한 만슈타인은 2월 20일부터 역공세에 들어갔다. 연방군의 대대적인 공격으로 형성된 돌출부의 측면 공격은 정확히 들어맞게 되어 2월 28일, 포포프Markian Popov 장군이 이끄는 연방군 전선기동집단과 바투틴Nikolai Vatutin 장군의 남부 전선군이 역으로 포위되고 말았다. 그로 인해 연방군 3개의 야전군이 한 번에 삭제되었으며 만슈타인은 3월 14일, 그대로 하르코프를 탈환하는 데 성공하게 되었다. 연방군은 최소 8만을, 국방군은 1만의 피해를 보며 끝이 났다. 만슈타인 장군의 활약으로 일단 동부전선은 안정화될 수 있었다. 이에 더해 발터 모델 장군의 활약으로 르제프 돌출부에서 후퇴하는 들소 작전Unternehmen Büffelbewegung이 (530km의 돌출된 진신을 후퇴하여 일자로 만듦으로써 200km로 축소하였고 9군을 전부 살리면서 후퇴에 성공해 15개의 보병사단, 3개의 기갑사단, 2개의 차량화사단을 예비부대로 확보하게 되었다.) 1943년 3월 22일에 성공적으로 종결되면서 국방군은 나름대로 여력을 갖추게 되었다.

사진작가 하만Hamann이 찍은 「독일 6호 전차 쾨니히스티거 Königstiger」, 1944년 작품, 독일 연방 기록 보관소 소장

고로 이제 버티기와 협상에만 들어가면 될 터였으나 1943년 2월 18일에 있던 괴벨스의 '총력전Totaler Krieg 연설'을 통해 (당시 독일은 유럽 수탈 덕에 여전히 전반적으론 민간 경제체제였는데 전시경제로 전환을 촉구하는 연설이었다. 이후 '총력전 전권위원회'가 생겨 전시 운영을 담당하였다.) 히틀러와 나치 수뇌부

는 무조건 지면 안 된다는 헛된 생각을 저버리지 못함을 보여주었다. 고로 히틀러는 성채 작전Unternehmen Zitadelle이라는 무모한 요구를 군부에 해대었다. 3차 하르코프 공방전 이후 형성된 연방군의 쿠르스크 돌출부를 잘라먹자는 것인데 국방군 장성들은 그런 헛된 짓은 하면 안 된다고 히틀러를 말렸으나 끝내 공격 개시를 강요받게 되었다. 성채 작전에 동원된 국방군 규모가 90만이고 연방군 규모가 250만을 고려한다면 아무리 국방군이 뛰어나다고 한들 이제 방어를 해야만 하였다. 하지만 히틀러는 고집을 부렸고 결국 작전은 입안되게 되었다. 다만 히틀러의 요구는 5월 3일에 공격할 것이었는데 구데리안과 모델, 그 외 여러 장성들이 공격할 것이라면 병력과 물자를 확충해야 한다고 말하여 6월 중순까진 미루어졌다. 그러한 준비 덕택에 국방군은 정해진 전장의 크기에 비해 전례 없는 규모의 공격군을 갖추게 되었다. 작전은 기본적으로 모델이 이끄는 9군이 북쪽에서, 호트가 이끄는 제4기갑집단이 남쪽에서, 각각 오룔Oryol과 하르코프에서 출발하여 쿠르스크 돌출부의 중간에서 만나 적의 허리를 끊는 것이었다. 만일 생각대로 된다면 적의 60개 사단을 잡아먹을 수 있었다. 모델은 8개의 기갑사단, 2개의 기갑척탄병사단을 지휘하였고 호트는 11개의 기갑사단과 1개의 기갑척탄병사단을 지휘하였다. 그 규모는 도합 전차 2,700여 대였으며 항공기 1,800여 대가 지원할 예정이었다. 하지만 국방군이 아무리 군을 모아도 이제 연방군을 이기긴 힘들었다. 앞서 말했듯 규모가 달랐다. 연방군은 지난 전쟁 동안 포로로만 310만 명이 잡혔음에도 지금은 650만 명의 군대를 보유하고 있었다. 그에 반해 국방군은 더 적은 수로 더 적은 피해를 입었음에도 300만 명대를 간신히 유지하고 있음을 보면 애당초 무리인 작전이었다.

혹자는 우수한 교환비를 보여준 국방군을 칭찬하기도 하나 전쟁에서 가장 강력한 것은 당연히 숫자였고 우수한 동원 능력을 갖춘 연방군을 이번 전투에서 제압하긴 힘들었다. 하지만 7월 5일 오전 4시, 결국 히틀러의 명령으로 쿠르스크 전투가 개시되었다. 전투의 초엽은 국방군에 좋게 돌아갔다. 6일과 7일은 정말 순탄하였고 국방군은 연방군의 반격을 물리치며 안쪽으로 파고들어 갔다. 그러나 이번 작전을 예측한 연방군이 미리 준비한 각종 방어진지로 인해 돌파는 점점 어려워져 갔다. 결국 북쪽에서의 공격은 포니리Ponyri에서, 남쪽의 공격은 오보얀Oboian에서 돈좌되었다. 이대로 끝낼 순 없었기에 남쪽의 헤르만 호트가 12일에 철도가 지나는 프로호로프카Prokhorovka를 공격하며 새로운 돌파구를 찾으려 하였다. 이에 연방군 제5근위전차사단이 맞섰는데 양측 도합 천여 대가 넘는 전차들이 얽히고설키어 갔다. 이 엄청난 전차전에서 국방군은 대단한 교환비(1:7~8)를 보여주었지만 (예컨대 국방군 전차 에이스 미하엘 비트만Michael Wittmann이 소속된 티거 전차 4대가 연방군 전차 100대를 상대로 수십 대를 파괴하며 최전선에서 승리를 거두었다.) 결국 압도적인 수에 밀려 여기서도 돈좌되고 말았다. 연방군은 엄청난 소모전에도 여전히 상당한 예비 병력을 갖추었으나 국방군은 그러하지 못했기 때문이었다. 결국 7월 13일, 히틀러는 철수 명령을 내렸다. 당시 나치 독일은 한 달에 330여 대의 전차를 생산했는데 이곳에서 800여 대의 전차를 상실함으로써 엄청난 타격을 입게 되었다. 전쟁이 종결될 때까지 국방군이 자랑하던 기갑부대는 제대로 재건되지 못하였다. 그에 반해 연방군은 1944년 기준 한 달에 2,500여 대의 전차를 생산하면서 손실분을 빠르게 채웠다.

이렇게 쿠르스크에서 국방군이 패배하자 스탈린은 연방군에게 고토

회복을 위한 대대적인 반격 작전을 명령했다. 그렇게 쿠르스크 북쪽에서 쿠투조프 작전이, 남쪽에선 루먄체프Rumyantsev 작전이 개시되었다. 국방군은 이 반격을 막고 싶었지만 1943년 7월 10일, 연합군이 시칠리아에 상륙하여 이탈리아 전선이 열림에 따라 그곳에도 병력을 돌려야 하여 국방군엔 예비 병력이 더 이상 존재하지 않았다. 결국 답은 후퇴뿐이었고 히틀러는 마지못해 후퇴를 승인하였다. 후퇴는 5주간 이어졌으며 중부와 남부집단군은 150마일 뒤로 물러나게 되었다. 이 과정에서 하르코프와 스몰렌스크가 탈환당했으며 연방군은 키예프 코앞까지 도달하게 되었다.

이제 나치 독일에는 절망만 남게 되었다. 히틀러와 나치 수뇌부의 욕심으로 인한 쿠르스크에서의 실패로 이제 국방군은 자국을 수호할 여력이 남지 않게 되었다. 이러한 와중에 이탈리아 전선이 열리고 연합군의 독일 본토 공습은 심해지니 이제 독일 국민들도 자국의 패배가 다가오고 있음을 피부로 체감할 수밖에 없었다. 연합국의 폭격은 1943년부터 본격적으로 심해졌는데 새로운 무전 체계인 오보에Oboe 시스템 같은 새로운 기술 도입과 개선으로 폭격을 전에 비해 정밀하게 할 수 있게 되었기 때문이었다. 그렇게 제대로 폭격을 가한 것이 3월 5일의 에센 크루프 공장 폭격이었다. 이 폭격에 수백 대의 연합군 폭격기가 동원되었으며 소이탄 524톤과 고폭탄 490톤을 퍼부었다. 이 일로 5만 명이 집을 잃고 457명이 죽었으며 1,400여 명이 부상을 입었다. 건물은 3천여 채가 부서졌는데 이 폭격은 더 이상 독일 본토가 안전하지 않음을 보여주었다. 나치 정부는 다급히 무료 급식소를 열고 추가 배급과 영국에 대한 보복 선언으로 민심을 최대한 다스렸다. 하지만 6월과 7월 쾰른에 행해진 엄청난 폭격으로 나치 정부는 금세 민심을 상실하게 되었다. 당시 공습위원회 위원장으로서 연설을 주도했던 괴벨스는 입만 산 놈이 되었고 공습에 대한 공포가 하늘을 찌르게 되었다. 다만 후술하겠지만 아쉽게도 그것이 정부에 대한 강력한 비판과 자기반성까진 이어지진 않았다. 모든 것이 유대인의 음모라는 선전에 그다지 공감하지 못하면서도 수백만 명을 학살한 것에 관해선 별다른 생각을 하지 못하여 당시 독일 정부와 국민들은 점점 더 전쟁의 수렁으로, 출구 없는 지옥으로 빠지게 되었다.

이제 독일 국방군에 남은 선택지는 최대한 버티는 것뿐이었다. 그러나 연방군은 그들에게 여유를 줄 생각이 없었다. 10월 초엽에 조금의 휴지기를 취하고 동계 장비를 확충한 뒤 연방군은 4개의 우크라이나 전선군을 편성하고 드네프르강 전선에 대한 대대적인 공세를 취하였다. 이를 막으려면 국방군은 드네프르강 서안으로 재빨리 후퇴하고 강을 끼면서 교두보를 지켜야 했으나 히틀러의 고집으로 뒤늦게 후퇴하며 (9월 15일) 그것은 제대로 이루어지지 않았다. 예컨대 크림을 장악하던 17군을 어서 빼야 했는데 히틀러는 고집을 부리며 빼지 않았고 결국 11월 말엽 21만의 17군은 그대로 크림에서 포위되고 말았다. (17군은 44년 7월까지 8개월간 영웅적인 버티기를 이루었으나 결국 연방군에 무너지고 말았다.) 결국 히틀러의 뒤늦은 결정으로 남부 전선은 밀리게 되었고 11월 13일, 키예프가 연방군에게 탈환당하게 되었다. 이제 국방군에게 남은 길은 더 이상 예비 병력이 없기에 방어하기 쉬운 곳으로 전면적인 후퇴를 하여 버티는 것뿐이었다. 전선을 축소하는 것이 유일한 답이었기에 남부집단군 총사령관인 만슈타인은 1944년 1월, 한 달 내내 히틀러에게 후퇴를 부탁하였다. 그러나 히틀러는 사태가 여기까지 몰렸음에도 전면 후퇴를 머

묫거렸다. 이것은 연방군에 큰 도움을 주었는데 우크라이나 동부를 탈환한 그들이 1943년 12월 24일부터 다시 공격을 재개하여 열심히 우크라이나 서부를 탈환하기 위한 공세를 진행하고 있었기 때문이었다. 결국 1944년 2월 중순, 연방군은 우크라이나 서부에 있는 빈니차Vinnytsia까지 도달하였으며 남부집단군 예하 2개 군단을 포위하기에 이르렀다. 만슈타인은 2월 17일, 가용할 수 있는 기갑부대를 전부 모아 반격하여 포위당한 부대를 구원하는 데 성공하면서 잠시 발등의 불은 끄긴 했으나 계속 드네프르강 좌안이 돌파당하는 것은 막지 못하였다. 이러한 상황에서 시간을 조금 돌려 1월 19일엔 연방의 3개의 전선군, 레닌그라드 전선군과 볼호프Volkhov 전선군, 그리고 제2 발트해 전선군의 공격으로 1,000일에 가깝게 이어진 레닌그라드 포위망이 풀려버렸다. 이렇게 각 전선이 밀리고 있음에도 히틀러는 쿠르트 차이츨러 참모총장Kurt Zeitzler의 말, 이미 러시아인 1,800만이 전사했고 예비 인력은 200만 명만 남았다는 말만 믿고 조금만 더 버티면 된다는 오판을 해대며 조잡하게 급조한 동부 방벽 라인에서 버티라고 명령하였다. 물론 후대의 인식과 달리 엄청난 교환비로 인하여 당시 소비에트 연방의 인력은 43년부터 말라가고 있었기에 아주 틀린 분석은 아니었다. 여군까지 동원한 이유가 있었던 것이다. 하지만 그래도 아직 버틸 수 있는 연방군에 비해 국방군은 누적된 손실로 인해 예비 병력은커녕 전선을 채우기도 힘들다는 사실을 보면 체급 차이로 인해 후퇴만이 정답이었으나 히틀러는 계속 고집을 피웠다. 히틀러는 3월 30일, 만슈타인을 해임하고 남부집단군을 재편성하여 발터 모델 장군을 원수로 삼아 버티라고 지시했지만 방어전의 대가도 이젠 답이 없었다. 결국 4월 15일, 우크라이나 전선군들의 맹렬한 공세에 부그Bug강과 드네스트르Dniester강, 프루트Prut강이 전부 돌파당했다. 연방군은 오데사까지 해방하였으며 국방군은 5월 초 우크라이나를 포기하고 폴란드와 루마니아까지 후퇴하였다. 이로써 연방군은 우크라이나를 탈환하는 대승을 거두었고 빼앗겼던 흑토지대와 주요 광물 지대를 되찾는 데 성공하였다. 역으로 국방군은 그나마 있었던 최후의 예비 병력까지 전부 소진하면서 장성들도 패전을 부정하기 힘들게 되었다. 아직은 발트해 방면은 유지하고 있었지만 그곳에서 전면 후퇴해야 함은 당연했다.

이러한 상황에서 이제 서부도 연합군에 의해 위협받기 시작했다. 국방군도 바보가 아니기에 연합군이 서부에 상륙할 수 있다는 생각을 가지게 되었고 1943년 11월 3일, 지도자 명령 51호를 통해 서부에 물자를 보내기 시작했다. 문제는 그 51호가 동부에선 자체 조달을 하라고 하여 동부의 붕괴를 사실상 시인하고 말았다는 것이다. 그럼에도 국방군은 1944년 겨울까진 잘 버텼으나 봄이 되자 이윽고 전부 밀리고 말았다. 여기에 엎친 데 덮친 격 1943년 10월, 나폴리가 함락되면서 이탈리아 남부가 연합군에게 넘어가고 말았다. 히틀러는 급히 병력을 파견하여 무솔리니를 구출하고 (시칠리아가 점령당하자 이탈리아 국왕이 무솔리니에게 책임을 떠넘기고 연합군에 항복하려 하나 히틀러가 개입하여 이탈리아 전선의 붕괴를 일시적으로 막았다.) 괴뢰국인 이탈리아 사회 공화국Italian Social Republic을 세우나 남부는 완전히 연합군의 손에 넘어가게 되었다.

이제 연합군과 연방군은 대세가 확실히 기울었음을 깨달았다. 고로 나치 독일 정부에 사형선고를 내리기 위해 최후의 공세를 준비하니 그것이 D-Day, 노르망디 상륙작전과 바그라티온 작전이었다. 이 두 작전으로 나치는 완전히 패망하게 된다.

D-Day,
베를린의 종말

1944년 6월, 유럽 대륙의 서부에서 노르망디 상륙작전Operation Overlord이, 동부에선 바그라티온 작전Operation Bagration이 개시되었다. 이것은 나치 독일의 종말을 알리는 서곡이었다. 우크라이나가 탈환당하고 이탈리아 남부가 밀린 시점에서 프랑스 해안에서까지 밀고 들어오면 국방군은 더 이상 막아낼 여력이 있을 리가 없었으니 말이다. 국방군은 그간 연합군의 상륙을 우려하였기에 주로 잠수함을 이용하여 그들과의 전장을 대서양으로 묶어두고 싶었지만 1943년 5월 무렵이 되자 전력의 차이로 해군이 대서양에서 후퇴할 수밖에 없었고 결국 상륙의 배경이 되었다. 물론 태평양 전쟁의 영향으로 연합군이 바로 프랑스에 상륙하진 않았지만 1943년 1월 카사블랑카 회담을 통해 이탈리아 상륙 후 서유럽에 제2 전선을 만들기로 합의함으로써 나치의 종말이 다가오게 되었다.

그야말로 국방군 입장에선 이제 절체절명의 순간에 진입한 것이었다. 이제 항복이나 버티기만 남았으나 나치 수뇌부는 버티기를 선택함으로써 일단 국방군은 서부 해안에 대한 방비를 공고히 하기로 하였다. 해안에 대서양 방벽Atlantikwall이라는 방어진지가 구축되고 독일 서방군의 병력은 사단 46개에서 60개로 증강되었다. (노르웨이에는 11개 사단이 방어를 위해 주둔했다.) 그런데 프랑스부터 노르웨이까지 이어지는 수천 킬로미터에 달하는 해안에 전부 방어진지를 구축하는 것은 사실상 불가능하였다. 따라서 서방군은 히틀러의 명령에도 사실상 태업을 부렸으나 1943년 12월, 프랑스 방면 B집단군 사령관으로 임명받아 프랑스에 온 롬멜의 명령으로 뒤늦게나마 본격적으로 방어 라인이 구축되긴 하였다. 예컨대 롬멜의 등장 전에는 한 달에 지뢰를 평균 4만 개 정도 부설했으나 본격적으로 설치를 시작하여 1944년 5월 20일까지 400만 개의 지뢰가 해안에 부설되었다. 하지만 그러한 노력에도 모든 해안을 방어하는 것은 당연히 불가능하였고 결국 적이 상륙하면 기갑부대를 통해 다시 바다로 몰아내야만 하였다. 이를 위해 적의 상륙지점을 예측해야 했고 룬트슈테트 서부 사령관으로부터 롬멜은 기갑부대 지휘권을 받을 필요가 있었다. 하나, 둘 다 제대로 되질 않았는데 히틀러가 제대로 된 중재를 하지 못했기 때문이었다. 히틀러는 애매하게 두 사람이 기갑부대를 절반씩 나누어 통제하라고 했으며 룬트슈테트의 기갑부대 경우 자신의 직접적인 허가를 받고 움직이라고 명령함으로써 상황을 복잡하게 만들어버렸다. 게다가 상륙 예측도 연합군의 기만 작전인 포티튜드 작전Operation Fortitude에 제대로 넘어가 파드칼레Pas-de-Calais와 노르망디 둘 다 고려함으로써 전력을 분산케 만들었다.

다만 연합군이라고 상륙이 만만한 것은 아니었는데 국방군의 여러 실수에도 파드칼레 대신 선정된 노르망디가 마땅한 항구가 없는 지역이다 보니 난이도는 생각보다 높았다. 그래도 파드칼레에 비해 국방군의 방어가 공고하지 않아 선택되었으며 일단 인공 부항만을 통해 해변을 장악하고 교두보를 확보 후 브르타뉴까지 치고 들어가는 것으로 상륙지점을 확보하고자 하였다. 연합군은 이 상륙을 위해 전함 7척, 모니터함 2척, 순양함 23척, 구축함 104척, 양륙정 4천 척, 공격 수송함 수백 척을 준비하였으며 공수부대와 함께 상륙 전 적의 진지와 교량, 연안 포대를 처리하기로 하였다. 항공기는 1,200대를 준비했고 이 중 500대 정도가 전투기였다. 그렇게 준비를 마치고 연합군은 국방군에게 계속 상륙지점을 교란시키면서 6월 4일, 상륙을 감행하려 하였다. 그러나 날씨가 좋지 않았던 관계로 D-데이는 6월 6일이 되었으며 오전 6시에 포격과 함께 상륙을 감행하였다.

이러한 상륙에 국방군은 즉각 대응하지 못하였는데 악천후로 이날에는 오지 못할 거라고 생각했던 데다가 연합국과의 전자전에서 밀리면서 레이더를 제대로 가동하지 못하여 아직 확고한 증거가 없다고 생각했기 때문이었다. 그 덕에 노르망디의 4개 사단이 미국 2개 사단, 영국 2개 사단, 캐나다 1개 사단, 총 5개 연합군 사단을 자기들만의 힘으로 막아야 하였다. 언뜻 보면 비슷한 전력으로 보이지만 지속된 소모전으로 제대로 물자가 채워진 사단은 하나뿐이었다. 고로 천천히 진행되긴 했지만 결국 오마하 해변에서 국방군은 밀려나 버렸으며 연합군은 큰 피해에도 (오마하 해변에서 4,649명 사상) 상륙에 성공할 수 있었다. 하지만 여기까진 국방군도 완전 예상을 못한 것은 아니니 중요한 것은 누구의 추가 병력이 먼저 노르망디에 도달하는지에 달리게 되었다. 여기서 국방군의 기갑부대가 도착하는 게 한발 느려 연합군은 상륙한 해변들을 연결하고 교두보를 지키는 데 성공하였다. 예컨대 6월 7일과 8일, 무장친위대 제12기갑사단이 캉Caen의 교두보에 있는 캐나다군을 맹렬하게 공격하였지만 연합군을 바다로 밀어내는 것엔 실패했는데 연합군이 서둘러 먼저 추가 상륙을 하는 데 성공했기 때문이었다. 다만 프랑스의 도로와 철도 상황 때문에 상륙을 추가로 많이 하는 것은 바로바로 순탄하게 이어졌으나 그 후 내륙으로의 진행은 더디게 진행되었다. 그래도 병력의 차이로 천천히 적을 밀어내면서 연합군은 6월 26일, 미국 제7군단의 활약으로 셰르부르Cherbourg 항구를 점령하는 데 성공하였다. 그리고 7월 18일, 이윽고 가장 중요한 교두보인 캉에서 국방군을 완전히 밀어내는 데 성공함으로써 국방군의 초기 대응, 다시 바다로 몰아낸다는 것은 실패하게 되었다.

사태가 이리 흘러가자 서부 사령관 룬트슈테트는 7월 5일, 히틀러에게 강화를 요청하였다. 답이 없다고 느꼈으니 말이다. 하지만 히틀러는 분노하며 클루게 장군으로 사령관을 교체하였다. 그러나 7월 18일부터 개시된 연합군의 굿우드Goodwood 공세작전으로 국방군의 기갑부대들은 엄청난 융단폭격을 당하며 상당수의 전차를 상실하게 되었다. 나름 분전을 하여 연합군의 진격 속도를 늦추는 것엔 성공했지만 추가적인 미군의 코브라Cobra 작전을 통해 결국 7월 25일, 생-로Saint-Lô에서 밀려남으로써 노르망디를 완전히 연합군에 넘겨주게 되었다.

이러한 연합군의 상륙에 발맞춰 연방군도 1944년 6월 22일, 대대적인 벨로루시 방면 탈환 작전인 바그라티온 작전을 개시하였다. 그 규모가 정말 어마어마하였는데 전차 2,700여 대를 갖춘 166개 사단이 동원되었다. 이에 반해 막아야 할 국방군의 중부집단군은 37사단 정도만 보유하고 있었다. 전차는 400여 대만 남은 상태였으며 항공기 보유는 950여 기로 5배는 차이가 났었다. 전투 서술이 의미가 없을 정도의 전력 차이로 국방군은 연방군의 공세에 대대적으로 밀려나기 시작했다. 먼저 타격받은 곳은 민스크 동부였다. 그곳의 9군이 먼저 강렬한 타격을 받았고 이내 후퇴 승인을 받고 물러나려 했으나 제대로 성공하지 못하였다. 이내 다른 군들도 타격받았으며 벨로루시 방면에 있던 중부집단군의 3개 군이 작전 개시 일주일 만에 궤멸에 가까운 피해를 입으며 후퇴를 거듭하였다. 결국 7월 3일 민스크가 함락되었으며 이 과정에서 국방군 4군이 포위되어 사라지게 되었다. 중부집단군은 연방군의 대진격으로 순식간에 천여 대에 가까운 전차를 상실했고 30만에 가까운 피해를 보게 되었다. 그렇게 보름 정도 만에 사실상 벨로루시가 탈환되었다. 하지만 연방군은 여기서 쉬지 않았고 더욱 진격하여 7월 13일에는 리투아니아의 빌뉴스를 탈환하였다. 이로써 사실상 중부집단군은 붕괴되었고 북부집단군의 상당수가 고립되게 되었다. 다만 바르샤바의 앞에서는 진격을 서서히 멈추었는데 너무 빨리 움직였던 데다가 중부집단군 사령관을 겸직하게 된 발터 모델의 활약으로 8월 1일, 바르샤바 근방에서 제2근위기갑사단이 궤멸되었기 때문이었다. 같은 날 폴란드 국내 저항군이 발맞춰 봉기하였지만 국방군이 철저히 진압함에 따라 일단 바르샤바는 지키게 되었다.

그렇게 국방군은 발터 모델 장군의 활약으로 힘겹게 그들의 진격을 잠시 멈추는 데 성공하긴 하였다. 그러나 그 과정에서 90만에 가까운 사상자와 행불자가 발생하였고 당시 페르디난트 쇠르너Ferdinand Schörner가 이끌던 북부집단군이 쿠를란트 포켓에 고립되어 가고 있어서 피해는 더욱 늘어날 예정이었다. 사태가 이렇게 흘러가자 추축국에 속하던 발칸의 동맹국들은 하나둘 나치를 배반하기 시작했다. 먼저 루마니아가 8월 23일 쿠데타를 통해 친추축정부를 몰아내고 연방군과 협상에 들어갔다. 9

월 12일 연방이 이를 받아들임으로써 루마니아는 공식적으로 추축국 대열에서 이탈하게 되었다. 그러자 불가리아도 변절히였디. 불가리아는 연방군을 막지 않고 10월 18일 수도 소피아Sofia에 연방군이 들어오는 것을 받아들여 뒤이어 나치 독일을 배신하였다. 핀란드의 경우 겨울 전쟁 후의 영토로 돌아간다는 조건으로 8월 초 협상을 시작하여 9월 19일, 모스크바와의 조약을 통해 대열에서 이탈하였다. 이렇게 여러 나라가 추축의 동맹에서 이탈하자 국방군은 더 이상의 이탈을 막기 위해 동분서주하였다. 9월 말, 헝가리의 호르티 수상이 모스크바와 교섭을 하려 하자 국방군은 10월 15일에 호르티를 납치, 다음 날 부다페스트에 군대를 진입시켜 헝가리의 이탈을 막았다. 체코슬로바키아에서도 봉기가 일어났으나 국방군은 최대한 군을 쥐어짜 파견, 10월 18일과 20일에 구원하러 오는 연방군을 물리치며 봉기를 소멸시켰다. 하지만 헝가리나 다른 동부지역을 계속 지키는 것은 무리가 있었다. 이제 연방군을 막을 병력이 거의 없었으니 말이다. 결국 유고슬라비아와 그리스를 허무하게 적에게 넘겨주면서 이제 완전히 동부전선은 붕괴되고 말았다. 유고슬라비아의 경우 10월 20일에 베오그라드가 티토의 저항군과 연방군에 넘어가면서 탈환되고 말았다. 그리스는 10월 12일, 연합군의 상륙을 더 이상 막지 못하고 국방군이 포기함으로써 해방되었다. 발칸이 이렇게 해방되어 가자 연방군은 도나우강을 따라 비엔나를 노리기 시작했으며 동시에 헝가리로 향하였다.

이러한 연방군의 움직임에 발맞추어 연합군도 완전히 프랑스를 해방하기 위한 진격에 나섰다. 노르망디 해방 후 그 첫걸음이 바로 8월의 팔레즈Falaise 포위전이었다. 파리로 향하는 이 발걸음은 상당히 순탄했는데 히틀러가 아직도 연합군을 바다로 몰아낼 수 있다는 헛된 희망을 품은 덕에 적에게 공세를 가하는 뤼티히Lüttich 작전을 억지로 진행시킨 덕택이었다. 그로 인해 8월 7일, 국방군은 공세를 가하자마자 역으로 적에게 밀려났고 17일에 7군이 팔레즈에서 사로잡히게 되었다. 이로 인해 국방군은 서부에서 더 이상 적을 막을 역량을 상실하여 본토로 후퇴하기 시작했으며 얼마 안 가 파리는 해방을 맞이하게 되었다. (8월 25일) 이 과정에서 15일 클루게 장군은 히틀러의 의심으로 음독자살하였으며 (클루게가 연합군에 항복하려 한다는 의혹 때문에) 서부 방면은 다급히 동부에서 온 발터 모델이 사령관직을 맡기로 하였다. 하나 모델이라고 해도 답이 있는 상황이 아니었기에 전선은 지속적으로 밀렸다. 9월이 되자 연합군은 프랑스를 대부분 해방하는 데 성공하였고 곧바로 베네룩스와 독일 본토를 노렸다. 연합군은 9월 11에 아헨 부근에 도착하였고 14일에는 벨기에와 룩셈부르크를 해방하는 데 성공하였다. 이러한 순탄한 상황에 몽고메리의 주장으로 연합군은 9월 17일, 베네룩스 전체를 해방하는 마켓가든 작전Operation Market Garden을 시행하였다. 그러나 마켓 가든 작전은 25일에 실패로 마무리되었다. 처음에는 공수부대의 활약으로 교량을 확보하며 목표 지점인 아른헴까지 진격하는 데 성공했으나 모델과 병사들의 분전으로 국방군이 아른헴Arnhem의 다리를 꿋꿋이 지킴에 따라 피해가 누적되어 일단 후퇴를 결정했기 때문이었다. 당시 국방군은 오합지졸만 남은 상태였는데 노인과 어린이들로 정예인 공수부대원들을 물리치자 나치는 이를 대대적으로 선전하였고 결국 이 전투는 연합군의 대표적인 실패로 남게 되었다. 연합군은 안 그래도 서서히 보급선이 길어지고 있기에 (연합군 사단 하나당 하루 병참 요구량이 700톤으로 늘어난 상태였다. 국방군은 200톤 정도였다.) 일단 잠시 멈추고 재정비에 들어가기로 하였고 이러한 선택으로 국방군은 잠시 유예기를 가질 수 있게 되었다.

히틀러와 나치 수뇌부가 정상인들이었다면 이렇게 얻은 귀중한 시간에 최후의 협상을 벌이거나 물자를 확보하며 방어 라인을 구축해야 했다. 하지만 정신적으로 문제가 있던 히틀러는 여전히 적을 몰아낼 수 있다는 환상에 빠져있었다. 그는 슈페어의 활약으로 1944년 한 해 전차와 돌격포 생산량이 소련과 맞먹자 (중형 전차와 돌격포가 도합 1만 1천여 대, 중전차가 5,200여 대가 생산되었다.) 기갑부대를 신설하고 전력을 확충하여 연합군을 아르덴 공세를 통해 밀어낼 수 있다고 판단하였다. 하지만 모델과 룬트슈테트는 히틀러의 1940년을 반복하겠다는 계획이 정신 나갔다고 판단하여 최대한 거부의 뜻을 표명했다. 하지만 히틀러는 거부를 받아들이지 않았고 결국 모델과 한스 크렙스Hans Krebs 보병대장은 총통의 뜻에 따라 나름의 개선안인, 작은 해결책이라고 불리는 가을 안개Herbstnebel 작전을 입안하였다. 이에 따라 서부 전선에 상당한 전력이 집중되기 시작했다. 그야말로 국방군 최후의 전력으로 전차와 돌격포가 적어도 1,200여 대가 집결되었다. 10개의 기갑사단이 아르덴 방면에 도착하였으며 12월 16일, 작전을 개시하였다. 처음에는 연합군이 이를 예측하지 못했으며 공격받은 미군의 4개 사단, 특히 106사단은 전투 경험이 부족하여 순탄하게 작전이 진행되었다. 하지만 곧 12월 24일이 되자 아르덴 대공세는 한계를 맞이하게 되었다. 연료가 부족한 상태에서 공세를 감행했는지라 진격하고 싶어도 연료가 없었기 때문이었다. 공세가 개시되었을 때 필요한 수치에 비해 연료는 1/4만 가지고 있었다. 그래서 히틀러는 적에게 보급을 취하라 했지만 연합군은 후퇴하면서 연료 저장고를 전부 파괴하여서 그런 망상은 먹히지 않았던 것이었다. 이러한 히틀러의 망상으로 연합군은 신속하게 반격 작전에 돌입할 수 있게 되었다. 12월 26일, 아이젠하워의 명령으로 연합군은 바스토뉴Bastogne에 고립된 아군을 구출하는 데 성공했으며 연료가 없어 멈춰버린 국방군 제2기갑사단을 일방적으로 부숴버리는 데 성공하였다. 12월 28일, 몽고메리가 추가적인 역공세를 가하자 국방군 장성들은 퇴각을 건의하였고 결국 히틀러는 1945년 1월 8일에 후퇴의 명령을 내렸다. 이 바보 같은 작전으로 국방군 서방부대는 10만 명의 피해를 보았고 전차와 항공기를 각각 8백여 대, 천여 대를 잃게 되었다. 이로써 국방군은 이젠 본토를 지킬 여력을 완전히 상실하고 말았다.

이러한 상황에서 연방군은 1944년 12월에 헝가리 부다페스트를 공격하였으며 다음 해 2월 13일, 부다페스트를 점령하고 헝가리 지역을 제압하는 데 성공하였다. 이제 서와 동, 양쪽에서 베를린으로 가는 길이 활짝 열린 것이었다. 연방군은 쉬지 않고 1945년 1월에 동프로이센과 폴란드를 공격하였으며 2월에는 슐레지엔 지방을 맹렬히 타격하였다. 이에 히틀러는 1월 21일, 비수아Vistula강을 지키겠다는 일념으로 바익셀Weichsel 집단군을 창설하며 발악했지만 간신히 모은 민병대로 연방군을 막겠다는 것은 망상에 지나지 않았다. 결국 메멜은 1월 27일 떨어졌고 쾨니히스베르크는 고립된 와중에도 4월까지 버텼으나 이윽고 함락되고 말았다. 포젠은 2월 22일 떨어지고 말았다. 브레슬라우는 기적적으로 종전까지 버티긴 했으나 그것이 전부였다. 4월에 이르자 13일, 도나우강을 따라 올라온 연방군이 비엔나를 함락시켰고 이렇게 주요 지점들이 넘어가자 연방군은 이윽고 1945년 4월 16일, 250만에 달하는 제1, 2 벨로루시 전선군과 제1 우크라이나 전선군을 동원하여 베를린을 강렬하게 공격하였다. 이에 발맞춰 연합군은 3월 초 8개 군을 동원하여 라인강을 넘었다. 연합군은 85개 사단이었지만 이를 막을 국방군은 26개 사단만 존재하여 (그마저 제대로 된 상태도 아닌) 속절없이 독일 서부를 넘겨주게 되었다. 히틀러는 베를린에서 버틸 것이라며 어떻게든 저항하려 했으나 베를린 요새 사령관 카를 바이틀링Karl Weidling 장군이 4월 말엽이 되자 곧 국가 청사까지 연방군이 들이닥칠 것이니 탈출할 것을 권하자 4월 30일, 벙커에서 권총 자살하였다. 그렇게 5월 2일, 바이틀링 장군이 오전 6시에 연방군에게 항복하면서 사실상 전쟁이 끝났다. 바이틀링은 총통이 자살했음을 장병들에게 알리며 이제 저항을 중단하고 각자의 목숨을 우선시하라고 말하였다. 이로써 베를린 시가전이 종료되었다. 히틀러의 후임으로 유언에 따라 카를 되니츠가 지명받아 그가 후임 대통령이 되었지만 새로운 플렌스부르크Flensburg 정부는 더 이상의 저항은 의미 없다고 여겨 조속히 연합군에 항복하였다. 그날이 5월 8일이며 드디어 공식적으로 유럽에서의 전쟁이 끝났다. 이 소식에 각지의 국방군이 항복하였는데 예컨대 이때까지도 쿠클란트 포켓에 고립되어 버티고 있었던 북부집단군이 5월 9일에 연방군에게 항복하였다. 마지막 항복은 헬골란트에서였으며 5월 11일이었다. 이렇게 유럽에서의 전쟁은 완전히 종결되었다. 기록에 따라 다르지만, 최소 5천만 명의 희생을 낳은 대전쟁이 드디어 끝난 것이다. 독일 국방군 325만 명이, 민간인 244만 명이 희생되었으나 히틀러의 헛된 야망으로 아무런 결과도 낳지 못한, 오히려 국가가 분단되는 참혹한 전쟁이었다.

독일의 범죄

2차 대전의 결과는 독일인들에게 매우 참혹했다. 예컨대 베를린 전투 직후의 강간 사태들을 보자. 그것이 합당한가? 하지만 독일 국민들이 나치에 현혹되어 자기 자신을 잃어버린 것을 생각하자면 분단이란 대가는 언뜻 온당해 보이기도 한다. 분명히 당시 독일 국민들은 유대인이나 슬라브 민족에게 가해지는 행동들을 정확히는 아니더라도 대강은 알고 있었다. 그럼에도, 폭격 사태 이후로 전쟁의 불합리함을 깨달아감에도 끝끝내 그들의 고통을 외면하였다. 독일 국민들은 분명 뼛속까지 악인이 아님에도 악의 평범성을 증명하며 최종적으로 범죄를 행하였다. 독일의 역사를 돌이켜 보자면, 30년 전쟁의 피해자였던 그들이 세계 대전의 가해자가 되었다는 사실은 대단히 끔찍한 현실이라 볼 수 있다. 분명 기회가 있음에도 독일 국민들은 도덕적 선택이 아닌 어리석은 보복주의를 택하였다. 여러 이유가 있겠지만 기본적으로 독일인들이 1차 대전의 결과를 부당하게 여겼기 때문이었다. 고로 독일 국민들은 보복에 눈이 돌아갔고 그것이 모든 범죄의 시작이 되었다. 예컨대 폴란드 침공 직후를 살펴보자. 국방군이 폴란드를 점령하고 군정청을 세우자 독일 혈통의 민병대가 우후죽순 생겨났다. 그리고 그들은 전간기 동안 자신들 괴롭혔던 폴란드인들에게 대대적인 복수를 감행하였다. 적어도 6만 5천 명의 사람들이 집단 학살을 당하였다. 게슈타포와 친위대도 참여했지만 여기서 절반은 적어도 민병대의 행동으로 폴란드인과 유대인들을 보이는 족족 사살하였다. 성직자라도 봐주지 않고 죽였으며 (최소 천여 명) 어떤 이는 고문실까지 만들어 총검으로 눈알을 파내며 잔혹하게 죽였다. 민병대들은 그간 폴란드인들이 독일인 혈통을 의도적으로 살해하거나 탄압했다고 주장했으며 이는 부분적으론 사실이었으나 나치에 의해 과도하게 부풀려지면서 대대적인 보복의 명분이 되었다.

나치 제국 선전부가 제작한 「얼굴이 없는 볼셰비즘Bolschewismus ohne Maske」, 1937~9년 작품

이렇듯 독일 국민들은 그간 자신들의 고통을 주장하며 보복을 마땅히 해야 한다는 생각에 빠져 온갖 범죄를 행하기 시작하였다. 전쟁이 패배하고 있음에도 범죄를 꾸준히 저질렀다는 사실은 훗날의 우리에게 보복주의의 무서움을 보여주고 있다. 그렇다면 독일인들은 어떤 범죄를 저질렀을까? 하나하나 짚어보자. 30년 전쟁의 피해자가 2차 대전의 가해자가 되어 행한 짓거리들을 살펴보자. 먼저 유대인에 대한 학살을 살펴보자. 독일인들은 범게르만 민족인 앵글로색슨족이나 그 외 프랑크족, 슬라브 민족에 대한 보복보다 유대 민족에 대한 보복을 가장 중요시하였다. 그들이 배후에서 중상했다고 여겼기 때문이었다. 히틀러가 정확히 무슨 연유로 그들을 증오했는지 정확하진 않지만 확실한 건 당시 히틀러와 독일 국민들은 이토록 독일이 힘든 것은 유대인의 음모라고 여긴 것으로 보인다.

제대로 탄압한 것은 전시부터지만 본격적인 첫 시작은 1935년 7월의 뉘른베르크 법Nürnberger Gesetze이었다. 해당 법안으로 유대인과 독일인들은 완전히 구별되었으며 결혼은 물론 성관계도 불법이 되었다. 그리고 피의 농도에 따라 독일인인지 유대인인지 구분하였는데 1/8까지 독일인으로 보았으며 3/4은 유대인으로 간주했다. 그 사이는 부분적 독일인이라 하여 일단 시민권을 부여했으며 유대인으로 간주당하면 시민권이 박탈되었다. 조금만 생각해 보면 말도 안 되는 법안이었지만 나치의 목적은 유대인이 독일에서 전부 사라지는 것이었기에 어처구니없게도 통과되고 말았다. 그로 인해 많은 유대인이 해외로 도피하였고 나치는 그들의 재산을 전부 압류하는 것으로 놓아주었다. 그럼에도 많은 유대인이 고향을 떠나지 않았는데 여느 때와 같은 유대인 탄압 정도로 여긴 것으로 보인다. 하지만 이내 그것은 잘못된 선택임이 드러났다. 전쟁이 벌어지자 나치가 유대인에 대한 최종 해결책을 고민하기 시작하였으니 말이다. 나치 정부는 1941년 9월 1일, 괴벨스의 의견에 따라 모든 유대인에게 다윗의 별Star of David을 입고 있는 옷 위에 부착도록 명령하였다. 유대인임을 누가 봐도 알 수 있도록 말이다. 이것이 전쟁 돌입 후 최초로 유대인에게 가해진 극적인 조치였으며 여기에 멈추지 않고 라디오 소유를 금지하거나 쇼핑 시간에 제한을 거는 등 서서히 실생활에도 제한을 가하기 시작하였다. 이러한 조치들은 유대인의 동선을 단정 짓게 해주어 후일 그들을 수용소로 강제 이송하는 데 도움을 주었다. 따라서 나치는 여기서 그치지 않았다. 그들을 낙인찍는 것을 넘어 1942년 1월 20일, 반제 회담Wanseekonferenz을 통해 본격적으로 유대인을 어떻게 처리할지 최종적으로 결정하였다. 그 답은 바로 절멸Vernichtung이었다. 이제 모든 유대인은 동부 점령지에 설치되어지고 있는 여러 강제 노동소로 이송되기로 결정되었으며 노동 후 처형을 당하는 것이 그들의 운명이 되었다. 그렇게 모든 유대인은 하나둘 강제수용소로 끌려갔고 무수한 목숨이 죽임을 당하게 되었다. 그로 인해 1942년 초엽까지만 해도 유럽의 유대인들, 소위 아슈케나짐Ashkenazim들은 다수가 여전히 생존하고 있었지만 그해 말이 되자 대부분 수용소에 갇히거나 목숨을 빼앗기게 되었다.

나치는 자신들의 영토에 사는 유대인뿐만 아니라 점령지의 유대인들에게도 학살을 감행하였다. 히틀러나 다른 수뇌부들의 진심까진 몰라도 적어도 국민들은 정말로 유대인들이 독일인을 그간 핍박했다고 여겼기에 이런 학살을 아무렇지도 않게 여겼다. 오히려 유대-볼셰비즘에 대항하는 위대한 업적, 일종의 십자군 전쟁으로 여겼으며 그로 인해 점령지에서 무수한 학살극이 벌어졌다. 예컨대 1941년 6월 29일, 국방군이 라트비아의 리가에 입성하자 바로 유대인 색출에 나섰으며 붙잡힌 유대인들은 참혹한 대우를 받아야 하였다. 바덴-뷔르템베르크 연대의 장교들은 유대인 처녀들을 술집으로 임시 개조한 막사로 끌고 왔고 강제로 전라로 춤추게 하였다. 하지만 단순한 희롱에 그치지 않고 집단강간을 하기 시작했으며 국방군 장교와 병사들은 유대인 처녀들을 유린한 뒤 그녀들을 죽이고 마당에 던져버렸다. 마치 전투 중 사망한 것처럼 말이다. 전쟁 기간 동안 이러한 일은 비일비재하였다. 독일인들은 유대인이 독일을 옥죄고 있다고 진심으로 여긴 것으로 보인다. 괴벨스의 선전이 제대로 먹힌 것으로 보이는데 그의 선전부는 1941년 10월 24일, 유대인에 대한 동정을 표하지 말 것을 선언하였고 어기면 3개월의 수용소 수감을 할 것이라고 공표하였다. 그러면서 정부의 저널들을 통해 유대인들의 악독함은 진실이라고 선전하고 유대인 근절만이 정답이라고 수시로 선전하였다. 일부러 외부의 적을 만드는 나치 수뇌부의 수작질에 독일인들은 서서히 넘어가 버린 것이다. 패전 후의 책임을 누군가에게 돌리고 싶었기에, 패전 후 참혹함을 누군가의 탓으로 돌리고 싶었기에 괴벨스의 선전에 독일인들은 쉽게 넘어갔다.

그렇다면 독일인들은 유대인 강제 이송과 체계적인 학살을 알았을까? 정말로 일부 군인이 아닌 모든 독일인이 범죄에 가담했을까? 먼저 정답을 말하자면 독일 국민들이 제대로 아는 것은 아니었으나 대략 눈치채고 있었고 그것을 방관하는 것을 통해 다들 범죄에 가담하고 말았다. 사실 독일 국민들이 모르기가 힘들었다. 너무 많은 유대인이 동부로 이송되고 있었기 때문이었다. 예컨대 1942년 5월 11일부턴 민스크로 향하는 강제 이송 열차가 한동안 게토로 움직이지 않았는데 수용소가 포화상태에 이르렀기 때문이었다. 따라서 한동안 게토로 가는 길에 내려서 직접 사살하거나 이동식 독가스 차를 운용하여 유대인들을 그 자리에서 죽였다. 이렇듯 그 규모가 범유럽적이었기에 사람들은 모를 수가 없었다. 다만 나치 수뇌부가 대놓고 유대인들을 죽이고 있다고 공표한 것은 아닌지라 그 사실을 어렴풋이만 알 뿐이었다. 독일인들도 사람인지라 대부분의 사람들은 괴롭히긴 해도 죽이는 것까진 심리적 거부감이 들었다. 이걸 파악한 나치 정부는 공식적인 학살 자체는 숨기되 어렴풋이 알게 함으로써 독일 국민들을 공범으로 만들었다. 그 결과가 침묵의 나선Theorie der Schweigespirale으로 독일인들은 사회적 처벌에 대한 두려움, 다수의 의견에 반하여 고립되는 것에 대한 두려움을 가지며 도덕적 의견을 꺼내기 힘들어하게 되었다. 괴벨스는 교묘하게 유대인에 대한 동정이란 당연한 감정을 소수자의 의견으로 만들어버렸다. 물론 양심 있는 독일인이 없는 것은 아니었다. 예컨대 1942년 2월에 독일 교회들은 강제노동과 학살에 대해 언급하였다. 그러나 나치 정부의 탄압으로 그것은 빠르게 묻히게 되었다.

이렇게 600만에 달하는 유대인들이 전쟁 기간 동안 강제 노동을 하고 가스실에 갇혀 죽음을 맞이하게 되었다. 전후 유럽을 탈출하지 못한 대부분의 유대인은 죽었으며 이로 인해 유대인들의 국가가 필요하다는 시오니즘Zionism이 탄생하게 되었다. 이러한 유대인 탄압이 당시 독일의 가장 대표적인 범죄였다. 하지만 이것이 끝이 아니었다. 유대인 학살에 가려진 맞먹는 범죄가 아직 많이 남아있었다. 그중 대표적인 것이 바로 약탈과 강제노동이었다. 당시 국방군에 많은 젊은 자원들이 투입되었기에 본토에는 노동력이 부족하였다. 그리고 국내에는 전쟁으로 부족한 물자가 많았다. 무역 봉쇄로 인해 전선의 보급 상황도 마찬가지였다. 따라서 유럽 전역에서 식량과 각종 물자를 수탈하고 여기에 더해 사람들까지 끌고 옴으로써 나치는 자국의 문제를 해결하였다. 유대인뿐만 아니라 유럽의 여러 민족이 독일 본토나 각지의 공장으로 강제로 끌려와 혹독한 노동을 감당해야 하였다. 물론 그들이 현지 독일 여성과 접촉하는 것은 법으로 엄격히 금지되었다. 예컨대 게슈타포는 1940년 6월부터 외국인 노동자와 현지 독일 여성의 접촉을 금하였으며 어길 경우 교수형을 할 것이라고 공표하였다. 그리고 다음 달인 7월, 헬름슈테트Helmstedt에서 어느 폴란드인 포로가 독일 여성과 성교하자 게슈타포는 바로 포로를 붙잡고 경고의 의미로 가로수 나뭇가지에 매달아 교수형하였다.

그럼, 먼저 얼마나 수탈한 것일까? 일단 수탈의 이유는 앞서 언급했듯 전쟁이 시작되자 각종 물자가 부족해진 탓인데 동력원인 석탄의 경우 나름 충분했지만 각종 원자재와 식량이 상당히 모자랐다. (철광석은 스웨덴에서, 석유는 루마니아에서 수입하였는데 석유는 만성적으로 부족하여 청색 작전의 큰 원인이 되었다.) 고로 이것을 점령지에서 약탈해 오는데, 본격적인 작업은 1942년 8월 6일, 헤르만 괴링에 의해서 주최된 기아 대비계획에 따라 실시되었다. 이로써 나치 독일은 1942~3년 동안 국내 소비 곡물의 20%, 수지의 25%, 육류의 30%를 약탈하였다. 수치상으론 프랑스와 소련 점령지에서 1942년에 350만 톤을 가져왔고 1943년에는 878만 톤을 가져왔다. 가장 큰 징발은 우크라이나의 키예프 지구였으며 1942년 6월과 7월에 각각 곡물이 3만 8,470톤, 2만 6,750톤이 수탈되었다. 이로 인해 우크라이나에는 먹을 것이 없어 대규모 기아 사태가 일어났다.

그럼, 노동자들은 점령지에서 얼마나 끌고 온 것일까? 체코부터 폴란드, 프랑스와 유고슬라비아, 그리고 소련 점령지에서 나치는 사람들을 강제로 끌고 왔다. 예컨대 1942년 1월부터 1943년 6월까지 매주 3만 4천여 명의 외국인 노동자가 독일 국내 산업지대로 보내졌다. (노동자들은 독일 여러 기업으로 보내졌는데 대표적인 전범 회사가 IG-파르벤, 크루프, 지멘스, AEG, 라인메탈 회사였다.) 그리하여 독일의 외국인 노동자는 갈수록 늘었고 1944년 여름 정점을 찍어 790만 명이나 되었다. 이중 소련 사람이 285만 명이었고 폴란드 사람이 169만, 프랑스 사람이 124만 정도였다. 이렇게 사람들을 끌고 오자 점령지의 경제는 붕괴하였는데 이에 대항하여 사람들이 파르티잔 활동을 벌이자 나치는 극한의 탄압으로 되돌려주었다. 파르티잔이 극심했던 벨로루시의 경우 나치가 대대적인 토벌 작업을 통해 220만 명에 달하는 거주민들을 학살하였다. 그렇게 끌려온 노동자들은 가혹한 노동을 해야 했는데 주로 군수산업에 배치되어 강도 높은 노동을 하는 데다가 근로환경도 좋지 않고 매우 위험하여 배고픔과 질병에 툭하면 사망하였다. 최소 소련 민간 노동자의 17만 명이, 폴란드 민간 노동자의 13만 명이 강도 높고 위험한 작업으로 사망하였으며 전쟁포로까지 포함하면 슬라브인들은 적어도 100만 명이 노동하다가 사망하였다. 특히나 슬라브 여성 노동자들은 보호 장비도 제대로 받지 못한 상태에서 주물 공장 같은 곳에서 일하였기에 떼죽음이 일상이었다. (슬라브인들은 학살의 대상으로 지목된지라 다른 민족들에 비해 먹을 것을 일부러 더 적게 주기도 하여 더욱 그러하였다. 고기와 지방은 남들의 2/3만큼, 밀과 곡식들은 남들의 절반만큼, 설탕과 마멀레이드는 1/4만큼 주었다고 한다. 그러니 아프고 굶어 죽는 사람들이 속출할 수밖에 없었다.) 이러한 강제 노동소의 시작은 1933년 3월 30일, 뮌헨 교외 다하우Dachau에 설치된 것이 처음으로 유럽 곳곳에 무려 3천여 개나 세워졌다. 이 중엔 어린아이들까지 포함되어 있으니 나치는 사람의 탈을 쓴 악마나 다름없는 족속들이었다. 많은 이들이 노동하다 죽었는데 시체를 묻어주지도 않고 소각하여 수용소 소유 밭의 비료로 쓰는 행동을 하며 나치는 자신의 추악함을 증명하였다.

하지만 여기서 독일의 범죄는 끝이 아니다. 마지막으로 독일인이 독일인에게 저지른 범죄를 다루어야만 한다. 독일인들은 대세에 따르지 않는다는 이유로 같은 독일인들마저 처참하게 탄압하였다. 대표적으로 정치인들과 양심적 병역거부자들, 그리고 T-4프로그램으로 희생된 장애인들이 있다. 간단히 살펴보자면 게슈타포는 개전 직전과 직후, 사민당 의원들과 같은 나치 반대파들을 모조리 잡아들였다. 회유가 가능한 자들은 잘못된 길로 빠진 '민족 동지'로 보았으나 그렇지 않은 자들, 특히나 공산주의자의 경우 외과적으로 '민족의 신체'에서 '제거'해야 할 적으로 간주하여 죄다 형무소와 수용소에 가두어버렸다. 다만 게슈타포의 인원이 1939년 기준 99명 정도였는지라 그 정치범의 수가 극심할 정도로 많은 것은 아니었다. 오히려 적은 인원이어서 밀고에 의존했다가 무죄가 증명되어 풀어준 경우도 많았다. 예컨대 1939년 11월 8일, 코블렌츠에 사는 사민당원인 마을 주민 아르눌프는 금지된 외국 방송을 청취하고 히틀러를 비방하였다는 의혹으로 게슈타포에 붙잡혔다. 그런데 붙잡고 보니 사민당이었던 시절이 바이마르 공화국 때였으며 지난 대전에서 4번의 부상을 입으며 훈장을 받은 이력이 있는 사람이었던지라 무죄 방면을 받았다. 조사해 보니 사실 그의 처남이 개인적 복수심에 거짓 밀고를 한 것이 드러나 바로 그를 풀어주었다. 그러다 보니 형무소와 수용소에는 정치범도 적지 않게 많았지만 대부분 범죄자였다. 하지만 형무소와 수용소의 재소자가 진쟁 진엔 도합 13만 명 수준이었다가 대략 도합 92만 명으로 늘어난 것을 볼 때 적지 않은 이들이 정치적 이유로 탄압받은 것은 분명하다. 다음으론 양심적 병역거부자들인데 1935년 독일에 징병제가 도입되자 평화주의자들은 이를 반대하고 징집을 거부하였다. 대표적인 케이스가 여호와의 증인 신도들이었다. 하지만 나치 정부는 징집 거부를 용인할 수 없었기에 군복무 거부를 탈영으로 취급하여 그들을 군인 신분으로 처형하였다. 최초로 병역거부로 인해 처형당한 사람은 여호와의 증인 신도였던 '아우구스트 디크만'이란 사람으로 작센하우젠Sachsenhausen 수용소에서 목숨을 잃었다. 나치는 개전 1년 동안 병사 112명을 병역을 거부한다는 이유로 처형하였다. 나치 수뇌부는 평화를 사랑하는 사람들을 꾀병이라고 간주하여 탄압하였는데 어처구니없는 것은 참전자들 중 참혹한 전투의 경험으로 PTSD가 온 사람마저 꾀병으로 간주했다는 것이다. 의사들은 전쟁으로 인한 신경쇠약증을 당연한 증상이라 보고했지만 나치는 이 해석을 거부하고 그들을 꾀병 정신병자로 간주, 따로 부대를 편성해 가혹한 대우를 가하였다.

이렇듯 나치는 반항하면 참전자들도 우습게 보았다. 그러하니 장애인에 대한 탄압은 더욱 양심의 가책을 느끼질 못했다. 나치는 장애인들을 필요 없는 존재라고 간주하여 전부 죽일 것으로 결정하였고 그것이 T-4 프로그램이었다. 이 계획으로 인해 전쟁이 끝나는 1945년 5월까지 무려 21만 6,400명의 신체적 장애인과 정신질환자들이 죽임을 당했다. 이 계획은 히틀러의 주치의 카를 브란트Karl Brandt와 비서실장 필립 불러Philipp Bouhler가 주도하였으며 은혜로운 죽음이라고 미화하였다. 왜냐하면 나치는 죽임을 당하는 이들이 부적격자라고 판정하였기 때문이었다. 사상 최악의 쓰레기 집단인 나치는 자기들 멋대로 살아도 되는 자와 죽어야 하는 자들로 인간을 나누고 죽어야 할 자들이 자손을 남기면 안 된다고 여겼다. 하지만 더욱 추악한 것은 죽음으로 끝나는 것이 아니라 카를 브란트의 주도하에 생체실험까지 가해졌다는 것이었다. 각종 전염병이나 독극물들을 사람들에게 주입하여 그 반응을 보았다. 다행히도 추악한 인간인 카를 브란트는 전후 전범재판으로 1948년 6월 2일 교수형을 당하였다.

그 외에도 전쟁 기간 동안 여러 범죄가 자행되었다. 특히나 동부전선의 경우 국방군이 헤이그 협약과 제네바 협약을 소련이 가입하지 않았다는 이유로 무시하여 툭하면 학살극을 벌였다. 예컨대 1943~4년, 동부에서 후퇴하며 국방군은 초토화 작전을 벌였고 그러면서 마을의 식량을 빼앗고 술과 담배 같은 기호품을 훔치곤 하였다. 여군 포로의 경우 옷을 벗겨 나체로 춤추게 하고 희롱과 구타를 가하였다고 한다. 물론 전쟁범죄를 국방군만 저지른 것은 아니나 독일인들은 나치에 넘어가 잔혹한 행동을 아무렇지 않게 자행하였다. 악마나 다름없는 괴벨스는 선전을 통해 정당한 보복이라 여기게끔 하였으며 양심 있는 독일인들의 의견들은 꾸준히 소수자의 생각으로 격하되었다. 통일 이후 자유의 흐름이 힘을 우선시해야 한다는 반동의 흐름으로 제어된 바가 있었기에 그러한 양심 가리기는 잘 먹혀갔다.

이러한 범죄들은 독일에 큰 악영향을 끼쳤다. 독일의 양심만 좀먹은 것이 아니라 실질적으로 나치의 규범에 들어맞지 않는다는 이유로 여러 지식인도 탄압하여 독일의 발전도 저해하였다. 예컨대 아인슈타인은 유대인이라는 이유로 탈출을 감행해야 했다. 정신분석학의 아버지 지그문트 프로이트Sigmund Freud도 살기 위해 영국으로 건너간 것도 유명한 이야기다. 포츠담 칙령 이후로 발전을 위해 지식인들을 인종과 배경에 상관없이 독일에 끌어들였던 역사를 생각해 보자면 완전히 거꾸로 가는 우를 범한 것이다. 돌이켜 보면 독일은 자신들의 프로이센 정신에 따라 국가에 헌신할 지식인들을 후원하여 자국의 발전을 추구하곤 하였다. 지금의 막스 플랑크 협회가 그러하였다. 독일은 후원과 장려를 통한 혁신을 통해 여러 분야에서 성과를 보였고 그것은 독일의 힘이 되어 주었다. 예컨대 칸트와 헤겔, 훔볼트와 니체Friedrich Nietzsche, 포이어바흐Ludwig Feuerbach(인간 중심의 유물론을 이끈 뛰어난 철학가), 쇼펜하우어Friedrich Nietzsche, 지멘스와 바이어Friedrich Bayer(바이엘 설립자이자 뛰어난 실험가), 코흐Robert Koch(세균학의 아버지인 위대한 미생물학자), 라테나우Walther Rathenau(AEG 설립자의 아들로서 당대의 뛰어난 사업가)까지 여러 지식인이 각자의 분야에서 국가와 사회를 위해 헌신하였고 그 성과로 독일은 강국이 될 수 있었다. 하나 나치가 주도한 독일의 범죄가 이러한 독일의 혁신들에 엄청난 악영향을 끼쳐버렸다. 이들 중 순수 게르만 민족을 제외하곤 전부 해외로 도피하였고 많은 이들이 전후 돌아오지 않았다. 마지막으로 다시 정리하자면 이러한 독일의 범죄들로 독일 사회는 엄청난 피해를 입게 되었고 비도덕으로 엄청난 손실을 입은 것이었다. 도덕적 행동과 끔찍한 행동, 둘 중 무엇을 행해야 이득인지를 자명이 보여주는 결과였다.

하지만 그럼에도 불구하고 여전히 독일인들의 선함은 분명 존재했기에 반전의 희망은 분명 존재하였다. 대표적인 경우가 히틀러를 암살하려 했던 클라우스 폰 슈타우펜베르크Claus von Stauffenberg 대령과 「피아니스트」라는 영화로 유명해진 빌헬름 호젠펠트Wilhelm Hosenfeld 대위였다. 두 사람은 유대인이나 폴란드인에 대한 학대에 양심의 가책을 느꼈으며 이에 대해 독일인으로서 반성을 한 사람이었다. 물론 두 사람이 민주주의자라고 보기엔 애매한 점도 있으나 분명한 건 사람의 마음을 가진 이들이었다는 것이다. 슈타우펜베르크 대령은 자신의 일기에서 반성의 마음을 보여주었고 이윽고 히틀러를 암살하려는 것으로 자신의 자세를 보여주었다. 호젠펠트 대위는 많은 이들을 구출하고 폴란드 성직자에게 고해성사하며 자신이 '사람'임을 증명하였다. 이러한 양심 있는 독일인들은 독일의 진실과 정의, 자유를 위해 자신의 자리에서 할 수 있는 바를 행하였다. T-4 프로그램을 비폭력 항거로 비판한 하얀 장미단Die Weiße Rose을 이끈 한스 숄Hans Fritz Scholl, 조피 숄Sophia Magdalena Scholl 남매를 떠올려보자. 분명 독일인들은 복수심에 눈이 먼 것뿐 본성 자체가 나쁜 사람들이 아니었다. 그저 선함이 가려진 상황이었기에 히틀러와 나치 수뇌부의 계략에도 수많은 양심 있는 사람들이 튀어나온 것이다.

그렇기에 참혹한 범죄 속에서도 반성이 시작될 수 있었다. 비록 오랜 기간이 걸리긴 할 터였으나 독일인의 마음속에 숨겨져 있는 선함은 드러나기 시작했고 곧 보복주의가 얼마나 멍청한지, 도덕으로 가는 길이 얼마나 중요한지 다들 깨닫기 시작했다. 드디어 민주주의로 가는 길이 열린 것이며 그것은 독일의 '참회'로써 증명되었다.

第10장

폐허에서 부활하며

드디어 찾아온 자유와 민주주의의 정착

(1945~2021)

연합군의 통치와 아데나워의 가부장적 민주주의

1945년 8월 15일, 히로시마와 나가사키에 떨어진 원자폭탄의 위력으로 드디어 제2차 세계대전이 막을 내렸다. 공식적으론 전함 미주리호에서 일본이 항복조약에 서명함으로써 9월 2일에 종결되었다. 하지만 그것으로 전쟁이 끝났다고 보기엔 힘들었다. 전후 재판과 사후 관리를 통해 나치의 뿌리를 제거할 필요가 있었다. 그리고 새로운 독일을 이끌 현지 지도자가 필요하였다. 그렇게 연합군 수뇌부들에 의해 선택된 새로운 독일의 지도자가 바로 전직 쾰른 시장(1917~33) **콘라트 아데나워**Konrad Adenauer였다. 그는 연합군 군정에 의해 다시금 쾰른 시장으로 임명되며 금의환향하였다. 연합국 관리 위원회Allied Control Council는 연합군 독일 점령지에 4D(비무장Demilitarisation, 탈나치Denazification, 민주화Democratisation, 카르텔 해체Decentralisation) 정책을 실시하며 나치와 권위주의의 잔재를 없애는 것을 최우선시하였는데 그 일환으로 아데나워 같은 민주인사들이 영입된 것이었다. 그렇게 연합군의 군정에 의하여 독일 지역에서 나치에 의해 훼손된 법률과 유대인에 대한 제한을 가하는 법률이 수정되거나 폐지되었다. 고로 전후 서부 독일 사회에선 군정기를 통해 새로운 출발을 한다는 의미에서 이 시기를 '0시Stunde Null'라고 불렀다. 하지만 0시의 현실은 좋기만 한 것은 아니었는데 오데르-나이세 라인 너머의 동부 영토가 연방군의 단독 결정에 따라 폴란드에 넘어갔으며 (독소 폴란드 분할로 연방이 얻은 폴란드 영토에 대한 배상 차원에서 연방이 폴란드에게 독일 영토를 넘겼다. 이로써 폴란드는 역사상 처음으로 폴란드 민족으로만 이루어진 나라를 가지게 되었다. 다만 쾨니히스베르크가 포함된 동북부 프로이센은 연방이 가져갔으며 연방은 차후 영토 분쟁을 막기 위해 동부에서 대거 독일인들을 추방하였다. 이 일은 한동안 전후 독일 사회에 큰 문제가 되었다. 무려 5년간 약 1,248만 명이 동부에서 서독과 동독으로 각각 약 798만, 약 450만이 강제로 이주당하였고 이들을 돌보는 것이 전후 사회의 시급한 문제가 되었다.) 남은 영토는 동과 서로 분단되었고 (당연히 오스트리아도 분리독립 되었다.) 어느 지방이나 잿더미가 된 상태였기 때문이었다. 게다가 유럽 전역이 나치에 의해 잿더미가 되어 배상 문제도 있었다. 그래도 배상과 경제 정책에 강경했던 소비에트 연방과 달리 미합중국은 온건하게 대하려 했는지라 (잘못하면 오히려 연방 점령지에 보조금을 지급하는 게 될 수 있단 생각 때문이었다.) 2차 대전 배상 문제는 흐지부지되고 있어서 전후 독일 사회는 일단 재건에만 집중하면 되긴 했었다.

먼저 재건에 앞서 연합국 관리위원회는 나치 청산을 실시하였다. 그것이 1945년 11월부터 46년 10월까지 이어진 뉘른베르크 전범재판Nürnberger Prozess gegen die Hauptkriegsverbrecher이었으며 22명의 전쟁 범죄자들이 처벌받았다. 이 중 12명이 사형 선고를 받았고 (대표적으로 국방군 최고사령부 총사령관 빌헬름 카이텔 장군과 프리크 내무장관, 로젠베르크Alfred Rosenberg 동방영토장관, 네덜란드 총독 자이스잉크바르트Arthur SeyB-Inquart가 사형되었다.) 7명이 징역형(대표적으로 카를 되니츠가 10년 형을, 알베르트 슈페어가 20년 형을 받았다.), 3명이 무죄를 받았다. (무죄엔 무능했으나 범죄는 저지르지 않았던 프란츠 폰 파펜이 있었다.) 연합군은 여기서 끝내지 않고 여러 재판, 속칭 '계속 재판'을 이어가 나치의 여러 부분을 없애버렸는데 대표적으로 국방군 최고 사령부 인원들에게 가해진 군사재판이나 전범 기업들에게 가해진 이겐파르벤 재판, 크루프 재판, 그리고 악질적인 의사들에게 가해진 의사 재판이 있었다. 여기서 무죄를 받은 이들도 있지만 대부분 악질 범죄자였기에 사형과 징역형을 선고받았으며 그를 통해 독일 사회는 적어도 기득권의 경우 나치와 갈라설 수 있게 되었다.

그럼, 이제 중요한 것은 경제 재건인데 연합군은 서독 위치의 중요성을 파악하여 그들을 다시 부강하게 만들어 최전선에서 연방군과 대적하게 만들고자 하였다. 물론 연합국 내부에서 여러 의견이 상충했지만 초강대국으로 부상한 미합중국과 소비에트 연방 간의 냉전Cold War이라는 현실이 서독의 재건을 도와주었다. 문제는 전쟁으로 통화와 교통이 완전히 박살 나버렸다는 것이 큰 걸림돌이었다. 라이히스마르크가 종이 쪼가리가 되자 급하게 점령 마르크로도 불리는 임시 마르크화를 발행하였지만 의미가 없었고 도로망이 파괴되어 배급이 원활하지 못하였다. 이 시기 독일 국민들은 하루에 1,000칼로리 정도를 겨우 배급받았고 이로 인해 1947년 11월 독일인 평균 체중은 남성이 41.8kg, 여성이 42.4kg으로 처참할 지경에 이르렀다. 하지만 앞서 말했듯 서독의 위치는 중요해졌기에 트루먼 독트린(경제, 군사적 원조로 모스크바 정권에 맞서겠다는 트루먼 대통령의 선언)과 마셜플랜(유럽 각국 경제 회복을 위한 대대적인 자금 지원)으로 독일의 경제는 예상보다 빠르게 회복되어 갔다. 공식적으로 유럽 부흥 계획European Recovery Program이라 알려진 마셜플랜은 서방 유럽 16개국에 48년부터 51년까지 134억 달러를 재정 지원하였는데 연합군이 관리하는 서독인 이 중 약 14억 달러를 지원받았나. 이는 영국(약 33억)과 프랑스(약 23억) 다음으로 많은 금액이었다. 지원받은 16개국은 원활한 지원액 수급과 상호 협력을 위한 유럽경제협력기구Organization for European Economy Cooperation를 창설하였고 서독은 창설 1년 정도 후인 1949년 10월 25일에 가입하였다. 이 기구는 훗날 유명한 경제협력개발기구인 'OECD'로 1961년 9월에 개편되며 유럽의 경제에 이바지하였다. 미국은 그렇게 서독을 지원하며 동시에 화폐 개혁을 통해 1948년 6월에 도이치 마르크Deutsche Mark를 새로운 통화로 등장시켰다. 4.2도이치 마르크가 1미국 달러에 대응하며 기존 라이히스마르크는 10마르크가 1도이치 마르크에 대응하였다. 이 정책은 연합군 군정에 포섭된 경제위원회 최고위원 루트비히 에르하르트Ludwig Erhard가 주도하였는데 그는 화폐 도입과 통제 경제-배급 체제 폐지를 동시에 과감히 행함으로써 화폐 개혁을 성공적으로 안착시켰다. 이는 미국의 지원으로 독일 산업의 생산성이 다시 오르리라는 기대 덕분이었다. 고로 에르하르트는 통제 폐지와 동시에 물가 상승 억제책과 관세 인하책으로 생산업자들을 최대한 지원하며 경제 회복을 노렸고 이러한 노력은 서서히 성과를 얻어 전쟁으로 무너진 독일 경제는 조금씩 회복의 길로 걸어가기 시작했다.

다만 연방과의 협의가 꾸준히 실패하여 미국과 소련은 독일에 대한 동일한 정치, 경제 정책을 시행하지 않았기에 미국은 일단 영국과 프랑스와 논의하여 연합군 점령지의 서부 독일에 독립적인 민주 국가를 연방의 형태로 세우기로 결정하였다. (결국 분단이 확정된 것인데 연방과의 여러 합의가 실패한 탓이며 연방은 서독 단독 정부 수립에 반대하며 베를린 봉쇄 사건을 일으켰다.

최소한 서베를린을 가져오려 했으나 서방의 강경 대응과 공중 보급 성공으로 결국 소련은 공식적으로 베를린을 가르는 것에 합의하였다.) 그것이 1948년 3월 20일부터 6월 2일까지의 런던 회담이며 이로써 1949년 5월 23일 한동안 서독이라 불릴 독일연방공화국이 수립되었다. 다만 수도는 명목상으로 베를린이되 베를린이 동서로 분단되었기에 실질적으론 라인 지방의 본Bonn에서 위정자들이 통치하였다. 제헌의회는 1948년 9월 초에 열렸으며 다음 해 봄 무렵 헌법이 완성되어 통일을 대비한 민주 국가가 수립되었다. 연방공화국의 헌법은 독일의 제대로 된 첫 민주헌법이었으나 군비 문제나 루르 지역 문제 같은 일정 부분을 한동안 제한받는 성격도 포함되었다. 그리고 향후 통일을 대비해 기본법 23조와 146조를 통해 다른 독일주가 연방에 가입 시 자동으로 기본법이 도입되며 이 기본법은 새로운 헌법을 통해 효력을 잃도록 하였다. 이 과정에서 연합군 관리위원회는 서독 정부에 권한을 넘기기 전에 앞서 말했듯이 나치를 박멸하기 위해 총통이 만든 악의적인 행정 간소화 법안이나 유대인에 관한 악법을 폐지하거나 300만에 달하는 나치 동조자를 수사하였고 (이 중 1,667명이 주요 범죄자로 처벌되었고 약 15만 명이 경비하게 처벌을, 나머지는 전부 일단 무죄를 받았다.) 교육제도도 민주적으로 개편하여 (바이마르 공화국 시절 인사들이 꿈꾸던 다종교, 다문화, 다원화적인 공립학교 제도가 구축되었다.) 서독 지역을 안정화한 뒤 새로운 공화국 정부에 권한을 이양하였다. 이 과정에서 당연히 나치에게 금지되었던 사민당이 본토로 귀환하였으며 여러 인사들이 주목받는데 단연 돋보이던 것은 다름 아닌 콘라트 아데나워 시장이었다. 그는 연합군의 탈나치 프로그램에서 뛰어난 활약을 보여주었다. 그러면서도 연합군 군정에 이의도 제기하면서 일시적으로 시장에서 해임되기도 하였는데 그 모습에 독일인들은 그를 강단 있는 지도자로 인식하였다. 아데나워는 자신의 지지자들을 모아 중앙당의 후계 조직인 기독교민주연합 Christlich Demokratische Union Deutschlands을 창설하였으며 본이 실질 수도가 되는 것을 주도하였고 독일연방공화국 첫 선거를 진두지휘하였다. 그리고 그 선거에서 승리해 139석으로 (전체 402석) 제1당이 되어 공화국이 초대 총리가 되었다.

총리가 된 아데나워는 하나의 큰 목표를 위해 국정을 운영하기로 결정하였다. 그것은 바로 의회민주주의가 독일 사회에 정착하는 것이었다. 따라서 먼저 새로운 중앙당인 기민련은 이제 과거와 달리 단순한 가톨릭 정당이 아닌 프로테스탄트들에게도 열려있는 개방성과 그를 통해 독일 사회 통합을 추구하는 면모를 갖추기로 하였다. 그러면서 외교 정책은 연방보단 서방 민주 국가들에 친화되도록 하였는데 제헌의회의 결과물이 민주적이었던 것을 보면 당연한 수순이었다. 제헌의회는 바이마르 공화국의 부활을 선언하며 검정, 빨강, 노랑의 과거 삼색기를 부활시켰고 개인의 권리와 시민의 자유를 보장하였다. 그러면서도 나치 시절의 일을 반성하기 위해 방어적 민주주의 요소들도 도입하였는데 새로운 헌법을 통해 집회와 언론의 자유 같은 고전적인 시민권이 정부 전복에 악용되지 않게끔 하였다. 이것은 기본법의 18조에 명시되었는데 새로운 독일은 자유 질서를 어지럽히려는 용도로의 기본권 활용은 그 효력이 없다고 확연히 언급하였다. 다만 제대로 된 제한을 위하여 연방헌법재판소 Bundesverfassungsgericht를 설치하여 기본권 제한에 대해 그 정도를 결정하기로 하였으며 해당 재판소를 통해 여러 행정행위나 법안 합헌성에 관해 결정토록 하였다. 그러면서도 동시에 1950년 11월 7일, 연방헌법수호청Bundesamt für Verfassungsschutz을 설치하여 적극적 헌법 수호 기관 설치를 통해 새로운 나치가 등장하는 것을 미연에 방지토록 하였다. 그 외 제헌의회 특이 사항은 하원에 해당하는 연방의회Bundestag와 상원에 해당하는 참의원Bundesrat을 설치하여 양원제를 시행했다는 것인데 여기서 참의원은 입법권은 없지만 주 정부들의 의견을 반영토록 하여 연방 소속원들의 최소한의 이익을 지키도록 하였다. 콘라트 아데나워는 이러한 민주 요소 도입을 가부장적인 스타일로 이끌며 독일 시민들의 인기를 얻어갔다. 그는 복지국가론을 기반으로 비스마르크 같은 스타일을 추구했는데 강하게 민주적 요소를 도입하면서도 온정적으로 일반 서민들의 경제문제를 처리하여 사회주의가 서독 사회에 파고드는 것을 철저히 막았다. (예컨대 50년대 말엽에 의료, 실업, 연금 등등 각종 보험을 도입하여 가부장적 민주주의를 실현하였다.)

이러한 흐름 속에서 미국의 지원과 경제장관 에르하르트의 활약으로 경제 상황이 급속히 회복되자 아데나워 정권은 무난하게 강력한 지지세를 확보하였다. 절정이 1957년의 선거였으며 무려 50%의 득표를 얻었다. 이에 비해 사민당은 31%였는데 쿠르트 슈마허Kurt Schumacher의 공산당과 차별화를 추구하는 민주사회주의가 그다지 크게 먹혀들지 못한 탓이었다. 그래도 사민당의 공산주의와의 결별은 효과가 있었던 것이 연방의 조종을 받던 독일 공산당의 경우 1951년 위헌 정당으로 지정되었고 56년 연방헌법재판소가 이를 받아들이면서 사라졌기 때문이었다.

아데나워는 이러한 지지율 덕에 민주주의 확립과 통일 기반 구축을 위한 친서방정책을 무난히 추진할 수 있었다. 가장 대표적인 것이 프랑스와 화해, 그리고 유럽통합추진이었다. 현재 EU의 근간이 이 시기를 전후

하여 시작된 것이다. 먼저 아데나워 내각은 49년 7월에 영국과 프랑스가 주도한 유럽 서방 10개국의 유럽 위원회에 준회원으로 가입하였다. 일단 연결고리를 만들면서 경제발전에 또 하나의 기반을 만든 것이었다. 그러면서 49년 11월, 페터스베르크 협정Petersberger Abkommen을 통해 서방 국가들의 독일 산업 기반 철거를 중지하도록 합의 보면서 주권 회복도 시작하였다. 그리고 50년 5월 프랑스 로베르 슈망Robert Schuman 외무장관과 합의하여 '슈망 계획'을 추진하였다. 그 덕에 1951년 4월 18일 파리에서 유럽 6개국이 (프랑스, 이탈리아, 네덜란드, 벨기에, 룩셈부르크, 서독) 참여하는 유럽 석탄 및 철강 공동체European Coal & Steel Community가 수립되었는데 이것이 EU의 전신이었다. 석탄과 철강의 공동시장을 형성하여 경제적으로 서로를 도우면서 프랑스와의 건설적 협력을 통해 양국의 앙금을 최대한 지우려고 하였다. 또한 한국전쟁(6.25)을 빌미로 협의 끝에 1952년 5월 27일에 위의 6개국이 군사동맹 기구인 유럽방위공동체Europäische Verteidigungsgemeinschaft도 설립함으로써 한층 더 두터운 관계를 형성하게 되었다. 이러한 노력의 끝으로 1954년 런던 협약과 54년 파리 협약으로 독일은 자주권을 회복하게 되었다. 독일 협약이라고도 불리는 이 협정으로 서독은 연합군이 계속 서독에 주둔하되 동맹군으로서의 주둔이 되었고 제한받았던 모든 주권은 돌려받게 되었다. 그러면서 미국 주도의 집단방위조약 체제인 북대서양 조약 기구North Atlantic Treaty Organization에 가입하여(1955) 서독이 독일 유일한 합법 정부로 승인받았고 서독에서 일시적으로 떨어져 나간 자를란트에 대해선 프랑스와 공동 관리하되 차후 주민의 의사를 묻도록 하였다. 사민당은 재무장에 대해 비관적으로 보아 꾸준히 아데나워의 정책에 반대했으나 아데나워는 나토를 통한 재무장과 친서방 외교를 꾸준히 밀고 갔다. 이러한 친서방정책의 마지막 마침표로 아데나워는 할슈타인 독트린Hallstein Doktrin을 선언하였다. 이것은 당시 외무장관의 이름을 딴 것으로 동독과 수교하는 국가와는 수교하지 않겠다는 것이었다. 당시 소련은 아데나워가 맺은 조약들을 무효로 돌리고 독일 지역을 중립지대로 만들고 싶어하였다. 하지만 아데나워는 동독이 주도하는 통일을 원하던 소련의 의도를 거부하였으며 소련과 수교는 맺되 동독의 존재는 부정하였다. 이에 53년부터 연방의 새로운 지도자가 된 니키타 흐루쇼프Nikita Khrushchev가 1955년 7월에 두 국가 이론Zwei-Staaten Theorie을 제시하며 동독의 소멸을 거부하였으나 아데나워는 꾸준히 각국에 할슈타인 독트린을 강요하는 걸로 맞수를 놓았다. 하나 이것이 오래가진 못했는데 이러니저러니 해도 이제 분단된 것은 분명한 사실이었는지라 열강들에게서 독립한 무수히 많은 개발도상국이 동독과 수교함으로써 사실상 의미는 없어졌다. 그래도 이 과정에서 연방의 오데르-나이세 라인 인정 요구는 거부하였는데 이 노선 자체는 한동안 계속 유지되었다.

여하튼 이러한 과정을 거치며 서독, 독일연방공화국은 점령에서 벗어나 서방 국가들의 일원으로 인정받게 되었다. 냉전의 최전선에 있으니 당연한 수순이긴 하였다. 다만 아쉬운 것은 프랑스의 드골이 독불 우호관계를 마음껏 이용하였기에 아주 성과가 좋기만 한 것은 아니었다는 것이다. 예컨대 후일인 1963년, 공동시장에 영국도 끼어들려고 한 적이 있었다. 이때 서독 정부는 반대했지만 프랑스 정부의 일방적인 요구로 승인된 일이 있었다. 이 일 덕에 양국 사이엔 분명 균열이 있었다. 그래도 1956년 10월 27일의 룩셈부르크 조약을 통해 서독과 프랑스는 주민투표를 통해 프랑스가 그간 노렸던 자를란트 보호령에 대한 독일 귀속을 추진하였고 결과에 따라 1957년 1월, 자를란트를 서독에 편입시켰다. 이렇게 아데나워의 서부 독일은 점차 유럽의 번듯한 일원이자 민주주의 회원으로 자리 잡게 되었다.

라인강의 기적, 독일의 부활

민주주의 정착에 아데나워의 공이 크지만, 경제성장에는 경제 장관인 루트비히 에르하르트의 공이 컸었다. 그의 주도하에 서독은 '라인강의 기적Das Wunder am Rhein'이라는 경제 회복을 맛보게 되었다. 물론 미국의 경제원조가 큰 도움이 되긴 했지만 에르하르트의 활약이나 당시 루프트한자Lufthansa 같은 기업들의 활약으로 군수품 수요에서 민수품 수요 환경으로 변하는 세상의 흐름을 잘 잡았던 덕이 컸었다. 특히나 독일의 철도 회사들은 정부와 협의하여 철도 체계의 전기화와 철도 속도 증가로 혁신적인 기회를 잡아갔다. (다만 철도나 자동차, 화학, 전자 같은 산업은 기회를 잡았으나 강철제조업이나 탄광은 이 시기 후퇴하여 전통의 라인란트에서 경제 중심지가 바이에른이나 바덴뷔르템베르크, 헤센으로 옮겨갔다.) 여기에 추가로 독일에 좋은 기회가 오니 그것은 바로 (우리 한국인들에겐 애석하게도) 한국전쟁이었다. 이 전쟁으로 미국이 산업력을 군수품 조달에 집중해야 했던 덕에 전후 민간 물자 생산의 빈틈을 독일 연방이 제대로 잡은 것이 라인강의 기적에 적지 않은 이바지를 하였다. 에르하르트 장관은 이러한 운적인 순간과 기업들의 혁신적인 분위기 속에서 연방공동결정제Mitbestimmung를 실시,

대기업의 경우 이사회 구성원 중 적어도 한 명은 피고용인으로 선출토록 하여 조화로운 노사관계를 구축, 민주적 조합주의Democratic corporatism를 형성하여 파업을 최대한 억제해 이 경제 회복의 흐름을 무난하게 타도록 하였다.

그러한 적절한 조치들 덕에 독일 경제는 한국전쟁 발발 후 1분기 만에 산업 생산이 2할이나 증가하였고 1952년부턴 수출이 수입을 초과하기 시작했다. (52년 기준 7억 6백만 마르크 초과) 이러한 성장 덕에 에르하르트는 아데나워와 함께 그간 주장하던 복지국가론, '사회적 시장경제Soziale Marktwirtschaft'를 실시할 수 있게 되었다. 가부장적 민주주의의 논리에 따라 사회보장제도를 통해 공정한 소득분배를 주장한 것이다. 에르하르트는 1949년 기준 서독 국민의 사회 고통지수가 높았던 것을 고려하여 전체적인 부의 증대를 위해 모두에게 공정한 기회를 통한 고용 증대와 최소한의 안전망을 위한 복지를 추진하였다. 비스마르크의 전통을 이어받은 이러한 조치들은 미국의 원조와 연방의 수출 회복세로 전례 없는 부의 증가를 서독 전체에 안겨다 주었다. 1951년부터 63년까지 연평균 7.1%의 경제성장을 달성하면서 독일 가계의 평균 가처분 소득이 가파르게 상승하였다. 50년대와 70년대를 비교해 보면 400%나 증가하였고 실업률은 1950년에 8.1%였던 것이 65년에는 0.5%로 뚝 떨어졌다. 완전고용의 시대가 온 것이었다. 아데나워 내각은 이러한 성장 속에서 두 가지 사회정책을 추진하여 부의 분배와 더 큰 경제성장을 이룩했는데 빈부격차를 인정하면서도 하방을 막아 국민들의 최소 구매력을 갖추게 했기 때문이었다. 하나는 1952년 5월에 연방의회에서 통과된 피해보상법안Lastenausgleichgesetz이고 다른 하나는 1953년 2월에 통과된 추방민법Vertriebenengesetz이었다. 이 법안들은 전쟁으로 인한 부동한 혹은 유동자산에 대한 상실을 보상해 주거나 서독으로 이주해 새로운 집이 필요한 이들에게 주택과 직업훈련을 제공하여 안정적인 경제 궤도에 올라타게 해주었다. 대부분의 국민들이 신청하였으며 52년부터 10년간 1인당 6천 마르크 정도 지급되었다. 피해 보상안의 경우 무려 1986년까지 지속되었으며 1,300억 마르크의 비용을 5,700만의 국민이 지급받았다. 이러한 법안들 덕에 독일연방공화국의 시민들은 엄청난 생활 수준의 상승을 누릴 수 있게 되었다.

이러한 활약으로 인기 속에서 에르하르트는 차기 총리 후보가 되었으며 아데나워는 무려 4선에 성공하게 되었다. 그러나 2차 베를린 위기와 사민당의 당내 개혁(1953년 11월의 고데스베르크 강령Godesberger Programm을 통해 기존의 마르크스주의적 평등 경제보단 자유경쟁을 토대로 한 사회민주주의 경제를 추진하겠다고 입장을 선회하였다. 그리고 부당한 착취와 지배해 대항하는 '자유'와 모든 이의 동등함을 주장하는 '정의', 모든 이가 같이 책임지는 '연대', 이 3가지를 주장하며 새로운 모습으로 탈바꿈하며 인기를 회복해 갔다.), **빌리 브란트**Willy Brandt의 활약으로 점차 아데나워의 인기는 추락하게 되었다. 1958년 10월 27, 동독 정부는 서베를린을 포함하여 베를린 전역이 동독에 귀속되어야 한다고 주장하였다. 그리고 11월 10일 흐루쇼프 소련 서기장이 서베를린을 비무장 자유도시로 만들어야 한다고 최후통첩을 가하였는데 이에 서방 국가들은 강력히 반발하였다. 아데나워도 베를린 비무장화에 반대하였으나 이 문제를 해결하기 위한 정상회담이 제대로 성사되지 않으며 아데나워보단 오히려 당시 서베를린 시장이었던 빌리 브란트가 주목받게 되었다. 빌리 브란트는 1959년 9월 8일 베를린 4대 기본 원칙을 발표하며 베를린의 완전한 자결권과 베를린으로의 자유로운 통행권이 보증되어야 한다고 주징하였다. 그리고 서베를린은 서독에 속하며 베를린에 대해 미소영프가 책임을 이행해야 한다고 말하였는데 처음에 이 발언은 주목받지 못하였다. 그러다가 1961년부터 미국 대통령으로 취임한 존 F. 케네디John F. Kennedy의 강력한 개입으로 서베를린 지위 문제가 일단락 되어가자 빌리 브란트는 케네디의 후광을 입어 엄청난 인기 상승을 받게 되었다. 케네디 대통령이 서베를린 방위를 위해서라면 전쟁도 불사하겠다고 말하였고 결국 소련은 서베를린 합병을 포기하였다. 하지만 동독의 인구 유출 방지를 위해서라도 (1949년부터 61년까지 약 273만 명의 동독 거주민들이 서독으로 이주했다.) 서방에 대항하기 위해 베를린 장벽을 1961년 8월에 설치하자 그간 서방의 지원을 통해 통일을 이룩하겠다고 주장한 아데나워 내각은 그 인기가 크게 추락하였다. 분단의 고착화가 시작되었으니 말이다. 이러한 순간 빌리 브란트는 동독 정부와 협상하여 2년 만에 1963년 12월, 통행증 협정에 성공하니 위기의 수혜자가 되었다. 이에 반해 아데나워는 1963년 1월 독불 우호조약을 체결하며 마지막 업적을 세우긴 했으나 슈피겔Spiegel 사건과 4선 당시 대통령직 거부 사건으로 (전자는 슈피겔 편집인들이 국가반역죄로 체포된 사건으로 국가기밀을 뇌물 주고 빼내어 갔다는 명분으로 체포했으나 실상은 국방장관 슈트라우스Franz Josef StrauB가 본인이 건설사에게 뇌물 받은 것을 슈피겔이 보도한 것에 대한 보복 조치였다. 후자는 당시 선거에서 아데나워가 에르하르트 장관과 합의하여 자신이 대통령을, 에르하르트가 총리로 나서겠다고 했다가 말을 바꾼 사건이었다.) 그 인기가 크게 추락해 버렸다.

결국 아데나워는 1963년에 기민당과 사민당 사이에서 제3세력을 유지하고 있던 자유주의 정당인 자유민주당Freie Demokratische Partei(1961

년 연방 선거 기준 기민당 242석, 사민당 190석, 자민당 67석이었다.)과의 연정 합의에 따라 사퇴하였으며 그해 10월 16일 경제성장으로 인기를 끌고 있던 에르하르트가 연방 2대 총리로 취임하게 되었다. 그러나 에르하르트 정권이 순탄하진 못했는데 에르하르트 본인 자체가 장관에 맞지 총리에 어울리는 인물이 아니라는 사실 때문이었다. 그의 지도력은 아데나워에 비해 확실히 모자랐다. 그 덕에 자매정당이자 아데나워 내각 초창기부터 함께 정당 연합을 꾸려가고 있던 바이에른 기독교사회연합Christlich-Soziale Union in Bayern이 CDU/CSU 연합의 실질적인 주도권을 점차 가져가 버리게 되었다. 이로써 에르하르트는 자기가 속한 당에 대한 영향력이 떨어졌고 이 와중에 사민당의 인기는 올라가고 있어서 총리가 되자마자 위기의 시작이었다. 여기에 엎친 데 덮친 격으로 1964년에 아돌프 폰 타덴Adolf von Thadden이라는 사람이 나타나 독일민족민주당Nationaldemokratische Partei Deutschlands을 창당, 네오나치즘 세력을 이끌며 의회민주주의에 도전하니 기민련의 지도자들은 빠르게 에르하르트 총리의 지도력에 대한 기대를 포기하고 사민당과의 협상에 들어갔다. 비록 민족민주당이 당장 기민당과 사민당을 위협할 만한 수준은 아니었지만 빠르게 몰락한 공산당과 달리 확장세를 이어가고 있어서 극단주의 세력을 막아야 한다는 대의가 두 정당을 합의의 장소로 나오게 만들었다. 무엇보다 에르하르트 총리가 민족민주당에 대해 대처를 제대로 하지 못하고 있던 것이 컸었다.

물론 에르하르트 총리가 아무것도 한 것이 없는 것은 아니었다. 1966년 3월 25일에 외교 관계를 맺고 있는 모든 국가에 '평화 공헌Friedensnote'을 보내며 특히 동유럽 국가들과의 관계 개선과 긴장 완화,

군비 통제에 나름 합의점을 제시하며 아주 총리로서 나름의 업적을 세우긴 하였다. 다만 이마저도 긍정적으로 보는 서방 국가들과 달리 오데르-나이세 라인 부정을 확실히 했기에 동유럽 국가들이 미적지근한 반응을 보인지라 에르하르트 총리는 확실히 애매한 지도력을 갖춘 것으로 보였다. 무엇보다 당시 에르하르트 총리는 당내 분쟁을 거의 막지 못하고 있었다. 안 그래도 1964년 6.6%였던 경제성장률이 66년 2.8%로 추락하여 총리의 인기가 떨어져 가고 있었는데 기민/기사당과 자민당 연정 내부에서 예산안 문제로 충돌하자 이 사태를 조정하지 못한 총리는 그 권위가 크게 떨어졌다. 결국 에르하르트는 1966년 11월 2일에 연방 총리에서 사퇴를 선언하였고 후임 총리엔 쿠르트 게오르크 키징거Kurt Georg Kiesinger 바덴-뷔르템베르크 주 총리가 지명되었다. 그는 상당한 달변가로 재정문제 해결과 의회민주주의 수호를 위해 경쟁자였던 사민당과의 대연정 작업에 바로 착수하였다. 당시 사민당은 자민당과의 연정 협상이 틀어져 버려서 이 제안에 구미가 자연스럽게 당겼고 합의 끝에 1966년 12월, 부총리와 외무부 장관직을 사민당 지도자 빌리 브란트가 가져가고 경제부 장관엔 사민당 출신 경제학 교수 카를 쉴러Karl Schiller를 앉히는 대가로 연정을 수락하였다. 그렇게 연정을 이룬 브란트와 키징거는 현재 네오나치즘 세력이 확장하고 있는 이유인 경제문제를 먼저 해결하기로 합의하였다. 1966년 말엽 기준으로 실업자가 30만 명을 돌파하였고 1967년엔 아예 경제성장률이 서독 최초로 마이너스를 찍으면서(-0.3%) 민족민주당이 자연스레 힘을 키우고 있었다. 고로 카를 쉴러 장관을 중심으로 재정 개혁에 돌입하였는데 쉴러 장관은 일련의 신케인스주의New Keynesian economics 조치를 취하였다. 그는 연방은행이 그간 비축한 국제수지 예비비Balance of payment를 부분 활용하고 세금을 인상하여 먼저 예산의 균형을 맞추었다. 그리고 그 세금 인상이 개인 투자에 영향을 주지 않기 위해서 예컨대 부가가치세나 판매세를 각각 11% 올리며 주로 소비자들에게 세금을 부과하였다. 하지만 민주적 조합주의도 같이 가야 하기에 고용주와 노동조합 간의 회담을 주관하고 적극적인 고용정책을 시행하여 경제부흥책의 밸런스를 맞추어갔다. 이러한 조치들은 성공적으로 이어져 급속도로 실업자를 줄이고 1968년엔 경제성장률 5.7%를 찍으며 빠르게 불황을 극복하였다. 실업률은 68년 8월 0.8%를 찍으며 다시 완전고용 상태가 되었다. 이로써 자연스레 민족민주당은 빠르게 힘을 잃었고 앞서 말했듯 1969년 선거에서 의회 진출 봉쇄조항인 5% 전국 지지율을 돌파하지 못하고 몰락해 버렸다.

국내 무대의 성공에 이어 키징거 총리는 국제무대에서도 나름 성과를 올렸다. 일단 키징거 총리는 할슈타인 독트린을 이어받아 소련과 동유럽 국가들과 관계를 구축하지만, 동독은 주권 국가로 인정하려 하지 않았다. 이에 동독의 요청으로 소련이 이끄는 바르샤바 조약 기구 회원들이 동서독 관계가 정상화되지 않는 한 사회주의 국가들은 서독과 관계를 정상화하지 않겠다는 울브리히트 독트린Ulbricht Doktrin을 발표하였다. 그럼에도 키징거-브란트 내각은 67년 1월 루마니아와의 수교에 이어 8월 체코슬로바키아와의 무역협정 체결을, 68년 1월에는 유고슬라비아와 수교를 재개하는 데 성공하며 나름의 성과를 올렸다. 그런데 문제가 있다면 유고와 루마니아는 이미 동독과 수교 중이니 관계를 맺으면 안 되는 것인데 사실상 스스로 할슈타인 독트린을 서독이 어기게 되어버린 것이었다. 여기에 제3국들의 동독과의 수교가 이어지자 브란트의 주장에 따라 일단 연방 정부는 제3국의 동독 수교를 비우호적으로 간주하나 이것으로 일방적 단교를 하진 않을 것이라며 할슈타인 독트린을 수정하였다.

그렇게 키징거-브란트 내각은 순탄하게 이어가는 듯했으나 얼마 안 가 키징어 총리는 몰락하고 말았다. 68혁명68er-Bewegung이 유럽 전역에 일어났기 때문이었다. 미국에선 베트남 전쟁의 여파로 인한 저항운동이, 프랑스에선 드골 정권에 반대하는 학생 봉기가, 서독에선 의회 외부 저항 운동Außerparlamentarische Opposition이 일어나면서 각국 정치 상황이 혼란해졌고 1968년 3월부터 이러한 움직임이 절정에 달하기 시작하였다. 독일연방공화국의 경우 1967년 6월 2일, 이란의 샤Shah 모하마드 레자 팔라비Mohammad Reza Pahlavi의 베를린 방문이 있자 주로 대학생 활동가들이 독재에 비난을 가하며 샤의 방문에 반대하는 대규모 시위를 벌였었다. 이것을 경찰이 잔혹하게 탄압하여 베노 오네조르크Benno Ohnesorg라는 학생이 사살되자 학생들은 더욱 분노에 빠지게 되었다. 이러한 순간인 67년 11월, 법정이 경찰 책임자들에게 무죄를 선언하자 시위는 매우 과격해졌으며 대학 도시들을 중심으로 데모가 꾸준히 이어지게 되었다. 68년에 접어들면서 학생 시위는 대연정이 추진하던 비상조치법Notstandsgesetze에 대해 반대하는 시위를 벌이며 더욱 격화되었는데 이 법안은 예외적인 긴급 상태로 간주되는 비상사태 시 군과 경찰을 동원하게 하는 법안이었다. 학생들의 반대에도 법안은 68년 6월 28일 발효되었고 독일에서의 68혁명은 절정을 찍게 되었다. 그 상징적인 사건이 11월 7일, 유대인인 베아테 퀸첼Beate Künzel이라는 시민이 기민당 전당 대회에 몰래 들어가 키징거 총리에게 다가가 뺨을 날린 것이었다. 그 이유는 키징거 나치 독일 시절 외무부 대외방송부 출신 부역자였기 때문이었다. 물론 키징거 총리는 단순 가담자라 억울했겠지만 독일에서의 학생운동은 반독재-반군국주의로 흐르고 있어서 대표적인 제물이 되었다. 기민-사민당 연정은 이 학생 시위의 흐름에 제대로 대처하지 못하였고 결국 1969년 선거를 기점으로 대연정이 해체되게 되었다. 새로운 선거에서 사민당과 빌리 브란트는 나름 업적을 세운 카를 실러 경제부 장관을 내세우며 혁신적인 이미지를 통해 많은 지지율을 확보하였다. 또한 사민당은 68혁명의 여론을 받아먹기 위해 구스타프 하이네만Gustav Heinemann을 연방 대통령 후보에 내세웠는데 그는 의회 외부저항운동에 긍정적인 인물로 비추어져 신선한 정치인으로 인식되었다. 빌리 브란트는 선거에서 학생운동의 시대 변화 요구에 호응하며 새로운 시대를 천명하였다. 다만 중도층에서의 혼란이 커서 생각보다 아주 높게 나오진 않았다. 지지율 상승에도 여전히 기민당이 46% 득표로 1등이었기에 42.7%의 사민당은 5.8%의 자민당과 협상에 돌입, 연정을 이루면서 정권을 차지하는 데 성공하였다.

그렇게 1969년 10월 21일, 빌리 브란트가 독일연방공화국의 4대 연방 총리로 취임하게 되었다. 자민당은 연정의 대가로 당대표였던 발터 셸Walter Scheel이 외무부 장관이 되었으며 얼마 안 가 자신의 유능함을 증명하였다. 국방부 장관은 차기 사민당 스타로 떠오르던 헬무트 슈미트Helmut Schmidt가 임명되었으며 내무부는 자민당 부총재였던 한스-디트리히 겐셔Hans-Dietrich Genscher가 임명되었다. 카를 쉴러는 그대로 경제부 장관으로 유임되었고 이들은 뛰어난 활약을 보여주며 빌리 브란트 내각을 반석 위에 올려놓게 되었다. 그렇게 사민당이 드디어 연방의 주도적인 집권 세력이 되면서 새로운 시대가 열리게 되었다.

독일의 참회: 동방 외교와 뒤이은 반성들

취임 이후 빌리 브란트 총리는 새로운 정책들, 특히 새로운 동방 정책 Ostpolitik을 발표하며 새로운 독일에 대해 예고하였다. 그것은 간단히 말해 할슈타인 독트린과의 결별이었다. 그간 통일 지원과 민주주의 정착을 위해 미국과 서유럽 국가들과 친선을 중점으로 해온 외교 정책에서 동독과 소비에트 연방, 바르샤바 조약 기구 회원국들과 화해로 변경한 것이다. 빌리 브란트 총리는 동서 간의 대립은 독일 통일 문제에 아무런 도움이 되지 않는다고 판단하였다. 고로 온건한 외교를 통한 점진적인 변화와 소련 설득만이 동독을 자유화하고 나아가 통일로 가는 길이라고 생각하였다. 따라서 그는 동방 유럽 국가들과의 긴장 완화를 위해, 점진적인 변화를 위해 결단을 내려야 한다고 생각했고 그것이 새로운 동방정책이요, 진정한 반성과 화해의 정책이었다. 즉 도덕적 결단이 이제 독일에 더 도움이 된다는 판단이 선 것이었다. 따라서 먼저 빌리 브란트 총리는 취임 직후 동독의 존재를 인정한다고 의견을 밝히며 동독과 '특별한 관계Besondere Beziehungen'를 수립하겠다고 선언하였다. 고로 빌리 브란트 내각 첫 외교 정책은 동독과의 정상회담으로 결정되었다. 물론 이 과정이 순탄한 것은 아니었다. 동독은 서독의 움직임을 바라보며 바로 국제법적으로 자신들을 인정하라 요구하였다. 점진적인 변화를 통해 주도권을 원했던 서독 정부로서는 역으로 주도권을 가져가겠다는 급진적 변화는 바로 받아들이기 힘들었다. 그렇기에 빌리 브란트는 일단 이를 거부하며 민족의 단일성에 대해 먼저 구축하는 것이 우선이라고 답하였다. 안으로는 기민련이 지금 당장은 아니더라도 결국 독일에 대한 서독의 단독 대표권을 포기하는 것 아니냐고 맹비난을 가하여 눈치를 살필 수밖에 없었다. 일단 빌리 브란트 총리는 협상 끝에 1970년 3월 19일, 동독 지역인 튀링겐의 에어푸르트에서 첫 정상회담을 자기기로 간신히 합의에 성공하였다. 그러나 첫 정상회담은 그다지 좋은 결과가 없었다. 빌리 브란트 내각은 일단 '특별한 관계' 구축을 위해 외무장관이 아닌 '내독 관계 장관'을 참석시켰지만 동독 정부는 외무장관을 데려오며 국제법에 따른 외교 관계 수립을 해야 한다고 의견 대립이 일어났기 때문이었다. 그렇게 큰 성과 없이 첫 회담이 끝났으며 2차 회담은 5월 21일 서독의 카셀에서 열렸는데 여기서 빌리 브란트 총리는 서로 간의 무력시위 포기, 두 독일의 독립, 주권의 상호 존중과 내정 불간섭, 군비 축소, 1민족 2국가 존재 인정, 베를린과 독일 전역에 대한 4국 합의 존중, 동서독 국민 간의 여행 확대, 이산가족 문제 해결 등등 분단 문제를 해결할 총 20개의 합의안을 제의하였다. 하지만 여전히 동독 정부는 먼저 법적으로 동독을 승인하라고 압박을 가하여 빌리 브란트의 동서독 화해안은 통과되지 못하였다. 서독은 분단의 고통을 먼저 해결하자고 했지만, 동독은 그 전에 자신들을 공식 인정하라라고 압박하였다.

이러한 의견 대립에 일단 빌리 브란트 내각은 한발 물러나 소련과 바르샤바 조약 기구 국가들과 먼저 관계 개선을 하고 동독에게 다가가기로 작전의 순서를 변경하였다. 빌리 브린트 총리의 조인가인 에곤 바르Egon Bahr는 통일된 독일에 대한 깊은 우려를 지닌 소비에트와 그들의 구성원들에게 먼저 다가가 '접근을 통한 변화'를 이룩해야 동방문제를 해결할 수 있다고 주장한 바가 있었다. 소비에트 러시아의 정당한 안보 요구를 맞추어 준다면 그들도 동독 문제에 맞추어 줄 것이라는 논리였다. 고로 이미 69년 12월 8일부터 서로 간의 무력행사를 포기하기 위한 관계 개선 목적의 예비 회담이 서독과 소련 사이에서 일어났으며 70년 5월까지 무려 14차례 회담을 거쳐 서로를 위해 어떤 것을 합의할지 대략적인 합의에 성공하였다. 이 회담의 결과물이 통칭 바르 문서Bahr Papier로 불리는데 70년 6월 12일에 이것의 일부가 서독 언론에 유출되자 기민련을 비롯한 우익 계열 정당들은 빌리 브란트 총리를 맹비난하였다. 너무 동방에 지나친 집중을 한다며 말이다. 하지만 빌리 브란트 내각은 꾸준히 정책을 추진, 약간의 수정을 거쳐 1970년 8월 12일에 공식적으로 모스크바 조약을 체결하는 데 성공하였다. 이 조약을 통해 서독과 소련 두 국가는 국제 평화와 긴장 완화를 통해 협력하기로 합의하였으며 서로 간의 무력 위협이나 행사에 대한 포기 의무를 규정하였다. 각자의 국경선을 침해하지 않는다면 평화가 유지될 것이라는 조건이 붙였으며 이 과정에서 빌리 브란트 내각은 오데르-나이세강 라인의 국경선을 인정하였다. 대신 조약 체결과 동시에 보내진 공한을 통해 자결권에 의한 독일 통일의 목적에 대해서 분명히 언급함으로써 향후 소련이 독일 통일에 반대하지 않는 기틀을 마련하였다. 이 외에도 경제협력이나 폴란드, 체코슬로바키아 등과의 관계 개선에 대한 도움, 특히나 동독과의 관계 문제에 대한 협조도 이끌면서 성공리에 마무리하였다. 물론 서독의 우파들은 빌리 브란트를 매국노라고 비난하였지만, 새 시대가 열린 것은 확실하였다.

연이어 빌리 브란트 내각은 1970년 2월 4일, 바르샤바에서 폴란드와 회담을 했다. 오데르-나이세 라인을 인정하는 대신 두 국가는 양국 분쟁에 무력 사용을 포기하며 유엔 헌장의 목적과 원칙에 따라 평화적으로 각종 문제를 처리할 것을 합의하였다. 하지만 지난 전쟁에서 큰 피해를 보았던 폴란드 국민들은 독일의 진심을 강하게 의심의 눈초리로 쳐다보았다. 이에 빌리 브란트 총리는 무언가 보여주어야 한다고 판단, 지난 시대의 전쟁범죄에 대한 사과의 표시로 1970년 12월 7일 바르샤바의 유대인 게토가 있었던 곳에 조성되어 있는 유대인 사망자 추모 기념비에 가서 앞에서 무릎을 꿇고 과거 문제에 대해 사과하고 반성하는 자세를 보여주었다. 이는 독일의 반성하는 의지를 보여줌과 동시에 폴란드인들의 마음을 사는 데 성공하였다. 이것이 그 유명한 **브란트의 무릎 꿇기** Brandt Kniefall로 당시 폭우 속에서 눈물을 흘리며 한 행동이라 다들 긍정적으로 평가하였다. 당시 폴란드 총리는 빌리 브란트 총리에게 감사함을 표할 정도였다. 물론 국내에선 야당인 기민련을 중심으로 비난이 폭주했지만 (일방적인 비난만은 아닌 것이 독일인 전체와의 합의 없이 독단적으로 국경선을 합의하긴 했으니 반대의 목소리가 큰 게 당연하긴 하였다.) 빌리 브란트 내각은 소신 있게 자신들의 정책을 밀고 나갔다.

사진작가 엥겔베르트 라이네케Engelbert Reineke가 1970년 에 찍은 「바르샤바 게토 희생자 추모 기념비 앞에서 무릎을 꿇은 빌리 브란트 총리」, 독일 연방 기록 보관소 소장

이렇게 동방과의 화해 분위기가 조성되자 독일 연방 정부는 그간 미뤄져 왔던 베를린 문제와 동서독 통과 문제에 대해 합의를 끌어낼 수 있었다. 베를린 위기가 일단 끝나긴 했지만 여전히 서방과 동방 국가들은 베를린에 대해 불안정한 대립을 이어가고 있었다. 고로 모스크바 조약의 후속으로써 베를린 협정과 동서독 통과협정이 공식적으로 체결되었다. 이 협정들을 통해 미국과 소련, 동서독은 서독과 서베를린 간의 통행을 보장하였으며 분단으로 인한 베를린 문제에 대해 4국(미소영프)의 권한

과 책임을 명시했고 서베를린에 대한 소련의 영사 대표권에 대해 합의를 보았다. 그리고 서베를린 시민들의 동베를린 및 동독 방문을 허가하였으며 서독과 동독 간의 교통 조약을 통해 자유로운 교류와 통행을 승인하였다. 이에 따라 동서독은 서로 간의 전화선을 더 많이 개설하였으며 민간 화물의 통행 문제도 합의를 보았다. 이 조약들이 체결되는 데는 소련의 협력이 큰 도움이 되었다. 거부하려던 동독 정부는 결국 합의에 따르기로 하였다. 베를린 협정의 경우 1971년 9월 3일 체결되었으며 동서독 협정은 1972년 5월 26일에 서명되었다.

그러나 이러한 움직임은 독일 내부에 큰 반발을 불러 일으켰고 1972년 4월, 기민련이 주도하는 총리 불신임안이 올라왔다. 여기서 2표 차이로 가까스로 빌리 브란트는 총리 자리를 유지하게 되었다. 그로 인해 5월의 연방 상하원에서 모스크바 조약과 바르샤바 조약 비준이 통과되긴 했으나 간신히 조약이 비준되었다. 그러나 꾸준한 야당들의 반대와 여당 일부 의원의 이탈로 빌리 브란트 총리는 이대론 안 된다고 판단, 조기 선거를 여는 모험을 걸기로 하였다. 이에 기민/기사당도 동의하여 그해 11월 19일 제7대 연방하원 선거가 실시되었다. 여기서 동방정책에 대한 논박이 이루어졌는데 빌리 브란트 내각은 국민들의 마음을 사는 것에 성공하여 지난번보다 3.8% 상승한 45.8%의 지지를 얻어 역대 최고의 지지율을 획득하는 데 성공하였다. 기민/기사당은 44.9%를, 자민당은 8.4%의 지지를 얻었다. 사민당은 자민당과 연정을 계속하기로 합의하였으며 빌리 브란트는 다시금 연방 총리가 되어 자신의 정책을 순탄하게 이끌 수 있게 되었다.

이제 빌리 브란트 2차 내각은 마지막 단추를 맞추기로 하였다. 바로 동서독 기본 조약을 통해 서로를 인정하는 것이었다. 제대로 성사된다면 교류를 통해 자유화의 기반이 쌓일 것이었다. 그리고 나아가 프라하 조약 체결을 통해 다른 동방 국가와도 관계를 개선하여 화해와 반성, 보상을 통해 친선과 교류를 맺어 긴장 완화와 경제망 확장을 노렸다. 반성 속에서의 보상 추진으로 친선과 교류를 기반으로 한 긴장 완화와 경제망 확장을 노린 것이다. 물론 이 문제에 동독 정부는 여전히 공식 승인이 먼저라며 1민족 2국가론이 아닌 2민족 2국가론을 주장하였다. 엄연히 사회 체계나 계급 구조가 다른, 자신들은 사회주의 민족이라는 논리에서 말이다. 그러나 헨리 키신저Henry Kissinger 미국 대통령 보좌관과 브레즈네프Leonid Brezhnev 소련 서기장의 유럽 안보 협력 논의로 인해 동서독의 유엔 가입 문제나 두 국가의 관계 수립 문제에 대해 논의하면서 동독 정부는 강경한 태도를 버리기로 결정하였다. 그렇게 두 국가는 분단 23년 만에 1972년 12월 21일의 기본 조약 체결을 통해 관계 수립에 대해 합의하였다. 이 조약으로 동서독은 정상적인 선린관계를 구축하기로 하였으며 서로 간의 무력 행위 포기, 서베를린의 안정과 통행 보장, 군비축소 노력, 국적 문제와 가족 결합 문제, 여행 완화와 국경 통과 지점 추가 개통, 경제 문화 각 부문에서의 협력 증진, 영토 보전과 상호 존중에 대해 합의하였다. 기본 조약에 따라 서독 통신사들이 동베를린에 특파원을 보내기 시작했으며 1973년 9월 18일, 두 국가는 동시에 유엔에 가입하였다. 그리고 실질적인 서독 수도 본과 동독 수도 동베를린에 각자의 상주 대표부가 설치되었다. 다만 여전히 서독은 법률적으론 동독을 승인하진 않았다. 통일의 가능성을 위한 조치였으며 대신 민족 단일성 추구를 위한 여러 합의를 통해 동서독 교류 확대에 집중한 것이 기본 조약이었다. 이를 통해 두 국가의 긴장은 크게 완화되었고 연이어 1973년 12월에는 프라하에서 서독과 체코슬로바키아 정부 간의 관계 수립을 위한 프라하 조약이 체결되었다. 이 조약에서 서독 정부는 지난 뮌헨협정으로 인한 체코 정부 강제 합병에 대해 공식적으로 잘못된 일이라고 인정하였고 그 협정은 원천 무효이며 앞으로는 상호 협력할 것을 합의하였다. 프라하 조약이 무난히 체결되자 서독 정부는 같은 해 헝가리와 불가리아 정부와도 외교 관계 수립에 성공하였다.

이렇게 빌리 브란트 내각은 동방 국가들과 외교 관계를 무난하게 수립하는 데 성공하자 이제 완전히 관계를 정착시키기 위해 나치로 인한 피해 보상에 들어갔다. 일전 서방과 맺었던 런던채무 협정의 기준에 따라 동유럽 각국에 대한 화해 조성을 위한 보상 기금이 수립되었다. 물론 이러한 보상에 독일 국내에선 말이 많았으나 시간이 흐를수록 보상은 오히려 독일인의 자부심이 되었다. 그럴 수밖에 없는 것이 이미 전후부터 보상 자체는 시작하였기 때문이었다. 예컨대 아데나워 시절인 1951년 12월, 서독 정부는 이스라엘의 대독물적보상청구유대인회의Conference on Jewish Material Claims Against Germany를 만나 유대인에 대한 보상에 대해 합의한 바가 있었다. 공식적인 양국 회담은 1952년 3월 21일에 있었으며 총 45억 마르크를 지급하되 서독이 35억, 10억은 동독이 포괄적 보상액으로 지급하기로 하였다. 그리고 1956년 6월 29일 연방의회를 통해 '나치에 의한 박해 피해자에 대한 보상에 관한 연방법'(속칭 연방나치피해자보상법Bundesentschädigungsgesetz)을 통과하여 생명이나 신체, 건강, 자유, 재물, 재산상의 이익, 경제 활동 등등에서 손해를 입은 모든 이들에게 배상금을 지급도록 하였다. 다만 빌리 브란트 시기에 들어와서 달라진 것이 있다면 그 범위에 대한 확장이었다. 일전의 서독 정부는 나치의 박해를 인정하면서도 강제 동원과 강제노동 같은 문제를 불법적인 차원에 대한 인정으로의 보상이라기보단 국가 차원의 배상으로 해결했으며 강제노동 같은 것이 정확히 불법인지 명시하진 않았다. (런던채무 협정에 따라 강제노동이 나치의 비리라기보단 전쟁에 의한 조치로 간주된 것이 컸었다.) 또한 서방 국가들에게만 사죄하고 동방 국가들에겐 외교 문제도 얽혀있어 사죄에 미적지근하였다. 아데나워 내각이 탈나치화를 진행하긴 했으나 많은 독일인이 나치가 나쁜 것이지 독일인이 나쁜 것은 아니란 생각에 전면적으로 나치의 잘못을 인정하기보단 인정하되 독일인 다수는 나치 범죄에 가담하지 않았다는 식으로 회피하였다. 하지만 68세대가 등장함으로써 분위기는 바뀌었고 철저한 과거청산이 요구되었다.

고로 빌리 브란트 시기부터는 과거에 비해 전면적으로 배상하는 것으로 방향을 돌렸다. 첫 언급은 1970년 5월 8일 연방의회에서의 발언으로 동유럽 희생자들과의 화해를 시작하자고 내각은 목표를 잡았다. 그리고 12월 7일, 앞서 언급된 무릎 꿇기 장면을 통해 그 첫 시작을 알렸다. 그러면서 동방정책의 일환으로 나치 피해자들에 대한 보상이 추진되었다. 예컨대 1975년에 차기 독일 정부와 폴란드 정부는 합의하여 13억 마르크를 현행 연금에 얹어주는 방식으로, 10억 마르크를 이자가 낮은 차관 방식으로 제공하여 나치에 대한 피해 보상을 실시하였다. 다른 동방 국가들과도 외교 수립과 더불어 보상이 들어갔다. 유고슬라비아, 헝가리, 체코슬로바키아가 그러하였다. 이러한 보상의 흐름은 후일에도 지속되며 문제 있던 강제노동의 경우 후일 80년대에 이루어지게 되었다. 그 흐름은 동방 외교의 결과로 동부 국가들의 피해자들이 서서히 서독에 목소리를 보낸 결과였다. 그렇게 80년대에 접어들면서 신흥 세력인 녹색당Die Grünen의 노력도 더해져 다양한 피해자들에 대한 보상의 목소리가 커졌으며 그들의 주도로 홀로코스트와 강제노동에 관한 이야기가 언급되며 기업들에 대한 보상이 요구되어 갔다. 여기서 녹색당과 독일 사회는 보상이 부끄러운 짓을 인정하는 것이 아니라 오히려 자랑스러운 행동임을 각인시키며 보상이야말로 독일의 자랑임을 알리고 보상하는 기업에게 좋은 이미지를 부여하여 좋은 행동을 이끌었다. (이런 활동을 벌인 인물이 대표적으로 배상의 역사에 대한 글을 출판한 발터 슈바르츠Walter Schwarz로 독일 사회에 배상을 통한 인상 깊은 성취와 자부심을 얻자고 하였다.) 그런 활동의 결과로 1986년 10월, 연방의회에서 본격적으로 해당 문제가 언급되며 보상 기금이 마련되었고 지금껏 어쩔 수 없는 사안으로 여겨진 노동에 대한 문제가 해결되기로 정해졌으며 비단 강제노동뿐만 아니라 탈주병이나 동성애자, 안락사 희생자, 반사회적이라고 규정되며 탄압받은 모든 이들을 포함하여 반성과 보상을 하기로 하였다. 그에 따라 1988년 '과혹완화기금'이 조성되어 피해자에게 보상이 시작되었으며 강제노동의 아픔을 잊지 않기 위해 대표적인 강제노동수용소였던 함부르크의 노이엔가메Neuengamme 수용소에 희생자 추모 비석을 세우며 독일은 반성의 길로 나아갔다. (다만 개인 차원에서의 강제노동 보상은 좀 더 후일의 일로 통일 이후인 1995년부터 동맹90/녹색당 중심으로 논의가 시작되었다. 99년 말 슈뢰더 내각이 이를 최종적으로 받아들임으로써 2000년 7월 17일, '기억·책임·미래Erinnerung, Verantwortung und Zukunft' 기금이 설립되었다. 독일 정부와 기업이 각출하여 100억 마르크의 재정을 통해 강제 노동자들에게 배상하였는데 강제 수용소 수감자는 1인당 1만 5천 마르크를, 기업체 강제 노동자의 경우 1인 당 5천 마르크를 지급받았다.)

이렇게 빌리 브란트 내각은 비록 빠른 실각으로 자신의 손으로 끝낸 것은 아니지만 화해의 기반을 마련하는 데 성공하였다. 하지만 진정한 반성은 비단 보상만이 아니었다. 바로 역사교육을 통한 과거사 청산도 중요한 동방정책의 일환이요, 중요한 독일의 반성이었다. 고로 빌리 브란트 내각은 1972년부터 독일-폴란드 교과서 협의회German-Polish Textbook Commission를 구성하여 달라진 역사교육을 통해 상호이해와 문화교류를 늘리고 동방정책을 굳건히 하여 동서독 문제를 좀 더 수월케 하려고 노력하였다. 하지만 앞서 언급했듯 보상 자체도 오래 걸렸고 국경선 문제와 통일 문제도 당장 해결된 것은 아니었기에 기반만 구축되었고 바로 해결되진 못하였다. 그럼에도 협의회는 지속되었기에 역사 화해의 기반은 꾸준히 구축되어 갔다. 일단 1976년에 양국은 역사 교과서 공동권고안을 작성하면서 빌리 브란트 내각 이후에도 교류를 이어갔다. 그 이후엔 1933년부터 49년까지 양국 관계를 다룬 역사교육 보조교재를 만들고 2000년대에 이르러선 2011년까지 공동역사 교과서를 만들겠다는 것에 이윽고 합의하며 화해의 마지막 장을 향해 나아갔다. 이 최종합의는 2007년 6월에 폴란드 정권교체 이후 다시금 양국 관계가 진정되자 확정되었으며 (이러면서 독일은 프랑스와도 공동교과서를 추진하는데 2003년에 합의하여 2006년에 나왔다.) 중세부터 현재까지 두 나라의 역사 전반을 다루는 도서를 만들기로 하였다. 다만 목표한 것이 쉬운 것도 아니었고 양국 학자들의 합의가 길어져 실제 18세기 말까지 다루는 제1권은 2016년에야 나올 수 있었다. (총 4권이며 2020년에 완료되었다.) 책의 내용을 간단히 언급하자면 기본적으로 두 국가의 관계사를 다루면서도 민족사보다는 종교, 문화사와 같은 문명사적 관점의 이야기로 채워졌다. 이

책은 단순히 독일의 만행과 폴란드의 저항을 다루기보다는 양국 국민의 서로 다른 관점과 방식을 유사한 역사적 경험으로 합치하며 서로에 대한 이해와, 화해, 협력을 추구함으로써 자연스러운 반성과 화해, 조화를 유도한 도서였다. 고로 이러한 일련의 흐름으로 독일은 진정으로 반성과 보상, 화해, 세계에 대한 재인식을 통하여 진정한 유럽의 일원이 되었으며 아름다운 패배자의 길로 나아갈 수 있게 되었다.

그렇게 외치는 어느 정도 마무리가 되었다 볼 수 있다. 그러나 빌리 브란트 내각은 여기서 멈추지 않았다. 대내적으론 산업현장 안전을 위한 개혁과 교육 개혁, 의료제도와 사회보장 개혁 착수에 들어갔다. 일단 초등학생들의 인문계인 김나지움이나 실업계 상급학교로의 진학을 확대하였으며 또한 교육예산 1천억 마르크를 확보하여 대학 시설의 확충을 도모하였다. 그리고 1973년 1월엔 대학 진학을 하려는 이들을 위한 대학배정 센터를 설립하여 그들을 도왔으며 대학 시설이 부족하거나 많이 몰리는 곳에는 일정 부분 제한을 가하는 규정을 신설하였다. 전체적으론 교육제도를 초등, 중등, 대학 분야를 각각 3단계로 분화하여 각 분야의 특성을 살리는 쪽으로 재편을 도모했다. 노동 방면으로는 1976년 3월 발효된 근로자의 공동 결정권에 관한 법률을 통해 근로자 2천 명 이상의 사업체 경우 근로감독위원회에 근로자와 고용주 대표 수가 일치하도록 하여 근로자의 의견을 적극 반영토록 하였다. 사회적인 방면의 경우 형법 제218조를 개편하여 임신 12주 이내로 의사의 진찰을 받을 경우 낙태를 자유롭게 허가하도록 하였다. 기민/기사당은 의학적, 우생학적, 윤리적 사유로만 허가해야 한다고 주장했으나 여당인 사민당은 당시 주간지들을 통해 보도된 불법적인 낙태 시술의 참담함을 지적하며 일정 부분 허용해야 한다고 주장해 법을 통과시켰다. 이 법안은 1974년 6월 5일 연방 대통령의 승인에 따라 발효되었지만 논린이 되기 충분했기에 연방 헌법재판소로 야당의 요구에 따라 넘어갔다. 결론적으로는 일정 기간 내가 아닌 일정한 조건으로 변경되어 사실상 야당의 승리로 끝났으나 나름의 절충안으로 전보다는 나아지긴 하였다. 이 밖에도 의료보험제도 개선이나 병역 대체복무 법의 공익복무법으로의 변환 등등 여러 부분에서 빌리 브란트 내각은 진보적 개혁을 추진하였다. 그러나 안타까운 것은 이러한 여러 국내 개혁은 그 끝이 좋지 못했다는 점이다. 왜냐하면 그 개혁의 끝을 달려야 할, 그것들을 지휘해야 할 지도자가 얼마 안 가 총리 자리를 잃었기 때문이었다.

당시 독일 경제는 1968년에 12% 성장률이라는 엄청난 성과를 보이며 잘 나아가고 있었다. 그러나 69년 말엽부터의 마르크화 평가 절상과 1973년 초엽부터 시작된 석유세 인상, 그리고 그해 10월에 일어난 제4차 중동전쟁으로 인해 벌어진 1차 석유파동Oil crisis으로 경제가 곤두박질치고 세금 감면 조치들이 철폐되면서 총리에 대한 민심은 순식간에 무섭게 변하였다. 당시 독일은 석유 수입의 75%를 아랍권에서 가져오고 있어서 더욱 석유파동의 충격이 강하게 다가올 수밖에 없었다. 결국 오일쇼크로 193년에 1.2%였던 실업자가 74년에는 2.6%로, 75년에는 4.7%(실업자 약 107만 명)로 오르며 독일 경제는 추락하기 시작했다. 결국 실업수당과 실업자 보조금을 인상하고 외국인 근로자 유입을 최대한 차단했으나 경제위기로 재정적자가 늘어나자 결국 앞서 언급된 개혁들은 대부분 중단되고 말았다. 이에 국민들은 빌리 브란트 총리의 위기관리 능력이 형편없다고 판단하였고 결국 정권교체를 원하게 되었다. 그래도 그가 업적이 없는 것은 아니니 버틸 수 없는 것은 아니었으나 이러한 순간 대형 사건이 터지니 그것이 바로 귄터 기욤 간첩 사건Die Guillaume-Affäre이었다. 연방헌법수호청과 연방검찰청의 조사에 따라 다른 이도 아닌 연방 총리 보좌관이던 사람이 동독의 간첩임이 드러나자 정권은 뒤집힐 수밖에 없었다. 귄터 기욤은 총리 곁을 보좌하며 남몰래 동독으로 중요한 국가 정보를 넘기고 있었다. 그나마 다행인 것은 빌리 브란트 본인 자체는 문제없는 것으로 나왔다는 것이었다. 그러나 보좌진이 간첩인 이상 책임을 질 수밖에 없었고 1974년 5월 7일, 같은 사민당의 우익 인사로 평가받던 헬무트 슈미트 재무장관에게 총리 자리를 넘기면서 자신의 역할을 끝냈다.

이렇듯 빌리 브란트의 시기는 생각보다 빠르게 끝났다. 하지만 단명했을지는 몰라도 의미 없는 시기는 아니었다. 국내와 달리 동방정책은 확실히 성공했으니 말이다. 적어도 당시 세계 여론은 그렇게 판명 내렸고 1971년 빌리 브란트 총리는 동서 데탕트 성공의 공로로 노벨 평화상을 받기도 하였다. 물론 기민련은 일방적으로 국경선을 인정했다고 총리를 매국노로 비난했으나 이에 빌리 브란트는 진정으로 동부 영토를 상실시킨 자는 히틀러임을 지적하며 침략의 결과를 인정해야 앞으로 나아갈 수 있음을 강조하였다. 무엇보다 빌리 브란트는 동방과의 협상 과정에서 서방 동맹국을 무시하지 않았기에 여전히 유럽경제공동체에서 서독은 중요한 역할을 맡아갔다. 그리고 '화해'를 통한 동방정책으로 소비에트나 동유럽 국가들과의 교역이 증대되면서 중부 유럽에서의 강대국 간 긴장은 완화되고 서독은 더 많은 경제 파이를 획득할 수 있게 되었다. 비록 빌리 브란트 내각 당대에 결과가 나온 것은 아니나 동독과의 교류로 통일의 준비가 갖춰졌으며, 동구권과는 경제적 교류를 통해 국가의 이득이 늘어났다. 자연스럽게 비난받던, 올바름과 선함을 통한 화해가 앞으론 이익임을 증명한 것이었다. 문화적으로는 하인리히 뵐Heinrich Böll이 1972년 노벨 문학상을 타며 동류의 작가들은 비슷한 작품군을 꾸려갔는데 그 작품군들은 당당히 과거를 마주 보며 모든 것을 청산하자는 주제를 품고 있었다. 예컨대 하인리히 뵐의 『여인과 군상Gruppenbild mit Dame』, 지그프리트 렌츠Siegfried Lenz의 『독일어 수업Deutschstunde』 같은 작품들이 나치가 사람들의 도덕심을 망치며 벌어진 파괴들과 비정상적이던 과거 독일인들의 삶을 다루며 과거와의 작별과 물질만능주의 비판을 통해 더 나은 사회 구축에 이바지하였다. 고로 빌리 브란트 시기는 적어도 외향적으로는 독일이 선하게 변화하던 시점임은 분명했던 것이다. 물론 모든 것이 그의 공은 아니고 적군파의 테러로 한동안 독일이 혼란스러워짐을 생각해 보면 아직도 갈 길이 머나 독일이 아름다운 패배자의 길로 걸어가기 시작한 것은 분명한 사실이었다. 사과와 화해를 통해 그간 독일이 추구했던 군사적 길이 아닌 다른 길을 택하였고 이는 통일이라는 목적에 크게 이바지해 주었다. 그렇기에 재통일은 갑작스러웠지만 확연히 독일을 찾아오게 되었으며 군국이 아닌 도덕으로, 독일은 무엇보다 큰 이득을 쟁취하게 되었다.

동쪽 이야기

서독의 7, 80년대를 다루기 전 먼저 재통일 전까지의 동독 이야기를 아주 간단하게 짚고 넘어가 보자. 일단 소위 동독, 독일 민주공화국은 1946년 4월 21일, 소련 점령 지구에서 창당된 독일 사회주의 통일당 Sozialistische Einheitspartei Deutschlands으로부터 시작되었다. 소련의 강한 영향을 받은 이 정당은 민주집중제를 통한 일당독재로 동독의 주인이 되었다. 투표를 통해 동독 지역 사민당과 공산당의 합당으로 시작되었으나 실질적인 지도권은 공산당에 있었다. 그렇게 탄생한 사회주의 통일당은 소련의 위성정당 느낌이 강했기에 연합군은 창당에 비난을 가하였는데 실로 소련이 동독 지역에 공산주의 방식을 주입하고 동독을 중심으로 독일을 통일시키려 한 것을 고려하면 그다지 틀린 분석도 아니었다. 초창기 경제 정책도 사회주의 주입 방식으로 이루어져 서독과 달리 그다지 성공적이지도 못하였다. 헌법도 기본적으로 바이마르 공화국 당시의 법을 기초로 만들었긴 했으나 무늬만 의회민주주의며 사실상 민주집중제라는 미명하에 정치국이 모든 것을 통제하여 독재국가에 가까웠다. 그리고 사통당과 소련 공산당의 연계로 누구나 동독이 소련의 영향 아래 있는 나라임을 눈치챌 수 있었다. 서독과 달리 동독 주민들은 히틀러에 이어 새로운 독재를 맞이하게 된 것이었다. 초대 동독 서기장(54년에 제1서기로 명칭 변경) 발터 울브리히트Walter Ulbricht는 코민테른에서 일한 바 있는 사람으로 소련 공산당의 신임을 받았으며 소련식 국가를 세우려 했음을 볼 때 괴뢰국으로 봐도 무방하였다.

따라서 동독은 실질적으로 주민들의 자유로운 선거권을 허가하지 않았다. 그렇기에 불만을 잠재우기 위하여 경제적 성과가 필요하였지만 천연자원도 없고 농지도 척박하여 그다지 성공적이지 못하였다. 무엇보다 스탈린식 중앙집중화 경제체제가 동독에선 그다지 먹혀들지 않았다. (예컨대 1963년까지 동독 농민들은 농업 집단화 정책에 따라 9할 이상이 농업생산조합이나 집단농장에서 일하였다.) 고로 주민들의 생활 수준이 크게 나아지지 않아 다들 불만에 빠져버렸다. 이에 동독 정부는 1950년 2월 국가안전부(Ministerium für Staatssicherheit, 소위 슈타지STASI라 불림)를 설립, 자신들에게 반발하는 주민들과 공직자들을 대대적으로 탄압하였다. 이러한 탄압으로 50년에 약 20만의 사람들이, 51년엔 약 16만 명의 사람들이, 52년에는 약 18만 명의 사람들이 서독으로 이주하였다. 대부분 25세 미만 청년층임을 고려하면 엄청난 타격이었다. 고로 앞서 서독 파트에서 서술되었듯 동독 정부와 소련은 베를린을 봉쇄하며 이동에 제한을 가하고 국민들의 시위를 철저히 탄압하였다. 대표적인 예가 1953년에 있던 6.17 국민봉기Aufstand vom 17. Juni 1953로 동베를린 노동자들이 근무시간 증가와 임금 하락에 항의하며 시위를 벌였지만 소련군까지 동원되어 동독에서의 전국적 시위는 결국 실패로 끝나버렸다. 그래도 봉기 여파로 동독의 5개년 계획이 조정되고 지식인과 예술인에 대한 좀 더 큰 자유를 허가하면서 혼란은 조금 감세하긴 하였다. 실로 탈출의 흐름세가 53년 약 33만으로 고점을 찍다가 54년 약 18만으로 감소하였다.

외교적으론 초창기 동독은 1950년 7월 6일, 폴란드와 괴를리츠 Zgorzelec 조약을 체결하여 오데르-나이세 라인을 인정하고 같은 해 9월 29일 바르샤바 조약 기구에 가입하며 나름대로 주권국으로 회복되어 갔다. 1955년 9월 20일엔 소련과의 우호 조약을 체결하면서 주권의 상당 부분을 돌려받는 데 성공하였다. 물론 소련의 허가 범위 내에서 주권국이 된 것이지만 동독은 서서히 국가로서의 모습을 갖추긴 하였다.

그러다 1956년 20차 소비에트 공산당 전당대회에서 니키타 흐루쇼프가 스탈린에 대해 비난을 가하자 동독 정부 요인들은 이 흐름에 뛰어들어 나름의 변화를 갖추고자 하였다. 탈중앙화와 개방적 사회를 이루고자 했으나 당시 권력자였던 울브리히트와 구세력들은 이들 개혁파를 '수정주의'로 간주, 여러 인사들을 체포나 구금하여 역으로 자신들의 권력을 공고히 하였다. 그리고 1957년 12월 '공화국 이탈법Republikflucht'을 신설하여 동독을 벗어나는 주민에 대한 처벌을 공고히 하였고 베를린 위기를 통해 장벽을 세우면서 통일보단 독자적인 사회주의 독일 노선을 타기 시작했다. 하지만 61년에 있었던 장벽 사태로 동독 정부는 사실상 주민들의 신뢰와 지지를 잃어버렸다. 다들 자유로운 통행을 원했으니 말이다. 서독의 노력과 소련의 압박으로 인한 통행조약 체결 이전까지 동독은 교류보단 고립을 택하였으며 그를 통한 독자 독일 노선, 독일인이지만 사회주의 독일인이라는 새로운 독일 민족 노선을 통해 통일이 아닌 독립을 유지하고자 하였다.

그러나 권력을 다시금 공고히 하였다고 해도 성과가 있어야 정권을 유지할 수 있었다. 동독 정부 입장에선 다행히도 60년대의 동독 경제는 성공적이었다. 지난 6.17 봉기에 대한 경각심으로 기존의 중공업 중심 정책에서 소비재 공급에 중점을 두면서 50년대 말엽부터 상당한 경제 성장을 이룩하였다. (57년 7.9% 성장) 비록 서독에 비하면 노동생산성이 25% 뒤처졌고 생활 수준도 여전히 40%는 낮았으나 생각보다 60년대의 신경제체제Neues Ökonomisches System는 잘 돌아갔다. 여전히 국영기업에서 대부분의 상품이 나왔지만 중앙의 통제 자체는 유지하되 공장 관리자들에게 자율권을 부여하면서 의결 당국의 중층적 구조를 축소하여 나름의 효율화에 성공한 덕이었다. 다만 나름대로 탈중앙화를 했지만 사회주의 독재 특성상 여전히 의결 체계가 복잡하여 목표치보단 항상 아쉬웠다. 특히 상품 생산량 자체는 많이 늘어났으나 품질은 좋지 못하여 고급 사치품은 항상 비싼 가격을 유지하였다.

그러다 점점 경제 성장이 둔화되고 소련의 일방적인 경제 무역 압박이 이어지자 동독 정부는 다시금 중앙집권화 사회주의 경제체제를 도입하였다. 대신 발달 사회주의 개념과 인공두뇌학 cybernetics 이론을 첨가하여 기술혁신을 통한 안정적 경제 성장을 추구하였다. 화학, 정밀기계, 첨단 기술들에 예산이 집중적으로 투자되었다. 그러나 중앙의 통제와 서구에 맞먹는 생산성 향상은 동시에 이루기 힘든 목표였기에 같은 동부 국가들은 압도적으로 이겼지만 서독에 비하면 뒤처진 결과를 낳았다. 60년대 말엽까지 경제 성장은 지속되었으나 서독을 잡는다는 목표를 이루진 못하였다. 이러한 순간 따로 살려는 동독에게 빌리 브란트 내각의 서독이 접근하니 동독은 잘못하면 공산주의 진영에서 고립될 위기에 처해졌다. 이에 동독 정부는 울브리히트 독트린을 통해 서독에게 먼저 동독을 대등한 상대로 인정하라고 요구하였다. 그러나 울브리히트는 모스크바의 요구로 태도를 변경, 여전히 강경하지만 (회담 중 서독이 그간 동독 주민들을 유인했다며 천억 마르크의 보상을 요구하기도 하였다.) 온정적인 태도를 띠며 데탕트 논의에 들어갔다. 그에 따라 기본 조약이 체결되나 이 과정에서 서독과의 재통일이 언급되고 그를 위한 서독 사민당 지원까지 언급되니 사통당 간부들은 도가 지나치다며 모스크바에 그의 퇴진을 요청하였다. 브레즈네프는 이에 동의하였고 1971년 5월, 권좌는 에리히 호네커Erich Honecker의 것이 되었다.

그가 2대 동독 서기장이자 3대 국가평의회 의장으로 통일 시점까지 권력을 차지한 사람이었다. 그럼 호네커의 동독은 어땠을까. 일단 경제 상황을 보면 큰 의미가 없었던 인공두뇌학 이론을 버리고 소비재 생산을 강조하며 (동독은 기본적으로 거의 모든 원자재 수입국이었다.) 좀 더 중앙집권화가 되었다. 화학, 전기, 정밀기계에 대한 투자가 이루어졌고 이 분야 세계 1등이 되기 위해 품질 향상에 박차를 가하였다. 또한 국유화 중점 노력으로 1972년 기준 산업노동자 99.4%가 국영기업에서 일하였다. 하지만 다시금 시작된 지나친 중앙화와 정치적 자유 부재로 인해 노동생산성이 서독에 비해 60%에 머물며 경제는 그다지 성공하지 못하였다. 소련의 지원으로 석유파동은 그럭저럭 잘 넘겼으나 80년대부터 동독의 외채가 급격히 증가하였다. 81년에는 114억 달러였지만 통일 직전인 89년에는 266억 달러가 되었다. 그래도 정산을 다양하게 미루고 동시에 동서독 교류를 통한 이중적인 경화의 흐름을 통해 (서독인들이 하루 평균 25마르크를 동독에서 소비했으며 85년 기준 670만 명이 방문하였다. 공식 환율은 1:1이었고 서독 정부는 주기적으로 지원금도 아예 동독 정부에 보내면서 서독은 소련 다음으로 동독의 가장 큰 무역 상대국이 되었다.) 각종 암시장을 이용한 소비재 부족 대응으로 80년대까진 그럭저럭 동부 국가 중에선 나름 잘나가는 경제를 유지하였다.

그래도 경제에 비해 외교 방면에선 미국과 나토 국가들을 포함한 대부분 국가와 외교 수립에 성공하며 국제적 인정을 받는 데 성공하였다. 물론 기본적으론 소비에트 외교 노선에 충실하여 소비에트의 충실한 개임을 유지하였다. (다만 호네커는 서독과의 교류를 유지하여 80년대부터 다시 미국과 대립한 소련에게 쓴소리를 듣기도 하였다.) 그럼에도 국제적 위상 증가는 동독 통치 안정에 나름 좋은 영향을 주었고 경제도 겉으로는 일단 괜찮으니 70년대 호네커 통치는 무난하였다. 하지만 80년대에 들어 기초 소비재 품목은 풍성하지만 컬러텔레비전이나 세탁기, 자동차 같은 중산층이 필요한 기호품들이 매우 부족하여 (새로운 자동차를 사려면 서독보다 5~6배는 비싼 가격을 내면서도 제품을 받을 때까지 대기가 너무 길어 수년을 기다려야 하였다.) 동독 주민들은 서독에 대한 열망을 강하게 품게 되었다. 고로 동독 수뇌부는 슈타지를 통해 대놓고 억압하는 것은 아니지만 주민들의 이동을 제한하며 국민의 이탈을 경계하였다. 이에 지식인들은 직접 통제가 덜한 교회를 중심으로 모여 자국에 대한 문화적 비판 활동을 하였다. 그런데 동독 수뇌부들과 주민들의 불편한 동거는 오래가지 않았는데 1989년 여름이 되자 당시 6대 소련 서기장 미하일 고르바초프Mikhail Gorbachev의 개혁개방 정책으로 동부권에서의 검열이 완화되었기 때문이었다. 이제 동독은 당연히 모스크바의 의도에 따라 더 이상 자유에 대한 제한을 가하면 안 됐으나 호네커 정권은 이를 사실상 거부하였다. 동독이 독자적인 사회주의 독일 민족으로서 남길 원하였다. 이에 그간의 교류로 서독을 부러워하던 주민들은 불만을 품으며 오스트리아와의 국경 요새를 해체하기로 한 헝가리 정부의 결정을 이용하여 헝가리 휴가를 가는 척하면서 오스트리아로 가고 서독으로 가는 탈출 루트를 통해 수만 명의 동독 주민들이 서독으로 도주하였다. 89년 10월에 들면 대규모 반정부 시위까지 일어나나 호네커 정권은 탈출한 주민들을 추방자로 간주하며 오히려 40주년 건국 기념일 행사를 통해 무력 과시로 정권이 안정적임을 강조하려 하였다. 그러나 고르바초프가 참가한 이 행사는 의도와 달리 진행되었고 결국 '고르비'를 외치던 주민들의 외침으로 동독 정권은 민심을 잃었다는 것이 완전히 증명되었고 호네커와 측근들은 사퇴하였다. 후임 국가수반은 에곤 크렌츠Egon Krenz였는데 그는 일단 탈중앙집권화 계획을 발표하며 여행 제한 완화를 선언하였다. 그러나 이미 떠난 민심을 돌리긴 힘들었고 오히려 당시 여행 제한 완화를 발표한 사통당 대변인 귄터 샤보프스키Günter Schabowski의 실수로 갑자기 통일의 순간이 열리며 동독 정권은 붕괴하였다.

그렇게 동독은 약 40년 만에 멸망하였다. 그들은 기본적으로 소련의 괴뢰정권이자 독재국가였다. 고로 크게 서술할 필요는 없겠으나 그래도 나름 경제도 나쁘지 않았고 정권에 대놓고 대항하는 것만 아니면 어느 정도의 자유는 허가하여 통일 후 독일에 나름 기반이 되어주긴 하였다. 그러면 이제 다시 서독으로 넘어가 보자.

격동의 70-80년대와
이윽고 다시 찾아온 독일의 통일!

빌리 브란트의 사임 이후 유능하고 깐깐했던 행정, 경제 관료인 헬무트 슈미트가 1974년 5월 16일에 연방 총리로 취임하였다. 대통령직에는 하이네만에 이어 발터 셸이 선출되었고 외무장관은 중앙당 총재가 된 한스-디트리히 겐셔가 뽑혔다. 빌리 브란트는 일단 총리에서 물러났으나 사민당 대표직은 한동안 유지하기로 하였다. 다만 사민-자민 연정이 선거에서 여러 공약을 발표하며 (실업자 퇴치와 유럽통합 촉진, 확고한 대서양 동맹 구축과 사회적 시장경제 정책 지속적 추진 등등 기존 정책의 지속과 전념을 주장했고 나름대로 먹혔다.) 다시금 기민/기사당을 이기는 데 성공했지만, 슈미트의 시기는 그다지 순탄하진 않았다. 왜냐하면 석유파동으로 인한 경제 혼란과 68운동의 여파로 생긴 적군파Rote Armee Fraktion 같은 극단주의 세력의 폭력과 테러로 한동안 나라가 뒤숭숭했기 때문이었다. 가장 대표적인 이 시기의 테러가 바로 검은 9월단이 1972년 9월 뮌헨 올림픽 기간 중 벌인 테러로, 팔레스타인 단원들이 이스라엘 선수촌을 습격하여 선수 2명을 죽이고 9명을 인질로 삼으며 이스라엘에 수감되어 있던 팔레스타인 죄수 200명을 석방하라는 일이 벌어졌다. 이에 독일 경찰들이 완고하게 진압 작전에 나섰고 테러범 5명을 사살하고 3명을 체포하며 사태를 마무리하였다. 이 시기 여러 극좌 테러 조직들이 서독에 끊임없이 혁명을 위한다는 명분으로 난리를 쳤는데 그중 당연히 적군파와 그들의 파생 분파들이 가장 위험하였다. 그들은 1972년부터 본격적으로 활동하였으며 주로 1977년까지 꾸준히 테러를 저질렀는데 리더인 울리케 마더호프Ulrike Meinhof와 안드레아스 바더Andreas Baader가 무력 투쟁만이 프롤레타리아를 위한 올바른 길이라고 믿었기 때문이었다. 지난 빌리 브란트 정부 시절부터 서독 정부는 68혁명의 여파를 잠재우기 위해 대학을 지원하면서 지나친 혁명은 그만두길 유도했는데 그것에 더욱 발작한 결과였다. 그러나 은행장 납치 살인과 검찰총장 살해에 이어 법무부 차관과 베를린 판사들도 테러로 피해를 보자 슈미트 정권은 강경하게 나섰다. 슈미트 총리는 비상대책위원회 수립을 선언하며 적군파의 협박에 굴하지 않겠다고 선언하였다. 이에 적군파는 1977년 10월 13일, 스페인 마요르카 공항에서 프랑크푸르트로 향하는 자국 루프트한자 여객기를 납치하여 사람들을 인질로 삼고 적군파 단원 11명과 터키 테러범 2명을 석방하라고 요구하였다. 하지만 독일 국경수비대 특별팀(GSG 9)의 활약으로 그들의 납치 계획은 실패했고 이 소식에 독일 형무소에 복역 중이던 적군파 단원들은 자살하며 사실상 조직이 붕괴되었다.

이러한 테러의 연속으로 헬무트 슈미트는 1976년 8월 형법 개정을 통해 '반테러법'을 신설하여 테러 조직을 창설하면 중형을 내리도록 하였다. 이 법안 신설로 1982년에 뒤를 이어 적군파 잔존 세력을 이끌던 크리스티안 클라르Christian Klar와 단원들이 체포되면서 비로소 적군파의 난동이 잠잠해지기 시작했다. 이 과정에서 슈미트는 반테러법이 기본법을 어기는지 유심히 지켜보았고 그러한 그의 관심 덕에 민주 인사들의 우려와 반발에도 불구하고 생각보다 반테러법은 사람들에게 큰 제한을 가하지 않았다. 예컨대 공직자가 되려면 국가안전 차원에서 정치적 리트머스 시험을 보아야 했는데 1977년부터 79년까지 응시자 74만 5천 명 중 이에 걸린 사람은 고작 287명으로 슈미트 정권은 테러를 막되 굉장히 조심스럽게 대응하기로 하였다. 이러한 조치들로 슈미트 개인의 인기는 크게 상승하였다. 그런데 정작 1976년 선거에서 사민/자민 연정은 승리했긴 했으나 지지율이 사민당의 경우 약 45%에서 42.6%로 하락하였다. 새로운 정부가 노력했음에도 국내 치안과 경제 상황이 여전히 뒤숭숭한 여파였다. 기민/기사당의 경우 45.8%에서 48.6%로 상승하였다. 그래도 헬무트 슈미트의 경쟁자가 마땅치 않은 덕분에 소소하게 승리를 거두어 정권은 연장되었다.

그러한 정권 연장에 도움이 되었던 것이 1975년 8월 1일, 73년부터 핀란드 헬싱키에서 열린 유럽안보협력회의에 참가하여 미국, 소련, 동독 등등 35개국과 함께 채택한 헬싱키 의정서Helsinki Accords였다. 이 협정으로 안보 부문이나 경제, 과학, 기술, 인도적 문제 등등 여러 문제에 대해 협력하기로 하여 냉전 체제가 크게 완화되었고 이 과정에서 서독은 나름 이득을 보아 슈미트 정권의 소소한 업적이 되었다. 77년까지 이어진 이 협상 과정에서 서독은 독일의 민족 자결권을 인정받아 통일 가능성이 유지되었으며 동독의 인권침해 행위를 거론할 수 있게 되어 주도권 명분도 얻고 동독과의 여러 인적 교류를 할 계기가 여럿 생겨났다. 실로 경제 문제로 동서독 교류가 짙어지며 서독은 통일 전부터 동독을 삼킬 수 있게 되었다. 하지만 경제가 계속 나아지지 않자 슈미트 정권은 유지가 힘들어지게 되어갔다. 특히나 60년대 초엽 부족한 노동력을 메우기 위해 불러들인 각국의 초청 노동자들로 인한 문제가 더더욱 독일의 경제와 사회를 괴롭혔다. 예컨대 터키인이 가장 많았는데 이주노동자들인 그들은 독일인과 함께 사는 데 큰 어려움을 겪으며 자신들만의 게토를 형성하며 살아갔다. 여기에 오일쇼크가 1979년 다시 한번 오면서 슈미트 정권을 더욱 괴롭게 하였다. 당시 서독은 수출 지향 경제를 지향하고 있었기에 타격이 다른 이들에 비해 더욱 컸다. 이런데 사민당의 대학지원과 설비구축 같은 여러 개혁 정책은 포기할 수 없어서 연방 적자가 50억 마르크까지 치솟았다. 여기에 1979년 소련의 핵 로켓 동독, 체코슬로바키아 배치로 인한 나토의 12월 12일 '이중 결의Doppelbeschluss' 조치로 인한 핵무기 경쟁 문제로 (소련이 핵무기를 배치하자 슈미트가 나토에 동조하며 서독에도 핵무기를 배치하였으나 슈미트의 의도와 다르게 소련은 대화에 응하지 않았으며 얼마 안 가 1979년 12월 27일, 소련의 아프간 침공까지 벌어졌다.) 다시금 국제적 긴장이 높아지자 연정은 위태로워졌고 결국 자민당이 새로운 답이 필요하다는 판단을 내리며 사민당과 결별하자 슈미트 정권은 무너져 내렸다. 그래도 1979년엔 4.1%였던 경제성장률이 80년에 석유파동으로 0.9%, 81년엔 아예 0%, 82년엔 마이너스 1.1%인 탓이 가장 컸었다. 그로 인한 예산삭감, 재정적자 방안에 연정은 의견이 갈렸고 결국 분리되었다.

일단 슈미트 정권은 의료, 연금, 실업보험금을 인상하며 재정지출을 줄이려고 노력하며 자민당과 연정을 이어가려 노력했지만 람브스도르프 Otto Lambsdorff 경제장관의 친기업적 정책 보고서 사태로 결국 두 정당은 완전히 갈라섰고 기민/기사당과 자민당이 손을 잡음에 따라 기민당 대표였던 헬무트 콜Helmut Kohl이 1982년 10월 1일, 차기 총리로 선출되었다. 외무장관엔 그대로 자민당의 겐셔가, 경제 장관에도 자민당의 오도 람브스도르프가, 재무장관에는 기민/기사당의 게르하르트 슈톨텐베르크Gerhard Stoltenberg가, 내무부 장관엔 기사련의 원내 대표인 프리드리히 치머만Friedrich Zimmermann이 뽑히며 기민/기사당과 자민당의 연정이 시작되었다. 그렇게 등장한 콜-겐셔 정부는 긴축재정을 통한 적자 축소, 인플레이션 통제, 세제 개혁, 민간 투자 활성화 정책에 집중하였다. (이런 재정 건전화 정책을 명분 삼아 콜의 기민/기사당은 1983년 선거에서 승리했다. 해당 선거는 콜이 선거 없이 총리가 되어 국민 지지기반 확보를 위해 의도적으로 불신임을 받고 일으킨 선거였으며 기민/기사당이 48.8%의 지지로 재집권에 성공하였다. 다만 핵심 선거 요인 중 하나인 이중 결의에 의한 핵무기 배치 문제는 소련이 군비축소를 반대함에 따라 콜의 의도와는 다르게 결국 예정대로 서독에 퍼싱-2 로켓이 주독미군 기지에 배치되었다.) 그러한 정책의 일환으로 사회보장제도와 임금 축소에 들어가 일단 연방 적자가 24억 마르크 정도로 절반 가까이 감소하였다. 그리고 인플레이션도 2% 대로 잡는 데 성공하였다. 그러나 예산 벨트를 조이고 민간을 지원하는 람브스도르프 경제장관의 정책으로 민간 분야의 투자 활력이 어느 정도 회복되긴 했지만 실업자는 여전히 드높았다. 80년대 실업자는 항상 7~10%를 유지했으며 (83년 2월에 253만 명으로 최고점을 찍기도 하였다.) 이에 따라 우파 정치가들은 초청 노동자들이 이젠 도움이 되지 않는다며 비난하기도 하였다. 그래도 필요한 데 집중적으로 투자하는 정책은 어느 정도 성과를 보여 83년에 2.1%로 경제성장률이 마이너스에서 회복하였으며 84년에는 3.1%로 올라와 어느 정도 회복하는 것에 성공하였다. 그로 인해 1984년 연방 대통령 선거에서 기민당이 승리하여 리하르트 폰 바이츠제커Richard von Weizsäcker가 대통령이 되는 쾌거를 올리게 되었다. 이로써 헬무트 콜 정부는 무난한 시작을 할 수 있게 되었다.

바이츠체커의 당선은 헬무트 콜에게 큰 도움이 되었는데 그가 의례적이던, 자리만 잘 유지하면 되는 명목상의 민주적 정서 유지라는 대통령 역할을 기대 이상으로 잘해주었기 때문이었다. 예컨대 그는 1985년 5월 8일 종전 40주년을 맞아 연방 하원에서 연설할 때 5월 8일은 해방의 날이며 1945년의 그날이 독일 역사에 잘못된 길의 마지막이며 이젠 더 나은 미래로 독일이 가야 함을 강조하였다. 그러면서 과거에 대해 눈 감지 말고 반성할 것을 강조하고 과거에 대해 눈 감으면 현재에 대해서도 눈을 감는다며 과거사 문제를 제대로 바라볼 것을 의원들과 독일 국민에게 말하였는데 이러한 그의 국민 통합과 민주주의 유지 역할은 국민들에게 좋게 다가와 자연스레 현 정부에 대한 호감도를 올려놓았다. 무엇보다 반성이란 도덕적 선택이 독일에게 이득임을 부각하여 올바른 길이, 민주주의로의 길이 군국주의의 길보다 더 좋음을 모두에게 알리는 역할을 제대로 해주었다.

하지만 실업 문제로 인한 사회적 고통과 아직은 완전히 회복되지 않은 경제 문제로 1987년 1월의 연방 하원 선거에서 기민/기사당은 애매한 성적을 받았다. 사민당도 애매한 성적을 받았지만 기본적으로 콜과 겐셔의 지도력과 인기가 부족한 탓으로 지목받았다. 이 선거에서 녹색당만이 웃음을 지었는데 83년 선거에서 5.6%였던 지지율이 8.3%로 상승하였기 때문이었다. 사민당은 좌파, 기민당은 우파라는 전통적인 정치적 윤곽이 느슨해지며 생태 문제와 노동문제에 관한 관심을 녹색당이 가져간 결과로 보인다. 실로 1988년 극우로 여겨지는 공화당Republikaner이 나타나 애매한 기민/기사당 대신 자신을 지지해달라며 우파의 파이를 갉아먹기도 하였다. (1989년 서베를린 선거에서 기민련과 사민당이 엇비슷한 37%의 지지를 받고 녹색당이 11%의 지지를 받을 때 공화당이 7.5%의 지지를 보이며 존재감을 보이기도 하였다.) 그래도 44.3%의 지지로 일단 헬무트 콜이 정권을 연장하는 데 성공하긴 하였다. 콜은 바로 지지 확보를 위한 인적 쇄신에 들어갔는데, 대표적으로 오랜 기간 기민련 사무총장을 하며 그의 최측근으로 있었던 하이너 가이슬러Heiner Geißler를 해임하였다. 그것을 시작으로 전부터 이어온 긴축재정과 민간 투자를 통한 공급 위주의 경제 정책을 계속 추진하였다. 그리고 때마침 이것은 성공을 맞이하였다. 87년부터 본격적으로 수출에 대한 투자가 다시금 회복되었으며 유럽공동체 구성원들과 미국을 상대로 무역수지 흑자를 이룩하기 시작하였다. 이 덕에 작년까지만 해도 심각했던 실업률이 점차 수출을 통한 민간 투자로 인해 수요가 늘어남에 따라 헬무트 콜 정부가 의도하던 대로 드디어 낮아지기 시작했다. 88년 8월 기준으로 220만으로 소폭 낮아지더니 89년에는 190만 명으로 어느 정도 완화하는 데 성공하였다.

이에 이어 콜 정부는 외교적 성과도 놀라운 업적을 이루었는데 그것은 바로 1987년의 유럽 내 중거리 탄도미사일 제거에 대한 협약 체결이었다. 외무부 장관이자 정권 파트너 한스디트리히 겐셔의 활약으로 새로운 소련 서기장 고르바초프와의 합의에 성공하여 핵전쟁 위험이 크게 감소되었다. 당시 고르바초프 서기장은 글라스노스트&페레스트로이카Glasnost·Perestroika라고 불리는 개혁개방정책을 추진하여 순수 계획경제에서 혼합경제로 전환하고 그 과정에 사회적 민주주의 강화를 위한 민주적 요소 도입을 하려 하였기에 서방이 이를 지원해야 한다고 주장한 겐셔와의 합의는 잘 이루어질 수밖에 없었다. 겐셔 외무부 장관은 소련의 새 지도부의 의도를 파악하여 그들을 지원하는 것으로 긴장 완화에 성공하였고 꾸준히 데탕트 시도를 이어가 독소 관계를 급속히 개선시켰다. (이러한 소련과의 친선은 얼마 후 재통일에 큰 도움이 되었다.) 그러면서 콜 정부는 동서독 교류에도 관심을 이어갔다. 예컨대 83년 6월, 동독에 11억 마르크의 차관을 대가로 이산가족 재회 조건을 완화하며 서로 간의 교류를 한층 확대했고 84년 7월에는 9억 5천만 마르크의 차관을 대가로 서독인의 동독 방문 일수를 연간 30일에서 45일로 늘리며 방문 조건도 재차 완화하며 교류를 늘려갔다. 정점으론 1987년에는 동독의 호네커 서기장을 서독으로 국빈 초청하여 동서독 관계를 돈독하게 하였다. 두 국가는 경제적으로도 엮여있기에 서독의 동독 교류와 친선 관계는 무난히 유지되었다.

그런데 1989년, 일시적으로 서독과 동독은 급속히 관계가 악화되었다. 왜냐하면 동독 지도부가 고르바초프의 개혁개방에 반대했기 때문이었다. 동독 지도부는 사회주의 독일로 남아 독립을 유지하는 것을 선호하였다. 하지만 정작 동독 시민들은 그러한 길을 원하지 않았다. 그로 인한 급변 사태가 일어났고 이에 동독 지도부가 발버둥 치면서 양국의 관계는 애매해지나 결국 피할 수 없는 독일의 재통일Deutsche Wiedervereinigung이란 운명에 따라 동서독은 하나의 나라로 다시 합치는 것으로 기나긴 관계를 마무리 지었다.

그럼 어떻게, 어쩌다 통일이 되었을까? 사실 누구도 예상하지 못하였다. 확실히 운적 요소도 컸으니 말이다. 귄터 샤보프스키 동독 사회주의 통일당 대변인의 방송 실수가 아니었으면 또 몰랐을 것이다. 일단 처음부터 살펴보자. 1980년대 후반부터 있던 동유럽에서의 민주주의 흐름이 그 첫 시작이었다. 정확히는 고르비초프 소련 서기장의 개혁개방정책 결과로 1989년 7월 7일, 부카레스트Bucharest에서 열린 바르샤바 조약기구 회의를 통해 브레즈네프 독트린이 공식 폐기되면서 민주화가 본격적으로 시작되었다. 해당 독트린은 동부 국가들에 소련이 적극적으로 개입하는 일종의 철의 장막이었는데 이를 폐기함으로써 이제 각국의 내정에 소련이 간섭하지 않을 것이라고 선언한 것이다. 따라서 동부 국가들은 이제 눈치 보지 않고 개혁에 들어갔으며 폴란드와 헝가리가 먼저 자유선거를 열었다. 그 결과 1989년 9월, 폴란드 자유노조연합이 선거에서 승리해 공산당과 연립정부를 이루어 정권을 차지하였다. 이로써 처음으로 동구권에서 공산 일당독재가 막을 내렸다. 헝가리의 경우 아예 10월 23일, 국명에서 '인민'을 빼고 헝가리 공화국이라 스스로 선언하면서 공산 세력과의 결별을 선언하였다. 이러한 자유의 흐름은 곧 동독을 덮쳤다. 하지만 앞서 동독 파트에서 언급했듯 호네커와 동독 수뇌부는 마르크스-레닌주의를 고집하였다. 그것이 분단국가인 동독이 유지되는 유일한 정체성이었기 때문이었다. 이에 동독 주민들이 반발하나 그럼에도 동독 정권은 1989년 5월 7일 선거에서 철저히 기존과 같은 방식으로 자당 후보자 투표를 강요하며 조작 선거를 통해 정권을 유지하였다. 이로써 동독 주민들은 동독이 변화하기 힘듦을 깨닫고 자유를 쟁취하기 위해 다시금 서독으로 탈출 행렬을 이어갔다. 이 시기 양국 교류로 이미 서독이 얼마나 잘 나가는지를 알기에 변화의 기미가 보이질 않는다면 직접 가는 것이 명답이었기 때문이었다.

그 본격적인 탈출 시작이 바로 1989년 여름에서부터였다. 일부 동독 주민들은 헝가리로 여행을 가는 척하면서 헝가리에 도착하자마자 오스트리아를 거쳐 서독으로 탈출했다. 헝가리가 민주화하며 오스트리아와의 국경선에 있는 철조망을 해체했는데 그 점을 노린 것이었다. 이 탈출을 민주화된 헝가리 정부와 오스트리아의 명망 있고 전통이 드높은 합스부르크 가문이 지원하면서 수많은 이들이 서독으로의 탈출에 성공하였다. 1972년부터 88년까지 동독인 외국 여행자가 약 19만 3천 명인데 89년 1월부터 9월까지의 여행 신청자가 약 16만임을 감안한다면 적어도 수만 명이 탈출을 감행한 것이었다. 탈출에 성공한 이들은 서독으로 직행하거나 바르샤바나 프라하의 서독 대사관에 들어가 난민 신청을 통해 서독으로 향하였다. 동독 정부는 같은 동구권이었던 헝가리 정부에 형제 국가로서 막아달라고 요청했지만 오히려 헝가리 정부는 서독 정부의 권유에 넘어가 탈출한 동독인들에게 국제 적십자의 신분증을 나누어주며 탈출을 도왔다. 예컨대 1989년 8월 24일, 108명의 동독인이 서독 정부의 지원으로 헝가리 서독 대사관을 통해 신분증을 받고 서독으로 넘어왔다. 프라하 서독 대사관을 통해선 9월 30일, 5,500여 명의 사람들이 서독으로 넘어갔고 폴란드 주재 서독 대사관을 통해선 10월 1일부터 4일까지 7,600명의 사람이 서독으로 넘어갔다.

이러한 탈출 행렬에 10월 3일, 동독 정부는 일단 체코슬로바키아와의 국경을 폐쇄하였다. 그래도 동시에 어느 정도 합법적인 여행은 허가하면서 곧 있을 동독 40주년 군사 퍼레이드를 통해 민심을 다독이려 했지만 그다지 소용은 없었다. 오히려 국내에 남은 동독인들이 곳곳에서 대규모 시위를 벌이며 완전한 여행 자유를 요구하였다. 대표적으로 동베를린 겟세마네 교회와 라이프치히 니콜라이 교회에 약 7만 5천 명의 시민이 모여 시위행진을 벌였고 시위대들은 당장 민주화 개혁을 하라고 정부에 요구하였다. 군사 퍼레이드도 고르바초프의 등장으로 오히려 망치자 결국 호네커는 시위의 여론을 무시하지 못하고 퇴진하였다. 그로 인해 정치국 특별 회의를 통해 새로운 동독 지도자 에곤 크렌츠가 선출되었고 일단 그는 대변인을 통해 적당한 수준까지 여행에 대해 완화하겠다고 입장을 표명하였다. 그의 취임 직후 얼마 후인 1989년 11월 4일 동베를린에서 무려 70만 명의 동독 주민들이 모여 공산당 일당독재 폐지와 내각 퇴진을 요구했기에 완화 조치는 어쩔 수 없는 것이었다. 다만 이제 외국 여행 신청에 조건을 두지 않고 출국 비자를 바로 발급해 주되 베를린 장벽을 제외하며 동서 베를린의 검문소를 사용토록 하였다. 즉 해외여행을 전면 허용해 주되 모든 국경은 열진 않고 어느 정도는 제한을 두겠다는 것이었다. 그런데 여기서 대변인의 큰 실수가 생겨버렸다. 여행 자유화 조치는 11월 10일부터였고 그 전날 9일 초저녁 대변인을 통해 방송으로 먼저 내용을 발표했는데 실수로 그만 '베를린 장벽도 포함'하며 '모든 국경'을 열겠다고 말해버린 것이었다. 그것도 '지연 없이, 즉각' 말이다. 대변인 귄터 샤보브스키의 실수로 사람들은 장벽으로 전부 몰려왔고 방송에서 들은 대로 당장 국경을 열라고 소리쳤다. 국경 경비대원들은 수만 명의 시민들이 몰리자 어쩔 줄 몰라 하였고 결국 인명 피해를 피하고자 자리에서 물러났다. 이리되자 시민들은 망치와 곡괭이를 가져와 기분 좋게 장벽을 부숴버렸고 서독인들도 반대편에서 장벽을 부수어 서로 만나 얼싸안으면서 장벽 붕괴의 순간을 함께 즐겼다. 이로써 드디어 동서독 간의 분단이 실질적으로 종결된 것이다.

이 소식에 헬무트 콜 총리는 폴란드에서 급히 복귀하여 베를린 시청

집회에 참석하였다. 그리고 시민들 앞에서 동독 정부에 더 큰 개혁을 요구하면서 사실상 동독 정부가 무너져 흡수통일 되는 것을 유도하였다. 그리고 얼마 안 가 그리되는데 장벽 붕괴 이후 사실상 동독 정권의 통제력이 사라졌기 때문이었다. 악명 높던 슈타지의 경우 시민들의 반발과 습격으로 오히려 청사가 날아가며 사실상 가장 먼저 붕괴되었다. 동독의 사통당은 시민들의 반발과 서독의 민주화 요구에 당명을 민주사회당Partei des Demokratischen Sozialismus으로 고치고 마르크스-레닌주의 포기를 선언하였다. 그리고 서독 루돌프 자이터스Rudolf Seiters 수상실 장관과 새롭게 선출된 동독의 마지막 총리 한스 모드로Hans Modrow의 정상회담인 1989년 12월 19~20일의 드레스덴 합의에 따라 동독 정부는 서독인의 동독 방문 제한을 완전히 폐지하고 브란덴부르크 문을 개방하며 화폐 교환 비율을 1:3으로 정하고 서로 모든 분야에서 긴밀히 협력하기로 하였다. 무엇보다 합의에 따라 1990년 3월, 동독에서 첫 자유선거가 벌어졌고 여기서 최대한 빨리 서독과 통일해야 한다고 주장하는, 기민당이 포함된 정당 연합인 독일연합이 득표율 48%로 승리하여 곧바로 통일이 결정되었다.

이에 따라 동독은 최대한 빨리 해체되기로 결정되었고 기본적으론 동독 5개 주가 동독에서 탈퇴하여 독일연방공화국에 가입하는 방식으로 통일을 이루기로 하였다. 일단 헬무트 콜 총리는 1990년 2월 7일, 독일 통일 위원회를 구성하여 재빨리 통일 준비에 박차를 가하였다. 20일에는 동베를린에서 실무 회담을 열었고 회의 결과 먼저 화폐와 경제 통합을 하기로 결정하였다. 그렇다면 동독 마르크를 서독 마르크에 흡수해야 하는데 여러 논의 결과 1:1로 교환 비율을 설정해 주기로 하였다. 이러면 물가가 오를 것이라고 주변에서 말렸으나 콜 정부는 동독인들의 이익을 보장하는 것으로 통일의 속도를 올리고자 하였다. 다만 나이에 따라 차등을 두어 14세 미만은 2천 동독 마르크까지, 15세에서 59세까지는 4천 동독 마르크까지, 60세 이상은 6천 마르크까지 1:1 교환을 보장해 주기로 하였다. 예금액이 많은 노인층을 최대한 배려한 결과였다. 그리고 6월 21일, 경제 각 분야의 통합을 위한 국가 조약(화폐, 경제, 사회 분야에 관한 동맹조약)을 체결하는데 이로써 단일 경제 체제로 통합되었으나 서독의 제도를 동독에 그대로 도입하는 충격을 완화하기 위해 (예컨대 국영기업을 민영화하고 유럽경제공동체 규정을 적용한다든지) 동독 재정적자 보충 목적으로 서독이 동독 지역에 1990년 하반기에 220억 마르크를, 1991년에는 350억 마르크를 지원해 주기로 하였다. 그리고 통일 충격 여파를 감당하기 위해 1994년까지 1,150억 마르크의 통일 기금을 조성하여 통일 비용으로 사용하기로 하였다. 이러한 일련의 조치들과 국가 조약으로 동독의 경제주권이 서독으로 넘어갔으며 이제 베를린을 하나로 합쳐 정치적으로 하나가 될 순간만 남게 되었다.

하지만 베를린은 당시 국제법상 서쪽은 연합군 소속이던 미국, 프랑스, 영국의 관할이었고 동쪽은 소련이 관할, 정확히는 점령지로 간주하였기에 이들 국가와의 조약 갱신이 필요하였다. 4개국에게 통일에 대한 동의를 얻기 위해 1990년 5월 5일, 이른 바 2+4회담이 벌어졌다. 회담은 9월 12일까지 총 4차례 열렸다. 여기서 콜-겐셔 정부는 통일이 이웃 나라에 위협이 되지 않으리라고 설득하였다. 고로 어서 베를린에 대한 4국의 권리와 책임을 해제해야 한다고 주장하였다. 하지만 영국과 프랑스가 통일 독일의 국력을 두려워하며, 특히 마거릿 대처 영국 총리가 통일 독일에 대해 우려하며 반대 의견을 표명하였다. 하지만 미국과 소련의 지지에 따라 통일 승인은 무난하게 이어졌다. (무엇보다 유로화 도입을 독일이 받아들이며 프랑스가 빠르게 태도를 바꾸었다.) 다만 문제가 있다면 미국은 통일 독일이 나토에 잔류하길 바라고 있었고 소련은 나토에 탈퇴하여 중립국이 되어주기를 원하고 있었다. 이에 콜 총리와 겐셔 외무장관은 고르바초프를 설득하기 위해 코카서스에서 7월에 회담을 가졌다. 여기서 고르바초프는 어차피 이미 동서독 경제 통합이 시작되었고 그간의 외교 관계를 고려하여 통일을 막긴 애매하다고 판단, 역으로 소련의 경제난에 도움을 받기 위해서도 서독의 설득에 적극적으로 넘어가 주었다. 실용주의 노선을 통해 독일 민족의 자결을 지지한다는 판단을 내린 것이었다. 독일 측도 이러한 그의 생각을 읽어 동방정책의 일환으로 지원책을 꺼내 들었고 그렇게 고르바초프의 개혁정책과 독일의 동방정책이 절묘한 교합을 이루었다. 실로 소련 해체 이후로도 독일이 러시아의 천연가스를 구매하며 이 관계는 지속되었다. 즉 실용적 목적으로 양측의 상태를 존중하는 도덕적 결론에 빠르게 도달한 것이었다. 상호 존중이 이득이 되는 순간이었다. 이러한 회담의 결과에 따라 서독 정부는 소련 정부에 150억 마르크를 지원해 주기로 하였으며 오데르-나이세 라인을 재인정하였고 소련의 걱정을 덜기 위해 통일 독일은 3~4년 안에 병력을 37만 명까지 줄이기로 하였다. 대신 소련은 통일을 적극 지지하고 독일이 적대행위만 하는 게 아니면 나토에 잔류해도 반대하지 않기로 해주었다.

이로써 2+4회담은 무난하게 흘러갔고 9월 12일 정식으로 발효되었다. 이에 따라 통일 독일은 베를린에 대한 주권을 회복하였으며 대신 병력은 37만까지 감축하고 핵무기와 생화학 무기를 제조하지 않기로 하였다. 동독 지역에 주둔 중인 소련 육군은 1994년 말까지 철수하기로 하였다. 이렇게 주권을 회복한 서독 정부는 동독 정부와 1990년 8월 31일, 두 번째 국가 조약인 통일 조약Einigungsvertrag을 체결하여 정치적 결합을 선언하였다. 이제 정치적으로 두 국가는 하나가 되었으며 수도는 베를린으로 합의하였다. 이에 따라 동독 정치 부서들은 해체되었고 국가 인민군도 사라졌다. 다만 일부 인사들은 통일 정부에 합류토록 하였다. 예컨대 동독 외무부 2,208명 경우 대부분 해임되었으나 250명은 새 정부에 합류하였다. 그리고 얼마 후 80여 명 어학 특기를 이유로 추가로 재임용시키며 통일 정부에 합류시켰다. 다만 기본적으로 임시직이었다. 그리고 국가 인민군 경우 10만 명 중 10,800명이 통일 연방군에 합류하였다. 다만 재산권의 경우 애매하여 일단 소련 점령 기간에 몰수된 재산에 대해선 반환하지 않고 새로운 통일 의회에서 다시 다루기로 하였다. 또한 낙태 규정처럼 동서독 간 의견 차이가 나는 경우 공통으로 동의하는 사항에 대해선 기본법을 적용하되 새로운 의회가 새 헌법을 제정하기 전까진 거주지 원칙에 따라 논란 있는 사항은 서독인은 서독법을, 동독인은 기존 동독법을 따르기로 하였다. 고로 세부 사항은 후일 다시 논의되겠지만 두 정부는 신속한 통일에 합의하였고 9월 20일 서독 연방 하원에서 통일 조약이 통과됨에 따라 동독 정부가 기본법 23조에 의해 서독으로 편입되었다. 방식은 동독 지역이 5개 주로 독립하여 서독에 가입하는 형식이었다.

그렇게 1990년 10월 3일, 0시를 기해 드디어 공식적으로 동서독은 하나의 나라로 통일되었다. 독일 연방기의 뜻처럼, 이윽고 독일은 예속의 어둠과 피의 살육을 지나 자유의 금빛이 찬란히 빛나는 곳으로 도달하게 된 것이었다!

하르츠 개혁과 EU의 성장, 그리고 지금까지의 독일 이야기

드디어 통일은 되었지만, 독일에 남은 고비는 아직 산적해 있었다. 여러 가지가 있었지만 가장 중요한 것은 헌법 개정을 통한 기본법 재수립, 동독 공산독재 불법행위 청산, 그리고 통일 여파로 인한 경제 재건이었다. 먼저 기본법 개정이 급선무였다. 서독과 동독인의 의견 차이가 있었기에 이를 하나로 통합할 필요가 있었다. 일단 통일에 관한 조항인 기본법 제23조와 제146조가 먼저 삭제되었다. 이제 필요 없으니 말이다. 그리고 동독이 편입된 여파로 연방 상원 표결에 대한 각 주州의 투표권 수가 변경되었다. 통상적으로 3~5표였으나 인구 700만 이상의 주의 이익을 고려하여 1표 정도 더 가질 수 있게 하였다. 또한 동서독 지역을 일단 각자의 기본법대로 처리하되 1992년 말엽까지 시한을 두어 기본법 개정 작업에 착수하였다. 기본법은 1992년 2월 7일에 마스트리히트 조약Maastricht Treaty으로 세워질 유럽연합, EU의 조항을 고려하며 만들어졌으며 1994년에 개정이 이루어져 통일 독일은 새로운 헌법을 갖추게 되었다. 그 내용을 간략하게 살펴보자면 남녀 평등과 장애인 차별 금지, 국민들의 쾌적한 삶 보호 원칙, 지방 자치 보장, 사회 보장제도 보완 추구,

연방과 각주의 입법권 조정과 절차 강화, 환경 보호가 있었으며 그해 11월 15일 발효되었다. 앞서 미스트리히트 조약으로 유럽경제공동체가 유럽연합으로 거듭났기에 이에 대한 여파로 EU회원국 출신 외국인들에게 지방자치단체 선거권이 인정되었으며 독일연방 중앙은행의 업무와 권한이 EU의 테두리에 맞게 유럽 중앙은행으로 적절히 이양되었다. 또한 연방 상원에 유럽 위원회가, 하원에는 유럽 분과 위원회가 세워져 유럽 문제에 대해 다루고 나아가 참여토록 하였다.

그다음으로 통일 정부는 동독 공산정권에 희생당한 이들에 대한 보상에 들어갔다. 동부 국가들에게도 배상하는데 자국민들에게 다가가는 것은 당연했으며 동독인들의 민심을 최대한 얻기 위해서였다. 통일 조약의 제17조, 제18조에 따라 1992년 9월 25일, 동독 공산당 불법 청산을 위한 1차 법률안이 제정되었다. 이 법안으로 동독의 통치 기간 40년 동안 동독 내에서의 불법적인 처벌로 피해받은 이들에게 배상과 복권이 주어졌다. 예컨대 국외 탈출이나 배반죄와 같이 국가에 대항했다는 이유로 처벌받은 이들에게 동독 형벌 등록 기록을 말소해 줌으로써 명예를 회복시켜 주었다. 통일 정부는 모든 이들에 대한 보상을 위해 슈타지의 기록을 열람하여 정치적 박해자들에 대해 수사를 진행하였다. 2000년 1월, 2차 복권법을 발효하여 2억 유로의 보상 기금을 통해 탄압받았던 이들에게 보상하였고, 2002년까지 총 6억 1천7백만 유로가 보상액으로 지급되었다. 그러면서 탄압의 주체인 동독 집권층에 대한 조사와 처벌이 이어졌는데 대표적으로 서기장이었던 호네커가 소환되었다. 다만 호네커의 경우 재판 중 간암으로 인한 건강 악화로 재판이 중지되었으며 그는 얼마 안 가 1994년 5월, 석방 1년 정도 만에 사망하였다. 그 외에는 검찰청 인원들이나 전 국방부 장관, 전 국가안전부 장관들이 소환되었으며 케슬러Heinz Keßler 전 국방장관은 국경 탈출자들에 대한 살인 교사죄로 유죄를, 밀케Erich Mielke 전 국가안전부 장관은 경찰관 살해 혐의로 유죄를 선고받았다. 또한 동독 말엽 정부의 명령에 따라 탈출하려는 주민들에게 실제로 사격을 가한 국경수비대원들과 장교들이 인도주의적 원칙에 따라 처벌받았다. 마지막으로 계획경제라는 미명하에 동독 정부하에서 몰수된 주민들의 재산에 대해 보상이 이루어졌다. 특히나 동독에서 탈출한 이들의 부동산 같은 재산을 동독 정부가 몰수한 것을 배상하였다. 다만 소련 점령 기간은 제외되었다. 고르바초프가 통일 지지의 대가로 이것도 요구했기 때문이었다.

이제 남은 것은 경제 통합과 재건이었다. 서독은 높은 생산성을 지닌 반면 동독도 나쁘진 않았으나 엄연히 격차가 있었다. 무엇보다 동독 기업들의 사기업화와 통일 비용은 통일 독일 정부를 골 아프게 하였다. 1991년부터 97년까지 동독 주민들에 대한 사회보장제도 확대로 2,790억 마르크가 지원되었으나 동서독 격차로 인해 동독 주민들은 새로운 사회에 제대로 적응하지 못하였다. 이는 곧 높은 실업률로 이어졌고 이것은 한동안 오래 지속되었다. 실업자는 2005년에 정점을 찍었는데 그 수치가 무려 11.2%였다. 게다가 유럽주의자였던 헬무트 콜은 프랑스와의 합의에 따라 유로EURO화를 도입하고 유럽통합을 위해 1992년에 체결한 마스트리히트 조약에 따라 신설된 유럽중앙은행의 역할을 독일의 중앙은행보다 좀 더 우선시했는데 이러한 경제통화 통합 추진은 국민들에게 프랑스에 종속된다고 여겨져 크나큰 반발을 일으켰다. (물론 훗날 콜의 생각이 옳았음이 드러났다. 유로화 도입으로 독일은 뛰어난 가격경쟁력을 갖추게 되어 사실상 자신보다 가난한 유럽연합 국가들의 경제를 빨아먹으며 유럽의 경제 대국이 되었지만 이 당시 콜이 독단적으로 도입한 덕에 시민들의 큰 반발을 얻었다.) 결국 1994년 선거에서 지지율은 급락하였고 1998년이 되면 정권이 지속 불가능할 정도의 패배를 겪게 되었다.

따라서 통일 독일의 헬무트 정권은 통일 독일의 통합과 유로화 도입이라는 큰 업적을 이루었지만 결국 1998년 선거의 패배로 인해 물러나게 되었다. 이때의 선거에서 사민당은 40.9%의 지지를 얻었고 기민/기사당은 35.1%의 지지를 얻었다. 사민당은 녹색당과 연립 정부를 구성하였고 새로운 연방 총리는 사민당 내 우파로 유명한 게르하르트 슈뢰더Gerhard Schröder였다. 그의 가장 큰 당면 목적은 바로 실업률 감소였고 이를 위한 하르츠 개혁Hartz-Konzept을 실시하였다. 이 정책을 주도한 폭스바겐 노무관리이사 페터 하르츠의 이름을 딴 하르츠 경제통화 개혁은 2002년 2월 구성된 하르츠위원회의 계획에 따라 2003년부터 05년까지 지속되었는데 첫 4년을 기존의 사민당 방식대로 추진하려 했다가 복지국가 특유의 고비용 저효율 문제로 실패했기 때문이었다. 당시 동독 실업자 대책이 일시적으로 성공했다가 다시 추락하여 실업자가 무려 400만에 달했기에 슈뢰더 총리는 사민당답지 않은 강경한 조치를 도입하였다. 아젠다 2010으로도 불리는 개혁의 내용을 보자면 이 안건은 총 4개의 입법안으로 이루어져 있었다. 각각 하르츠 I, 하르츠 II, 하르츠 III, 하르츠 IV라고 불리며 1안의 경우 전국의 지방 고용사무소 개편을, 2안의 경우 미니잡Mini Job 신설을, 3안은 연방노동청 개편을, 4안은 실업급여 개편을 다루었다. 총체적으로 언급하자면 노동시장 유연화를 통한 규제 완화를 통해 신규 일자리를 증설했으며 중소기업 취업 인센티브를 통해 더 많은 일자리를 확보하였다. 이 과정에서 미니잡이나 미디잡Midi Job 같은 시간제 일자리를 대폭 늘려 사람들이 취업할 공간을 늘렸으며 저소득 일자리의 경우 근로소득세를 감면하였다. 이 과정에서 주당 노동시간 조건이 삭제되었고 미니잡의 경우 월급 상한이 450유로로, 미디잡은 월급 상한이 850유로로 늘어났다. 그리고 재편된 실업 관련 노동기구들은 실업급여를 주는 조건을 강화하는 대신 실업자 등록을 의무화하고 재교육을 위한 바우처 제도를 도입하여 사람들의 재취업을 도왔다. 이러한 개혁으로 드높던 실업률은 5년 만에 11.2%에서 6.9%로 낮추어졌고 다시 5년 뒤인 2015년에는 4.8%로 점차 안정되어 갔다. 중소기업 지원책으로 여러 강소기업이 등장하며 순식간에 100만 개의 일자리가 생겨났다. 다만 실업급여 조건 강화와 실업수당 삭감은 복지 포기 문제로 불거져 하르츠 IV의 경우 2019년 연방헌법재판소에서 위헌결정이 났다. 그로 인해 다시금 실업급여 금액과 지급 기한이 증가하였다.

이러한 조치들로 비록 논란이 많긴 하나 독일 경제는 다시 살아났다. 하지만 임시직을 대폭 늘려서 일단 취업시키는 정책이 인기가 많을 리가 없었고 사민당과 슈뢰더 총리의 인기는 바닥을 기게 되었다. 이에 따라 2005년 주의회 선거에서 참패하자 슈뢰더는 2005년 조기 총선으로 이를 돌파하고자 하였다. 하지만 그 시도는 실패하였고 동독 출신 앙겔라 메르켈Angela Merkel이 이끄는 기민/기사당이 승리함에 따라 슈뢰더 총리의 임기는 막을 내리게 되었다. 다만 다들 고만고만한 지지율을 얻어서 슈뢰더 총리는 바로 내려오지 않고 연정 구성을 통해 버티려 했으나 앙겔라 메르켈에게 밀려 기민당과 사민당의 대연정이 이루어지는 대신 총리 자리는 기민당에 넘기게 되었다. 이에 따라 대표적으로 경제기술부는 마이클 글로스Michael Glos가 취임하여 기사당이, 외무부는 프랑크-발터 슈타인마이어Frank-Walter Steinmeier가 취임하여 사민당이, 가족, 노인, 여성 및 청소년부에는 우르줄라 폰 데어 라이엔Ursula von der Leyen이 취임하여 기민당이 가져가게 되었다. 그 외에는 재무부는 사민당 내무부는 기민당이 차지하였다. 메르켈 내각은 총 4차까지 이어졌고 자민당과 연정했던 2차 내각을 제외하곤 꾸준히 기민/기사당과 사민당이 대연정을 이루며 이른바 무티Mutti(독일어로 엄마) 정치를 이어갔다.

앙겔라 메르켈 정권은 얼마 안 가 순항을 하게 되는데 앞선 정권들의 조치가 빛을 발하기 시작한 데다가 2007년 리스본 조약Treaty of Lisbon으로 대표되는 유럽연합의 발전이 독일에 거대한 내수시장과 경쟁력 높은 화폐가치를 가져다주었기 때문이었다. 리스본 조약으로 유럽은 국경선이 완전히 개방되었으며 노동시장도 하나로 통합되었다. 이러한 완전경제통합은 독일이 활약할 경제영토를 늘려주었고 조약으로 인한 유럽의회 권한 강화는 정치 통합의 발판을 구축해 주었다. 물론 항상 순탄한 것은 아니었다. 2008년, 미국발 경제위기로 유럽도 타격을 받자 메르켈의 대연정 내각은 긴급구제와 정부 자산 보증, 소비 장려책, 은행 합병, 사회복지 축소 등등 적절한 대응을 통해 힘겹게 위기를 넘기기도 하였다. 다행히 독일인들이 주택보단 임대 아파트를 선호하여 대규모 경제 부양책은 나오지 않았고 위기를 넘기는 데 성공하였다. 동시에 메르켈 내각은 노동시간 단축을 추진하여 고용주의 급여 대상자를 축소하여 고용주의 노동자 해고를 막고 노동자들에게는 급여 보전과 교육 프로그램을 통한 시장에서의 생존 지원을 통해 밸런스를 맞추며 노동시장을 안정시켰다. 그로 인해 메르켈 3차 내각, 그래도 2018년까진 중간중간 위기가 있었지만 독일의 경제는 평균적으로 2~3%씩 꾸준히 성장하며 호황기를 맞이하였다. 외교적으로는 프랑스 시라크Jacques Chirac 대통령과 합의하에 관계를 더욱 돈독히 하였으며 미국에선 백악관에서 환대받으며 독일의 입지를 든든하게 만들었다. 사회적으로는 2006년 5월 개관한 베를린의 유대인 박물관과 같은 화해와 반성의 지속을 통해 극단주의에 맞서 갔다. 특히나 기민당의 사민주의화로 대표되는 메르켈의 통합정책으로 기민당은 단독집권이 불가능할 상황을 오히려 중재를 통한 통합으로 극복하여 독일을 앞으로 다가올 여러 위기 속에서도 하나가 되게 해주었다. 이는 2013년 극우 정당으로 분류되는 독일을 위한 대안의 등장Alternative für Deutschland과 2015년에 시작된 유럽 난민사태European refugee crisis의 강력한 여파에도 독일을 버티게 해주었다.

다만 빠른 경제위기 극복을 위한 러시아산 자원 의존과 대규모 군축으로 양면성을 지니기도 하였다. 그러나 통일의 여파가 너무나도 컸음을 고려한다면 필자의 판단으론 불가피한 것으로 보인다. 메르켈 시기의 독일이 4차 내각 당시를 제외하곤 안정적이고 경제적으로 순항했음을 고려한다면 오히려 그녀를 칭찬해야 하며 그리스 경제위기 같은 경우 경제지원을 요구하는 그리스 정부의 요구에 단호히 대처함으로써 역으로 유럽연합 재무부 장관과 함께 적절한 원조 패키지의 전달을 통해 슬기롭게 위기를 넘겼음을 본다면 메르켈을 너무 가혹하게 평가하는 것은 필자는 잘못된 일로 보인다.

여하튼 확실한 것은 유로화 도입과 하르츠 개혁의 성공, 유럽 통합과 무티 정치로 비롯되는 메르켈의 통합정책으로 메르켈 시기 독일은 사실상 유럽 경제와 민주주의를 이끄는 리더가 되어 통일 이후의 늪에서 벗어나게 되었다. 확실히 통일 전 서독 시절에 비하며 지금의 통일된 독일은 더 큰 국제적 입지와 역할을 가지게 되었다. 그렇기에 비록 앞으로도 독일에 여러 위기가 봉착할 것이지만 그것을 버틸 체력을 기를 수 있게 되었다. 물론 2022년 벌어진 러시아의 우크라이나 침공Russian Invasion of Ukraine의 비극으로 앞으로 독일과 유럽에 많은 위기가 있겠으나 확실한 것은 독일 역사가 결국 군국주의라는 잘못된 수단이 아닌, 보복보단 더 도덕적인 민주주의를 택함으로써 진정한 독일이 무엇인지, 진정으로 강한 독일이 보여주었기에 앞으로도 위기를 넘길 것임을 필자는 전망한다.

글을 마치며:
패배한 독일이야말로 아름답다

근래의 인류 사회를 보자면 확실히 미래는 어두워 보입니다. 제가 어릴 적 당연히 여긴 희망적인 국제주의는 저물어가고 폭력적인 현실주의의 시대가 도래하여 칠흑 같은 어둠만이 우리 앞에 놓인 것처럼 느껴집니다. 갈수록 적지 않은 사람들이 패배주의와 반출생주의에 빠져 우리의 존재의의를 부정하곤 합니다. 그렇다면 정말로 민주주의란 잘못된 것일까요? 인간은 자유롭고 평등해야 한다는 생각이 바보 같은 것일까요? 예컨대 서로를 가르고 자신과 이어지는 대상이 같은 급이 아니라면 치욕이라고 여기는 것이 사실은 자연스러운 것일까요? 독일로 보자면 독일은 세계대전에서 승리해야 했을까요? 전 그렇지 않다고 생각합니다. 승리한 독일보단, 패배한 독일이 더욱 아름답다고 생각합니다. 패배함으로써 보복주의를 버리고 화해의 정신을 담은 민주주의로 나아감으로써 독일은 더욱 아름다운 존재가 되었기 때문입니다. 이러한 역사의 흐름이 저에게 지난 세기 인류의 낙관적 전망이 허상이 아닌 정말로 가능한 생각이었다고 느끼게 해줍니다. 그야 민주주의는 좀 더 도덕적 결단을 추구하게 해주고 (민주주의, 정확히는 자유민주 공화정 체제는 기본적으로 모든 선택권이 자신에게 있기에 결과에 대해 책임도 자신에게 있으며 고로 남 탓이 아닌 '반성'이라는 아름다운 결과를 만들어준다고 생각합니다. 권력분립과 탄핵권을 통한 합법적 상호 견제와 더불어 민주주의의 가장 아름다운 면모라고 저는 생각합니다.) 그로 인한 화합과 상호주의가 좀 더 안락한 세상을 만들어주니까요. 그리고 그렇게 상호 신뢰가 살아 숨 쉬는 안락한 공간만이 프랜시스 후쿠야마의 말처럼 경제가 더욱 잘 성장합니다. 그렇기에 저는 힘의 논리보다 도덕의 논리를 더 진실에 가깝고 더 이득이라고 믿습니다. 서로에게 상냥하고 진실로 서로를 동등하게 인식하는 세상이 더 좋다고 믿습니다. 그렇기에 현실적 절망 속에서도 희망의 빛이 있음을 믿습니다. 물론 저도 나약한 사람이기에 갈수록 고단함을 느낍니다. 우리 인류가 생물학적 본능에 농락당하여 이성이 결국 패배할 것 같은 느낌이 갈수록 강하게 들기도 합니다. 배려는 허망한 것이라는 비웃음에 가끔 마음이 무너지곤 합니다. 그러나 역사가 알려주는 **'역지사지'**의 자세가 아직 이 세상에 빛이 있음을 확실히 보여주고 있다고 생각합니다. 인류의 가능성을 믿게 해줍니다. 상호 간 도덕이, 인간적인 대우가 진실로 이득임을 깨닫게 해줍니다. 왜냐하면 누구나 언젠간 좋든 나쁘든 도움을 주거나 받을 자신의 **'차례'**가 오기 마련이니까요.

물론 여러분이 이 책을 본 다음에도 제 생각에 동의하기 힘들 수도 있다고 생각합니다. 그래도 저는 여러분께 선함의 승리를 권유하고 싶습니다. 왜냐하면 누구나 안락함이 더 좋을 것이라고 확신하니까요. 누구나 편안해지고 싶지 굳이 남을 짓밟는 것이 즐거울 것이라고는 생각하지 않습니다. 그저 레일 위를 계속 달려야 살아남을 수 있다고 생각하기에 옆이 안 보일 뿐이지 다들 충분히 서로를 바라볼 수 있다고 믿습니다.

그렇기에 저는 다시 말씀드리고 싶습니다. 패배한 독일이야말로 아름답다고. 독일 제국 시절이 가장 재밌는 저로선 제국의 패배가 즐거운 사실은 아니나 그 뒤에 따라오는 민주주의의 승리와 화해, 반성, 화합이 강함보다 더욱 아름답다고 저는 확신합니다. 한자 사람 인人처럼 사람은 서로에게 편안하게 기대야만 즐거운 존재니까요. 다들 편안하면서도 자유롭게 살길 원하니까요. 그렇기에 저는 오늘도 민주주의를 통한 아름다움의 승리를 믿으며 역사를 통해 희망 속에 살아가려 합니다. 부디 여러분도 그럴 수 있으면 좋겠습니다. 끝까지 읽어주셔서 정말 감사합니다.

2025. 8. 31. 사학도 임정빈 올림

집필 후기

드디어 2차 수정까지 집필이 완료되었습니다. 물론 출판사와 계약 이후의 작업이 남아있지만 일단 기본적으론 끝났다고 생각합니다. 사학도로서 자신의 역사책을 가지는 것은 평생의 소원이었기에 기분이 참 좋습니다. 물론 부족한 실력이기에 걱정이 많습니다. 어릴 적 보았던 이야기 시리즈에 영향을 받아 일부러 주석은 배제한다든지, 제가 좋아했던 책들은 사진과 그림에 큰 중점을 두지 않아 기본적으로 글만으로 이해가 가능하게끔 서술했지만 의도대로 잘 이루어졌는지는 스스로 의문이 있습니다. 하지만 그럼에도 사학과를 나와 역사를 통해 얻은 교훈 자체는 나름 잘 표현이 된 것 같아 흡족합니다. 역사의 가장 큰 교훈은 '역지사지'라고 생각합니다. 흔히 우리는 역사를 바라보며 같은 조건인 A가 C 해서 성공하고 B가 D 해서 실패하면 B를 보고 왜 바보같이 C가 아니라 D를 골랐냐고 뭐라 합니다. 그러나 그것은 역사를 잘못 배운 것이라 생각합니다. 역사는 통상적인 이미지완 달리 왜 같은 처지였던 B가 A와 다르게 C가 아니라 D를 골랐는지, B의 시선에서 바라보는 것을 통해 그 사람을 이해하는 것에 집중합니다. 그렇기에 참 가슴 따뜻한 학문이며 인류의 진보에 큰 도움을 줍니다. 그렇기에 전 이번 인생 첫 역사책을 통해 독일인들을 이해하는 것에 집중했으며 동시에 역지사지를 통해 독일인이 얻게 된 교훈, 또한 저도 얻은 교훈을 최대한 도출하고자 노력하였습니다.

다만 현대사로 오면서 분량이 차츰 적어진 것 같아 아쉽긴 합니다. 그래도 1년당 페이지 수로 고려해 보면 그다지 적은 것은 아니라 생각되긴 합니다. 무엇보다 통일 이후로는 사람마다 의견이 갈리기에 (저는 앙겔라 메르켈 전 총리를 좋게 보지만 전쟁으로 악평받는 건 어쩔 수 없긴 하다고 봅니다.) 최대한 간략하게 서술하였습니다. 고로 만족하실지는 잘 모르겠지만 좋게 봐주셨으면 합니다.

물론 앞서 후문에 말했듯 제 의견에 동의하기 힘드실 수 있다고 생각합니다. 역사에 대한 교훈은 사람마다 다들 다르게 느끼니 말이죠. 하지만 전 역사 속 위인들, 예컨대 예수님이 보여준 아름다운 모습이 역사의 진보성을 보여준다고 생각합니다. 예수님께선 여러 가르침을 우리에게 주셨지만, 특히나 '선한 사마리아인' 이야기를 통해 이웃의 개념을 확장하여 우리에게 무엇이 정말 중요한지 알려주셨습니다. 또한 만민 평등사상에 가까운 타인에 대한 무차별적인 사랑을 통해 사실상 지금의 자유롭고 평등한 세상에 가장 큰 이바지를 해주셨습니다. 기독교 문화가 루터의 만인사제설을 지나며 민주주의에 가장 큰 영향을 준 것을 고려하자면 분명 우리 인류 사회는 조금씩 좋은 방향으로 나아가고 있다고 생각합니다. 그렇기에 전 역사는 그저 반복되기만 하는 것이 아닌 나아져 가는 것이라고 생각합니다. 그런 과정에서 우리 인류는 얼마나 보복주의가 멍청한지, 상호 존중과 도덕심이 얼마나 중요한지 깨달았으며 전 그런 이야기를 다루고자 노력하였습니다. 그리고 나름 잘 드러난 것 같아 만족합니다.

마지막으로 직간접적으로 이 책을 쓰는 것에 도움 주신 분들에게 감사드립니다. 특히나 크리스토퍼 클라크, 발터 슈미트, 디트릭 올로 등등 제가 참고한 도서를 쓰신 분들과 이를 번역해 주신 분들에게 감사의 말씀드립니다. 여러분들의 책 덕에 저 자신만의 역사책이란 꿈을 꿀 수 있었습니다. 그리고 옆에서 응원해 주셨던 부모님에게도 감사의 말씀 드립니다. 물론 이 책을 읽어주신 분들에게도 대단히 감사드립니다. 이상 경남대 사학과 출신 거제도 사람 임정빈이었습니다.

2025. 11. 1. 사학도 임정빈 올림

참고문헌

저서

마틴 치킨Martin Kitchen. 케임브리지 독일사Cambridge Illustrated History of German. 시공사. 2001.

조만제. 독일 근대형성사 연구. 경성대학교 출판부. 2002.

박흥식. 미완의 개혁가, 마르틴 루터. 21세기북스. 2017.

C.V. 웨지우드Wedgwood C. V. 30년 전쟁The Thirty Years War. 휴머니스트. 2011.

크리스토퍼 클라크Christopher Clark. 강철왕국 프로이센Iron Kingdom: The Rise and Downfall of Prussia. 마티. 2020.

발터 슈미트Walter Schmidt. 독일 근대사Deutscne Geschichte. 한길사. 1994.

김장수. 독일 통합의 비전을 제시한 프리드리히 2세. 푸른사상. 2021.

김장수. 오스트리아 왕위계승전쟁. 북코리아. 2023.

이민호. 독일사의 제국면. 느티나무. 1991.

그레고리 프리몬-반즈Gregory Fremont-Barnes. 토드 피셔Todd Fisher. 나폴레옹 전쟁The Napoleonic Wars. 플래닛미디어. 2020.

양동휴·김영완. 중부유럽경제사. 미지북스. 2016.

김장수. 19세기 독일 통합과 제국의 탄생. 푸른사상. 2018.

김장수. 비스마르크와 독일 통일. 북코리아 2024.

디트릭 올로Dietrich Orlow. 독일현대사A History of Modern Germany. 미지북스. 2019.

카차 호이어Katja Hoyer. 피와 철: 독일제국의 흥망성쇠1871-1918Blood and Iron, The Rise and Fall of the German Empire 1871-1918. 마르코폴로. 2024.

한스 울리히 벨러HansUlrich Wehle. 독일 제2제국Das deutsche Kaiserreich 1871~1918. 신서원. 2005.

유진영. 독일 직업 교육과 마이스터 제도. 학이시습. 2015.

크리스토퍼 클라크. 몽유병자들The Sleepwalkers. 책과함께. 2019.

임종대. 오스트리아의 역사와 문화. 유로. 2014.

니콜라스 스타가르트Nicholas Stargardt. 독일인의 전쟁 1939-1945The German War. 교유서가. 2024.

마르틴 브로샤트Martin Broszat. 히틀러 국가Der Staat Hitlers. 문학과 지성사. 2011.

윌리엄 L. 샤이러 William L. Shirer. 제3제국사The Rise and Fall of the Third Reich. 책과함께. 2023.

다무라 마츠아키田村光彰. 나치 독일의 강제노동과 전후 처리ナチス.ドイツの强制勞動と戰後處理 國際關係における眞相の解明と「記憶.責任.未來」基金. 경인문화사. 2020.

한운석. 독일의 역사화해와 역사교육. 신서원. 2008.

손선홍. 분단과 통일의 독일 현대사. 소나무. 2005.

게하르트 P. 그로스Gerhard P. Gross. 독일군의 신화와 진실Mythos und Wirklichkeit. 길찾기. 2023.

발터 괴를리츠Walter Gorlitz. 독일군 이야기: 전쟁과 정치Der Deutsche Generalstab. 해드림. 2018.

DK 전쟁사 편집위원회DK Publishing(Dorling Kindersley). 지도로 보는 전쟁사Battles Map by Map. 지식의 날개. 2024.

조셉 커민스Joseph Cummins. 전쟁연대기War Chronicles. 니케북스. 2013.

존 키건John Keegan. 1차세계대전사The First World War. 청어람미디어. 2016.

존 키건. 2차세계대전사The Second World War. 청어람미디어 2016.

리처드 오버리Richard Overy. 피와 폐허Blood and Ruins. 책과함께. 2024.

문수현. 독일현대정치사. 역사비평사. 2023.

레이철 크라스틸Rachel Chrastil. 프로이센-프랑스 전쟁 1870-1871, 독일 제국의 탄생과 세계대전의 서막Bismark`s War : The Franco-Prussian War and the Making of Modern Europe. 책과함께. 2025.

논문

황대현. 30년전쟁기 마그데부르크 함락 및 파괴를 다룬 독일 시사간행물의 보도. 독일연구 제37호. 2017.

박진희. 독일 기계 엔지니어 집단의 탄생: 1740년에서 1880년까지 기술 전문 교육 기관의 발달을 중심으로. 공학교육연구 제14권 제5호. 2011.

황수현. 프로이센군의 장군참모 제도화 과정 고찰. 군사연구 제156집. 2023.

디터 랑에비셰Dieter Langewiesche. 독일 제정기의 대학과 근대화Universit t und Modernisierung im deutschen Kaiserreich. 독일연구 제2호.

김건우·나인호. 19세기 독일 전기산업의 창조적 기업가. 서양사학연구 제26집. 2009.

시청각 자료

국방티비(KFN), 역전다방. 160~198화 (1차 세계대전사 시리즈)

(www.youtube.com/watch?v=Ce4AYQxi1w4)

국방티비(KFN), 토크멘터리 전쟁사. 155~170화 (7년 전쟁 시리즈)

(www.youtube.com/watch?v=Er8qErUEbZY)

네덜란드 역사 채널, 역사의 집House of History. (호엔프리트베르크-로스바흐-로이텐 전투)

(www.youtube.com/watch?v=D74FxXhJiNA&t=795s)

영국 역사 채널, 서사적 역사Epic History. (라이프치히 전투)

(www.youtube.com/watch?v=P9hDA0u6FO0&t=843s)